扫黄打非
法律法规选编

（修订版）

中央宣传部反非法反违禁局　编

法律出版社
LAW PRESS·CHINA
北京

图书在版编目(CIP)数据

扫黄打非法律法规选编 / 中央宣传部反非法反违禁局编. -- 2 版(修订版). -- 北京 : 法律出版社, 2023(2025.1 重印)

ISBN 978-7-5197-7536-0

Ⅰ. ①扫… Ⅱ. ①中… Ⅲ. ①文化市场-市场管理-法规-汇编-中国 Ⅳ. ①D922.169

中国国家版本馆 CIP 数据核字(2023)第 028701 号

扫黄打非法律法规选编(修订版)
SAOHUANG DAFEI FALÜ FAGUI XUANBIAN(XIUDING BAN)

中央宣传部反非法反违禁局 编

责任编辑 董 昱 陶玉霞
装帧设计 李 瞻

出版发行 法律出版社
编辑统筹 法规出版分社
责任校对 张红蕊
责任印制 耿润瑜
经　　销 新华书店

开本 710 毫米×1000 毫米 1/16
印张 35　字数 660 千
版本 2023 年 4 月第 2 版
印次 2025 年 1 月第 5 次印刷
印刷 固安华明印业有限公司

地址:北京市丰台区莲花池西里 7 号(100073)
网址:www.lawpress.com.cn
投稿邮箱:info@lawpress.com.cn
举报盗版邮箱:jbwq@lawpress.com.cn
销售电话:010-83938349
客服电话:010-83938350
咨询电话:010-63939796

书号:ISBN 978-7-5197-7536-0
定价:88.00 元

前　言

习近平总书记在党的二十大报告中指出:“必须更好发挥法治固根本、稳预期、利长远的保障作用,在法治轨道上全面建设社会主义现代化国家。”“扫黄打非”工作是党管意识形态的重要抓手,是维护国家文化安全和社会和谐稳定的重要举措,必须坚持法治观念,践行法治思维,依法惩治各类涉黄涉非违法犯罪活动,坚决打击非法有害出版物和信息。

全国“扫黄打非”办公室于2011年组织编写了《扫黄打非法律法规选编》一书,并于2017年进行了修订,较为全面地收录了一段时期“扫黄打非”工作相关的法律、法规及行政规范性文件。该书出版后,一度成为各级“扫黄打非”部门工作人员的“案头宝”和“手边书”,切实满足了一线工作者遇到疑点、难点及前沿问题寻找确定性法律依据的需求。

近年来,随着全面依法治国的深入推进,中国特色社会主义法律体系不断完善,有关部门对“扫黄打非”工作相关法律法规也开展了许多立、改、废、释工作。根据工作需要,有关部门再次组织启动《扫黄打非法律法规选编》一书的修订工作。本次修订,对近年来“扫黄打非”相关法律法规文件进行了全面梳理,新增《出版物鉴定管理办法》等法律法规文件35个,更新替换《著作权法》等新修改法律法规文件21个,删除失效废止的法规文件11个,特别新增“文化市场管理”“未成年人保护”“处分制度”等方面法规文件,目前共收录“扫黄打非”相关法律法规文件158个,内容准确完整,确保现行有效,能基本满足“扫黄打非”日常工作需要。

本次修订的主要变化是对编排体例进行了优化,将原来按宪法、法律、司法解释及司法文件、行政法规、部门规章、行政规范性文件等分类,调整为依照法律法规文件内容、性质重新编排,分为总类、著作权、出版物管理、音像制品与印刷品管理、文化市场管理、新闻从业人员管理、互联网与数字安全、未成年人保护、行政执法、刑事责任、处分制度及其他12个部分,每个部分又按文件效力等级、工作关联度及公布时间等顺序进行排列,方便读者定位查阅。

由于时间和人力所限,本书编辑中或有错漏,敬请读者批评指正。

本书编写组

2023年2月

重印说明

为满足读者需求,我们启动了本书重印工作,并根据近两年来国家法律法规立、改、废、释情况,对"扫黄打非"工作相关法律、行政法规、部门规章进行了重新梳理,在此基础上对书中《刑法》等8个有修正或修改的法律法规文件进行了更新替换,并新增了《未成年人网络保护条例》等6个新制定的法规文件,以方便读者使用。

本书编写组

2025年1月

目　　录

四、音像制品与印刷品管理

五、文化市场管理

六、新闻从业人员管理

七、互联网与数字安全

八、未成年人保护

九、行政执法

十、刑事责任

十一、处分制度

十二、其　他

一、总　　类

中华人民共和国宪法(节选)

(1982年12月4日第五届全国人民代表大会第五次会议通过　1982年12月4日全国人民代表大会公告公布施行　根据1988年4月12日第七届全国人民代表大会第一次会议通过的《中华人民共和国宪法修正案》、1993年3月29日第八届全国人民代表大会第一次会议通过的《中华人民共和国宪法修正案》、1999年3月15日第九届全国人民代表大会第二次会议通过的《中华人民共和国宪法修正案》、2004年3月14日第十届全国人民代表大会第二次会议通过的《中华人民共和国宪法修正案》和2018年3月11日第十三届全国人民代表大会第一次会议通过的《中华人民共和国宪法修正案》修正)

第二十二条　国家发展为人民服务、为社会主义服务的文学艺术事业、新闻广播电视事业、出版发行事业、图书馆博物馆文化馆和其他文化事业,开展群众性的文化活动。

国家保护名胜古迹、珍贵文物和其他重要历史文化遗产。

第三十五条　中华人民共和国公民有言论、出版、集会、结社、游行、示威的自由。

第四十七条　中华人民共和国公民有进行科学研究、文学艺术创作和其他文化活动的自由。国家对于从事教育、科学、技术、文学、艺术和其他文化事业的公民的有益于人民的创造性工作,给以鼓励和帮助。

第五十一条　中华人民共和国公民在行使自由和权利的时候,不得损害国家的、社会的、集体的利益和其他公民的合法的自由和权利。

中华人民共和国刑法(节选)

(1979年7月1日第五届全国人民代表大会第二次会议通过　1997年3月14日第八届全国人民代表大会第五次会议修订　根据1998年12月29日第九届全国人民代表大会常务委员会第六次会议通过的《关于惩治骗购外汇、逃汇和非法买卖外汇犯罪的决定》、1999年12月25日第九届全国人民代表大会常务委员会第十三次会议通过的《中华人民共和国刑法修正案》、2001年8月31日第九届全国人民代表大会常务委员会第二十三次会议通过的《中华人民共和国刑法修正案（二）》、2001年12月29日第九届全国人民代表大会常务委员会第二十五次会议通过的《中华人民共和国刑法修正案（三）》、2002年12月28日第九届全国人民代表大会常务委员会第三十一次会议通过的《中华人民共和国刑法修正案（四）》、2005年2月28日第十届全国人民代表大会常务委员会第十四次会议通过的《中华人民共和国刑法修正案（五）》、2006年6月29日第十届全国人民代表大会常务委员会第二十二次会议通过的《中华人民共和国刑法修正案（六）》、2009年2月28日第十一届全国人民代表大会常务委员会第七次会议通过的《中华人民共和国刑法修正案（七）》、2009年8月27日第十一届全国人民代表大会常务委员会第十次会议通过的《关于修改部分法律的决定》、2011年2月25日第十一届全国人民代表大会常务委员会第十九次会议通过的《中华人民共和国刑法修正案（八）》、2015年8月29日第十二届全国人民代表大会常务委员会第十六次会议通过的《中华人民共和国刑法修正案（九）》、2017年11月4日第十二届全国人民代表大会常务委员会第三十次会议通过的《中华人民共和国刑法修正案（十）》、2020年12月26日第十三届全国人民代表大会常务委员会第二十四次会议通过的《中华人民共和国刑法修正案（十一）》和2023年12月29日第十四届全国人民代表大会常务委员会第七次会议通过的《中华人民共和国刑法修正案（十二）》修正）

第一百零三条 组织、策划、实施分裂国家、破坏国家统一的，对首要分子或者罪行重大的，处无期徒刑或者十年以上有期徒刑；对积极参加的，处三年以上十年以下有期徒刑；对其他参加的，处三年以下有期徒刑、拘役、管制或者剥夺政治权利。

煽动分裂国家、破坏国家统一的，处五年以下有期徒刑、拘役、管制或者剥夺政治权利；首要分子或者罪行重大的，处五年以上有期徒刑。

第一百零五条 组织、策划、实施颠覆国家政权、推翻社会主义制度的，对首要分子或者罪行重大的，处无期徒刑或者十年以上有期徒刑；对积极参加的，处三年以上十年以下有期徒刑；对其他参加的，处三年以下有期徒刑、拘役、管制或者剥夺政治权利。

以造谣、诽谤或者其他方式煽动颠覆国家政权、推翻社会主义制度的，处五年以下有期徒刑、拘役、管制或者剥夺政治权利；首要分子或者罪行重大的，处五年以上有期徒刑。

第一百二十条之三 以制作、散发宣扬恐怖主义、极端主义的图书、音频视频资料或者其他物品，或者通过讲授、发布信息等方式宣扬恐怖主义、极端主义的，或者煽动实施恐怖活动的，处五年以下有期徒刑、拘役、管制或者剥夺政治权利，并处罚金；情节严重的，处五年以上有期徒刑，并处罚金或者没收财产。

第一百二十条之六　明知是宣扬恐怖主义、极端主义的图书、音频视频资料或者其他物品而非法持有，情节严重的，处三年以下有期徒刑、拘役或者管制，并处或者单处罚金。

第二百一十七条　以营利为目的，有下列侵犯著作权或者与著作权有关的权利的情形之一，违法所得数额较大或者有其他严重情节的，处三年以下有期徒刑，并处或者单处罚金；违法所得数额巨大或者有其他特别严重情节的，处三年以上十年以下有期徒刑，并处罚金：

（一）未经著作权人许可，复制发行、通过信息网络向公众传播其文字作品、音乐、美术、视听作品、计算机软件及法律、行政法规规定的其他作品的；

（二）出版他人享有专有出版权的图书的；

（三）未经录音录像制作者许可，复制发行、通过信息网络向公众传播其制作的录音录像的；

（四）未经表演者许可，复制发行录有其表演的录音录像制品，或者通过信息网络向公众传播其表演的；

（五）制作、出售假冒他人署名的美术作品的；

（六）未经著作权人或者与著作权有关的权利人许可，故意避开或者破坏权利人为其作品、录音录像制品等采取的保护著作权或者与著作权有关的权利的技术措施的。

第二百一十八条　以营利为目的，销售明知是本法第二百一十七条规定的侵权复制品，违法所得数额巨大或者有其他严重情节的，处五年以下有期徒刑，并处或者单处罚金。

第二百二十条　单位犯本节第二百一十三条至第二百一十九条之一规定之罪的，对单位判处罚金，并对其直接负责的主管人员和其他直接责任人员，依照本节各该条的规定处罚。

第二百二十五条　违反国家规定，有下列非法经营行为之一，扰乱市场秩序，情节严重的，处五年以下有期徒刑或者拘役，并处或者单处违法所得一倍以上五倍以下罚金；情节特别严重的，处五年以上有期徒刑，并处违法所得一倍以上五倍以下罚金或者没收财产：

（一）未经许可经营法律、行政法规规定的专营、专卖物品或者其他限制买卖的物品的；

（二）买卖进出口许可证、进出口原产地证明以及其他法律、行政法规规定的经营许可证或者批准文件的；

（三）未经国家有关主管部门批准非法经营证券、期货、保险业务的，或者非法从事资金支付结算业务的；

（四）其他严重扰乱市场秩序的非法经营行为。

第二百四十六条　以暴力或者其他方法公然侮辱他人或者捏造事实诽谤他人，情节严重的，处三年以下有期徒刑、拘役、管制或者剥夺政治权利。

前款罪，告诉的才处理，但是严重危害社会秩序和国家利益的除外。

通过信息网络实施第一款规定的行

为,被害人向人民法院告诉,但提供证据确有困难的,人民法院可以要求公安机关提供协助。

第二百五十条 在出版物中刊载歧视、侮辱少数民族的内容,情节恶劣,造成严重后果的,对直接责任人员,处三年以下有期徒刑、拘役或者管制。

第二百八十六条之一 网络服务提供者不履行法律、行政法规规定的信息网络安全管理义务,经监管部门责令采取改正措施而拒不改正,有下列情形之一的,处三年以下有期徒刑、拘役或者管制,并处或者单处罚金:

(一)致使违法信息大量传播的;

(二)致使用户信息泄露,造成严重后果的;

(三)致使刑事案件证据灭失,情节严重的;

(四)有其他严重情节的。

单位犯前款罪的,对单位判处罚金,并对其直接负责的主管人员和其他直接责任人员,依照前款的规定处罚。

有前两款行为,同时构成其他犯罪的,依照处罚较重的规定定罪处罚。

第二百八十七条之一 利用信息网络实施下列行为之一,情节严重的,处三年以下有期徒刑或者拘役,并处或者单处罚金:

(一)设立用于实施诈骗、传授犯罪方法、制作或者销售违禁物品、管制物品等违法犯罪活动的网站、通讯群组的;

(二)发布有关制作或者销售毒品、枪支、淫秽物品等违禁物品、管制物品或者其他违法犯罪信息的;

(三)为实施诈骗等违法犯罪活动发布信息的。

单位犯前款罪的,对单位判处罚金,并对其直接负责的主管人员和其他直接责任人员,依照第一款的规定处罚。

有前两款行为,同时构成其他犯罪的,依照处罚较重的规定定罪处罚。

第二百八十七条之二 明知他人利用信息网络实施犯罪,为其犯罪提供互联网接入、服务器托管、网络存储、通讯传输等技术支持,或者提供广告推广、支付结算等帮助,情节严重的,处三年以下有期徒刑或者拘役,并处或者单处罚金。

单位犯前款罪的,对单位判处罚金,并对其直接负责的主管人员和其他直接责任人员,依照第一款的规定处罚。

有前两款行为,同时构成其他犯罪的,依照处罚较重的规定定罪处罚。

第二百八十八条 违反国家规定,擅自设置、使用无线电台(站),或者擅自使用无线电频率,干扰无线电通讯秩序,情节严重的,处三年以下有期徒刑、拘役或者管制,并处或者单处罚金;情节特别严重的,处三年以上七年以下有期徒刑,并处罚金。

单位犯前款罪的,对单位判处罚金,并对其直接负责的主管人员和其他直接责任人员,依照前款的规定处罚。

第三百六十三条 以牟利为目的,制作、复制、出版、贩卖、传播淫秽物品的,处三年以下有期徒刑、拘役或者管制,并处罚金;情节严重的,处三年以上十年以下有期徒刑,并处罚金;情节特别严重的,处十年以上有期徒刑或者无期徒刑,并处罚金或者没收财产。

为他人提供书号,出版淫秽书刊的,处三年以下有期徒刑、拘役或者管制,并处或者单处罚金;明知他人用于出版淫秽书刊而提供书号的,依照前款的规定处罚。

第三百六十四条　传播淫秽的书刊、影片、音像、图片或者其他淫秽物品,情节严重的,处二年以下有期徒刑、拘役或者管制。

组织播放淫秽的电影、录像等音像制品的,处三年以下有期徒刑、拘役或者管制,并处罚金;情节严重的,处三年以上十年以下有期徒刑,并处罚金。

制作、复制淫秽的电影、录像等音像制品组织播放的,依照第二款的规定从重处罚。

向不满十八周岁的未成年人传播淫秽物品的,从重处罚。

第三百六十六条　单位犯本节第三百六十三条、第三百六十四条、第三百六十五条规定之罪的,对单位判处罚金,并对其直接负责的主管人员和其他直接责任人员,依照各该条的规定处罚。

第三百六十七条　本法所称淫秽物品,是指具体描绘性行为或者露骨宣扬色情的诲淫性的书刊、影片、录像带、录音带、图片及其他淫秽物品。

有关人体生理、医学知识的科学著作不是淫秽物品。

包含有色情内容的有艺术价值的文学、艺术作品不视为淫秽物品。

中华人民共和国
国家安全法(节选)

(2015年7月1日第十二届全国人民代表大会常务委员会第十五次会议通过　2015年7月1日中华人民共和国主席令第29号公布)

第十五条　国家坚持中国共产党的领导,维护中国特色社会主义制度,发展社会主义民主政治,健全社会主义法治,强化权力运行制约和监督机制,保障人民当家作主的各项权利。

国家防范、制止和依法惩治任何叛国、分裂国家、煽动叛乱、颠覆或者煽动颠覆人民民主专政政权的行为;防范、制止和依法惩治窃取、泄露国家秘密等危害国家安全的行为;防范、制止和依法惩治境外势力的渗透、破坏、颠覆、分裂活动。

第二十三条　国家坚持社会主义先进文化前进方向,继承和弘扬中华民族优秀传统文化,培育和践行社会主义核心价值观,防范和抵制不良文化的影响,掌握意识形态领域主导权,增强文化整体实力和竞争力。

第二十五条　国家建设网络与信息安全保障体系,提升网络与信息安全保护能力,加强网络和信息技术的创新研究和开发应用,实现网络和信息核心技术、关键基础设施和重要领域信息系统及数据的安全可控;加强网络管理,防范、制止和依法惩治网络攻击、网络入侵、网络窃密、散布违法有害信息等网络违法犯罪行为,维护国家网络空间主权、安全和发展利益。

第二十七条 国家依法保护公民宗教信仰自由和正常宗教活动,坚持宗教独立自主自办的原则,防范、制止和依法惩治利用宗教名义进行危害国家安全的违法犯罪活动,反对境外势力干涉境内宗教事务,维护正常宗教活动秩序。

国家依法取缔邪教组织,防范、制止和依法惩治邪教违法犯罪活动。

第二十八条 国家反对一切形式的恐怖主义和极端主义,加强防范和处置恐怖主义的能力建设,依法开展情报、调查、防范、处置以及资金监管等工作,依法取缔恐怖活动组织和严厉惩治暴力恐怖活动。

中华人民共和国
境外非政府组织
境内活动管理法(节选)

(2016年4月28日第十二届全国人民代表大会常务委员会第二十次会议通过 根据2017年11月4日第十二届全国人民代表大会常务委员会第三十次会议《关于修改〈中华人民共和国会计法〉等十一部法律的决定》修正)

第五条 境外非政府组织在中国境内开展活动应当遵守中国法律,不得危害中国的国家统一、安全和民族团结,不得损害中国国家利益、社会公共利益和公民、法人以及其他组织的合法权益。

境外非政府组织在中国境内不得从事或者资助营利性活动、政治活动,不得非法从事或者资助宗教活动。

第四十七条 境外非政府组织、境外非政府组织代表机构有下列情形之一的,由登记管理机关吊销登记证书或者取缔临时活动;尚不构成犯罪的,由设区的市级以上人民政府公安机关对直接责任人员处十五日以下拘留:

(一)煽动抗拒法律、法规实施的;

(二)非法获取国家秘密的;

(三)造谣、诽谤或者发表、传播其他有害信息,危害国家安全或者损害国家利益的;

(四)从事或者资助政治活动,非法从事或者资助宗教活动的;

(五)有其他危害国家安全、损害国家利益或者社会公共利益情形的。

境外非政府组织、境外非政府组织代表机构有分裂国家、破坏国家统一、颠覆国家政权等犯罪行为的,由登记管理机关依照前款规定处罚,对直接责任人员依法追究刑事责任。

中华人民共和国反恐怖主义法(节选)

(2015年12月27日第十二届全国人民代表大会常务委员会第十八次会议通过　根据2018年4月27日第十三届全国人民代表大会常务委员会第二次会议《关于修改〈中华人民共和国国境卫生检疫法〉等六部法律的决定》修正)

第十九条　电信业务经营者、互联网服务提供者应当依照法律、行政法规规定,落实网络安全、信息内容监督制度和安全技术防范措施,防止含有恐怖主义、极端主义内容的信息传播;发现含有恐怖主义、极端主义内容的信息的,应当立即停止传输,保存相关记录,删除相关信息,并向公安机关或者有关部门报告。

网信、电信、公安、国家安全等主管部门对含有恐怖主义、极端主义内容的信息,应当按照职责分工,及时责令有关单位停止传输、删除相关信息,或者关闭相关网站、关停相关服务。有关单位应当立即执行,并保存相关记录,协助进行调查。对互联网上跨境传输的含有恐怖主义、极端主义内容的信息,电信主管部门应当采取技术措施,阻断传播。

地图管理条例(节选)

(2015年11月26日国务院令第664号公布　自2016年1月1日起施行)

第二条　在中华人民共和国境内从事向社会公开的地图的编制、审核、出版和互联网地图服务以及监督检查活动,应当遵守本条例。

第三条　地图工作应当遵循维护国家主权、保障地理信息安全、方便群众生活的原则。

地图的编制、审核、出版和互联网地图服务应当遵守有关保密法律、法规的规定。

第五条　各级人民政府及其有关部门、新闻媒体应当加强国家版图宣传教育,增强公民的国家版图意识。

国家版图意识教育应当纳入中小学教学内容。

公民、法人和其他组织应当使用正确表示国家版图的地图。

第六条　国家鼓励编制和出版符合标准和规定的各类地图产品,支持地理信息科学技术创新和产业发展,加快地理信息产业结构调整和优化升级,促进地理信息深层次应用。

县级以上人民政府应当建立健全政府部门间地理信息资源共建共享机制。

县级以上人民政府测绘地理信息行政主管部门应当采取有效措施,及时获取、处理、更新基础地理信息数据,通过地理信息公共服务平台向社会提供地理信息公共服务,实现地理信息数据开放共享。

第七条 从事地图编制活动的单位应当依法取得相应的测绘资质证书,并在资质等级许可的范围内开展地图编制工作。

第八条 编制地图,应当执行国家有关地图编制标准,遵守国家有关地图内容表示的规定。

地图上不得表示下列内容:

(一)危害国家统一、主权和领土完整的;

(二)危害国家安全、损害国家荣誉和利益的;

(三)属于国家秘密的;

(四)影响民族团结、侵害民族风俗习惯的;

(五)法律、法规规定不得表示的其他内容。

第九条 编制地图,应当选用最新的地图资料并及时补充或者更新,正确反映各要素的地理位置、形态、名称及相互关系,且内容符合地图使用目的。

编制涉及中华人民共和国国界的世界地图、全国地图,应当完整表示中华人民共和国疆域。

第十条 在地图上绘制中华人民共和国国界、中国历史疆界、世界各国间边界、世界各国间历史疆界,应当遵守下列规定:

(一)中华人民共和国国界,按照中国国界线画法标准样图绘制;

(二)中国历史疆界,依据有关历史资料,按照实际历史疆界绘制;

(三)世界各国间边界,按照世界各国国界线画法参考样图绘制;

(四)世界各国间历史疆界,依据有关历史资料,按照实际历史疆界绘制。

中国国界线画法标准样图、世界各国国界线画法参考样图,由外交部和国务院测绘地理信息行政主管部门拟订,报国务院批准后公布。

第十一条 在地图上绘制我国县级以上行政区域界线或者范围,应当符合行政区域界线标准画法图、国务院批准公布的特别行政区行政区域图和国家其他有关规定。

行政区域界线标准画法图由国务院民政部门和国务院测绘地理信息行政主管部门拟订,报国务院批准后公布。

第十二条 在地图上表示重要地理信息数据,应当使用依法公布的重要地理信息数据。

第十三条 利用涉及国家秘密的测绘成果编制地图的,应当依法使用经国务院测绘地理信息行政主管部门或者省、自治区、直辖市人民政府测绘地理信息行政主管部门进行保密技术处理的测绘成果。

第十四条 县级以上人民政府测绘地理信息行政主管部门应当向社会公布公益性地图,供无偿使用。

县级以上人民政府测绘地理信息行政主管部门应当及时组织收集与地图内容相关的行政区划、地名、交通、水系、植被、公共设施、居民点等的变更情况,用于定期更新公益性地图。有关部门和单位应当及时提供相关更新资料。

第十五条　国家实行地图审核制度。

向社会公开的地图，应当报送有审核权的测绘地理信息行政主管部门审核。但是，景区图、街区图、地铁线路图等内容简单的地图除外。

地图审核不得收取费用。

第十六条　出版地图的，由出版单位送审；展示或者登载不属于出版物的地图的，由展示者或者登载者送审；进口不属于出版物的地图或者附着地图图形的产品的，由进口者送审；进口属于出版物的地图，依照《出版管理条例》的有关规定执行；出口不属于出版物的地图或者附着地图图形的产品的，由出口者送审；生产附着地图图形的产品的，由生产者送审。

送审应当提交以下材料：

（一）地图审核申请表；

（二）需要审核的地图样图或者样品；

（三）地图编制单位的测绘资质证书。

进口不属于出版物的地图和附着地图图形的产品的，仅需提交前款第一项、第二项规定的材料。利用涉及国家秘密的测绘成果编制地图的，还应当提交保密技术处理证明。

第二十一条　送审地图符合下列规定的，由有审核权的测绘地理信息行政主管部门核发地图审核批准文件，并注明审图号：

（一）符合国家有关地图编制标准，完整表示中华人民共和国疆域；

（二）国界、边界、历史疆界、行政区域界线或者范围、重要地理信息数据、地名等符合国家有关地图内容表示的规定；

（三）不含有地图上不得表示的内容。

地图审核批准文件和审图号应当在有审核权的测绘地理信息行政主管部门网站或者其他新闻媒体上及时公告。

第二十二条　经审核批准的地图，应当在地图或者附着地图图形的产品的适当位置显著标注审图号。其中，属于出版物的，应当在版权页标注审图号。

第二十三条　全国性中小学教学地图，由国务院教育行政部门会同国务院测绘地理信息行政主管部门、外交部组织审定；地方性中小学教学地图，由省、自治区、直辖市人民政府教育行政部门会同省、自治区、直辖市人民政府测绘地理信息行政主管部门组织审定。

第二十四条　任何单位和个人不得出版、展示、登载、销售、进口、出口不符合国家有关标准和规定的地图，不得携带、寄递不符合国家有关标准和规定的地图进出境。

进口、出口地图的，应当向海关提交地图审核批准文件和审图号。

第二十六条　县级以上人民政府出版行政主管部门应当加强对地图出版活动的监督管理，依法对地图出版违法行为进行查处。

第二十七条　出版单位从事地图出版活动的，应当具有国务院出版行政主管部门审核批准的地图出版业务范围，并依照《出版管理条例》的有关规定办理审批手续。

第二十八条　出版单位根据需要，可以在出版物中插附经审核批准的地图。

第二十九条 任何出版单位不得出版未经审定的中小学教学地图。

第三十条 出版单位出版地图,应当按照国家有关规定向国家图书馆、中国版本图书馆和国务院出版行政主管部门免费送交样本。

第三十一条 地图著作权的保护,依照有关著作权法律、法规的规定执行。

第三十三条 互联网地图服务单位向公众提供地理位置定位、地理信息上传标注和地图数据库开发等服务的,应当依法取得相应的测绘资质证书。

互联网地图服务单位从事互联网地图出版活动的,应当经国务院出版行政主管部门依法审核批准。

第三十六条 互联网地图服务单位用于提供服务的地图数据库及其他数据库不得存储、记录含有按照国家有关规定在地图上不得表示的内容。互联网地图服务单位发现其网站传输的地图信息含有不得表示的内容的,应当立即停止传输,保存有关记录,并向县级以上人民政府测绘地理信息行政主管部门、出版行政主管部门、网络安全和信息化主管部门等有关部门报告。

第三十七条 任何单位和个人不得通过互联网上传标注含有按照国家有关规定在地图上不得表示的内容。

第三十八条 互联网地图服务单位应当使用经依法审核批准的地图,加强对互联网地图新增内容的核查校对,并按照国家有关规定向国务院测绘地理信息行政主管部门或者省、自治区、直辖市测绘地理信息行政主管部门备案。

第四十二条 县级以上人民政府及其有关部门应当依法加强对地图编制、出版、展示、登载、生产、销售、进口、出口等活动的监督检查。

第四十三条 县级以上人民政府测绘地理信息行政主管部门、出版行政主管部门和其他有关部门依法进行监督检查时,有权采取下列措施:

(一)进入涉嫌地图违法行为的场所实施现场检查;

(二)查阅、复制有关合同、票据、账簿等资料;

(三)查封、扣押涉嫌违法的地图、附着地图图形的产品以及用于实施地图违法行为的设备、工具、原材料等。

第四十五条 县级以上人民政府测绘地理信息行政主管部门应当根据国家有关标准和技术规范,加强地图质量监督管理。

地图编制、出版、展示、登载、生产、销售、进口、出口单位应当建立健全地图质量责任制度,采取有效措施,保证地图质量。

第四十六条 任何单位和个人对地图违法行为有权进行举报。

接到举报的人民政府或者有关部门应当及时依法调查处理,并为举报人保密。

第四十八条 违反本条例规定,未取得测绘资质证书或者超越测绘资质等级许可的范围从事地图编制活动或者互联网地图服务活动的,依照《中华人民共和国测绘法》的有关规定进行处罚。

第四十九条 违反本条例规定,应当送审而未送审的,责令改正,给予警告,没收违法地图或者附着地图图形的产品,可以处10万元以下的罚款;有违法所得的，没收违法所得；构成犯罪的，依法追究刑事责任。

第五十条　违反本条例规定，不需要送审的地图不符合国家有关标准和规定的，责令改正，给予警告，没收违法地图或者附着地图图形的产品，可以处10万元以下的罚款；有违法所得的，没收违法所得；情节严重的，可以向社会通报；构成犯罪的，依法追究刑事责任。

第五十一条　违反本条例规定，经审核不符合国家有关标准和规定的地图未按照审核要求修改即向社会公开的，责令改正，给予警告，没收违法地图或者附着地图图形的产品，可以处10万元以下的罚款；有违法所得的，没收违法所得；情节严重的，责令停业整顿，降低资质等级或者吊销测绘资质证书，可以向社会通报；构成犯罪的，依法追究刑事责任。

第五十二条　违反本条例规定，弄虚作假、伪造申请材料骗取地图审核批准文件，或者伪造、冒用地图审核批准文件和审图号的，责令停止违法行为，给予警告，没收违法地图和附着地图图形的产品，并处10万元以上20万元以下的罚款；有违法所得的，没收违法所得；情节严重的，责令停业整顿，降低资质等级或者吊销测绘资质证书；构成犯罪的，依法追究刑事责任。

第五十三条　违反本条例规定，未在地图的适当位置显著标注审图号，或者未按照有关规定送交样本的，责令改正，给予警告；情节严重的，责令停业整顿，降低资质等级或者吊销测绘资质证书。

第五十四条　违反本条例规定，互联网地图服务单位使用未经依法审核批准的地图提供服务，或者未对互联网地图新增内容进行核查校对的，责令改正，给予警告，可以处20万元以下的罚款；有违法所得的，没收违法所得；情节严重的，责令停业整顿，降低资质等级或者吊销测绘资质证书；构成犯罪的，依法追究刑事责任。

第五十五条　违反本条例规定，通过互联网上传标注了含有按照国家有关规定在地图上不得表示的内容的，责令改正，给予警告，可以处10万元以下的罚款；构成犯罪的，依法追究刑事责任。

宗教事务条例（节选）

（2017年8月26日国务院令第686号修订　自2018年2月1日起施行）

第二十八条　宗教活动场所内可以经销宗教用品、宗教艺术品和宗教出版物。

第四十五条　宗教团体、宗教院校和寺观教堂按照国家有关规定可以编印、发送宗教内部资料性出版物。出版公开发行的宗教出版物，按照国家出版管理的规定办理。

涉及宗教内容的出版物，应当符合国家出版管理的规定，并不得含有下列内容：

（一）破坏信教公民与不信教公民和睦相处的；

（二）破坏不同宗教之间和睦以及宗教内部和睦的；

(三)歧视、侮辱信教公民或者不信教公民的;

(四)宣扬宗教极端主义的;

(五)违背宗教的独立自主自办原则的。

第四十六条 超出个人自用、合理数量的宗教类出版物及印刷品进境,或者以其他方式进口宗教类出版物及印刷品,应当按照国家有关规定办理。

第四十七条 从事互联网宗教信息服务,应当经省级以上人民政府宗教事务部门审核同意后,按照国家互联网信息服务管理有关规定办理。

第四十八条 互联网宗教信息服务的内容应当符合有关法律、法规、规章和宗教事务管理的相关规定。

互联网宗教信息服务的内容,不得违反本条例第四十五条第二款的规定。

第六十八条 涉及宗教内容的出版物或者互联网宗教信息服务有本条例第四十五条第二款禁止内容的,由有关部门对相关责任单位及人员依法给予行政处罚;构成犯罪的,依法追究刑事责任。

擅自从事互联网宗教信息服务或者超出批准或备案项目提供服务的,由有关部门根据相关法律、法规处理。

二、著 作 权

中华人民共和国著作权法

（1990年9月7日第七届全国人民代表大会常务委员会第十五次会议通过　根据2001年10月27日第九届全国人民代表大会常务委员会第二十四次会议《关于修改〈中华人民共和国著作权法〉的决定》第一次修正　根据2010年2月26日第十一届全国人民代表大会常务委员会第十三次会议《关于修改〈中华人民共和国著作权法〉的决定》第二次修正　根据2020年11月11日第十三届全国人民代表大会常务委员会第二十三次会议《关于修改〈中华人民共和国著作权法〉的决定》第三次修正）

目　　录

第一章　总　　则

第一条　为保护文学、艺术和科学作品作者的著作权，以及与著作权有关的权益，鼓励有益于社会主义精神文明、物质文明建设的作品的创作和传播，促进社会主义文化和科学事业的发展与繁荣，根据宪法制定本法。

第二条　中国公民、法人或者非法人组织的作品，不论是否发表，依照本法享有著作权。

外国人、无国籍人的作品根据其作者所属国或者经常居住地国同中国签订的协议或者共同参加的国际条约享有的著作权，受本法保护。

外国人、无国籍人的作品首先在中国境内出版的，依照本法享有著作权。

未与中国签订协议或者共同参加国际条约的国家的作者以及无国籍人的作品首次在中国参加的国际条约的成员国

出版的,或者在成员国和非成员国同时出版的,受本法保护。

第三条 本法所称的作品,是指文学、艺术和科学领域内具有独创性并能以一定形式表现的智力成果,包括:

(一)文字作品;

(二)口述作品;

(三)音乐、戏剧、曲艺、舞蹈、杂技艺术作品;

(四)美术、建筑作品;

(五)摄影作品;

(六)视听作品;

(七)工程设计图、产品设计图、地图、示意图等图形作品和模型作品;

(八)计算机软件;

(九)符合作品特征的其他智力成果。

第四条 著作权人和与著作权有关的权利人行使权利,不得违反宪法和法律,不得损害公共利益。国家对作品的出版、传播依法进行监督管理。

第五条 本法不适用于:

(一)法律、法规,国家机关的决议、决定、命令和其他具有立法、行政、司法性质的文件,及其官方正式译文;

(二)单纯事实消息;

(三)历法、通用数表、通用表格和公式。

第六条 民间文学艺术作品的著作权保护办法由国务院另行规定。

第七条 国家著作权主管部门负责全国的著作权管理工作;县级以上地方主管著作权的部门负责本行政区域的著作权管理工作。

第八条 著作权人和与著作权有关的权利人可以授权著作权集体管理组织行使著作权或者与著作权有关的权利。依法设立的著作权集体管理组织是非营利法人,被授权后可以以自己的名义为著作权人和与著作权有关的权利人主张权利,并可以作为当事人进行涉及著作权或者与著作权有关的权利的诉讼、仲裁、调解活动。

著作权集体管理组织根据授权向使用者收取使用费。使用费的收取标准由著作权集体管理组织和使用者代表协商确定,协商不成的,可以向国家著作权主管部门申请裁决,对裁决不服的,可以向人民法院提起诉讼;当事人也可以直接向人民法院提起诉讼。

著作权集体管理组织应当将使用费的收取和转付、管理费的提取和使用、使用费的未分配部分等总体情况定期向社会公布,并应当建立权利信息查询系统,供权利人和使用者查询。国家著作权主管部门应当依法对著作权集体管理组织进行监督、管理。

著作权集体管理组织的设立方式、权利义务、使用费的收取和分配,以及对其监督和管理等由国务院另行规定。

第二章 著 作 权

第一节 著作权人及其权利

第九条 著作权人包括:

(一)作者;

(二)其他依照本法享有著作权的自然人、法人或者非法人组织。

第十条 著作权包括下列人身权和财产权：

（一）发表权，即决定作品是否公之于众的权利；

（二）署名权，即表明作者身份，在作品上署名的权利；

（三）修改权，即修改或者授权他人修改作品的权利；

（四）保护作品完整权，即保护作品不受歪曲、篡改的权利；

（五）复制权，即以印刷、复印、拓印、录音、录像、翻录、翻拍、数字化等方式将作品制作一份或者多份的权利；

（六）发行权，即以出售或者赠与方式向公众提供作品的原件或者复制件的权利；

（七）出租权，即有偿许可他人临时使用视听作品、计算机软件的原件或者复制件的权利，计算机软件不是出租的主要标的的除外；

（八）展览权，即公开陈列美术作品、摄影作品的原件或者复制件的权利；

（九）表演权，即公开表演作品，以及用各种手段公开播送作品的表演的权利；

（十）放映权，即通过放映机、幻灯机等技术设备公开再现美术、摄影、视听作品等的权利；

（十一）广播权，即以有线或者无线方式公开传播或者转播作品，以及通过扩音器或者其他传送符号、声音、图像的类似工具向公众传播广播的作品的权利，但不包括本款第十二项规定的权利；

（十二）信息网络传播权，即以有线或者无线方式向公众提供，使公众可以在其选定的时间和地点获得作品的权利；

（十三）摄制权，即以摄制视听作品的方法将作品固定在载体上的权利；

（十四）改编权，即改变作品，创作出具有独创性的新作品的权利；

（十五）翻译权，即将作品从一种语言文字转换成另一种语言文字的权利；

（十六）汇编权，即将作品或者作品的片段通过选择或者编排，汇集成新作品的权利；

（十七）应当由著作权人享有的其他权利。

著作权人可以许可他人行使前款第五项至第十七项规定的权利，并依照约定或者本法有关规定获得报酬。

著作权人可以全部或者部分转让本条第一款第五项至第十七项规定的权利，并依照约定或者本法有关规定获得报酬。

第二节 著作权归属

第十一条 著作权属于作者，本法另有规定的除外。

创作作品的自然人是作者。

由法人或者非法人组织主持，代表法人或者非法人组织意志创作，并由法人或者非法人组织承担责任的作品，法人或者非法人组织视为作者。

第十二条 在作品上署名的自然人、法人或者非法人组织为作者，且该作品上存在相应权利，但有相反证明的除外。

作者等著作权人可以向国家著作权主管部门认定的登记机构办理作品登记。

与著作权有关的权利参照适用前两款规定。

第十三条 改编、翻译、注释、整理已有作品而产生的作品,其著作权由改编、翻译、注释、整理人享有,但行使著作权时不得侵犯原作品的著作权。

第十四条 两人以上合作创作的作品,著作权由合作作者共同享有。没有参加创作的人,不能成为合作作者。

合作作品的著作权由合作作者通过协商一致行使;不能协商一致,又无正当理由的,任何一方不得阻止他方行使除转让、许可他人专有使用、出质以外的其他权利,但是所得收益应当合理分配给所有合作作者。

合作作品可以分割使用的,作者对各自创作的部分可以单独享有著作权,但行使著作权时不得侵犯合作作品整体的著作权。

第十五条 汇编若干作品、作品的片段或者不构成作品的数据或者其他材料,对其内容的选择或者编排体现独创性的作品,为汇编作品,其著作权由汇编人享有,但行使著作权时,不得侵犯原作品的著作权。

第十六条 使用改编、翻译、注释、整理、汇编已有作品而产生的作品进行出版、演出和制作录音录像制品,应当取得该作品的著作权人和原作品的著作权人许可,并支付报酬。

第十七条 视听作品中的电影作品、电视剧作品的著作权由制作者享有,但编剧、导演、摄影、作词、作曲等作者享有署名权,并有权按照与制作者签订的合同获得报酬。

前款规定以外的视听作品的著作权归属由当事人约定;没有约定或者约定不明确的,由制作者享有,但作者享有署名权和获得报酬的权利。

视听作品中的剧本、音乐等可以单独使用的作品的作者有权单独行使其著作权。

第十八条 自然人为完成法人或者非法人组织工作任务所创作的作品是职务作品,除本条第二款的规定以外,著作权由作者享有,但法人或者非法人组织有权在其业务范围内优先使用。作品完成两年内,未经单位同意,作者不得许可第三人以与单位使用的相同方式使用该作品。

有下列情形之一的职务作品,作者享有署名权,著作权的其他权利由法人或者非法人组织享有,法人或者非法人组织可以给予作者奖励:

(一)主要是利用法人或者非法人组织的物质技术条件创作,并由法人或者非法人组织承担责任的工程设计图、产品设计图、地图、示意图、计算机软件等职务作品;

(二)报社、期刊社、通讯社、广播电台、电视台的工作人员创作的职务作品;

(三)法律、行政法规规定或者合同约定著作权由法人或者非法人组织享有的职务作品。

第十九条 受委托创作的作品,著

作权的归属由委托人和受托人通过合同约定。合同未作明确约定或者没有订立合同的，著作权属于受托人。

第二十条 作品原件所有权的转移，不改变作品著作权的归属，但美术、摄影作品原件的展览权由原件所有人享有。

作者将未发表的美术、摄影作品的原件所有权转让给他人，受让人展览该原件不构成对作者发表权的侵犯。

第二十一条 著作权属于自然人的，自然人死亡后，其本法第十条第一款第五项至第十七项规定的权利在本法规定的保护期内，依法转移。

著作权属于法人或者非法人组织的，法人或者非法人组织变更、终止后，其本法第十条第一款第五项至第十七项规定的权利在本法规定的保护期内，由承受其权利义务的法人或者非法人组织享有；没有承受其权利义务的法人或者非法人组织的，由国家享有。

第三节 权利的保护期

第二十二条 作者的署名权、修改权、保护作品完整权的保护期不受限制。

第二十三条 自然人的作品，其发表权、本法第十条第一款第五项至第十七项规定的权利的保护期为作者终生及其死亡后五十年，截止于作者死亡后第五十年的12月31日；如果是合作作品，截止于最后死亡的作者死亡后第五十年的12月31日。

法人或者非法人组织的作品、著作权（署名权除外）由法人或者非法人组织享有的职务作品，其发表权的保护期为五十年，截止于作品创作完成后第五十年的12月31日；本法第十条第一款第五项至第十七项规定的权利的保护期为五十年，截止于作品首次发表后第五十年的12月31日，但作品自创作完成后五十年内未发表的，本法不再保护。

视听作品，其发表权的保护期为五十年，截止于作品创作完成后第五十年的12月31日；本法第十条第一款第五项至第十七项规定的权利的保护期为五十年，截止于作品首次发表后第五十年的12月31日，但作品自创作完成后五十年内未发表的，本法不再保护。

第四节 权利的限制

第二十四条 在下列情况下使用作品，可以不经著作权人许可，不向其支付报酬，但应当指明作者姓名或者名称、作品名称，并且不得影响该作品的正常使用，也不得不合理地损害著作权人的合法权益：

（一）为个人学习、研究或者欣赏，使用他人已经发表的作品；

（二）为介绍、评论某一作品或者说明某一问题，在作品中适当引用他人已经发表的作品；

（三）为报道新闻，在报纸、期刊、广播电台、电视台等媒体中不可避免地再现或者引用已经发表的作品；

（四）报纸、期刊、广播电台、电视台等媒体刊登或者播放其他报纸、期刊、广播电台、电视台等媒体已经发表的关于政治、经济、宗教问题的时事性文章，但

著作权人声明不许刊登、播放的除外;

(五)报纸、期刊、广播电台、电视台等媒体刊登或者播放在公众集会上发表的讲话,但作者声明不许刊登、播放的除外;

(六)为学校课堂教学或者科学研究,翻译、改编、汇编、播放或者少量复制已经发表的作品,供教学或者科研人员使用,但不得出版发行;

(七)国家机关为执行公务在合理范围内使用已经发表的作品;

(八)图书馆、档案馆、纪念馆、博物馆、美术馆、文化馆等为陈列或者保存版本的需要,复制本馆收藏的作品;

(九)免费表演已经发表的作品,该表演未向公众收取费用,也未向表演者支付报酬,且不以营利为目的;

(十)对设置或者陈列在公共场所的艺术作品进行临摹、绘画、摄影、录像;

(十一)将中国公民、法人或者非法人组织已经发表的以国家通用语言文字创作的作品翻译成少数民族语言文字作品在国内出版发行;

(十二)以阅读障碍者能够感知的无障碍方式向其提供已经发表的作品;

(十三)法律、行政法规规定的其他情形。

前款规定适用于对与著作权有关的权利的限制。

第二十五条 为实施义务教育和国家教育规划而编写出版教科书,可以不经著作权人许可,在教科书中汇编已经发表的作品片段或者短小的文字作品、音乐作品或者单幅的美术作品、摄影作品、图形作品,但应当按照规定向著作权人支付报酬,指明作者姓名或者名称、作品名称,并且不得侵犯著作权人依照本法享有的其他权利。

前款规定适用于对与著作权有关的权利的限制。

第三章 著作权许可使用和转让合同

第二十六条 使用他人作品应当同著作权人订立许可使用合同,本法规定可以不经许可的除外。

许可使用合同包括下列主要内容:

(一)许可使用的权利种类;

(二)许可使用的权利是专有使用权或者非专有使用权;

(三)许可使用的地域范围、期间;

(四)付酬标准和办法;

(五)违约责任;

(六)双方认为需要约定的其他内容。

第二十七条 转让本法第十条第一款第五项至第十七项规定的权利,应当订立书面合同。

权利转让合同包括下列主要内容:

(一)作品的名称;

(二)转让的权利种类、地域范围;

(三)转让价金;

(四)交付转让价金的日期和方式;

(五)违约责任;

(六)双方认为需要约定的其他内容。

第二十八条 以著作权中的财产权出质的,由出质人和质权人依法办理出质登记。

第二十九条 许可使用合同和转让合同中著作权人未明确许可、转让的权利，未经著作权人同意，另一方当事人不得行使。

第三十条 使用作品的付酬标准可以由当事人约定，也可以按照国家著作权主管部门会同有关部门制定的付酬标准支付报酬。当事人约定不明确的，按照国家著作权主管部门会同有关部门制定的付酬标准支付报酬。

第三十一条 出版者、表演者、录音录像制作者、广播电台、电视台等依照本法有关规定使用他人作品的，不得侵犯作者的署名权、修改权、保护作品完整权和获得报酬的权利。

第四章 与著作权有关的权利

第一节 图书、报刊的出版

第三十二条 图书出版者出版图书应当和著作权人订立出版合同，并支付报酬。

第三十三条 图书出版者对著作权人交付出版的作品，按照合同约定享有的专有出版权受法律保护，他人不得出版该作品。

第三十四条 著作权人应当按照合同约定期限交付作品。图书出版者应当按照合同约定的出版质量、期限出版图书。

图书出版者不按照合同约定期限出版，应当依照本法第六十一条的规定承担民事责任。

图书出版者重印、再版作品的，应当通知著作权人，并支付报酬。图书脱销后，图书出版者拒绝重印、再版的，著作权人有权终止合同。

第三十五条 著作权人向报社、期刊社投稿的，自稿件发出之日起十五日内未收到报社通知决定刊登的，或者自稿件发出之日起三十日内未收到期刊社通知决定刊登的，可以将同一作品向其他报社、期刊社投稿。双方另有约定的除外。

作品刊登后，除著作权人声明不得转载、摘编的外，其他报刊可以转载或者作为文摘、资料刊登，但应当按照规定向著作权人支付报酬。

第三十六条 图书出版者经作者许可，可以对作品修改、删节。

报社、期刊社可以对作品作文字性修改、删节。对内容的修改，应当经作者许可。

第三十七条 出版者有权许可或者禁止他人使用其出版的图书、期刊的版式设计。

前款规定的权利的保护期为十年，截止于使用该版式设计的图书、期刊首次出版后第十年的12月31日。

第二节 表　　演

第三十八条 使用他人作品演出，表演者应当取得著作权人许可，并支付报酬。演出组织者组织演出，由该组织者取得著作权人许可，并支付报酬。

第三十九条 表演者对其表演享有下列权利：

(一)表明表演者身份;

(二)保护表演形象不受歪曲;

(三)许可他人从现场直播和公开传送其现场表演,并获得报酬;

(四)许可他人录音录像,并获得报酬;

(五)许可他人复制、发行、出租录有其表演的录音录像制品,并获得报酬;

(六)许可他人通过信息网络向公众传播其表演,并获得报酬。

被许可人以前款第三项至第六项规定的方式使用作品,还应当取得著作权人许可,并支付报酬。

第四十条 演员为完成本演出单位的演出任务进行的表演为职务表演,演员享有表明身份和保护表演形象不受歪曲的权利,其他权利归属由当事人约定。当事人没有约定或者约定不明确的,职务表演的权利由演出单位享有。

职务表演的权利由演员享有的,演出单位可以在其业务范围内免费使用该表演。

第四十一条 本法第三十九条第一款第一项、第二项规定的权利的保护期不受限制。

本法第三十九条第一款第三项至第六项规定的权利的保护期为五十年,截止于该表演发生后第五十年的12月31日。

第三节 录音录像

第四十二条 录音录像制作者使用他人作品制作录音录像制品,应当取得著作权人许可,并支付报酬。

录音制作者使用他人已经合法录制为录音制品的音乐作品制作录音制品,可以不经著作权人许可,但应当按照规定支付报酬;著作权人声明不许使用的不得使用。

第四十三条 录音录像制作者制作录音录像制品,应当同表演者订立合同,并支付报酬。

第四十四条 录音录像制作者对其制作的录音录像制品,享有许可他人复制、发行、出租、通过信息网络向公众传播并获得报酬的权利;权利的保护期为五十年,截止于该制品首次制作完成后第五十年的12月31日。

被许可人复制、发行、通过信息网络向公众传播录音录像制品,应当同时取得著作权人、表演者许可,并支付报酬;被许可人出租录音录像制品,还应当取得表演者许可,并支付报酬。

第四十五条 将录音制品用于有线或者无线公开传播,或者通过传送声音的技术设备向公众公开播送的,应当向录音制作者支付报酬。

第四节 广播电台、电视台播放

第四十六条 广播电台、电视台播放他人未发表的作品,应当取得著作权人许可,并支付报酬。

广播电台、电视台播放他人已发表的作品,可以不经著作权人许可,但应当按照规定支付报酬。

第四十七条 广播电台、电视台有权禁止未经其许可的下列行为:

(一)将其播放的广播、电视以有线

或者无线方式转播；

（二）将其播放的广播、电视录制以及复制；

（三）将其播放的广播、电视通过信息网络向公众传播。

广播电台、电视台行使前款规定的权利，不得影响、限制或者侵害他人行使著作权或者与著作权有关的权利。

本条第一款规定的权利的保护期为五十年，截止于该广播、电视首次播放后第五十年的12月31日。

第四十八条 电视台播放他人的视听作品、录像制品，应当取得视听作品著作权人或者录像制作者许可，并支付报酬；播放他人的录像制品，还应当取得著作权人许可，并支付报酬。

第五章 著作权和与著作权有关的权利的保护

第四十九条 为保护著作权和与著作权有关的权利，权利人可以采取技术措施。

未经权利人许可，任何组织或者个人不得故意避开或者破坏技术措施，不得以避开或者破坏技术措施为目的制造、进口或者向公众提供有关装置或者部件，不得故意为他人避开或者破坏技术措施提供技术服务。但是，法律、行政法规规定可以避开的情形除外。

本法所称的技术措施，是指用于防止、限制未经权利人许可浏览、欣赏作品、表演、录音录像制品或者通过信息网络向公众提供作品、表演、录音录像制品的有效技术、装置或者部件。

第五十条 下列情形可以避开技术措施，但不得向他人提供避开技术措施的技术、装置或者部件，不得侵犯权利人依法享有的其他权利：

（一）为学校课堂教学或者科学研究，提供少量已经发表的作品，供教学或者科研人员使用，而该作品无法通过正常途径获取；

（二）不以营利为目的，以阅读障碍者能够感知的无障碍方式向其提供已经发表的作品，而该作品无法通过正常途径获取；

（三）国家机关依照行政、监察、司法程序执行公务；

（四）对计算机及其系统或者网络的安全性能进行测试；

（五）进行加密研究或者计算机软件反向工程研究。

前款规定适用于对与著作权有关的权利的限制。

第五十一条 未经权利人许可，不得进行下列行为：

（一）故意删除或者改变作品、版式设计、表演、录音录像制品或者广播、电视上的权利管理信息，但由于技术上的原因无法避免的除外；

（二）知道或者应当知道作品、版式设计、表演、录音录像制品或者广播、电视上的权利管理信息未经许可被删除或者改变，仍然向公众提供。

第五十二条 有下列侵权行为的，应当根据情况，承担停止侵害、消除影响、赔礼道歉、赔偿损失等民事责任：

（一）未经著作权人许可，发表其作

品的;

(二)未经合作作者许可,将与他人合作创作的作品当作自己单独创作的作品发表的;

(三)没有参加创作,为谋取个人名利,在他人作品上署名的;

(四)歪曲、篡改他人作品的;

(五)剽窃他人作品的;

(六)未经著作权人许可,以展览、摄制视听作品的方法使用作品,或者以改编、翻译、注释等方式使用作品的,本法另有规定的除外;

(七)使用他人作品,应当支付报酬而未支付的;

(八)未经视听作品、计算机软件、录音录像制品的著作权人、表演者或者录音录像制作者许可,出租其作品或者录音录像制品的原件或者复制件的,本法另有规定的除外;

(九)未经出版者许可,使用其出版的图书、期刊的版式设计的;

(十)未经表演者许可,从现场直播或者公开传送其现场表演,或者录制其表演的;

(十一)其他侵犯著作权以及与著作权有关的权利的行为。

第五十三条 有下列侵权行为的,应当根据情况,承担本法第五十二条规定的民事责任;侵权行为同时损害公共利益的,由主管著作权的部门责令停止侵权行为,予以警告,没收违法所得,没收、无害化销毁处理侵权复制品以及主要用于制作侵权复制品的材料、工具、设备等,违法经营额五万元以上的,可以并处违法经营额一倍以上五倍以下的罚款;没有违法经营额、违法经营额难以计算或者不足五万元的,可以并处二十五万元以下的罚款;构成犯罪的,依法追究刑事责任:

(一)未经著作权人许可,复制、发行、表演、放映、广播、汇编、通过信息网络向公众传播其作品的,本法另有规定的除外;

(二)出版他人享有专有出版权的图书的;

(三)未经表演者许可,复制、发行录有其表演的录音录像制品,或者通过信息网络向公众传播其表演的,本法另有规定的除外;

(四)未经录音录像制作者许可,复制、发行、通过信息网络向公众传播其制作的录音录像制品的,本法另有规定的除外;

(五)未经许可,播放、复制或者通过信息网络向公众传播广播、电视的,本法另有规定的除外;

(六)未经著作权人或者与著作权有关的权利人许可,故意避开或者破坏技术措施的,故意制造、进口或者向他人提供主要用于避开、破坏技术措施的装置或者部件的,或者故意为他人避开或者破坏技术措施提供技术服务的,法律、行政法规另有规定的除外;

(七)未经著作权人或者与著作权有关的权利人许可,故意删除或者改变作品、版式设计、表演、录音录像制品或者广播、电视上的权利管理信息的,知道或者应当知道作品、版式设计、表演、录音录像制品或者广播、电视上的权利管理信息未经许可被删除或者改变，仍然向公众提供的，法律、行政法规另有规定的除外；

（八）制作、出售假冒他人署名的作品的。

第五十四条 侵犯著作权或者与著作权有关的权利的，侵权人应当按照权利人因此受到的实际损失或者侵权人的违法所得给予赔偿；权利人的实际损失或者侵权人的违法所得难以计算的，可以参照该权利使用费给予赔偿。对故意侵犯著作权或者与著作权有关的权利，情节严重的，可以在按照上述方法确定数额的一倍以上五倍以下给予赔偿。

权利人的实际损失、侵权人的违法所得、权利使用费难以计算的，由人民法院根据侵权行为的情节，判决给予五百元以上五百万元以下的赔偿。

赔偿数额还应当包括权利人为制止侵权行为所支付的合理开支。

人民法院为确定赔偿数额，在权利人已经尽了必要举证责任，而与侵权行为相关的账簿、资料等主要由侵权人掌握的，可以责令侵权人提供与侵权行为相关的账簿、资料等；侵权人不提供，或者提供虚假的账簿、资料等的，人民法院可以参考权利人的主张和提供的证据确定赔偿数额。

人民法院审理著作权纠纷案件，应权利人请求，对侵权复制品，除特殊情况外，责令销毁；对主要用于制造侵权复制品的材料、工具、设备等，责令销毁，且不予补偿；或者在特殊情况下，责令禁止前述材料、工具、设备等进入商业渠道，且不予补偿。

第五十五条 主管著作权的部门对涉嫌侵犯著作权和与著作权有关的权利的行为进行查处时，可以询问有关当事人，调查与涉嫌违法行为有关的情况；对当事人涉嫌违法行为的场所和物品实施现场检查；查阅、复制与涉嫌违法行为有关的合同、发票、账簿以及其他有关资料；对于涉嫌违法行为的场所和物品，可以查封或者扣押。

主管著作权的部门依法行使前款规定的职权时，当事人应当予以协助、配合，不得拒绝、阻挠。

第五十六条 著作权人或者与著作权有关的权利人有证据证明他人正在实施或者即将实施侵犯其权利、妨碍其实现权利的行为，如不及时制止将会使其合法权益受到难以弥补的损害的，可以在起诉前依法向人民法院申请采取财产保全、责令作出一定行为或者禁止作出一定行为等措施。

第五十七条 为制止侵权行为，在证据可能灭失或者以后难以取得的情况下，著作权人或者与著作权有关的权利人可以在起诉前依法向人民法院申请保全证据。

第五十八条 人民法院审理案件，对于侵犯著作权或者与著作权有关的权利的，可以没收违法所得、侵权复制品以及进行违法活动的财物。

第五十九条 复制品的出版者、制作者不能证明其出版、制作有合法授权的，复制品的发行者或者视听作品、计算机软件、录音录像制品的复制品的出租者不能证明其发行、出租的复制品有合法来源的,应当承担法律责任。

在诉讼程序中,被诉侵权人主张其不承担侵权责任的,应当提供证据证明已经取得权利人的许可,或者具有本法规定的不经权利人许可而可以使用的情形。

第六十条 著作权纠纷可以调解,也可以根据当事人达成的书面仲裁协议或者著作权合同中的仲裁条款,向仲裁机构申请仲裁。

当事人没有书面仲裁协议,也没有在著作权合同中订立仲裁条款的,可以直接向人民法院起诉。

第六十一条 当事人因不履行合同义务或者履行合同义务不符合约定而承担民事责任,以及当事人行使诉讼权利、申请保全等,适用有关法律的规定。

第六章 附 则

第六十二条 本法所称的著作权即版权。

第六十三条 本法第二条所称的出版,指作品的复制、发行。

第六十四条 计算机软件、信息网络传播权的保护办法由国务院另行规定。

第六十五条 摄影作品,其发表权、本法第十条第一款第五项至第十七项规定的权利的保护期在2021年6月1日前已经届满,但依据本法第二十三条第一款的规定仍在保护期内的,不再保护。

第六十六条 本法规定的著作权人和出版者、表演者、录音录像制作者、广播电台、电视台的权利,在本法施行之日尚未超过本法规定的保护期的,依照本法予以保护。

本法施行前发生的侵权或者违约行为,依照侵权或者违约行为发生时的有关规定处理。

第六十七条 本法自1991年6月1日起施行。

中华人民共和国著作权法实施条例

(2002年8月2日国务院令第359号公布 根据2011年1月8日《国务院关于废止和修改部分行政法规的决定》第一次修订 根据2013年1月30日《国务院关于修改〈中华人民共和国著作权法实施条例〉的决定》第二次修订)

第一条 根据《中华人民共和国著作权法》(以下简称著作权法),制定本条例。

第二条 著作权法所称作品,是指文学、艺术和科学领域内具有独创性并能以某种有形形式复制的智力成果。

第三条 著作权法所称创作,是指直接产生文学、艺术和科学作品的智力活动。

为他人创作进行组织工作,提供咨询意见、物质条件,或者进行其他辅助工作,均不视为创作。

第四条 著作权法和本条例中下列

作品的含义：

（一）文字作品，是指小说、诗词、散文、论文等以文字形式表现的作品；

（二）口述作品，是指即兴的演说、授课、法庭辩论等以口头语言形式表现的作品；

（三）音乐作品，是指歌曲、交响乐等能够演唱或者演奏的带词或者不带词的作品；

（四）戏剧作品，是指话剧、歌剧、地方戏等供舞台演出的作品；

（五）曲艺作品，是指相声、快书、大鼓、评书等以说唱为主要形式表演的作品；

（六）舞蹈作品，是指通过连续的动作、姿势、表情等表现思想情感的作品；

（七）杂技艺术作品，是指杂技、魔术、马戏等通过形体动作和技巧表现的作品；

（八）美术作品，是指绘画、书法、雕塑等以线条、色彩或者其他方式构成的有审美意义的平面或者立体的造型艺术作品；

（九）建筑作品，是指以建筑物或者构筑物形式表现的有审美意义的作品；

（十）摄影作品，是指借助器械在感光材料或者其他介质上记录客观物体形象的艺术作品；

（十一）电影作品和以类似摄制电影的方法创作的作品，是指摄制在一定介质上，由一系列有伴音或者无伴音的画面组成，并且借助适当装置放映或者以其他方式传播的作品；

（十二）图形作品，是指为施工、生产绘制的工程设计图、产品设计图，以及反映地理现象、说明事物原理或者结构的地图、示意图等作品；

（十三）模型作品，是指为展示、试验或者观测等用途，根据物体的形状和结构，按照一定比例制成的立体作品。

第五条　著作权法和本条例中下列用语的含义：

（一）时事新闻，是指通过报纸、期刊、广播电台、电视台等媒体报道的单纯事实消息；

（二）录音制品，是指任何对表演的声音和其他声音的录制品；

（三）录像制品，是指电影作品和以类似摄制电影的方法创作的作品以外的任何有伴音或者无伴音的连续相关形象、图像的录制品；

（四）录音制作者，是指录音制品的首次制作人；

（五）录像制作者，是指录像制品的首次制作人；

（六）表演者，是指演员、演出单位或者其他表演文学、艺术作品的人。

第六条　著作权自作品创作完成之日起产生。

第七条　著作权法第二条第三款规定的首先在中国境内出版的外国人、无国籍人的作品，其著作权自首次出版之日起受保护。

第八条　外国人、无国籍人的作品在中国境外首先出版后，30日内在中国境内出版的，视为该作品同时在中国境内出版。

第九条　合作作品不可以分割使用

的,其著作权由各合作作者共同享有,通过协商一致行使;不能协商一致,又无正当理由的,任何一方不得阻止他方行使除转让以外的其他权利,但是所得收益应当合理分配给所有合作作者。

第十条 著作权人许可他人将其作品摄制成电影作品和以类似摄制电影的方法创作的作品的,视为已同意对其作品进行必要的改动,但是这种改动不得歪曲篡改原作品。

第十一条 著作权法第十六条第一款关于职务作品的规定中的"工作任务",是指公民在该法人或者该组织中应当履行的职责。

著作权法第十六条第二款关于职务作品的规定中的"物质技术条件",是指该法人或者该组织为公民完成创作专门提供的资金、设备或者资料。

第十二条 职务作品完成两年内,经单位同意,作者许可第三人以与单位使用的相同方式使用作品所获报酬,由作者与单位按约定的比例分配。

作品完成两年的期限,自作者向单位交付作品之日起计算。

第十三条 作者身份不明的作品,由作品原件的所有人行使除署名权以外的著作权。作者身份确定后,由作者或者其继承人行使著作权。

第十四条 合作作者之一死亡后,其对合作作品享有的著作权法第十条第一款第五项至第十七项规定的权利无人继承又无人受遗赠的,由其他合作作者享有。

第十五条 作者死亡后,其著作权中的署名权、修改权和保护作品完整权由作者的继承人或者受遗赠人保护。

著作权无人继承又无人受遗赠的,其署名权、修改权和保护作品完整权由著作权行政管理部门保护。

第十六条 国家享有著作权的作品的使用,由国务院著作权行政管理部门管理。

第十七条 作者生前未发表的作品,如果作者未明确表示不发表,作者死亡后50年内,其发表权可由继承人或者受遗赠人行使;没有继承人又无人受遗赠的,由作品原件的所有人行使。

第十八条 作者身份不明的作品,其著作权法第十条第一款第五项至第十七项规定的权利的保护期截止于作品首次发表后第50年的12月31日。作者身份确定后,适用著作权法第二十一条的规定。

第十九条 使用他人作品的,应当指明作者姓名、作品名称;但是,当事人另有约定或者由于作品使用方式的特性无法指明的除外。

第二十条 著作权法所称已经发表的作品,是指著作权人自行或者许可他人公之于众的作品。

第二十一条 依照著作权法有关规定,使用可以不经著作权人许可的已经发表的作品的,不得影响该作品的正常使用,也不得不合理地损害著作权人的合法利益。

第二十二条 依照著作权法第二十三条、第三十三条第二款、第四十条第三款的规定使用作品的付酬标准,由国务院著作权行政管理部门会同国务院价格主管部门制定、公布。

第二十三条 使用他人作品应当同著作权人订立许可使用合同，许可使用的权利是专有使用权的，应当采取书面形式，但是报社、期刊社刊登作品除外。

第二十四条 著作权法第二十四条规定的专有使用权的内容由合同约定，合同没有约定或者约定不明的，视为被许可人有权排除包括著作权人在内的任何人以同样的方式使用作品；除合同另有约定外，被许可人许可第三人行使同一权利，必须取得著作权人的许可。

第二十五条 与著作权人订立专有许可使用合同、转让合同的，可以向著作权行政管理部门备案。

第二十六条 著作权法和本条例所称与著作权有关的权益，是指出版者对其出版的图书和期刊的版式设计享有的权利，表演者对其表演享有的权利，录音录像制作者对其制作的录音录像制品享有的权利，广播电台、电视台对其播放的广播、电视节目享有的权利。

第二十七条 出版者、表演者、录音录像制作者、广播电台、电视台行使权利，不得损害被使用作品和原作品著作权人的权利。

第二十八条 图书出版合同中约定图书出版者享有专有出版权但没有明确其具体内容的，视为图书出版者享有在合同有效期限内和在合同约定的地域范围内以同种文字的原版、修订版出版图书的专有权利。

第二十九条 著作权人寄给图书出版者的两份订单在6个月内未能得到履行，视为著作权法第三十二条所称图书脱销。

第三十条 著作权人依照著作权法第三十三条第二款声明不得转载、摘编其作品的，应当在报纸、期刊刊登该作品时附带声明。

第三十一条 著作权人依照著作权法第四十条第三款声明不得对其作品制作录音制品的，应当在该作品合法录制为录音制品时声明。

第三十二条 依照著作权法第二十三条、第三十三条第二款、第四十条第三款的规定，使用他人作品的，应当自使用该作品之日起2个月内向著作权人支付报酬。

第三十三条 外国人、无国籍人在中国境内的表演，受著作权法保护。

外国人、无国籍人根据中国参加的国际条约对其表演享有的权利，受著作权法保护。

第三十四条 外国人、无国籍人在中国境内制作、发行的录音制品，受著作权法保护。

外国人、无国籍人根据中国参加的国际条约对其制作、发行的录音制品享有的权利，受著作权法保护。

第三十五条 外国的广播电台、电视台根据中国参加的国际条约对其播放的广播、电视节目享有的权利，受著作权法保护。

第三十六条 有著作权法第四十八条所列侵权行为，同时损害社会公共利益，非法经营额5万元以上的，著作权行政管理部门可处非法经营额1倍以上5倍以下的罚款;没有非法经营额或者非法经营额5万元以下的,著作权行政管理部门根据情节轻重,可处25万元以下的罚款。

第三十七条 有著作权法第四十八条所列侵权行为,同时损害社会公共利益的,由地方人民政府著作权行政管理部门负责查处。

国务院著作权行政管理部门可以查处在全国有重大影响的侵权行为。

第三十八条 本条例自2002年9月15日起施行。1991年5月24日国务院批准、1991年5月30日国家版权局发布的《中华人民共和国著作权法实施条例》同时废止。

计算机软件保护条例

(2001年12月20日国务院令第339号公布 根据2011年1月8日《国务院关于废止和修改部分行政法规的决定》第一次修订 根据2013年1月30日《国务院关于修改〈计算机软件保护条例〉的决定》第二次修订)

第一章 总 则

第一条 为了保护计算机软件著作权人的权益,调整计算机软件在开发、传播和使用中发生的利益关系,鼓励计算机软件的开发与应用,促进软件产业和国民经济信息化的发展,根据《中华人民共和国著作权法》,制定本条例。

第二条 本条例所称计算机软件(以下简称软件),是指计算机程序及其有关文档。

第三条 本条例下列用语的含义:

(一)计算机程序,是指为了得到某种结果而可以由计算机等具有信息处理能力的装置执行的代码化指令序列,或者可以被自动转换成代码化指令序列的符号化指令序列或者符号化语句序列。同一计算机程序的源程序和目标程序为同一作品。

(二)文档,是指用来描述程序的内容、组成、设计、功能规格、开发情况、测试结果及使用方法的文字资料和图表等,如程序设计说明书、流程图、用户手册等。

(三)软件开发者,是指实际组织开发、直接进行开发,并对开发完成的软件承担责任的法人或者其他组织;或者依靠自己具有的条件独立完成软件开发,并对软件承担责任的自然人。

(四)软件著作权人,是指依照本条例的规定,对软件享有著作权的自然人、法人或者其他组织。

第四条 受本条例保护的软件必须由开发者独立开发,并已固定在某种有形物体上。

第五条 中国公民、法人或者其他组织对其所开发的软件,不论是否发表,依照本条例享有著作权。

外国人、无国籍人的软件首先在中国境内发行的,依照本条例享有著作权。

外国人、无国籍人的软件,依照其开

发者所属国或者经常居住地国同中国签订的协议或者依照中国参加的国际条约享有的著作权，受本条例保护。

第六条 本条例对软件著作权的保护不延及开发软件所用的思想、处理过程、操作方法或者数学概念等。

第七条 软件著作权人可以向国务院著作权行政管理部门认定的软件登记机构办理登记。软件登记机构发放的登记证明文件是登记事项的初步证明。

办理软件登记应当缴纳费用。软件登记的收费标准由国务院著作权行政管理部门会同国务院价格主管部门规定。

第二章 软件著作权

第八条 软件著作权人享有下列各项权利：

（一）发表权，即决定软件是否公之于众的权利；

（二）署名权，即表明开发者身份，在软件上署名的权利；

（三）修改权，即对软件进行增补、删节，或者改变指令、语句顺序的权利；

（四）复制权，即将软件制作一份或者多份的权利；

（五）发行权，即以出售或者赠与方式向公众提供软件的原件或者复制件的权利；

（六）出租权，即有偿许可他人临时使用软件的权利，但是软件不是出租的主要标的的除外；

（七）信息网络传播权，即以有线或者无线方式向公众提供软件，使公众可以在其个人选定的时间和地点获得软件的权利；

（八）翻译权，即将原软件从一种自然语言文字转换成另一种自然语言文字的权利；

（九）应当由软件著作权人享有的其他权利。

软件著作权人可以许可他人行使其软件著作权，并有权获得报酬。

软件著作权人可以全部或者部分转让其软件著作权，并有权获得报酬。

第九条 软件著作权属于软件开发者，本条例另有规定的除外。

如无相反证明，在软件上署名的自然人、法人或者其他组织为开发者。

第十条 由两个以上的自然人、法人或者其他组织合作开发的软件，其著作权的归属由合作开发者签订书面合同约定。无书面合同或者合同未作明确约定，合作开发的软件可以分割使用的，开发者对各自开发的部分可以单独享有著作权；但是，行使著作权时，不得扩展到合作开发的软件整体的著作权。合作开发的软件不能分割使用的，其著作权由各合作开发者共同享有，通过协商一致行使；不能协商一致，又无正当理由的，任何一方不得阻止他方行使除转让权以外的其他权利，但是所得收益应当合理分配给所有合作开发者。

第十一条 接受他人委托开发的软件，其著作权的归属由委托人与受托人签订书面合同约定；无书面合同或者合同未作明确约定的，其著作权由受托人享有。

第十二条 由国家机关下达任务开

发的软件,著作权的归属与行使由项目任务书或者合同规定;项目任务书或者合同中未作明确规定的,软件著作权由接受任务的法人或者其他组织享有。

第十三条 自然人在法人或者其他组织中任职期间所开发的软件有下列情形之一的,该软件著作权由该法人或者其他组织享有,该法人或者其他组织可以对开发软件的自然人进行奖励:

(一)针对本职工作中明确指定的开发目标所开发的软件;

(二)开发的软件是从事本职工作活动所预见的结果或者自然的结果;

(三)主要使用了法人或者其他组织的资金、专用设备、未公开的专门信息等物质技术条件所开发并由法人或者其他组织承担责任的软件。

第十四条 软件著作权自软件开发完成之日起产生。

自然人的软件著作权,保护期为自然人终生及其死亡后50年,截止于自然人死亡后第50年的12月31日;软件是合作开发的,截止于最后死亡的自然人死亡后第50年的12月31日。

法人或者其他组织的软件著作权,保护期为50年,截止于软件首次发表后第50年的12月31日,但软件自开发完成之日起50年内未发表的,本条例不再保护。

第十五条 软件著作权属于自然人的,该自然人死亡后,在软件著作权的保护期内,软件著作权的继承人可以依照《中华人民共和国继承法》的有关规定,继承本条例第八条规定的除署名权以外的其他权利。

软件著作权属于法人或者其他组织的,法人或者其他组织变更、终止后,其著作权在本条例规定的保护期内由承受其权利义务的法人或者其他组织享有;没有承受其权利义务的法人或者其他组织的,由国家享有。

第十六条 软件的合法复制品所有人享有下列权利:

(一)根据使用的需要把该软件装入计算机等具有信息处理能力的装置内;

(二)为了防止复制品损坏而制作备份复制品。这些备份复制品不得通过任何方式提供给他人使用,并在所有人丧失该合法复制品的所有权时,负责将备份复制品销毁;

(三)为了把该软件用于实际的计算机应用环境或者改进其功能、性能而进行必要的修改;但是,除合同另有约定外,未经该软件著作权人许可,不得向任何第三方提供修改后的软件。

第十七条 为了学习和研究软件内含的设计思想和原理,通过安装、显示、传输或者存储软件等方式使用软件的,可以不经软件著作权人许可,不向其支付报酬。

第三章 软件著作权的许可使用和转让

第十八条 许可他人行使软件著作权的,应当订立许可使用合同。

许可使用合同中软件著作权人未明确许可的权利,被许可人不得行使。

第十九条 许可他人专有行使软件

著作权的，当事人应当订立书面合同。

没有订立书面合同或者合同中未明确约定为专有许可的，被许可行使的权利应当视为非专有权利。

第二十条 转让软件著作权的，当事人应当订立书面合同。

第二十一条 订立许可他人专有行使软件著作权的许可合同，或者订立转让软件著作权合同，可以向国务院著作权行政管理部门认定的软件登记机构登记。

第二十二条 中国公民、法人或者其他组织向外国人许可或者转让软件著作权的，应当遵守《中华人民共和国技术进出口管理条例》的有关规定。

第四章 法律责任

第二十三条 除《中华人民共和国著作权法》或者本条例另有规定外，有下列侵权行为的，应当根据情况，承担停止侵害、消除影响、赔礼道歉、赔偿损失等民事责任：

（一）未经软件著作权人许可，发表或者登记其软件的；

（二）将他人软件作为自己的软件发表或者登记的；

（三）未经合作者许可，将与他人合作开发的软件作为自己单独完成的软件发表或者登记的；

（四）在他人软件上署名或者更改他人软件上的署名的；

（五）未经软件著作权人许可，修改、翻译其软件的；

（六）其他侵犯软件著作权的行为。

第二十四条 除《中华人民共和国著作权法》、本条例或者其他法律、行政法规另有规定外，未经软件著作权人许可，有下列侵权行为的，应当根据情况，承担停止侵害、消除影响、赔礼道歉、赔偿损失等民事责任；同时损害社会公共利益的，由著作权行政管理部门责令停止侵权行为，没收违法所得，没收、销毁侵权复制品，可以并处罚款；情节严重的，著作权行政管理部门并可以没收主要用于制作侵权复制品的材料、工具、设备等；触犯刑律的，依照刑法关于侵犯著作权罪、销售侵权复制品罪的规定，依法追究刑事责任：

（一）复制或者部分复制著作权人的软件的；

（二）向公众发行、出租、通过信息网络传播著作权人的软件的；

（三）故意避开或者破坏著作权人为保护其软件著作权而采取的技术措施的；

（四）故意删除或者改变软件权利管理电子信息的；

（五）转让或者许可他人行使著作权人的软件著作权的。

有前款第一项或者第二项行为的，可以并处每件100元或者货值金额1倍以上5倍以下的罚款；有前款第三项、第四项或者第五项行为的，可以并处20万元以下的罚款。

第二十五条 侵犯软件著作权的赔偿数额，依照《中华人民共和国著作权法》第四十九条的规定确定。

第二十六条 软件著作权人有证据

证明他人正在实施或者即将实施侵犯其权利的行为,如不及时制止,将会使其合法权益受到难以弥补的损害的,可以依照《中华人民共和国著作权法》第五十条的规定,在提起诉讼前向人民法院申请采取责令停止有关行为和财产保全的措施。

第二十七条 为了制止侵权行为,在证据可能灭失或者以后难以取得的情况下,软件著作权人可以依照《中华人民共和国著作权法》第五十一条的规定,在提起诉讼前向人民法院申请保全证据。

第二十八条 软件复制品的出版者、制作者不能证明其出版、制作有合法授权的,或者软件复制品的发行者、出租者不能证明其发行、出租的复制品有合法来源的,应当承担法律责任。

第二十九条 软件开发者开发的软件,由于可供选用的表达方式有限而与已经存在的软件相似的,不构成对已经存在的软件的著作权的侵犯。

第三十条 软件的复制品持有人不知道也没有合理理由应当知道该软件是侵权复制品的,不承担赔偿责任;但是,应当停止使用、销毁该侵权复制品。如果停止使用并销毁该侵权复制品将给复制品使用人造成重大损失的,复制品使用人可以在向软件著作权人支付合理费用后继续使用。

第三十一条 软件著作权侵权纠纷可以调解。

软件著作权合同纠纷可以依据合同中的仲裁条款或者事后达成的书面仲裁协议,向仲裁机构申请仲裁。

当事人没有在合同中订立仲裁条款,事后又没有书面仲裁协议的,可以直接向人民法院提起诉讼。

第五章 附 则

第三十二条 本条例施行前发生的侵权行为,依照侵权行为发生时的国家有关规定处理。

第三十三条 本条例自2002年1月1日起施行。1991年6月4日国务院发布的《计算机软件保护条例》同时废止。

公安部、国家版权局关于在打击侵犯著作权违法犯罪工作中加强衔接配合的暂行规定

(2006年3月26日
公通字〔2006〕35号)

第一条 为加强公安机关和著作权管理部门(以下简称双方)的协作与配合,严厉打击侵犯著作权违法犯罪活动,保护文学、艺术和科学作品作者的著作权及相关权益,促进社会主义文化和科学事业的发展和繁荣,根据《中华人民共和国刑法》、《中华人民共和国著作权法》、《行政执法机关移送涉嫌犯罪案件的规定》及相关法律、法规,制定本规定。

第二条 双方加强打击侵犯著作权违法犯罪工作的衔接配合,包括通报涉嫌侵犯著作权违法犯罪和会商打击策略,依法移送和接受涉嫌侵犯著作权违法犯罪案件,相互通报打击侵犯著作权

违法犯罪活动的情报信息，共同开展保护著作权领域的宣传和国际交流等事项。

第三条 双方在打击侵犯著作权违法犯罪工作中的衔接配合，由公安机关治安管理部门和著作权行政执法部门归口管理。

第四条 公安部治安管理局、国家版权局版权管理司以及各省级、地市级公安机关治安管理部门和著作权行政执法部门应当建立打击涉嫌侵犯著作权违法犯罪联席会议制度。联席会议由公安机关、著作权管理部门负责查处涉嫌侵犯著作权违法犯罪案件部门的负责人和其他相关职能部门的负责人组成。

县级公安机关应当与同级著作权管理部门建立打击侵犯著作权违法犯罪衔接配合机制，并根据当地实际情况确定具体形式和参加单位。

对没有设立著作权管理部门的，县级以上公安机关应当与同级新闻出版或者文化等承担著作权行政执法职责的部门共同建立打击侵犯著作权违法犯罪衔接配合机制。

第五条 联席会议每年召开一次，由公安机关治安管理部门、著作权行政执法部门轮流召集，轮值方负责会议的筹备和组织工作。如遇重大、紧急情况或者需要联合部署重要工作，可以召开临时联席会议。

联席会议的主要内容是总结衔接配合工作情况，制定工作措施和计划，研究重大案件的办理工作，交流打击侵犯著作权违法犯罪工作的情报信息。各级联席会议决定的有关事项，应当报送双方上级主管机关。

第六条 著作权管理部门在执法过程中，发现涉嫌侵犯著作权犯罪案件线索，应当及时通报同级公安机关。

公安机关对于在工作中发现的涉嫌侵犯著作权违法案件线索，应当及时通报同级著作权管理部门。

第七条 著作权管理部门向公安机关通报案件线索时，应当附有下列材料：

（一）案件（线索）通报函；

（二）涉嫌犯罪案件情况的认定调查报告；

（三）侵权复制品样品材料；

（四）侵权证明材料；

（五）其他有关材料。

第八条 公安机关向著作权管理部门通报行政违法案件线索时，应当附有下列材料：

（一）案件（线索）通报函；

（二）涉嫌行政违法案件情况的认定调查报告；

（三）相关证据材料；

（四）其他有关材料。

第九条 公安机关应当自接到著作权管理部门通报之日起3个工作日内，依法对所通报的案件线索进行审查，并可商请著作权管理部门提供必要的协助。认为有犯罪事实，应当追究刑事责任的，依法决定立案，书面通知通报线索的著作权管理部门；认为情节较轻，不构成犯罪的，应当说明理由，并书面通知通报线索的著作权管理部门。

著作权管理部门应当自接受公安机关通报的违法案件线索之日起3个工作

日内,依法对所通报的案件线索进行审查,认为存在侵犯著作权等行政违法事实的,依法决定立案,书面通知通报线索的公安机关;认为不存在侵犯著作权等行政违法事实的,不予立案并书面通知通报线索的公安机关。

第十条 著作权行政执法部门在立案查出著作权违法案件过程中,对涉嫌犯罪的案件,应当依照国务院《行政执法机关移送涉嫌犯罪案件的规定》及有关规定向公安机关移送案件,不得以行政处罚代替刑事处罚。

著作权行政执法部门移送案件,原则上应一案一送。如果拟移送的案件数量较多,或者案情复杂、案件性质难以把握,著作权管理部门可与公安机关召开案件协调会。对决定移送的,著作权管理部门应当制作《涉嫌犯罪案件移送书》,连同著作权证明等材料汇总移送公安机关。

第十一条 公安机关、著作权管理部门应当共同加强著作权鉴定工作,并推动组建著作权鉴定机构,为打击侵犯著作权违法犯罪案件提供相应的执法保障。

第十二条 对于工作中发现的重大案件线索,公安机关、著作权管理部门可以召开临时联席会议,必要时邀请其他执法机关代表参加,共同会商、研究案情和决定打击对策,开展联合打击工作。

联合打击工作应以"精确打击"和"全程打击"为方针,采取协同作战的方式,查明盗版侵权复制品的生产、销售、运输、包装等各个环节的策划者、组织者、参与者,摧毁整个犯罪网络。

本条所称"重大案件",是指社会危害巨大、社会反映强烈、涉案价值巨大、涉及跨国境犯罪团伙或其他双方研究决定应当联合打击的案件。

第十三条 著作权管理部门接到重大案件线索举报,或者在执法现场查获重大案件,认为涉嫌犯罪的,应当立即通知公安机关,公安机关应当派员到场,共同研究查处工作。双方认为符合移送条件的,应当按照《行政执法机关移送涉嫌犯罪案件的规定》,立即交由公安机关处理。

第十四条 在公安机关决定立案通知书送达后3个工作日内,著作权管理部门应当向公安机关办理有关侵权复制品和用于违法犯罪行为的材料、工具、设备等的移交手续。公安机关需要到场查验有关涉案物品或者收集必要的侵权复制品样材的,著作权行政执法部门应当予以积极协助。

第十五条 公安机关就有关行为是否构成侵犯著作权问题需要咨询著作权管理部门意见的,应当向同级著作权管理部门书面提出认定要求,并应当附送涉嫌侵权复制品的样材、照片、文字说明等材料。除案情复杂的以外,著作权管理部门应当在收到函件后15个工作日内答复,著作权管理部门认定意见可以作为公安机关办案的参考。

地方公安机关对于案情重大、复杂,就有关行为是否构成侵犯著作权问题需要咨询上一级著作权管理部门意见的,应当先将有关情况上报上一级公安机关,由上一级公安机关向同级著作权管理部门征求意见。

第十六条 公安机关、著作权管理部门应当在执法过程中加强相互支持协助,并可根据实际需要,在当地党委政府和上级公安机关、著作权管理部门的领导下,共同开展专项行动。

第十七条 双方发挥各自的资源优势,共同组织开展培训、宣传、表彰等活动。在国际执法合作中要密切配合,共同参与有关国际交流活动。

第十八条 公安部治安管理局、国家版权局版权管理司对双方执行本规定的情况进行联合监督;各省、自治区、直辖市公安机关和著作权管理部门对本辖区内执行情况进行监督。

第十九条 本规定自公布之日起试行。

举报、查处侵权盗版行为奖励暂行办法

(2007年9月20日国家版权局公告2007年第2号公布)

第一条 为鼓励举报和查处侵权盗版行为,严厉打击侵权盗版活动,保障版权相关产业有序发展,根据国家有关法律、法规,制定本办法。

第二条 国家版权局设立反盗版举报中心(以下称举报中心),承担奖励举报及查处重大侵权盗版行为有功单位及个人的有关工作。举报中心设立12390免费举报电话及jubao@ncac.gov.cn举报邮箱地址,接受社会公众针对侵权盗版行为的举报。

第三条 重大侵权盗版行为和案件,指各级版权、公安、文化、工商、海关、出版物市场监管等部门依据著作权法律、法规及刑法关于侵犯著作权罪的相关规定查处或协助查处的侵权盗版案件。

第四条 举报重大侵权盗版案件单位和个人(以下称举报人)获奖条件:

(一)以书面、电话、电子邮件或其他方式举报侵权盗版行为;

(二)能够提供违法事实、线索或证据,举报对象明确、具体,对案件查处起到关键性作用;

(三)提供的证据或线索事先未被行政机关、司法机关掌握;

(四)举报事实清楚、查证属实,并依据著作权法律、法规及刑法关于侵犯著作权罪的相关规定做出行政处罚,或者依法移送司法机关立案处理;

(五)应当具备的其他条件。

第五条 根据举报人提供的违法事实、线索或证据等与案件调查结论相符合的程度,分为以下三类进行奖励:

(一)提供被举报人的详细违法事实、侵权盗版线索或相关证据,协助参与现场查处工作,举报情况与事实结论完全相符。

(二)提供被举报人的部分违法事实、侵权盗版线索或相关证据,协助查处工作,举报情况与事实结论相符。

(三)提供被举报人的少量违法事实、侵权盗版线索或相关证据,未直接协助查处工作,举报情况与事实结论基本

相符。

第六条 根据举报的侵权盗版案件影响程度或查获的违法财产数额,结合本办法第五条规定的举报类别确定奖励数额。每个案件的奖励金额不超过10万元。案情重大,或者在全国有重大影响,或者案值数额巨大的案件,奖励金额可不受此限。

第七条 两名以上举报人先后举报同一违法行为的,仅奖励在先举报人;两名以上举报人共同举报同一违法行为的,由举报人自行协商分配比例,协商不成的,奖励资金平均分配。

第八条 查处或协助查处重大侵权盗版案件单位和人员的获奖条件:

(一)在查处重大侵权盗版案件中表现突出的;

(二)在查处重大侵权盗版案件过程中,主动提供设备、技术、人员或其他帮助,并对查处案件起到重大作用的;

(三)查处的案件已依据著作权法律、法规、规章做出行政处罚,或者已依法移送司法机关立案处理;

(四)应当具备的其他条件。

第九条 对查处或协助查处重大侵权盗版案件有功单位和个人的奖励,每个案件对有功单位的奖励一般在10万元以下,对有功个人的奖励一般在1万元以下。对在全国有重大影响的案件可不受此限。

第十条 举报中心定期审核确定奖励对象及奖励数额,并通知受奖人领奖。

第十一条 受奖单位和个人应当在接到奖励通知后,凭单位有效证明文件或本人身份证,及时办理领奖手续。

第十二条 举报中心对举报材料和举报人的信息应严格保密。未经举报人许可,不得公开举报人姓名、身份及居住地等有关信息,违者依法承担法律责任。

第十三条 任何单位和个人不得对举报人进行打击报复,违者依法承担法律责任。

第十四条 本办法的实施,不影响其他法律、法规关于奖励举报和查处侵权盗版行为规定的适用。

第十五条 本办法由国家版权局负责解释。

第十六条 本办法自公布之日起施行。

互联网著作权行政保护办法

(2005年4月29日国家版权局、信息产业部令第5号公布 自2005年5月30日起施行)

第一条 为了加强互联网信息服务活动中信息网络传播权的行政保护,规范行政执法行为,根据《中华人民共和国著作权法》及有关法律、行政法规,制定本办法。

第二条 本办法适用于互联网信息服务活动中根据互联网内容提供者的指令,通过互联网自动提供作品、录音录像制品等内容的上载、存储、链接或搜索等功能,且对存储或传输的内容不进行任何编辑、修改或选择的行为。

互联网信息服务活动中直接提供互联网内容的行为，适用著作权法。

本办法所称“互联网内容提供者”是指在互联网上发布相关内容的上网用户。

第三条 各级著作权行政管理部门依照法律、行政法规和本办法对互联网信息服务活动中的信息网络传播权实施行政保护。国务院信息产业主管部门和各省、自治区、直辖市电信管理机构依法配合相关工作。

第四条 著作权行政管理部门对侵犯互联网信息服务活动中的信息网络传播权的行为实施行政处罚，适用《著作权行政处罚实施办法》。

侵犯互联网信息服务活动中的信息网络传播权的行为由侵权行为实施地的著作权行政管理部门管辖。侵权行为实施地包括提供本办法第二条所列的互联网信息服务活动的服务器等设备所在地。

第五条 著作权人发现互联网传播的内容侵犯其著作权，向互联网信息服务提供者或者其委托的其他机构（以下统称“互联网信息服务提供者”）发出通知后，互联网信息服务提供者应当立即采取措施移除相关内容，并保留著作权人的通知6个月。

第六条 互联网信息服务提供者收到著作权人的通知后，应当记录提供的信息内容及其发布的时间、互联网地址或者域名。互联网接入服务提供者应当记录互联网内容提供者的接入时间、用户帐号、互联网地址或者域名、主叫电话号码等信息。

前款所称记录应当保存60日，并在著作权行政管理部门查询时予以提供。

第七条 互联网信息服务提供者根据著作权人的通知移除相关内容的，互联网内容提供者可以向互联网信息服务提供者和著作权人一并发出说明被移除内容不侵犯著作权的反通知。反通知发出后，互联网信息服务提供者即可恢复被移除的内容，且对该恢复行为不承担行政法律责任。

第八条 著作权人的通知应当包含以下内容：

（一）涉嫌侵权内容所侵犯的著作权权属证明；

（二）明确的身份证明、住址、联系方式；

（三）涉嫌侵权内容在信息网络上的位置；

（四）侵犯著作权的相关证据；

（五）通知内容的真实性声明。

第九条 互联网内容提供者的反通知应当包含以下内容：

（一）明确的身份证明、住址、联系方式；

（二）被移除内容的合法性证明；

（三）被移除内容在互联网上的位置；

（四）反通知内容的真实性声明。

第十条 著作权人的通知和互联网内容提供者的反通知应当采取书面形式。

著作权人的通知和互联网内容提供者的反通知不具备本办法第八条、第九条所规定内容的，视为未发出。

第十一条 互联网信息服务提供者明知互联网内容提供者通过互联网实施侵犯他人著作权的行为，或者虽不明知，但接到著作权人通知后未采取措施移除相关内容,同时损害社会公共利益的,著作权行政管理部门可以根据《中华人民共和国著作权法》第四十七条的规定责令停止侵权行为,并给予下列行政处罚:

(一)没收违法所得;

(二)处以非法经营额3倍以下的罚款;非法经营额难以计算的,可以处10万元以下的罚款。

第十二条 没有证据表明互联网信息服务提供者明知侵权事实存在的,或者互联网信息服务提供者接到著作权人通知后,采取措施移除相关内容的,不承担行政法律责任。

第十三条 著作权行政管理部门在查处侵犯互联网信息服务活动中的信息网络传播权案件时,可以按照《著作权行政处罚实施办法》第十二条规定要求著作权人提交必备材料,以及向互联网信息服务提供者发出的通知和该互联网信息服务提供者未采取措施移除相关内容的证明。

第十四条 互联网信息服务提供者有本办法第十一条规定的情形,且经著作权行政管理部门依法认定专门从事盗版活动,或有其他严重情节的,国务院信息产业主管部门或者省、自治区、直辖市电信管理机构依据相关法律、行政法规的规定处理;互联网接入服务提供者应当依据国务院信息产业主管部门或者省、自治区、直辖市电信管理机构的通知,配合实施相应的处理措施。

第十五条 互联网信息服务提供者未履行本办法第六条规定的义务,由国务院信息产业主管部门或者省、自治区、直辖市电信管理机构予以警告,可以并处三万元以下罚款。

第十六条 著作权行政管理部门在查处侵犯互联网信息服务活动中的信息网络传播权案件过程中,发现互联网信息服务提供者的行为涉嫌构成犯罪的,应当依照国务院《行政执法机关移送涉嫌犯罪案件的规定》将案件移送司法部门,依法追究刑事责任。

第十七条 表演者、录音录像制作者等与著作权有关的权利人通过互联网向公众传播其表演或者录音录像制品的权利的行政保护适用本办法。

第十八条 本办法由国家版权局和信息产业部负责解释。

第十九条 本办法自2005年5月30日起施行。

国家版权局关于查处著作权侵权案件如何理解适用损害公共利益有关问题的复函

(2006年11月2日
国权办〔2006〕43号)

浙江省版权局:

你局10月26日《关于在查处著作权侵权案件时如何理解适用"损害公共利益"问题的请示》收悉。

就如何认定损害公共利益这一问题,依据《中华人民共和国著作权法》规定,第四十七条所列侵权行为,均有可能侵犯公共利益。就一般原则而言,向公众传播侵权作品,构成不正当竞争,损害经济秩序就是损害公共利益的具体表现。在“2002 年 WTO 过渡性审议”中,国家版权局也曾明确答复“构成不正当竞争,危害经济秩序的行为即可认定为损害公共利益”。此答复得到了全国人大法工委、国务院法制办、最高人民法院的认可。

如商业性卡拉 OK 经营者,未经著作权人许可使用作品,特别是在著作权人要求其履行合法义务的情况下,仍然置之不理,主观故意明显,应属情节严重的侵权行为。这种行为不仅侵犯了著作权人的合法权益,并且损害了市场经济秩序和公平竞争环境。我局认为该行为应属一种损害公共利益的侵权行为。

最高人民法院关于审理著作权民事纠纷案件适用法律若干问题的解释

(2002 年 10 月 12 日最高人民法院审判委员会第 1246 次会议通过　根据 2020 年 12 月 23 日最高人民法院审判委员会第 1823 次会议通过、2020 年 12 月 29 日公布的《最高人民法院关于修改〈最高人民法院关于审理侵犯专利权纠纷案件应用法律若干问题的解释(二)〉等十八件知识产权类司法解释的决定》修正)

为了正确审理著作权民事纠纷案件,根据《中华人民共和国民法典》《中华人民共和国著作权法》《中华人民共和国民事诉讼法》等法律的规定,就适用法律若干问题解释如下:

第一条　人民法院受理以下著作权民事纠纷案件:

(一)著作权及与著作权有关权益权属、侵权、合同纠纷案件;

(二)申请诉前停止侵害著作权、与著作权有关权益行为,申请诉前财产保全、诉前证据保全案件;

(三)其他著作权、与著作权有关权益纠纷案件。

第二条　著作权民事纠纷案件,由中级以上人民法院管辖。

各高级人民法院根据本辖区的实际情况,可以报请最高人民法院批准,由若干基层人民法院管辖第一审著作权民事纠纷案件。

第三条　对著作权行政管理部门查处的侵害著作权行为,当事人向人民法院提起诉讼追究该行为人民事责任的,人民法院应当受理。

人民法院审理已经过著作权行政管理部门处理的侵害著作权行为的民事纠纷案件,应当对案件事实进行全面审查。

第四条　因侵害著作权行为提起的民事诉讼,由著作权法第四十七条、第四十八条所规定侵权行为的实施地、侵权复制品储藏地或者查封扣押地、被告住所地人民法院管辖。

前款规定的侵权复制品储藏地,是指大量或者经常性储存、隐匿侵权复制品所在地;查封扣押地,是指海关、版权等行政机关依法查封、扣押侵权复制品所在地。

第五条 对涉及不同侵权行为实施地的多个被告提起的共同诉讼,原告可以选择向其中一个被告的侵权行为实施地人民法院提起诉讼;仅对其中某一被告提起的诉讼,该被告侵权行为实施地的人民法院有管辖权。

第六条 依法成立的著作权集体管理组织,根据著作权人的书面授权,以自己的名义提起诉讼,人民法院应当受理。

第七条 当事人提供的涉及著作权的底稿、原件、合法出版物、著作权登记证书、认证机构出具的证明、取得权利的合同等,可以作为证据。

在作品或者制品上署名的自然人、法人或者非法人组织视为著作权、与著作权有关权益的权利人,但有相反证明的除外。

第八条 当事人自行或者委托他人以定购、现场交易等方式购买侵权复制品而取得的实物、发票等,可以作为证据。

公证人员在未向涉嫌侵权的一方当事人表明身份的情况下,如实对另一方当事人按照前款规定的方式取得的证据和取证过程出具的公证书,应当作为证据使用,但有相反证据的除外。

第九条 著作权法第十条第(一)项规定的"公之于众",是指著作权人自行或者经著作权人许可将作品向不特定的人公开,但不以公众知晓为构成条件。

第十条 著作权法第十五条第二款所指的作品,著作权人是自然人的,其保护期适用著作权法第二十一条第一款的规定;著作权人是法人或非法人组织的,其保护期适用著作权法第二十一条第二款的规定。

第十一条 因作品署名顺序发生的纠纷,人民法院按照下列原则处理:有约定的按约定确定署名顺序;没有约定的,可以按照创作作品付出的劳动、作品排列、作者姓氏笔画等确定署名顺序。

第十二条 按照著作权法第十七条规定委托作品著作权属于受托人的情形,委托人在约定的使用范围内享有使用作品的权利;双方没有约定使用作品范围的,委托人可以在委托创作的特定目的范围内免费使用该作品。

第十三条 除著作权法第十一条第三款规定的情形外,由他人执笔,本人审阅定稿并以本人名义发表的报告、讲话等作品,著作权归报告人或者讲话人享有。著作权人可以支付执笔人适当的报酬。

第十四条 当事人合意以特定人物经历为题材完成的自传体作品,当事人对著作权权属有约定的,依其约定;没有约定的,著作权归该特定人物享有,执笔人或整理人对作品完成付出劳动的,著作权人可以向其支付适当的报酬。

第十五条 由不同作者就同一题材创作的作品,作品的表达系独立完成并且有创作性的,应当认定作者各自享有独立著作权。

第十六条 通过大众传播媒介传播的单纯事实消息属于著作权法第五条第(二)项规定的时事新闻。传播报道他人采编的时事新闻,应当注明出处。

第十七条 著作权法第三十三条第

二款规定的转载，是指报纸、期刊登载其他报刊已发表作品的行为。转载未注明被转载作品的作者和最初登载的报刊出处的，应当承担消除影响、赔礼道歉等民事责任。

第十八条 著作权法第二十二条第（十）项规定的室外公共场所的艺术作品，是指设置或者陈列在室外社会公众活动处所的雕塑、绘画、书法等艺术作品。

对前款规定艺术作品的临摹、绘画、摄影、录像人，可以对其成果以合理的方式和范围再行使用，不构成侵权。

第十九条 出版者、制作者应当对其出版、制作有合法授权承担举证责任，发行者、出租者应当对其发行或者出租的复制品有合法来源承担举证责任。举证不能的，依据著作权法第四十七条、第四十八条的相应规定承担法律责任。

第二十条 出版物侵害他人著作权的，出版者应当根据其过错、侵权程度及损害后果等承担赔偿损失的责任。

出版者对其出版行为的授权、稿件来源和署名、所编辑出版物的内容等未尽到合理注意义务的，依据著作权法第四十九条的规定，承担赔偿损失的责任。

出版者应对其已尽合理注意义务承担举证责任。

第二十一条 计算机软件用户未经许可或者超过许可范围商业使用计算机软件的，依据著作权法第四十八条第（一）项、《计算机软件保护条例》第二十四条第（一）项的规定承担民事责任。

第二十二条 著作权转让合同未采取书面形式的，人民法院依据民法典第四百九十条的规定审查合同是否成立。

第二十三条 出版者将著作权人交付出版的作品丢失、毁损致使出版合同不能履行的，著作权人有权依据民法典第一百八十六条、第二百三十八条、第一千一百八十四条等规定要求出版者承担相应的民事责任。

第二十四条 权利人的实际损失，可以根据权利人因侵权所造成复制品发行减少量或者侵权复制品销售量与权利人发行该复制品单位利润乘积计算。发行减少量难以确定的，按照侵权复制品市场销售量确定。

第二十五条 权利人的实际损失或者侵权人的违法所得无法确定的，人民法院根据当事人的请求或者依职权适用著作权法第四十九条第二款的规定确定赔偿数额。

人民法院在确定赔偿数额时，应当考虑作品类型、合理使用费、侵权行为性质、后果等情节综合确定。

当事人按照本条第一款的规定就赔偿数额达成协议的，应当准许。

第二十六条 著作权法第四十九条第一款规定的制止侵权行为所支付的合理开支，包括权利人或者委托代理人对侵权行为进行调查、取证的合理费用。

人民法院根据当事人的诉讼请求和具体案情，可以将符合国家有关部门规定的律师费用计算在赔偿范围内。

第二十七条 侵害著作权的诉讼时效为三年，自著作权人知道或者应当知道权利受到损害以及义务人之日起计算。权利人超过三年起诉的,如果侵权行为在起诉时仍在持续,在该著作权保护期内,人民法院应当判决被告停止侵权行为;侵权损害赔偿数额应当自权利人向人民法院起诉之日起向前推算三年计算。

第二十八条 人民法院采取保全措施的,依据民事诉讼法及《最高人民法院关于审查知识产权纠纷行为保全案件适用法律若干问题的规定》的有关规定办理。

第二十九条 除本解释另行规定外,人民法院受理的著作权民事纠纷案件,涉及著作权法修改前发生的民事行为的,适用修改前著作权法的规定;涉及著作权法修改以后发生的民事行为的,适用修改后著作权法的规定;涉及著作权法修改前发生,持续到著作权法修改后的民事行为的,适用修改后著作权法的规定。

第三十条 以前的有关规定与本解释不一致的,以本解释为准。

三、出版物管理

出版管理条例

（2001年12月25日中华人民共和国国务院令第343号公布　根据2011年3月19日《国务院关于修改〈出版管理条例〉的决定》第一次修订　根据2013年7月18日《国务院关于废止和修改部分行政法规的决定》第二次修订　根据2014年7月29日《国务院关于修改部分行政法规的决定》第三次修订　根据2016年2月6日《国务院关于修改部分行政法规的决定》第四次修订　根据2020年11月29日《国务院关于修改和废止部分行政法规的决定》第五次修订　根据2024年12月6日《国务院关于修改和废止部分行政法规的决定》第六次修订）

第一章　总　　则

第一条　为了加强对出版活动的管理，发展和繁荣有中国特色社会主义出版产业和出版事业，保障公民依法行使出版自由的权利，促进社会主义精神文明和物质文明建设，根据宪法，制定本条例。

第二条　在中华人民共和国境内从事出版活动，适用本条例。

本条例所称出版活动，包括出版物的出版、印刷或者复制、进口、发行。

本条例所称出版物，是指报纸、期刊、图书、音像制品、电子出版物等。

第三条　出版活动必须坚持为人民服务、为社会主义服务的方向，坚持以马克思列宁主义、毛泽东思想、邓小平理论和“三个代表”重要思想为指导，贯彻落实科学发展观，传播和积累有益于提高民族素质、有益于经济发展和社会进步的科学技术和文化知识，弘扬民族优秀文化，促进国际文化交流，丰富和提高人民的精神生活。

第四条　从事出版活动，应当将社会效益放在首位，实现社会效益与经济效益相结合。

第五条　公民依法行使出版自由的权利，各级人民政府应当予以保障。

公民在行使出版自由的权利的时候，必须遵守宪法和法律，不得反对宪法确定的基本原则，不得损害国家的、社会的、集体的利益和其他公民的合法的自由和权利。

第六条　国务院出版行政主管部门负责全国的出版活动的监督管理工作。

国务院其他有关部门按照国务院规定的职责分工,负责有关的出版活动的监督管理工作。

县级以上地方各级人民政府负责出版管理的部门(以下简称出版行政主管部门)负责本行政区域内出版活动的监督管理工作。县级以上地方各级人民政府其他有关部门在各自的职责范围内,负责有关的出版活动的监督管理工作。

第七条 出版行政主管部门根据已经取得的违法嫌疑证据或者举报,对涉嫌违法从事出版物出版、印刷或者复制、进口、发行等活动的行为进行查处时,可以检查与涉嫌违法活动有关的物品和经营场所;对有证据证明是与违法活动有关的物品,可以查封或者扣押。

第八条 出版行业的社会团体按照其章程,在出版行政主管部门的指导下,实行自律管理。

第二章 出版单位的设立与管理

第九条 报纸、期刊、图书、音像制品和电子出版物等应当由出版单位出版。

本条例所称出版单位,包括报社、期刊社、图书出版社、音像出版社和电子出版物出版社等。

法人出版报纸、期刊,不设立报社、期刊社的,其设立的报纸编辑部、期刊编辑部视为出版单位。

第十条 国务院出版行政主管部门制定全国出版单位总量、结构、布局的规划,指导、协调出版产业和出版事业发展。

第十一条 设立出版单位,应当具备下列条件:

(一)有出版单位的名称、章程;

(二)有符合国务院出版行政主管部门认定的主办单位及其主管机关;

(三)有确定的业务范围;

(四)有30万元以上的注册资本和固定的工作场所;

(五)有适应业务范围需要的组织机构和符合国家规定的资格条件的编辑出版专业人员;

(六)法律、行政法规规定的其他条件。

审批设立出版单位,除依照前款所列条件外,还应当符合国家关于出版单位总量、结构、布局的规划。

第十二条 设立出版单位,由其主办单位向所在地省、自治区、直辖市人民政府出版行政主管部门提出申请;省、自治区、直辖市人民政府出版行政主管部门审核同意后,报国务院出版行政主管部门审批。设立的出版单位为事业单位的,还应当办理机构编制审批手续。

第十三条 设立出版单位的申请书应当载明下列事项:

(一)出版单位的名称、地址;

(二)出版单位的主办单位及其主管机关的名称、地址;

(三)出版单位的法定代表人或者主要负责人的姓名、住址、资格证明文件;

(四)出版单位的资金来源及数额。

设立报社、期刊社或者报纸编辑部、期刊编辑部的,申请书还应当载明报纸或者期刊的名称、刊期、开版或者开本、印刷场所。

申请书应当附具出版单位的章程和设立出版单位的主办单位及其主管机关的有关证明材料。

第十四条 国务院出版行政主管部门应当自受理设立出版单位的申请之日起60日内,作出批准或者不批准的决定,并由省、自治区、直辖市人民政府出版行政主管部门书面通知主办单位;不批准的,应当说明理由。

第十五条 设立出版单位的主办单位应当自收到批准决定之日起60日内,向所在地省、自治区、直辖市人民政府出版行政主管部门登记,领取出版许可证。登记事项由国务院出版行政主管部门规定。

出版单位领取出版许可证后,属于事业单位法人的,持出版许可证向事业单位登记管理机关登记,依法领取事业单位法人证书;属于企业法人的,持出版许可证向工商行政管理部门登记,依法领取营业执照。

第十六条 报社、期刊社、图书出版社、音像出版社和电子出版物出版社等应当具备法人条件,经核准登记后,取得法人资格,以其全部法人财产独立承担民事责任。

依照本条例第九条第三款的规定,视为出版单位的报纸编辑部、期刊编辑部不具有法人资格,其民事责任由其主办单位承担。

第十七条 出版单位变更名称、主办单位或者其主管机关、业务范围、资本结构,合并或者分立,设立分支机构,出版新的报纸、期刊,或者报纸、期刊变更名称的,应当依照本条例第十二条、第十三条的规定办理审批手续。出版单位属于事业单位法人的,还应当持批准文件到事业单位登记管理机关办理相应的登记手续;属于企业法人的,还应当持批准文件到工商行政管理部门办理相应的登记手续。

出版单位除前款所列变更事项外的其他事项的变更,应当经主办单位及其主管机关审查同意,向所在地省、自治区、直辖市人民政府出版行政主管部门申请变更登记,并报国务院出版行政主管部门备案。出版单位属于事业单位法人的,还应当持批准文件到事业单位登记管理机关办理变更登记;属于企业法人的,还应当持批准文件到工商行政管理部门办理变更登记。

第十八条 出版单位中止出版活动的,应当向所在地省、自治区、直辖市人民政府出版行政主管部门备案并说明理由和期限;出版单位中止出版活动不得超过180日。

出版单位终止出版活动的,由主办单位提出申请并经主管机关同意后,由主办单位向所在地省、自治区、直辖市人民政府出版行政主管部门办理注销登记,并报国务院出版行政主管部门备案。出版单位属于事业单位法人的,还应当持批准文件到事业单位登记管理机关办理注销登记;属于企业法人的,还应当持批准文件到工商行政管理部门办理注销登记。

第十九条 图书出版社、音像出版

社和电子出版物出版社自登记之日起满180日未从事出版活动的,报社、期刊社自登记之日起满90日未出版报纸、期刊的,由原登记的出版行政主管部门注销登记,并报国务院出版行政主管部门备案。

因不可抗力或者其他正当理由发生前款所列情形的,出版单位可以向原登记的出版行政主管部门申请延期。

第二十条 图书出版社、音像出版社和电子出版物出版社的年度出版计划及涉及国家安全、社会安定等方面的重大选题,应当经所在地省、自治区、直辖市人民政府出版行政主管部门审核后报国务院出版行政主管部门备案;涉及重大选题,未在出版前报备案的出版物,不得出版。具体办法由国务院出版行政主管部门制定。

期刊社的重大选题,应当依照前款规定办理备案手续。

第二十一条 出版单位不得向任何单位或者个人出售或者以其他形式转让本单位的名称、书号、刊号或者版号、版面,并不得出租本单位的名称、刊号。

出版单位及其从业人员不得利用出版活动谋取其他不正当利益。

第二十二条 出版单位应当按照国家有关规定向国家图书馆、中国版本图书馆和国务院出版行政主管部门免费送交样本。

第三章 出版物的出版

第二十三条 公民可以依照本条例规定,在出版物上自由表达自己对国家事务、经济和文化事业、社会事务的见解和意愿,自由发表自己从事科学研究、文学艺术创作和其他文化活动的成果。

合法出版物受法律保护,任何组织和个人不得非法干扰、阻止、破坏出版物的出版。

第二十四条 出版单位实行编辑责任制度,保障出版物刊载的内容符合本条例的规定。

第二十五条 任何出版物不得含有下列内容:

(一)反对宪法确定的基本原则的;

(二)危害国家统一、主权和领土完整的;

(三)泄露国家秘密、危害国家安全或者损害国家荣誉和利益的;

(四)煽动民族仇恨、民族歧视,破坏民族团结,或者侵害民族风俗、习惯的;

(五)宣扬邪教、迷信的;

(六)扰乱社会秩序,破坏社会稳定的;

(七)宣扬淫秽、赌博、暴力或者教唆犯罪的;

(八)侮辱或者诽谤他人,侵害他人合法权益的;

(九)危害社会公德或者民族优秀文化传统的;

(十)有法律、行政法规和国家规定禁止的其他内容的。

第二十六条 以未成年人为对象的出版物不得含有诱发未成年人模仿违反社会公德的行为和违法犯罪的行为的内容,不得含有恐怖、残酷等妨害未成年人身心健康的内容。

第二十七条 出版物的内容不真实

或者不公正，致使公民、法人或者其他组织的合法权益受到侵害的，其出版单位应当公开更正，消除影响，并依法承担其他民事责任。

报纸、期刊发表的作品内容不真实或者不公正，致使公民、法人或者其他组织的合法权益受到侵害的，当事人有权要求有关出版单位更正或者答辩，有关出版单位应当在其近期出版的报纸、期刊上予以发表；拒绝发表的，当事人可以向人民法院提起诉讼。

第二十八条 出版物必须按照国家的有关规定载明作者、出版者、印刷者或者复制者、发行者的名称、地址，书号、刊号或者版号，在版编目数据，出版日期、刊期以及其他有关事项。

出版物的规格、开本、版式、装帧、校对等必须符合国家标准和规范要求，保证出版物的质量。

出版物使用语言文字必须符合国家法律规定和有关标准、规范。

第二十九条 任何单位和个人不得伪造、假冒出版单位名称或者报纸、期刊名称出版出版物。

第三十条 中学小学教科书由国务院教育行政主管部门审定；其出版、发行单位应当具有适应教科书出版、发行业务需要的资金、组织机构和人员等条件，并取得国务院出版行政主管部门批准的教科书出版、发行资质。纳入政府采购范围的中学小学教科书，其发行单位按照《中华人民共和国政府采购法》的有关规定确定。其他任何单位或者个人不得从事中学小学教科书的出版、发行业务。

第四章 出版物的印刷或者复制和发行

第三十一条 从事出版物印刷或者复制业务的单位，应当向所在地省、自治区、直辖市人民政府出版行政主管部门提出申请，经审核许可，并依照国家有关规定到工商行政管理部门办理相关手续后，方可从事出版物的印刷或者复制。

未经许可并办理相关手续的，不得印刷报纸、期刊、图书，不得复制音像制品、电子出版物。

第三十二条 出版单位不得委托未取得出版物印刷或者复制许可的单位印刷或者复制出版物。

出版单位委托印刷或者复制单位印刷或者复制出版物的，必须提供符合国家规定的印刷或者复制出版物的有关证明，并依法与印刷或者复制单位签订合同。

印刷或者复制单位不得接受非出版单位和个人的委托印刷报纸、期刊、图书或者复制音像制品、电子出版物，不得擅自印刷、发行报纸、期刊、图书或者复制、发行音像制品、电子出版物。

第三十三条 印刷或者复制单位经所在地省、自治区、直辖市人民政府出版行政主管部门批准，可以承接境外出版物的印刷或者复制业务；但是，印刷或者复制的境外出版物必须全部运输出境，不得在境内发行。

境外委托印刷或者复制的出版物的内容，应当经省、自治区、直辖市人民政府出版行政主管部门审核。委托人应当持有著作权人授权书,并向著作权行政管理部门登记。

第三十四条 印刷或者复制单位应当自完成出版物的印刷或者复制之日起2年内,留存一份承接的出版物样本备查。

第三十五条 单位从事出版物批发业务的,须经省、自治区、直辖市人民政府出版行政主管部门审核许可,取得《出版物经营许可证》。

单位和个体工商户从事出版物零售业务的,须经县级人民政府出版行政主管部门审核许可,取得《出版物经营许可证》。

第三十六条 通过互联网等信息网络从事出版物发行业务的单位或者个体工商户,应当依照本条例规定取得《出版物经营许可证》。

提供网络交易平台服务的经营者应当对申请通过网络交易平台从事出版物发行业务的单位或者个体工商户的经营主体身份进行审查,验证其《出版物经营许可证》。

第三十七条 从事出版物发行业务的单位和个体工商户变更《出版物经营许可证》登记事项,或者兼并、合并、分立的,应当依照本条例第三十五条的规定办理审批手续。

从事出版物发行业务的单位和个体工商户终止经营活动的,应当向原批准的出版行政主管部门备案。

第三十八条 出版单位可以发行本出版单位出版的出版物,不得发行其他出版单位出版的出版物。

第三十九条 国家允许设立从事图书、报纸、期刊、电子出版物发行业务的外商投资企业。

第四十条 印刷或者复制单位、发行单位或者个体工商户不得印刷或者复制、发行有下列情形之一的出版物:

(一)含有本条例第二十五条、第二十六条禁止内容的;

(二)非法进口的;

(三)伪造、假冒出版单位名称或者报纸、期刊名称的;

(四)未署出版单位名称的;

(五)中学小学教科书未经依法审定的;

(六)侵犯他人著作权的。

第五章 出版物的进口

第四十一条 出版物进口业务,由依照本条例设立的出版物进口经营单位经营;其他单位和个人不得从事出版物进口业务。

第四十二条 设立出版物进口经营单位,应当具备下列条件:

(一)有出版物进口经营单位的名称、章程;

(二)有符合国务院出版行政主管部门认定的主办单位及其主管机关;

(三)有确定的业务范围;

(四)具有进口出版物内容审查能力;

(五)有与出版物进口业务相适应的资金;

(六)有固定的经营场所;

(七)法律、行政法规和国家规定的其他条件。

第四十三条 设立出版物进口经营单位,应当向国务院出版行政主管部门提出申请,经审查批准,取得国务院出版行政主管部门核发的出版物进口经营许可证后,持证到工商行政管理部门依法领取营业执照。

设立出版物进口经营单位,还应当依照对外贸易法律、行政法规的规定办理相应手续。

第四十四条 出版物进口经营单位变更名称、业务范围、资本结构、主办单位或者其主管机关,合并或者分立,设立分支机构,应当依照本条例第四十二条、第四十三条的规定办理审批手续,并持批准文件到工商行政管理部门办理相应的登记手续。

第四十五条 出版物进口经营单位进口的出版物,不得含有本条例第二十五条、第二十六条禁止的内容。

出版物进口经营单位负责对其进口的出版物进行内容审查。省级以上人民政府出版行政主管部门可以对出版物进口经营单位进口的出版物直接进行内容审查。出版物进口经营单位无法判断其进口的出版物是否含有本条例第二十五条、第二十六条禁止内容的,可以请求省级以上人民政府出版行政主管部门进行内容审查。省级以上人民政府出版行政主管部门应出版物进口经营单位的请求,对其进口的出版物进行内容审查的,可以按照国务院价格主管部门批准的标准收取费用。

国务院出版行政主管部门可以禁止特定出版物的进口。

第四十六条 出版物进口经营单位应当在进口出版物前将拟进口的出版物目录报省级以上人民政府出版行政主管部门备案;省级以上人民政府出版行政主管部门发现有禁止进口的或者暂缓进口的出版物的,应当及时通知出版物进口经营单位并通报海关。对通报禁止进口或者暂缓进口的出版物,出版物进口经营单位不得进口,海关不得放行。

出版物进口备案的具体办法由国务院出版行政主管部门制定。

第四十七条 发行进口出版物的,必须从依法设立的出版物进口经营单位进货。

第四十八条 出版物进口经营单位在境内举办境外出版物展览,必须报经国务院出版行政主管部门批准。未经批准,任何单位和个人不得举办境外出版物展览。

依照前款规定展览的境外出版物需要销售的,应当按照国家有关规定办理相关手续。

第六章 监督与管理

第四十九条 出版行政主管部门应当加强对本行政区域内出版单位出版活动的日常监督管理;出版单位的主办单位及其主管机关对所属出版单位出版活动负有直接管理责任,并应当配合出版行政主管部门督促所属出版单位执行各项管理规定。

出版单位和出版物进口经营单位应当按照国务院出版行政主管部门的规定,将从事出版活动和出版物进口活动的情况向出版行政主管部门提出书面报告。

第五十条 出版行政主管部门履行下列职责:

(一)对出版物的出版、印刷、复制、发行、进口单位进行行业监管,实施准入和退出管理；

（二）对出版活动进行监管，对违反本条例的行为进行查处；

（三）对出版物内容和质量进行监管；

（四）根据国家有关规定对出版从业人员进行管理。

第五十一条 出版行政主管部门根据有关规定和标准，对出版物的内容、编校、印刷或者复制、装帧设计等方面质量实施监督检查。

第五十二条 国务院出版行政主管部门制定出版单位综合评估办法，对出版单位分类实施综合评估。

出版物的出版、印刷或者复制、发行和进口经营单位不再具备行政许可的法定条件的，由出版行政主管部门责令限期改正；逾期仍未改正的，由原发证机关撤销行政许可。

第五十三条 国家对在出版单位从事出版专业技术工作的人员实行职业资格制度；出版专业技术人员通过国家专业技术人员资格考试取得专业技术资格。具体办法由国务院人力资源社会保障主管部门、国务院出版行政主管部门共同制定。

第七章 保障与奖励

第五十四条 国家制定有关政策，保障、促进出版产业和出版事业的发展与繁荣。

第五十五条 国家支持、鼓励下列优秀的、重点的出版物的出版：

（一）对阐述、传播宪法确定的基本原则有重大作用的；

（二）对弘扬社会主义核心价值体系，在人民中进行爱国主义、集体主义、社会主义和民族团结教育以及弘扬社会公德、职业道德、家庭美德有重要意义的；

（三）对弘扬民族优秀文化，促进国际文化交流有重大作用的；

（四）对推进文化创新，及时反映国内外新的科学文化成果有重大贡献的；

（五）对服务农业、农村和农民，促进公共文化服务有重大作用的；

（六）其他具有重要思想价值、科学价值或者文化艺术价值的。

第五十六条 国家对教科书的出版发行，予以保障。

国家扶持少数民族语言文字出版物和盲文出版物的出版发行。

国家对在少数民族地区、边疆地区、经济不发达地区和在农村发行出版物，实行优惠政策。

第五十七条 报纸、期刊交由邮政企业发行的，邮政企业应当保证按照合同约定及时、准确发行。

承运出版物的运输企业，应当对出版物的运输提供方便。

第五十八条 对为发展、繁荣出版产业和出版事业作出重要贡献的单位和个人，按照国家有关规定给予奖励。

第五十九条 对非法干扰、阻止和破坏出版物出版、印刷或者复制、进口、发行的行为，县级以上各级人民政府出版行政主管部门及其他有关部门，应当及时采取措施，予以制止。

第八章 法律责任

第六十条 出版行政主管部门或者其他有关部门的工作人员，利用职务上的便利收受他人财物或者其他好处，批准不符合法定条件的申请人取得许可证、批准文件，或者不履行监督职责，或者发现违法行为不予查处，造成严重后果的，依法给予降级直至开除的处分；构成犯罪的，依照刑法关于受贿罪、滥用职权罪、玩忽职守罪或者其他罪的规定，依法追究刑事责任。

第六十一条 未经批准，擅自设立出版物的出版、印刷或者复制、进口单位，或者擅自从事出版物的出版、印刷或者复制、进口、发行业务，假冒出版单位名称或者伪造、假冒报纸、期刊名称出版出版物的，由出版行政主管部门、工商行政管理部门依照法定职权予以取缔；依照刑法关于非法经营罪的规定，依法追究刑事责任；尚不够刑事处罚的，没收出版物、违法所得和从事违法活动的专用工具、设备，违法所得5万元以上的，并处违法所得5倍以上10倍以下的罚款，没有违法所得或者违法所得不足5万元的，并处25万元以下的罚款；侵犯他人合法权益的，依法承担民事责任。

第六十二条 有下列行为之一，触犯刑律的，依照刑法有关规定，依法追究刑事责任；尚不够刑事处罚的，由出版行政主管部门责令限期停业整顿，没收出版物、违法所得，违法经营额1万元以上的，并处违法经营额5倍以上10倍以下的罚款；违法经营额不足1万元的，可以处5万元以下的罚款；情节严重的，由原发证机关吊销许可证：

（一）出版、进口含有本条例第二十五条、第二十六条禁止内容的出版物的；

（二）明知或者应知出版物含有本条例第二十五条、第二十六条禁止内容而印刷或者复制、发行的；

（三）明知或者应知他人出版含有本条例第二十五条、第二十六条禁止内容的出版物而向其出售或者以其他形式转让本出版单位的名称、书号、刊号、版号、版面，或者出租本单位的名称、刊号的。

第六十三条 有下列行为之一的，由出版行政主管部门责令停止违法行为，没收出版物、违法所得，违法经营额1万元以上的，并处违法经营额5倍以上10倍以下的罚款，违法经营额不足1万元的，并处5万元以下的罚款；情节严重的，视情形限制开展相关生产经营活动、责令限期停业整顿，或者由原发证机关降低相关资质等级直至吊销许可证：

（一）进口、印刷或者复制、发行国务院出版行政主管部门禁止进口的出版物的；

（二）印刷或者复制走私的境外出版物的。

发行进口出版物未从本条例规定的出版物进口经营单位进货的，由出版行政主管部门责令停止违法行为，没收出版物、违法所得，违法所得5万元以上的，并处违法所得5倍以上10倍以下的罚款，没有违法所得或者违法所得不足5万元的，并处25万元以下的罚款；情节严重的，视情形限制开展相关生产经营活动、责令限期停业整顿，或者由原发证机关降低相关资质等级直至吊销许可证。

第六十四条 走私出版物的，依照刑法关于走私罪的规定，依法追究刑事责任；尚不够刑事处罚的，由海关依照海关法的规定给予行政处罚。

第六十五条 有下列行为之一的，由出版行政主管部门没收出版物、违法所得，违法所得5万元以上的，并处违法所得5倍以上10倍以下的罚款，没有违法所得或者违法所得不足5万元的，并处25万元以下的罚款；情节严重的，视情形限制开展相关生产经营活动、责令限期停业整顿，或者由原发证机关降低相关资质等级直至吊销许可证：

（一）出版单位委托未取得出版物印刷或者复制许可的单位印刷或者复制出版物的；

（二）印刷或者复制单位未取得印刷或者复制许可而印刷或者复制出版物的；

（三）印刷或者复制单位接受非出版单位和个人的委托印刷或者复制出版物的；

（四）印刷或者复制单位未履行法定手续印刷或者复制境外出版物的，印刷或者复制的境外出版物没有全部运输出境的；

（五）印刷或者复制单位、发行单位或者个体工商户印刷或者复制、发行未署出版单位名称的出版物的。

有下列行为之一的，由出版行政主管部门没收出版物、违法所得，违法经营额1万元以上的，并处违法经营额5倍以上10倍以下的罚款，违法经营额不足1万元的，并处5万元以下的罚款；情节严重的，视情形限制开展相关生产经营活动、责令限期停业整顿，或者由原发证机关降低相关资质等级直至吊销许可证：

（一）印刷或者复制单位、发行单位或者个体工商户印刷或者复制、发行伪造、假冒出版单位名称或者报纸、期刊名称的出版物的；

（二）出版、印刷、发行单位出版、印刷、发行未经依法审定的中学小学教科书，或者非依照本条例规定确定的单位从事中学小学教科书的出版、发行业务的。

第六十六条 出版单位有下列行为之一的，由出版行政主管部门责令停止违法行为，给予警告，没收违法经营的出版物、违法所得，违法所得5万元以上的，并处违法所得5倍以上10倍以下的罚款，没有违法所得或者违法所得不足5万元的，并处25万元以下的罚款；情节严重的，视情形限制开展相关生产经营活动、责令限期停业整顿，或者由原发证机关降低相关资质等级直至吊销许可证：

（一）出售或者以其他形式转让本出版单位的名称、书号、刊号、版号、版面，或者出租本单位的名称、刊号的；

（二）利用出版活动谋取其他不正当利益的。

第六十七条 有下列行为之一的，由出版行政主管部门责令改正，给予警告；情节严重的，责令限期停业整顿或者由原发证机关吊销许可证：

（一）出版单位变更名称、主办单位或者其主管机关、业务范围，合并或者分立，出版新的报纸、期刊，或者报纸、期刊改变名称，以及出版单位变更其他事项，未依照本条例的规定到出版行政主管部门办理审批、变更登记手续的；

（二）出版单位未将其年度出版计划和涉及国家安全、社会安定等方面的重大选题备案的；

（三）出版单位未依照本条例的规定送交出版物的样本的；

（四）印刷或者复制单位未依照本条例的规定留存备查的材料的；

（五）出版进口经营单位未将其进口的出版物目录报送备案的；

（六）出版单位擅自中止出版活动超过 180 日的；

（七）出版物发行单位、出版物进口经营单位未依照本条例的规定办理变更审批手续的；

（八）出版物质量不符合有关规定和标准的。

第六十八条 未经批准，举办境外出版物展览的，由出版行政主管部门责令停止违法行为，没收出版物、违法所得；情节严重的，责令限期停业整顿或者由原发证机关吊销许可证。

第六十九条 印刷或者复制、批发、零售、出租、散发含有本条例第二十五条、第二十六条禁止内容的出版物或者其他非法出版物的，当事人对非法出版物的来源作出说明、指认，经查证属实的，没收出版物、违法所得，可以减轻或者免除其他行政处罚。

第七十条 单位违反本条例被处以吊销许可证行政处罚的，其法定代表人或者主要负责人自许可证被吊销之日起 10 年内不得担任出版、印刷或者复制、进口、发行单位的法定代表人或者主要负责人。

出版从业人员违反本条例规定，情节严重的，由原发证机关吊销其资格证书。

第七十一条 依照本条例的规定实施罚款的行政处罚，应当依照有关法律、行政法规的规定，实行罚款决定与罚款收缴分离；收缴的罚款必须全部上缴国库。

本条例所称违法所得，是指实施违法行为扣除成本后的获利数额，没有成本或者成本难以计算的，实施违法行为所取得的款项即为违法所得。

第九章　附　　则

第七十二条 行政法规对音像制品和电子出版物的出版、复制、进口、发行另有规定的，适用其规定。

接受境外机构或者个人赠送出版物的管理办法、订户订购境外出版物的管理办法、网络出版审批和管理办法，由国务院出版行政主管部门根据本条例的原则另行制定。

第七十三条 本条例自 2002 年 2 月 1 日起施行。1997 年 1 月 2 日国务院发布的《出版管理条例》同时废止。

国务院关于严厉打击非法出版活动的通知

（1987 年 7 月 6 日
国发〔1987〕65 号）

当前社会上非法出版活动猖獗。一些不法分子伪造或盗用合法出版单位名义，大量非法印制有害的书刊和音像出版物。这类出版物充斥市场，不仅内容腐朽，大多宣扬凶杀、色情和迷信，而且印制质量低劣、售价昂贵，对群众特别是青少年的身心健康危害极大，严重影响社会主义精神文明的建设。这种情况，必须采取措施坚决予以制止。国务院决定，立即在全国范围内开展一次打击非法出版活动的行动。现将有关问题通知如下：

一、除国家批准的出版单位外，任何单位和个人不得出版在社会上公开发行的图书、报刊和音像出版物，违者属非法出版活动。

非出版单位编印、翻录内部使用的非营利性的资料性图书、报刊和音像出版物，须报经主管单位批准，并经县级以上(含县级)新闻出版(文化)行政机关或音像管理机关核准并发给准印证，方可印制。违者亦视为非法出版活动。

二、任何国营、集体、个体印刷(装订)厂，均不得承印(装订)非法出版物。凡已承接非法出版物的，应一律停止印制，将成品、半成品、图版等全部上缴所在地县级以上(含县级)人民政府指定的新闻出版(文化)行政机关，就地销毁。

未经国家音像管理机关批准的音像翻录加工单位，一律予以取缔。

三、任何国营、集体、个体发行单位和个人，均不得销售非法出版物。如有非法出版物，应一律停止销售，主动清理上缴所在地县(含县)以上人民政府指定的新闻出版(文化)行政机关和音像管理机关，就地销毁。

四、对委印、承印、翻录、销售非法出版物的单位和个人，可视不同情节，分别给予警告、停业整顿、吊销注册登记证或营业执照，对直接责任人或领导者给予行政处分。

对非法出版物和非法收入除全部没收外，还应视不同情节，加处出版物总定价五倍以内的罚款。没收的非法收入和罚款一律上缴国库。

对从事非法出版活动情节恶劣，后果严重，触犯刑律的，应当依法追究刑事责任。

五、这次打击非法出版活动，重点查处对象是大量委印、承印、翻录、销售非法出版物，所得暴利数额巨大的单位和个人。

六、打击非法出版活动，既要坚决，又要稳妥。各地要从实际情况出发，实事求是，区别对待，以达到打击极少数严重不法分子、教育大多数的目的。

七、这次打击非法出版活动由各级人民政府领导，新闻出版、广播电影电视、工商行政管理、公安部门具体负责，文化管理部门予以积极配合和支持；邮电、轻工、交通、铁道、海关等有关部门要加强联系，互通情况，密切配合。对涉及几个地区的查处对象，有关地区应当及时通报，协同动作。

八、当前要抓住一两个重大典型案件尽快查清，依法处理，并运用报纸、广播、电视加以宣传，以推动全国的查处工作。

九、查处经费，按财政部《关于发布〈罚没财物和追回赃款赃物管理办法〉的通知》(1986年财预字第228号)的有关规定办理。

十、为改变目前书刊印刷业混乱的状况，由公安机关按照有关规定把印刷业作为“特种行业”进行管理。各级人民政府要指定有关机构或人员，负责对所在地的印刷厂特别是乡镇小印刷厂实行经常性的检查和监督。

各地接到本通知后应立即行动，具体安排可根据本地实际情况自行确定。今年十月底前，各省、自治区、直辖市人民政府应将贯彻执行情况向国务院作一专题报告。

关于认定淫秽及色情出版物的暂行规定

（1988年12月27日新闻出版署发布 〔88〕新出办字第1512号）

第一条 为了实施《国务院关于严禁淫秽物品的规定》和《关于重申严禁淫秽出版物的规定》，明确淫秽及色情出版物的认定标准，特制定本暂行规定。

第二条 淫秽出版物是指在整体上宣扬淫秽行为，具有下列内容之一，挑动人们的性欲，足以导致普通人腐化堕落，而又没有艺术价值或者科学价值的出版物：

（一）淫亵性地具体描写性行为、性交及其心理感受；

（二）公然宣扬色情淫荡形象；

（三）淫亵性地描述或者传授性技巧；

（四）具体描写乱伦、强奸或者其他性犯罪的手段、过程或者细节，足以诱发犯罪的；

（五）具体描写少年儿童的性行为；

（六）淫亵性地具体描写同性恋的性行为或者其他性变态行为，或者具体描写与性变态有关的暴力、虐待、侮辱行为；

（七）其他令普通人不能容忍的对性行为淫亵性描写。

第三条 色情出版物是指在整体上不是淫秽的，但其中一部分有第二条（一）至（七）项规定的内容，对普通人特别是未成年人的身心健康有毒害，而缺乏艺术价值或者科学价值的出版物。

第四条 夹杂淫秽、色情内容而具有艺术价值的文艺作品；表现人体美的美术作品；有关人体的解剖生理知识、生育知识、疾病防治和其他有关性知识、性道德、性社会学等自然科学和社会科学作品，不属于淫秽出版物、色情出版物的范围。

第五条 淫秽出版物、色情出版物由新闻出版署负责鉴定或者认定。新闻出版署组织有关部门的专家组成淫秽及色情出版物鉴定委员会，承担淫秽出版物、色情出版物的鉴定工作。

各省、自治区、直辖市新闻出版局组织有关部门的专家组成淫秽及色情出版物鉴定委员会，对本行政区域内发现的淫秽出版物、色情出版物提出鉴定或者认定意见报新闻出版署。

第六条 本规定所称的出版物包括书籍、报纸、杂志、图片、画册、挂历、音像制品和印刷宣传品。

本规定所称的普通人是指生理和精神正常的成年人。

第七条 本规定由新闻出版署负责解释。

第八条 本规定自公布之日起施行。

关于严格禁止买卖书号、刊号、版号等问题的若干规定

(1997 年 1 月 29 日新闻出版署发布　新出图〔1997〕53 号)

为了认真贯彻党的十四届六中全会精神,加强出版管理,树立行业新风,进一步繁荣出版事业,根据国务院颁布的《出版管理条例》和中宣部、新闻出版署的有关规定,现重申并补充关于禁止买卖书号、刊号、版号的若干规定如下:

一、严禁出版单位买卖书号、刊号、版号。凡是以管理费、书号费、刊号费、版号费或其它名义收取费用,出让国家出版行政部门赋予的权力,给外单位或个人提供书号、刊号、版号和办理有关手续,放弃编辑、校对、印刷、复制、发行等任何一个环节的职责,使其以出版单位的名义牟利,均按买卖书号、刊号、版号查处。

二、严禁任何单位和个人以任何名义直接或间接地购买书号、刊号、版号,并参与出版、印刷、复制、发行等活动。凡购买书号、刊号、版号从事的出版活动均属非法出版活动,坚决予以取缔。

三、出版工作者在组稿和编辑过程中,不得以任何名义,向供稿单位或个人索取和收受各种费用(如审稿费、编辑费、校对费等),不得索取和收受礼品、礼金或有价证券等。

四、出版工作者不得在出版、印刷、复制、发行等经营活动中索取和收受回扣或提成。

五、严禁出版工作者参与各种非法出版活动。出版工作者不得为不法书商提供证明材料和办理有关手续,以掩盖买卖书号、刊号、版号的非法行为。

六、出版工作者不得利用职务之便在他人作品上署名,以谋取个人名利;不得利用职务之便以他人名义支取稿费、编审费、校对费等费用。

七、出版单位要严格财务管理,严格审计制度,不得在出版、印刷、复制和发行活动中以任何名义搞任何形式的"体外循环"或虚假的"体内循环"。

八、出版单位必须建立、健全严格的书号、刊号、版号的管理制度,指定专人负责书号、刊号、版号的管理。不得将书号、刊号、版号和经济创收指标等承包到编辑部或个人,不得在异地设立编辑机构。

九、出版单位或个人不得以出版个人或企事业单位名录或约稿收费等名义,向供稿单位或个人以任何名义索取任何费用。

十、出版单位印刷、复制出版物必须到有印刷许可证、复制许可证的印刷厂、复制厂印刷或复制;出版单位不得向没有一级批发权的任何发行单位转让或变相转让总发行权,也不得向非发行单位批发出版物。出版单位的一切印刷业务、复制业务和发行业务,必须严格遵守新闻出版署关于实行印刷委托书、复制委托书、书刊发行委托书的有关规定。

十一、出版单位的年度出版计划及

涉及国家安全、社会安定等方面重大选题，应严格按国家出版行政部门的具体规定，办理备案等手续。出版单位对书稿的初审、复审和终审工作要切实到位、严格把关，对编、排、校、印等环节进行全程监督。

十二、对违反上述规定的单位和个人，由国家出版行政部门，根据国务院颁布的《出版管理条例》和其它有关规定，视其情节轻重，给予行政处罚，触犯法律的，移交司法机关处理。

各出版单位必须严格执行上述规定，要根据本单位的实际情况，制定相应的实施细则或实施办法。各省、自治区、直辖市出版行政部门要向社会公布举报电话，以监督执行本规定。

本规定自发布之日起实行。

报纸出版管理规定

（2005年9月30日新闻出版总署令第32号公布　自2005年12月1日起施行）

第一章　总　　则

第一条　为促进我国报业的发展与繁荣，规范报纸出版活动，加强报纸出版管理，根据国务院《出版管理条例》及相关法律法规，制定本规定。

第二条　在中华人民共和国境内从事报纸出版活动，适用本规定。

报纸由依法设立的报纸出版单位出版。报纸出版单位出版报纸，必须经新闻出版总署批准，持有国内统一连续出版物号，领取《报纸出版许可证》。

本规定所称报纸，是指有固定名称、刊期、开版，以新闻与时事评论为主要内容，每周至少出版一期的散页连续出版物。

本规定所称报纸出版单位，是指依照国家有关规定设立，经新闻出版总署批准并履行登记注册手续的报社。法人出版报纸不设立报社的，其设立的报纸编辑部视为报纸出版单位。

第三条　报纸出版必须坚持马克思列宁主义、毛泽东思想、邓小平理论和“三个代表”重要思想，坚持正确的舆论导向和出版方向，坚持把社会效益放在首位、社会效益和经济效益相统一和贴近实际、贴近群众、贴近生活的原则，为建设中国特色社会主义营造良好氛围，丰富广大人民群众的精神文化生活。

第四条　新闻出版总署负责全国报纸出版活动的监督管理工作，制定并实施全国报纸出版的总量、结构、布局的规划，建立健全报纸出版质量综合评估制度、报纸年度核验制度以及报纸出版退出机制等监督管理制度。

地方各级新闻出版行政部门负责本行政区域内的报纸出版活动的监督管理工作。

第五条　报纸出版单位负责报纸的编辑、出版等报纸出版活动。

报纸出版单位合法的出版活动受法律保护。任何组织和个人不得非法干扰、阻止、破坏报纸的出版。

第六条 新闻出版总署对为我国报业繁荣和发展作出突出贡献的报纸出版单位及个人实施奖励。

第七条 报纸出版行业的社会团体按照其章程,在新闻出版行政部门的指导下,实行自律管理。

第二章 报纸创办与报纸出版单位设立

第八条 创办报纸、设立报纸出版单位,应当具备下列条件:

(一)有确定的、不与已有报纸重复的名称;

(二)有报纸出版单位的名称、章程;

(三)有符合新闻出版总署认定条件的主管、主办单位;

(四)有确定的报纸出版业务范围;

(五)有30万元以上的注册资本;

(六)有适应业务范围需要的组织机构和符合国家规定资格条件的新闻采编专业人员;

(七)有与主办单位在同一行政区域的固定的工作场所;

(八)有符合规定的法定代表人或者主要负责人,该法定代表人或者主要负责人必须是在境内长久居住的中国公民;

(九)法律、行政法规规定的其他条件。

除前款所列条件外,还须符合国家对报纸及报纸出版单位总量、结构、布局的规划。

第九条 中央在京单位创办报纸并设立报纸出版单位,经主管单位同意后,由主办单位报新闻出版总署审批。

中国人民解放军和中国人民武装警察部队系统创办报纸并设立报纸出版单位,由中国人民解放军总政治部宣传部新闻出版局审核同意后报新闻出版总署审批。

其他单位创办报纸并设立报纸出版单位,经主管单位同意后,由主办单位向所在地省、自治区、直辖市新闻出版行政部门提出申请,省、自治区、直辖市新闻出版行政部门审核同意后,报新闻出版总署审批。

第十条 两个以上主办单位合办报纸,须确定一个主要主办单位,并由主要主办单位提出申请。

报纸的主要主办单位应为其主管单位的隶属单位。报纸出版单位和主要主办单位须在同一行政区域。

第十一条 创办报纸、设立报纸出版单位,由报纸出版单位的主办单位提出申请,并提交以下材料:

(一)按要求填写的《报纸出版申请表》;

(二)主办单位、主管单位的有关资质证明材料;

(三)拟任报纸出版单位法定代表人或者主要负责人的简历、身份证明文件及国家有关部门颁发的职业资格证书;

(四)新闻采编人员的职业资格证书;

(五)报纸出版单位办报资金来源及数额的相关证明文件;

(六)报纸出版单位的章程;

(七)工作场所使用证明;

（八）报纸出版可行性论证报告。

第十二条 新闻出版总署自收到创办报纸、设立报纸出版单位申请之日起90日内，作出批准或者不批准的决定，并直接或者由省、自治区、直辖市新闻出版行政部门书面通知主办单位；不批准的，应当说明理由。

第十三条 报纸主办单位应当自收到新闻出版总署批准决定之日起60日内办理注册登记手续：

（一）持批准文件到所在地省、自治区、直辖市新闻出版行政部门领取并填写《报纸出版登记表》，经主管单位审核签章后，报所在地省、自治区、直辖市新闻出版行政部门；

（二）《报纸出版登记表》一式五份，由报纸出版单位、主办单位、主管单位及省、自治区、直辖市新闻出版行政部门各存一份，另一份由省、自治区、直辖市新闻出版行政部门在15日内报送新闻出版总署备案；

（三）省、自治区、直辖市新闻出版行政部门对《报纸出版登记表》审核无误后，在10日内向主办单位发放《报纸出版许可证》，并编入国内统一连续出版物号；

（四）报纸出版单位持《报纸出版许可证》到工商行政管理部门办理登记手续，依法领取营业执照。

第十四条 报纸主办单位自收到新闻出版总署的批准文件之日起60日内未办理注册登记手续，批准文件自行失效，登记机关不再受理登记，报纸主办单位须把有关批准文件缴回新闻出版总署。

报纸出版单位自登记之日起满90日未出版报纸的，由新闻出版总署撤销《报纸出版许可证》，并由原登记的新闻出版行政部门注销登记。

因不可抗力或者其他正当理由发生前款所列情形的，报纸出版单位的主办单位可以向原登记的新闻出版行政部门申请延期。

第十五条 报社应当具备法人条件，经核准登记后，取得法人资格，以其全部法人财产独立承担民事责任。

报纸编辑部不具有法人资格，其民事责任由其主办单位承担。

第十六条 报纸出版单位变更名称、合并或者分立，改变资本结构，出版新的报纸，依照本规定第九条至第十三条的规定办理审批、登记手续。

第十七条 报纸变更名称、主办单位、主管单位、刊期、业务范围，依照本规定第九条至第十三条的规定办理审批、登记手续。

报纸变更刊期，新闻出版总署可以委托省、自治区、直辖市新闻出版行政部门审批。

本规定所称业务范围包括办报宗旨、文种。

第十八条 报纸变更开版，经主办单位审核同意后，由报纸出版单位报所在地省、自治区、直辖市新闻出版行政部门批准。

第十九条 报纸出版单位变更单位地址、法定代表人或者主要负责人、报纸承印单位，经其主办单位审核同意后，由报纸出版单位在15日内向所在地省、自治区、直辖市新闻出版行政部门备案。

第二十条 报纸休刊连续超过10日的,报纸出版单位须向所在地省、自治区、直辖市新闻出版行政部门办理休刊备案手续,说明休刊理由和休刊期限。

报纸休刊时间不得超过180日。报纸休刊超过180日仍不能正常出版的,由新闻出版总署撤销《报纸出版许可证》,并由所在地省、自治区、直辖市新闻出版行政部门注销登记。

第二十一条 报纸出版单位终止出版活动的,经主管单位同意后,由主办单位向所在地省、自治区、直辖市新闻出版行政部门办理注销登记,并由省、自治区、直辖市新闻出版行政部门报新闻出版总署备案。

第二十二条 报纸注销登记,以同一名称设立的报纸出版单位须与报纸同时注销,并到原登记的工商行政管理部门办理注销登记。

注销登记的报纸和报纸出版单位不得再以该名称从事出版、经营活动。

第二十三条 中央报纸出版单位组建报业集团,由新闻出版总署批准;地方报纸出版单位组建报业集团,向所在地省、自治区、直辖市新闻出版行政部门提出申请,经审核同意后,报新闻出版总署批准。

第三章 报纸的出版

第二十四条 报纸出版实行编辑责任制度,保障报纸刊载内容符合国家法律、法规的规定。

第二十五条 报纸不得刊载《出版管理条例》和其他有关法律、法规以及国家规定的禁止内容。

第二十六条 报纸开展新闻报道必须坚持真实、全面、客观、公正的原则,不得刊载虚假、失实报道。

报纸刊载虚假、失实报道,致使公民、法人或者其他组织的合法权益受到侵害的,其出版单位应当公开更正,消除影响,并依法承担相应民事责任。

报纸刊载虚假、失实报道,致使公民、法人或者其他组织的合法权益受到侵害的,当事人有权要求更正或者答辩,报纸应当予以发表;拒绝发表的,当事人可以向人民法院提出诉讼。

报纸因刊载虚假、失实报道而发表的更正或者答辩应自虚假、失实报道发现或者当事人要求之日起,在其最近出版的一期报纸的相同版位上发表。

报纸刊载虚假或者失实报道,损害公共利益的,新闻出版总署或者省、自治区、直辖市新闻出版行政部门可以责令该报纸出版单位更正。

第二十七条 报纸发表或者摘转涉及国家重大政策、民族宗教、外交、军事、保密等内容,应严格遵守有关规定。

报纸转载、摘编互联网上的内容,必须按照有关规定对其内容进行核实,并在刊发的明显位置标明下载文件网址、下载日期等。

第二十八条 报纸发表新闻报道,必须刊载作者的真实姓名。

第二十九条 报纸出版质量须符合国家标准和行业标准。报纸使用语言文字须符合国家有关规定。

第三十条 报纸出版须与《报纸出版许可证》的登记项目相符，变更登记项目须按本规定办理审批或者备案手续。

第三十一条 报纸出版时须在每期固定位置标示以下版本记录：

（一）报纸名称；

（二）报纸出版单位、主办单位、主管单位名称；

（三）国内统一连续出版物号；

（四）总编辑（社长）姓名；

（五）出版日期、总期号、版数、版序；

（六）报纸出版单位地址、电话、邮政编码；

（七）报纸定价（号外须注明“免费赠阅”字样）；

（八）印刷单位名称、地址；

（九）广告经营许可证号；

（十）国家规定的涉及公共利益或者行业标准的其他标识。

第三十二条 一个国内统一连续出版物号只能对应出版一种报纸，不得用同一国内统一连续出版物号出版不同版本的报纸。

出版报纸地方版、少数民族文字版、外文版等不同版本（文种）的报纸，

须按创办新报纸办理审批手续。

第三十三条 同一种报纸不得以不同开版出版。

报纸所有版页须作为一个整体出版发行，各版页不得单独发行。

第三十四条 报纸专版、专刊的内容应与报纸的宗旨、业务范围相一致，专版、专刊的刊头字样不得明显于报纸名称。

第三十五条 报纸在正常刊期之外可出版增期。出版增期应按变更刊期办理审批手续。

增期的内容应与报纸的业务范围相一致；增期的开版、文种、发行范围、印数应与主报一致，并随主报发行。

第三十六条 报纸出版单位因重大事件可出版号外；出版号外须在报头注明“号外”字样，号外连续出版不得超过3天。

报纸出版单位须在号外出版后15日内向所在地省、自治区、直辖市新闻出版行政部门备案，并提交所有号外样报。

第三十七条 报纸出版单位不得出卖、出租、转让本单位名称及所出版报纸的刊号、名称、版面，不得转借、转让、出租和出卖《报纸出版许可证》。

第三十八条 报纸刊登广告须在报纸明显位置注明“广告”字样，不得以新闻形式刊登广告。

报纸出版单位发布广告应依据法律、行政法规查验有关证明文件，核实广告内容，不得刊登有害的、虚假的等违法广告。

报纸的广告经营者限于在合法授权范围内开展广告经营、代理业务，不得参与报纸的采访、编辑等出版活动。

第三十九条 报纸出版单位不得在报纸上刊登任何形式的有偿新闻。

报纸出版单位及其工作人员不得利用新闻报道牟取不正当利益，不得索取、接受采访报道对象及其利害关系人的财物或者其他利益。

第四十条 报纸采编业务和经营业务必须严格分开。

新闻采编业务部门及其工作人员不得从事报纸发行、广告等经营活动;经营部门及其工作人员不得介入新闻采编业务。

第四十一条 报纸出版单位的新闻采编人员从事新闻采访活动,必须持有新闻出版总署统一核发的新闻记者证,并遵守新闻出版总署《新闻记者证管理办法》的有关规定。

第四十二条 报纸出版单位根据新闻采访工作的需要,可以依照新闻出版总署《报社记者站管理办法》设立记者站,开展新闻业务活动。

第四十三条 报纸出版单位不得以不正当竞争行为或者方式开展经营活动,不得利用权力摊派发行报纸。

第四十四条 报纸出版单位须遵守国家统计法规,依法向新闻出版行政部门报送统计资料。

报纸出版单位应配合国家认定的出版物发行数据调查机构进行报纸发行量数据调查,提供真实的报纸发行数据。

第四十五条 报纸出版单位须按照国家有关规定向国家图书馆、中国版本图书馆和新闻出版总署以及所在地省、自治区、直辖市新闻出版行政部门缴送报纸样本。

第四章 监督管理

第四十六条 报纸出版活动的监督管理实行属地原则。

省、自治区、直辖市新闻出版行政部门依法负责本行政区域报纸和报纸出版单位的登记、年度核验、质量评估、行政处罚等工作,对本行政区域的报纸出版活动进行监督管理。

其他地方新闻出版行政部门依法对本行政区域内报纸出版单位及其报纸出版活动进行监督管理。

第四十七条 报纸出版管理实施报纸出版事后审读制度、报纸出版质量评估制度、报纸出版年度核验制度和报纸出版从业人员资格管理制度。

报纸出版单位应当按照新闻出版总署的规定,将从事报纸出版活动的情况向新闻出版行政部门提出书面报告。

第四十八条 新闻出版总署负责全国报纸审读工作。地方各级新闻出版行政部门负责对本行政区域内出版的报纸进行审读。下级新闻出版行政部门要定期向上一级新闻出版行政部门提交审读报告。

主管单位须对其主管的报纸进行审读,定期向所在地新闻出版行政部门报送审读报告。

报纸出版单位应建立报纸阅评制度,定期写出阅评报告。新闻出版行政部门根据管理工作需要,可以随时调阅、检查报纸出版单位的阅评报告。

第四十九条 新闻出版总署制定报纸出版质量综合评估标准体系,对报纸出版质量进行全面评估。

经报纸出版质量综合评估,报纸出版质量未达到规定标准或者不能维持正常出版活动的,由新闻出版总署撤销《报纸出版许可证》,所在地省、自治区、直辖市新闻出版行政部门注销登记。

第五十条 省、自治区、直辖市新闻出版行政部门负责对本行政区域的报纸出版单位实施年度核验。年度核验内容包括报纸出版单位及其所出版报纸登记项目、出版质量、遵纪守法情况、新闻记者证和记者站管理等。

第五十一条 年度核验按照以下程序进行：

（一）报纸出版单位提出年度自检报告，填写由新闻出版总署统一印制的《报纸出版年度核验表》，经报纸主办单位、主管单位审核盖章后，连同核验之日前连续出版的30期样报，在规定时间内报所在地省、自治区、直辖市新闻出版行政部门；

（二）省、自治区、直辖市新闻出版行政部门对报纸出版单位自检报告、《报纸出版年度核验表》等送检材料审核查验；

（三）经核验符合规定标准的，省、自治区、直辖市新闻出版行政部门在其《报纸出版许可证》上加盖年度核验章；《报纸出版许可证》上加盖年度核验章即为通过年度核验，报纸出版单位可以继续从事报纸出版活动；

（四）省、自治区、直辖市新闻出版行政部门自完成报纸出版年度核验工作后的30日内，向新闻出版总署提交报纸年度核验工作报告。

第五十二条 有下列情形之一的，暂缓年度核验：

（一）正在限期停刊整顿的；

（二）经审核发现有违法情况应予处罚的；

（三）主管单位、主办单位未履行管理责任，导致报纸出版管理混乱的；

（四）存在其他违法嫌疑需要进一步核查的。

暂缓年度核验的期限由省、自治区、直辖市新闻出版行政部门确定，报新闻出版总署备案。缓验期满，按照本规定第五十条、第五十一条重新办理年度核验。

第五十三条 有下列情形之一的，不予通过年度核验：

（一）违法行为被查处后拒不改正或者没有明显整改效果的；

（二）报纸出版质量长期达不到规定标准的；

（三）经营恶化已经资不抵债的；

（四）已经不具备本规定第八条规定条件的。

不予通过年度核验的，由新闻出版总署撤销《报纸出版许可证》，所在地省、自治区、直辖市新闻出版行政部门注销登记。

未通过年度核验的，报纸出版单位自第二年起停止出版该报纸。

第五十四条 《报纸出版许可证》加盖年度核验章后方可继续使用。有关部门在办理报纸出版、印刷、发行等手续时，对未加盖年度核验章的《报纸出版许可证》不予采用。

不按规定参加年度核验的报纸出版单位，经催告仍未参加年度核验的，由新闻出版总署撤销《报纸出版许可证》，所在地省、自治区、直辖市新闻出版行政部门注销登记。

第五十五条 年度核验结果，核验

机关可以向社会公布。

第五十六条 报纸出版从业人员，应具备国家规定的新闻出版职业资格条件。

第五十七条 报纸出版单位的社长、总编辑须符合国家规定的任职资格和条件。

报纸出版单位的社长、总编辑须参加新闻出版行政部门组织的岗位培训。

报纸出版单位的新任社长、总编辑须经过岗位培训合格后才能上岗。

第五章 法律责任

第五十八条 报纸出版单位违反本规定的，新闻出版行政部门视其情节轻重，可采取下列行政措施：

(一)下达警示通知书；

(二)通报批评；

(三)责令公开检讨；

(四)责令改正；

(五)责令停止印制、发行报纸；

(六)责令收回报纸；

(七)责成主办单位、主管单位监督报纸出版单位整改。

警示通知书由新闻出版总署制定统一格式，由新闻出版总署或者省、自治区、直辖市新闻出版行政部门下达给违法的报纸出版单位，并抄送违法报纸出版单位的主办单位及其主管单位。

本条所列行政措施可以并用。

第五十九条 未经批准，擅自设立报纸出版单位，或者擅自从事报纸出版业务，假冒报纸出版单位名称或者伪造、假冒报纸名称出版报纸的，依照《出版管理条例》第五十五条处罚。

第六十条 出版含有《出版管理条例》和其他有关法律、法规以及国家规定禁载内容报纸的，依照《出版管理条例》第五十六条处罚。

第六十一条 报纸出版单位违反本规定第三十七条的，依照《出版管理条例》第六十条处罚。

报纸出版单位允许或者默认广告经营者参与报纸的采访、编辑等出版活动，按前款处罚。

第六十二条 报纸出版单位有下列行为之一的，依照《出版管理条例》第六十一条处罚：

(一)报纸出版单位变更名称、合并或者分立，改变资本结构，出版新的报纸，未依照本规定办理审批手续的；

(二)报纸变更名称、主办单位、主管单位、刊期、业务范围、开版，未依照本规定办理审批手续的；

(三)报纸出版单位未依照本规定缴送报纸样本的。

第六十三条 报纸出版单位有下列行为之一的，由新闻出版总署或者省、自治区、直辖市新闻出版行政部门给予警告，并处3万元以下罚款：

(一)报纸出版单位变更单位地址、法定代表人或者主要负责人、承印单位，未按照本规定第十九条报送备案的；

(二)报纸休刊，未按照本规定第二十条报送备案的；

(三)刊载损害公共利益的虚假或者失实报道，拒不执行新闻出版行政部门更正命令的；

（四）在其报纸上发表新闻报道未登载作者真实姓名的；

（五）违反本规定第二十七条发表或者摘转有关文章的；

（六）未按照本规定第三十一条刊登报纸版本记录的；

（七）违反本规定第三十二条，“一号多版”的；

（八）违反本规定第三十三条，出版不同开版的报纸或者部分版页单独发行的；

（九）违反本规定关于出版报纸专版、专刊、增期、号外的规定的；

（十）报纸刊登广告未在明显位置注明“广告”字样，或者以新闻形式刊登广告的；

（十一）刊登有偿新闻或者违反本规定第三十九条其他规定的；

（十二）违反本规定第四十三条，以不正当竞争行为开展经营活动或者利用权力摊派发行的。

第六十四条 报纸出版单位新闻采编人员违反新闻记者证的有关规定，依照新闻出版总署《新闻记者证管理办法》的规定处罚。

第六十五条 报纸出版单位违反报社记者站的有关规定，依照新闻出版总署《报社记者站管理办法》的规定处罚。

第六十六条 对报纸出版单位做出行政处罚，应告知其主办单位和主管单位，可以通过媒体向社会公布。

对报纸出版单位做出行政处罚，新闻出版行政部门可以建议其主办单位或者主管单位对直接责任人和主要负责人予以行政处分或者调离岗位。

第六章 附　　则

第六十七条 以非新闻性内容为主或者出版周期超过一周，持有国内统一连续出版物号的其他散页连续出版物，也适用本规定。

第六十八条 本规定施行后，新闻出版署《报纸管理暂行规定》同时废止，此前新闻出版行政部门对报纸出版活动的其他规定，凡与本规定不一致的，以本规定为准。

第六十九条 本规定自2005年12月1日起施行。

订户订购进口出版物管理办法

（2011年3月25日新闻出版总署令第51号公布　自公布之日起施行）

第一条 为了满足国内单位和个人、在华外国机构、外商投资企业外籍人士和港、澳、台人士对进口出版物的阅读需求，加强对进口出版物的管理，根据《出版管理条例》和有关法律、法规，制定本办法。

第二条 在中国境内订户订购进口出版物适用本办法。

本办法所称进口出版物，是指由出版物进口经营单位进口的，在外国以及在中国香港特别行政区、澳门特别行政区和台湾地区出版的图书、报纸（含过期报纸）、期刊（含过期期刊）、电子出版物等。

本办法所称出版物进口经营单位，是指依照《出版管理条例》设立的从事出版物进口业务的单位。

本办法所称订户，是指通过出版物进口经营单位订购进口出版物的国内单位和个人、在华外国机构、外商投资企业和在华长期工作、学习、生活的外籍人士以及港、澳、台人士。

本办法所称订购，是指订户为满足本单位或者本人的阅读需求，向出版物进口经营单位预订购买进口出版物。

第三条 进口出版物分为限定发行范围的和非限定发行范围的两类，国家对其发行实行分类管理。

进口限定发行范围的报纸、期刊、图书、电子出版物等实行订户订购、分类供应的发行方式；非限定发行范围的进口报纸、期刊实行自愿订户订购和市场销售相结合的发行方式；非限定发行范围的进口图书、电子出版物等实行市场销售的发行方式。

限定发行范围的进口报纸、期刊、图书、电子出版物的种类由新闻出版总署确定。

第四条 订户订购进口出版物由出版物进口经营单位经营。其中，订户订购限定发行范围的进口报纸、期刊、图书、电子出版物的业务，须由新闻出版总署指定的出版物进口经营单位经营。

未经新闻出版总署批准，任何单位和个人不得从事订户订购进口出版物的经营活动。

出版物进口经营单位委托非出版物进口经营单位代理征订或者代理配送进口出版物，须事先报新闻出版总署同意。

第五条 国内单位订户订购非限定发行范围的进口报纸、期刊，持单位订购申请书，直接到新闻出版总署批准的报纸、期刊进口经营单位办理订购手续。国内个人订户应通过所在单位办理订购手续。

第六条 可以订购限定发行范围的进口报纸、期刊、图书和电子出版物的国内单位订户由新闻出版总署确定。

第七条 国内单位订户订购限定发行范围的进口报纸、期刊、图书、电子出版物等，中央单位订户由所属中央各部委审批；地方单位订户经所在地省、自治区、直辖市新闻出版行政部门审核后报送同级党委宣传部审批。获得批准的订户持单位订购申请书和有关批准文件，到新闻出版总署指定的出版物进口经营单位办理订购手续。

国内单位订户订购限定发行范围的进口报纸、期刊、图书、电子出版物等，应制定相应的使用管理办法。

第八条 在华外国机构、外商投资企业和在华长期工作、学习、生活的外籍人士和港、澳、台人士订购进口报纸、期刊，应持单位订购申请书或者本人身份证明，到新闻出版总署批准或者指定的报纸、期刊进口经营单位办理订购手续。

第九条 出版物进口经营单位负责对订购限定发行范围的进口报纸、期刊、图书、电子出版物的订户进行审核，并将审核后的订户名单、拟订购进口报纸、期刊、图书、电子出版物的品种和数量报送新闻出版总署批准。出版物进口经营单位依照批准后的订户名单及进口报纸、期刊、图书、电子出版物的品种和数量供应订户。

第十条 未经批准，擅自从事进口出版物的订户订购业务，按照《出版管理条例》第六十一条处罚。

违反本办法其他规定的，由新闻出版行政部门责令改正，给予警告；情节严重的，并处3万元以下的罚款。

第十一条 本办法自公布之日起施行。新闻出版总署2004年12月31日颁布的《订户订购进口出版物管理办法》同时废止。

内部资料性出版物管理办法

（2015年2月10日国家新闻出版广电总局令第2号公布 自2015年4月1日起施行）

第一章 总 则

第一条 为了规范内部资料性出版物的管理，根据《印刷业管理条例》和有关法律法规，制定本办法。

第二条 凡从事内部资料性出版物编印和发送活动，必须遵守本办法。

本办法所称内部资料性出版物（以下简称内部资料），是指在本行业、本系统、本单位内部，用于指导工作、交流信息的非卖性单本成册或连续性折页、散页印刷品，不包括机关公文性的简报等信息资料。

内部资料分为一次性内部资料和连续性内部资料。

第三条 对内部资料的编印，实行核发《内部资料性出版物准印证》（以下简称《准印证》）管理。未经批准取得《准印证》，任何单位和个人不得从事内部资料的编印活动。

第四条 编印内部资料，应当向所在地省、自治区、直辖市新闻出版行政部门提出申请，经审核批准，领取《准印证》后，方可从事编印活动。

第二章 准印证的核发

第五条 申请编印一次性内部资料，须符合以下条件：

（一）申请方应为党政机关、企事业、社会团体等单位；

（二）编印目的及发送范围符合本办法第二条的规定，编印内容与编印单位的性质和能力相一致；

（三）稿件内容符合本办法第十三条的规定；

（四）拟委托印刷的单位为出版物印刷企业。

第六条 申请编印一次性内部资料，应当提交申请书和稿件清样。

申请书应当载明一次性内部资料的名称、申请单位、编印目的、内容简介、印数、印张数、开本、发送对象、印刷单位等项目。

第七条 申请编印连续性内部资料，须符合以下条件：

（一）申请方应为党政机关、企事业、社会团体等单位；

(二)有确定的名称,名称应充分体现编印宗旨及地域、行业或单位特征;

(三)有确定的编印目的和固定的发送对象,编印目的应限于与编印单位业务相一致的工作指导、信息交流;编印内容应与编印单位的性质和能力相一致;企业编印散页连续性内部资料,应主要用于指导本企业的生产经营、企业文化和精神文明建设;

(四)有适应编印活动需要的人员;

(五)有稳定的资金来源和固定的办公场所;

(六)拟委托印刷的单位为出版物印刷企业。

第八条 编印连续性内部资料,应当提交下列材料:

(一)编印连续性内部资料的申请书,内容包括:连续性内部资料的名称、编印目的、栏目设置、印数、印制周期、开本、发送对象和经费来源等项目;

(二)编印单位资质证明材料;

(三)编印人员的基本情况及身份证明;

(四)拟承印单位的《印刷经营许可证》复印件。

第九条 具有下列情形之一的,不予核发内部资料《准印证》:

(一)不符合本办法第二条、第五条或第七条规定的审批条件的;

(二)广告印刷品、介绍推广本单位基本情况的宣传资料,或者仅含有历法信息及广告内容的挂历、台历、年历等无需申领《准印证》的一般印刷品;

(三)中小学教科书及教辅材料、地图、个人画册、个人文集等应由出版单位出版的作品。

第十条 省、自治区、直辖市新闻出版行政部门自受理申请之日起20日内作出审批决定。决定批准的,核发一次性内部资料或者连续性内部资料《准印证》;不予批准的,应当书面说明理由。

第十一条 《准印证》按一种内部资料一证的原则核发,其中对一次性内部资料,一次性使用有效;连续性内部资料的《准印证》有效期为1年,期满须重新核发。

《准印证》不得转让和出租出借,内部资料停办后《准印证》应及时交回发证部门。

第三章 监督管理

第十二条 内部资料的编印单位应当对所编印的内容和质量负责,并承担法律责任。

第十三条 内部资料不得含有下列内容:

(一)反对宪法确定的基本原则的;

(二)危害国家统一、主权和领土完整的;

(三)泄露国家秘密、危害国家安全或者损害国家荣誉和利益的;

(四)煽动民族仇恨、民族歧视,破坏民族团结,或者侵害少数民族风俗、习惯的;

(五)宣扬邪教、迷信的;

(六)扰乱社会秩序,破坏社会稳定的;

(七)宣扬淫秽、赌博、暴力或者教唆

犯罪的；

（八）侮辱或者诽谤他人，侵害他人合法权益的；

（九）危害社会公德或者民族优秀文化传统的；

（十）法律、行政法规和国家规定禁止的其他内容的。

第十四条 内部资料必须在封面完整印刷标注《准印证》编号和“内部资料，免费交流”字样，并在明显位置（封面、封底或版权页）标明编印单位、发送对象、印刷单位、印刷日期、印数等，连续性内部资料还须标明期号。

连续性内部资料不得使用“××报”、“××刊”或“××杂志”、“记者××”、“期刊社”、“杂志社”、“刊号”等字样，不得在内文中以“本报”、“本刊”自称。

第十五条 编印内部资料，应严格遵守以下规定：

（一）按照批准的名称、开本（开版）、周期印制，不得用《准印证》印制其他内容，一次性内部资料不得一证多期，连续性内部资料不得一期多版；

（二）严格限定在本行业、本系统、本单位内部交流，不得标价、销售或征订发行，不得在公共场所摆放，不得向境外传播；不得将服务对象及社会公众作为发送对象，也不得以提供信息为名，将无隶属关系和指导关系的行业、企事业单位作为发送对象；

（三）不得以工本费、会员费、版面费、服务费等任何形式收取任何费用，不得刊登广告，不得搞经营性活动；编印单位不得利用登记、年检、办证、办照、评奖、验收、论证等工作之便向服务和管理对象摊派或变相摊派；

（四）不得将内部资料承包给其他组织和个人，不得与外单位以“协办”等其他形式进行编印和发送。

第十六条 内部资料必须在编印单位所在地省、自治区、直辖市内的出版物印刷企业印刷。

印刷企业接受委托印刷内部资料，须验证所在地新闻出版行政部门核发的《准印证》原件并收存《准印证》复印件；接受委托印刷宗教内容的内部资料，还须验证省、自治区、直辖市人民政府宗教事务管理部门的批准文件。

编印和承印单位必须严格按照《准印证》核准的项目印制，严禁擅自更改《准印证》核准项目。

《准印证》复印件须保存两年，以备查验。

第十七条 内部资料的印刷质量应符合印刷质量标准。

第十八条 内部资料的编印单位须在印刷完成后10日内向核发《准印证》的新闻出版行政部门送交样本。

第十九条 各级新闻出版行政部门负责本行政区域内部资料的日常监督管理工作。

内部资料实行审读制度和质量检查制度，新闻出版行政部门要配备必要的人员和经费对内部资料进行内容审读和质量监管。

第二十条 连续性内部资料编印单位的有关人员应按照省、自治区、直辖市新闻出版行政部门的要求，参加有关法规、业务培训。

第二十一条 连续性内部资料编印单位需要延续《准印证》有效期的，应当在《准印证》有效期届满30日前向省、自治区、直辖市新闻出版行政部门提出申请。

省、自治区、直辖市新闻出版行政部门负责审核连续性内部资料的内容、质量、是否符合许可条件以及遵守本办法各项规定情况等。审核通过的，重新核发《准印证》；审核未通过或者逾期一个月不办理延期申请的，原《准印证》自动失效，予以注销。

省、自治区、直辖市新闻出版行政部门应于每年3月底前，将本地区上一年度内部资料监督管理情况报告国家新闻出版广电总局。

第四章 法律责任

第二十二条 有下列行为之一的，由县级以上地方人民政府新闻出版行政部门责令改正、停止违法行为，根据情节轻重，给予警告，并处1千元以下的罚款；以营利为目的从事下列行为的，并处3万元以下罚款：

(一)未经批准擅自编印内部资料的；

(二)编印本办法第十三条规定禁止内容的内部资料的；

(三)违反本办法第十四条、第十五条规定，编印、发送内部资料的；

(四)委托非出版物印刷企业印刷内部资料或者未按照《准印证》核准的项目印制的；

(五)未按照本办法第十八条送交样本的；

(六)违反本办法其他规定的。

其中，有前款第(一)项至第(三)项违法行为的，对非法编印的内部资料予以没收，超越发送范围的责令收回。

未取得《准印证》，编印具有内部资料形式，但不符合内部资料内容或发送要求的印刷品，经鉴定为非法出版物的，按照《出版管理条例》第六十一条或第六十二条的规定处罚。

第二十三条 有下列情形的，由县级以上新闻出版行政部门依照《印刷业管理条例》的有关规定，责令停业整顿，没收内部资料和违法所得，违法经营额1万元以上的，并处违法经营额5倍以上10倍以下的罚款；违法经营额不足1万元的，并处1万元以上5万元以下的罚款；情节严重的，由原发证机关吊销许可证：

(一)印刷业经营者印刷明知或者应知含有本办法第十三条规定禁止内容的内部资料的；

(二)非出版物印刷企业印刷内部资料的。

第二十四条 出版物印刷企业未按本规定承印内部资料的，由县级以上新闻出版行政部门依照《印刷业管理条例》的有关规定，给予警告，没收违法所得，违法经营额1万元以上的，并处违法经营额5倍以上10倍以下的罚款；违法经营额不足1万元的，并处1万元以上5万元以下的罚款；情节严重的，责令停业整顿或者由原发证机关吊销许可证。

第五章　附　　则

第二十五条　省、自治区、直辖市新闻出版行政部门可根据本地区内部资料管理的情况，对本办法规定的内部资料的审批条件和审批程序作出具体规定，也可以规定由副省级以下新闻出版行政部门承担部分审批职责。

第二十六条　各级各类学校学生自行编印仅面向本校发送的内部资料由该校校内有关主管部门负责审批和管理。

第二十七条　《准印证》由省、自治区、直辖市新闻出版行政部门按照新闻出版广电总局统一确定的格式制作。

第二十八条　本办法自2015年4月1日起施行。新闻出版署于1997年12月30日发布施行的《内部资料性出版物管理办法》同时废止，本办法施行前与本办法不一致的其他规定不再执行。

图书出版管理规定

（2008年2月21日新闻出版总署令第36号公布　根据2015年8月28日国家新闻出版广电总局令第3号《关于修订部分规章和规范性文件的决定》修正）

第一章　总　　则

第一条　为了规范图书出版，加强对图书出版的监督管理，促进图书出版的发展和繁荣，根据国务院《出版管理条例》及相关法律法规，制定本规定。

第二条　在中华人民共和国境内从事图书出版，适用本规定。

本规定所称图书，是指书籍、地图、年画、图片、画册，以及含有文字、图画内容的年历、月历、日历，以及由新闻出版总署认定的其他内容载体形式。

第三条　图书出版必须坚持为人民服务、为社会主义服务的方向，坚持马克思列宁主义、毛泽东思想、邓小平理论和“三个代表”重要思想，坚持科学发展观，坚持正确的舆论导向和出版方向，坚持把社会效益放在首位、社会效益和经济效益相统一的原则，传播和积累有益于提高民族素质、推动经济发展、促进社会和谐与进步的科学技术和文化知识，弘扬民族优秀文化，促进国际文化交流，丰富人民群众的精神文化生活。

第四条　新闻出版总署负责全国图书出版的监督管理工作，建立健全监督管理制度，制定并实施全国图书出版总量、结构、布局的规划。

省、自治区、直辖市新闻出版行政部门负责本行政区域内图书出版的监督管理工作。

第五条　图书出版单位依法从事图书的编辑、出版等活动。

图书出版单位合法的出版活动受法律保护，任何组织和个人不得非法干扰、阻止、破坏。

第六条　新闻出版总署对为发展、繁荣我国图书出版事业作出重要贡献的图书出版单位及个人给予奖励，并评选奖励优秀图书。

第七条　图书出版行业的社会团体

按照其章程,在新闻出版行政部门的指导下,实行自律管理。

第二章　图书出版单位的设立

第八条　图书由依法设立的图书出版单位出版。设立图书出版单位须经新闻出版总署批准,取得图书出版许可证。

本规定所称图书出版单位,是指依照国家有关法规设立,经新闻出版总署批准并履行登记注册手续的图书出版法人实体。

第九条　设立图书出版单位,应当具备下列条件:

(一)有图书出版单位的名称、章程;

(二)有符合新闻出版总署认定条件的主办单位、主管单位;

(三)有确定的图书出版业务范围;

(四)有30万元以上的注册资本;

(五)有适应图书出版需要的组织机构和符合国家规定资格条件的编辑出版专业人员;

(六)有确定的法定代表人或者主要负责人,该法定代表人或者主要负责人必须是在境内长久居住的具有完全行为能力的中国公民;

(七)有与主办单位在同一省级行政区域的固定工作场所;

(八)法律、行政法规规定的其他条件。

设立图书出版单位,除前款所列条件外,还应当符合国家关于图书出版单位总量、结构、布局的规划。

第十条　中央在京单位设立图书出版单位,由主办单位提出申请,经主管单位审核同意后,由主办单位报新闻出版总署审批。

中国人民解放军和中国人民武装警察部队系统设立图书出版单位,由主办单位提出申请,经中国人民解放军总政治部宣传部新闻出版局审核同意后,报新闻出版总署审批。

其他单位设立图书出版单位,经主管单位审核同意后,由主办单位向所在地省、自治区、直辖市新闻出版行政部门提出申请,省、自治区、直辖市新闻出版行政部门审核同意后,报新闻出版总署审批。

第十一条　申请设立图书出版单位,须提交以下材料:

(一)按要求填写的设立图书出版单位申请表;

(二)主管单位、主办单位的有关资质证明材料;

(三)拟任图书出版单位法定代表人或者主要负责人简历、身份证明文件;

(四)编辑出版人员的出版专业职业资格证书;

(五)注册资本数额、来源及性质证明;

(六)图书出版单位的章程;

(七)工作场所使用证明;

(八)设立图书出版单位的可行性论证报告。

第十二条　新闻出版总署应当自收到设立图书出版单位申请之日起90日内,作出批准或者不批准的决定,并直接或者由省、自治区、直辖市新闻出版行政部门书面通知主办单位;不批准的,应当说明理由。

第十三条 申请设立图书出版单位的主办单位应当自收到新闻出版总署批准文件之日起60日内办理如下注册登记手续：

（一）持批准文件到所在地省、自治区、直辖市新闻出版行政部门领取图书出版单位登记表，经主管单位审核签章后，报所在地省、自治区、直辖市新闻出版行政部门；

（二）图书出版单位登记表一式五份，图书出版单位、主办单位、主管单位及省、自治区、直辖市新闻出版行政部门各存一份，另一份由省、自治区、直辖市新闻出版行政部门在收到之日起15日内，报送新闻出版总署备案；

（三）新闻出版总署对图书出版单位登记表审核后，在10日内通过中国标准书号中心分配其出版者号并通知省、自治区、直辖市新闻出版行政部门；

（四）省、自治区、直辖市新闻出版行政部门对图书出版单位登记表审核后，在10日内向主办单位发放图书出版许可证；

（五）图书出版单位持图书出版许可证到工商行政管理部门办理登记手续，依法领取营业执照。

第十四条 图书出版单位的主办单位自收到新闻出版总署批准文件之日起60日内未办理注册登记手续，批准文件自行失效，登记机关不再受理登记，图书出版单位的主办单位须将有关批准文件缴回新闻出版总署。

图书出版单位自登记之日起满180日未从事图书出版的，由原登记的新闻出版行政部门注销登记，收回图书出版许可证，并报新闻出版总署备案。

因不可抗力或者其他正当理由发生前款所列情形的，图书出版单位可以向原登记的新闻出版行政部门申请延期。

第十五条 图书出版单位应当具备法人条件，经核准登记后，取得法人资格，以其全部法人财产独立承担民事责任。

第十六条 图书出版单位变更名称、主办单位或者主管单位、业务范围，合并或者分立，改变资本结构，依照本规定第九条至第十三条的规定办理审批、登记手续。

图书出版单位除前款所列变更事项外的其他事项的变更，应当经其主办单位和主管单位审查同意后，向所在地省、自治区、直辖市新闻出版行政部门申请变更登记，由省、自治区、直辖市新闻出版行政部门报新闻出版总署备案。

第十七条 图书出版单位终止图书出版的，由主办单位提出申请并经主管单位同意后，由主办单位向所在地省、自治区、直辖市新闻出版行政部门办理注销登记，并由省、自治区、直辖市新闻出版行政部门报新闻出版总署备案。

第十八条 组建图书出版集团，参照本规定第十条办理。

第三章 图书的出版

第十九条 任何图书不得含有《出版管理条例》和其他有关法律、法规以及国家规定禁止的内容。

第二十条 图书出版实行编辑责任制度,保障图书内容符合国家法律规定。

第二十一条 出版辞书、地图、中小学教科书等类别的图书,实行资格准入制度,出版单位须按照新闻出版总署批准的业务范围出版。具体办法由新闻出版总署另行规定。

第二十二条 图书出版实行重大选题备案制度。涉及国家安全、社会安定等方面的重大选题,涉及重大革命题材和重大历史题材的选题,应当按照新闻出版总署有关选题备案管理的规定办理备案手续。未经备案的重大选题,不得出版。

第二十三条 图书出版实行年度出版计划备案制度。图书出版单位的年度出版计划,须经省、自治区、直辖市新闻出版行政部门审核后报新闻出版总署备案。

第二十四条 图书出版单位实行选题论证制度、图书稿件三审责任制度、责任编辑制度、责任校对制度、图书重版前审读制度、稿件及图书资料归档制度等管理制度,保障图书出版质量。

第二十五条 图书使用语言文字须符合国家语言文字法律规定。

图书出版质量须符合国家标准、行业标准和新闻出版总署关于图书出版质量的管理规定。

第二十六条 图书使用中国标准书号或者全国统一书号、图书条码以及图书在版编目数据须符合有关标准和规定。

第二十七条 图书出版单位不得向任何单位或者个人出售或者以其他形式转让本单位的名称、中国标准书号或者全国统一书号。

第二十八条 图书出版单位不得以一个中国标准书号或者全国统一书号出版多种图书,不得以中国标准书号或者全国统一书号出版期刊。中国标准书号使用管理办法由新闻出版总署另行规定。

第二十九条 图书出版单位租型出版图书、合作出版图书、出版自费图书须按照新闻出版总署的有关规定执行。

第三十条 图书出版单位与境外出版机构在境内开展合作出版,在合作出版的图书上双方共同署名,须经新闻出版总署批准。

第三十一条 图书出版单位须按照国家有关规定在其出版的图书上载明图书版本记录事项。

第三十二条 图书出版单位应当委托依法设立的出版物印刷单位印刷图书,并按照国家规定使用印刷委托书。

第三十三条 图书出版单位须遵守国家统计规定,依法向新闻出版行政部门报送统计资料。

第三十四条 图书出版单位在图书出版30日内,应当按照国家有关规定向国家图书馆、中国版本图书馆、新闻出版总署免费送交样书。

第四章 监督管理

第三十五条 图书出版的监督管理实行属地原则。

省、自治区、直辖市新闻出版行政部

门依法对本行政区域内的图书出版进行监督管理,负责本行政区域内图书出版单位的审核登记、年度核验及其出版图书的审读、质量评估等管理工作。

第三十六条 图书出版管理实行审读制度、质量保障管理制度、出版单位分级管理制度、出版单位年度核验制度和出版从业人员职业资格管理制度。

第三十七条 新闻出版总署负责全国图书审读工作。省、自治区、直辖市新闻出版行政部门负责对本行政区域内出版的图书进行审读,并定期向新闻出版总署提交审读报告。

第三十八条 新闻出版行政部门可以根据新闻出版总署《图书质量管理规定》等规定,对图书质量进行检查,并予以奖惩。

第三十九条 新闻出版总署制定图书出版单位等级评估办法,对图书出版单位进行评估,并实行分级管理。

第四十条 图书出版单位实行年度核验制度,年度核验每两年进行一次。

年度核验按照以下程序进行:

(一)图书出版单位提出年度自查报告,填写由新闻出版总署统一印制的图书出版年度核验表,经图书出版单位的主办单位、主管单位审核盖章后,在规定时间内报所在地省、自治区、直辖市新闻出版行政部门;

(二)省、自治区、直辖市新闻出版行政部门在收到图书出版单位自查报告、图书出版年度核验表等年度核验材料30日内予以审核查验、出具审核意见,报送新闻出版总署;

(三)新闻出版总署在收到省、自治区、直辖市新闻出版行政部门报送的图书出版单位年度核验材料和审核意见60日内作出是否予以通过年度核验的批复;

(四)图书出版单位持新闻出版总署予以通过年度核验的批复文件、图书出版许可证副本等相关材料,到所在地省、自治区、直辖市新闻出版行政部门办理登记手续。

第四十一条 图书出版单位有下列情形之一的,暂缓年度核验:

(一)正在限期停业整顿的;

(二)经审核发现有违法情况应予处罚的;

(三)主管单位、主办单位未认真履行管理责任,导致图书出版管理混乱的;

(四)所报年度核验自查报告内容严重失实的;

(五)存在其他违法嫌疑需要进一步核查的。

暂缓年度核验的期限为6个月。在暂缓年度核验期间,图书出版单位除教科书、在印图书可继续出版外,其他图书出版一律停止。缓验期满,按照本规定重新办理年度核验手续。

第四十二条 图书出版单位有下列情形之一的,不予通过年度核验:

(一)出版导向严重违反管理规定并未及时纠正的;

(二)违法行为被查处后拒不改正或者在整改期满后没有明显效果的;

(三)图书出版质量长期达不到规定标准的;

(四)经营恶化已经资不抵债的;

(五)已经不具备本规定第九条规定条件的;

(六)暂缓登记期满,仍未符合年度核验基本条件的;

(七)不按规定参加年度核验,经催告仍未参加的;

(八)存在其他严重违法行为的。

对不予通过年度核验的图书出版单位,由新闻出版总署撤销图书出版许可证,所在地省、自治区、直辖市新闻出版行政部门注销登记。

第四十三条 年度核验结果,新闻出版总署和省、自治区、直辖市新闻出版行政部门可以向社会公布。

第四十四条 图书出版从业人员,应具备国家规定的出版职业资格条件。

第四十五条 图书出版单位的社长、总编辑须符合国家规定的任职资格和条件。

图书出版单位的社长、总编辑须参加新闻出版行政部门组织的岗位培训,取得岗位培训合格证书后才能上岗。

第五章 法律责任

第四十六条 图书出版单位违反本规定的,新闻出版总署或者省、自治区、直辖市新闻出版行政部门可以采取下列行政措施:

(一)下达警示通知书;

(二)通报批评;

(三)责令公开检讨;

(四)责令改正;

(五)核减中国标准书号数量;

(六)责令停止印制、发行图书;

(七)责令收回图书;

(八)责成主办单位、主管单位监督图书出版单位整改。

警示通知书由新闻出版总署制定统一格式,由新闻出版总署或者省、自治区、直辖市新闻出版行政部门下达给违法的图书出版单位,并抄送违法图书出版单位的主办单位及其主管单位。

本条所列行政措施可以并用。

第四十七条 未经批准,擅自设立图书出版单位,或者擅自从事图书出版业务,假冒、伪造图书出版单位名称出版图书的,依照《出版管理条例》第六十一条处罚。

第四十八条 图书出版单位出版含有《出版管理条例》和其他有关法律、法规以及国家规定禁止内容图书的,由新闻出版总署或者省、自治区、直辖市新闻出版行政部门依照《出版管理条例》第六十二条处罚。

第四十九条 图书出版单位违反本规定第二十七条的,由新闻出版总署或者省、自治区、直辖市新闻出版行政部门依照《出版管理条例》第六十六条处罚。

第五十条 图书出版单位有下列行为之一的,由新闻出版总署或者省、自治区、直辖市新闻出版行政部门依照《出版管理条例》第六十七条处罚:

(一)变更名称、主办单位或者其主管单位、业务范围、合并或分立、改变资本结构,未依法办理审批手续的;

(二)未按规定将其年度出版计划备案的;

（三）未按规定履行重大选题备案的；

（四）未按规定送交样书的。

第五十一条 图书出版单位有下列行为之一的，由新闻出版总署或者省、自治区、直辖市新闻出版行政部门给予警告，并处3万元以下罚款：

（一）未按规定使用中国标准书号或者全国统一书号、图书条码、图书在版编目数据的；

（二）图书出版单位违反本规定第二十八条的；

（三）图书出版单位擅自在境内与境外出版机构开展合作出版，在合作出版的图书上双方共同署名的；

（四）未按规定载明图书版本记录事项的；

（五）图书出版单位委托非依法设立的出版物印刷单位印刷图书的，或者未按照国家规定使用印刷委托书的。

第五十二条 图书出版单位租型出版图书、合作出版图书、出版自费图书，违反新闻出版总署有关规定的，由新闻出版总署或者省、自治区、直辖市新闻出版行政部门给予警告，并处3万元以下罚款。

第五十三条 图书出版单位出版质量不合格的图书，依据新闻出版总署《图书质量管理规定》处罚。

第五十四条图书出版单位未依法向新闻出版行政部门报送统计资料的，依据新闻出版总署、国家统计局联合颁布的《新闻出版统计管理办法》处罚。

第五十五条 对图书出版单位作出行政处罚，新闻出版行政部门应告知其主办单位和主管单位，可以通过媒体向社会公布。

对图书出版单位作出行政处罚，新闻出版行政部门可以建议其主办单位或者主管单位对直接责任人和主要负责人予以行政处分或者调离岗位。

第六章　附　　则

第五十六条 本规定自2008年5月1日起施行。

自本规定施行起，此前新闻出版行政部门对图书出版的其他规定，凡与本规定不一致的，以本规定为准。

电子出版物出版管理规定

（2008年2月21日新闻出版总署令第34号公布　根据2015年8月28日国家新闻出版广电总局令第3号《关于修订部分规章和规范性文件的决定》修正）

第一章　总　　则

第一条 为了加强对电子出版物出版活动的管理，促进电子出版事业的健康发展与繁荣，根据国务院《出版管理条例》、《国务院对确需保留的行政审批项目设定行政许可的决定》和有关法律、行政法规，制定本规定。

第二条 在中华人民共和国境内从事电子出版物的制作、出版、进口活动，适用本规定。

本规定所称电子出版物,是指以数字代码方式,将有知识性、思想性内容的信息编辑加工后存储在固定物理形态的磁、光、电等介质上,通过电子阅读、显示、播放设备读取使用的大众传播媒体,包括只读光盘(CD—ROM、DVD—ROM等)、一次写入光盘(CD—R、DVD—R等)、可擦写光盘(CD—RW、DVD—RW等)、软磁盘、硬磁盘、集成电路卡等,以及新闻出版总署认定的其他媒体形态。

第三条 电子出版物不得含有《出版管理条例》第二十六条、第二十七条禁止的内容。

第四条 新闻出版总署负责全国电子出版物出版活动的监督管理工作。

县级以上地方新闻出版行政部门负责本行政区域内电子出版物出版活动的监督管理工作。

第五条 国家对电子出版物出版活动实行许可制度;未经许可,任何单位和个人不得从事电子出版物的出版活动。

第二章 出版单位设立

第六条 设立电子出版物出版单位,应当具备下列条件:

(一)有电子出版物出版单位的名称、章程;

(二)有符合新闻出版总署认定条件的主管、主办单位;

(三)有确定的电子出版物出版业务范围;

(四)有适应业务范围需要的设备和工作场所;

(五)有适应业务范围需要的组织机构,有2人以上具有中级以上出版专业职业资格;

(六)法律、行政法规规定的其他条件。

除依照前款所列条件外,还应当符合国家关于电子出版物出版单位总量、结构、布局的规划。

第七条 设立电子出版物出版单位,经其主管单位同意后,由主办单位向所在地省、自治区、直辖市新闻出版行政部门提出申请;经省、自治区、直辖市新闻出版行政部门审核同意后,报新闻出版总署审批。

第八条 申请设立电子出版物出版单位,应当提交下列材料:

(一)按要求填写的申请表,应当载明出版单位的名称、地址、资本结构、资金来源及数额,出版单位的主管、主办单位的名称和地址等内容;

(二)主办单位、主管单位的有关资质证明材料;

(三)出版单位章程;

(四)法定代表人或者主要负责人及本规定第六条要求的有关人员的资格证明和身份证明;

(五)可行性论证报告;

(六)注册资本数额、来源及性质证明;

(七)工作场所使用证明。

第九条 新闻出版总署自受理设立电子出版物出版单位的申请之日起90日内,作出批准或者不批准的决定,直接或者由省、自治区、直辖市新闻出版行政部门书面通知主办单位;不批准的,应当说明理由。

第十条 设立电子出版物出版单位的主办单位应当自收到批准决定之日起60日内，向所在地省、自治区、直辖市新闻出版行政部门登记，领取新闻出版总署颁发的《电子出版物出版许可证》。

电子出版物出版单位持《电子出版物出版许可证》向所在地工商行政管理部门登记，依法领取营业执照。

第十一条 电子出版物出版单位自登记之日起满180日未从事出版活动的，由省、自治区、直辖市新闻出版行政部门注销登记，收回《电子出版物出版许可证》，并报新闻出版总署备案。

因不可抗力或者其他正当理由发生前款所列情形的，电子出版物出版单位可以向省、自治区、直辖市新闻出版行政部门申请延期。

第十二条 电子出版物出版单位变更名称、主办单位或者主管单位、业务范围、资本结构，合并或者分立，须依照本规定第七条、第八条的规定重新办理审批手续，并到原登记的工商行政管理部门办理相应的登记手续。

电子出版物出版单位变更地址、法定代表人或者主要负责人的，应当经其主管、主办单位同意，向所在地省、自治区、直辖市新闻出版行政部门申请变更登记后，到原登记的工商行政管理部门办理变更登记。

省、自治区、直辖市新闻出版行政部门须将有关变更登记事项报新闻出版总署备案。

第十三条 电子出版物出版单位终止出版活动的，应当向所在地省、自治区、直辖市新闻出版行政部门办理注销登记手续，并到原登记的工商行政管理部门办理注销登记。

省、自治区、直辖市新闻出版行政部门应将有关注销登记报新闻出版总署备案。

第十四条 申请出版连续型电子出版物，经主管单位同意后，由主办单位向所在地省、自治区、直辖市新闻出版行政部门提出申请；经省、自治区、直辖市新闻出版行政部门审核同意后，报新闻出版总署审批。

本规定所称连续型电子出版物，是指有固定名称，用卷、期、册或者年、月顺序编号，按照一定周期出版的电子出版物。

第十五条 申请出版连续型电子出版物，应当提交下列材料：

（一）申请书，应当载明连续型电子出版物的名称、刊期、媒体形态、业务范围、读者对象、栏目设置、文种等；

（二）主管单位的审核意见。

申请出版配报纸、期刊的连续型电子出版物，还须报送报纸、期刊样本。

第十六条 经批准出版的连续型电子出版物，新增或者改变连续型电子出版物的名称、刊期与出版范围的，须按照本规定第十四条、第十五条办理审批手续。

第十七条 出版行政部门对从事电子出版物制作的单位实行备案制管理。电子出版物制作单位应当于单位设立登记以及有关变更登记之日起30日内，将单位名称、地址、法定代表人或者主要负责人的姓名及营业执照复印件、法定代表人或主要负责人身份证明报所在地省、自治区、直辖市新闻出版行政部门备案。

本规定所称电子出版物制作,是指通过创作、加工、设计等方式,提供用于出版、复制、发行的电子出版物节目源的经营活动。

第三章　出版管理

第十八条　电子出版物出版单位实行编辑责任制度,保障电子出版物的内容符合有关法规、规章规定。

第十九条　电子出版物出版单位应于每年12月1日前将下一年度的出版计划报所在地省、自治区、直辖市新闻出版行政部门,省、自治区、直辖市新闻出版行政部门审核同意后报新闻出版总署备案。

第二十条　电子出版物出版实行重大选题备案制度。涉及国家安全、社会安定等方面重大选题,涉及重大革命题材和重大历史题材的选题,应当按照新闻出版总署有关选题备案的规定办理备案手续;未经备案的重大选题,不得出版。

第二十一条　出版电子出版物,必须按规定使用中国标准书号。同一内容,不同载体形态、格式的电子出版物,应当分别使用不同的中国标准书号。

出版连续型电子出版物,必须按规定使用国内统一连续出版物号,不得使用中国标准书号出版连续型电子出版物。

第二十二条　电子出版物出版单位不得以任何形式向任何单位或者个人转让、出租、出售本单位的名称、电子出版物中国标准书号、国内统一连续出版物号。

第二十三条　电子出版物应当符合国家的技术、质量标准和规范要求。

出版电子出版物,须在电子出版物载体的印刷标识面或其装帧的显著位置载明电子出版物制作、出版单位的名称,中国标准书号或国内统一连续出版物号及条码,著作权人名称以及出版日期等其他有关事项。

第二十四条　电子出版物出版单位申请出版境外著作权人授权的电子出版物,须向所在地省、自治区、直辖市新闻出版行政部门提出申请;所在地省、自治区、直辖市新闻出版行政部门审核同意后,报新闻出版总署审批。

第二十五条　申请出版境外著作权人授权的电子出版物,应当提交下列材料:

(一)申请书,应当载明电子出版物名称、内容简介、授权方名称、授权方基本情况介绍等;

(二)申请单位的审读报告;

(三)样品及必要的内容资料;

(四)申请单位所在地省、自治区、直辖市著作权行政管理部门的著作权合同登记证明文件。

出版境外著作权人授权的电子游戏出版物还须提交游戏主要人物和主要场景图片资料、代理机构营业执照、发行合同及发行机构批发许可证、游戏文字脚本全文等材料。

第二十六条 新闻出版总署自受理出版境外著作权人授权电子出版物申请之日起,20日内作出批准或者不批准的决定;不批准的,应当说明理由。

审批出版境外著作权人授权电子出版物,应当组织专家评审,并应当符合国家总量、结构、布局规划。

第二十七条 境外著作权人授权的电子出版物,须在电子出版物载体的印刷标识面或其装帧的显著位置载明引进出版批准文号和著作权授权合同登记证号。

第二十八条 已经批准出版的境外著作权人授权的电子出版物,若出版升级版本,须按照本规定第二十五条提交申请材料,报所在地省、自治区、直辖市新闻出版行政部门审批。

第二十九条 出版境外著作权人授权的电子游戏测试盘及境外互联网游戏作品客户端程序光盘,须按照本规定第二十五条提交申请材料,报所在地省、自治区、直辖市新闻出版行政部门审批。

第三十条 电子出版物出版单位与境外机构合作出版电子出版物,须经主管单位同意后,将选题报所在地省、自治区、直辖市新闻出版行政部门审核;省、自治区、直辖市新闻出版行政部门审核同意后,报新闻出版总署审批。

新闻出版总署自受理合作出版电子出版物选题申请之日起20日内,作出批准或者不批准的决定;不批准的,应当说明理由。

第三十一条 电子出版物出版单位申请与境外机构合作出版电子出版物,应当提交下列材料:

(一)申请书,应当载明合作出版的电子出版物的名称、载体形态、内容简介、合作双方名称、基本情况、合作方式等,并附拟合作出版的电子出版物的有关文字内容、图片等材料;

(二)合作意向书;

(三)主管单位的审核意见。

第三十二条 电子出版物出版单位与境外机构合作出版电子出版物,应在该电子出版物出版30日内将样盘报送新闻出版总署备案。

第三十三条 出版单位配合本版出版物出版电子出版物,向所在地省、自治区、直辖市新闻出版行政部门提出申请,省、自治区、直辖市新闻出版行政部门审核同意的,发放电子出版物中国标准书号和复制委托书,并报新闻出版总署备案。

第三十四条 出版单位申请配合本版出版物出版电子出版物,应提交申请书及本版出版物、拟出版电子出版物样品。

申请书应当载明配合本版出版物出版的电子出版物的名称、制作单位、主要内容、出版时间、复制数量和载体形式等内容。

第三十五条 电子出版物发行前,出版单位应当向国家图书馆、中国版本图书馆和新闻出版总署免费送交样品。

第三十六条 电子出版物出版单位的从业人员,应当具备国家规定的出版专业职业资格条件。

电子出版物出版单位的社长、总编辑须符合国家规定的任职资格和条件。

电子出版物出版单位的社长、总编辑须参加新闻出版行政部门组织的岗位培训,取得岗位培训合格证书后才能上岗。

第三十七条 电子出版物出版单位须遵守国家统计规定,依法向新闻出版行政部门报送统计资料。

第四章 进 口 管 理

第三十八条 进口电子出版物成品,须由新闻出版总署批准的电子出版物进口经营单位提出申请;所在地省、自治区、直辖市新闻出版行政部门审核同意后,报新闻出版总署审批。

第三十九条 申请进口电子出版物,应当提交下列材料:

(一)申请书,应当载明进口电子出版物的名称、内容简介、出版者名称、地址、进口数量等;

(二)主管单位审核意见;

(三)申请单位关于进口电子出版物的审读报告;

(四)进口电子出版物的样品及必要的内容资料。

第四十条 新闻出版总署自受理进口电子出版物申请之日起20日内,作出批准或者不批准的决定;不批准的,应当说明理由。

审批进口电子出版物,应当组织专家评审,并应当符合国家总量、结构、布局规划。

第四十一条 进口电子出版物的外包装上应贴有标识,载明批准进口文号及用中文注明的出版者名称、地址、著作权人名称、出版日期等有关事项。

第五章 非卖品管理

第四十二条 委托复制电子出版物非卖品,须向委托方或受托方所在地省、自治区、直辖市新闻出版行政部门提出申请,申请书应写明电子出版物非卖品的使用目的、名称、内容、发送对象、复制数量、载体形式等,并附样品。

电子出版物非卖品内容限于公益宣传、企事业单位业务宣传、交流、商品介绍等,不得定价,不得销售、变相销售或与其他商品搭配销售。

第四十三条 省、自治区、直辖市新闻出版行政部门应当自受理委托复制电子出版物非卖品申请之日起20日内,作出批准或者不批准的决定,批准的,发给电子出版物复制委托书;不批准的,应当说明理由。

第四十四条 电子出版物非卖品载体的印刷标识面及其装帧的显著位置应当注明电子出版物非卖品统一编号,编号分为四段:第一段为方括号内的各省、自治区、直辖市简称,第二段为“电子出版物非卖品”字样,第三段为圆括号内的年度,第四段为顺序编号。

第六章 委托复制管理

第四十五条 电子出版物、电子出版物非卖品应当委托经新闻出版总署批准设立的复制单位复制。

第四十六条 委托复制电子出版物和电子出版物非卖品,必须使用复制委托书,并遵守国家关于复制委托书的管理规定。

复制委托书由新闻出版总署统一印制。

第四十七条 委托复制电子出版物、电子出版物非卖品的单位,应当保证开具的复制委托书内容真实、准确、完整,并须将开具的复制委托书直接交送复制单位。

委托复制电子出版物、电子出版物非卖品的单位不得以任何形式向任何单位或者个人转让、出售本单位的复制委托书。

第四十八条 委托复制电子出版物的单位,自电子出版物完成复制之日起30日内,须向所在地省、自治区、直辖市新闻出版行政部门上交本单位及复制单位签章的复制委托书第二联及样品。

委托复制电子出版物的单位须将电子出版物复制委托书第四联保存2年备查。

第四十九条 委托复制电子出版物、电子出版物非卖品的单位,经批准获得电子出版物复制委托书之日起90日内未使用的,须向发放该委托书的省、自治区、直辖市新闻出版行政部门交回复制委托书。

第七章 年度核验

第五十条 电子出版物出版单位实行年度核验制度,年度核验每两年进行一次。省、自治区、直辖市新闻出版行政部门负责对本行政区域内的电子出版物出版单位实施年度核验。核验内容包括电子出版物出版单位的登记项目、设立条件、出版经营情况、遵纪守法情况、内部管理情况等。

第五十一条 电子出版物出版单位进行年度核验,应提交以下材料:

(一)电子出版物出版单位年度核验登记表;

(二)电子出版物出版单位两年的总结报告,应当包括执行出版法规的情况、出版业绩、资产变化等内容;

(三)两年出版的电子出版物出版目录;

(四)《电子出版物出版许可证》的复印件。

第五十二条 电子出版物出版单位年度核验程序为:

(一)电子出版物出版单位应于核验年度的1月15日前向所在地省、自治区、直辖市新闻出版行政部门提交年度核验材料。

(二)各省、自治区、直辖市新闻出版行政部门对本行政区域内电子出版物出版单位的设立条件、开展业务及执行法规等情况进行全面审核,并于该年度的2月底前完成年度核验工作;对符合年度核验要求的单位予以登记,并换发《电子出版物出版许可证》。

(三)各省、自治区、直辖市新闻出版行政部门应于核验年度的3月20日前将年度核验情况及有关书面材料报新闻出版总署备案。

第五十三条 电子出版物出版单位

有下列情形之一的,暂缓年度核验:

(一)不具备本规定第六条规定条件的;

(二)因违反出版管理法规,正在限期停业整顿的;

(三)经审核发现有违法行为应予处罚的;

(四)曾违反出版管理法规受到行政处罚,未认真整改,仍存在违法问题的;

(五)长期不能正常开展电子出版物出版活动的。

暂缓年度核验的期限由省、自治区、直辖市新闻出版行政部门确定,最长不得超过3个月。暂缓期间,省、自治区、直辖市新闻出版行政部门应当督促、指导电子出版物出版单位进行整改。暂缓年度核验期满,对达到年度核验要求的电子出版物出版单位予以登记;仍未达到年度核验要求的电子出版物出版单位,由所在地省、自治区、直辖市新闻出版行政部门提出注销登记意见,新闻出版总署撤销《电子出版物出版许可证》,所在地省、自治区、直辖市新闻出版行政部门办理注销登记。

第五十四条 不按规定参加年度核验的电子出版物出版单位,经书面催告仍未参加年度核验的,由所在地省、自治区、直辖市新闻出版行政部门提出注销登记意见,新闻出版总署撤销《电子出版物出版许可证》,所在地省、自治区、直辖市新闻出版行政部门办理注销登记。

第五十五条 出版连续型电子出版物的单位按照本章规定参加年度核验。

第八章 法律责任

第五十六条 电子出版物出版单位违反本规定的,新闻出版总署或者省、自治区、直辖市新闻出版行政部门可以采取下列行政措施:

(一)下达警示通知书;

(二)通报批评;

(三)责令公开检讨;

(四)责令改正;

(五)责令停止复制、发行电子出版物;

(六)责令收回电子出版物;

(七)责成主办单位、主管单位监督电子出版物出版单位整改。

警示通知书由新闻出版总署制定统一格式,由新闻出版总署或者省、自治区、直辖市新闻出版行政部门下达给违法的电子出版物出版单位,并抄送违法电子出版物出版单位的主办单位及其主管单位。

本条所列行政措施可以并用。

第五十七条 未经批准,擅自设立电子出版物出版单位,擅自从事电子出版物出版业务,伪造、假冒电子出版物出版单位或者连续型电子出版物名称、电子出版物专用中国标准书号出版电子出版物的,按照《出版管理条例》第五十五条处罚。

图书、报纸、期刊、音像等出版单位未经批准,配合本版出版物出版电子出版物的,属于擅自从事电子出版物出版业务,按照前款处罚。

第五十八条 从事电子出版物制作、

出版业务，有下列行为之一的，按照《出版管理条例》第五十六条处罚：

（一）制作、出版含有《出版管理条例》第二十六条、第二十七条禁止内容的电子出版物的；

（二）明知或者应知他人出版含有《出版管理条例》第二十六条、第二十七条禁止内容的电子出版物而向其出售、出租或者以其他形式转让本出版单位的名称、电子出版物专用中国标准书号、国内统一连续出版物号、条码及电子出版物复制委托书的。

第五十九条 电子出版物出版单位出租、出借、出售或者以其他任何形式转让本单位的名称、电子出版物专用中国标准书号、国内统一连续出版物号的，按照《出版管理条例》第六十条处罚。

第六十条 有下列行为之一的，按照《出版管理条例》第六十一条处罚：

（一）电子出版物出版单位变更名称、主办单位或者主管单位、业务范围、资本结构，合并或者分立，电子出版物出版单位变更地址、法定代表人或者主要负责人，未依照本规定的要求办理审批、变更登记手续的；

（二）经批准出版的连续型电子出版物，新增或者改变连续型电子出版物的名称、刊期与出版范围，未办理审批手续的；

（三）电子出版物出版单位未按规定履行年度出版计划和重大选题备案的；

（四）出版单位未按照有关规定送交电子出版物样品的；

（五）电子出版物进口经营单位违反本规定第三十八条未经批准进口电子出版物的。

第六十一条 电子出版物出版单位未依法向新闻出版行政部门报送统计资料的，依据新闻出版总署、国家统计局联合颁布的《新闻出版统计管理办法》处罚。

第六十二条 有下列行为之一的，由新闻出版行政部门责令改正，给予警告，可并处三万元以下罚款：

（一）电子出版物制作单位违反本规定第十七条，未办理备案手续的；

（二）电子出版物出版单位违反本规定第二十一条，未按规定使用中国标准书号或者国内统一连续出版物号的；

（三）电子出版物出版单位出版的电子出版物不符合国家的技术、质量标准和规范要求的，或者未按本规定第二十三条载明有关事项的；

（四）电子出版物出版单位出版境外著作权人授权的电子出版物，违反本规定第二十四条、第二十七条、第二十八条、第二十九条有关规定的；

（五）电子出版物出版单位与境外机构合作出版电子出版物，未按本规定第三十条办理选题审批手续的，未按本规定第三十二条将样盘报送备案的；

（六）电子出版物进口经营单位违反本规定第四十一条的；

（七）委托复制电子出版物非卖品违反本规定第四十二条的有关规定，或者未按第四十四条标明电子出版物非卖品统一编号的；

（八）电子出版物出版单位及其他委

托复制单位违反本规定第四十五条至第四十九条的规定,委托未经批准设立的复制单位复制,或者未遵守有关复制委托书的管理制度的。

第九章 附 则

第六十三条 本规定自2008年4月15日起施行,新闻出版署1997年12月30日颁布的《电子出版物管理规定》同时废止,此前新闻出版行政部门对电子出版物制作、出版、进口活动的其他规定,凡与本规定不一致的,以本规定为准。

复制管理办法

(2009年6月30日新闻出版总署令第42号公布 根据2015年8月28日国家新闻出版广电总局令第3号《关于修订部分规章和规范性文件的决定》修正)

第一章 总 则

第一条 为了加强管理,促进我国复制业健康发展,根据《出版管理条例》和《音像制品管理条例》的有关规定,制定本办法。

第二条 本办法适用于光盘、磁带磁盘以及新闻出版总署认定的其他存储介质形态(以下简称其他介质)的复制经营活动。

本办法所称光盘包括只读类光盘和可录类光盘。其中,只读类光盘是指存储有内容的光盘;可录类光盘是指空白光盘。

本办法所称复制经营活动,包括经营性的光盘复制生产和存储有内容的磁带磁盘复制等活动。

本办法所称复制单位是指从事光盘、磁带磁盘和其他介质复制经营活动的单位。

第三条 任何单位和个人禁止复制含有以下内容的复制品:

(一)反对宪法确定的基本原则的;

(二)危害国家统一、主权和领土完整的;

(三)泄露国家秘密、危害国家安全或者损害国家荣誉和利益的;

(四)煽动民族仇恨、民族歧视,破坏民族团结,或者侵害民族风俗、习惯的;

(五)宣扬邪教、迷信的;

(六)扰乱社会秩序,破坏社会稳定的;

(七)宣扬淫秽、赌博、暴力或者教唆犯罪的;

(八)侮辱或者诽谤他人,侵害他人合法权益的;

(九)危害社会公德或者民族优秀文化传统的;

(十)有法律、行政法规和国家规定禁止的其他内容的。

第四条 新闻出版总署主管全国光盘、磁带磁盘以及其他介质复制经营活动的监督管理工作,负责只读类光盘设立的审批。

县级以上地方新闻出版行政部门负责本行政区域内光盘、磁带磁盘以及其他介质复制经营活动的监督管理工作。

其中,省级新闻出版行政部门负责可录类光盘生产单位和磁带磁盘复制单位设立的审批。

第五条 新闻出版行政部门根据已经取得的违法嫌疑证据或者举报,对涉嫌违法从事复制经营活动的行为进行查处时,可以检查与违法活动有关的物品;对有证据证明是与违法活动有关的物品,可以查封或者扣押。

第六条 复制单位应当建立质量保障体系,健全各项管理制度。

第七条 复制行业的社会团体按照其章程,在新闻出版行政部门的指导下,实行自律管理。

第二章 复制单位的设立

第八条 国家对复制经营活动实行许可制度;未经许可,任何单位和个人不得从事复制经营活动。

设立复制单位须由新闻出版行政部门审批,核发复制经营许可证,并经工商行政部门登记注册后方可进行生产。设立外商投资复制单位,除由新闻出版行政部门批准外,还须报商务部审批并颁发外商投资企业批准证书。

第九条 设立复制单位应当具备下列条件:

(一)有复制单位的名称、章程;

(二)有确定的业务范围;

(三)有适应业务范围需要的生产经营场所和必要的资金、设备等生产经营条件;

(四)有适应业务范围需要的组织机构和人员;

(五)有关法律、行政法规规定的其他条件。

审批设立复制单位,除依照前款规定外,还应当符合国家有关复制单位总量、结构和布局的规划。

第十条 设立复制单位,应当向所在地省级新闻出版行政部门提出申请,并提交下列申请文件:

(一)按要求填写的申请表;

(二)企业章程;

(三)可行性研究报告;

(四)法定代表人或者主要负责人的身份证明和履历证明;

(五)注册资本数额、来源及性质证明;

(六)经营场所和必备的生产条件证明;

(七)新设立企业的,须提交工商部门核发的企业名称预先核准通知书。

第十一条 申请设立只读类光盘复制单位的,由所在地省级新闻出版行政部门审核同意后,报新闻出版总署审批,并提交省级新闻出版行政部门的初审文件和本办法第十条规定的申请文件。新闻出版总署应自受理之日起60日内作出批准或不批准的决定,并由省级新闻出版行政部门通知申请人;不批准的,应当说明理由。

申请设立可录类光盘生产单位和磁带磁盘复制单位的,省级新闻出版行政部门应自受理之日起20日内作出批准或不批准的决定,并通知申请人;不批准的,应当说明理由。

第十二条 国家允许设立外商投资

可录类光盘生产单位,允许设立中外合资经营、中外合作经营只读类光盘和磁带磁盘复制单位,但中方必须控股或占主导地位。国家禁止设立外商独资只读类光盘和磁带磁盘复制单位。

第十三条 经新闻出版行政部门批准设立的复制单位,其复制生产设备安装调试完毕,经所在地省级新闻出版行政部门验收合格并发给复制经营许可证后,方可投产。

复制单位应当在60日内持新闻出版行政部门有关批准文件或复制经营许可证到所在地工商行政部门办理登记手续。

第十四条 复制单位申请兼营或者变更业务范围,或者兼并其他复制单位,或者因合并、分立而设立新的复制单位,应当依照本办法第九条至第十一条的规定办理审批登记手续。

复制单位变更名称、地址、法定代表人或者主要负责人或者终止复制经营活动的,应当到原登记的工商行政部门办理变更登记或者注销登记。由省级新闻出版行政部门批准设立的复制单位,应在工商机关登记后30日内直接向省级新闻出版行政部门备案;由新闻出版总署批准设立的复制单位,应在工商机关登记后20日内向省级新闻出版行政部门提交备案申请,省级新闻出版行政部门在接到申请之日起20日内向新闻出版总署备案;备案机关进行备案后变更或者注销复制经营许可证。

第三章 复制生产设备管理

第十五条 国家对光盘复制生产设备实行审批管理。

本办法所称的光盘复制生产设备是指从事光盘母盘刻录生产和子盘复制生产的设备。包括下列主要部分:用于光盘生产的金属母盘生产设备、精密注塑机、真空金属溅镀机、粘合机、保护胶涂覆机、染料层旋涂机、专用模具、盘面印刷机和光盘质量在线检测仪、离线检测仪等。

增加、进口、购买、变更光盘复制生产设备,须由新闻出版行政部门审批。其中增加、进口、购买、变更只读类光盘复制生产设备,由新闻出版总署审批;增加、进口、购买、变更可录类光盘生产设备,由所在地省级新闻出版行政部门审批,报新闻出版总署备案。

第十六条 光盘复制生产设备进口管理流程依据新闻出版总署、商务部、海关总署有关规定执行。

禁止进口旧(二手)光盘复制生产设备,禁止旧(二手)光盘复制生产设备进入出口加工区、保税区等海关监管特殊区域。

第十七条 被查处关闭光盘复制单位和被查缴的光盘复制生产设备的处理,由所在地省级新闻出版行政部门在本辖区内定向审批。需要跨省处理的,所在地省级新闻出版行政部门可报新闻出版总署在省际之间调剂,由同意接收或收购的光盘复制单位所在地省级新闻出版行政部门审批。接收或收购上述光盘复制生产设备的单位,必须是现有的合法光盘复制单位在许可经营的范围内接收或收购对应的生产设备,超出原许可经营范围的，应按本办法第十四条的规定办理审批手续。

被查处关闭光盘复制单位的光盘复制生产设备的价格，由买卖双方协商解决；被查缴的光盘复制生产设备的价格，由有关部门评估定价。省级新闻出版行政部门应在审批后20日内向新闻出版总署备案。

申请单位向所在地省级新闻出版行政部门提出申请，经批准后，凭新闻出版行政部门的批准文件按上述程序办理有关设备的交接手续。

第十八条 进口用于国产设备制造或者其他科研用途的光盘复制生产设备的，依照本办法第十五条、第十六条的规定办理相关手续。

第十九条 国家对国产光盘复制生产设备的生产和销售实行备案管理。国产光盘复制生产设备生产和销售后，应分别在30日内向所在地省级新闻出版行政部门备案。备案内容包括生产和销售国产光盘复制生产设备的时间、设备名称、设备编号、设备数量和销售对象等。

第二十条 从事只读类光盘复制，必须使用蚀刻有新闻出版总署核发的光盘来源识别码（SID码）的注塑模具。

光盘复制单位蚀刻SID码，应当向所在地省级新闻出版行政部门提出申请，由所在地省级新闻出版部门报新闻出版总署核发SID码；复制单位应于收到核发文件之日起20日内到指定刻码单位进行蚀刻，并在刻码后按有关规定向光盘生产源鉴定机构报送样盘。

刻码单位应将蚀刻SID码的情况通报新闻出版总署，光盘生产源鉴定机构应将样盘报送情况通报新闻出版总署。

第二十一条 复制生产设备的技术、质量指标应当符合国家或者行业标准。

第四章 复制经营活动管理

第二十二条 复制单位必须严格按所批准的经营范围进行复制经营，不得超范围复制经营。

第二十三条 国家对复制经营活动实行复制委托书制度。

复制单位接受委托复制音像制品或者电子出版物的，应当验证委托的出版单位盖章的复制委托书及其他法定文书。

接受委托复制属于非卖品或计算机软件的，应当验证经省级新闻出版行政部门核发并由委托单位盖章的复制委托书。

第二十四条 复制单位接受委托复制境外产品的，应当事先将该样品及有关证明文件报经所在地省级新闻出版行政部门审核同意；复制的产品除样品外应当全部出境。

加工贸易项下只读类光盘的进出口管理，依照国家有关规定执行。

第二十五条 复制单位不得接受非音像出版单位、电子出版物出版单位或者个人的委托复制经营性的音像制品、电子出版物；不得擅自复制音像制品、电子出版物、计算机软件、音像非卖品、电子出版物非卖品等。

第二十六条 复制单位应该建立和

保存完整清晰的复制业务档案,包括委托方按本办法有关规定所提交的复制委托书和其他法定文书以及复制样品、生产单据、发货记录等。保存期为2年,以备查验。

第二十七条 复制单位对委托加工的产品除样品外必须全部交付委托单位,不得擅自加制,不得将委托单位提供的母盘、母带、样品等以任何方式转让或出售、复制给任何单位和个人。

第二十八条 复制单位所复制的产品质量应符合国家或者行业标准。

第二十九条 复制单位必须依照国家有关统计法规和规定按时填报有关统计报表,并由省级新闻出版行政部门审核汇总后上报新闻出版总署。

第三十条 复制单位在复制生产过程中,如发现所复制的产品涉及本办法第三条内容或与委托证明文件所规定的内容不符,或复制的产品被新闻出版行政部门明令查禁、停止复制的,应立即停止复制,及时报告新闻出版行政部门,并按要求上缴或封存,不得拖延或隐匿。

第三十一条 复制单位的法定代表人或者主要负责人应当接受所在地省级新闻出版行政部门组织的岗位培训。

第三十二条 复制单位实行年度核验制度,年度核验每两年逢单数年进行一次。新闻出版总署负责指导年度核验,省级新闻出版行政部门负责对本行政区域内的复制单位实施年度核验。核验内容包括复制单位的登记项目、设立条件、经营状况、资产变化、技术设备、产品质量、人员培训、遵纪守法情况等。

第三十三条 复制单位进行年度核验,应提交以下材料:

(一)复制单位年度核验登记表;

(二)复制单位按照年度核验要求提交的自检报告;

(三)复制经营许可证、营业执照等有关企业证明文件的复印件。

第三十四条 复制单位年度核验程序:

(一)复制单位应于核验年度1月15日前向所在地省级新闻出版行政部门提交年度核验材料;

(二)各省级新闻出版行政部门对本行政区域内复制单位情况进行全面审核,并于该年度2月底前完成年度核验工作。对符合要求的单位予以通过年度核验;对不符合要求的单位暂缓年度核验;

(三)各省级新闻出版行政部门应于该年度3月底前将年度核验情况报送新闻出版总署备案。

第三十五条 复制单位有下列情形之一的,暂缓年度核验:

(一)不具备本办法第九条规定条件的;

(二)因违反规定正在限期停业整顿的;

(三)发现有违法行为应予处罚的;

(四)经营恶化不能正常开展复制经营活动的;

(五)存在其他违法嫌疑活动需要进一步核查的。

暂缓年度核验的期限由省级新闻出版行政部门确定,最长不得超过3个月。期间,省级新闻出版行政部门应当督促、指导暂缓年度核验的复制单位进行整改。暂缓年度核验期满，达到要求的复制单位予以通过年度核验；仍未达到要求的复制单位，所在地省级新闻出版行政部门提出注销登记意见，由原发证机关撤销复制经营许可证。

第三十六条 不按规定参加年度核验的复制单位，经书面催告仍未参加年度核验的，所在地省级新闻出版行政部门提出注销登记意见，由原发证机关撤销复制经营许可证。

第三十七条 对非法干扰、阻止和破坏复制经营活动的，县级以上新闻出版行政部门及其他有关部门，应当及时采取措施，予以制止。

第五章 法律责任

第三十八条 未经批准，擅自设立复制单位或擅自从事复制业务的，由新闻出版行政部门、工商行政部门依照法定职权予以取缔；触犯刑律的，依照刑法有关规定，依法追究刑事责任；尚不够刑事处罚的，没收违法经营的复制产品和违法所得以及进行违法活动的专用工具、设备；违法经营额1万元以上的，并处违法经营额5倍以上10倍以下的罚款；违法经营额不足1万元的，并处5万元以下的罚款。

第三十九条 复制明知或者应知含有本办法第三条所列内容产品或其他非法出版物的，依照刑法有关规定，依法追究刑事责任；尚不够刑事处罚的，由新闻出版行政部门责令限期停业整顿，没收违法所得，违法经营额1万元以上的，并处违法经营额5倍以上10倍以下的罚款；违法经营额不足1万元的，可以并处5万元以下罚款；情节严重的，由批准设立的新闻出版行政部门吊销其复制经营许可证。如果当事人对所复制产品的来源作出说明、指认，经查证属实的，没收出版物、违法所得，可以减轻或者免除其他行政处罚。

第四十条 有下列行为之一的，由新闻出版行政部门责令停止违法行为，给予警告，没收违法经营的产品和违法所得；违法经营额1万元以上的，并处违法经营额5倍以上10倍以下的罚款；违法经营额不足1万元的，并处1万元以上5万元以下罚款；情节严重的，并责令停业整顿或者由新闻出版总署吊销其复制经营许可证：

（一）复制单位未依照本办法的规定验证复制委托书及其他法定文书的；

（二）复制单位擅自复制他人的只读类光盘和磁带磁盘的；

（三）复制单位接受非音像出版单位、电子出版物单位或者个人委托复制经营性的音像制品、电子出版物或者自行复制音像制品、电子出版物的；

（四）复制单位未履行法定手续复制境外产品的，或者复制的境外产品没有全部运输出境的。

第四十一条 有下列行为之一的，由新闻出版行政部门责令改正，给予警告；情节严重的，并责令停业整顿或者由新闻出版总署吊销其复制经营许可证：

（一）复制单位变更名称、地址、法定代表人或者主要负责人、业务范围等，未

依照本办法规定办理审批、备案手续的;

(二)复制单位未依照本办法的规定留存备查的材料的;

(三)光盘复制单位使用未蚀刻或者未按本办法规定蚀刻 SID 码的注塑模具复制只读类光盘的。

第四十二条 有下列行为之一的,由新闻出版行政部门责令停止违法行为,给予警告,并处 3 万元以下的罚款:

(一)光盘复制单位违反本办法第十五条的规定,未经审批,擅自增加、进口、购买、变更光盘复制生产设备的;

(二)国产光盘复制生产设备的生产商未按本办法第十九条的要求报送备案的;

(三)光盘复制单位未按本办法第二十条规定报送样盘的;

(四)复制生产设备或复制产品不符合国家或行业标准的;

(五)复制单位的有关人员未按本办法第三十一条参加岗位培训的;

(六)违反本办法的其他行为。

第四十三条 复制单位违反本办法被处以吊销许可证行政处罚的,其法定代表人或者主要负责人自许可证被吊销之日起 10 年内不得担任复制单位法定代表人或者主要负责人。

第六章 附 则

第四十四条 本办法自 2009 年 8 月 1 日起施行。1996 年 2 月 1 日新闻出版署发布的《音像制品复制管理办法》同时废止。其他有关复制管理规定,凡与本办法相抵触的,以本办法为准。

出版物市场管理规定

(2016 年 5 月 31 日国家新闻出版广电总局、商务部令第 10 号公布 自 2016 年 6 月 1 日起施行)

第一章 总 则

第一条 为规范出版物发行活动及其监督管理,建立全国统一开放、竞争有序的出版物市场体系,满足人民群众精神文化需求,推进社会主义文化强国建设,根据《出版管理条例》和有关法律、行政法规,制定本规定。

第二条 本规定适用于出版物发行活动及其监督管理。本规定所称出版物,是指图书、报纸、期刊、音像制品、电子出版物。

本规定所称发行,包括批发、零售以及出租、展销等活动。

批发是指供货商向其他出版物经营者销售出版物。

零售是指经营者直接向消费者销售出版物。

出租是指经营者以收取租金的形式向消费者提供出版物。

展销是指主办者在一定场所、时间内组织出版物经营者集中展览、销售、订购出版物。

第三条 国家对出版物批发、零售依法实行许可制度。从事出版物批发、零售活动的单位和个人凭出版物经营许可证开展出版物批发、零售活动;未经许可,任何单位和个人不得从事出版物批发、零售活动。

任何单位和个人不得委托非出版物批发、零售单位或者个人销售出版物或者代理出版物销售业务。

第四条 国家新闻出版广电总局负责全国出版物发行活动的监督管理,负责制定全国出版物发行业发展规划。

省、自治区、直辖市人民政府出版行政主管部门负责本行政区域内出版物发行活动的监督管理,制定本省、自治区、直辖市出版物发行业发展规划。省级以下各级人民政府出版行政主管部门负责本行政区域内出版物发行活动的监督管理。

制定出版物发行业发展规划须经科学论证,遵循合法公正、符合实际、促进发展的原则。

第五条 国家保障、促进发行业的发展与转型升级,扶持实体书店、农村发行网点、发行物流体系、发行业信息化建设等,推动网络发行等新兴业态发展,推动发行业与其他相关产业融合发展。对为发行业发展作出重要贡献的单位和个人,按照国家有关规定给予奖励。

第六条 发行行业的社会团体按照其章程,在出版行政主管部门的指导下,实行自律管理。

第二章 申请从事出版物发行业务

第七条 单位从事出版物批发业务,应当具备下列条件:

(一)已完成工商注册登记,具有法人资格;

(二)工商登记经营范围含出版物批发业务;

(三)有与出版物批发业务相适应的设备和固定的经营场所,经营场所面积合计不少于50平方米;

(四)具备健全的管理制度并具有符合行业标准的信息管理系统。

本规定所称经营场所,是指企业在工商行政主管部门注册登记的住所。

第八条 单位申请从事出版物批发业务,可向所在地地市级人民政府出版行政主管部门提交申请材料,地市级人民政府出版行政主管部门在接受申请材料之日起10个工作日内完成审核,审核后报省、自治区、直辖市人民政府出版行政主管部门审批;申请单位也可直接报所在地省、自治区、直辖市人民政府出版行政主管部门审批。

省、自治区、直辖市人民政府出版行政主管部门自受理申请之日起20个工作日内作出批准或者不予批准的决定。批准的,由省、自治区、直辖市人民政府出版行政主管部门颁发出版物经营许可证,并报国家新闻出版广电总局备案。不予批准的,应当向申请人书面说明理由。

申请材料包括下列书面材料:

(一)营业执照正副本复印件;

(二)申请书,载明单位基本情况及申请事项;

(三)企业章程;

(四)注册资本数额、来源及性质证明;

(五)经营场所情况及使用权证明;

(六)法定代表人及主要负责人的身份证明;

(七)企业信息管理系统情况的证明材料。

第九条 单位、个人从事出版物零售业务,应当具备下列条件:

(一)已完成工商注册登记;

(二)工商登记经营范围含出版物零售业务;

(三)有固定的经营场所。

第十条 单位、个人申请从事出版物零售业务,须报所在地县级人民政府出版行政主管部门审批。

县级人民政府出版行政主管部门应当自受理申请之日起20个工作日内作出批准或者不予批准的决定。批准的,由县级人民政府出版行政主管部门颁发出版物经营许可证,并报上一级出版行政主管部门备案;其中门店营业面积在5000平方米以上的应同时报省级人民政府出版行政主管部门备案。不予批准的,应当向申请单位、个人书面说明理由。

申请材料包括下列书面材料:

(一)营业执照正副本复印件;

(二)申请书,载明单位或者个人基本情况及申请事项;

(三)经营场所的使用权证明。

第十一条 单位从事中小学教科书发行业务,应取得国家新闻出版广电总局批准的中小学教科书发行资质,并在批准的区域范围内开展中小学教科书发行活动。单位从事中小学教科书发行业务,应当具备下列条件:

(一)以出版物发行为主营业务的公司制法人;

(二)有与中小学教科书发行业务相适应的组织机构和发行人员;

(三)有能够保证中小学教科书储存质量要求的、与其经营品种和规模相适应的储运能力,在拟申请从事中小学教科书发行业务的省、自治区、直辖市、计划单列市的仓储场所面积在5000平方米以上,并有与中小学教科书发行相适应的自有物流配送体系;

(四)有与中小学教科书发行业务相适应的发行网络。在拟申请从事中小学教科书发行业务的省、自治区、直辖市、计划单列市的企业所属出版物发行网点覆盖不少于当地70%的县(市、区),且以出版物零售为主营业务,具备相应的中小学教科书储备、调剂、添货、零售及售后服务能力;

(五)具备符合行业标准的信息管理系统;

(六)具有健全的管理制度及风险防控机制和突发事件处置能力;

(七)从事出版物批发业务五年以上。最近三年内未受到出版行政主管部门行政处罚,无其他严重违法违规记录。

审批中小学教科书发行资质,除依照前款所列条件外,还应当符合国家关于中小学教科书发行单位的结构、布局宏观调控和规划。

第十二条 单位申请从事中小学教科书发行业务,须报国家新闻出版广电总局审批。

国家新闻出版广电总局应当自受理之日起20个工作日内作出批准或者不予批准的决定。批准的，由国家新闻出版广电总局作出书面批复并颁发中小学教科书发行资质证。不予批准的，应当向申请单位书面说明理由。

申请材料包括下列书面材料：

（一）申请书，载明单位基本情况及申请事项；

（二）企业章程；

（三）出版物经营许可证和企业法人营业执照正副本复印件；

（四）法定代表人及主要负责人的身份证明，有关发行人员的资质证明；

（五）最近三年的企业法人年度财务会计报告及证明企业信誉的有关材料；

（六）经营场所、发行网点和储运场所的情况及使用权证明；

（七）企业信息管理系统情况的证明材料；

（八）企业发行中小学教科书过程中能够提供的服务和相关保障措施；

（九）企业法定代表人签署的企业依法经营中小学教科书发行业务的承诺书；

（十）拟申请从事中小学教科书发行业务的省、自治区、直辖市、计划单列市人民政府出版行政主管部门对企业基本信息、经营状况、储运能力、发行网点等的核实意见；

（十一）其他需要的证明材料。

第十三条 单位、个人从事出版物出租业务，应当于取得营业执照后15日内到当地县级人民政府出版行政主管部门备案。

备案材料包括下列书面材料：

（一）营业执照正副本复印件；

（二）经营场所情况；

（三）法定代表人或者主要负责人情况。

相关出版行政主管部门应在10个工作日内向申请备案单位、个人出具备案回执。

第十四条 国家允许外商投资企业从事出版物发行业务。

设立外商投资出版物发行企业或者外商投资企业从事出版物发行业务，申请人应向地方商务主管部门报送拟设立外商投资出版物发行企业的合同、章程，办理外商投资审批手续。地方商务主管部门在征得出版行政主管部门同意后，按照有关法律、法规的规定，作出批准或者不予批准的决定。予以批准的，颁发外商投资企业批准证书，并在经营范围后加注“凭行业经营许可开展”；不予批准的，书面通知申请人并说明理由。

申请人持外商投资企业批准证书到所在地工商行政主管部门办理营业执照或者在营业执照企业经营范围后加注相关内容，并按照本规定第七条至第十条及第十三条的有关规定到所在地出版行政主管部门履行审批或备案手续。

第十五条 单位、个人通过互联网等信息网络从事出版物发行业务的，应当依照本规定第七条至第十条的规定取得出版物经营许可证。

已经取得出版物经营许可证的单位、个人在批准的经营范围内通过互联网等信息网络从事出版物发行业务的,应自开展网络发行业务后15日内到原批准的出版行政主管部门备案。

备案材料包括下列书面材料:

(一)出版物经营许可证和营业执照正副本复印件;

(二)单位或者个人基本情况;

(三)从事出版物网络发行所依托的信息网络的情况。

相关出版行政主管部门应在10个工作日内向备案单位、个人出具备案回执。

第十六条 书友会、读者俱乐部或者其他类似组织申请从事出版物零售业务,按照本规定第九条、第十条的有关规定到所在地出版行政主管部门履行审批手续。

第十七条 从事出版物发行业务的单位、个人可在原发证机关所辖行政区域一定地点设立临时零售点开展其业务范围内的出版物销售活动。设立临时零售点时间不得超过10日,应提前到设点所在地县级人民政府出版行政主管部门备案并取得备案回执,并应遵守所在地其他有关管理规定。

备案材料包括下列书面材料:

(一)出版物经营许可证和营业执照正副本复印件;

(二)单位、个人基本情况;

(三)设立临时零售点的地点、时间、销售出版物品种;

(四)其他相关部门批准设立临时零售点的材料。

第十八条 出版物批发单位可以从事出版物零售业务。

出版物批发、零售单位设立不具备法人资格的发行分支机构,或者出版单位设立发行本版出版物的不具备法人资格的发行分支机构,不需单独办理出版物经营许可证,但应依法办理分支机构工商登记,并于领取营业执照后15日内到原发证机关和分支机构所在地出版行政主管部门备案。

备案材料包括下列书面材料:

(一)出版物经营许可证或者出版单位的出版许可证及分支机构营业执照正副本复印件;

(二)单位基本情况;

(三)单位设立不具备法人资格的发行分支机构的经营场所、经营范围等情况。

相关出版行政主管部门应在10个工作日内向备案单位、个人出具备案回执。

第十九条 从事出版物发行业务的单位、个人变更出版物经营许可证登记事项,或者兼并、合并、分立的,应当依照本规定到原批准的出版行政主管部门办理审批手续。出版行政主管部门自受理申请之日起20个工作日内作出批准或者不予批准的决定。批准的,由出版行政主管部门换发出版物经营许可证;不予批准的,应当向申请单位、个人书面说明理由。

申请材料包括下列书面材料:

(一)出版物经营许可证和营业执照正副本复印件;

(二)申请书,载明单位或者个人基本情况及申请变更事项;

(三)其他需要的证明材料。

从事出版物发行业务的单位、个人终止经营活动的，应当于15日内持出版物经营许可证和营业执照向原批准的出版行政主管部门备案，由原批准的出版行政主管部门注销出版物经营许可证。

第三章　出版物发行活动管理

第二十条　任何单位和个人不得发行下列出版物：

（一）含有《出版管理条例》禁止内容的违禁出版物；

（二）各种非法出版物，包括：未经批准擅自出版、印刷或者复制的出版物，伪造、假冒出版单位或者报刊名称出版的出版物，非法进口的出版物；

（三）侵犯他人著作权或者专有出版权的出版物；

（四）出版行政主管部门明令禁止出版、印刷或者复制、发行的出版物。

第二十一条　内部发行的出版物不得公开宣传、陈列、展示、征订、销售或面向社会公众发送。

第二十二条　从事出版物发行业务的单位和个人在发行活动中应当遵循公平、守法、诚实、守信的原则，依法订立供销合同，不得损害消费者的合法权益。

从事出版物发行业务的单位、个人，必须遵守下列规定：

（一）从依法取得出版物批发、零售资质的出版发行单位进货；发行进口出版物的，须从依法设立的出版物进口经营单位进货；

（二）不得超出出版行政主管部门核准的经营范围经营；

（三）不得张贴、散发、登载有法律、法规禁止内容的或者有欺诈性文字、与事实不符的征订单、广告和宣传画；

（四）不得擅自更改出版物版权页；

（五）出版物经营许可证应在经营场所明显处张挂；利用信息网络从事出版物发行业务的，应在其网站主页面或者从事经营活动的网页醒目位置公开出版物经营许可证和营业执照登载的有关信息或链接标识；

（六）不得涂改、变造、出租、出借、出售或者以其他任何形式转让出版物经营许可证和批准文件；

第二十三条　从事出版物发行业务的单位、个人，应查验供货单位的出版物经营许可证并留存复印件或电子文件，并将出版物发行进销货清单等有关非财务票据至少保存两年，以备查验。

进销货清单应包括进销出版物的名称、数量、折扣、金额以及发货方和进货方单位公章（签章）。

第二十四条　出版物发行从业人员应接受出版行政主管部门组织的业务培训。出版物发行单位应建立职业培训制度，积极组织本单位从业人员参加依法批准的职业技能鉴定机构实施的发行员职业技能鉴定。

第二十五条　出版单位可以发行本出版单位出版的出版物。发行非本出版单位出版的出版物的，须按照从事出版物发行业务的有关规定办理审批手续。

第二十六条　为出版物发行业务提供服务的网络交易平台应向注册地省、自治区、直辖市人民政府出版行政主管部门备案,接受出版行政主管部门的指导与监督管理。

备案材料包括下列书面材料:

(一)营业执照正副本复印件;

(二)单位基本情况;

(三)网络交易平台的基本情况。

省、自治区、直辖市人民政府出版行政主管部门应于10个工作日内向备案的网络交易平台出具备案回执。

提供出版物发行网络交易平台服务的经营者,应当对申请通过网络交易平台从事出版物发行业务的经营主体身份进行审查,核实经营主体的营业执照、出版物经营许可证,并留存证照复印件或电子文档备查。不得向无证无照、证照不齐的经营者提供网络交易平台服务。

为出版物发行业务提供服务的网络交易平台经营者应建立交易风险防控机制,保留平台内从事出版物发行业务经营主体的交易记录两年以备查验。对在网络交易平台内从事各类违法出版物发行活动的,应当采取有效措施予以制止,并及时向所在地出版行政主管部门报告。

第二十七条 省、自治区、直辖市出版行政主管部门和全国性出版、发行行业协会,可以主办全国性的出版物展销活动和跨省专业性出版物展销活动。主办单位应提前2个月报国家新闻出版广电总局备案。

市、县级出版行政主管部门和省级出版、发行协会可以主办地方性的出版物展销活动。主办单位应提前2个月报上一级出版行政主管部门备案。

备案材料包括下列书面材料:

(一)展销活动主办单位;

(二)展销活动时间、地点;

(三)展销活动的场地、参展单位、展销出版物品种、活动筹备等情况。

第二十八条 从事中小学教科书发行业务,必须遵守下列规定:

(一)从事中小学教科书发行业务的单位必须具备中小学教科书发行资质;

(二)纳入政府采购范围的中小学教科书,其发行单位须按照《中华人民共和国政府采购法》的有关规定确定;

(三)按照教育行政主管部门和学校选定的中小学教科书,在规定时间内完成发行任务,确保"课前到书,人手一册"。因自然灾害等不可抗力导致中小学教科书发行受到影响的,应及时采取补救措施,并报告所在地出版行政和教育行政主管部门;

(四)不得在中小学教科书发行过程中擅自征订、搭售教学用书目录以外的出版物;

(五)不得将中小学教科书发行任务向他人转让和分包;

(六)不得涂改、倒卖、出租、出借中小学教科书发行资质证书;

(七)中小学教科书发行费率按照国家有关规定执行,不得违反规定收取发行费用;

(八)做好中小学教科书的调剂、添货、零售和售后服务等相关工作;

(九)应于发行任务完成后30个工作日内向国家新闻出版广电总局和所在地省级出版行政主管部门书面报告中小

学教科书发行情况。

中小学教科书出版单位应在规定时间内向依法确定的中小学教科书发行单位足量供货，不得向不具备中小学教科书发行资质的单位供应中小学教科书。

第二十九条 任何单位、个人不得从事本规定第二十条所列出版物的征订、储存、运输、邮寄、投递、散发、附送等活动。

从事出版物储存、运输、投递等活动，应当接受出版行政主管部门的监督检查。

第三十条 从事出版物发行业务的单位、个人应当按照出版行政主管部门的规定接受年度核验，并按照《中华人民共和国统计法》《新闻出版统计管理办法》及有关规定如实报送统计资料，不得以任何借口拒报、迟报、虚报、瞒报以及伪造和篡改统计资料。

出版物发行单位、个人不再具备行政许可的法定条件的，由出版行政主管部门责令限期改正；逾期仍未改正的，由原发证机关撤销出版物经营许可证。

中小学教科书发行单位不再具备中小学教科书发行资质的法定条件的，由出版行政主管部门责令限期改正；逾期仍未改正的，由原发证机关撤销中小学教科书发行资质证。

第四章 法律责任

第三十一条 未经批准，擅自从事出版物发行业务的，依照《出版管理条例》第六十一条处罚。

第三十二条 发行违禁出版物的，依照《出版管理条例》第六十二条处罚。

发行国家新闻出版广电总局禁止进口的出版物，或者发行未从依法批准的出版物进口经营单位进货的进口出版物，依照《出版管理条例》第六十三条处罚。

发行其他非法出版物和出版行政主管部门明令禁止出版、印刷或者复制、发行的出版物的，依照《出版管理条例》第六十五条处罚。

发行违禁出版物或者非法出版物的，当事人对其来源作出说明、指认，经查证属实的，没收出版物和非法所得，可以减轻或免除其他行政处罚。

第三十三条 违反本规定发行侵犯他人著作权或者专有出版权的出版物的，依照《中华人民共和国著作权法》和《中华人民共和国著作权法实施条例》的规定处罚。

第三十四条 在中小学教科书发行过程中违反本规定，有下列行为之一的，依照《出版管理条例》第六十五条处罚：

（一）发行未经依法审定的中小学教科书的；

（二）不具备中小学教科书发行资质的单位从事中小学教科书发行活动的；

（三）未按照《中华人民共和国政府采购法》有关规定确定的单位从事纳入政府采购范围的中小学教科书发行活动的。

第三十五条 出版物发行单位未依照规定办理变更审批手续的，依照《出版管理条例》第六十七条处罚。

第三十六条 单位、个人违反本规定被吊销出版物经营许可证的,其法定代表人或者主要负责人自许可证被吊销之日起10年内不得担任发行单位的法定代表人或者主要负责人。

第三十七条 违反本规定,有下列行为之一的,由出版行政主管部门责令停止违法行为,予以警告,并处3万元以下罚款:

(一)未能提供近两年的出版物发行进销货清单等有关非财务票据或者清单、票据未按规定载明有关内容的;

(二)超出出版行政主管部门核准的经营范围经营的;

(三)张贴、散发、登载有法律、法规禁止内容的或者有欺诈性文字、与事实不符的征订单、广告和宣传画的;

(四)擅自更改出版物版权页的;

(五)出版物经营许可证未在经营场所明显处张挂或者未在网页醒目位置公开出版物经营许可证和营业执照登载的有关信息或者链接标识的;

(六)出售、出借、出租、转让或者擅自涂改、变造出版物经营许可证的;

(七)公开宣传、陈列、展示、征订、销售或者面向社会公众发送规定应由内部发行的出版物的;

(八)委托无出版物批发、零售资质的单位或者个人销售出版物或者代理出版物销售业务的;

(九)未从依法取得出版物批发、零售资质的出版发行单位进货的;

(十)提供出版物网络交易平台服务的经营者未按本规定履行有关审查及管理责任的;

(十一)应按本规定进行备案而未备案的;

(十二)不按规定接受年度核验的。

第三十八条 在中小学教科书发行过程中违反本规定,有下列行为之一的,由出版行政主管部门责令停止违法行为,予以警告,并处3万元以下罚款:

(一)擅自调换已选定的中小学教科书的;

(二)擅自征订、搭售教学用书目录以外的出版物的;

(三)擅自将中小学教科书发行任务向他人转让和分包的;

(四)涂改、倒卖、出租、出借中小学教科书发行资质证书的;

(五)未在规定时间内完成中小学教科书发行任务的;

(六)违反国家有关规定收取中小学教科书发行费用的;

(七)未按规定做好中小学教科书的调剂、添货、零售和售后服务的;

(八)未按规定报告中小学教科书发行情况的;

(九)出版单位向不具备中小学教科书发行资质的单位供应中小学教科书的;

(十)出版单位未在规定时间内向依法确定的中小学教科书发行企业足量供货的;

(十一)在中小学教科书发行过程中出现重大失误,或者存在其他干扰中小学教科书发行活动行为的。

第三十九条 征订、储存、运输、邮寄、投递、散发、附送本规定第二十条所列出版物的，按照本规定第三十二条进行处罚。

第四十条 未按本规定第三十条报送统计资料的，按照《新闻出版统计管理办法》有关规定处理。

第五章 附 则

第四十一条 允许香港、澳门永久性居民中的中国公民依照内地有关法律、法规和行政规章，在内地各省、自治区、直辖市设立从事出版物零售业务的个体工商户，无需经过外资审批。

第四十二条 本规定所称中小学教科书，是指经国务院教育行政主管部门审定和经授权审定的义务教育教学用书（含配套教学图册、音像材料等）。

中小学教科书发行包括中小学教科书的征订、储备、配送、分发、调剂、添货、零售、结算及售后服务等。

第四十三条 出版物经营许可证和中小学教科书发行资质证的设计、印刷、制作与发放等，按照《新闻出版许可证管理办法》有关规定执行。

第四十四条 本规定由国家新闻出版广电总局会同商务部负责解释。

第四十五条 本规定自2016年6月1日起施行，原新闻出版总署、商务部2011年3月25日发布的《出版物市场管理规定》同时废止。本规定施行前与本规定不一致的其他规定不再执行。

出版物进口备案管理办法

（2017年1月22日国家新闻出版广电总局、海关总署令第12号公布 自2017年3月1日起施行）

第一条 为规范出版物进口备案行为，加强出版物进口管理，根据《出版管理条例》《音像制品管理条例》等法规，制定本办法。

第二条 在中华人民共和国境内从事出版物进口活动，适用本办法。

本办法所称出版物，是指进口的图书、报纸、期刊、音像制品（成品）及电子出版物（成品）、数字文献数据库等。

本办法所称出版物进口经营单位，是指依照《出版管理条例》设立的从事出版物进口业务的单位。

第三条 出版物进口经营单位应当按照许可的业务范围从事出版物进口经营活动。

第四条 出版物进口经营单位应当按照《出版管理条例》及本办法的要求，向省级以上出版行政主管部门办理进口出版物备案手续。出版物进口经营单位提供备案材料不齐备或不真实的，不予备案。

负责备案的省、自治区、直辖市出版行政主管部门应将相关备案信息报国家新闻出版广电总局。国家新闻出版广电总局对省、自治区、直辖市出版行政主管部门的备案工作进行检查指导。

第五条 进口图书的,出版物进口经营单位应当于进口前向省级以上出版行政主管部门申请办理进口备案手续。申请备案时,需提交备案申请和出版物进口经营单位出具的审查意见,备案申请包括以下信息:

(一)图书名称;

(二)出版机构;

(三)进口来源国家(地区);

(四)作者;

(五)国际标准出版代码(ISBN);

(六)语种;

(七)数量;

(八)类别;

(九)进口口岸;

(十)订购方;

(十一)需要提交的其他材料。

第六条 省级以上出版行政主管部门在受理出版物进口经营单位进口图书备案申请材料之日起20个工作日内完成图书目录的备案手续。准予备案的,负责备案的出版行政主管部门为出版物进口经营单位出具通关函。出版物进口经营单位应当向海关交验通关函,海关按规定办理报关验放手续,没有通关函海关不予放行。

第七条 进口音像制品(成品)及电子出版物(成品)的,出版物进口经营单位应当按照《音像制品进口管理办法》《电子出版物出版管理规定》的要求,履行相应进口审批手续。出版物进口经营单位应当向海关交验批准文件,海关按规定办理报关验放手续,没有批准文件海关不予放行。

第八条 出版物进口经营单位进口音像制品(成品)及电子出版物(成品)后15个工作日内报国家新闻出版广电总局备案。报送备案时,需按音像制品(成品)及电子出版物(成品)的实际进口情况提交以下信息:

(一)名称;

(二)出版机构;

(三)进口来源国家(地区);

(四)国际标准音像制品编码(ISRC)或电子出版物编码等;

(五)语种;

(六)数量;

(七)类别;

(八)进口口岸;

(九)载体形式;

(十)进口通关放行日期;

(十一)进口批准文号;

(十二)订购方;

(十三)需要提交的其他材料。

第九条 进口后的音像制品(成品)及电子出版物(成品)的使用,应当符合其他法律法规等相关规定。

第十条 进口报纸、期刊的,出版物进口经营单位应当按照《订户订购进口出版物管理办法》的要求,履行相应进口审批手续。出版物进口经营单位应当向海关交验批准文件,海关按规定办理报关验放手续,没有批准文件海关不予放行。

第十一条 出版物进口经营单位进口报纸、期刊后,每季度报国家新闻出版广电总局备案,同时抄送所在地省、自治区、直辖市出版行政主管部门。报送备

案时,需按照实际进口情况提交以下信息:

(一)报刊名称;

(二)出版机构;

(三)进口来源国家(地区);

(四)国际标准连续出版物号(ISSN);

(五)语种

(六)数量;

(七)类别;

(八)进口口岸;

(九)刊期;

(十)进口通关放行日期;

(十一)订户;

(十二)需要提交的其他材料。

第十二条 通过信息网络进口到境内的境外数字文献数据库,必须由国务院出版行政主管部门批准的有境外数字文献数据库网络进口资质的出版物进口经营单位进口。出版物进口经营单位办理境外数字文献数据库进口时,应当严格按照《出版管理条例》《音像制品管理条例》《订户订购进口出版物管理办法》等法规规章及相关规定,对其进口的境外数字文献数据库进行内容审查(含进口前内容审查和进口后更新内容审查),分类办理数字文献数据库进口备案、审批手续。

第十三条 出版物进口经营单位进口境外数字文献数据库后,于每个自然年年末报国家新闻出版广电总局备案。报送备案时,需按境外数字文献数据库实际进口信息提供以下材料:

(一)名称;

(二)境外供应商;

(三)进口来源国家(地区);

(四)语种;

(五)用户数量;

(六)类别;

(七)开通时间;

(八)当前合同起止年月;

(九)进口金额;

(十)国内订购单位;

(十一)动态监管人员;

(十二)监管设施的IP地址;

(十三)监管方式;

(十四)需要提交的其他材料。

第十四条 出版物进口经营单位应当对实际进口出版物进行内容审查并每月定期向国家新闻出版广电总局提交审读报告。

第十五条 出版物进口经营单位未按本办法要求履行备案手续的,根据《出版管理条例》第六十七条的规定,由省级以上出版行政主管部门责令改正,给予警告;情节严重的,责令限期停业整顿或者由原发证机关吊销许可证。

第十六条 出版物进口经营单位未履行审读责任,进口含有《出版管理条例》第二十五条、第二十六条禁止内容的,根据《出版管理条例》第六十二条的规定,由省级以上出版行政主管部门责令停止违法行为,没收出版物、违法所得,违法经营额1万元以上的,并处违法经营额5倍以上10倍以下的罚款;违法经营额不足1万元的,可以处5万元以下的罚款;情节严重的,责令限期停业整顿或者由原发证机关吊销许可证。

第十七条 出版物进口经营单位备

案时提交的材料不齐备、不真实或违反本办法其他规定的,由省级以上出版行政主管部门责令停止进口行为,并给予警告;情节严重的,处3万元以下罚款。

第十八条 本办法由国家新闻出版广电总局会同海关总署负责解释。

第十九条 本办法自2017年3月1日起施行。

期刊出版管理规定

(2005年9月30日新闻出版总署令第31号公布 根据2017年12月11日国家新闻出版广电总局令第13号《关于废止、修改和宣布失效部分规章、规范性文件的决定》修正)

第一章 总 则

第一条 为了促进我国期刊业的繁荣和发展,规范期刊出版活动,加强期刊出版管理,根据国务院《出版管理条例》及相关法律法规,制定本规定。

第二条 在中华人民共和国境内从事期刊出版活动,适用本规定。

期刊由依法设立的期刊出版单位出版。期刊出版单位出版期刊,必须经新闻出版总署批准,持有国内统一连续出版物号,领取《期刊出版许可证》。

本规定所称期刊又称杂志,是指有固定名称,用卷、期或者年、季、月顺序编号,按照一定周期出版的成册连续出版物。

本规定所称期刊出版单位,是指依照国家有关规定设立,经新闻出版总署批准并履行登记注册手续的期刊社。法人出版期刊不设立期刊社的,其设立的期刊编辑部视为期刊出版单位。

第三条 期刊出版必须坚持马克思列宁主义、毛泽东思想、邓小平理论和“三个代表”重要思想,坚持正确的舆论导向和出版方向,坚持把社会效益放在首位、社会效益和经济效益相统一的原则,传播和积累有益于提高民族素质、经济发展和社会进步的科学技术和文化知识,弘扬中华民族优秀文化,促进国际文化交流,丰富人民群众的精神文化生活。

第四条 期刊发行分公开发行和内部发行。

内部发行的期刊只能在境内按指定范围发行,不得在社会上公开发行、陈列。

第五条 新闻出版总署负责全国期刊出版活动的监督管理工作,制定并实施全国期刊出版的总量、结构、布局的规划,建立健全期刊出版质量评估制度、期刊年度核验制度以及期刊出版退出机制等监督管理制度。

地方各级新闻出版行政部门负责本行政区域内的期刊出版活动的监督管理工作。

第六条 期刊出版单位负责期刊的编辑、出版等期刊出版活动。

期刊出版单位合法的出版活动受法律保护。任何组织和个人不得非法干扰、阻止、破坏期刊的出版。

第七条 新闻出版总署对为我国期

刊业繁荣和发展做出突出贡献的期刊出版单位及个人实施奖励。

第八条 期刊出版行业的社会团体按照其章程,在新闻出版行政部门的指导下,实行自律管理。

第二章 期刊创办和期刊出版单位设立

第九条 创办期刊、设立期刊出版单位,应当具备下列条件:

(一)有确定的、不与已有期刊重复的名称;

(二)有期刊出版单位的名称、章程;

(三)有符合新闻出版总署认定条件的主管、主办单位;

(四)有确定的期刊出版业务范围;

(五)有30万元以上的注册资本;

(六)有适应期刊出版活动需要的组织机构和符合国家规定资格条件的编辑专业人员;

(七)有与主办单位在同一行政区域的固定的工作场所;

(八)有确定的法定代表人或者主要负责人,该法定代表人或者主要负责人必须是在境内长久居住的中国公民;

(九)法律、行政法规规定的其他条件。

除前款所列条件外,还须符合国家对期刊及期刊出版单位总量、结构、布局的总体规划。

第十条 中央在京单位创办期刊并设立期刊出版单位,经主管单位审核同意后,由主办单位报新闻出版总署审批。

中国人民解放军和中国人民武装警察部队系统创办期刊并设立期刊出版单位,由中国人民解放军总政治部宣传部新闻出版局审核同意后报新闻出版总署审批。

其他单位创办期刊并设立期刊出版单位,经主管单位审核同意后,由主办单位向所在地省、自治区、直辖市新闻出版行政部门提出申请,省、自治区、直辖市新闻出版行政部门审核同意后,报新闻出版总署审批。

第十一条 两个以上主办单位合办期刊,须确定一个主要主办单位,并由主要主办单位提出申请。

期刊的主要主办单位应为其主管单位的隶属单位。期刊出版单位和主要主办单位须在同一行政区域。

第十二条 创办期刊、设立期刊出版单位,由期刊出版单位的主办单位提出申请,并提交以下材料:

(一)按要求填写的《期刊出版申请表》;

(二)主管单位、主办单位的有关资质证明材料;

(三)拟任出版单位法定代表人或主要负责人简历、身份证明文件及国家有关部门颁发的职业资格证书;

(四)编辑出版人员的职业资格证书;

(五)办刊资金来源、数额及相关的证明文件;

(六)期刊出版单位的章程;

(七)工作场所使用证明;

(八)期刊出版可行性论证报告。

第十三条 新闻出版总署应当自收

到创办期刊、设立期刊出版单位的申请之日起90日内,作出批准或者不批准的决定,并直接或者由省、自治区、直辖市新闻出版行政部门书面通知主办单位;不批准的,应当说明理由。

第十四条 期刊主办单位应当自收到新闻出版总署批准决定之日起60日内办理注册登记手续:

(一)持批准文件到所在地省、自治区、直辖市新闻出版行政部门领取《期刊出版登记表》,填写一式五份,经期刊主管单位审核签章后,报所在地省、自治区、直辖市新闻出版行政部门,省、自治区、直辖市新闻出版行政部门应在15日内,将《期刊出版登记表》报送新闻出版总署备案;

(二)公开发行的期刊,可以向ISSN中国国家中心申领国际标准连续出版物号,并向新闻出版总署条码中心申领条型码;

(三)省、自治区、直辖市新闻出版行政部门对《期刊出版登记表》审核无误后,在10日内向主办单位发放《期刊出版许可证》;

(四)期刊出版单位持《期刊出版许可证》到工商行政管理部门办理登记手续,依法领取营业执照。

《期刊出版登记表》由期刊出版单位、主办单位、主管单位及所在地省、自治区、直辖市新闻出版行政部门各留存一份。

第十五条 期刊主办单位自收到新闻出版总署的批准文件之日起60日内未办理注册登记手续,批准文件自行失效,登记机关不再受理登记,期刊主办单位须把有关批准文件缴回新闻出版总署。

期刊出版单位自登记之日起满90日未出版期刊的,由新闻出版总署撤销《期刊出版许可证》,并由原登记的新闻出版行政部门注销登记。

因不可抗力或者其他正当理由发生前款所列情形的,期刊出版单位可以向原登记的新闻出版行政部门申请延期。

第十六条 期刊社应当具备法人条件,经核准登记后,取得法人资格,以其全部法人财产独立承担民事责任。

期刊编辑部不具有法人资格,其民事责任由其主办单位承担。

第十七条 期刊出版单位变更名称、合并或者分立、改变资本结构,出版新的期刊,依照本规定第十条至第十四条的规定办理审批、登记手续。

第十八条 期刊变更名称、主办单位或主管单位、业务范围、刊期的,依照本规定第十条至第十四条的规定办理审批、登记手续。

期刊变更登记地,经主管、主办单位同意后,由期刊出版单位到新登记地省、自治区、直辖市新闻出版行政部门办理登记手续。

期刊变更刊期,新闻出版总署可以委托省、自治区、直辖市新闻出版行政部门审批。

本规定所称期刊业务范围包括办刊宗旨、文种。

第十九条 期刊出版单位变更期刊开本、法定代表人或者主要负责人、在同一登记地内变更地址,经其主办单位审核同意后，由期刊出版单位在15日内向所在地省、自治区、直辖市新闻出版行政部门备案。

第二十条 期刊休刊，期刊出版单位须向所在地省、自治区、直辖市新闻出版行政部门备案并说明休刊理由和期限。

期刊休刊时间不得超过一年。休刊超过一年的，由新闻出版总署撤销《期刊出版许可证》，所在地省、自治区、直辖市新闻出版行政部门注销登记。

第二十一条 期刊出版单位终止期刊出版活动的，经主管单位同意后，由其主办单位向所在地省、自治区、直辖市新闻出版行政部门办理注销登记，并由省、自治区、直辖市新闻出版行政部门报新闻出版总署备案。

第二十二条 期刊注销登记，以同一名称设立的期刊出版单位须与期刊同时注销，并到原登记的工商行政管理部门办理注销登记。

注销登记的期刊和期刊出版单位不得再以该名称从事出版、经营活动。

第二十三条 中央期刊出版单位组建期刊集团，由新闻出版总署批准；地方期刊出版单位组建期刊集团，向所在地省、自治区、直辖市新闻出版行政部门提出申请，经审核同意后，报新闻出版总署批准。

第三章 期刊的出版

第二十四条 期刊出版实行编辑责任制度，保障期刊刊载内容符合国家法律、法规的规定。

第二十五条 期刊不得刊载《出版管理条例》和其他有关法律、法规以及国家规定的禁止内容。

第二十六条 期刊刊载的内容不真实、不公正，致使公民、法人或者其他组织的合法权益受到侵害的，期刊出版单位应当公开更正，消除影响，并依法承担其他民事责任。

期刊刊载的内容不真实、不公正，致使公民、法人或者其他组织的合法权益受到侵害的，当事人有权要求期刊出版单位更正或者答辩，期刊出版单位应当在其最近出版的一期期刊上予以发表；拒绝发表的，当事人可以向人民法院提出诉讼。

期刊刊载的内容不真实、不公正，损害公共利益的，新闻出版总署或者省、自治区、直辖市新闻出版行政部门可以责令该期刊出版单位更正。

第二十七条 期刊刊载涉及国家安全、社会安定等重大选题的内容，须按照重大选题备案管理规定办理备案手续。

第二十八条 公开发行的期刊不得转载、摘编内部发行出版物的内容。

期刊转载、摘编互联网上的内容，必须按照有关规定对其内容进行核实，并在刊发的明显位置标明下载文件网址、下载日期等。

第二十九条 期刊出版单位与境外出版机构开展合作出版项目，须经新闻出版总署批准，具体办法另行规定。

第三十条 期刊出版质量须符合国家标准和行业标准。期刊使用语言文字须符合国家有关规定。

第三十一条 期刊须在封底或版权页上刊载以下版本记录:期刊名称、主管单位、主办单位、出版单位、印刷单位、发行单位、出版日期、总编辑(主编)姓名、发行范围、定价、国内统一连续出版物号、广告经营许可证号等。

领取国际标准连续出版物号的期刊须同时刊印国际标准连续出版物号。

第三十二条 期刊须在封面的明显位置刊载期刊名称和年、月、期、卷等顺序编号,不得以总期号代替年、月、期号。

期刊封面其他文字标识不得明显于刊名。

期刊的外文刊名须是中文刊名的直译。外文期刊封面上必须同时刊印中文刊名;少数民族文种期刊封面上必须同时刊印汉语刊名。

第三十三条 一个国内统一连续出版物号只能对应出版一种期刊,不得用同一国内统一连续出版物号出版不同版本的期刊。

出版不同版本的期刊,须按创办新期刊办理审批手续。

第三十四条 期刊可以在正常刊期之外出版增刊。每种期刊每年可以出版两期增刊。

期刊出版单位出版增刊,应当经其主管单位审核同意后,由主办单位报所在地省、自治区、直辖市新闻出版行政部门备案。备案文件应当说明拟出增刊的出版理由、出版时间、文章编目、期数、页码、印数、印刷单位等;所在地省、自治区、直辖市新闻出版行政部门备案后,发给备案证明文件,配发增刊备案号。

增刊内容必须符合正刊的业务范围,开本和发行范围必须与正刊一致;增刊除刊印本规定第三十一条所列版本纪录外,还须刊印增刊备案号,并在封面刊印正刊名称和注明“增刊”。

第三十五条 期刊合订本须按原期刊出版顺序装订,不得对期刊内容另行编排,并在其封面明显位置标明期刊名称及“合订本”字样。

期刊因内容违法被新闻出版行政部门给予行政处罚的,该期期刊的相关篇目不得收入合订本。

被注销登记的期刊,不得制作合订本。

第三十六条 期刊出版单位不得出卖、出租、转让本单位名称及所出版期刊的刊号、名称、版面,不得转借、转让、出租和出卖《期刊出版许可证》。

第三十七条 期刊出版单位利用其期刊开展广告业务,必须遵守广告法律规定,发布广告须依法查验有关证明文件,核实广告内容,不得刊登有害的、虚假的等违法广告。

期刊的广告经营者限于在合法授权范围内开展广告经营、代理业务,不得参与期刊的采访、编辑等出版活动。

第三十八条 期刊采编业务与经营业务必须严格分开。

禁止以采编报道相威胁,以要求被报道对象做广告、提供赞助、加入理事会等损害被报道对象利益的行为牟取不正当利益。

期刊不得刊登任何形式的有偿新闻。

第三十九条 期刊出版单位的新闻采编人员从事新闻采访活动，必须持有新闻出版总署统一核发的新闻记者证，并遵守新闻出版总署《新闻记者证管理办法》的有关规定。

第四十条 具有新闻采编业务的期刊出版单位在登记地以外的地区设立记者站，参照新闻出版总署《报社记者站管理办法》审批、管理。其他期刊出版单位一律不得设立记者站。

期刊出版单位是否具有新闻采编业务由新闻出版总署认定。

第四十一条 期刊出版单位不得以不正当竞争行为或者方式开展经营活动，不得利用权力摊派发行期刊。

第四十二条 期刊出版单位须遵守国家统计法规，依法向新闻出版行政部门报送统计资料。

期刊出版单位应配合国家认定的出版物发行数据调查机构进行期刊发行数据调查，提供真实的期刊发行数据。

第四十三条 期刊出版单位须在每期期刊出版 30 日内，分别向新闻出版总署、中国版本图书馆、国家图书馆以及所在地省、自治区、直辖市新闻出版行政部门缴送样刊 3 本。

第四章 监 督 管 理

第四十四条 期刊出版活动的监督管理实行属地原则。

省、自治区、直辖市新闻出版行政部门依法负责对本行政区域期刊和期刊出版单位的登记、年度核验、质量评估、行政处罚等工作，对本行政区域的期刊出版活动进行监督管理。

其他地方新闻出版行政部门依法对本行政区域内期刊出版单位及其期刊出版活动进行监督管理。

第四十五条 期刊出版管理实施期刊出版事后审读制度、期刊出版质量评估制度、期刊年度核验制度和期刊出版从业人员资格管理制度。

期刊出版单位应当按照新闻出版总署的规定，将从事期刊出版活动的情况向新闻出版行政部门提出书面报告。

第四十六条 新闻出版总署负责全国期刊审读工作。地方各级新闻出版行政部门负责对本行政区域内出版的期刊进行审读。下级新闻出版行政部门要定期向上一级新闻出版行政部门提交审读报告。

主管单位须对其主管的期刊进行审读，定期向所在地新闻出版行政部门报送审读报告。

期刊出版单位应建立期刊阅评制度，定期写出阅评报告。新闻出版行政部门根据管理工作的需要，可以随时调阅、检查期刊出版单位的阅评报告。

第四十七条 新闻出版总署制定期刊出版质量综合评估标准体系，对期刊出版质量进行全面评估。

经期刊出版质量综合评估，期刊出版质量未达到规定标准或者不能维持正常出版活动的，由新闻出版总署撤销《期刊出版许可证》，所在地省、自治区、直辖市新闻出版行政部门注销登记。

第四十八条 省、自治区、直辖市新闻出版行政部门负责对本行政区域的期刊实施年度核验。年度核验内容包括期刊出版单位及其所出版期刊登记项目、出版质量、遵纪守法情况等。

第四十九条 年度核验按照以下程序进行:

(一)期刊出版单位提出年度自检报告,填写由新闻出版总署统一印制的《期刊登记项目年度核验表》,经期刊主办单位、主管单位审核盖章后,连同本年度出版的样刊报省、自治区、直辖市新闻出版行政部门;

(二)省、自治区、直辖市新闻出版行政部门对期刊出版单位自检报告、《期刊登记项目年度核验表》及样刊进行审核查验;

(三)经核验符合规定标准的,省、自治区、直辖市新闻出版行政部门在《期刊出版许可证》上加盖年度核验章;《期刊出版许可证》上加盖年度核验章即为通过年度核验,期刊出版单位可以继续从事期刊出版活动;

(四)省、自治区、直辖市新闻出版行政部门在完成期刊年度核验工作30日内向新闻出版总署提交期刊年度核验工作报告。

第五十条 有下列情形之一的,暂缓年度核验:

(一)正在限期停业整顿的;

(二)经审核发现有违法情况应予处罚的;

(三)主管单位、主办单位未履行管理责任,导致期刊出版管理混乱的;

(四)存在其他违法嫌疑需要进一步核查的。

暂缓年度核验的期限由省、自治区、直辖市新闻出版行政部门确定,报新闻出版总署备案。缓验期满,按本规定第四十八条、第四十九条重新办理年度核验。

第五十一条 期刊有下列情形之一的,不予通过年度核验:

(一)违法行为被查处后拒不改正或者没有明显整改效果的;

(二)期刊出版质量长期达不到规定标准的;

(三)经营恶化已经资不抵债的;

(四)已经不具备本规定第九条规定条件的。

不予通过年度核验的,由新闻出版总署撤销《期刊出版许可证》,所在地省、自治区、直辖市新闻出版行政部门注销登记。

未通过年度核验的,期刊出版单位自第二年起停止出版该期刊。

第五十二条 《期刊出版许可证》加盖年度核验章后方可继续使用。有关部门在办理期刊出版、印刷、发行等手续时,对未加盖年度核验章的《期刊出版许可证》不予采用。

不按规定参加年度核验的期刊出版单位,经催告仍未参加年度核验的,由新闻出版总署撤销《期刊出版许可证》,所在地省、自治区、直辖市新闻出版行政部门注销登记。

第五十三条 年度核验结果,核验机关可以向社会公布。

第五十四条 期刊出版从业人员,应具备国家规定的新闻出版职业资格条件。

第五十五条 期刊出版单位的社长、总编辑须符合国家规定的任职资格和条件。

期刊出版单位的社长、总编辑须参加新闻出版行政部门组织的岗位培训。

期刊出版单位的新任社长、总编辑须经过岗位培训合格后才能上岗。

第五章 法律责任

第五十六条 期刊出版单位违反本规定的，新闻出版行政部门视其情节轻重，可以采取下列行政措施：

（一）下达警示通知书；

（二）通报批评；

（三）责令公开检讨；

（四）责令改正；

（五）责令停止印制、发行期刊；

（六）责令收回期刊；

（七）责成主办单位、主管单位监督期刊出版单位整改。

警示通知书由新闻出版总署制定统一格式，由新闻出版总署或者省、自治区、直辖市新闻出版行政部门下达给违法的期刊出版单位，并抄送违法期刊出版单位的主办单位及其主管单位。

本条所列行政措施可以并用。

第五十七条 未经批准，擅自设立期刊出版单位，或者擅自从事期刊出版业务，假冒期刊出版单位名称或者伪造、假冒期刊名称出版期刊的，依照《出版管理条例》第六十一条处罚。

期刊出版单位未履行备案手续擅自出版增刊、擅自与境外出版机构开展合作出版项目的，按前款处罚。

第五十八条 出版含有《出版管理条例》和其他有关法律、法规以及国家规定禁载内容期刊的，依照《出版管理条例》第六十二条处罚。

第五十九条 期刊出版单位违反本规定第三十六条的，依照《出版管理条例》第六十六条处罚。

期刊出版单位允许或者默认广告经营者参与期刊采访、编辑等出版活动的，按前款处罚。

第六十条 期刊出版单位有下列行为之一的，依照《出版管理条例》第六十七条处罚：

（一）期刊变更名称、主办单位或主管单位、业务范围、刊期，未依照本规定办理审批手续的；

（二）期刊出版单位变更名称、合并或分立、改变资本结构、出版新的期刊，未依照本规定办理审批手续的；

（三）期刊出版单位未将涉及国家安全、社会安定等方面的重大选题备案的；

（四）期刊出版单位未依照本规定缴送样刊的。

第六十一条 期刊出版单位违反本规定第四条第二款的，依照新闻出版总署《出版物市场管理规定》第四十八条处罚。

第六十二条 期刊出版单位有下列行为之一的，由新闻出版总署或者省、自治区、直辖市新闻出版行政部门给予警告，并处3万元以下罚款：

（一）期刊出版单位变更期刊开本、法定代表人或者主要负责人、在同一登记地内变更地址，未按本规定第十九条

报送备案的;

(二)期刊休刊未按本规定第二十条报送备案的;

(三)刊载损害公共利益的虚假或者失实报道,拒不执行新闻出版行政部门更正命令的;

(四)公开发行的期刊转载、摘编内部发行出版物内容的;

(五)期刊转载、摘编互联网上的内容,违反本规定第二十八条第二款的;

(六)未按照本规定第三十一条刊载期刊版本记录的;

(七)违反本规定第三十二条关于期刊封面标识的规定的;

(八)违反本规定第三十三条,"一号多刊"的;

(九)出版增刊违反本规定第三十四条第三款的;

(十)违反本规定第三十五条制作期刊合订本的;

(十一)刊登有偿新闻或者违反本规定第三十八条其他规定的;

(十二)违反本规定第四十一条,以不正当竞争行为开展经营活动或者利用权力摊派发行的。

第六十三条 期刊出版单位新闻采编人员违反新闻记者证的有关规定,依照新闻出版总署《新闻记者证管理办法》的规定处罚。

第六十四条 期刊出版单位违反记者站的有关规定,依照新闻出版总署《报社记者站管理办法》的规定处罚。

第六十五条 对期刊出版单位做出行政处罚,新闻出版行政部门应告知其主办单位和主管单位,可以通过媒体向社会公布。

对期刊出版单位做出行政处罚,新闻出版行政部门可以建议其主办单位或者主管单位对直接责任人和主要负责人予以行政处分或者调离岗位。

第六章　附　则

第六十六条 本规定施行后,新闻出版署《期刊管理暂行规定》和《〈期刊管理暂行规定〉行政处罚实施办法》同时废止,此前新闻出版行政部门对期刊出版活动的其他规定,凡与本规定不一致的,以本规定为准。

第六十七条 本规定自 2005 年 12 月 1 日起施行。

出版物鉴定管理办法

(2020 年 12 月 14 日国家新闻出版署发布　国新出发〔2020〕22 号)

第一章　总　则

第一条 为加强出版物鉴定活动管理,规范出版物鉴定工作,保障出版物鉴定质量,根据《出版管理条例》和国家有关规定,制定本办法。

第二条 本办法所称出版物鉴定,是指出版物鉴定机构运用专业知识或者技术手段,对出版物鉴定样本是否属于非法出版物或者违禁出版物进行分析审鉴,并提出鉴定意见的活动。

第三条 出版物鉴定主要针对以下出版物：

（一）非法出版物，包括未经批准擅自出版、印刷或者复制的出版物，伪造、假冒出版单位或者报刊名称出版的出版物，非法进口的出版物等；

（二）违禁出版物，是指含有《出版管理条例》和国家有关规定禁止内容的出版物。

第四条 本办法所称出版物鉴定机构，是指承担出版物鉴定职责的出版主管部门和出版主管部门所属的承担出版物鉴定职责的机构。

第五条 出版物鉴定机构接受"扫黄打非"工作机构、文化综合执法机构、公安机关、检察机关、审判机关等具有行政和司法职能的国家机关和单位的委托，开展出版物鉴定活动。

第六条 出版物鉴定实行鉴定机构负责制。出版物鉴定机构应当严格依据国家法律法规和有关规定，独立、客观、公正、规范地开展出版物鉴定活动。

第七条 出版物鉴定机构和鉴定相关人员应当对在出版物鉴定活动中知悉的国家秘密、工作秘密、商业秘密和个人隐私予以保密。

第八条 国家新闻出版署负责全国出版物鉴定活动的监督管理。省级以下出版主管部门负责本行政区域内出版物鉴定活动的监督管理。

第二章 出版物鉴定机构

第九条 出版物鉴定机构应当具有健全的工作制度和专业的鉴定人员队伍，能够独立开展出版物鉴定活动，承担相应的管理责任和法律责任。

第十条 出版物鉴定机构应当规范鉴定委托受理、委托手续办理等工作程序，建立完善鉴定材料审核、接收、保管、使用、退还、存档等工作制度。

接到涉及重大社会影响案件的鉴定委托后，出版物鉴定机构应当在受理委托24小时内向同级出版主管部门报告相关信息。

第十一条 出版物鉴定人员应当具备以下基本条件：

（一）拥护中华人民共和国宪法，遵守国家法律和社会公德；

（二）熟悉国家有关新闻出版的法律法规和政策规范；

（三）具备出版物鉴定业务知识和专业技能；

（四）具有新闻出版相关工作经验。

第十二条 出版物鉴定机构应当成立出版物鉴定委员会，研究决定本机构受理的复杂、疑难或者有重大争议的鉴定事项等。出版物鉴定委员会应当由本机构负责人、鉴定人员以及与鉴定业务相关的人员组成，组成人数应当为单数。

出版物鉴定机构可以聘请其他相关专业领域的专家，为出版物鉴定事项提供咨询意见。

第十三条 出版物鉴定人员、鉴定委员会成员存在以下情形的，应当回避：

（一）是鉴定事项当事人或者当事人近亲属的；

（二）与鉴定事项有利害关系的；

（三）与鉴定事项有其他关系可能影

响公正鉴定的。

委托单位、鉴定相关人员提出回避申请的,应当说明理由,并经出版物鉴定机构负责人批准。

第十四条 出版物鉴定机构应当加强鉴定文书管理,严格鉴定文书的制作、复核、审核及签发、发送等工作流程,确保鉴定过程规范高效、鉴定结果准确客观。

第十五条 出版物鉴定机构应当建立鉴定人员上岗培训、继续教育、业务考评制度,支持鉴定人员参加教育培训和业务交流活动,确保鉴定人员具备较高的政治素养和较强的专业技能。

第三章 出版物鉴定程序

第十六条 委托单位应当委托所在行政区域内同级出版物鉴定机构进行鉴定;同级无具备相应鉴定职责的出版物鉴定机构的,应当委托上一级出版物鉴定机构进行鉴定。

有关少数民族语言文字类出版物的鉴定,委托单位所在省级行政区域内无具备相应鉴定能力的出版物鉴定机构的,经省级出版主管部门同意,委托单位可以委托具有鉴定能力的其他省级出版物鉴定机构进行鉴定。

省级以上出版主管部门根据工作需要,可以指定本行政区域内具备相应鉴定职责的出版物鉴定机构受理鉴定委托。

违禁出版物的鉴定应当由省级以上出版物鉴定机构作出。

第十七条 委托单位向出版物鉴定机构提供的鉴定材料应当真实、客观、完整、充分,对鉴定材料及其来源的真实性、合法性负责。

第十八条 出版物鉴定机构收到鉴定委托后,应当与委托单位办理接收手续,核对并记录鉴定材料的名称、种类、数量、送鉴时间等。鉴定材料包括:

(一)鉴定委托函件;

(二)鉴定事项说明;

(三)鉴定样本及清单;

(四)鉴定所需的其他材料。

第十九条 出版物鉴定机构应当自收到鉴定委托之日起5个工作日内作出是否受理的决定。对于复杂、疑难或者特殊鉴定事项,经本机构负责人批准,可以延长至10个工作日。

第二十条 出版物鉴定机构应当对委托鉴定事项、鉴定材料等进行审查。对属于本机构鉴定职责、鉴定材料能够满足鉴定需要的,应当受理。

对于鉴定材料不完整、不充分、不能满足鉴定需要的,出版物鉴定机构可以要求委托单位补充,经补充后能够满足鉴定需要的,应当受理。

第二十一条 具有下列情形之一的鉴定委托,出版物鉴定机构不予受理:

(一)鉴定事项超出本机构鉴定职责范围的;

(二)鉴定材料不完整、不充分,经补充后仍无法满足鉴定需要的;

(三)委托单位就同一鉴定事项同时委托其他鉴定机构鉴定的;

(四)法律法规规定的其他情形。

第二十二条 出版物鉴定机构决定

受理鉴定委托的，应当与委托单位办理委托手续，明确鉴定事项、鉴定用途、鉴定时限，以及需要约定的其他事项等。

出版物鉴定机构决定不予受理的，应当向委托单位书面说明理由，并退还鉴定材料。

第二十三条 出版物鉴定机构应当自受理委托生效之日起20个工作日内完成鉴定。情况复杂确需延长的，经本机构负责人批准，延长时限不得超过20个工作日。鉴定时限延长的，应当及时告知委托单位。

鉴定过程中补充或者重新提取鉴定材料所需的时间，以及与相关单位进行信息核实所需的时间，不计入鉴定时限。

第二十四条 出版物鉴定机构受理鉴定委托后，应当指定不少于2名鉴定人员进行鉴定。鉴定人员应当对鉴定方法和鉴定过程等进行记录，记录内容应当真实、客观、规范、完整。

第二十五条 出版物鉴定机构在鉴定过程中，需要就所鉴定样本的出版、印刷或者复制、进口等情况，与相关部门和单位进行核实时，应当出具书面文件，并加盖公章。相关部门和单位应当就出版物鉴定机构提出的核实事项及时提供真实、明确的书面说明及相关证据材料，并加盖公章。

第二十六条 出版物鉴定机构在鉴定过程中有下列情形之一的，应当终止鉴定：

（一）有本办法第二十一条规定情形的；

（二）鉴定材料发生损毁或者灭失，影响作出鉴定意见且委托单位不能补充提供的；

（三）委托单位撤回鉴定委托的；

（四）因不可抗力致使鉴定无法继续进行的；

（五）对复杂、疑难或者有重大争议的鉴定事项难以作出鉴定意见的；

（六）其他需要终止鉴定的情形。

出版物鉴定机构终止鉴定的，应当向委托单位书面说明理由，并退还鉴定材料。

第二十七条 有下列情形之一的，委托单位可以委托出版物鉴定机构进行补充鉴定：

（一）委托单位因故导致鉴定事项有遗漏的；

（二）委托单位就原鉴定事项补充新的鉴定材料的；

（三）其他需要补充鉴定的情形。

补充鉴定应当委托原鉴定机构进行，超出原鉴定机构鉴定职责范围的除外。

第二十八条 有下列情形之一的，委托单位可以委托出版物鉴定机构进行重新鉴定：

（一）原鉴定机构超出鉴定职责范围组织鉴定的；

（二）原鉴定相关人员应当回避没有回避的；

（三）委托单位确有合理理由，需要重新鉴定的；

（四）其他需要重新鉴定的情形。

第二十九条 对于出版物鉴定机构难以作出鉴定意见而终止鉴定的，以及需要重新鉴定的,委托单位可以委托上一级出版物鉴定机构进行鉴定。

第三十条 出版物鉴定机构完成鉴定后,应当将与鉴定事项相关的鉴定样本、核实的信息材料、其他鉴定材料、鉴定记录、鉴定委员会决定、鉴定专家意见、鉴定文书等整理立卷、存档保管。鉴定样本数量较大的,可以存档保管其主要信息页的扫描件、复印件或者照片。

委托单位需要取回鉴定材料的,应当提交书面说明。出版物鉴定机构应当将鉴定样本主要信息以及其他鉴定材料进行扫描、复印或者拍照留存。

出版物鉴定档案保管期限不少于30年,重要鉴定事项档案应当永久保存。

第四章 出版物鉴定文书

第三十一条 出版物鉴定机构完成鉴定后,鉴定人员应当及时规范地制作鉴定文书。

鉴定文书制作完成后,出版物鉴定机构应当指定其他鉴定人员进行复核,并提出复核意见。

出版物鉴定机构负责人对复核后的鉴定文书进行审核与签发。

第三十二条 出版物鉴定文书一般应当包括标题、编号、基本情况、鉴定情况、鉴定意见、署名、日期等内容,并符合下列要求:

(一)标题,写明出版物鉴定机构全称和鉴定文书名称;

(二)编号,写明出版物鉴定机构缩略名、文书性质缩略语、年份及序号;

(三)基本情况,写明委托单位、委托事项、样本信息等内容;

(四)鉴定情况,写明对鉴定样本及相关鉴定材料的核查与分析情况;

(五)鉴定意见,应当依法、规范、明确,有针对性和适用性;

(六)附件,对鉴定文书中需要解释或者列明的内容加以说明;

(七)署名,注明出版物鉴定机构全称,同时加盖出版物鉴定机构鉴定专用章;

(八)日期,注明鉴定文书的制作日期。

第三十三条 出版物鉴定机构应当按照规定或者与委托单位约定的方式,向委托单位发送鉴定文书。

第三十四条 鉴定文书发送后,因补充鉴定、重新鉴定或者其他原因需要对鉴定文书进行更改时,出版物鉴定机构应当重新制作鉴定文书,并作出声明:"本鉴定文书为××号鉴定文书的更改文书,原鉴定文书作废。"更改后的鉴定文书应当在原鉴定文书收回后发送。原鉴定文书作为更改文书的原始凭据存档保管。

第五章 法律责任

第三十五条 出版物鉴定机构有下列情形之一的,由出版主管部门责令改正;造成严重后果的,对其主要负责人及直接责任人作出相应处理:

(一)超出鉴定职责范围开展出版物鉴定活动的;

(二)无正当理由拒绝受理鉴定委托的;

（三）拒绝接受出版主管部门监督、检查或者向其提供虚假材料的；

（四）因故意或者重大过失造成鉴定材料损毁、灭失的。

第三十六条 出版物的出版、印刷或者复制、进口单位等就出版物鉴定机构要求核实的事项提供虚假信息的，出版物鉴定机构应当将有关情况反馈同级出版主管部门，由出版主管部门依法核查处理。

第六章 附 则

第三十七条 本办法自2021年7月1日起施行。新闻出版署1993年3月16日发布的《新闻出版署出版物鉴定规则》同时废止。

新闻出版署关于认定、查禁非法出版物的若干问题的通知

（1991年1月30日
〔91〕新出发字98号）

为了有效地打击非法出版活动，便于准确地认定、取缔非法出版物，现将有关事项通知如下：

1.最高人民法院，最高人民检察院《关于摘要转发〈依法查处非法出版犯罪活动工作座谈会纪要〉的通知》明确规定："凡不是国家批准的出版单位印制的在社会上公开发行的报纸、期刊、图书、录音带、录像带等，都属于非法出版物。"这类非法出版物的形式主要有：

"伪称根本不存在的出版单位，印制的出版物；"

"盗用国家批准的出版单位的名义，印制的出版物；"

"盗印、盗制合法出版物而在社会上公开发行销售的出版物；"

"在社会上公开发行的、不署名出版单位或署名非出版单位的出版物；"

"承印者以牟取非法利润为目的，擅自加印、加制的出版物；"

"被明令解散的出版单位的成员，擅自重印或以原编辑部名义出版的出版物；"

"其它非出版单位印制的供公开发行的出版物。"

此外，根据中共中央办公厅、国务院办公厅《关于整顿、清理书报刊和音像市场严厉打击犯罪活动的通知》（中办发〔1989〕13号）的规定，以"买卖书号、刊号，违反协作出版、代印代发规定从事出版投机活动"，印制的出版物，亦属非法出版物。

2.凡是非法出版物，一律由新闻出版署或省级新闻出版局认定，并通令取缔。

3.盗用中央级出版单位名义出版和印制的出版物，由新闻出版署认定并通令取缔；盗用地方出版单位名义出版和印制的出版物，由出版单位所在的省级新闻出版局认定并通令取缔；其它的非法出版物，一经发现，由当地省级新闻出版局认定并通令取缔。

4.出版单位或其它有关单位、个人，请求出版行政管理部门认定、取缔非法

出版物时,应同时提交该出版物的样本。如果是盗用出版单位名义或盗印、盗制合法出版物的,还应一并提交非法的和合法的两种版本的样本,作为行政管理部门认定的依据。新闻出版行政管理部门在下发取缔通知时,应尽可能具体列述非法出版物的特征及与其相应的合法出版物的区别,以便有关部门识别。

新闻出版署关于认定非法出版物单价数额的意见

(2001年1月8日
新出办〔2001〕24号)

贵州省新闻出版局:

"关于确认非法出版物单价数额的请示"(黔新出市场〔2000〕12号)收悉,经研究,答复意见如下:

最高人民法院《关于审理非法出版物刑事案件具体应用法律若干问题的解释》是审理非法出版刑事案件的依据,不能适用于行政处罚。

在对非法出版案件进行行政处罚时,若非法出版物没有定价或者以境外货币定价的,其单价数额可以按照实际出售的价格认定;若非法出版物没有定价或者以境外货币定价且未出售的(在制品除外),其单价数额由省、自治区、直辖市新闻出版局按照出版物的定价原则确定。

新闻出版署关于部分应取缔出版物认定标准的暂行规定

(1989年11月3日
〔89〕新出政字第1064号)

中共中央办公厅、国务院办公厅于1989年9月16日发布的《关于整顿、清理书报刊和音像市场严厉打击犯罪活动的通知》明确规定:"凡属于下列范围的书报刊和音像制品一律取缔:宣扬资产阶级自由化或其他内容反动的;有严重政治错误的;淫秽色情的;夹杂淫秽色情内容、低级庸俗、有害于青少年身心健康的;宣传封建迷信、凶杀暴力的;封面、插图、广告及其他宣传品存在上述问题的;非法出版的书报刊和音像制品。"据此,为使整顿、清理书报刊和音像市场工作的顺利进行,现对部分应取缔的出版物的认定标准作如下具体规定:

一、"夹杂淫秽色情内容、低级庸俗、有害于青少年身心健康的"出版物(简称"夹杂淫秽内容的出版物"),是指尚不能定性为淫秽、色情出版物,但具有下列内容之一,低级庸俗,妨害社会公德,缺乏艺术价值或者科学价值,公开展示或阅读会对普通人特别是青少年身心健康产生危害,甚至诱发青少年犯罪的出版物:

1. 描写性行为、性心理,着力表现生殖器官,会使青少年产生不健康意识的;

2. 宣传性开放、性自由观念的;

3. 具体描写腐化堕落行为，足以导致青少年仿效的；

4. 具体描写诱奸、通奸、淫乱、卖淫的细节的；

5. 具体描写与性行为有关的疾病，如梅毒、淋病、爱滋病等，令普通人厌恶的；

6. 其他刊载的猥亵情节，令普通人厌恶或难以容忍的。

二、“宣扬封建迷信”的出版物，是指除符合国家规定出版的宗教出版物外，其他违反科学、违反理性，宣扬愚昧迷信的出版物：

1. 以看相、算命、看风水、占卜为主要内容的；

2. 宣扬求神问卜、驱鬼治病、算命相面以及其他传播迷信谣言、荒诞信息，足以蛊惑人心，扰乱公共秩序的。

三、宣扬“凶杀暴力”的出版物，是指以有害方式描述凶杀等犯罪活动或暴力行为，足以诱发犯罪，破坏社会治安的出版物：

1. 描写罪犯形象，足以引起青少年对罪犯同情或赞赏的；

2. 描述罪犯践踏法律的行为，唆使人们蔑视法律尊严的；

3. 描述犯罪方法或细节，会诱发或鼓动人们模仿犯罪行为的；

4. 描述离奇荒诞、有悖人性的残酷行为或暴力行为，令普通人感到恐怖、会对青少年造成心理伤害的；

5. 正面肯定抢劫、偷窃、诈骗等具有犯罪性质的行为的。

新闻出版署关于处理白孝琪非法出版《半色曝光》一案中如何计算非法经营额的批复

（1991 年 1 月 10 日
〔91〕新出政字第 36 号）

陕西省新闻出版局：

你局 1991 年 1 月 5 日《关于处理白孝琪非法出版〈半色曝光〉一案中有关问题的请求》（陕新出发〔1991〕第 2 号）收悉。关于如何计算非法出版（投机倒把）活动的非法经营数额，经研究，现答复如下：

一、对非法出版物的印刷、发行、销售活动的经营数额或获利数额，原则上按其所从事的印刷、发行、销售的不同阶段进行计算，在非法印刷或发行销售过程中收取的预付款、定金、征订费应另行计入经营额。

二、非法印刷（兼发行）阶段数额计算

（1）承印者数额的计算：委印者应当交付承印者的印刷费为承印者的经营数额；这一数额减去印刷成本为获利数额。

（2）委印者（或委印兼发行者）数额计算：委印并全部发行的，出版物的总码洋为经营数额；委印后制成品未发行的，制成品总码洋的 70%（或当地最低发行折扣）为经营额；委印后部分已发行、部分未发行的，已发行的出版物的总码洋加未发行部分的经营额为总经营款，未发行部分的经营额计算方法为:已发行出版物的平均批发价乘以未发行的出版物的册数;委印后的在制品,其印刷费为经营额。

此复。

新闻出版署关于刘欣销售非法出版物一案中如何计算经营额和获利额的批复

(1992年6月12日)

天津市新闻出版管理局:

你局1992年6月8日《关于刘欣批销非法出版物案适用法规条款的请示》收悉,我署1991年1月10日《关于处理白孝琪非法出版〈半色曝光〉一案中如何计算非法经营数额的批复》(〔1991〕新出政字第36号)已将如何计算非法出版活动的非法经营数额的原则及非法印刷(兼发行)阶段数额计算方法作出规定,此次不另答复。现将非法发行(销售)阶段数额计算方法答复如下:

(一)批进的出版物全部售出的,出版物的总码洋即经营数额;经营数额减去进货款、运费和其他成本费即获利数额。

(二)批进的出版物部分售出、部分未售出的,售出部分出版物的总码洋加上未售出部分的经营额即经营数额,其中未售出部分出版物的进货款额即其经营额;售出部分出版物的经营数额减去售出部分的进货款、运费和其他成本费即获利数额。

(三)批进的出版物全部未售出的,进货款额即经营数额,无获利数额。

(四)计算未售出(库存)出版物的经营额,销售者未提供进货凭证的,按未售出出版物总码洋的60%至70%(或当地批发折扣)计算其经营数额。

新闻出版署关于重申不适用中国标准书号的四类出版物的编号方法的通知

(1993年9月9日
〔93〕新出图1227号)

1987年7月,我署曾发出《关于实施〈中国标准书号〉的补充通知》(〔87〕新出标字第483号文),对不适用中国标准书号的四类出版物的编号问题作了明确规定。但目前仍有一些出版社对这一规定不够明确,在不适用中国标准书号的四类出版物上使用中国标准书号,造成书号使用上的某些混乱。为此,特重申有关规定如下:

一、请各出版社严格按照《中国标准书号使用手册》和〔87〕新出标字第483号文件的规定,使用中国标准书号。

二、中国标准书号的适用范围不包括下列出版物:

1. 临时性印刷品;年画、年历画、挂历、台历等。

2. 无书名页的单张美术印刷品或折页美术印刷品(图片)。

3. 各级技术标准文献。

4. 不另加封面的出版物，如：活页文选、活页歌篇等均列入此类。

三、上述不适用中国标准书号的四类出版物，将继续使用“全国统一书号”。其具体编排方法为：

1. “全国统一书号”是由图书分类号、出版社号和序号三部分组成。

2. 图书的分类和代号仍采用人民大学图书馆图书分类法（详见附件）。

3. 出版社号改用中国标准书号中的出版者号（不包含 ISBN7-）。

4. 序号是指同类图书的顺序号码。同一出版社出版的同一类别、不同书名、不同内容的图书，按初版的先后顺序排列，分别编制序号。

5. “全国统一书号”中各组成部分的排列次序为：图书分类号、出版者号和序号。出版者号与序号之间用圆点隔开。（例：人民美术出版社出版的第 10 种艺术类挂历，图书分类号为“8”，出版者号为“102”，序号为“10”，统一书号为：8102 · 10。）

6. 统一书号的印刷格式：

统一书号和定价两项内容除印在版权页上外，还应印在封底的右下角。

（格式：统一书号：8102 · 10 定价：15.00 元）

请各出版社照此执行。

附件：

中国人民大学图书馆图书分类代码
基本大类（共 17 类）

1. 马克思主义、列宁主义、毛泽东思想（包括马恩列斯著作、毛主席著作、马恩列斯像、毛主席像）
2. 哲学
3. 社会科学、政治
4. 经济
5. 军事
6. 法律
7. 文化、教育、科学、体育
8. 艺术
9. 语言、文字
10. 文学
11. 历史
12. 地理
13. 自然科学
14. 医药卫生
15. 工业技术
16. 农业技术
17. 综合参考

中共中央宣传部、中共中央统战部、新闻出版署、国家民族事务委员会、国务院宗教事务局关于对涉及伊斯兰教的出版物加强管理的通知

（1993 年 10 月 19 日
新出联〔1993〕12 号）

一个时期以来，一些出版单位陆续发表和出版了一批有关伊斯兰教的文章和图书。其中不少是有价值的，对宣传马克思主义宗教观和党的宗教政策，对

引导读者正确认识宗教问题、了解宗教知识起到了积极作用。但是在这类出版物的出版过程中也存在着一些问题。有些单位或个人违反国家的有关规定,未经同意擅自翻印并向社会公开发行宣传有关伊斯兰教教义的各类经书、典籍;极少数出版单位甚至违反党和国家的民族宗教政策,出版、发表歪曲、辱骂、诬蔑伊斯兰教的图书和文章,无视少数民族风俗习惯,严重伤害了信教群众的宗教感情,引起了他们的不满,损害了社会的安定团结。

正确对待和处理民族、宗教问题,是我国社会主义建设事业中一个重要课题,是建设有中国特色社会主义的一个重要内容。认真贯彻党和国家的民族、宗教政策,维护宪法确定的公民宗教信仰自由的权利,尊重少数民族的风俗习惯,加强对信教群众和宗教界人士的爱国主义教育,对于维护社会稳定、增进民族团结、促进祖国统一、加快社会主义现代化建设,都有着不容忽视的重要意义。为了加强对涉及伊斯兰教的出版物的管理,根据《中共中央、国务院关于进一步做好宗教工作若干问题的通知》(中发〔1991〕6号的精神),现就有关事项通知如下:

一、所有的出版单位都必须切实贯彻执行党的民族宗教政策,维护宪法确定的公民宗教信仰自由的权利,维护民族团结和社会安定,不得在出版物中有违背党和国家的政策、法律,损害公民宗教信仰自由的权利,伤害信教群众的宗教感情和少数民族的风俗习惯的内容。

二、供伊斯兰教内部使用的经书、典籍和阐释伊斯兰教经典、教义、教规等印刷品,由伊斯兰教团体根据需要提出申请,须经省、自治区、直辖市以上人民政府宗教事务部门审批,并报同级政府新闻出版局备案、办理内部准印手续;同时,这类出版物只能在经政府批准开放的清真寺内发放、流通。若数量较大,须报经国务院宗教事务局审批,并报新闻出版署备案。非宗教团体、个人一律不得印制、出版、发行。违反上述规定,按非法出版活动处理。

为研究我国古代文化和开展对外文化交流的特殊需要而正式出版有关伊斯兰教的经书或典籍,需经新闻出版署会商国务院宗教事务局审批,并指定有关专业出版社安排出版。

三、凡涉及研究和评价伊斯兰教的出版物(包括消息和文章),要坚持马克思主义的宗教观,以党和国家的有关宗教政策和法律为准绳。对伊斯兰教的历史、人物、事件、教义、教规以及对经书、典籍等进行专业学术研究、考证的图书、工具书,属于学术著作,由各地人民出版社及中央有关的社会科学专业出版社安排出版;对于这一类的学术文章,中央有关社会科学专业期刊可以发表。但这类图书和文章中凡涉及敏感问题(如论及现行宗教政策、外交政策和涉及少数民族宗教信仰、禁忌、风俗习惯等问题),出版单位须报请上级主管部门审核批准。必要时应征询省级以上伊斯兰教协会或者省以上人民政府宗教事务部门的意见。

四、对以伊斯兰教的经书、典籍或教义、教规等为基础进行加工、编写的通俗读物，或以所谓传闻、轶事为根据而编撰的有关宗教和少数民族风俗习惯的通俗读物，特别是海外的此类出版物（包括音像制品），原则上不得安排出版。如确有需要安排公开出版的，要着重考虑书稿内容是否有利于贯彻党和国家的宗教政策、民族政策，并经省级政府宗教事务部门和新闻出版局审核同意（中央单位的出版社须经主管单位审核同意）后，报新闻出版署审批。有关伊斯兰教的连环画、画册（像）不得安排出版。

五、非国家定点的书刊印刷企业一律不得承接印制任何有关伊斯兰教的出版物。

六、任何发行单位不得发行非正式出版单位出版的有关伊斯兰教的书、报、刊及音像制品。凡正式出版单位出版的有关伊斯兰教的出版物，应严格按规定的发行方式、发行对象办理。

七、上述有关伊斯兰教的图书、音像制品一律不得协作出版或代印（复录）、代发。

八、凡违反上述有关规定的出版单位，由省级新闻出版局或新闻出版署分别给予行政处罚；对违反上述规定，造成出版物内容违背党的民族宗教政策并在社会上产生严重不良影响的出版单位，新闻出版署可给予停业整顿直到撤销登记的处罚；触犯法律的，交由司法部门追究法律责任。

中共中央宣传部、新闻出版署关于禁止"买卖书号"的通知

（1993年10月26日
新出联〔1993〕13号）

党的十一届三中全会以来，出版工作坚持党的一个中心、两个基本点的基本路线，坚持为人民服务、为社会主义服务的方针，整个事业发展很快，出版了许多好书，为社会主义物质文明和精神文明建设做出了重要贡献。但是，近几年来，在发展中也出现了一些值得注意的问题。"买卖书号"是其中比较突出的问题之一。

一些出版社以管理费、书号费或其他费用的名义收取费用，出让国家出版管理部门赋予的编辑、印刷、发行出版物的权力，给一些非出版单位或个人提供书号，使他们以出版社的名义出书牟利。"买卖书号"的行为，违反了国家关于出版管理的规定，背离了社会主义市场经济的发展要求和出版事业发展的规律，造成许多严重后果。一些出版单位放弃职责，使一批平庸的、粗制滥造的读物得以出版，损害了读者的利益，导致图书出版总量失衡，败坏了社会主义出版事业的形象。尤其是少数不法分子利用买到的书号，出版有严重政治错误、泄露国家机密、损害民族团结、违反外交政策、宣扬封建迷信以及色情淫秽内容的图书，造成了很坏的社会影响，损害了社会主

义精神文明的建设。一些单位或个人利用书号,无照经营,偷税、漏税,牟取暴利,损害了国家的利益。“买卖书号”还严重腐蚀了出版队伍,一些出版单位和个人,为捞取经济上的好处,贪污受贿,以权谋私,甚至与不法书商内外勾结,走上犯罪的道路。这是拜金主义和腐败现象在出版工作中的重要表现,是出版行业中突出的不正之风。

为了继续深化出版改革,加快建立适应社会主义市场经济发展要求、符合社会主义物质文明和精神文明建设需要的出版管理体制和运行机制,进一步繁荣出版事业,必须采取坚决有力的措施,禁止各种形式买卖书号的行为。现特作如下通知:

第一,出版单位和出版工作者,要进一步坚持为人民服务、为社会主义服务的方针,严格执行出版纪律,遵守职业道德,维护出版秩序,在出版工作中始终把社会效益放在首位,力求经济效益同社会效益的统一,努力多出好书。

第二,出版社必须对出版物的编辑、校对、印刷、发行等各个环节负全部责任,不得以任何形式直接或间接地出卖书号,不得将经济指标和书号分配给编辑个人掌握。

第三,严禁任何单位、任何个人以任何形式购买书号。购买书号出版的图书,属非法出版物,坚决予以取缔。

第四,对违反上述规定的出版社,将分别情况没收非法所得、罚款、追究领导和主要责任者责任、停业整顿,直至撤销社号。对情节严重构成犯罪的责任者,依法追究法律责任。

其它单位和个人违反上述规定,按非法出版活动处置。触犯刑律的,由司法机关依法惩处。

第五,出版社要严格执行新闻出版署一九九一年《关于缩小协作出版范围的规定》,凡违反规定,超出协作出书范围和协作对象,放弃对协作出版的图书的编辑、校对、印刷、发行等各个环节职责的,按“买卖书号”查处。

第六,各出版社要对“买卖书号”问题进行检查清理,并将检查结果于一九九三年十二月三十一日前报告新闻出版署和省、自治区、直辖市新闻出版局。对本文件下发之前的问题,认真自查自纠并作出报告的从宽处理;否则从严处理。自本文件发布之日起,再发生的此类问题,一律从严、从重查处。

第七,各出版单位要在出版工作人员中深入开展职业道德和法制纪律教育,制定自我监督、自我约束的规定。各地党委宣传部、新闻出版局和各出版单位的主办、主管部门,要切实加强管理和监督。

新闻出版署关于禁止中国标准书号“一号多用”的规定

(1994 年 11 月 14 日
新出图〔1994〕957 号)

近几年来,少数出版社未按照中国标准书号使用的有关规定使用书号,出现了一个书号多次使用，即"一号多用"的问题。特别是今年下半年新闻出版署对各出版社的书号总量进行核定后，有些出版社为了多出书，"一号多用"问题更为突出。"一号多用"主要有二种表现：一是多种图书使用同一个书号，即"一号多书"；二是多卷本的丛套书（含上、中、下册图书）在每分卷册分别定价的情况下，全套书使用一个书号。

"一号多用"不仅违反了书号使用的规定，而且还给图书的出版管理、销售和馆藏造成了混乱。为了加强图书出版的管理，现重申并补充有关中国标准书号的使用规定：

一、对每一种不同形式的图书应分别使用一个 ISBN 编号。以下情况应单独使用书号：

1. 同一种图书的不同装帧形式（精装、平装等）；

2. 同一种图书的不相同版本（修订版、年度版）；

3. 相同内容的不同开本图书；

4. 相同内容的不同文字类别的图书。

二、多卷本的丛套书（含上、中、下册图书）的编 ISBN 号应根据定价，即：丛套书的每分卷册分别定价，可分册销售，每分卷册应分别给予 ISBN 编号，分别统计品种；若丛套书的各分卷册不分别定价，全套书只有一个总定价，不能分册销售，可作为一个品种分配一个 ISBN 编号。

三、重印或再版没有 ISBN 编号的库存图书，必须补编 ISBN 编号。

本《规定》下发之后继续"一号多用"的，一律按违反出版管理规定，给予没收所得利润、罚款、并视情节轻重核减该出版社年度书号总量的处罚。

各出版社的上级主管部门应加强对出版社书号使用的管理，要按上述规定对所辖出版社书号的使用进行认真检查，如有"一号多用"的图书应立即采取措施补编新的 ISBN 编号，并于 1994 年 12 月 10 日前将情况上报新闻出版署图书管理司。

新闻出版总署关于重申禁止中国标准书号"一号多用"规定的通知

（2001 年 6 月 13 日
新出图〔2001〕812 号）

自 1994 年 1 月新闻出版署发出《关于禁止中国标准书号"一号多用"的规定》以来，全国大部分出版社均能认真遵守。但近年来，一些出版单位违反上述规定，采取"一号多用"的违规做法，其主要表现形式有：多卷本的丛套书（含上、中、下册）在每卷册分别定价销售的情况下，全套书使用一个书号；内容相同但装帧形式不同、开本不同、版本不同和文种不同的图书使用一个书号；以出版图书的名义，用书号变相出版期刊。"一号多用"不仅违反了书号管理的规定，而且还造成图书销售市场的混乱，干扰了图书出版管理工作，这种现象应当坚决加以制止。为规范书号使用秩序，现将有关规定重申并补充如下：

一、每一种不同形式的图书应分别使用一个 ISBN 编号。

二、同一种图书的不同装帧形式(精装、平装)、同一种图书的不同版本(修订版、年度版)、相同内容的不同开本图书、相同内容的不同文字版图书均应单独使用书号。

三、多卷本的丛套书(含上、中、下册),在每卷册分别定价销售的情况下,各分卷册应单独使用书号;若丛套书的分卷册不分别定价销售,全套书只有一个总定价,可使用一个书号。

四、各出版单位不得以任何形式,用书号变相出版期刊;凡属刊物,必须按规定申报,经过批准才能出版。

各出版单位必须严格遵守新闻出版总署关于使用中国标准书号的管理规定。对违反出版管理规定的出版单位,将视具体情况作如下处罚：

1. 对违反规定“一号多用”出书的出版单位,除核减其“一号多用”的书号量外,还要加罚一倍。如:用 1 个书号出版了 6 种图书,除正常使用的 1 个书号外,要扣除 5 个书号并加罚扣除量的一倍(即 5×2=10 个书号)。

2. 对违反规定以书号出刊(即以书代刊)的出版单位,凡每出一个品种,即扣除该出版单位全年书号总量的 10%,依此累积计算。

3. 对违反规定的出版单位,新闻出版总署图书出版管理司还要对其发出违规通知单。对“一号多用”量特别严重者,将给予停发书号的处罚。

请各省、自治区、直辖市新闻出版局和出版社主管部门充分重视书号管理工作,组织出版社学习国家有关书号管理规定,对所辖、所属出版单位 2000 年以来的图书出版情况进行一次认真的检查,对违反上述规定的出版单位做出相应处理,并将检查处理情况于 2001 年 8 月 31 日前上报新闻出版总署。

新闻出版总署关于进一步加强“名录类”出版物出版管理的通知

(2005 年 9 月 29 日
新出法规〔2005〕1030 号)

近年来,名目繁多的“名录类”出版物充斥市场,造成了不良社会影响。“名录类”出版物得以编辑、出版和发行,相当一部分是利用出版单位设立了“名录类”出版物编委会、编辑部(室),利用了出版单位转让或者出卖的名称、书号(刊号、版号)或者其他便利条件。这些“名录类”出版物的编辑、出版等行为,违反出版管理法规,破坏正常出版秩序,必须严格加以管理。为此,现就有关事项通知如下：

一、本通知所称“名录类”出版物,是指收录“名人”简介的各类“名人录”、“名人辞海”或者“名人词典”,收录“名人”业绩、作品、文章、讲话等内容的各类丛书,收录党政机构、企事业单位、行业组织名称、简介等内容的各类单位名录,以及其他类似内容的出版物。

二、出版单位出版“名录类”出版物必须严格执行重大选题备案制度，未经重大选题备案，一律不得出版。

三、出版单位不得以任何收费或变相收费方式出版“名录类”出版物，不得以任何借口强迫作者包销或者购买“名录类”出版物。

四、出版单位不得为他人出版“名录类”出版物转让、出卖本单位的名称、书号（刊号、版号），不得为其他任何个人或者单位编辑、出版“名录类”出版物提供条件和便利。

五、出版单位设立的“名录类”出版物编辑部（室）不得承包给其他单位或者个人，不得允许其他单位或者个人设立的“名录类”出版物编辑部（室）挂靠在出版单位。

六、出版单位以外的单位、个人出版的“名录类”出版物属于非法出版物，一律依法查处。

七、出版单位违反本通知规定的，由省级以上新闻出版行政机关依法查处。对于非法出版、印制、发行“名录类”出版物的行为，由各级新闻出版行政机关依法查处。

八、对于利用编辑、出版“名录类”出版物招摇撞骗、诈骗钱财违反治安管理法规或者触犯刑律的，各级新闻出版行政机关要将案件及时移送公安机关。

各级新闻出版行政机关和各出版单位主管部门接到本通知后，要立即对出版单位编辑、出版“名录类”出版物的情况进行检查，发现问题及时纠正并依法处理。有关重大情况、案件，及时报告新闻出版总署。

中共中央宣传部、新闻出版署关于不得出版宣扬愚昧迷信和伪科学内容出版物的通知

（1999年8月23日
新出联〔1999〕16号）

近年来，社会上出现了一些值得注意的倾向。有的打着气功、练功的旗号，散布荒诞言论和歪理邪说；有的以研究民俗为幌子，通过看相、算命、看风水等宣扬愚昧迷信和伪科学。少数出版单位受此影响，置国家有关出版法规于不顾，也出版、印刷、复制、发行了一些宣扬愚昧迷信内容的出版物。这些出版物，影响了社会主义精神文明建设，有害于人民群众的身心健康，不利于社会的稳定。对此，必须引起我们的高度重视，要从讲政治的高度加强对此类出版物的管理。根据《出版管理条例》第三条、第二十五条第六款和《音像制品管理条例》、《印刷业管理条例》的有关规定，现就不得出版宣扬愚昧迷信和伪科学内容出版物的问题，通知如下：

一、所有图书、期刊、电子出版物和音像制品出版单位，必须坚持为人民服务、为社会主义服务的出版方针，坚持把社会效益放在首位。所出版的出版物，内容必须有利于社会主义物质文明和精神文明建设，有利于提高全民族的思想

道德和科学文化素质,有利于人民群众的身心健康。

二、所有出版单位不得出版借气功、练功健身之名,散布荒诞言论和歪理邪说,宣传愚昧迷信和伪科学的出版物;不得出版借研究民俗、传统文化之名,宣扬看相、算命、占卜、看风水等愚昧迷信、伪科学的出版物;不得登载法律、法规和有关出版管理规定禁止的内容。同时严禁买卖书号、刊号、版号出版上述出版物。

三、今后,有关涉及气功、练功类的出版物限于国家出版行政管理部门指定的体育、卫生类出版单位出版,其他出版单位一律不得出版。上述出版单位在出版有关气功、练功类出版物时,要严格履行选题论证制度、稿件审核制度,其主管部门也要严格把关。对出版中把握不准的问题,要及时请示有关部门。

四、所有印刷、复制企业在印制、复制出版单位正式出版的有关气功、练功类出版物时,必须严格按《印刷业管理条例》、《出版物印刷管理规定》、《音像制品管理条例》、《音像制品复制管理办法》、《电子出版物管理规定》办理委印和承印手续,并严格执行《图书、期刊印制委托书》、《录音录像制品复制委托书》、《电子出版物复制委托书》制度。印刷、复制企业不得擅自加印、翻印、盗印、销售上述出版物。所有印刷、复制企业不得印制、复制宣扬愚昧迷信、伪科学内容的非法出版物。驻厂监督员要严格履行职责,加强监督管理。

五、加强出版物发行管理。具有总发行权的发行单位在征订发行有关气功、练功类的出版物时,必须严格执行征订发行委托书制度;零售单位只能从正式渠道进货,并严格履行进货手续,完整保存进货凭证;任何发行单位不得经营非法出版物。

六、各地、各出版单位要按照上述要求和规定,并结合新闻出版署《关于不得出版宣传愚昧迷信的图书的通知》(〔89〕新出图字第338号)的要求,对有关气功、练功类的出版物和看相、算命、看风水等宣扬愚昧迷信、伪科学内容的出版物进行一次全面清理。凡不符合上述规定的,已安排的选题要坚决撤销;在制品要坚决停止出版、印刷、复制;已出版的,一律停止发行。出版单位清理后,应及时将停售的出版物列出清单通知有关发行单位;各发行单位要及时下架、停售,并认真清理库存,向原供货单位办理退货手续;各地书刊和音像市场管理部门要按照出版单位的停售通知,加强对书刊音像市场的检查。清理工作中要严格掌握有关政策和要求,将真正研究民俗和传统文化的学术研究著作同宣扬愚昧迷信和伪科学内容的出版物区分开来。各省、自治区、直辖市新闻出版局,各有关部委出版单位主管部门,要将清理结果于9月20日前报新闻出版署,同时抄报中宣部出版局。

各级出版行政管理部门,各出版、印刷、复制、发行单位,要严格按照本通知的规定和要求,认真贯彻执行。对违反本通知的单位和个人,要依照《出版管理条例》、《印刷业管理条例》、《音像制品管理条例》、《电子出版物管理规定》、《图书总发行管理的暂行规定》等有关法规，给予相应的行政处罚；构成犯罪的，要依法追究刑事责任。

新闻出版总署、教育部关于接受境外机构或个人赠送境外出版物有关事项的通知

（2010年7月22日
新出联〔2010〕13号）

近年来，随着我国经济建设的快速发展和中外文化交流与合作的逐步深入，境内机构按照《出版管理条例》等法规规定办理接受境外机构或个人赠送境外出版物的情况逐渐增多，这对促进中外文化交流，提高我国科研能力和水平发挥了重要作用。然而，也出现了一些值得注意的现象：一些境内机构未经批准，擅自接受境外机构或个人捐赠的境外出版物；一些境内图书馆、研究所不遵守相关法规规定，擅自接受境外驻华机构捐赠的境外出版物。除程序不合规范外，这些境外出版物还有不少存在内容问题：有的故意歪曲历史，混淆是非；有的编造谎言，挑拨我民族关系；还有的打着学术研究旗号，恣意攻击我社会制度等。以上情况如不及时制止，将严重危害我民族团结、社会稳定及经济发展。

为进一步加强境内机构接受境外机构或个人赠送境外出版物的管理，规范受赠境外出版物的进口行为，根据国务院《出版管理条例》，现就有关事项通知如下：

一、境内大中专院校、科研院所、公共图书馆、行业组织、企事业单位等接受境外机构或个人赠送境外出版物（包括图书、报纸、期刊、电子出版物、音像制品及各类数字出版物的数据库等）用于收藏和阅读参考，须按照《出版管理条例》等相关法规，由受赠单位在受赠前将有关受赠申请材料报所在地省级新闻出版部门审核，由各省级新闻出版部门报新闻出版总署审批。

二、受赠机构接受境外机构或个人捐赠境外出版物，应委托经新闻出版总署批准的具有出版物经营权的出版物进口经营单位，按照核准的经营范围办理受赠境外出版物进口业务。

三、办理受赠境外出版物审批手续须提交以下材料：

（一）所在地省级新闻出版部门的请示；

（二）受赠单位的申请报告。应载明受赠目的和使用方法，受赠时间和地点，受赠境外出版物目录（包括出版物的种类、名称、数量和金额），境外赠送机构或个人的情况，有无代理受赠出版物的转送业务，进口海关等内容。

（三）由出版物进口单位出具的受赠境外出版物内容审查报告。

四、接受境外机构或个人赠送的出版物不得用于复制、销售和其他经营性活动。

五、受赠境外出版物不得含有《出版管理条例》第二十六条、第二十七条禁止的内容。出版物进口经营单位负责对拟进口的受赠境外出版物及已进口的受赠境外出版物进行内容审查,发现其中含有《出版管理条例》第二十六条、第二十七条禁止内容的,或受赠机构收到受赠境外出版物后,在清理和使用时发现其中含有《出版管理条例》第二十六条、第二十七条禁止内容的,均应立即报告所在地省级新闻出版部门和新闻出版署,并将含有禁止内容的受赠境外出版物全部移交所在地省级新闻出版部门封存,经认定后由所在地省级新闻出版部门监督销毁。

六、各省、自治区、直辖市新闻出版局接到本通知后,应尽快会同当地教育厅(常委)对辖区内各机构单位,尤其是大中专院校、科研院所、各级各类图书馆等,接受境外单位和个人捐赠境外出版物情况进行一次清理。凡未按《出版管理条例》规定要求办理相关审批手续,擅自接受境外机构或个人捐赠的境外出版物的,受赠单位应立即就地封存,并及时向当地省级新闻出版部门报告,由省局按照《出版管理条例》和相关法规的规定作出处理。

各省、自治区、直辖市新闻出版局10月30日前将清理情况报新闻出版总署。

七、总署将联合教育部门加大检查、处罚力度,对违反《出版管理条例》相关规定的违规进口行为进行严厉查处。

新闻出版总署关于促进出版物网络发行健康发展的通知

(2010年12月7日
新出字〔2010〕520号)

为促进出版物网络发行的持续健康发展,保护消费者和经营者的合法权益,规范出版物网络发行行为,现根据《出版物市场管理规定》(新闻出版总署令第23号)和《音像制品批发、零售、出租管理办法》(文化部令第40号)等相关法律法规,就有关事项通知如下:

一、通过网络发行图书、报纸、期刊、音像制品和电子出版物(以下简称网络发行)作为出版物发行的新方式,以其交易成本低、流通效率高、销售范围广、服务方便等优势受到了社会和消费者的认可与欢迎。新闻出版行政部门鼓励、支持通过网络依法销售各种内容健康的出版物,并实施积极的扶植政策,促进网络发行的健康发展。网络书店的设立,不受当地出版物发行网点建设规划的数量限制。

二、建立从事出版物发行的网络书店,在网络交易平台内从事出版物发行,或者以其他形式通过网络从事出版物发行,均须依照《出版物市场管理规定》和《音像制品批发、零售、出租管理办法》的规定,经新闻出版行政部门批准,取得《出版物经营许可证》和《音像制品经营许可证》。

三、从事网络发行应符合下列条件：

（一）申请通过网络从事出版物零售的单位，应符合《出版物市场管理规定》第十条的规定（其中，应有与其业务相适应的固定的经营场所），并经所在地县级人民政府新闻出版行政部门批准。

（二）申请通过网络从事出版物批发的企业，应符合《出版物市场管理规定》第八条的规定（其中，注册资本不少于200万元、经营场所的营业面积不少于50平方米），并经所在地省、自治区、直辖市新闻出版行政部门批准。

（三）申请通过网络从事出版物总发行的企业，参照《出版物市场管理规定》第六条相关条款，并经新闻出版总署批准。

（四）已经取得《出版物经营许可证》的出版物总发行企业、批发企业、连锁经营企业、零售单位和已经取得《音像制品经营许可证》的音像制品批发企业、连锁经营企业、零售单位在批准经营范围内开展网络发行，应自开展网络发行30日内到原批准的新闻出版行政部门备案，并在其《出版物经营许可证》、《音像制品经营许可证》经营范围后加注“网络发行”字样。

（五）外商投资图书、报纸、期刊分销企业开展网络发行按照《外商投资图书、报纸、期刊分销企业管理办法》第十八条规定执行。外商投资音像制品分销企业开展网络发行按照《中外合作音像制品分销企业管理办法》第九条规定执行。

四、经批准从事网络发行的企业和单位，由新闻出版行政部门颁发《出版物经营许可证》，在其《出版物经营许可证》经营范围后加注“网络发行”字样，同时报省级新闻出版行政部门备案。

申请人应自领取《出版物经营许可证》后30日内办理工商注册登记。

五、从事网络发行，应当遵循公平、合法、诚实守信的原则，不得损害国家利益和公众利益，不得损害消费者的合法权益。

通过网络发布的出版物信息应当真实准确，不得做虚假宣传。

六、不得通过网络发行下列出版物：

（一）含有《出版管理条例》第二十六条、第二十七条禁止内容的违禁出版物；

（二）各种非法出版物，包括：未经批准擅自出版、印刷或者复制的出版物，伪造、假冒出版单位或者报刊名称出版的出版物；

（三）侵犯知识产权的出版物；

（四）未经批准进口的出版物；

（五）新闻出版行政部门明令禁止出版、印刷复制、发行的出版物。

七、从事网络发行的企业和单位，应在其网站主页面或者从事经营活动的网页醒目位置公开《出版物经营许可证》、《音像制品经营许可证》和营业执照登载的有关信息或链接标识，并接受新闻出版行政部门的管理与年度核验。

八、建立出版物网络交易平台应向所在地省、自治区、直辖市新闻出版行政部门备案，接受新闻出版行政部门的指导与监督管理。

提供出版物网络交易平台服务的经营者,应当对申请通过网络交易平台从事出版物发行的经营主体身份进行审查,确保注册姓名和地址的真实性。

提供出版物网络交易平台服务的经营者,应当建立经营证照核查制度。核实经营主体的营业执照、《出版物经营许可证》、《音像制品经营许可证》,并留存证照复印件备查。不得向无证无照、证照不齐的经营者提供网络交易平台服务。

提供出版物网络交易平台服务的经营者,发现在网络交易平台内从事各类违法违禁活动的,应当采取有效措施予以制止,并及时向所在地新闻出版行政部门报告。

九、本通知发布前已经在国内正式运营且至今仍从事网络发行的,应于2011年1月31日前,按照本通知的要求到所在地新闻出版行政部门办理《出版物经营许可证》,规范经营活动。逾期未办理《出版物经营许可证》而仍从事网络发行的,新闻出版行政部门将依法取缔,并提交公安、工商、电信主管部门关闭违法网站。

对违反规定擅自设立网络书店或者擅自从事网络发行的,将依照《出版管理条例》第五十五条予以处罚。

对违反规定发行非法出版物和违禁出版物的,将依照《出版管理条例》、《出版物市场管理规定》有关条款予以处罚,情节严重的,责令限期停业整顿或者由原发证机关吊销许可证。

十、各级新闻出版行政部门要根据本通知精神,加强对辖区内网络发行的管理,引导相关企业和个人依法办理注册登记、守法经营,促进网络发行的健康发展。

新闻出版总署关于禁止传播有害信息进一步规范出版秩序的通知

(2001年11月5日
新出报刊〔2001〕1498号)

最近,经济消息报社与中国国情研究会擅自设立"国情内参社",非法出版、征订发行有严重问题的《国内参考》、《国际参考》和《国内参考特刊》,被我署查处,经济消息报社受到停刊整顿处理。近年来,有的单位和个人以搞"内参"或"内部信息"等名义,将涉及国家秘密的内部资料信息,非法出版的一些涉及党和国家领导人的所谓"内幕"、"秘闻",以及境外媒体歪曲事实和别有用心的报道、文章等汇编出版,在社会上非法征订发行。有的还非法设立了"信息中心"、"新闻信息服务公司"等,非法从事提供新闻信息的经营活动。这些非法活动严重损害了党的领导,破坏了安定团结的大局,造成了恶劣的社会影响。为制止社会上传播有害信息的非法活动,进一步规范出版秩序,特通知如下:

一、未经新闻出版行政管理部门批准,不得擅自设立以编辑出版“内参”或内部信息资料等的编辑机构;不得擅自公开发表、出版、发行内部涉密信息或境外媒体的报道、文章,以及互联网上未经证实的信息。凡将上述内容汇编出版发行的,一律按非法出版物查缴。

二、未经新闻出版行政管理部门批准,不得成立以传播新闻信息以及从事其他新闻出版活动为主要内容的机构。对擅自设立的非法新闻出版从业机构,有关部门要坚决取缔。

三、新闻出版单位因工作需要所办的“内参”,是向上级领导机关提供情况的重要渠道。要严格规定发送和阅读范围,并标明密级,规范管理。任何媒体不得公开引用、转载和出版发行。

四、各新闻出版单位要强化内部管理,加强对从业人员的职业道德和社会责任感的教育,不得利用工作之便参与或为非法新闻出版活动提供资料和渠道。对组织或参与此类活动的人员要予以严肃处理,并追究有关领导的责任。

五、印刷单位要严格执行有关印刷的管理规定,严格审核准印手续,准印手续不全的,一律不得印制。印制单位要加强内部管理,堵塞漏洞。各地新闻出版管理部门,中央单位报刊主管、主办单位要结合实际,针对上述问题逐一清理,切实采取有效措施,坚决杜绝此类问题的发生,维护正常的出版秩序。

新闻出版总署关于电话号码簿出版、发行问题的批复

(2003年3月4日
新出法规〔2003〕239号)

江苏省新闻出版局:

你局《关于电话号码簿出版、发行问题的请示》(苏新出图字〔2002〕46号)文收悉。经研究,批复意见如下:

电话号码簿的编制、发行是电信企业的基本业务,不宜纳入出版物管理范畴。

此复。

新闻出版总署关于加强版号管理暨进一步查处“买卖版号”行为的通知

(2006年6月15日
新出音〔2006〕585号)

近年来,我国音像出版业发展较快,产业规模不断扩大,出版了一大批优秀的音像制品,为宣传党的路线、方针、政策,传播先进科学文化知识,丰富人民群众精神文化生活做出了贡献。但音像出版工作中也存在一些突出问题,“买卖版号”就是其中之一。少数音像出版单位违反国家规定,利用国家赋予的专有出

版权,出卖或转让版号,获取不正当利益。有的音像出版单位“明码标价”出卖版号,有的音像出版单位以“合作出版”为名,行“买卖版号”之实,有的音像出版单位则完全放弃编辑责任和内容审查职责,甚至出版了内容低俗、侵权盗版或有严重政治问题的音像制品,在社会上造成不良影响。鉴于上述情况,我署决定对“买卖版号”行为进行一次集中整治行动,现将有关要求通知如下:

一、充分认识“买卖版号”对整个音像行业的危害性,把查处“买卖版号”行动同治理商业贿赂专项工作结合起来

由于受到盗版等外部环境的冲击,长期以来,音像业处境较为艰难;同时,一些音像出版单位不注意提升自己的核心竞争力,热衷于搞所谓的“合作出版”,长期地、大张旗鼓地“卖版号”,使整个音像出版行业面临被边缘化、空壳化的危险,严重干扰了正常的出版秩序,为非法出版活动提供了便利条件。我署近期内查处的几起重大案件,大多是由于“买卖版号”造成的。“买卖版号”已经成为阻碍音像业发展的一个痼疾,必须进行根除。

当前,治理商业贿赂工作正在全国展开,出版发行领域治理商业贿赂工作已纳入全国治理的重点,查处“买卖版号”工作列为出版发行领域治理商业贿赂的重点工作之一。各音像出版单位一定要站在国家经济政治文化发展全局的高度,充分认识“买卖版号”对整个音像行业带来的巨大危害,把查处“买卖版号”工作同治理商业贿赂专项工作结合起来。各地管理部门要加强组织领导,采取有力措施,按照我署治理出版发行领域商业贿赂的要求,把查处“买卖版号”的专项治理工作落到实处。

二、认真开展自查自纠工作,加大查处“买卖版号”工作的力度

2006年初以来,我署严厉查处了一批“买卖版号”的音像出版单位,吊销了吉林长白山音像出版社的音像制品出版许可证,给予福建文艺音像出版社停业整顿12个月和罚款5万元的行政处罚,给予长春电影制片厂银声音像出版社停业整顿8个月的行政处罚,对其他涉嫌“买卖版号”的音像出版单位的查处工作也在进行中。

各音像出版单位要从中吸取教训,认真开展自查工作,对涉嫌“买卖版号”的行为要及时纠正,并建立健全编辑责任制度以及各项内部管理制度,杜绝“买卖版号”行为的再度发生。各地新闻出版局要对辖区内音像出版单位“买卖版号”的情况进行一次彻底的清查,并视情节轻重及时作出相应的处理,要从速、从严查处涉嫌“买卖版号”的重大案件。对“买卖版号”情节较轻的音像出版单位要坚决予以纠正,对“买卖版号”情节较重的音像出版单位要坚决予以停业整顿,对“买卖版号”情节严重且屡教不改的音像出版单位要报经我署审核后坚决予以吊销。各地新闻出版局要对辖区内音像出版单位认真组织检查验收并将结果和处理意见于2006年8月31日前上报我署。我署将加大抽查的力度，对监管不力的地区要进行通报批评。

三、加强版号管理，改进版号发放办法

鉴于少数地区及少数音像出版单位在版号管理及使用方面屡屡出现问题，自2007年1月起，我署将对版号的发放办法进行调整，主要有以下方面：

（一）结合年检工作，对音像出版单位实行分类管理，对优秀音像出版单位的版号使用原则上不作限制，对有违规行为的音像出版单位要扣减甚至停发版号。

（二）主要根据音像出版单位年度选题报送情况发放版号，同时参照音像出版单位编辑人员数量、上一年度出版情况、样品缴送情况、复制委托书备案等情况作适当调整。

（三）鼓励国产原创节目，在版号使用上不受限制；对合作出版和引进境外节目的版号，要从质量和结构上加以适当调控。

（四）对不按规定使用版号或超额度使用版号的音像出版单位，一律停发版号，并按规定进行查处。

各级新闻出版行政部门要按照总署的统一安排及要求，不断加大对辖区内音像出版活动的监管力度，力争经过一段时间的治理行动，使“买卖版号”的行为得到有效地遏制，使音像出版秩序有明显改善。

新闻出版总署关于云阳中学非法出版物案有关法律适用问题的批复

（2006年12月12日
新出法规〔2006〕1284号）

重庆市文化市场行政执法总队：

你队《关于云阳中学非法出版物案有关法律适用的请示》（渝文执文〔2006〕64号）收悉。现就你局请示中的问题答复如下：

一、《出版物市场管理规定》是我署依据《出版管理条例》于2003年7月24日以新闻出版总署第20号令颁布的部门规章。2004年6月18日，我署以新闻出版总署第23号令对其进行了修订。该规章制定、修订后均按照《立法法》、《法规规章备案条例》的有关规定向国务院履行了备案程序；备案后，国务院法制机构未提出审查修改意见。据此，《出版物市场管理规定》是在我国境内现行有效的规章。

二、作为国务院部门规章，《出版物市场管理规定》可以对《出版管理条例》比较原则的规定进一步具体化。关于案件涉及的《出版物市场管理规定》的相关条款与《出版管理条例》的关系问题，我署认为：

首先，《出版管理条例》未对出版物“发行”做出定义，《出版物市场管理规定》

第二条将“发行”概括为“总发行、批发、零售以及出租、展销等活动”,属于列举式定义。该定义只概括了出版物发行的主要环节或形式,未涉及其他相关活动。

其次,《出版物市场管理规定》第三十七条所称的出版物的“征订、储存、运输、邮寄、投递、散发、附送”与“总发行、批发、零售”紧密结合在一起,是出版物从出版者到最终消费者的必要活动,属于出版物发行活动的范畴。

第三,对于从事出版物“征订、储存、运输、邮寄、投递、散发、附送”活动的主体虽然未实行许可证管理,但也应作为出版物发行活动实施相应的监督管理。行为主体从事违禁、非法出版物的“征订、储存、运输、邮寄、投递、散发、附送”等活动,与从事“批发、零售”活动同样具有社会危害性,应一并适用对发行活动的处罚条款。

因此,《出版物市场管理规定》第五十条的规定未超出《出版管理条例》的规定,也是出版管理部门对出版物市场实施监管所必需的。

综上,依你队请示中所附的材料看,你队对云阳中学非法出版物案定性及法律适用是正确的。

特此答复。

四、音像制品与印刷品管理

音像制品管理条例

（2001年12月25日中华人民共和国国务院令第341号公布　根据2011年3月19日《国务院关于修改〈音像制品管理条例〉的决定》第一次修订　根据2013年12月7日《国务院关于修改部分行政法规的决定》第二次修订　根据2016年2月6日《国务院关于修改部分行政法规的决定》第三次修订　根据2020年11月29日《国务院关于修改和废止部分行政法规的决定》第四次修订　根据2024年12月6日《国务院关于修改和废止部分行政法规的决定》第五次修订）

第一章　总　　则

第一条　为了加强音像制品的管理，促进音像业的健康发展和繁荣，丰富人民群众的文化生活，促进社会主义物质文明和精神文明建设，制定本条例。

第二条　本条例适用于录有内容的录音带、录像带、唱片、激光唱盘和激光视盘等音像制品的出版、制作、复制、进口、批发、零售、出租等活动。

音像制品用于广播电视播放的，适用广播电视法律、行政法规。

第三条　出版、制作、复制、进口、批发、零售、出租音像制品，应当遵守宪法和有关法律、法规，坚持为人民服务和为社会主义服务的方向，传播有益于经济发展和社会进步的思想、道德、科学技术和文化知识。

音像制品禁止载有下列内容：

（一）反对宪法确定的基本原则的；

（二）危害国家统一、主权和领土完整的；

（三）泄露国家秘密、危害国家安全或者损害国家荣誉和利益的；

（四）煽动民族仇恨、民族歧视，破坏民族团结，或者侵害民族风俗、习惯的；

（五）宣扬邪教、迷信的；

（六）扰乱社会秩序，破坏社会稳定的；

（七）宣扬淫秽、赌博、暴力或者教唆犯罪的；

（八）侮辱或者诽谤他人，侵害他人合法权益的；

（九）危害社会公德或者民族优秀文化传统的；

（十）有法律、行政法规和国家规定禁止的其他内容的。

第四条 国务院出版行政主管部门负责全国音像制品的出版、制作、复制、进口、批发、零售和出租的监督管理工作；国务院其他有关行政部门按照国务院规定的职责分工，负责有关的音像制品经营活动的监督管理工作。

县级以上地方人民政府负责出版管理的行政主管部门（以下简称出版行政主管部门）负责本行政区域内音像制品的出版、制作、复制、进口、批发、零售和出租的监督管理工作；县级以上地方人民政府其他有关行政部门在各自的职责范围内负责有关的音像制品经营活动的监督管理工作。

第五条 国家对出版、制作、复制、进口、批发、零售音像制品，实行许可制度；未经许可，任何单位和个人不得从事音像制品的出版、制作、复制、进口、批发、零售等活动。

依照本条例发放的许可证和批准文件，不得出租、出借、出售或者以其他任何形式转让。

第六条 国务院出版行政主管部门负责制定音像业的发展规划，确定全国音像出版单位、音像复制单位的总量、布局和结构。

第七条 音像制品经营活动的监督管理部门及其工作人员不得从事或者变相从事音像制品经营活动，并不得参与或者变相参与音像制品经营单位的经营活动。

第二章 出 版

第八条 设立音像出版单位，应当具备下列条件：

（一）有音像出版单位的名称、章程；

（二）有符合国务院出版行政主管部门认定的主办单位及其主管机关；

（三）有确定的业务范围；

（四）有适应业务范围需要的组织机构和符合国家规定的资格条件的音像出版专业人员；

（五）有适应业务范围需要的资金、设备和工作场所；

（六）法律、行政法规规定的其他条件。

审批设立音像出版单位，除依照前款所列条件外，还应当符合音像出版单位总量、布局和结构的规划。

第九条 申请设立音像出版单位，由所在地省、自治区、直辖市人民政府出版行政主管部门审核同意后，报国务院出版行政主管部门审批。国务院出版行政主管部门应当自受理申请之日起60日内作出批准或者不批准的决定，并通知申请人。批准的，发给《音像制品出版许可证》，由申请人持《音像制品出版许可证》到工商行政管理部门登记，依法领取营业执照；不批准的，应当说明理由。

申请书应当载明下列内容：

（一）音像出版单位的名称、地址；

（二）音像出版单位的主办单位及其主管机关的名称、地址；

（三）音像出版单位的法定代表人或者主要负责人的姓名、住址、资格证明文件；

（四）音像出版单位的资金来源和数额。

第十条 音像出版单位变更名称、主办单位或者其主管机关、业务范围，或者兼并其他音像出版单位，或者因合并、分立而设立新的音像出版单位的，应当依照本条例第九条的规定办理审批手续，并到原登记的工商行政管理部门办理相应的登记手续。

音像出版单位变更地址、法定代表人或者主要负责人，或者终止出版经营活动的，应当到原登记的工商行政管理部门办理变更登记或者注销登记，并向国务院出版行政主管部门备案。

第十一条 音像出版单位的年度出版计划和涉及国家安全、社会安定等方面的重大选题，应当经所在地省、自治区、直辖市人民政府出版行政主管部门审核后报国务院出版行政主管部门备案；重大选题音像制品未在出版前报备案的，不得出版。

第十二条 音像出版单位应当在其出版的音像制品及其包装的明显位置，标明出版单位的名称、地址和音像制品的版号、出版时间、著作权人等事项；出版进口的音像制品，还应当标明进口批准文号。

音像出版单位应当按照国家有关规定向国家图书馆、中国版本图书馆和国务院出版行政主管部门免费送交样本。

第十三条 音像出版单位不得向任何单位或者个人出租、出借、出售或者以其他任何形式转让本单位的名称，不得向任何单位或者个人出售或者以其他形式转让本单位的版号。

第十四条 任何单位和个人不得以购买、租用、借用、擅自使用音像出版单位的名称或者购买、伪造版号等形式从事音像制品出版活动。

图书出版社、报社、期刊社、电子出版物出版社，不得出版非配合本版出版物的音像制品；但是，可以按照国务院出版行政主管部门的规定，出版配合本版出版物的音像制品，并参照音像出版单位享有权利、承担义务。

第十五条 音像出版单位可以与香港特别行政区、澳门特别行政区、台湾地区或者外国的组织、个人合作制作音像制品。具体办法由国务院出版行政主管部门制定。

第十六条 音像出版单位实行编辑责任制度，保证音像制品的内容符合本条例的规定。

第十七条 音像出版单位以外的单位设立的独立从事音像制品制作业务的单位（以下简称音像制作单位）申请从事音像制品制作业务，由所在地省、自治区、直辖市人民政府出版行政主管部门审批。省、自治区、直辖市人民政府出版行政主管部门应当自受理申请之日起60日内作出批准或者不批准的决定，并通知申请人。批准的，发给《音像制品制作许可证》；不批准的，应当说明理由。广播、电视节目制作经营单位的设立，依照有关法律、行政法规的规定办理。

申请书应当载明下列内容：

（一）音像制作单位的名称、地址；

（二）音像制作单位的法定代表人或者主要负责人的姓名、住址、资格证明文件；

(三)音像制作单位的资金来源和数额。

审批从事音像制品制作业务申请,除依照前款所列条件外,还应当兼顾音像制作单位总量、布局和结构。

第十八条 音像制作单位变更名称、业务范围,或者兼并其他音像制作单位,或者因合并、分立而设立新的音像制作单位的,应当依照本条例第十七条的规定办理审批手续。

音像制作单位变更地址、法定代表人或者主要负责人,或者终止制作经营活动的,应当向所在地省、自治区、直辖市人民政府出版行政主管部门备案。

第十九条 音像出版单位不得委托未取得《音像制品制作许可证》的单位制作音像制品。

音像制作单位接受委托制作音像制品的,应当按照国家有关规定,与委托的出版单位订立制作委托合同;验证委托的出版单位的《音像制品出版许可证》或者本版出版物的证明及由委托的出版单位盖章的音像制品制作委托书。

音像制作单位不得出版、复制、批发、零售音像制品。

第三章　复　　制

第二十条 申请从事音像制品复制业务应当具备下列条件:

(一)有音像复制单位的名称、章程;

(二)有确定的业务范围;

(三)有适应业务范围需要的组织机构和人员;

(四)有适应业务范围需要的资金、设备和复制场所;

(五)法律、行政法规规定的其他条件。

审批从事音像制品复制业务申请,除依照前款所列条件外,还应当符合音像复制单位总量、布局和结构的规划。

第二十一条 申请从事音像制品复制业务,由所在地省、自治区、直辖市人民政府出版行政主管部门审批。省、自治区、直辖市人民政府出版行政主管部门应当自受理申请之日起20日内作出批准或者不批准的决定,并通知申请人。批准的,发给《复制经营许可证》;不批准的,应当说明理由。

申请书应当载明下列内容:

(一)音像复制单位的名称、地址;

(二)音像复制单位的法定代表人或者主要负责人的姓名、住址;

(三)音像复制单位的资金来源和数额。

第二十二条 音像复制单位变更业务范围,或者兼并其他音像复制单位,或者因合并、分立而设立新的音像复制单位的,应当依照本条例第二十一条的规定办理审批手续。

音像复制单位变更名称、地址、法定代表人或者主要负责人,或者终止复制经营活动的,应当向所在地省、自治区、直辖市人民政府出版行政主管部门备案。

第二十三条 音像复制单位接受委托复制音像制品的,应当按照国家有关规定,与委托的出版单位订立复制委托合同;验证委托的出版单位的《音像制品出版许可证》、营业执照副本、盖章的音像制品复制委托书以及出版单位取得的授权书；接受委托复制的音像制品属于非卖品的，应当验证委托单位的身份证明和委托单位出具的音像制品非卖品复制委托书。

音像复制单位应当自完成音像制品复制之日起2年内，保存委托合同和所复制的音像制品的样本以及验证的有关证明文件的副本，以备查验。

第二十四条 音像复制单位不得接受非音像出版单位或者个人的委托复制经营性的音像制品；不得自行复制音像制品；不得批发、零售音像制品。

第二十五条 从事光盘复制的音像复制单位复制光盘，必须使用蚀刻有国务院出版行政主管部门核发的激光数码储存片来源识别码的注塑模具。

第二十六条 音像复制单位接受委托复制境外音像制品的，应当经省、自治区、直辖市人民政府出版行政主管部门批准，并持著作权人的授权书依法到著作权行政管理部门登记；复制的音像制品应当全部运输出境，不得在境内发行。

第四章 进　口

第二十七条 音像制品成品进口业务由国务院出版行政主管部门批准的音像制品成品进口经营单位经营；未经批准，任何单位或者个人不得经营音像制品成品进口业务。

第二十八条 进口用于出版的音像制品，以及进口用于批发、零售、出租等的音像制品成品，应当报国务院出版行政主管部门进行内容审查。

国务院出版行政主管部门应当自收到音像制品内容审查申请书之日起30日内作出批准或者不批准的决定，并通知申请人。批准的，发给批准文件；不批准的，应当说明理由。

进口用于出版的音像制品的单位、音像制品成品进口经营单位应当持国务院出版行政主管部门的批准文件到海关办理进口手续。

第二十九条 进口用于出版的音像制品，其著作权事项应当向国务院著作权行政管理部门登记。

第三十条 进口供研究、教学参考的音像制品，应当委托音像制品成品进口经营单位依照本条例第二十八条的规定办理。

进口用于展览、展示的音像制品，经国务院出版行政主管部门批准后，到海关办理临时进口手续。

依照本条规定进口的音像制品，不得进行经营性复制、批发、零售、出租和放映。

第五章 批发、零售和出租

第三十一条 申请从事音像制品批发、零售业务，应当具备下列条件：

（一）有音像制品批发、零售单位的名称、章程；

（二）有确定的业务范围；

（三）有适应业务范围需要的组织机构和人员；

（四）有适应业务范围需要的资金和场所；

(五)法律、行政法规规定的其他条件。

第三十二条 申请从事音像制品批发业务,应当报所在地省、自治区、直辖市人民政府出版行政主管部门审批。申请从事音像制品零售业务,应当报县级地方人民政府出版行政主管部门审批。出版行政主管部门应当自受理申请书之日起30日内作出批准或者不批准的决定,并通知申请人。批准的,应当发给《出版物经营许可证》;不批准的,应当说明理由。

《出版物经营许可证》应当注明音像制品经营活动的种类。

第三十三条 音像制品批发、零售单位变更名称、业务范围,或者兼并其他音像制品批发、零售单位,或者因合并、分立而设立新的音像制品批发、零售单位的,应当依照本条例第三十二条的规定办理审批手续。

音像制品批发、零售单位变更地址、法定代表人或者主要负责人或者终止经营活动,从事音像制品零售经营活动的个体工商户变更业务范围、地址或者终止经营活动的,应当向原批准的出版行政主管部门备案。

第三十四条 音像出版单位可以按照国家有关规定,批发、零售本单位出版的音像制品。从事非本单位出版的音像制品的批发、零售业务的,应当依照本条例第三十二条的规定办理审批手续。

第三十五条 国家允许设立从事音像制品发行业务的外商投资企业。

第三十六条 音像制品批发单位和从事音像制品零售、出租等业务的单位或者个体工商户,不得经营非音像出版单位出版的音像制品或者非音像复制单位复制的音像制品,不得经营未经国务院出版行政主管部门批准进口的音像制品,不得经营侵犯他人著作权的音像制品。

第六章 罚 则

第三十七条 出版行政主管部门或者其他有关行政部门及其工作人员,利用职务上的便利收受他人财物或者其他好处,批准不符合法定条件的申请人取得许可证、批准文件,或者不履行监督职责,或者发现违法行为不予查处,造成严重后果的,对负有责任的主管人员和其他直接责任人员依法给予降级直至开除的处分;构成犯罪的,依照刑法关于受贿罪、滥用职权罪、玩忽职守罪或者其他罪的规定,依法追究刑事责任。

第三十八条 音像制品经营活动的监督管理部门的工作人员从事或者变相从事音像制品经营活动的,参与或者变相参与音像制品经营单位的经营活动的,依法给予撤职或者开除的处分。

音像制品经营活动的监督管理部门有前款所列行为的,对负有责任的主管人员和其他直接责任人员依照前款规定处罚。

第三十九条 未经批准,擅自设立音像制品出版、进口单位,擅自从事音像制品出版、制作、复制业务或者进口、批发、零售经营活动的,由出版行政主管部门、工商行政管理部门依照法定职权予以取缔;依照刑法关于非法经营罪的规定,依法追究刑事责任;尚不够刑事处罚的,没收违法经营的音像制品和违法所得以及进行违法活动的专用工具、设备,违法所得5万元以上的,并处违法所得5倍以上10倍以下的罚款,没有违法所得或者违法所得不足5万元的,并处25万元以下的罚款。

第四十条 出版含有本条例第三条第二款禁止内容的音像制品,或者制作、复制、批发、零售、出租、放映明知或者应知含有本条例第三条第二款禁止内容的音像制品的,依照刑法有关规定,依法追究刑事责任;尚不够刑事处罚的,由出版行政主管部门、公安部门依据各自职权责令停业整顿,没收违法经营的音像制品和违法所得;违法经营额1万元以上的,并处违法经营额5倍以上10倍以下的罚款;违法经营额不足1万元的,可以处5万元以下的罚款;情节严重的,并由原发证机关吊销许可证。

第四十一条 走私音像制品的,依照刑法关于走私罪的规定,依法追究刑事责任;尚不够刑事处罚的,由海关依法给予行政处罚。

第四十二条 有下列行为之一的,由出版行政主管部门责令停止违法行为,给予警告,没收违法经营的音像制品和违法所得,违法所得5万元以上的,并处违法所得5倍以上10倍以下的罚款,没有违法所得或者违法所得不足5万元的,并处25万元以下的罚款;情节严重的,视情形限制开展相关生产经营活动、责令停业整顿,或者由原发证机关降低相关资质等级直至吊销许可证:

(一)音像出版单位向其他单位、个人出租、出借、出售或者以其他任何形式转让本单位的名称,出售或者以其他形式转让本单位的版号的;

(二)音像出版单位委托未取得《音像制品制作许可证》的单位制作音像制品,或者委托未取得《复制经营许可证》的单位复制音像制品的;

(三)音像出版单位出版未经国务院出版行政主管部门批准擅自进口的音像制品的;

(四)音像制作单位、音像复制单位未依照本条例的规定验证音像出版单位的委托书、有关证明的;

(五)音像复制单位擅自复制他人的音像制品,或者接受非音像出版单位、个人的委托复制经营性的音像制品,或者自行复制音像制品的。

第四十三条 音像出版单位违反国家有关规定与香港特别行政区、澳门特别行政区、台湾地区或者外国的组织、个人合作制作音像制品,音像复制单位违反国家有关规定接受委托复制境外音像制品,未经省、自治区、直辖市人民政府出版行政主管部门审核同意,或者未将复制的境外音像制品全部运输出境的,由省、自治区、直辖市人民政府出版行政主管部门责令改正,没收违法经营的音像制品和违法所得,违法所得5万元以上的,并处违法所得5倍以上10倍以下的罚款,没有违法所得或者违法所得不足5万元的,并处25万元以下的罚款;情节严重的,视情形限制开展相关生产经营活动、责令停业整顿,或者由原发证机关降低相关资质等级直至吊销许可证。

第四十四条 有下列行为之一的,

由出版行政主管部门责令改正,给予警告;情节严重的,并责令停业整顿或者由原发证机关吊销许可证:

(一)音像出版单位未将其年度出版计划和涉及国家安全、社会安定等方面的重大选题报国务院出版行政主管部门备案的;

(二)音像制品出版、制作、复制、批发、零售单位变更名称、地址、法定代表人或者主要负责人、业务范围等,未依照本条例规定办理审批、备案手续的;

(三)音像出版单位未在其出版的音像制品及其包装的明显位置标明本条例规定的内容的;

(四)音像出版单位未依照本条例的规定送交样本的;

(五)音像复制单位未依照本条例的规定留存备查的材料的;

(六)从事光盘复制的音像复制单位复制光盘,使用未蚀刻国务院出版行政主管部门核发的激光数码储存片来源识别码的注塑模具的。

第四十五条 有下列行为之一的,由出版行政主管部门责令停止违法行为,给予警告,没收违法经营的音像制品和违法所得,违法所得5万元以上的,并处违法所得5倍以上10倍以下的罚款,没有违法所得或者违法所得不足5万元的,并处25万元以下的罚款;情节严重的,视情形限制开展相关生产经营活动、责令停业整顿,或者由原发证机关降低相关资质等级直至吊销许可证:

(一)批发、零售、出租、放映非音像出版单位出版的音像制品或者非音像复制单位复制的音像制品的;

(二)批发、零售、出租或者放映未经国务院出版行政主管部门批准进口的音像制品的;

(三)批发、零售、出租、放映供研究、教学参考或者用于展览、展示的进口音像制品的。

第四十六条 单位违反本条例的规定,被处以吊销许可证行政处罚的,其法定代表人或者主要负责人自许可证被吊销之日起10年内不得担任音像制品出版、制作、复制、进口、批发、零售单位的法定代表人或者主要负责人。

从事音像制品零售业务的个体工商户违反本条例的规定,被处以吊销许可证行政处罚的,自许可证被吊销之日起10年内不得从事音像制品零售业务。

第四十七条 依照本条例的规定实施罚款的行政处罚,应当依照有关法律、行政法规的规定,实行罚款决定与罚款收缴分离;收缴的罚款必须全部上缴国库。

本条例所称违法所得,是指实施违法行为扣除成本后的获利数额,没有成本或者成本难以计算的,实施违法行为所取得的款项即为违法所得。

第七章 附 则

第四十八条 除本条例第三十五条外,电子出版物的出版、制作、复制、进口、批发、零售等活动适用本条例。

第四十九条 依照本条例发放许可证,除按照法定标准收取成本费外,不得收取其他任何费用。

第五十条 本条例自2002年2月1日起施行。1994年8月25日国务院发布的《音像制品管理条例》同时废止。

音像制品进口管理办法

(2011年4月6日新闻出版总署、海关总署令第53号公布　自公布之日起施行)

第一章　总　　则

第一条　为了加强对音像制品进口的管理,促进国际文化交流与合作,丰富人民群众的文化生活,根据《音像制品管理条例》及国家有关规定,制定本办法。

第二条　本办法所称音像制品,是指录有内容的录音带、录像带、唱片、激光唱盘、激光视盘等。

第三条　凡从外国进口音像制品成品和进口用于出版及其他用途的音像制品,适用本办法。

前款所称出版,包括利用信息网络出版。

音像制品用于广播电视播放的,适用广播电视法律、行政法规。

第四条　新闻出版总署负责全国音像制品进口的监督管理和内容审查等工作。

县级以上地方人民政府新闻出版行政部门依照本办法负责本行政区域内的进口音像制品的监督管理工作。

各级海关在其职责范围内负责音像制品进口的监督管理工作。

第五条　音像制品进口经营活动应当遵守宪法和有关法律、法规,坚持为人民服务和为社会主义服务的方向,传播有益于经济发展和社会进步的思想、道德、科学技术和文化知识。

第六条　国家禁止进口有下列内容的音像制品:

(一)反对宪法确定的基本原则的;

(二)危害国家统一、主权和领土完整的;

(三)泄漏国家秘密、危害国家安全或者损害国家荣誉和利益的;

(四)煽动民族仇恨、民族歧视,破坏民族团结,或者侵害民族风俗、习惯的;

(五)宣扬邪教、迷信的;

(六)扰乱社会秩序,破坏社会稳定的;

(七)宣扬淫秽、赌博、暴力或者教唆犯罪的;

(八)侮辱或者诽谤他人,侵害他人合法权益的;

(九)危害社会公德或者民族优秀文化传统的;

(十)有法律、行政法规和国家规定禁止的其他内容的。

第七条　国家对设立音像制品成品进口单位实行许可制度。

第二章　进 口 单 位

第八条　音像制品成品进口业务由新闻出版总署批准的音像制品成品进口单位经营;未经批准,任何单位或者个人不得从事音像制品成品进口业务。

第九条　设立音像制品成品进口经营单位,应当具备以下条件:

(一)有音像制品进口经营单位的名

称、章程;

(二)有符合新闻出版总署认定条件的主办单位及其主管机关;

(三)有确定的业务范围;

(四)具有进口音像制品内容初审能力;

(五)有与音像制品进口业务相适应的资金;

(六)有固定的经营场所;

(七)法律、行政法规和国家规定的其他条件。

第十条 设立音像制品成品进口经营单位,应当向新闻出版总署提出申请,经审查批准,取得新闻出版总署核发的音像制品进口经营许可证件后,持证到工商行政管理部门依法领取营业执照。

设立音像制品进口经营单位,还应当依照对外贸易法律、行政法规的规定办理相应手续。

第十一条 图书馆、音像资料馆、科研机构、学校等单位进口供研究、教学参考的音像制品成品,应当委托新闻出版总署批准的音像制品成品进口经营单位办理进口审批手续。

第十二条 音像出版单位可以在批准的出版业务范围内从事进口音像制品的出版业务。

第三章 进口审查

第十三条 国家对进口音像制品实行许可管理制度,应在进口前报新闻出版总署进行内容审查,审查批准取得许可文件后方可进口。

第十四条 新闻出版总署设立音像制品内容审查委员会,负责审查进口音像制品的内容。委员会下设办公室,负责进口音像制品内容审查的日常工作。

第十五条 进口音像制品成品,由音像制品成品进口经营单位向新闻出版总署提出申请并报送以下文件和材料:

(一)进口录音或录像制品报审表;

(二)进口协议草案或订单;

(三)节目样片、中外文歌词;

(四)内容审查所需的其他材料。

第十六条 进口用于出版的音像制品,应当向新闻出版总署提出申请并报送以下文件和材料:

(一)进口录音或录像制品报审表;

(二)版权贸易协议中外文文本草案,原始版权证明书,版权授权书和国家版权局的登记文件;

(三)节目样片;

(四)中外文曲目、歌词或对白;

(五)内容审查所需的其他材料。

第十七条 进口用于展览、展示的音像制品,由展览、展示活动主办单位提出申请,并将音像制品目录和样片报新闻出版总署进行内容审查。海关按暂时进口货物管理。

第十八条 进口单位不得擅自更改报送新闻出版总署进行内容审查样片原有的名称和内容。

第十九条 新闻出版总署自受理进口音像制品申请之日起30日内作出批准或者不批准的决定。批准的,发给进口音像制品批准单;不批准的,应当说明理由。

进口音像制品批准单内容不得更

改，如需修改，应重新办理。进口音像制品批准单一次报关使用有效，不得累计使用。其中，属于音像制品成品的，批准单当年有效；属于用于出版的音像制品的，批准单有效期限为1年。

第四章　进口管理

第二十条　未经审查批准进口的音像制品，任何单位和个人不得出版、复制、批发、零售、出租和营业性放映。

第二十一条　任何单位和个人不得将供研究、教学参考或者用于展览、展示的进口音像制品进行经营性复制、批发、零售、出租和营业性放映。

用于展览、展示的进口音像制品确需在境内销售、赠送的，在销售、赠送前，必须依照本办法按成品进口重新办理批准手续。

第二十二条　进口单位与外方签订的音像制品进口协议或者合同应当符合中国法律、法规的规定。

第二十三条　出版进口音像制品，应当符合新闻出版总署批准文件要求，不得擅自变更节目名称和增删节目内容，要使用经批准的中文节目名称；外语节目应当在音像制品及封面包装上标明中外文名称；出版进口音像制品必须在音像制品及其包装的明显位置标明国家版权局的登记文号和新闻出版总署进口批准文号；利用信息网络出版进口音像制品必须在相关节目页面标明以上信息。

第二十四条　在经批准进口出版的音像制品版权授权期限内，音像制品进口经营单位不得进口该音像制品成品。

第二十五条　出版进口音像制品使用的语言文字应当符合国家公布的语言文字规范。

第二十六条　进口单位持新闻出版总署进口音像制品批准单向海关办理音像制品的进口报关手续。

第二十七条　个人携带和邮寄音像制品进出境，应以自用、合理数量为限，并按照海关有关规定办理。

第二十八条　随机器设备同时进口以及进口后随机器设备复出口的记录操作系统、设备说明、专用软件等内容的音像制品，不适用本办法，海关验核进口单位提供的合同、发票等有效单证验放。

第五章　罚　　则

第二十九条　未经批准，擅自从事音像制品成品进口经营活动的，依照《音像制品管理条例》第三十九条的有关规定给予处罚。

第三十条　有下列行为之一的，由县级以上新闻出版行政部门责令停止违法行为，给予警告，没收违法音像制品和违法所得；违法经营额1万元以上的，并处违法经营额5倍以上10倍以下的罚款；违法经营额不足1万元的，并处5万元以下罚款；情节严重的，并责令停业整顿或者由原发证机关吊销许可证：

出版未经新闻出版总署批准擅自进口的音像制品；

批发、零售、出租或者放映未经新闻出版总署批准进口的音像制品的；

批发、零售、出租、放映供研究、教学

参考或者用于展览、展示的进口音像制品的。

第三十一条 违反本办法,出版进口音像制品未标明本办法规定内容的,由省级以上新闻出版行政部门责令改正,给予警告,情节严重的,并责令停业整顿或者由原发证机关吊销许可证。

第三十二条 违反本办法,有下列行为之一的,由省级以上新闻出版行政部门责令改正,给予警告,可并处3万元以下的罚款:

(一)出版进口音像制品使用语言文字不符合国家公布的语言文字规范的;

(二)出版进口音像制品,违反本办法擅自变更节目名称、增删节目内容的。

擅自增删经审查批准进口的音像制品内容导致其含有本办法第六条规定的禁止内容的,按照《音像制品管理条例》有关条款进行处罚。

第三十三条 违反海关法及有关管理规定的,由海关依法处理。

第六章 附　　则

第三十四条 从中国香港特别行政区、澳门特别行政区和台湾地区进口音像制品,参照本办法执行。

第三十五条 电子出版物的进口参照本办法执行。

第三十六条 本办法由新闻出版总署负责解释。涉及海关业务的,由海关总署负责解释。

第三十七条 本办法自公布之日起施行,2002年6月1日文化部、海关总署发布的《音像制品进口管理办法》同时废止。

音像制品出版管理规定

(2004年6月17日新闻出版总署令第22号公布　根据2015年8月28日国家新闻出版广电总局令第3号《关于修订部分规章和规范性文件的决定》第一次修正　根据2017年12月11日国家新闻出版广电总局令第13号《关于废止、修改和宣布失效部分规章、规范性文件的决定》第二次修正)

第一章 总　　则

第一条 为了加强音像制品出版的管理,促进我国音像出版事业的健康发展与繁荣,根据《出版管理条例》、《音像制品管理条例》,制定本规定。

第二条 在中华人民共和国境内从事音像制品出版活动,适用本规定。

本规定所称音像制品是指录有内容的录音带(AT)、录像带(VT)、激光唱盘(CD)、数码激光视盘(VCD)及高密度光盘(DVD)等。

第三条 任何组织和个人不得出版含有《音像制品管理条例》第三条第二款禁止内容的音像制品。

第四条 新闻出版总署负责全国音像制品出版的监督管理工作。县级以上地方人民政府负责出版管理的行政部门(以下简称出版行政部门)负责本行政区域内音像制品出版的监督管理工作。

音像出版单位的主管机关、主办单

位应当按照出版法律、法规和规章，对音像出版单位的出版活动履行管理职责。

第五条 国家对出版音像制品，实行许可制度；未经许可，任何单位和个人不得从事音像制品的出版活动。

音像制品出版的许可证件和批准文件，不得出租、出借、出售或者以其他任何形式转让。

第六条 音像出版行业的社会团体按照其章程，在出版行政部门的指导下，实行自律管理。

第二章 出版单位的设立

第七条 设立音像出版单位，应当具备下列条件：

（一）有音像出版单位的名称、章程；

（二）有符合新闻出版总署认定的主办单位及其主管机关；

（三）有确定的业务范围；

（四）有适应业务范围需要的组织机构和取得国家出版专业技术人员资格的编辑人员，其人数不得少于10人，其中从事音像出版业务2年以上并具有中级以上出版专业技术人员职业资格的不得少于5人；

（五）有30万元以上的注册资本；

（六）有适应业务范围需要的设备和工作场所；

（七）法律、行政法规规定的其他条件。

审批设立音像出版单位，除依照前款所列条件外，还应当符合国家关于音像出版单位总量、布局和结构的规划。

第八条 申请设立音像出版单位，由主办单位向所在地省、自治区、直辖市人民政府出版行政部门提出申请；省、自治区、直辖市人民政府出版行政部门自受理申请之日起20日内提出审核意见，连同申请材料报新闻出版总署审批。

第九条 设立音像出版单位的申请书应当载明下列事项：

（一）音像出版单位的名称、地址；

（二）音像出版单位的主办单位及其主管机关的名称、地址；

（三）音像出版单位的法定代表人或者主要负责人及音像出版专业人员的姓名、住址、资格证明文件；

（四）音像出版单位的注册资本数额、来源及性质证明；

（五）音像出版单位工作场所使用证明文件。

申请书应当附具出版单位的章程和设立出版单位的主办单位及主管机关的有关证明材料。

第十条 新闻出版总署应当自收到申请书之日起60日内作出批准或者不批准的决定，并由省、自治区、直辖市人民政府出版行政部门书面通知主办单位；不批准的，应当说明理由。

第十一条 设立音像出版单位的主办单位应当自收到批准决定之日起60日内，向所在地省、自治区、直辖市人民政府出版行政部门登记，领取《音像制品出版许可证》（以下简称出版许可证）。音像出版单位经登记后，持出版许可证到工商行政管理部门登记，依法领取营业执照。

音像出版单位自登记之日起满180

日未从事出版活动的，由原登记的出版行政部门注销登记，并报新闻出版总署备案。因不可抗力或者其他正当理由发生前款所列情形的，向出版行政部门申请延期。

第十二条 音像出版单位变更名称、主办单位或者主管机关、业务范围，或者兼并其他音像出版单位，或者因合并、分立而设立新的音像出版单位的，应当依照本规定第七条至第十条的规定办理审批手续，并到原登记的工商行政管理部门办理相应的登记手续。

第十三条 音像出版单位变更地址、法定代表人或者主要负责人，或者终止音像出版经营活动的，应当到原登记的工商行政管理部门办理变更登记或者注销登记，并在30日内向新闻出版总署备案。

第十四条 音像出版单位的法定代表人或者主要负责人应当具有中级以上出版专业技术人员职业资格，具有从事音像出版业务3年以上的经历，并应通过新闻出版总署或省、自治区、直辖市人民政府出版行政部门组织的岗位培训，获得《岗位培训合格证书》。

第十五条 音像出版单位中从事编辑、出版、校对等专业技术工作的人员，必须通过国家出版专业技术人员职业资格考试，取得规定级别的出版专业职业资格，持相应的《中华人民共和国出版专业技术人员职业资格证书》上岗。

第三章 出版活动的管理

第十六条 音像出版单位不得超出出版许可证确定的业务范围从事音像制品的出版活动。

第十七条 音像出版单位应当按照国家标准及其他有关规定标识、使用《中国标准音像制品编码》（以下简称版号）。版号由新闻出版总署负责管理和调控，由省、自治区、直辖市人民政府出版行政部门发放。

第十八条 音像出版单位实行编辑责任制度，保障音像制品刊载的内容合法。

第十九条 音像出版单位实行年度出版计划备案制度，出版计划的内容应包括选题名称、制作单位、主创人员、类别、载体、内容提要、节目长度、计划出版时间。出版计划报送的程序为：

（一）本年度上一年的12月20日以前报送本年度出版计划；本年度3月1日—20日、9月1日—20日报送本年度出版调整计划。

（二）出版计划及出版调整计划，须经所在地省、自治区、直辖市人民政府出版行政部门审核。

（三）省、自治区、直辖市人民政府出版行政部门应当自受理出版计划报送申请之日起20日内，向音像出版单位回复审核意见，并报新闻出版总署备案。

第二十条 音像出版单位出版涉及国家安全、社会安定等方面的重大选题，应当依照重大选题备案的有关规定报新闻出版总署备案。未经备案的重大选题，不得出版。

第二十一条 图书出版社、报社、期刊社、电子出版物出版社，出版配合本版出版物的音像制品，须向所在地省、自治区、直辖市人民政府出版行政部门提交申请书和样本。

第二十二条 出版配合本版出版物的音像制品申请书，须写明本版出版物的名称、制作单位；主创人员、主要内容、出版时间、节目长度；复制数量和载体形式等内容。

第二十三条 出版单位所在地省、自治区、直辖市人民政府出版行政部门，应当自受理申请之日起20日内对其申请书和样本进行审核。审核同意的，配发版号，发放复制委托书，并报新闻出版总署备案；审核不同意的，应当说明理由。

第二十四条 经批准出版的配合本版出版物音像制品，其名称须与本版出版物一致，并须与本版出版物统一配套销售，不得单独定价销售。

第二十五条 音像出版单位及经批准出版配合本版出版物音像制品的其他出版单位，应在其出版的音像制品及其包装的明显位置，标明出版单位的名称、地址和音像制品的版号；出版时间、责任编辑、著作权人和条形码。出版进口的音像制品，还应当标明进口批准文号。

第二十六条 音像出版单位不得向任何单位或者个人出租、出借、出售或者以其他任何形式转让本单位的名称，不得向任何单位或者个人出售或者以其他形式出售或转让本单位版号。

第二十七条 任何单位和个人不得以购买、租用、借用、擅自使用音像出版单位的名称或者以购买、伪造版号等形式从事音像制品出版活动。

第二十八条 音像出版单位不得委托未取得《音像制品制作许可证》的单位制作音像制品。

第二十九条 音像出版单位、经批准出版配合本版出版物音像制品的出版单位，应自音像制品出版之日起30日内，分别向国家图书馆、中国版本图书馆和新闻出版总署免费送交样本。

第四章 非卖品的管理

第三十条 用于无偿赠送、发放及业务交流的音像制品属于音像非卖品，不得定价，不得销售或变相销售，不得收取任何费用。

第三十一条 复制单位接受委托复制音像制品非卖品的，应当验证委托单位或者个人的身份证明和其出具的音像制品非卖品复制委托书，并要求委托方提供非卖品使用目的、名称、制作单位、主要内容、发送对象、复制数量、节目长度和载体形式等信息。

第三十二条 委托复制音像制品非卖品的单位或者个人须在音像制品非卖品包装和盘（带）显著位置标注“音像非卖品”字样。

第五章 委托复制的管理

第三十三条 委托复制音像制品，须使用复制委托书。

音像出版单位及其他委托复制单位，必须遵守国家关于复制委托书的管理规定。

复制委托书由新闻出版总署统一印制。

第三十四条 复制委托书由音像出版单位及其他委托复制单位向所在地省、自治区、直辖市人民政府出版行政部门领取。

第三十五条 出版单位及其他委托复制单位应当按照规定开具或填写复制委托书,并将复制委托书直接交送复制单位。

出版单位及其他委托复制单位须保证复制委托书内容真实、准确、完整。

出版单位及其他委托复制单位不得以任何形式向任何单位或者个人出售或者转让复制委托书。

第三十六条 音像出版单位及其他委托复制单位,须确定专人管理复制委托书并建立使用记录。复制委托书使用记录的内容包括开具时间、音像制品及具体节目名称、相对应的版号、管理人员签名。

复制委托书使用记录保存期为两年。

第三十七条 音像出版单位及其他委托复制单位,自音像制品完成复制之日起30日内,向所在地省、自治区、直辖市人民政府出版行政部门上交由本单位及复制单位签章的复制委托书第二联及音像制品样品。

第三十八条 申请出版配合本版出版物音像制品或音像非卖品的单位,自获得批准之日起90日内未能出版的,须向所在地省、自治区、直辖市人民政府出版行政部门交回复制委托书。

第三十九条 音像出版单位出版的音像制品、其他出版单位出版的配合本版出版物音像制品、音像非卖品须委托依法设立的复制单位复制。

第六章 审 核 登 记

第四十条 音像出版单位实行审核登记制度,审核登记每两年进行一次。

第四十一条 申请审核登记的音像出版单位应提交以下材料:

(一)《音像出版单位审核登记表》;

(二)音像制品出版业务情况报告,应当包括:执行出版管理的法律、法规和规章的情况,出版经营情况,人员、场所、设施情况;

(三)两年内出版的音像制品登记表;

(四)出版许可证的复印件。

第四十二条 音像出版单位应于审核登记年度1月15日前向所在地省、自治区、直辖市人民政府出版行政部门申请年度审核登记并提交相应材料。各省、自治区、直辖市人民政府出版行政部门对本行政区域内申请登记的音像出版单位进行审核,并于同年2月底前完成审核登记工作。

第四十三条 对符合下列条件的音像出版单位,省、自治区、直辖市人民政府出版行政部门予以登记:

(一)符合本规定第七条的规定;

(二)两年内无违反出版管理法律、法规和规章的情形;

(三)两年内出版音像制品不少于10种。

第四十四条 对不符合前条所列条件之一的音像出版单位,省、自治区、直辖市人民政府出版行政部门予以暂缓登记。

暂缓登记的期限为3个月。省、自治区、直辖市人民政府出版行政部门应当责令暂缓登记的出版单位在此期限内进行整顿,达到本规定第七条的规定条件。

在暂缓登记的期限届满前,省、自治区、直辖市人民政府出版行政部门应对暂缓登记的出版单位进行审查,对于达到本规定第七条的规定条件的,予以登记。对于未达到本规定第七条的规定条件的,提出注销登记意见报新闻出版总署批准。对注销登记的出版单位,由所在地省、自治区、直辖市人民政府出版行政部门缴回其出版许可证。

第四十五条 各省、自治区、直辖市人民政府出版行政部门应于同年3月20日前将审核登记情况及有关材料复印件汇总后报新闻出版总署备案。

第七章 罚 则

第四十六条 未经批准,擅自设立音像制品出版单位,擅自从事音像制品出版业务的,依照《音像制品管理条例》第三十九条处罚。

第四十七条 出版含有《音像制品管理条例》第三条第二款禁止内容的音像制品,依照《音像制品管理条例》第四十条处罚。

第四十八条 出版音像制品的单位有下列行为之一的,依照《音像制品管理条例》第四十二条处罚:

(一)向其他单位、个人出租、出借、出售或者以其他任何形式转让本单位的名称、音像制品出版的许可证件或者批准文件,出售或者以其他任何形式转让本单位的版号或者复制委托书的;

(二)委托未取得《音像制品制作许可证》的单位制作音像制品,或者委托非依法设立的复制单位复制音像制品的。

第四十九条 出版音像制品的单位有下列行为之一的,依照《音像制品管理条例》第四十四条处罚:

(一)未按规定将年度出版计划和涉及国家安全、社会安定等方面的重大选题报新闻出版总署备案的;

(二)变更名称、主办单位或者主管机关、地址、法定代表人或者主要负责人、业务范围等,未依照本规定第十二条、第十三条办理审批、备案手续的;

(三)未在其出版的音像制品及其包装的明显位置标明本规定所规定的项目的;

(四)未依照规定期限送交音像制品样本的。

第五十条 有下列行为之一的,由出版行政部门责令停止违法行为,给予警告,并处3万元以下的罚款:

(一)其他出版单位配合本版出版物出版音像制品,其名称与本版出版物不一致或者单独定价销售的;

(二)音像出版单位及其他委托复制单位,未按照本规定第三十六条规定的内容、期限留存备查材料的;

(三)委托复制非卖品的单位销售或变相销售非卖品或者以非卖品收取费用的;

(四)委托复制非卖品的单位未在非卖品包装和盘带显著位置注明非卖品编号的。

第八章　附　　则

第五十一条　音像制品的出版许可证由新闻出版总署统一印制。

第五十二条　本规定有关行政许可的期限以工作日计算,不含法定节假日。

第五十三条　本办法自2004年8月1日起施行,新闻出版署1996年2月1日发布的《音像制品出版管理办法》同时废止。

音像制品制作管理规定

(2008年2月21日新闻出版总署令第35号公布　自2008年4月15日起施行　根据2015年8月28日国家新闻出版广电总局令第3号《关于修订部分规章和规范性文件的决定》第一次修正　根据2017年12月11日国家新闻出版广电总局令第13号《关于废止、修改和宣布失效部分规章、规范性文件的决定》第二次修正)

第一章　总　　则

第一条　为了加强音像制品制作经营活动的管理,促进音像制品制作行业的发展和繁荣,根据国务院《音像制品管理条例》、《出版管理条例》,制定本规定。

第二条　本规定所称音像制品制作是指通过录音、录像等技术手段,将声音、图像、文字等内容整理加工成音像制品节目源的活动。

第三条　任何组织和个人不得制作含有《音像制品管理条例》第三条第二款禁止内容的音像制品。

第四条　国家对从事音像制品制作经营活动实行许可制度;未经许可,任何单位和个人不得从事音像制品制作经营活动。

音像出版单位从事音像制品制作经营活动,无需再申请取得《音像制品制作许可证》。

第五条　新闻出版总署负责对全国音像制品制作管理工作实施监督。

县级以上地方新闻出版行政部门负责本行政区域内音像制品制作的监督管理工作。

第二章　申请从事音像制作业务

第六条　申请从事音像制作业务应当具备下列条件:

(一)有音像制作单位的名称、章程;

(二)有适应业务范围需要的组织机构和音像制作专业技术人员,从事音像制作业务的专业技术人员不得少于5人;

(三)有必要的技术设备;

(四)有固定的经营场所;

(五)法律、法规规定的其他条件。

审批从事音像制作业务,除依照前款所列条件外,还应符合本地区音像制作单位总量、布局和结构的规划。

第七条　申请从事音像制作业务,由所在地省、自治区、直辖市新闻出版行政部门审批。省、自治区、直辖市新闻出版行政部门应当自受理申请之日起60日内作出批准或者不批准的决定,并通知申请人。批准的，发给《音像制品制作许可证》；不批准的，应当说明理由。

第八条 申请从事音像制作业务，应当提交以下材料：

（一）申请书，申请书应当载明单位名称、地址，制作业务范围，资金来源及数额，法定代表人或者主要负责人姓名、住址等内容；

（二）单位章程；

（三）专业技术人员的资历证明文件；

（四）注册资本数额、来源及性质证明；

（五）经营场所使用证明。

第九条 音像制作单位变更名称、业务范围，或者兼并其他音像制作单位，或者因合并、分立而设立新的音像制作单位的，应当依照本办法第七条、第八条的规定办理审批手续。

第十条 音像制作单位变更地址、法定代表人或者主要负责人，或者终止音像制作经营活动的，应当在10日内向所在地省、自治区、直辖市新闻出版行政部门备案。

第十一条 自取得《音像制品制作许可证》6个月内未开展音像制品制作业务或者停业满1年的，由所在地省、自治区、直辖市新闻出版行政部门注销《音像制品制作许可证》。

第三章 制作经营活动管理

第十二条 音像制作单位的法定代表人或者主要负责人应当接受所在地地市以上新闻出版行政部门组织的岗位培训。

第十三条 音像制作单位必须有健全的内部管理制度，并填写制作文档记录。制作文档记录须归档保存2年以备查验。

制作文档记录由新闻出版总署制定统一格式。

第十四条 音像制作单位接受委托制作音像制品的，应当按照国家有关规定，与委托方订立制作委托合同，并验证委托方《营业执照》或者身份证明材料。

前款所涉及的合同、《营业执照》及身份证明材料复印件，音像制作单位应当归档保存2年以备查验。

第十五条 音像制作单位未经授权，不得以任何形式将接受委托制作的音像制品提供给委托方以外的单位或者个人。

第十六条 音像制作单位制作的音像制品，应当符合国家有关质量、技术标准和规定。

第十七条 依法从事音像制作业务的单位有权在出版的音像制品及其包装上署名。其他单位或者个人不得以制作单位名义在音像制品上署名。

第十八条 音像制作单位每2年履行一次年度核验手续。

省、自治区、直辖市新闻出版行政部门负责年度核验工作并制定具体办法。

省、自治区、直辖市新闻出版行政部门应在年度核验工作完成后30日内将年度核验情况报新闻出版总署。

第十九条 音像制作单位须遵守国家统计规定，依法向新闻出版行政部门报送统计资料。

第二十条 音像出版单位可以与香港特别行政区、澳门特别行政区、台湾地区或者外国的组织、个人合作制作音像制品(以下简称合作制作音像制品),但应由音像出版单位在制作完成后10日内向所在地省、自治区、直辖市新闻出版行政部门备案。

第二十一条 合作制作音像制品应报送以下备案材料:

(一)合作制作音像制品的名称、节目长度、载体形式及内容简介等;

(二)合作双方的名称、基本情况、投资数额;

(三)项目合作合同。

第四章 法律责任

第二十二条 未经批准,擅自从事音像制品制作经营活动的,依照《音像制品管理条例》第三十九条的规定处罚。

音像制作单位以外的单位或者个人以制作单位名义在音像制品上署名的,按照擅自从事音像制品制作经营活动处罚。

第二十三条 制作明知或者应知含有《音像制品管理条例》第三条第二款禁止内容的音像制品的,依照《音像制品管理条例》第四十条的规定处罚。

第二十四条 音像制作单位接受音像出版单位委托制作音像制品未依照本规定验证有关证明的,依照《音像制品管理条例》第四十二条的规定处罚。

第二十五条 音像出版单位与香港特别行政区、澳门特别行政区、台湾地区或者外国的组织、个人合作制作音像制品,未按本规定报送备案的,依照《音像制品管理条例》第四十三条的规定处罚。

第二十六条 音像制作单位有下列行为之一的,依照《音像制品管理条例》第四十四条的规定处罚:

(一)变更名称、业务范围,或者兼并其他音像制作单位,或者因合并、分立而设立新的音像制作单位未依照本规定办理审批手续的;

(二)变更地址、法定代表人或者主要负责人,或者终止制作经营活动,未依照本规定办理备案手续的。

第二十七条 音像制作单位有下列行为之一的,由出版行政部门责令改正,给予警告;情节严重的,并处3万元以下的罚款:

(一)法定代表人或者主要负责人未按本规定参加岗位培训的;

(二)未按本规定填写制作或者归档保存制作文档记录的;

(三)接受非出版单位委托制作音像制品,未依照本规定验证委托单位的有关证明文件的或者未依照本规定留存备查材料的;

(四)未经授权将委托制作的音像制品提供给委托方以外的单位或者个人的;

(五)制作的音像制品不符合国家有关质量、技术标准和规定的;

(六)未依照有关规定参加年度核验的。

第二十八条 音像制作单位未依法

向新闻出版行政部门报送统计资料的，依据新闻出版总署、国家统计局联合颁布的《新闻出版统计管理办法》处罚。

第五章　附　　则

第二十九条　《音像制品制作许可证》由各省、自治区、直辖市新闻出版行政部门根据新闻出版总署制定的样式印制。

第三十条　在本规定施行前已经取得《音像制品制作许可证》的音像制作单位，在经营期限届满前可继续从事音像制作业务；经营期限届满，需延长经营期限的，应当依照本规定重新办理审批手续。

第三十一条　本规定自2008年4月15日起施行。

中华人民共和国海关进出境印刷品及音像制品监管办法(节选)

（2007年4月18日海关总署令第161号公布　根据2018年5月29日海关总署令第240号《海关总署关于修改部分规章的决定》第一次修正　根据2018年11月23日海关总署令第243号《海关总署关于修改部分规章的决定》第二次修正　根据2024年10月28日海关总署令第273号《海关总署关于修改部分规章的决定》第三次修正）

第二条　本办法适用于海关对运输、携带、邮寄进出境的印刷品及音像制品的监管。

进出境摄影底片、纸型、绘画、剪贴、手稿、手抄本、复印件及其他含有文字、图像、符号等内容的货物、物品的，海关按照本办法有关进出境印刷品的监管规定进行监管。

进出境载有图文声像信息的磁、光、电存储介质的，海关按照本办法有关进出境音像制品的监管规定进行监管。

第四条　载有下列内容之一的印刷品及音像制品，禁止进境：

（一）反对宪法确定的基本原则的；

（二）危害国家统一、主权和领土完整的；

（三）危害国家安全或者损害国家荣誉和利益的；

（四）攻击中国共产党，诋毁中华人民共和国政府的；

（五）煽动民族仇恨、民族歧视，破坏民族团结，或者侵害民族风俗、习惯的；

（六）宣扬邪教、迷信的；

（七）扰乱社会秩序，破坏社会稳定的；

（八）宣扬淫秽、赌博、暴力或者教唆犯罪的；

（九）侮辱或者诽谤他人，侵害他人合法权益的；

（十）危害社会公德或者民族优秀文化传统的；

（十一）国家主管部门认定禁止进境的；

（十二）法律、行政法规和国家规定禁止的其他内容。

印刷业管理条例

(2001年8月2日中华人民共和国国务院令第315号公布　根据2016年2月6日《国务院关于修改部分行政法规的决定》第一次修订　根据2017年3月1日《国务院关于修改和废止部分行政法规的决定》第二次修订　根据2020年11月29日《国务院关于修改和废止部分行政法规的决定》第三次修订　根据2024年12月6日《国务院关于修改和废止部分行政法规的决定》第四次修订)

第一章　总　　则

第一条　为了加强印刷业管理,维护印刷业经营者的合法权益和社会公共利益,促进社会主义精神文明和物质文明建设,制定本条例。

第二条　本条例适用于出版物、包装装潢印刷品和其他印刷品的印刷经营活动。

本条例所称出版物,包括报纸、期刊、书籍、地图、年画、图片、挂历、画册及音像制品、电子出版物的装帧封面等。

本条例所称包装装潢印刷品,包括商标标识、广告宣传品及作为产品包装装潢的纸、金属、塑料等的印刷品。

本条例所称其他印刷品,包括文件、资料、图表、票证、证件、名片等。

本条例所称印刷经营活动,包括经营性的排版、制版、印刷、装订、复印、影印、打印等活动。

第三条　印刷业经营者必须遵守有关法律、法规和规章,讲求社会效益。

禁止印刷含有反动、淫秽、迷信内容和国家明令禁止印刷的其他内容的出版物、包装装潢印刷品和其他印刷品。

第四条　国务院出版行政部门主管全国的印刷业监督管理工作。县级以上地方各级人民政府负责出版管理的行政部门(以下简称出版行政部门)负责本行政区域内的印刷业监督管理工作。

县级以上各级人民政府公安部门、工商行政管理部门及其他有关部门在各自的职责范围内,负责有关的印刷业监督管理工作。

第五条　印刷业经营者应当建立、健全承印验证制度、承印登记制度、印刷品保管制度、印刷品交付制度、印刷活动残次品销毁制度等。具体办法由国务院出版行政部门制定。

印刷业经营者在印刷经营活动中发现违法犯罪行为,应当及时向公安部门或者出版行政部门报告。

第六条　印刷行业的社会团体按照其章程,在出版行政部门的指导下,实行自律管理。

第七条　印刷企业应当定期向出版行政部门报送年度报告。出版行政部门应当依法及时将年度报告中的有关内容向社会公示。

第二章　印刷企业的设立

第八条　国家实行印刷经营许可制度。未依照本条例规定取得印刷经营许可证的，任何单位和个人不得从事印刷经营活动。

第九条 企业从事印刷经营活动，应当具备下列条件：

（一）有企业的名称、章程；

（二）有确定的业务范围；

（三）有适应业务范围需要的生产经营场所和必要的资金、设备等生产经营条件；

（四）有适应业务范围需要的组织机构和人员；

（五）有关法律、行政法规规定的其他条件。

审批从事印刷经营活动申请，除依照前款规定外，还应当符合国家有关印刷企业总量、结构和布局的规划。

第十条 企业申请从事出版物印刷经营活动，应当持营业执照向所在地省、自治区、直辖市人民政府出版行政部门提出申请，经审核批准的，发给印刷经营许可证。

企业申请从事包装装潢印刷品和其他印刷品印刷经营活动，应当持营业执照向所在地设区的市级人民政府出版行政部门提出申请，经审核批准的，发给印刷经营许可证。

个人不得从事出版物、包装装潢印刷品印刷经营活动；个人从事其他印刷品印刷经营活动的，依照本条第二款的规定办理审批手续。

第十一条 出版行政部门应当自收到依据本条例第十条提出的申请之日起60日内作出批准或者不批准的决定。批准申请的，应当发给印刷经营许可证；不批准申请的，应当通知申请人并说明理由。

印刷经营许可证应当注明印刷企业所从事的印刷经营活动的种类。

印刷经营许可证不得出售、出租、出借或者以其他形式转让。

第十二条 印刷业经营者申请兼营或者变更从事出版物、包装装潢印刷品或者其他印刷品印刷经营活动，或者兼并其他印刷业经营者，或者因合并、分立而设立新的印刷业经营者，应当依照本条例第九条的规定办理手续。

印刷业经营者变更名称、法定代表人或者负责人、住所或者经营场所等主要登记事项，或者终止印刷经营活动，应当报原批准设立的出版行政部门备案。

第十三条 出版行政部门应当按照国家社会信用信息平台建设的总体要求，与公安部门、工商行政管理部门或者其他有关部门实现对印刷企业信息的互联共享。

第十四条 国家允许外国投资者与中国投资者共同投资设立从事出版物印刷经营活动的企业，允许设立从事包装装潢印刷品和其他印刷品印刷经营活动的外商投资企业。

第十五条 单位内部设立印刷厂（所），必须向所在地县级以上地方人民政府出版行政部门办理登记手续；单位内部设立的印刷厂（所）印刷涉及国家秘密的印件的，还应当向保密工作部门办理登记手续。

单位内部设立的印刷厂（所）不得从事印刷经营活动；从事印刷经营活动的，必须依照本章的规定办理手续。

第三章 出版物的印刷

第十六条 国家鼓励从事出版物印刷经营活动的企业及时印刷体现国内外新的优秀文化成果的出版物,重视印刷传统文化精品和有价值的学术著作。

第十七条 从事出版物印刷经营活动的企业不得印刷国家明令禁止出版的出版物和非出版单位出版的出版物。

第十八条 印刷出版物的,委托印刷单位和印刷企业应当按照国家有关规定签订印刷合同。

第十九条 印刷企业接受出版单位委托印刷图书、期刊的,必须验证并收存出版单位盖章的印刷委托书,并在印刷前报出版单位所在地省、自治区、直辖市人民政府出版行政部门备案;印刷企业接受所在地省、自治区、直辖市以外的出版单位的委托印刷图书、期刊的,印刷委托书还必须事先报印刷企业所在地省、自治区、直辖市人民政府出版行政部门备案。印刷委托书由国务院出版行政部门规定统一格式,由省、自治区、直辖市人民政府出版行政部门统一印制。

印刷企业接受出版单位委托印刷报纸的,必须验证报纸出版许可证;接受出版单位的委托印刷报纸、期刊的增版、增刊的,还必须验证主管的出版行政部门批准出版增版、增刊的文件。

第二十条 印刷企业接受委托印刷内部资料性出版物的,必须验证县级以上地方人民政府出版行政部门核发的准印证。

印刷企业接受委托印刷宗教内容的内部资料性出版物的,必须验证省、自治区、直辖市人民政府宗教事务管理部门的批准文件和省、自治区、直辖市人民政府出版行政部门核发的准印证。

出版行政部门应当自收到印刷内部资料性出版物或者印刷宗教内容的内部资料性出版物的申请之日起30日内作出是否核发准印证的决定,并通知申请人;逾期不作出决定的,视为同意印刷。

第二十一条 印刷企业接受委托印刷境外的出版物的,必须持有关著作权的合法证明文件,经省、自治区、直辖市人民政府出版行政部门批准;印刷的境外出版物必须全部运输出境,不得在境内发行、散发。

第二十二条 委托印刷单位必须按照国家有关规定在委托印刷的出版物上刊载出版单位的名称、地址,书号、刊号或者版号,出版日期或者刊期,接受委托印刷出版物的企业的真实名称和地址,以及其他有关事项。

印刷企业应当自完成出版物的印刷之日起2年内,留存一份接受委托印刷的出版物样本备查。

第二十三条 印刷企业不得盗印出版物,不得销售、擅自加印或者接受第三人委托加印受委托印刷的出版物,不得将接受委托印刷的出版物纸型及印刷底片等出售、出租、出借或者以其他形式转让给其他单位或者个人。

第二十四条 印刷企业不得征订、销售出版物,不得假冒或者盗用他人名义印刷、销售出版物。

第四章 包装装潢印刷品的印刷

第二十五条 从事包装装潢印刷品

印刷的企业不得印刷假冒、伪造的注册商标标识,不得印刷容易对消费者产生误导的广告宣传品和作为产品包装装潢的印刷品。

第二十六条 印刷企业接受委托印刷注册商标标识的,应当验证商标注册人所在地县级工商行政管理部门签章的《商标注册证》复印件,并核查委托人提供的注册商标图样;接受注册商标被许可使用人委托,印刷注册商标标识的,印刷企业还应当验证注册商标使用许可合同。印刷企业应当保存其验证、核查的工商行政管理部门签章的《商标注册证》复印件、注册商标图样、注册商标使用许可合同复印件 2 年,以备查验。

国家对注册商标标识的印刷另有规定的,印刷企业还应当遵守其规定。

第二十七条 印刷企业接受委托印刷广告宣传品、作为产品包装装潢的印刷品的,应当验证委托印刷单位的营业执照或者个人的居民身份证;接受广告经营者的委托印刷广告宣传品的,还应当验证广告经营资格证明。

第二十八条 印刷企业接受委托印刷包装装潢印刷品的,应当将印刷品的成品、半成品、废品和印板、纸型、底片、原稿等全部交付委托印刷单位或者个人,不得擅自留存。

第二十九条 印刷企业接受委托印刷境外包装装潢印刷品的,必须事先向所在地省、自治区、直辖市人民政府出版行政部门备案;印刷的包装装潢印刷品必须全部运输出境,不得在境内销售。

第五章 其他印刷品的印刷

第三十条 印刷标有密级的文件、资料、图表等,按照国家有关法律、法规或者规章的规定办理。

第三十一条 印刷布告、通告、重大活动工作证、通行证、在社会上流通使用的票证的,委托印刷单位必须向印刷企业出具主管部门的证明。印刷企业必须验证主管部门的证明,并保存主管部门的证明副本 2 年,以备查验;并且不得再委托他人印刷上述印刷品。

印刷机关、团体、部队、企业事业单位内部使用的有价票证或者无价票证,或者印刷有单位名称的介绍信、工作证、会员证、出入证、学位证书、学历证书或者其他学业证书等专用证件的,委托印刷单位必须出具委托印刷证明。印刷企业必须验证委托印刷证明。

印刷企业对前两款印件不得保留样本、样张;确因业务参考需要保留样本、样张的,应当征得委托印刷单位同意,在所保留印件上加盖“样本”、“样张”戳记,并妥善保管,不得丢失。

第三十二条 印刷企业接受委托印刷宗教用品的,必须验证省、自治区、直辖市人民政府宗教事务管理部门的批准文件和省、自治区、直辖市人民政府出版行政部门核发的准印证;省、自治区、直辖市人民政府出版行政部门应当自收到印刷宗教用品的申请之日起 10 日内作出是否核发准印证的决定,并通知申请人;逾期不作出决定的,视为同意印刷。

第三十三条 从事其他印刷品印刷

经营活动的个人不得印刷标有密级的文件、资料、图表等,不得印刷布告、通告、重大活动工作证、通行证、在社会上流通使用的票证,不得印刷机关、团体、部队、企业事业单位内部使用的有价或者无价票证,不得印刷有单位名称的介绍信、工作证、会员证、出入证、学位证书、学历证书或者其他学业证书等专用证件,不得印刷宗教用品。

第三十四条 接受委托印刷境外其他印刷品的,必须事先向所在地省、自治区、直辖市人民政府出版行政部门备案;印刷的其他印刷品必须全部运输出境,不得在境内销售。

第三十五条 印刷企业和从事其他印刷品印刷经营活动的个人不得盗印他人的其他印刷品,不得销售、擅自加印或者接受第三人委托加印委托印刷的其他印刷品,不得将委托印刷的其他印刷品的纸型及印刷底片等出售、出租、出借或者以其他形式转让给其他单位或者个人。

第六章 罚 则

第三十六条 违反本条例规定,擅自设立从事出版物印刷经营活动的企业或者擅自从事印刷经营活动的,由出版行政部门、工商行政管理部门依据法定职权予以取缔,没收印刷品和违法所得以及进行违法活动的专用工具、设备,违法所得5万元以上的,并处违法所得5倍以上10倍以下的罚款,没有违法所得或者违法所得不足5万元的,并处25万元以下的罚款;构成犯罪的,依法追究刑事责任。

单位内部设立的印刷厂(所)未依照本条例第二章的规定办理手续,从事印刷经营活动的,依照前款的规定处罚。

第三十七条 印刷业经营者违反本条例规定,有下列行为之一的,由县级以上地方人民政府出版行政部门责令停止违法行为,限制开展相关生产经营活动或者责令停业整顿,没收印刷品和违法所得,违法所得5万元以上的,并处违法所得5倍以上10倍以下的罚款,没有违法所得或者违法所得不足5万元的,并处25万元以下的罚款;情节严重的,由原发证机关降低相关资质等级直至吊销许可证;构成犯罪的,依法追究刑事责任:

(一)未取得出版行政部门的许可,擅自兼营或者变更从事出版物、包装装潢印刷品或者其他印刷品印刷经营活动,或者擅自兼并其他印刷业经营者的;

(二)因合并、分立而设立新的印刷业经营者,未依照本条例的规定办理手续的;

(三)出售、出租、出借或者以其他形式转让印刷经营许可证的。

第三十八条 印刷业经营者印刷明知或者应知含有本条例第三条规定禁止印刷内容的出版物、包装装潢印刷品或者其他印刷品的,或者印刷国家明令禁止出版的出版物或者非出版单位出版的出版物的,由县级以上地方人民政府出版行政部门、公安部门依据法定职权责令停业整顿,没收印刷品和违法所得,违法经营额1万元以上的,并处违法经营额5倍以上10倍以下的罚款;违法经营额不足1万元的,并处1万元以上5万元以下的罚款；情节严重的，由原发证机关吊销许可证；构成犯罪的，依法追究刑事责任。

第三十九条 印刷业经营者有下列行为之一的，由县级以上地方人民政府出版行政部门、公安部门依据法定职权责令改正，给予警告；情节严重的，责令停业整顿或者由原发证机关吊销许可证：

（一）没有建立承印验证制度、承印登记制度、印刷品保管制度、印刷品交付制度、印刷活动残次品销毁制度等的；

（二）在印刷经营活动中发现违法犯罪行为没有及时向公安部门或者出版行政部门报告的；

（三）变更名称、法定代表人或者负责人、住所或者经营场所等主要登记事项，或者终止印刷经营活动，不向原批准设立的出版行政部门备案的；

（四）未依照本条例的规定留存备查的材料的。

单位内部设立印刷厂（所）违反本条例的规定，没有向所在地县级以上地方人民政府出版行政部门、保密工作部门办理登记手续的，由县级以上地方人民政府出版行政部门、保密工作部门依据法定职权责令改正，给予警告；情节严重的，责令停业整顿。

第四十条 从事出版物印刷经营活动的企业有下列行为之一的，由县级以上地方人民政府出版行政部门给予警告，没收违法所得，违法所得5万元以上的，并处违法所得5倍以上10倍以下的罚款，没有违法所得或者违法所得不足5万元的，并处25万元以下的罚款；情节严重的，视情形限制开展相关生产经营活动、责令停业整顿，或者由原发证机关降低相关资质等级直至吊销许可证；构成犯罪的，依法追究刑事责任：

（一）接受他人委托印刷出版物，未依照本条例的规定验证印刷委托书、有关证明或者准印证，或者未将印刷委托书报出版行政部门备案的；

（二）征订、销售出版物的；

（三）未经批准，接受委托印刷境外出版物的，或者未将印刷的境外出版物全部运输出境的。

从事出版物印刷经营活动的企业有下列行为之一的，由县级以上地方人民政府出版行政部门给予警告，没收违法所得，违法经营额1万元以上的，并处违法经营额5倍以上10倍以下的罚款，违法经营额不足1万元的，并处1万元以上5万元以下的罚款；情节严重的，视情形限制开展相关生产经营活动、责令停业整顿，或者由原发证机关降低相关资质等级直至吊销许可证；构成犯罪的，依法追究刑事责任：

（一）假冒或者盗用他人名义，印刷出版物的；

（二）盗印他人出版物的；

（三）非法加印或者销售受委托印刷的出版物的；

（四）擅自将出版单位委托印刷的出版物纸型及印刷底片等出售、出租、出借或者以其他形式转让的。

第四十一条 从事包装装潢印刷品印刷经营活动的企业有下列行为之一的，由县级以上地方人民政府出版行政部门给予警告,没收违法所得,违法所得5万元以上的,并处违法所得5倍以上10倍以下的罚款,没有违法所得或者违法所得不足5万元的,并处25万元以下的罚款;情节严重的,视情形限制开展相关生产经营活动、责令停业整顿,或者由原发证机关降低相关资质等级直至吊销许可证;构成犯罪的,依法追究刑事责任:

(一)接受委托印刷注册商标标识,未依照本条例的规定验证、核查工商行政管理部门签章的《商标注册证》复印件、注册商标图样或者注册商标使用许可合同复印件的;

(二)接受委托印刷广告宣传品、作为产品包装装潢的印刷品,未依照本条例的规定验证委托印刷单位的营业执照或者个人的居民身份证的,或者接受广告经营者的委托印刷广告宣传品,未验证广告经营资格证明的;

(三)盗印他人包装装潢印刷品的;

(四)接受委托印刷境外包装装潢印刷品未依照本条例的规定向出版行政部门备案的,或者未将印刷的境外包装装潢印刷品全部运输出境的。

印刷企业接受委托印刷注册商标标识、广告宣传品,违反国家有关注册商标、广告印刷管理规定的,由工商行政管理部门给予警告,没收印刷品和违法所得,违法所得5万元以上的,并处违法所得5倍以上10倍以下的罚款,没有违法所得或者违法所得不足5万元的,并处25万元以下的罚款。

第四十二条 从事其他印刷品印刷经营活动的企业和个人有下列行为之一的,由县级以上地方人民政府出版行政部门给予警告,没收印刷品和违法所得,违法所得5万元以上的,并处违法所得5倍以上10倍以下的罚款,没有违法所得或者违法所得不足5万元的,并处25万元以下的罚款;情节严重的,视情形限制开展相关生产经营活动、责令停业整顿,或者由原发证机关降低相关资质等级直至吊销许可证;构成犯罪的,依法追究刑事责任:

(一)接受委托印刷其他印刷品,未依照本条例的规定验证有关证明的;

(二)擅自将接受委托印刷的其他印刷品再委托他人印刷的;

(三)将委托印刷的其他印刷品的纸型及印刷底片出售、出租、出借或者以其他形式转让的;

(四)非法加印或者销售委托印刷的其他印刷品的;

(五)接受委托印刷境外其他印刷品未依照本条例的规定向出版行政部门备案的,或者未将印刷的境外其他印刷品全部运输出境的;

(六)从事其他印刷品印刷经营活动的个人超范围经营的。

伪造、变造学位证书、学历证书等国家机关公文、证件或者企业事业单位、人民团体公文、证件的,或者盗印他人的其他印刷品的,由县级以上地方人民政府出版行政部门给予警告,没收印刷品和违法所得,违法经营额1万元以上的,并处违法经营额5倍以上10倍以下的罚款,违法经营额不足1万元的,并处1万元以上5万元以下的罚款;情节严重的,视情形限制开展相关生产经营活动、责令停业整顿,或者由原发证机关降低相关资质等级直至吊销许可证;构成犯罪的,依法追究刑事责任。

第四十三条 有下列行为之一的,由出版行政部门给予警告,没收印刷品和违法所得,违法经营额1万元以上的,并处违法经营额5倍以上10倍以下的罚款;违法经营额不足1万元的,并处1万元以上5万元以下的罚款;情节严重的,责令停业整顿或者吊销印刷经营许可证;构成犯罪的,依法追究刑事责任:

(一)印刷布告、通告、重大活动工作证、通行证、在社会上流通使用的票证,印刷企业没有验证主管部门的证明的,或者再委托他人印刷上述印刷品的;

(二)印刷业经营者伪造、变造学位证书、学历证书等国家机关公文、证件或者企业事业单位、人民团体公文、证件的。

印刷布告、通告、重大活动工作证、通行证、在社会上流通使用的票证,委托印刷单位没有取得主管部门证明的,由县级以上人民政府出版行政部门处以500元以上5000元以下的罚款。

第四十四条 印刷业经营者违反本条例规定,有下列行为之一的,由县级以上地方人民政府出版行政部门责令改正,给予警告;情节严重的,责令停业整顿或者由原发证机关吊销许可证:

(一)从事包装装潢印刷品印刷经营活动的企业擅自留存委托印刷的包装装潢印刷品的成品、半成品、废品和印板、纸型、印刷底片、原稿等的;

(二)从事其他印刷品印刷经营活动的企业和个人擅自保留其他印刷品的样本、样张的,或者在所保留的样本、样张上未加盖“样本”、“样张”戳记的。

第四十五条 印刷企业被处以吊销许可证行政处罚的,其法定代表人或者负责人自许可证被吊销之日起10年内不得担任印刷企业的法定代表人或者负责人。

从事其他印刷品印刷经营活动的个人被处以吊销许可证行政处罚的,自许可证被吊销之日起10年内不得从事印刷经营活动。

第四十六条 依照本条例的规定实施罚款的行政处罚,应当依照有关法律、行政法规的规定,实行罚款决定与罚款收缴分离;收缴的罚款必须全部上缴国库。

本条例所称违法所得,是指实施违法行为扣除成本后的获利数额,没有成本或者成本难以计算的,实施违法行为所取得的款项即为违法所得。

第四十七条 出版行政部门、工商行政管理部门或者其他有关部门违反本条例规定,擅自批准不符合法定条件的申请人取得许可证、批准文件,或者不履行监督职责,或者发现违法行为不予查处,造成严重后果的,对负责的主管人员和其他直接责任人员给予降级或者撤职的处分;构成犯罪的,依法追究刑事责任。

第七章 附 则

第四十八条 本条例施行前已经依法设立的印刷企业,应当自本条例施行之日起180日内,到出版行政部门换领《印刷经营许可证》。

依据本条例发放许可证,除按照法

定标准收取成本费外,不得收取其他任何费用。

第四十九条 本条例自公布之日起施行。1997 年 3 月 8 日国务院发布的《印刷业管理条例》同时废止。

印刷品承印管理规定

(2003 年 7 月 18 日新闻出版总署、公安部令第 19 号公布 自 2003 年 9 月 1 日起施行)

第一章 总 则

第一条 为了规范印刷业经营者的印刷经营行为,健全承接印刷品管理制度,促进印刷业健康发展,根据《印刷业管理条例》,制定本规定。

第二条 印刷业经营者从事印刷经营活动,应当建立、健全承印验证制度、承印登记制度、印刷品保管制度、印刷品交付制度、印刷活动残次品销毁制度等管理制度。

第三条 印刷业经营者执行承印验证、承印登记、印刷品保管、印刷品交付、印刷活动残次品销毁等各项管理制度,应当指定专人负责,严格把关,建档立卷,以备查验。

第四条 印刷业经营者法定代表人或者主要负责人负责本企业、本单位各项管理制度的组织实施。

第五条 县级以上地方人民政府负责出版管理的行政部门(以下简称出版行政部门)、公安部门指导本行政区域内印刷业经营者建立各项管理制度,并负责监督检查印刷业经营者各项管理制度的实施情况。

第六条 印刷业经营者在印刷经营活动中发现违法犯罪行为,应当及时向所在地公安部门、出版行政部门报告。

第二章 承印验证制度

第七条 印刷业经营者接受委托印刷各种印刷品时,应当依照《印刷业管理条例》等法规、规章的规定,验证委印单位及委印人的证明文件,并收存相应的复印件备查。

前款所指的证明文件包括印刷委托书或者委托印刷证明、准印证、《出版许可证》、《商标注册证》、注册商标图样、注册商标使用许可合同、广告经营资格证明、营业执照以及委印人的资格证明等。

第八条 印刷企业接受委托印刷图书、期刊的,必须验证并收存由国务院出版行政部门统一格式,由省、自治区、直辖市人民政府出版行政部门统一印制并加盖出版单位公章的《图书、期刊印刷委托书》原件。

《图书、期刊印刷委托书》必须加盖出版单位所在地省、自治区、直辖市人民政府出版行政部门和印刷企业所在地省、自治区、直辖市人民政府出版行政部门的备案专用章。

第九条 印刷企业接受委托印刷报纸的,必须验证由国务院出版行政部门统一制作,由省、自治区、直辖市人民政府出版行政部门核发的《报纸出版许可证》,并收存《报纸出版许可证》复印件。

印刷企业接受委托印刷报纸、期刊的增版、增刊的,还必须验证并收存国务院出版行政部门批准出版增版、增刊的文件。

第十条 出版单位委托印刷出版物的排版、制版、印刷(包括重印、加印)、装订各工序不在同一印刷企业的,必须分别向各接受委托印刷企业开具《图书、期刊印刷委托书》。

第十一条 印刷企业接受委托印刷内部资料性出版物的,必须验证并收存由省、自治区、直辖市人民政府出版行政部门统一印制,并由县级以上地方人民政府出版行政部门核发的《内部资料性出版物准印证》。

印刷企业接受委托印刷宗教内容的内部资料性出版物的,必须验证并收存由省、自治区、直辖市人民政府宗教事务管理部门的批准文件和出版行政部门核发的《内部资料性出版物准印证》。

第十二条 印刷企业接受委托印刷境外出版物的,必须验证并收存省、自治区、直辖市人民政府出版行政部门的批准文件和有关著作权的合法证明文件;印刷的境外出版物必须全部运输出境,不得在境内发行、散发。

第十三条 印刷企业接受委托印刷注册商标标识的,必须验证《商标注册证》或者由商标注册人所在地县级工商行政管理部门签章的《商标注证》复印件,并核查委托人提供的注册商标图样;接受注册商标被许可使用人委托,印刷注册商标标识的,还必须验证注册商标使用许可合同。

印刷企业接受委托印刷广告宣传品、作为产品包装装潢的印刷品的,必须验证委托印刷单位的营业执照及个人的居民身份证;接受广告经营者的委托印刷广告宣传品的,还必须验证广告经营资格证明。

第十四条 印刷企业接受委托印刷境外包装装潢印刷品和其他印刷品的,必须验证并收存委托方的委托印刷证明,并事先向所在地省、自治区、直辖市人民政府出版行政部门备案,经所在地省、自治区、直辖市人民政府出版行政部门加盖备案专用章后,方可承印;印刷的包装装潢印刷品和其他印刷品必须全部运输出境,不得在境内销售。

第十五条 公安部门指定的印刷企业接受委托印刷布告、通告、重大活动工作证、通行证、在社会上流通使用的票证的,必须验证并收存委印单位主管部门的证明和公安部门核发的准印证明。

印刷企业接受委托印刷机关、团体、部队、企业事业单位内部使用的有价票证或者无价票证,印刷有单位名称的介绍信、工作证、会员证、出入证、学位证书、学历证书或者其他学业证书、机动车驾驶证、房屋权属证书等专用证件的,必须验证委印单位的委托印刷证明及个人的居民身份证,并收存委托印刷证明和身份证复印件。

第十六条 印刷业经营者应当妥善留存验证的各种证明文件2年,以备出版行政部门、公安部门查验。

前款所称证明文件包括印刷委托书

或者委托印刷证明原件、准印证原件、《出版许可证》复印件、《商标注册证》复印件、注册商标图样原件、注册商标使用许可合同复印件、广告经营资格证明复印件、营业执照复印件、居民身份证复印件等。

第三章　承印登记制度

第十七条　印刷业经营者应当按承印印刷品的种类在《出版物印刷登记簿》、《包装装潢印刷品印刷登记簿》、《其他印刷品印刷登记簿》、《专项排版、制版、装订业务登记簿》、《复印、打印业务登记簿》(以下统称为《印刷登记簿》)上登记委托印刷单位及委印人的名称、住址,经手人的姓名、身份证号码和联系电话,委托印刷的印刷品的名称、数量、印件原稿(或电子文档)、底片及交货日期、收货人等。

《印刷登记簿》一式三联,由省、自治区、直辖市人民政府出版行政部门或者其授权的地(市)级出版行政部门组织统一印制。

第十八条　印刷业经营者应当在每月月底将《印刷登记簿》登记的内容报所在地县级以上出版行政部门备案。

第四章　印刷品保管制度

第十九条　印刷业经营者对承印印件的原稿(或电子文档)、校样、印板、底片、半成品、成品及印刷品的样本应当妥善保管,不得损毁。

印刷企业应当自完成出版物的印刷之日起2年内,保存一份接受委托印刷的出版物样本备查。

第二十条　印刷企业印刷布告、通告、重大活动工作证、通行证、在社会上流通使用的票证,印刷机关、团体、部队、企业事业单位内部使用的有价或者无价票证,印刷有单位名称的介绍信、工作证、会员证、出入证、学位证书、学历证书或者其他学业证书、机动车驾驶证、房屋权属证书等专用证件,不得擅自留存样本、样张;确因业务参考需要保留样本、样张的,应当征得委托印刷单位同意,在所保留印件上加盖"样本"、"样张"戳记,并妥善保管,不得丢失。

第二十一条　印刷业经营者在执行印刷品保管制度时,应当明确保管责任,健全保管制度,严格保管交接手续,做到数字准确,有据可查。

第五章　印刷品交付制度

第二十二条　印刷业经营者必须严格按照印刷委托书或者委托印刷证明规定的印数印刷,不得擅自加印。

印刷业经营者每完成一种印刷品的印刷业务后,应当认真清点印刷品数量,登记台账,并根据合同的规定将印刷成品、原稿(或电子文档)、底片、印板、校样等全部交付委托印刷单位或者个人,不得擅自留存。

第二十三条　印刷业经营者应当建立印刷品承印档案,每完成一种印刷品的印刷业务后,应当将印刷合同、承印验证的各种证明文件及相应的复印件、发排单、付印单、样书、样本、样张等相关的资料一并归档留存。

第六章　印刷活动残次品销毁制度

第二十四条　印刷业经营者对印刷活动中产生的残次品，应当按实际数量登记造册，对不能修复并履行交付的，应当予以销毁，并登记销毁印件名称、数量、时间、责任人等。其中，属于国家秘密载体或者特种印刷品的，应当根据国家有关规定及时销毁。

第二十五条　印刷业经营者使用电子方法排版印制或者打印国家秘密载体的，应当严格按照有关法律、法规或者规章的规定办理。

第七章　附　　则

第二十六条　本规定自2003年9月1日起施行。

新闻出版署、公安部关于鉴定淫秽录像带、淫秽图片有关问题的通知

（1993年1月19日
〔93〕新出联1号）

为认真贯彻执行全国人大常委会《关于惩治走私、制作、贩卖、传播淫秽物品的犯罪分子的决定》，及时打击处理走私、制作、贩卖、传播淫秽物品的违法犯罪分子，提高办案效率，现对审查鉴定淫秽录像带、淫秽图片的有关问题通知如下：

一、办理走私、制作、贩卖、传播淫秽物品案件中，对查获的录像带、图片、扑克、手抄本等，需审查认定是否为淫秽物品的，国内出版单位正式出版发行的录像带、图片等出版物由省级以上新闻出版管理部门、音像归口管理部门负责鉴定；其他由地、市以上公安机关治安部门负责鉴定。

淫秽录像带、淫秽图片的鉴定标准依照全国人大常委会《关于惩治走私、制作、贩卖、传播淫秽物品的犯罪分子的决定》、国务院《关于严禁淫秽物品的规定》和新闻出版署发布的《关于认定淫秽及色情出版物的暂行规定》（〔88〕新出办字第1512号）执行。

二、鉴定机关进行鉴定工作时，应当指定三名具有专业知识，熟悉鉴定标准，办事公正，坚持原则，作风正派的同志负责审查鉴定。其他人员一律不得参加。严禁借审查鉴定之机扩大观看范围。

三、审查鉴定淫秽物品应当制作《淫秽物品审查鉴定书》一式三份（式样附后），鉴定结论必须准确、简明。由两名以上鉴定人员签字，并加盖“淫秽物品审查鉴定专用章”。对送审鉴定和收缴的淫秽物品，必须严格按照国务院《关于严禁淫秽物品的规定》、公安部《关于收管处理淫秽物品的通知》（〔83〕公发（治）165号）的规定执行。

四、当事人对鉴定结论提出不同意见需重新鉴定的，应当由地、市级的宣传、新闻出版、音像归口管理机关、公安机关等部门组成的鉴定组重新鉴定。

出版单位对鉴定结论提出不同意见

时,由省级新闻出版管理部门、音像归口管理部门报新闻出版署鉴定。

其他出版物的审查鉴定,仍按规定执行。

附件:(略)

关于承接《圣经》印件的管理规定

(1994 年 11 月 22 日新闻出版署、国务院宗教事务局、海关总署发布 〔94〕新出联 14 号)

为加强对印刷企业承接《圣经》印件(包括《圣经》故事等,下同)印制业务的管理工作,制止对外加工《圣经》印件的混乱现象,特作如下规定:

一、国内《圣经》印件的印制业务,由全国性宗教团体负责,需经国务院宗教事务局批准,教会内部发行。

二、承接境外(港、澳、台、国外,下同)《圣经》印件的印制业务,需经承印单位所在省(自治区、直辖市)宗教事务局和新闻出版局审批并由新闻出版局指定印刷企业印制,报国务院宗教事务局、海关总署和新闻出版署备案。印制的成品全部运输出境,不准滞留境内传播或销售。

三、原则上不得承接境外中文版及中外文对照版《圣经》印件的印制业务。特殊需要的,需报国务院宗教事务局批准。

四、承印企业应是管理基础及设备、技术条件好,能保证产品的质量和印制周期的国家书刊印刷定点企业和个别省级书刊印刷定点企业,以及一直受国内宗教团体委托承接中文版《圣经》印刷业务的南京爱德印刷有限公司。

五、承印企业在印制过程中,须指定专人负责,按密件印制办法严格管理,具体应做到:

1. 承接印件时,必须持有符合上述规定的批准件原件,委印、承印双方应签订正式合同。

2. 严格按批件的印数承印,不得擅自加印。

3. 保证印件质量,严防不合格产品出厂。

4. 按合同数量、期限交货,不准欠尾和拖期。成品按合同规定发往境外,不得以任何理由变更发往地点。

5. 印件的成品、半成品要严格管理。多余部分和残次品由专人负责同白纸核对无误后破碎处理,不得流失。

6. 印制完毕后,原稿、胶片等全部交还委印方,印制企业不得擅自留存或转让。

六、海关凭符合本规定要求的批准原件,对符合对外加工装配或进料加工规定的,按规定予以登记备案,并进行监管。

七、对违反此规定承接《圣经》印件印制业务的,按从事非法出版活动论处。触犯刑律的,送交司法机关追究刑事责任。

八、过去在《圣经》印件印制管理方面的规定与此文件规定不一致的,以此规定为准。

新闻出版署关于使用统一《电子出版物复制委托书》的通知

(1995年11月24日
新出音〔1995〕1383号)

为了建立正常的电子出版秩序,加强对电子出版物出版、复制工作的管理,制止非法出版及盗版活动,现就电子出版物复制工作中使用《电子出版物复制委托书》(以下简称《委托书》)的有关事项通知如下:

一、电子出版单位委托激光数码储存片复制单位复制加工电子出版物,须使用统一的《委托书》。

二、《委托书》由新闻出版署统一印制,任何单位和个人不得翻印或伪造。

三、各省、自治区、直辖市新闻出版局负责本辖区内《委托书》的发放及管理工作,总政治部宣传部负责解放军系统内《委托书》的发放及管理工作。

四、电子出版单位每委托复制一次电子出版物。须填写一份《委托书》(一式三联),并在《委托书》签发后十日内,将其中第二联交发证机关备案。

五、激光数码储存片复制单位须凭电子出版单位签发并盖章的《委托书》复制电子出版物。

六、激光数码储存片复制单位接受非电子出版单位委托复制计算机软件和内部资料性产品,须凭有关部门的批准文件和省级新闻出版局核发的《委托书》方可复制。

七、激光数码储存片复制单位应在每季度第一周内向所在省、自治区、直辖市音像复制行政管理部门报送上一季度复制加工电子出版物的《委托书》复印件。

八、对违反本通知要求,不按规定使用《委托书》的电子出版单位和激光数码储存片复制单位,由各省、自治区、直辖市新闻出版局或音像复制行政管理部门视情节轻重,依据各自的管理权限,给予警告,罚款,责令停止复制、销售其复制品,停发《委托书》并限期整改,停业整顿等行政处罚。翻印、伪造《委托书》构成犯罪的,依法追究其刑事责任。

九、本通知自1996年1月1日起施行。各电子出版单位自行印制的复制委托书,届时一律停止使用。

新闻出版署关于使用全国统一《图书、期刊印制委托书》的通知

(1996年2月7日
新出技〔1996〕65号)

为加强对图书、期刊的印制管理,防止非法出版活动,经研究,决定从1996年开始实施全国统一的《图书、期刊印制委托书》(以下简称《委托书》)。现将有关事项通知如下:

一、图书、期刊出版单位委托印制企业印制图书、期刊,必须使用全国统一的《委托书》。

二、《委托书》由新闻出版署统一监

制。各省、自治区、直辖市新闻出版局负责本辖区内《委托书》的发放及管理工作,解放军系统《委托书》的发放及管理由总政治部宣传部负责。

三、图书、期刊出版单位应认真按规定填写《委托书》,在工艺和材料等方面有具体要求可另附工艺、材料单或说明书,印刷费用、付款方式及其他要求可由双方另立合同。

四、图书、期刊出版单位印制图书、期刊,必须到有“书报刊印刷许可证”的企业印制,印制企业承接的图书、期刊印制业务必须有出版单位开具的《委托书》。

五、出版单位到所在地领有书报刊印刷许可证的非书刊定点印制企业印刷图书、期刊,需经所在地省、自治区、直辖市新闻出版局审核批准。需跨省印制图书、期刊,由出版单位到所在地省、自治区、直辖市新闻出版局办理出省印制手续,再到承印企业所在地省、自治区、直辖市新闻出版局办理进省印制手续。《委托书》必须由两地新闻出版局分别审核批准,否则承印单位不得承接。

六、《委托书》一式四联。(一)联由印制企业(受托方)留存;(二)联由印制企业(受托方)在接受后10日内报所在省、自治区、直辖市新闻出版局备案;(三)联由出版单位(委托方)在开出后10日内报所在省、自治区、直辖市新闻出版局备案;(四)联由出版单位(委托方)留存。出版单位每次委托印制(包括重印、加印,单个品种分别排版、制版、印刷、装订)均需按规定填写《委托书》。

七、各省、自治区、直辖市新闻出版局要对出版、印制单位报备的《委托书》加强审核监督,发现问题必须认真追查,严肃处理。遇有重要情况,要及时报告新闻出版署并通知相关省、自治区、直辖市有关部门协查。有条件的地方可输入计算机,建立数据库,实行动态管理。

八、对违反本通知规定,不按要求使用《委托书》的出版单位和印制企业,可视情节轻重,给予警告、通报批评、停业整顿的行政处罚;对翻印、伪造《委托书》进行非法出版活动,构成犯罪的,依法追究其刑事责任。

九、本通知自1996年4月1日起正式实施。请各省、自治区、直辖市新闻出版局组织本辖区内的出版单位(出版社、期刊社)和领有“书报刊印刷许可证”的印制企业按照执行。

附件:《图书、期刊印制委托书》(略)

新闻出版署关于军队系统使用《图书、期刊印制委托书》具体规定的通知

(1996年11月4日
新出技〔1996〕378号)

为加强军队系统图书、期刊的印制管理工作,经与总政治部宣传部有关部门协商,现将军队系统使用《图书、期刊印制委托书》(以下简称《委托书》)的具体规定通知如下:

一、军队系统图书、期刊出版单位一律到总政宣传部宣传局领取《委托书》,由总政宣传部宣传局负责做好《委托书》的发放及管理工作。

二、军队系统图书、期刊出版单位在《委托书》开出十日内将第三联报送总政宣传部宣传局备案，不再报所在省、自治区、直辖市新闻出版局。

《委托书》的第二联由印刷企业在接受委托后十天内报送本企业所在省、自治区、直辖市新闻出版局备案。

三、军队系统图书、期刊出版单位需异地印刷，应按有关印刷管理规定的要求，委托书刊印刷国家定点企业和省级定点企业印制，到总政宣传部宣传局办理审批手续。承印方是军队印刷企业，由总政宣传部宣传局审批后直接到军队印刷企业印制，不再到有关省、自治区、直辖市新闻出版局办理准印手续；承印方是地方印刷企业，由总政宣传部宣传局审批，再到承印企业所在省、自治区、直辖市新闻出版局办理准印手续，方可到地方印刷企业印制。军队印刷企业承印异地地方出版单位的出版物，仍按异地印刷管理的有关规定执行。

四、军队系统出版单位和印刷企业应遵守出版、印刷行业管理规定和法规，并由总政宣传部宣传局承担其管理责任。

新闻出版署关于使用统一《录音录像制品复制委托书》的通知

（1995 年 8 月 3 日
新出音〔1995〕1004 号）

为建立正常的音像出版秩序，加强对音像出版、复制工作的管理，遏制非法出版活动，现就音像出版、复制工作中使用《录音录像制品复制委托书》（以下简称《委托书》）的有关问题通知如下：

一、音像出版单位复制加工音像制品须使用统一的《委托书》。

二、《委托书》由新闻出版署统一印制。各省、自治区、直辖市音像出版、复制行政管理部门负责辖区内《委托书》的发放及管理工作；解放军系统《委托书》的发放及管理由总政治部宣传部负责。

三、音像出版单位每委托复制一次音像制品（包括再版）填写一份《委托书》，并在《委托书》使用后十日内，将其中第二联交回发放机关。

四、音像复制单位须根据音像出版单位签发并盖章的《委托书》复制音像制品。

五、复制加工各类内部发行的音像制品，须根据有关部门的批复文件及省级音像出版、复制行政管理部门核发的《委托书》，方可进行复制业务。

六、音像复制单位应在每季度第一周内向所在地省级音像出版、复制行政管理部门上报上季度复制加工音像制品的《委托书》复印件。

七、各省级音像出版、复制行政管理部门在发放《委托书》工作中，应加强管理和监督，对伪造、翻印《委托书》的行为进行坚决打击，构成犯罪的，依法追究刑事责任。

八、各省级音像出版、复制行政管理部门，对违反本通知要求，不按规定使用《委托书》的音像出版、复制单位，可视情节轻重，给予以下行政处罚：

（一）警告；

(二)罚款;

(三)停发《委托书》、限期整改;

(四)停业整顿。

九、本通知自1995年11月1日起施行。本通知施行后,各音像出版单位自行印制的各种"委托书"一律停止使用。各省级音像出版、复制行政管理部门、解放军总政治部宣传部应认真做好组织工作,保证这项管理措施顺利施行。

新闻出版署关于进一步加强《录音录像制品复制委托书》管理的通知

(1996年9月19日
新出音〔1996〕681号)

为加强对音像出版、复制工作的规范化管理,1995年8月我署下发了《关于使用统一〈录音录像制品复制委托书〉的通知》(新出音〔1995〕1004号,以下简称《通知》)。《通知》施行后,各音像管理部门和绝大多数音像出版、复制单位都能认真执行《通知》的有关规定,使音像复制委托初步做到了规范有序,有效地遏制了违规复制行为。为进一步加强对《录音录像制品复制委托书》(以下简称《委托书》)使用的管理,同时解决光盘母版刻录尚无统一的复制委托书的问题,特通知如下:

一、各省、自治区、直辖市音像出版、复制行政管理部门要进一步做好《委托书》的发放和管理工作,音像出版单位要规范使用《委托书》,主要要求有:

(一)《委托书》中的项目须逐项如实填写,其中复制数量应按每次实际数量填写,不得漏填、误填。

(二)音像出版单位必须直接委托复制单位复制音像制品,不得通过音像制作、发行单位及个人辗转委托复制。凡为其他单位和个人代开《委托书》的,按"买卖版号"处理。

(三)《委托书》必须由音像出版单位法定代表人或法定代表人书面指定的负责人签字。

(四)《委托书》必须加盖音像出版单位公章,不得用音像出版单位下设部门章代替。

(五)音像出版、复制单位必须在《通知》规定的时间内将《委托书》第二联及复印件交回发放机关。

(六)凡是不按规定使用《委托书》的,按《通知》规定查处。

二、光盘母版刻录单位凭音像出版单位出具的《委托书》,承接母版刻录业务。

请将通知转发各音像出版、复制单位认真执行。

新闻出版署关于加强光盘复制管理若干问题的通知

(2000年11月22日
新出音〔2000〕1592号)

我国光盘复制行业经过1994年以来的治理整顿、建章立制和结构调整,秩序明显改观,结构趋向合理,技术条件稳步提升，产业规模逐渐扩大。目前，多数光盘复制单位能够认真执行国家的有关法律、法规和规章，守法经营。但仍有少数单位存在着不同程度的违法违规经营行为，有的单位凭伪造、变造复制委托书复制产品，个别单位甚至使用无光盘来源识别码（SID码）的定模镜面复制侵权盗版光盘，在行业内和社会上造成恶劣影响。为了进一步加强对光盘复制行业的管理，完善行业管理制度，维护行业正常秩序，现做如下通知：

一、完善复制委托书使用管理制度

（一）光盘复制单位必须凭新闻出版署统一印制的《音像制品复制委托书》或《电子出版物复制委托书》（以下简称"委托书"）受托复制光盘，不得接受其复印件、传真件委托的复制业务，不得在接受复制委托书前先行复制光盘。接到委托书后，光盘复制单位必须向出版单位或发证机关核查其真伪，并留存核查凭证一年备查。因接受伪造、变造的委托书复制侵权盗版光盘，光盘复制单位应当承担相应责任。

（二）光盘复制单位接受复制委托时，必须要求委托方完整、准确、规范地填写委托书，栏目填写不得缺略。一份委托书只能一次性用于一种光盘的复制，不得用于成系列或无确定节目名称光盘的复制。光盘复制单位所复制光盘的节目名称、数量必须与委托书填写内容一致。

（三）严禁光盘复制单位之间的转委托行为。光盘复制单位因某种原因不能按期完成与委托方约定的复制加工业务时，可由其协调推荐其他光盘复制单位，但必须经委托方同意并重新开具委托书。

（四）严格委托书备案手续。交委托方所在地省级新闻出版局或音像出版行政管理部门或发证机关备案联，由委托方负责自委托书签发之日起一个月内送达；交光盘复制单位所在地省级新闻出版局或音像复制行政管理部门备案联，由光盘复制单位负责自委托书签收之日起一个月内送达。本通知颁布前关于委托书备案时限的规定与本通知不相符的，以本通知为准。

二、严格执行SID码制度

SID码由新闻出版署统一分配，并由新闻出版署指定机构蚀刻在光盘生产专用模具定模镜面（以下简称"定模镜面"）的规定位置上，不得将SID码蚀刻在模具衬套上。如确需将SID码蚀刻在非规定位置上时，必须明确申报，经新闻出版署音像和电子出版物管理司同意后，方可蚀刻。本通知颁布前未按规定位置蚀刻SID码的定模镜面，应当在2001年2月28日前按照上述要求重新蚀刻。

光盘复制单位使用、保存的所有定模镜面均须蚀刻SID码。光盘复制单位应当确保SID码清晰完整地复制在其光盘产品上，并不得保有无SID码的定模镜面。定模镜面及其复制在光盘上的SID码，不得仿冒、遮蔽和蓄意损毁。当SID码自然损毁或难以辨认时，光盘复制单位应当及时申请重新蚀刻。

定模镜面蚀刻或重新蚀刻SID码后，光盘复制单位应当在15日内向新闻出版署音像和电子出版物管理司缴送该定模镜面复制的光盘样品一式五份。本通知颁布前未按上述规定缴送光盘样品的,应当自本通知颁布之日起15日内补缴。

三、加大监管力度,依法查处违规行为有关省、自治区、直辖市新闻出版局和音像复制行政管理部门要加强对光盘复制单位的日常监督和管理,对从事违规经营和盗版活动的单位,一经发现要及时立案,依法严肃查处。违反本通知规定的,依据《出版管理条例》、《音像制品管理条例》和有关法规予以处罚。

新闻出版署、公安部关于光盘生产源鉴定工作有关问题的通知

(2000年11月24日
新出联〔2000〕39号)

根据最高人民法院、最高人民检察院、公安部、司法部和新闻出版署联合下发的《关于公安部光盘生产源鉴定中心行使行政、司法鉴定权有关问题的通知》(公通字〔2000〕21号),为进一步加强知识产权保护,现就开展光盘生产源鉴定工作有关问题通知如下:

一、由公安部光盘生产源鉴定中心(以下简称"鉴定中心")建立全国光盘复制单位SID码信息管理系统,这是加强光盘复制行政管理的重要举措,各光盘复制单位应积极配合,做好以下两项工作:

(一)填写《光盘复制单位生产设备调查表》、《光盘复制单位SID码调查表》,备齐现有SID码样盘(含溅镀工序前和印刷工序后的两种盘)一式五份,于2000年12月30日前,将上述表格、样盘以挂号或专递方式寄至鉴定中心。

(二)自2000年12月1日起,申请蚀刻SID码的光盘复制单位,应在批准之日后15日内,向鉴定中心报送新蚀刻SID码样盘,具体样式和数量同上。

对未按要求完成上述工作的光盘复制单位,将暂缓或不予办理其提出的蚀刻SID码申请。

二、光盘复制单位需蚀刻SID码时,应填写《SID码蚀刻申请表》,经省级光盘复制行政管理部门审核同意,报新闻出版署音像和电子出版物管理司审批。公安部光盘生产源鉴定中心、上海激光技术研究所依据新闻出版署音像和电子出版物管理司的批准文件蚀刻SID码。光盘复制单位可自愿选择蚀刻SID码单位。

三、SID码应蚀刻在模具定模镜面的规定位置。鉴定中心认定为蚀刻不规范的现有SID码,光盘复制单位应于2001年2月28日前按规范重刻。

四、各级新闻出版行政管理部门、公安机关等部门在查办以光盘为载体的侵犯知识产权案件过程中,应充分发挥鉴定中心的职能,以鉴定结论为证据,依法保护知识产权,打击侵权盗版行为。

本通知转发至县(区)级有关音像行政管理部门和县(区)级公安局(分局)。

最高人民法院、最高人民检察院、公安部、司法部、新闻出版署关于公安部光盘生产源鉴定中心行使行政、司法鉴定权有关问题的通知

（2000年3月9日
公通字〔2000〕21号）

为适应“扫黄”“打非”、保护知识产权工作的需要，解决目前各地办案过程中遇到的光盘生产源无法识别的问题，经中央机构编制委员会办公室批准，公安部组建了光盘生产源鉴定中心（设在广东省深圳市，以下简称鉴定中心）。目前，鉴定中心的各项筹备工作已完毕，所开发研制的光盘生产源识别方法已通过了由最高人民法院、最高人民检察院、公安部、司法部和国家新闻出版署派员组成的专家委员会的评审鉴定，具备了行政、司法鉴定能力。现将有关问题通知如下：

一、鉴定范围和内容

鉴定中心负责对各地人民法院、人民检察院、公安机关、司法行政机关、新闻出版行政机关、音像行政管理部门和其他行政执法机关在办理制黄贩黄、侵权盗版案件中所查获的光盘及母盘进行鉴定，确定送检光盘及母盘的生产企业。

企事业单位因业务工作需要，提出鉴定申请的，鉴定中心也可以进行上述鉴定。

二、鉴定程序

办案单位认为需要进行行政、司法鉴定的，应持有本单位所在地县级以上人民法院、人民检察院、公安机关、司法行政机关或其他行政执法机关出具的公函；新闻出版行政机关、音像行政管理部门办案需要鉴定的，由当地省级以上新闻出版机关、音像行政管理部门出具委托鉴定公函。

企事业单位需要鉴定的，由本单位向鉴定中心出具委托鉴定公函。鉴定中心在接受鉴定委托后，应立即组织2名以上专业技术人员进行鉴定，在30天以内出具《中华人民共和国公安部光盘生产源鉴定书》（见附件），并报公安部治安管理局备案。委托鉴定可通过寄递方式提出。

三、鉴定费用

鉴定中心接受人民法院、人民检察院、公安机关、司法行政机关、新闻出版行政机关、音像行政管理部门或其他行政执法机关委托鉴定的，不收取鉴定费用。

鉴定中心接受企事业单位委托鉴定的，按照国家有关规定收取鉴定费用。

四、鉴定的法律效力

鉴定中心出具的鉴定书可以作为定案依据。

本通知自发布之日起执行。

附件：（略）

国家新闻出版广电总局(国家版权局)办公厅关于可录类光盘盘面印刷文字图案法规适用有关问题答复意见的函

(2017年6月16日
新广办函〔2017〕70号)

山东省版权局:

你局《山东省版权局关于可录光盘盘面印刷文字图案法规适用问题的请示》(鲁版字〔2017〕12号)收悉。经研究,答复如下:

一、光盘盘面印刷不属于音像制品和电子出版物装帧封面,不适用《印刷业管理条例》。根据《复制管理办法》,光盘包括只读类光盘和可录类光盘。光盘盘面印刷是光盘复制生产环节之一,属于复制经营活动。

二、如果光盘复制生产企业生产的空白光盘没有存储内容,仅在空白光盘盘面上印刷简单的产品名称、规格、型号等文字图案,其生产的空白光盘不属于音像制品或音像制品非卖品,适用《复制管理办法》。

三、如果光盘复制生产企业接受委托在空白光盘盘面上印刷了特定文字图案,而这些文字图案具有明显的音像制品或音像制品非卖品属性,能够表明其用途为制成音像制品或音像制品非卖品,那么此类光盘的盘面印刷行为视为复制音像制品或音像制品非卖品的一个生产环节,此类光盘属于音像制品或音像制品非卖品的在制品。光盘复制生产企业接受委托生产此类光盘应当遵守《音像制品管理条例》《复制管理办法》关于复制音像制品和音像制品非卖品的管理规定,应当依法办理委托复制手续。未办理委托复制手续,或未留存有关备查材料的,可依据《音像制品管理条例》第四十二条第(四)项或第四十四条第(五)项追究责任。

四、根据《著作权法》第十条,《著作权法》中的“复制”概念指以印刷、复制、拓印、录音、录像、翻录、翻拍等方式将作品制作一份或多份的行为。如果在光盘盘面上印刷的文字图案构成作品,则其在盘面印刷的行为构成《著作权法》的复制行为,适用《著作权法》。

请你局依据查办案件的事实和证据,准确定性,正确适用法律,依法办理有关案件。

新闻出版总署关于加强蚀刻光盘来源识别码管理的通知

(2004年9月10日
新出印〔2004〕1018号)

2000年11月24日,新闻出版署和公安部联合印发了《关于光盘生产源鉴定工作有关问题的通知》(新出联〔2000〕39号),通知规定,自2000年12月1日起,全国所有光盘复制单位须执行在模具上蚀刻光盘来源识别码(SID码)制度，并规定申请蚀刻光盘来源识别码(SID码)的光盘复制单位，应在批准之日后15日内，向公安部光盘生产源鉴定中心(以下简称鉴定中心)报送新蚀刻SID码样盘。

据了解，一个时期以来，蚀刻光盘来源识别码(SID码)工作中存在一些问题，特别是一部分光盘复制单位未能按上述规定及时报送样盘，并以种种理由借口推脱、搪塞。这在很大程度上影响了光盘来源鉴定工作的正常开展，使维护正版、保护知识产权、打击非法复制活动受到严重影响。

根据《音像制品管理条例》(国务院令第341号)和最高人民法院、最高人民检察院、公安部、司法部、新闻出版署《关于公安部光盘生产源鉴定中心行使行政、司法鉴定权有关问题的通知》(公通字〔2000〕21号)有关规定，现就蚀刻光盘来源识别码及样盘报送的有关问题重申如下：

一、关于蚀刻光盘来源识别码的范围

蚀刻光盘来源识别码包括只读类光盘复制生产线的注塑模具蚀刻光盘来源识别码(SID码)和只读类光盘母盘刻录生产线刻录母盘编码(LBR码)。只读类光盘复制生产线必须使用蚀刻有新闻出版总署印刷复制管理司核发的光盘来源识别码(SID码)的注塑模具。

根据光盘复制单位的申请，只读类光盘母盘刻录生产线可以刻录母盘编码(LBR码)。

二、关于蚀刻光盘来源识别码的单位鉴定中心和上海激光技术研究所是新闻出版总署批准的蚀刻光盘来源识别码(SID码)的刻码单位。光盘复制单位可以在申报前自愿选择刻码单位。发生侵权、盗版纠纷时，鉴定中心提供的鉴定意见可作司法依据。

只读类光盘母盘刻录生产线刻录母盘编码(LBR码)时，由光盘复制单位自行委托设备制造商或者其代理机构刻录编码。

三、关于蚀刻光盘来源识别码的程序光盘复制单位蚀刻光盘来源识别码(SID码)或母盘编码(LBR码)时，应当向所在地省、自治区、直辖市新闻出版局复制管理部门(以下简称所在地复制管理部门)提出申请，并提交下列申请文件：

(一)申请书。申请书应当说明只读类光盘复制生产线注塑模具或只读类光盘母盘刻录生产线的来源，原来批准刻码及刻码后报送样盘的执行情况等。

(二)填写完整的《光盘来源识别码(SID码)蚀刻申请表》或者《光盘母盘编码(LBR码)蚀刻申请表》(以下简称《刻码申请表》)。《光盘来源识别码(SID码)蚀刻申请表》格式见附件1，《光盘母盘编码(LBR码)蚀刻申请表》格式见附件2。

所在地复制管理部门自收到规定的全部文件之日起10日内提出初审意见，同意蚀刻的，在《刻码申请表》上签署同意意见，加盖公章，报送新闻出版总署印刷复制管理司审核。

新闻出版总署印刷复制管理司应当自收到《刻码申请表》之日起20日内作

出批准或不批准的决定。批准的,签发《光盘来源识别码(SID码)蚀刻批准证》或者《光盘母盘编码(LBR码)蚀刻批准证》,并通知所在地复制管理部门、相关刻码单位及鉴定中心;不批准的,应当说明理由。《光盘来源识别码(SID码)蚀刻批准证》格式见附件3,《光盘母盘编码(LBR码)蚀刻批准证》格式见附件4。

鉴定中心或上海激光技术研究所依据《光盘来源识别码(SID码)蚀刻批准证》蚀刻光盘来源识别码(SID码)。光盘来源识别码(SID码)应蚀刻在注塑模具定模镜面的规定位置。

光盘复制单位依据《光盘母盘编码(LBR码)蚀刻批准证》委托相关单位刻录母盘编码(LBR码)。

光盘复制单位应自《光盘来源识别码(SID码)蚀刻批准证》或《光盘母盘编码(LBR码)蚀刻批准证》发证之日起6个月内到刻码单位完成蚀刻。不在规定时间内刻码的,批准证作废。

四、关于蚀刻光盘来源识别码后样盘的报送只读类光盘复制生产线注塑模具蚀刻光盘来源识别码(SID码)后,光盘复制单位应在15日内向鉴定中心报送样盘(含溅镀工序前和印刷工序后两种盘)一式10份。

光盘复制单位不按规定报送样盘的,将暂缓或不予办理其提出的蚀刻光盘来源识别码的申请,各地新闻出版局暂缓通过光盘复制单位的年度审核登记。

本通知自发布之日起执行。

附件:(略)

新闻出版总署、国家版权局关于复制应当包含印刷过程中装订环节的意见

(2005年10月10日
新出联〔2005〕18号)

湖北省新闻出版局:

你局《关于办理侵犯知识产权刑事案件中司法解释有关问题的请示》收悉,经研究,意见如下:

根据《中华人民共和国著作权法》第十条和《中华人民共和国著作权法实施条例》第五条的规定,印刷是复制方式之一;根据国务院《印刷业管理条例》第二条的规定,印刷过程包含装订环节。因此,复制应当包含印刷过程中的装订环节。

新闻出版总署、商务部、海关总署关于加强对承接境外印刷复制业务监管的紧急通知

(2006年12月30日
新出联〔2006〕15号)

一个时期以来,在印刷复制业较为发达的地区,个别以加工贸易方式承接境外印刷复制业务的企业,违反《出版管理条例》、《印刷业管理条例》和《音像制品管理条例》等法规的规定,不履行报批

手续，非法印制违背一个中国原则、违反国家民族宗教政策等存在严重政治性问题的非法出版物，并与不法分子内外勾结，致使一些境外政治类出版物流散到境内，在社会上造成严重影响。2000 年 6 月，原对外贸易经济合作部曾联合国家测绘局、新闻出版署和海关总署下发了《关于进一步加强加工贸易审批管理，严禁开展任何违法、违规加工贸易业务的紧急通知》〔2000〕外经贸管发第 301 号）。2004 年 8 月，新闻出版总署、商务部和海关总署联合发布《公告》（2004 年第 2 号），对加工贸易项下进出口只读类光盘审核做出了规定。为进一步加强对承接境外印刷复制业务的企业及加工贸易业务的管理，现将有关法规及管理要求进一步重申如下：

一、各审批部门要进一步加强承接境外印刷复制业务的审批工作。各级商务、新闻出版等境外印刷复制业务审批管理部门，在审批对外承接印刷复制业务工作中，要坚持正确的政治方向和立场，提高政治敏锐性和鉴别力，严格把关，切实加强对从事该类印刷复制业务企业及加工贸易业务的有效监管，严禁印刷复制企业加工非法印刷品和录有内容的光盘和磁带。

二、各级出版行政部门要加大对承接境外印刷复制业务的内容审查力度。根据《出版管理条例》、《印刷业管理条例》和《音像制品管理条例》的有关规定，各级出版行政部门要严格遵守、执行印刷复制前内容审批、备案制度。尤其要加强对印制涉及政治、民族、宗教、性文化、人体艺术、地图、地球仪等具有敏感性问题的境外委托印刷复制业务的审查工作力度。

各级出版行政部门要转变观念，改进作风，努力提高工作质量、工作效率和服务水平。同时，要加强与商务、海关、工商等有关部门的沟通，主动将承接境外印刷复制业务的违法违规企业的处罚决定书及相关材料抄送商务主管部门、海关和工商行政部门，以便相关部门据此及时调整企业管理类别，决定是否继续受理其加工贸易业务申请和备案，准确核定企业年检情况。

三、各级商务主管部门、海关要进一步加强对承接境外印刷复制业务的审批、备案管理。其中，以加工贸易方式承接境外印刷复制业务的，各级商务审批管理部门应根据加工贸易企业出具的《印刷复制经营许可证》和省级及省级以上出版行政部门、宗教事务管理部门、测绘管理部门的批准文件，逐单对企业的加工贸易业务申请进行审批。各地海关应根据商务主管部门的《加工贸易业务批准证》、《生产能力证明》和各级出版行政部门的批准文件等相关批件，为企业办理加工贸易备案手续。对涉嫌违规出口印刷品和录有内容的光盘和磁带的，海关要加大查缉力度。

四、各承接境外印刷复制业务的企业在承接和开展境外印刷复制业务时，必须严格遵守我国宪法和国家有关法律法规，必须履行审批或备案程序，严格执行《出版管理条例》、《印刷业管理条例》和《音像制品管理条例》中“承接境外的产品必须全部运输出境,不得在境内销售、散发”的规定,自觉维护国家利益和社会稳定。

新闻出版总署、公安部、国家工商行政管理总局、信息产业部关于规范利用互联网从事印刷经营活动的通知

(2007 年 8 月 1 日
新出联〔2007〕8 号)

近年来,我国数字印刷行业快速发展。其中,“印客”类网站利用互联网向社会快捷地提供异地、远程、个性化印刷产品,受到社会的认可和欢迎。国家鼓励“印客”类网站依法开发、提供各种内容健康向上、形式丰富多彩的印刷产品。《新闻出版业“十一五”发展规划》明确提出了“鼓励采用快速、按需、高效、个性化的数字印刷”。为促进数字印刷业健康发展,规范“印客”类网站的印刷经营活动,根据《印刷业管理条例》等相关法律法规,现就有关事项通知如下:

一、“印客”类网站直接提供经营性排版、制版、印刷和装订服务的,属于印刷经营活动,依照《印刷业管理条例》的规定,纳入印刷业监督管理范畴,应事先取得《印刷经营许可证》。

“印客”类网站提供印刷经营活动中介服务的,须向接受其委托承印的印刷企业提供合法的委托手续,承印的印刷企业要严格审核。

二、从事印刷经营活动的“印客”类网站须遵守《印刷业管理条例》等国家印刷管理规定。要认真执行《印刷品承印管理规定》(新闻出版总署、公安部令第 19 号),建立、健全承印验证制度、承印登记制度、印刷品保管制度、印刷品交付制度、印刷活动残次品销毁制度等管理制度。

从事图书、期刊和报纸等出版物印刷经营活动的,须验证并留存出版单位盖章的印刷委托书和报纸出版许可证,不得接受非出版单位和个人的委托印刷图书、期刊和报纸,包括伪造、假冒出版单位、书号、刊号和内部资料性出版物准印证号,以及没有出版单位、书号、刊号和内部资料性出版物准印证号的个人小说、诗集、文集、“博客”书等。禁止印刷非法出版物。

三、从事印刷经营活动的“印客”类网站须在经营场所和网站首页显著位置公示《印刷经营许可证》和营业执照。

四、从事印刷经营活动的“印客”类网站应自觉保护知识产权,维护著作权人的合法权益,不得提供侵犯他人知识产权的各类印刷品。

五、“印客”类网站将个人小说、文集等数字化作品登载在网站上,提供在线浏览、阅读或下载服务的,属于互联网出版活动,须按有关规定,取得互联网出版许可。

六、本通知发布前已经在国内正式运营且至今仍在从事印刷经营活动的“印客”类网站,应于 2007 年 9 月 30 日以前,按照本通知的要求到所在地省、自治区、直辖市新闻出版局办理《印刷经营许

可证》，规范经营活动。逾期未办理《印刷经营许可证》、从事违法印刷经营活动的，将依照《出版管理条例》和《印刷业管理条例》等法律法规及《关于印发〈互联网站管理协调工作方案〉的通知》（信部联电〔2006〕121号）等文件的规定，由新闻出版、公安、工商、电信主管部门依据法定职权予以取缔，并依法进行行政处罚。

七、各级新闻出版、公安、工商、电信主管部门应密切配合，根据本通知要求加强对本辖区内“印客”类网站的监督检查工作，督促、引导其依法办理相关手续、合法经营。

五、文化市场管理

文化市场综合行政执法管理办法

（2011年12月19日文化部令第52号发布　自2012年2月1日起施行）

第一章　总　　则

第一条　为规范文化市场综合行政执法行为，加强文化市场管理，维护文化市场秩序，保护公民、法人和其他组织的合法权益，促进文化市场健康发展，根据《中华人民共和国行政处罚法》、《中华人民共和国行政强制法》等国家有关法律、法规，制定本办法。

第二条　本办法所称文化市场综合行政执法是指文化市场综合行政执法机构（以下简称综合执法机构），依照国家有关法律、法规、规章的规定，对公民、法人或者其他组织的文化经营活动进行监督检查，并对违法行为进行处理的具体行政行为。

第三条　本办法所称综合执法机构包括：

（一）经法律、法规授权实施文化市场综合行政执法，对同级人民政府负责的执法机构；

（二）接受有关行政部门委托实施文化市场综合行政执法，接受委托机关的指导和监督，对委托机关负责的执法机构。

第四条　文化市场综合行政执法应当遵循公平、公正、公开的原则，建立权责明确、行为规范、监督有效、保障有力的行政执法运行机制。

第五条　文化部负责指导全国文化市场综合行政执法，建立统一完善的文化市场综合行政执法工作制度，建设全国文化市场技术监管体系，加强文化市场综合行政执法队伍的专业化、规范化、信息化建设，完善对文化市场综合行政执法工作的绩效考核。

各有关行政部门在各自职责权限范围内，指导综合执法机构依法开展执法业务。

各级综合执法机构依照职责分工负责本行政区域内的文化市场综合行政执法工作。

第二章　执法机构与执法人员

第六条　综合执法机构与各有关行政部门应当建立协作机制，及时掌握行政执法的依据、标准以及相关行政许可情况,定期通报市场动态和行政执法情况,提出政策或者工作建议。

第七条 文化市场综合行政执法人员(以下简称执法人员)应当具备以下条件:

(一)具有中华人民共和国国籍;

(二)年满十八周岁;

(三)遵纪守法、品行良好、身体健康;

(四)熟悉文化市场管理法律法规,掌握文化市场管理所需的业务知识和技能;

(五)无犯罪或者开除公职记录;

(六)法律法规规定的其他条件。

录用执法人员应当参照《中华人民共和国公务员法》的有关规定公开招考,择优录取。

第八条 执法人员经岗位培训和考试合格,取得《中华人民共和国文化市场综合行政执法证》或者各级人民政府核发的行政执法证后,方可从事行政执法工作。

综合执法机构应当每年对执法人员进行业务考核。对考核不合格的执法人员,应当暂扣执法证件。

第九条 综合执法机构应当有计划地对执法人员进行业务培训,鼓励和支持执法人员参加在职继续教育。

第十条 综合执法机构应当配备调查询问、证据保存等专用房间及交通、通讯、取证、检测等行政执法所必需的设施设备;为执法人员购买人身意外伤害保险。

第十一条 综合执法机构应当实行执法人员定期岗位轮换制度。执法人员在同一执法岗位上连续工作时间原则上不超过5年。

第十二条 各有关行政部门或者综合执法机构可按有关规定对工作成绩显著的综合执法机构和执法人员给予表彰、奖励。

第三章 执法程序

第十三条 综合执法机构应当建立健全12318文化市场举报体系,向社会公布举报方式,依法及时有效受理、办理举报,对举报有功人员可给予一定奖励。

对日常巡查或者定期检查中发现的违法行为,公民、法人及其他组织举报的违法行为,上级交办的、下级报请处理的或者有关部门移送的案件,应当及时处理。

第十四条 重大案件发生后12小时内,当地综合执法机构应当将案件情况向上级报告。上级综合执法机构或者委托机关应当对重大案件的查处进行督办。

第十五条 文化市场行政违法案件由违法行为发生地所在的县级以上有关行政部门或者综合执法机构管辖。法律、法规、规章另有规定的,从其规定。对管辖发生争议的,报请共同的上一级行政机关指定管辖。

发现受理的案件不属于自己管辖的,应当及时将案件移交给有管辖权的有关行政部门、综合执法机构;违法行为涉嫌构成犯罪的,应当移送司法机关依法处理。

第十六条 执法人员依法执行公务时,应当规范着装,佩戴执法标志。

第十七条 综合执法机构开展行政执法活动,应当严格按照法律、法规和本办法规定的程序进行,并依法制作执法文书。

第十八条 对于公民、法人或者其他组织违反文化市场管理法律法规的行为,依法应当给予行政处罚的,必须查明事实;违法事实不清的,不得给予行政处罚。

第十九条 在作出行政处罚之前,应当告知当事人作出行政处罚决定的事实、理由和依据,并告知当事人依法享有的权利。

执法人员应当充分听取当事人的陈述和申辩,并制作笔录,对当事人提出的事实、理由和证据进行复核,经复核成立的应当采纳。

第二十条 违法事实确凿并有法定依据,对公民处以50元以下、对法人或者其他组织处以1000元以下罚款或者警告的行政处罚的,可以当场作出处罚决定;执法人员应当填写预定格式、编有号码的行政处罚决定书,经签名或者盖章后,当场交付当事人。

执法人员应当自作出当场处罚决定之日起3日内向所属综合执法机构报告并备案。

第二十一条 除依法可以当场作出的行政处罚外,发现公民、法人或者其他组织有依法应当给予行政处罚的行为的,应当登记立案,客观公正地进行调查,收集有关证据,必要时可以依照法律、法规的有关规定进行检查。

证据包括书证、物证、证人证言、视听资料、当事人陈述、鉴定结论、勘验笔录和现场笔录或者其他有关证据。证据必须查证属实,才能作为认定事实的根据。

第二十二条 在调查或者执法检查时,执法人员不得少于2名,并应当向当事人或者有关人员出示执法证件。当事人及有关人员应当如实回答询问,并协助调查或者检查。执法人员应当制作调查询问或者现场检查笔录,经当事人或者有关人员核对无误后,由当事人或者有关人员签名或者盖章。当事人或者有关人员拒绝的,由2名以上执法人员在笔录上注明情况并签名。

执法人员与当事人有直接利害关系的,应当回避。

第二十三条 在调查或者执法检查中,发现正在发生的违法违规行为,情况紧急无法立案的,执法人员可以采取以下措施:

(一)对违法行为予以制止或者纠正;

(二)依据相关法律法规规定,对有关物品、工具进行查封或者扣押;

(三)收集、提取有关证据。

第二十四条 执法人员在收集证据时,可以采取抽样取证的方法;在证据可能灭失或者以后难以取得的情况下,经依法批准后,可以采取先行登记保存等措施。

对证据进行抽样取证或者登记保存,应当有当事人在场;当事人不在场或者拒绝到场的，可以请在场的其他人员见证并注明。

对抽样取证或者登记保存的物品应当开列清单，并依据情况分别制作抽样取证凭证或者证据登记保存清单，标明物品名称、数量、单价等事项，由执法人员、当事人签名或者盖章，交付当事人。当事人拒绝签名、盖章或者接收的，由2名以上执法人员在凭证或者清单上注明情况并签名。

登记保存物品时，在原地保存可能灭失或者妨害公共安全的，可以异地保存。

第二十五条 对先行登记保存的证据，应当在7日内作出下列处理决定：

（一）需要进行技术检验或者鉴定的，送交检验或者鉴定；

（二）依法不需要没收的物品，退还当事人；

（三）依法应当移交有关部门处理的，移交有关部门。

法律法规另有规定的，从其规定。

第二十六条 对情节复杂或者重大的案件作出责令停业整顿、吊销许可证或者较大数额罚款等行政处罚前，应当经过集体讨论后，再做决定。

第二十七条 拟作出责令停业整顿、吊销许可证、较大数额罚款等行政处罚决定的，应当告知当事人有听证的权利。当事人要求听证的，应当组织听证。

第二十八条 听证会应当按照以下程序进行：

（一）听证主持人宣布听证开始，宣布案由、听证纪律、当事人的权利和义务，宣布和核对听证参加人员名单；

（二）调查人员提出当事人违法的事实、证据、处罚依据和行政处罚的理由；

（三）当事人可以提出证据，进行陈述和申辩，对调查人员提出的证据进行质证；

（四）听证主持人向当事人、调查人员、证人等有关人员询问；

（五）当事人最后陈述；

（六）听证主持人宣布听证结束。

第二十九条 听证会应当制作笔录，交当事人核阅无误后签字或者盖章。

听证主持人应当依据听证情况作出书面报告，报告的主要内容为：案由，听证时间、地点，听证参加人姓名或者名称，申辩和质证的事项，证据鉴别和事实认定情况。

第三十条 行政处罚决定书应当在宣告后当场交付当事人，由当事人在送达回证上记明收到日期，签名或者盖章。

当事人不在场的，应当自作出行政处罚决定之日起7日内依照民事诉讼法的有关规定，将行政处罚决定书送达当事人。

第三十一条 作出责令停业整顿、吊销许可证等重大行政处罚的，应当自作出行政处罚决定之日起15日内，报许可机关和上级综合执法机构备案，必要时可将处罚决定抄告有关部门。

第三十二条 依法没收的财物，必须按照国家有关规定公开拍卖或者处理。

依法应当予以销毁的物品，经综合执法机构负责人批准，由2名以上执法人员监督销毁,并制作销毁记录。

第三十三条 执法文书及有关材料,应当依照有关法律、法规、规章的规定,编目装订,立卷归档。

第四章 执法监督与责任追究

第三十四条 上级综合执法机构对下级综合执法机构及执法人员的执法行为实行执法监督。

综合执法机构接受同级人民政府及有关行政部门的执法监督。

第三十五条 执法监督的内容包括:

(一)执法主体;

(二)执法程序;

(三)法律、法规、规章的适用;

(四)履行法定职责的情况;

(五)罚没财物的处理;

(六)其他需要监督的内容。

第三十六条 执法监督的方式:

(一)受理对违法违规执法行为的申诉、控告和检举,并直接处理或者责成有关部门处理;

(二)对执法工作进行检查;

(三)调阅执法案卷和其他资料;

(四)在职权范围内采取的其他方式。

第三十七条 在执法过程中有下列情形之一的,应当予以纠正或者撤销行政处罚,损害当事人合法权益的,应当依法给予赔偿:

(一)执法主体不合法的;

(二)执法程序违法的;

(三)具体行政行为适用法律、法规、规章错误的;

(四)违法处置罚没或者扣押财物的。

第三十八条 因第三十七条列举情形造成以下后果的,应当依法追究直接责任人和主要负责人的责任:

(一)人民法院撤销、变更行政处罚决定的;

(二)复议机关撤销、变更行政处罚决定的。

第三十九条 执法人员有下列情形之一,尚不构成犯罪的,应当依法给予行政处分,并收回其执法证件;情节严重,构成犯罪的,依法追究刑事责任:

(一)滥用职权,侵犯公民、法人及其他组织合法权益的;

(二)利用职权或者工作之便索取或者收受他人财物,或者支持、纵容、包庇文化市场违法经营活动的;

(三)伪造、篡改、隐匿和销毁证据的;

(四)玩忽职守、贻误工作的;

(五)泄露举报内容和执法行动安排的;

(六)其他违反法律、法规、规章的行为。

第四十条 执法人员在被暂扣执法证件期间,不得从事行政执法工作;执法人员被收回执法证件的,应当调离执法岗位,不得再从事行政执法工作。

第五章 附 则

第四十一条 《中华人民共和国文化市场综合行政执法证》是执法人员履

行职责时的合法证件，由文化部统一制式，省级文化行政部门或者综合执法机构监制并核发。

各级人民政府核发的行政执法证，也是执法人员履行职责时的合法证件。

执法文书由文化部统一格式，省级文化行政部门或者综合执法机构监制。

第四十二条 本办法所称“较大数额罚款”是指对公民处以1万元以上、对法人或者其他组织处以5万元以上的罚款，法律、法规、规章另有规定的，从其规定。

第四十三条 本办法由文化部负责解释。

第四十四条 本办法自2012年2月1日起施行。2006年7月1日文化部发布的《文化市场行政执法管理办法》同时废止。

文化市场综合行政执法人员行为规范

（2012年5月23日文化部办公厅发布 办市发〔2012〕11号）

第一条 为规范文化市场综合行政执法行为，根据《中华人民共和国行政处罚法》、《文化市场综合行政执法管理办法》等有关法律、法规和规章的规定，制定本规范。

第二条 各级文化行政部门和文化市场综合行政执法机构（以下简称执法部门）的文化市场综合行政执法人员（以下简称执法人员）开展执法检查、监督、处罚等公务时应当遵守本规范。

第三条 各级执法部门负责本规范的组织实施；执法部门主要负责人是组织实施本规范的第一责任人。

上级执法部门负责对下级执法部门执行本规范的情况进行指导、监督和考核。

第四条 执法人员开展执法检查时，应当向当事人主动出示文化部监制的《中华人民共和国文化市场综合行政执法证》或省级以上人民政府核发的执法资格证（以下统称执法证件），表明执法身份。

第五条 经初步调查核实，发现当事人不存在违法行为的，执法人员应当对其配合执法检查的行为表示谢意；发现当事人涉嫌存在违法行为的，应当责令当事人立即停止或改正违法行为，并对当事人进行法制教育。

第六条 执法人员不得通过引诱、欺诈、胁迫、暴力等违反法定程序的手段进行调查取证。

执法人员通过其他方式不能或难以收集了解文化市场管理信息，需要采取隐蔽拍摄、录制等特殊手段时，应当报请执法部门主要负责人同意。

第七条 执法人员应当穿着文化部统一样式的执法工作服，佩带执法标志，并符合下列要求：

（一）配套着装，穿着整齐，保持执法工作服洁净、平整；

（二）执法胸牌佩戴在上衣左口袋上沿正中处；

(三)穿着黑色皮鞋或深棕色皮鞋;

(四)不得混穿不同季节的执法工作服,不得混穿执法工作服和便装,不得披衣、敞怀、卷裤腿、上翻衣领;

(五)男性执法人员不得留长发、大鬓角,不得蓄胡须、剃光头;女性执法人员不得披散长发,不得化浓妆,不得佩戴夸张的饰物。

第八条 执法人员应当妥善保管执法证件、执法工作服及执法胸牌,不得变卖或擅自拆改,不得转借他人使用;因工作调动、退休等原因离开文化市场综合行政执法工作岗位时,执法证件及执法胸牌应当上交。

第九条 执法人员应当举止端庄,态度和蔼。不得袖手、背手或将手插入衣袋,不得吸烟、吃东西,不得勾肩搭背、嬉笑打闹。不得推搡或手指当事人,不得踢、扔、敲、摔当事人的物品。

第十条 执法人员在接听举报电话或者接待群众来访时,应当使用普通话,注意音量适宜,文明礼貌。对属于职权范围内的举报,应当及时处理;对不属于职权范围内的举报,应当向对方说明理由。解答问题、办理咨询时应当符合政策法规,对于不清楚的问题不得随意发表意见。

第十一条 执法人员开展执法检查或者执行其他公务时应当使用文明规范用语,应当清晰、准确、得体表达执法检查或其他意图:

(一)亮明身份时:我们是×××(单位)执法人员,正在执行公务,这是我们的证件,请您配合我们的工作;

(二)做完笔录时:请您看一下记录,如属实请您签字予以确认;

(三)回答咨询时:您所反映的问题需要调查核实,我们在×日内调查了解清楚后再答复您;您所反映的问题不属于我单位职责范围,此问题请向×××(单位)反映(或申诉),我们可以告诉您×××(单位)的地址和电话;

(四)执法过程中遇到抵触时:根据法律规定,你有如实回答询问、并协助调查(或者检查)的义务,请配合我们的工作,欢迎您对我们的工作提出意见,我们愿意接受监督;

(五)告知权利义务时:根据法律规定,您有陈述和申辩的权利;根据法律规定,您有要求听证的权利;如果您对行政处罚(理)决定不服,有权在法定期限内提出行政复议或行政诉讼;

(六)结束执法时:谢谢您的配合;感谢您对我们工作的支持。

第十二条 除办理案件外,执法人员不得动用被暂扣或者作为证据登记保存的物品。

第十三条 执法人员应当严格遵守工作纪律、组织纪律和廉政纪律,应当严格按照法律法规规定的职责权限实施行政执法行为,不得推诿或者拒绝履行法定职责,不得滥用职权,不得越权执法,不得以权谋私。

第十四条 执法人员不得以各种名义索取、接受行政相对人(请托人、中间人)的宴请、礼品、礼金(含各种有价证券)以及其他消费性活动,不得向行政相对人借款、借物、赊账、推销产品、报销任何费用或者要求行政相对人为其提供服务。

第十五条 执法人员不得参与和职权有关的各种经营性活动，不得利用职权为配偶、子女及其他特定关系人从事经营性活动提供便利条件，不得在被管理单位兼职。

第十六条 执法人员不得弄虚作假，不得隐瞒、包庇、纵容违法行为，不得为行政相对人的违法行为开脱、说情。

第十七条 非因公务需要，执法人员不得在非办公场所接待行政相对人及其亲属，不得单独对当事人进行调查询问。

第十八条 违反本规范造成不良影响或者后果的，由纪检监察部门视情节轻重追究有关责任人的相关责任；触犯法律的，依法追究法律责任。

第十九条 本规范由文化部负责解释。

第二十条 本规范自印发之日起施行。

文化市场重大案件管理办法

（2012年7月30日文化部发布 文市发〔2012〕23号）

第一条 为加强文化市场重大案件管理，规范文化市场重大案件报告、督办和查处等工作，落实行政执法责任，强化行政执法监督，根据《行政处罚法》、《文化市场综合行政执法管理办法》等有关法律、法规和规章的规定，制定本办法。

第二条 本办法所称文化市场重大案件是指文化市场经营活动中发生的违法情节严重、社会影响恶劣、涉案财物数额较大、涉案人员或者地区较多，依法应当给予行政处罚或者刑事处罚的案件。

具有下列情形之一的，属文化市场重大案件：

（一）文化产品或者服务含有国家法律法规禁止内容，造成严重社会影响的；

（二）未经批准擅自从事文化市场经营活动，造成恶劣社会影响的；

（三）违法向未成年人提供文化产品或者服务，或者向未成年人提供违法文化产品或者服务，严重损害未成年人身心健康，造成恶劣社会影响的；

（四）非法经营数额在50万元以上或者违法所得数额在10万元以上的；

（五）依法移送司法机关，当事人被追究刑事责任的；

（六）其他社会广泛关注、影响特别恶劣的案件。

第三条 文化部负责全国文化市场重大案件的指导、监督和协调工作。

地市级以上文化行政部门或文化市场综合行政执法机构（以下合并简称执法部门）负责本辖区内文化市场重大案件的指导、监督、协调和查处工作。

第四条 文化市场重大案件报告、督办和查处工作应当坚持属地管理、分级负责、及时高效、客观公正的原则。

第五条 下级执法部门应当将本辖区内发生的文化市场重大案件向上级执法部门报告。

第六条 案件发生后,经初步调查核实,符合本办法第二条所列情形,属文化市场重大案件的,案发地执法部门应当在案发后12小时内向上级执法部门报告;符合本办法第二条第二款(一)项的文化市场重大案件,应当在案发后12小时内逐级报告至文化部。

案件调查处理取得重大进展或者办理终结的,下级执法部门应当及时向上级执法部门报告。

第七条 文化市场重大案件报告应当采取书面形式,并包括以下内容:

(一)案件名称、案件来源、案发时间、案发地点、涉案人员、涉案金额等基本情况;

(二)案件调查处理情况;

(三)其他需要报告的事项。

紧急情况下,可以首先采取电话、传真或者互联网等方式报告,并及时补交书面报告。

第八条 省级执法部门应当在每年12月15日之前向文化部报告本年度本辖区文化市场重大案件查处情况,具体包括下列内容:

(一)辖区内文化市场重大案件的总体分析报告,包括数量类别、基本特点和典型意义;

(二)各门类文化市场重大案件的规范名称、办案单位、办案人员、基本案情、处理结果或者进展情况;

(三)其他需要报告的内容。

第九条 文化市场重大案件涉及国家秘密的,应当按照国家有关保密法律法规规定的形式报告。

第十条 上级执法部门可以根据案件性质、涉案金额、复杂程度、查处难度以及社会影响等情况,对辖区内发生的文化市场重大案件进行督办。

对于涉案财物数额较大、涉案人员或者地区较多,案情特别复杂,查处确有难度的文化市场重大案件,下级执法部门可以报请上级执法部门进行督办。

第十一条 文化部对下列文化市场重大案件进行督办:

(一)党中央、国务院等上级部门交办的案件;

(二)文化部领导交办的案件;

(三)在全国或者省、自治区、直辖市范围内有重大影响的案件;

(四)违法情节特别严重、社会影响特别恶劣的案件;

(五)具有典型性、示范性的案件;

(六)文化部认为确有必要督办的其他案件。

各省、自治区、直辖市文化市场重大案件督办的范围和标准,由省级执法部门根据本地实际情况确定。

第十二条 对需要督办的文化市场重大案件,执法人员应当填写《文化市场重大案件督办立项审批表》,提出拟督办意见,经执法部门主要负责人或者指定的执法机构负责人审核同意后,向下级执法部门发出《文化市场重大案件督办通知书》,要求其在规定的期限内查清事实,并作出处理决定。

《文化市场重大案件督办通知书》应当包括督办案件的名称、来源、基本情况及督办部门、承办部门、督办要求等内容。

第十三条 督办案件涉及多个地区的，上级执法部门应当明确主办执法部门和协办执法部门，并按照各自管辖职责分别确定案件查处任务。

主办执法部门和协办执法部门应当密切协作，及时沟通。对主办单位请求协助的事项，协办执法部门应当依法开展调查取证，及时准确反馈情况，并提供相关证据材料。

第十四条 下级执法部门应当在收到《文化市场重大案件督办通知书》后5个工作日内制定案件查处方案，组织调查处理。

案件查处方案应当报送上级执法部门备案；上级执法部门要求下级执法部门在调查处理前报告查处方案的，下级执法部门应当按照要求报告，并在上级执法部门同意后执行。

案件督办前已经立案的，下级执法部门不得停止调查处理，但应当将案件查处方案及相关情况报告上级执法部门；上级执法部门发现其中存在问题要求改正或者调整的，下级执法部门应当及时改正或者调整。

第十五条 未经上级执法部门批准，下级执法部门不得将督办的文化市场重大案件转交其下级执法部门或者移送相关部门查处。

第十六条 对督办的文化市场重大案件，下级执法部门应当成立专案组或者指定专人办理，并在收到《文化市场重大案件督办通知书》后60日内依法作出处理决定。

案情特别复杂，无法在规定时间内作出处理决定的，下级执法部门在以书面形式请示上级执法部门同意后，可以适当延长案件查处时间。

第十七条 上级执法部门依法履行下列督办职责：

（一）对督办的文化市场重大案件查处工作进行指导、协调和监督；

（二）对落实督办要求不力或者案件查处进度不符合要求的进行催办；

（三）对督办的文化市场重大案件查处过程中发生的不当行为及时进行纠正；

（四）其他需要承担的督办职责。

第十八条 上级执法部门应当确定专门机构或者人员及时跟踪了解督办案件查处情况，加强对案件查处工作的指导、协调和监督，必要时可以派出专门人员前往案发地督促检查或者直接参与案件查处工作。

第十九条 下级执法部门未按照督办要求组织案件查处工作的，上级执法部门应当及时进行催办。

第二十条 督办的文化市场重大案件情况发生重大变化，确实不需要继续督办的，上级执法部门可以撤销督办，并说明理由。

第二十一条 除涉及国家秘密或者其他不应当公开的情形外，上级执法部门应当及时公布督办案件信息及查处情况。

第二十二条 对违反本办法的规定，有下列情形之一的，予以通报批评；情节严重的，依法追究主要负责人及直接责任人的责任。

(一)未按照规定时限报告的;

(二)故意推诿、拖延、瞒报、谎报的;

(三)案件久拖不决或者拒不落实督办要求的;

(四)违反相关保密规定的;

(五)其他造成严重后果的情形。

第二十三条 对在文化市场重大案件查处或者指导、协调、监督文化市场重大案件查处过程中表现突出的集体或者个人,上级执法部门应当依照相关规定给予表彰奖励。

第二十四条 上级执法部门对督办的文化市场重大案件,依照相关规定补助案件办理经费。

第二十五条 本办法由文化部负责解释。

第二十六条 本办法发布之日起实施,2008年8月22日发布的《文化市场重大案件管理办法》同时废止。

附件:(略)

文化市场突发事件应急管理办法(试行)

(2012年8月14日文化部发布 文市发〔2012〕27号)

第一章 总 则

第一条 为加强文化市场突发事件应急管理,有效预防和妥善处置文化市场突发事件,最大限度地减少危害和负面影响,根据《突发事件应对法》等有关法律、法规和规章的规定,制定本办法。

第二条 本办法所称文化市场突发事件是指在文化市场经营场所、经营活动、行政管理或者综合行政执法工作中发生的,造成或者可能造成重大社会影响或者严重社会危害,需要采取应急处置措施予以应对的事件。

第三条 文化市场突发事件包括下列情形:

(一)文化市场经营场所、经营活动中发生火灾、爆炸、坍塌、踩踏等安全事故或者重大治安事件的;

(二)文化产品或者服务含有国家法律法规禁止内容,造成严重社会影响的;

(三)文化市场经营、行政管理或者综合行政执法信息通过互联网等途径传播,引起社会公众广泛关注,造成严重负面影响的;

(四)以暴力、恐吓、胁迫等方式阻挠文化市场行政管理和综合行政执法工作,造成人员伤亡的;

(五)因不服从文化市场行政管理或者综合行政执法行为,造成群体性事件的;

(六)其他需要采取应急处置措施予以应对的突发事件。

第四条 文化市场突发事件应急管理应当遵循统一领导、综合协调,分类管理、分级负责,预防为主、以人为本,属地管理、协同配合的原则。

第五条 县级以上文化行政部门和文化市场综合行政执法机构(以下合并简称执法部门)按照法定职责对本行政区域内突发事件的应对工作负责;涉及

两个以上行政区域的，由有关行政区域共同的上级执法部门负责，或者由各有关行政区域的上级执法部门共同负责。

法律、行政法规规定由国务院有关部门对突发事件的应对工作负责的，从其规定。

第六条 各级执法部门应当单独或者联合成立文化市场突发事件应急工作领导小组，统一指挥文化市场突发事件应急管理工作。

文化市场突发事件应急工作领导小组应当建立信息、设备、人员、运输及通信等方面的应急工作保障机制。

文化市场突发事件应急工作领导小组组长由各级执法部门负责人担任。

文化市场突发事件应急工作领导小组下设办公室，具体负责日常工作。

第七条 各级执法部门应当根据本办法制定文化市场突发事件应急预案，明确文化市场突发事件应急处置的机构、人员、职责和分工等内容。

第八条 各级执法部门应当加强文化市场日常检查，对突发事件隐患和预警信息进行风险评估和预测，认为可能发生突发事件的，应当采取预防措施或者通报相关部门。

第九条 各级执法部门应当对负有突发事件应急责任的经营管理人员开展必要的应急培训和演练。

第二章 突发事件分级

第十条 根据造成或者可能造成的影响范围和社会危害程度等情况，将文化市场突发事件划分为特大突发事件（Ⅰ级）、重大突发事件（Ⅱ级）、较大突发事件（Ⅲ级）、一般突发事件（Ⅳ级）四个等级。

第十一条 具有下列情形之一的，属于文化市场特大突发事件（Ⅰ级）：

（一）在文化市场经营场所或者经营活动中发生特大安全事故，导致或者可能导致30人以上死亡（含失踪），或者100人以上重伤，或者1000万元以上直接经济损失的；

（二）因不服从文化市场行政管理或者综合行政执法行为而造成群体性事件，一次参与人数达到300人以上，严重影响社会稳定的。

第十二条 具有下列情形之一的，属于文化市场重大突发事件（Ⅱ级）：

（一）在文化市场经营场所或者经营活动中发生重大安全事故，导致或者可能导致10人以上死亡（含失踪），或者50人以上重伤，或者500万元以上直接经济损失的；

（二）因不服从文化市场行政管理或者综合行政执法行为而造成群体性事件，一次参与人数在100人以上，严重影响社会稳定的；

（三）以暴力、恐吓、胁迫等方式阻挠文化市场行政管理或者综合行政执法工作，造成3人以上死亡或者10人以上重伤的。

第十三条 具有下列情形之一的，属于较大突发事件（Ⅲ级）：

（一）在文化市场经营场所或者经营活动中发生重大安全事故，导致或者可能导致3人以上死亡（含失踪），或者10

人以上重伤,或者100万元以上直接经济损失的;

(二)因不服从文化市场行政管理或者综合行政执法行为而造成群体性事件,一次参与人数在50人以上,严重影响社会稳定的;

(三)以暴力、恐吓、胁迫等方式阻挠文化市场行政管理或者综合行政执法工作,造成1人以上死亡或者3人以上重伤的;

(四)文化市场经营、行政管理或者综合行政执法信息通过互联网等途径传播,引起公众广泛关注,在全国范围内造成严重负面影响的。

第十四条 具有下列情形之一的,属于一般突发事件(Ⅳ级):

(一)在文化市场经营场所或者经营活动中发生重大安全事故,导致或者可能导致1人以上死亡(含失踪),或者3人以上重伤,或者50万元以上直接经济损失的;

(二)因不服从文化市场行政管理或者综合行政执法行为而造成群体性事件,一次参与人数在3人以上,严重影响社会稳定的;

(三)以暴力、恐吓、胁迫等方式阻挠文化市场行政管理或者综合行政执法工作,导致1人以上重伤或者3人以上轻伤的;

(四)文化产品或者服务含有国家法律法规禁止内容,造成恶劣社会影响的;

(五)文化市场经营、行政管理或者综合行政执法信息通过互联网等途径传播,引起公众广泛关注,在本辖区内造成严重负面影响的;

(六)其他需要采取应急处置措施予以应对的突发事件。

第三章 信息报告与发布

第十五条 文化市场突发事件信息报告与发布应当做到统一、准确、及时。

第十六条 文化市场突发事件信息一般情况下实行分级报送,确有必要时可以越级上报。

文化市场突发事件发生后,事发地文化市场突发事件应急工作领导小组应当在2小时内向同级人民政府和上级文化市场突发事件应急工作领导小组报告,并通知相关部门协同处理。

事发地文化市场突发事件应急工作领导小组在采取应急处置措施4小时内,应当向同级人民政府和上级文化市场突发事件应急工作领导小组提交书面报告。

第十七条 Ⅰ级突发事件发生后,应当逐级报告至文化部文化市场突发事件应急工作领导小组。

Ⅱ级突发事件发生后,应当逐级报告至省级文化市场突发事件应急工作领导小组。

Ⅲ级、Ⅳ级突发事件发生后,应当报告至地市级文化市场突发事件应急工作领导小组。

第十八条 文化市场突发事件信息报告应当包含突发事件发生的时间、地点、现场情况、伤亡人数、财产损失、发生原因、应对措施等内容。

报告内容涉及国家秘密的,应当依

照国家有关保密法律法规办理。

第十九条 各级文化市场突发事件应急工作领导小组应当建立新闻发言人制度，确定一名工作人员，统一发布突发事件信息。

第四章 应急处置

第二十条 文化市场突发事件发生后，事发地文化市场突发事件应急工作领导小组应当立即启动应急预案，采取应急处置措施。

事发地人民政府或者上级文化市场突发事件应急工作领导小组已经开展应急处置工作的，事发地文化市场突发事件应急工作领导小组应当在其领导下，按照职责分工参与应急处置工作。

第二十一条 文化市场突发事件应急处置中，涉及其他部门权限的，事发地文化市场突发事件应急工作领导小组应当通报其他部门，并报告本级人民政府。

文化市场突发事件中的当事人涉嫌违反文化市场管理法规的，应当依法处理。

第二十二条 Ⅰ级突发事件发生后，文化部文化市场突发事件应急工作领导小组应当派出工作组赶赴事发地协调、指导、监督应急处置工作。

Ⅱ级突发事件发生后，省级文化市场突发事件应急工作领导小组应当派出工作组赶赴事发地协调、指导、监督应急处置工作。

Ⅲ级突发事件发生后，地市级文化市场突发事件应急工作领导小组应当派出工作组赶赴事发地协调、指导、监督应急处置工作。

Ⅳ级突发事件发生后，县级文化市场突发事件应急工作领导小组负责人应当赶赴事发地协调、指导、监督应急处置工作。

第二十三条 文化市场突发事件引起的威胁或者危害得到控制或者消除后，事发地文化市场突发事件应急工作领导小组应当采取或者继续实施必要措施，防止发生次生、衍生事件或者重新引发突发事件。

第五章 事后评估与奖惩

第二十四条 文化市场突发事件应急处置工作结束后，事发地文化市场突发事件应急工作领导小组应当对突发事件及应急处置工作进行总结评估，制定改进措施。

第二十五条 对文化市场突发事件应急处置工作表现突出的集体或者个人，应当给予表彰奖励。

第二十六条 在文化市场突发事件应急处置过程中，有下列情形之一的，应当对负有直接责任的负责人或者工作人员依法给予处分；构成犯罪的，依法追究刑事责任：

（一）未按照规定采取预防措施导致发生突发事件，或者未采取必要防范措施导致发生次生、衍生事件的；

（二）迟报、谎报、瞒报、漏报突发事件信息，或者通报、报告、公布虚假突发事件信息，造成严重后果的；

（三）未按照规定及时采取预警措施，导致损害发生的；

(四)未按照规定及时采取应急处置措施或者应急处置措施不当,造成严重后果的;

(五)不服从上级文化市场突发事件应急工作领导小组对突发事件应急处置工作的统一领导、协调、指导和监督的。

第六章　附　　则

第二十七条　本办法所称“以上”包括本数。

第二十八条　本办法由文化部负责解释。

第二十九条　本办法自发布之日起实施。

文化市场突发事件应急处置预案(试行)

(2012年8月14日文化部发布　文市发〔2012〕27号)

1　总　　则

1.1　定义

文化市场突发事件是指在文化市场经营场所、经营活动、行政管理或者综合行政执法工作中发生的,造成或者可能造成重大社会影响或者严重社会危害的,需要采取应急处置措施予以应对的事件。

1.2　目的

为加强文化市场突发事件应急管理,有效预防和妥善处置文化市场突发事件,最大限度地减少危害和负面影响,依据《突发事件应对法》、《国家突发公共事件总体应急预案》等法律、法规和规章的规定,制定本预案。

1.3　适用范围

根据文化市场突发事件的不同性质,本预案适用范围可以分为文化市场经营场所中发生的重大安全事故、文化市场经营活动中发生的突发事件、文化市场行政管理和综合行政执法中发生的造成重大社会影响的事件以及文化市场领域内发生的其他有较大影响的突发事件。具体分为以下情况:

1.3.1　文化市场经营场所、经营活动中发生火灾、爆炸、坍塌、踩踏等安全事故或者重大治安事件的;

1.3.2　文化产品或者服务含有国家法律法规禁止内容,造成严重社会影响的;

1.3.3　文化市场经营、行政管理或者综合行政执法信息通过互联网等途径传播,引起社会公众广泛关注,造成严重负面影响的;

1.3.4　以暴力、恐吓、胁迫等方式阻挠文化市场行政管理和综合行政执法工作,造成人员伤亡的;

1.3.5　因不服从文化市场行政管理或者综合行政执法行为,造成群体性事件的;

1.3.6　其他需要采取应急处置措施予以应对的突发事件。

2　工作原则

文化市场突发事件应急管理应当遵

循以下原则：

2.1 统一领导、综合协调。在同级人民政府和上级文化市场突发事件应急工作领导小组指挥下，本级文化市场突发事件应急工作领导小组充分发挥职能作用，综合协调各项资源进行应对。

2.2 分类管理、分级负责。文化市场突发事件应急工作领导小组应当根据突发事件不同类别采取分类的管理方式，建立健全分类管理、分级负责的应急管理体制。

2.3 预防为主、以人为本。高度重视突发事件管理工作，常抓不懈，防患于未然。增强忧患意识，坚持预防与应急相结合，常态与非常态相结合，做好应对突发事件的各项准备工作。各级文化行政部门和综合行政执法机构（以下合并简称执法部门）应当把保障公众健康和生命财产安全作为首要任务，最大程度地减少突发事件及其造成的人员伤亡和危害。

2.4 属地管理、协同配合。加强以属地管理为主的突发事件应急处置队伍建设，在同级人民政府领导下，建立和公安、消防和医疗等相关部门联动协调机制，形成一套统一指挥、反应灵敏、功能齐全、协调有序、运转高效的应急管理运转体系。

3 突发事件等级划分

根据突发事件造成的社会危害程度和影响范围等情况，对文化市场突发事件进行等级划分。文化市场突发事件分为特大突发事件（Ⅰ级）、重大突发事件（Ⅱ级）、较大突发事件（Ⅲ级）、一般突发事件（Ⅳ级）四个等级。

3.1 特大突发事件（Ⅰ级）：

3.1.1 在文化市场经营场所或者经营活动中发生特大安全事故，导致或者可能导致30人以上死亡（含失踪），或者100人以上重伤，或者1000万元以上直接经济损失的；

3.1.2 因不服从文化市场行政管理或者综合行政执法行为而造成群体性事件，一次参与人数达到300人以上，严重影响社会稳定的。

3.2 重大突发事件（Ⅱ级）：

3.2.1 在文化市场经营场所或者经营活动中发生重大安全事故，导致或者可能导致10人以上死亡（含失踪），或者50人以上重伤，或者500万元以上直接经济损失的；

3.2.2 因不服从文化市场行政管理或者综合行政执法行为而造成群体性事件，一次参与人数在100人以上，严重影响社会稳定的；

3.2.3 以暴力、恐吓、胁迫等方式阻挠文化市场行政管理或者综合行政执法工作，造成3人以上死亡或者10人以上重伤的。

3.3 较大突发事件（Ⅲ级）：

3.3.1 在文化市场经营场所或者经营活动中发生重大安全事故，导致或者可能导致3人以上死亡（含失踪），或者10人以上重伤，或者100万元以上直接经济损失的；

3.3.2 因不服从文化市场行政管理或者综合行政执法行为而造成群体性

事件,一次参与人数在50人以上,严重影响社会稳定的;

3.3.3 以暴力、恐吓、胁迫等方式阻挠文化市场行政管理或者综合行政执法工作,造成1人以上死亡或者3人以上重伤的;

3.3.4 文化市场经营、行政管理或者综合行政执法信息通过互联网等途径传播,引起公众广泛关注,在全国范围内造成严重负面影响的。

3.4 一般突发事件(Ⅳ级):

3.4.1 在文化市场经营场所或者经营活动中发生重大安全事故,导致或者可能导致1人以上死亡(含失踪),或者3人以上重伤,或者50万元以上直接经济损失的;

3.4.2 因不服从文化市场行政管理或者综合行政执法行为而造成群体性事件,一次参与人数在3人以上,严重影响社会稳定的;

3.4.3 以暴力、恐吓、胁迫等方式阻挠文化市场行政管理或者综合行政执法工作,导致1人以上重伤或者3人以上轻伤的;

3.4.4 文化产品或者服务含有国家法律法规禁止内容,造成恶劣社会影响的;

3.4.5 文化市场经营、行政管理或者综合行政执法信息通过互联网等途径传播,引起公众广泛关注,在本辖区范围内造成严重负面影响的;

3.4.6 其他需要采取应急处置措施予以应对的突发事件。

4 应急指挥机构的建立与职责

4.1 应急指挥机构的建立

各级执法部门单独或者联合成立文化市场突发事件应急工作领导小组,统一指挥文化市场突发事件应急处置工作。

文化市场突发事件应急工作领导小组组长由各级执法部门负责人担任,成员由执法部门的行政管理、综合执法、安全生产等相关处(科、队)室负责人组成。

文化市场突发事件应急工作领导小组下设办公室,负责日常值守、信息采集汇总和综合协调等工作。有条件的区域可成立专家组、后勤保障组等专业工作小组细化分工。

4.2 应急指挥机构职责

(1)文化市场突发事件应急工作领导小组负责指挥、组织、协调本系统有关部门参与应急响应行动,下达应急处置任务;

(2)与同级人民政府及相关部门进行联系与协调,及时向同级人民政府和上级行政主管部门报告、通报有关情况和信息;

(3)对外统一发布信息,研究解决突发事件中的重大问题,主动做好新闻媒体的信息沟通工作。

4.3 应急指挥机构办公室职责

(1)文化市场突发事件发生时,应及时收集情况,向领导小组汇报,并传达领导小组决定;

(2)在应急期间督促应急措施的落实和具体执行,与有关部门进行沟通、协调,确保信息传递的及时准确;组织协调应急工作有序开展，根据具体情况派员赴现场参与应急处置工作；收集相关情况，拟定与突发事件相关的文书，及时报送上级领导和相关部门；

（3）做好应急信息的发布，组织协调各方力量做好应急保障，妥善处理善后事宜；

（4）负责处理应急小组的日常事务，保证预防预警机制的正常运行。

5 预防预警机制

在本级文化市场突发事件应急工作领导小组的指导下，各级执法部门应当加强对文化市场经营场所、经营活动的日常检查，对检查过程中发现的安全隐患，及时通报相关部门。

5.1 预防机制

（1）各级文化市场突发事件应急工作领导小组应当建立必要的预警和快速反应机制，对各类文化市场经营场所、经营活动加强事前的监督检查。演练各种应急预案，磨合、协调运行机制；

（2）各级执法部门应当督促文化市场经营场所制定必要的日常安全保卫工作预案、安全责任制度，强化日常人力、物力、财力储备，提高应急处理能力；

（3）各级执法部门应当督促和指导大型文化市场经营活动的主体在活动举办之前制定相应的安全保卫工作方案和应急预案，报当地政府登记备案；

（4）各级执法部门应当建立健全文化市场突发事件应急培训制度，对负有突发事件应急处置责任的文化市场经营管理人员开展必要的培训；

（5）各级执法部门应当定期对文化市场经营主体开展法律法规、安全生产及应急知识培训，组织必要的应急演练。

5.2 预警系统

文化市场突发事件应急工作领导小组应当注重安全信息的收集与上报，对突发事件隐患和预警信息进行风险评估和预测，认为可能发生突发事件的，应当采取必要的防范措施，同时向同级人民政府和上级文化市场突发事件应急工作领导小组报告，并通报相关部门。

各级执法部门应当督促文化市场经营场所、经营活动主体配备预警通讯和广播设备，对可能发生的突发事件进行预警。

6 应急处理

文化市场突发事件发生后，事发地文化市场突发事件应急工作领导小组应当立即启动应急预案，根据应急预案的相关规定予以处置。突发事件处理结束后，应急预案自动终止。事发地文化市场突发事件应急工作领导小组负责人应当及时赶赴事发现场，采取下列应急处置措施：

（1）迅速了解掌握事件性质、起因、发展程度等基本情况；

（2）通知公安、消防、医疗、国家安全、通信等相关部门；

（3）在2小时内向同级人民政府和上级文化市场突发事件应急工作领导小组上报；

（4）指导执法部门开展应急处置工作。

针对不同类型的突发事件,文化市场突发事件应急工作领导小组应当采取以下应急处置措施:

6.1.1 文化经营场所中发生的突发事件的处置方法

文化市场经营场所如娱乐场所、演出场所、网吧、影剧院等发生火灾、建筑物坍塌,大量有毒、有害气体泄漏,拥挤踩踏等重大安全事故;爆炸、恐怖袭击、恶性斗殴等重大刑事、治安案件发生的,事发地文化市场突发事件应急工作领导小组负责人赶赴现场确认后,第一时间报110、119、120;上级文化市场突发事件应急工作领导小组人员应当立即赶赴事发现场并对应急处置工作给予指导;在文化市场突发事件应急工作领导小组的指挥下,执法部门应当配合公安干警、消防和医务人员开展各项抢救救援工作,把损失降低到最小。

6.1.2 文化市场经营活动中发生的突发事件处置方法

(1)文化产品或者服务含有国家法律法规禁止内容,造成恶劣社会影响的突发事件发生时,事发地文化市场突发事件应急工作领导小组接报确认后,应当立即进行调查取证;需要联合执法的,及时通知公安机关协同处理;涉嫌构成犯罪的,依法将案件移送公安机关处理;

(2)文化市场经营设施、设备遭到破坏,造成恶劣社会影响的突发事件发生时,事发地文化市场突发事件应急工作领导小组接报确认后,第一时间派执法部门人员和相关专业人员赶赴现场,对遭受破坏的设施和设备进行必要的抢修和保护,并进行调查取证,尚不构成犯罪的,由执法部门依据相关法律法规进行处罚;涉嫌构成犯罪的,依法移送公安机关处理。

6.1.3 文化市场行政管理或者综合行政执法中发生的突发事件

(1)因不服从文化市场行政管理或者综合行政执法行为而造成群体性事件,或者以暴力、威胁等方式阻挠文化市场行政管理或者综合行政执法工作,导致人员伤亡或者造成恶劣社会影响的突发事件发生时,文化市场突发事件应急工作领导小组接报确认后,应当第一时间报110和120;同时,在文化市场突发事件应急工作领导小组的指挥下,执法部门应协助医务人员救治伤员,配合公安机关进行案件调查,配合当地有关部门宣传政策和法律法规,控制事态的进一步发展;

(2)文化市场经营、行政管理或者综合行政执法信息通过互联网等途径传播,造成严重负面影响,引起公众广泛关注的突发事件发生时,文化市场突发事件应急工作领导小组接报确认后,应当及时了解新闻来源,联系媒体了解事实,协调配合相关部门,及时在新闻媒体、政府相关网站中发布事情真实情况。

6.1.4 其他突发事件

其他文化市场突发事件发生时,事发地文化市场突发事件应急工作领导小组应当在同级人民政府和上级文化市场突发事件应急工作领导小组的指挥下,根据具体情况采取应急处置措施;需要相关部门协同处理的,应当及时通知并提供相应的配合与协助。

6.2 分级应对

县级执法部门对本行政区域内突发事件的应对工作负责;涉及两个以上行政区域的,由有关行政区域共同的上级执法部门负责,或者由各有关行政区域的上级执法部门共同负责。县级以上文化市场突发事件应急工作领导小组依法负责本辖区突发事件的协调、指导、监督和处置工作。

Ⅰ级突发事件发生后,文化部应急工作领导小组应当派出工作组赶赴事发地协调、指导、监督应急处置工作。

Ⅱ级突发事件发生后,省级应急工作领导小组应当派出工作组赶赴事发地协调、指导、监督应急处置工作。

Ⅲ级突发事件发生后,设区的市级应急工作领导小组应当派出工作组赶赴事发地协调、指导、监督应急处置工作。

Ⅳ级突发事件发生后,县级应急工作领导小组负责人应当赶赴事发地协调、指导、监督应急处置工作。

7 信息上报与公开

7.1 信息报送

7.1.1 基本原则

(1)统一。各级文化市场突发事件应急工作领导小组在报送信息时应当做到内容、形式、人员方面的统一,各级不应对信息截留、过滤。

(2)准确。报送信息应尽可能真实准确。

(3)及时。突发事件发生时,事发地文化市场突发事件应急工作领导小组接报后,应在第一时间采用电话报送方式向同级人民政府和上级文化市场突发事件应急工作领导小组报告。电话报送时间不应超过2小时。

7.1.2 报送内容

(1)事件发生的时间、地点和现场情况;

(2)事件的简要经过、伤亡人数和财产损失情况的估计;

(3)事件原因的初步分析;

(4)事件发生采取的措施、效果及下一步工作方案;

(5)其他需要报告的事项。

7.1.3 报送层级

(1)Ⅰ级突发事件发生后,应当逐级报告至文化部文化市场突发事件应急工作领导小组。

(2)Ⅱ级突发事件发生后,应当逐级报告至省级文化市场突发事件应急工作领导小组。

(3)Ⅲ级、Ⅳ级突发事件发生后,应当报告至地市级文化市场突发事件应急工作领导小组。

7.2 信息发布

7.2.1 发布原则

信息发布应按照有关规定向社会提供客观、准确、及时的信息,不得隐瞒和推迟。

7.2.2 发布主体

各级文化市场突发事件应急工作领导小组应当建立新闻发言人制度,确定一名工作人员,参与突发事件应急处置工作,统一对外发布突发事件信息。

7.2.3 发布时间

文化市场突发事件发生后,原则上应当在启动应急预案24小时内,经文化市场突发事件应急工作领导小组组长或副组长批准,由信息发布人员对外发布突发事件的相关信息,包括事件的基本情况、事件进展及下一步工作方案等基本信息。

突发事件处理期间,在文化市场突发事件应急工作领导小组授权下,信息发布人员应当及时发布相关信息。

7.2.4 发布内容

由信息发布人员披露突发事件的相关信息,包括基本情况、政府立场、政府所采取的措施及取得的效果,下一步工作方案以及提示公众应注意的事项等。

7.2.5 发布方式

信息发布人员可以通过接受采访、发布新闻稿、召开新闻发布会、情况介绍会、记者招待会以及网络互动、发表声明、谈话等方式及时发布新闻。

8 后期处理

8.1 后续措施

突发事件的威胁和危害得到控制或者消除后,在同级人民政府和上级文化市场突发事件应急工作领导小组的指导下,事发地文化市场突发事件应急工作领导小组应当采取或者继续实施必要措施,防止发生次生、衍生事件或者重新引发突发事件。

8.2 书面报告

突发事件应急处置工作结束后,事发地文化市场突发事件应急工作领导小组应当立即配合同级人民政府组织对突发事件造成的损失进行评估,查明突发事件的发生经过和原因,总结突发事件应急处置工作的经验教训,制定改进措施,并形成书面材料向同级人民政府和上级文化市场突发事件应急工作领导小组报告。

8.3 经验总结

根据突发事件暴露出的有关问题,进一步修改和完善有关防范措施和处置预案,必要时提出修改或补充相关法律法规的意见。

8.4 奖励机制

对协调、指导、监督、参与文化市场突发事件应急处置工作表现突出的,文化市场突发事件应急工作领导小组应当依照相关规定给予表彰奖励。

8.5 责任追究

在文化市场突发事件应急处置过程中,有下列情形之一的,应当对负有直接责任的负责人或者工作人员依法给予处分,构成犯罪的,应当依法追究刑事责任:

(1)未按照规定采取预防措施导致发生突发事件,或者未采取必要防范措施导致发生次生、衍生事件的;

(2)迟报、谎报、瞒报、漏报突发事件信息,或者通报、报告、公布虚假突发事件信息,造成严重后果的;

(3)未按照规定及时采取预警措施,导致损害发生的;

(4)未按照规定及时采取应急处置措施或者应急处置措施不当,造成严重后果的;

(5)不服从上级文化市场突发事件

应急工作领导小组对突发事件应急处置工作的统一领导、指挥和协调的。

文化市场综合执法行政处罚裁量权适用办法

（2021年2月9日文化和旅游部发布　文旅综执发〔2021〕11号）

第一条　为进一步规范文化市场综合执法行政处罚裁量权的适用和监督，保障文化和旅游行政部门和文化市场综合执法机构（以下合并简称“执法部门”）合法、合理地行使行政处罚裁量权，保护公民、法人和其他组织的合法权益，根据《中华人民共和国行政处罚法》以及国务院有关规定，制定本办法。

第二条　本办法所称文化市场综合执法行政处罚裁量权（以下简称“行政处罚裁量权”），是指执法部门对文化市场综合执法领域发生的违法行为实施行政处罚时，在法律、法规、规章规定的处罚种类和幅度内，综合考量违法行为的事实、性质、情节和社会危害程度等因素，决定是否给予处罚、给予何种种类和幅度的处罚的权限。

第三条　执法部门行使行政处罚裁量权，适用本办法。法律、法规、规章另有规定的，从其规定。

第四条　行使行政处罚裁量权，应当以事实为依据，与违法行为的事实、性质、情节以及社会危害程度相当，与违法行为发生地的经济社会发展水平相适应。同一行政区域对违法行为相同、相近或者相似的案件，适用的法律依据、处罚种类、处罚幅度应当基本一致。

第五条　行使行政处罚裁量权，应当坚持处罚与教育相结合的原则，纠正违法行为，教育公民、法人或者其他组织自觉守法。

第六条　同一违法行为违反不同法律、法规、规章的，在适用法律、法规、规章时应当遵循上位法优先、特别法优先的原则。

第七条　文化和旅游部可以根据需要，针对特定的行政处罚事项制定裁量基准，规范统一裁量尺度。

第八条　法律、法规、规章对行政处罚事项规定有裁量空间的，省级执法部门应当根据本办法的规定，综合考虑裁量因素，制定本地区行政处罚裁量基准，供本地区执法部门实施行政处罚时参照执行。省级行政处罚裁量基准应当根据行政处罚裁量权依据的变动和执法工作实际，及时修订。

鼓励市县两级执法部门对省级行政处罚裁量基准进一步细化、量化。

各级执法部门应当在裁量基准正式印发后十五日内报上级执法部门和同级司法部门备案。

第九条　制定行政处罚裁量基准，应当参考既往行政处罚案例，对具备裁量基准条件的行政处罚事项的下列内容进行细化和量化：

（一）法律、法规、规章规定可以选择是否给予行政处罚的，应当明确是否处罚的具体适用情形；

(二)法律、法规、规章规定可以选择行政处罚种类的,应当明确适用不同处罚种类的具体适用情形;

(三)法律、法规、规章规定可以选择处罚幅度的,应当明确划分易于操作的裁量阶次,并对每一阶次行政处罚的具体适用情形及幅度等作出规定;

(四)法律、法规、规章规定可以单处或者并处行政处罚的,应当明确规定单处或者并处行政处罚的具体适用情形。

第十条　法律、法规、规章设定的处罚种类和罚款数额,在相应的幅度范围内分为从轻处罚、一般处罚、从重处罚。

除法律、法规、规章另有规定外,罚款处罚的数额按照以下标准确定:

(一)罚款为一定幅度的数额,应当在最高罚款数额与最低罚款数额之间合理划分三个区间,从轻处罚的数额应当介于最低区间范围,一般处罚应当介于中间区间范围,从重处罚应当介于最高区间范围;

(二)罚款为一定金额的倍数,应当在最高罚款倍数与最低罚款倍数之间合理划分三个区间,从轻处罚的倍数应当介于最低区间范围,一般处罚应当介于中间区间范围,从重处罚应当介于最高区间范围。

第十一条　同时具有两个以上从重情节且不具有从轻情节的,应当在违法行为对应的处罚幅度内按照最高档次实施行政处罚。

同时具有多种情节的,应当综合考虑违法行为的性质和主要情节,确定对应的处罚幅度实施行政处罚。

第十二条　有下列情形之一的,应当依法不予行政处罚:

(一)不满十四周岁的未成年人有违法行为的;

(二)精神病人、智力残疾人在不能辨认或者不能控制自己行为时有违法行为的;

(三)违法行为轻微并及时改正,没有造成危害后果的;

(四)当事人有证据足以证明没有主观过错的(法律、行政法规另有规定的,从其规定);

(五)法律、法规、规章规定的其他情形。

初次违法且危害后果轻微并及时改正的,可以不予行政处罚。

对当事人的违法行为依法不予行政处罚的,执法部门应当对当事人进行教育;有第一款第(一)项规定情形的,应当责令其监护人加以管教;有第一款第(二)项规定情形的,应当责令其监护人严加看管和治疗。

违法行为在二年内未被发现的,不再给予行政处罚,法律另有规定的除外。

第十三条　有下列情形之一的,应当依法从轻或者减轻处罚:

(一)已满十四周岁不满十八周岁的未成年人有违法行为的;

(二)主动消除或者减轻违法行为危害后果的;

(三)受他人胁迫或者诱骗实施违法行为的;

(四)主动供述执法部门尚未掌握的违法行为的;

（五）配合执法部门查处违法行为有立功表现的；

（六）法律、法规、规章规定的其他情形。

尚未完全丧失辨认或者控制自己行为能力的精神病人、智力残疾人有违法行为的，可以从轻或者减轻行政处罚。

第十四条 有下列情形之一的，应当依法从重处罚：

（一）危害国家文化安全和意识形态安全，严重扰乱市场经营秩序的；

（二）在共同实施的违法行为中起主要作用或者教唆、胁迫、诱骗他人实施违法行为的；

（三）经执法部门通过新闻媒体、发布公告等方式禁止或者告诫后，继续实施违法行为的；

（四）经执法部门责令改正违法行为后，继续实施同一违法行为的；

（五）因同种违法行为一年内受到三次及以上行政处罚的；

（六）隐匿、破坏、销毁、篡改有关证据，或者拒不配合、阻碍、以暴力威胁执法人员依法执行职务的；

（七）对证人、举报人或者执法人员打击报复的；

（八）违法行为引起群众强烈反映、引发群体性事件或者造成其他不良社会影响的；

（九）违反未成年人保护相关规定且情节严重的；

（十）扰乱公共秩序、妨害公共安全和社会管理，情节严重、尚未构成犯罪的；

（十一）法律、法规、规章规定的其他情形。

第十五条 违法行为不具有从轻或者减轻、从重情形的，应当给予一般处罚。

第十六条 案件调查终结后，承办案件的执法人员应当在充分考虑当事人的陈述和申辩后，对拟作出行政处罚的种类和幅度提出建议，并说明行使行政处罚裁量权的理由和依据；案件审核人员应当对行使行政处罚裁量权的情况提出审核意见，并逐级报批。

第十七条 从事法制审核工作的执法人员应当对行政处罚裁量权的行使进行合法性、合理性审核。

对情节复杂或者重大违法行为给予行政处罚的，还应当履行集体讨论程序，并在集体讨论笔录中说明理由和依据。

第十八条 行政处罚事先告知书和行政处罚决定书应当具体说明行使行政处罚裁量权的理由和依据。

第十九条 除法律、法规、规章另有规定外，执法部门应当自立案之日起九十日内作出行政处罚决定。

执法部门在作出行政处罚决定前，依法需要公告、鉴定、听证的，所需时间不计算在前款规定的期限内。

第二十条 各级执法部门应当建立文化市场综合执法行政处罚典型案例指导、案卷评查、评议考核等制度，规范本地区行政处罚裁量权的行使。

第二十一条 执法部门应当应用文化市场综合执法信息化管理平台对行政处罚裁量权的行使情况实施监督检查。

第二十二条 执法部门发现本部门行政处罚裁量权行使不当的,应当及时、主动改正。

上级执法部门应当对下级执法部门行使行政处罚裁量权的情况进行指导、监督,发现下级执法部门行政处罚裁量权行使不当的,应当责令其及时改正。

第二十三条 执法人员滥用行政处罚裁量权的,依法追究行政责任;涉嫌违纪、犯罪的,移交纪检监察机关、司法机关依法依规处理。

第二十四条 县级以上执法部门制定的行政处罚裁量权基准,应当及时向社会公开。

第二十五条 本办法由文化和旅游部负责解释。

第二十六条 本办法自2021年7月15日起施行。原文化部2012年12月18日发布的《文化市场行政处罚自由裁量权适用办法(试行)》同时废止。

六、新闻从业人员管理

新闻记者证管理办法

（2009年8月24日新闻出版总署令第44号公布　自2009年10月15日起施行）

第一章　总　　则

第一条　为规范新闻记者证的管理，保障新闻记者的正常采访活动，维护新闻记者和社会公众的合法权益，根据有关法规和国务院决定，制定本办法。

第二条　本办法适用于新闻记者证的申领、核发、使用和管理。

在中华人民共和国境内从事新闻采编活动，须持有新闻出版总署核发的新闻记者证。

第三条　新闻记者证是新闻记者职务身份的有效证明，是境内新闻记者从事新闻采编活动的唯一合法证件，由新闻出版总署依法统一印制并核发。

境内新闻机构使用统一样式的新闻记者证。

第四条　本办法所称新闻记者，是指新闻机构编制内或者经正式聘用，专职从事新闻采编岗位工作，并持有新闻记者证的采编人员。

本办法所称新闻机构，是指经国家有关行政部门依法批准设立的境内报纸出版单位、新闻性期刊出版单位、通讯社、广播电台、电视台、新闻电影制片厂等具有新闻采编业务的单位。其中，报纸、新闻性期刊出版单位由国务院新闻出版行政部门认定；广播、电影、电视新闻机构的认定，以国务院广播电影电视行政部门的有关批准文件为依据。

第五条　新闻记者持新闻记者证依法从事新闻采访活动受法律保护。各级人民政府及其职能部门、工作人员应为合法的新闻采访活动提供必要的便利和保障。

任何组织或者个人不得干扰、阻挠新闻机构及其新闻记者合法的采访活动。

第六条　新闻记者证由新闻出版总署统一编号，并签印新闻出版总署印章、新闻记者证核发专用章、新闻记者证年度核验标签和本新闻机构（或者主办单位）钢印方为有效。

其他任何单位或者个人不得制作、仿制、发放、销售新闻记者证，不得制作、发放、销售专供采访使用的其他证件。

第二章　申领与核发

第七条　新闻出版总署负责全国新闻记者证的核发工作,省、自治区、直辖市新闻出版行政部门负责审核本行政区域新闻机构的新闻记者证。

第八条　新闻记者证由新闻机构向新闻出版行政部门申请领取。申领新闻记者证须由新闻机构如实填写并提交《领取新闻记者证登记表》、《领取新闻记者证人员情况表》以及每个申领人的身份证、毕业证、从业资格证(培训合格证)、劳动合同复印件等申报材料。

第九条　新闻机构中领取新闻记者证的人员须同时具备下列条件:

(一)遵守国家法律、法规和新闻工作者职业道德;

(二)具备大学专科以上学历并获得国务院有关部门认定的新闻采编从业资格;

(三)在新闻机构编制内从事新闻采编工作的人员,或者经新闻机构正式聘用从事新闻采编岗位工作且具有一年以上新闻采编工作经历的人员。

本条所称"经新闻机构正式聘用",是指新闻采编人员与其所在新闻机构签有劳动合同。

第十条　下列人员不发新闻记者证:

(一)新闻机构中党务、行政、后勤、经营、广告、工程技术等非采编岗位的工作人员;

(二)新闻机构以外的工作人员,包括为新闻单位提供稿件或者节目的通讯员、特约撰稿人,专职或兼职为新闻机构提供新闻信息的其他人员;

(三)教学辅导类报纸、高等学校校报工作人员以及没有新闻采访业务的期刊编辑人员;

(四)有不良从业记录的人员、被新闻出版行政部门吊销新闻记者证并在处罚期限内的人员或者受过刑事处罚的人员。

第十一条　中央单位所办新闻机构经主管部门审核所属新闻机构采编人员资格条件后,向新闻出版总署申领新闻记者证,由新闻出版总署批准后发放新闻记者证。

第十二条　省和省以下单位所办新闻机构经主管部门审核所属新闻机构采编人员资格条件后,向所在地省、自治区、直辖市新闻出版行政部门申领新闻记者证,由省、自治区、直辖市新闻出版行政部门审核并报新闻出版总署批准后,发放新闻记者证。其中,地、市、州、盟所属新闻机构申领新闻记者证须经地、市、州、盟新闻出版行政部门审核后,报省、自治区、直辖市新闻出版行政部门。

第十三条　记者站的新闻采编人员资格条件经设立该记者站的新闻机构审核,主管部门同意后,向记者站登记地省、自治区、直辖市新闻出版行政部门申领新闻记者证,由省、自治区、直辖市新闻出版行政部门审核并报新闻出版总署批准后,发放新闻记者证。

在地、市、州、盟设立的记者站,申领新闻记者证应报当地新闻出版行政部门逐级审核后,报省、自治区、直辖市新闻出版行政部门。

新闻机构记者站的新闻记者证应注明新闻机构及记者站名称。

第十四条 解放军总政治部宣传部新闻出版局负责解放军和武警部队(不含边防、消防、警卫部队)新闻机构新闻记者证的审核发放工作,并向新闻出版总署备案。

第十五条 除解放军和武警部队(不含边防、消防、警卫部队)系统外,新闻记者证申领、审核、发放和注销工作统一通过新闻出版总署的"全国新闻记者证管理及核验网络系统"进行。

第三章 使用与更换

第十六条 新闻采编人员从事新闻采访工作必须持有新闻记者证,并应在新闻采访中主动向采访对象出示。

新闻机构中尚未领取新闻记者证的采编人员,必须在本新闻机构持有新闻记者证的记者带领下开展采访工作,不得单独从事新闻采访活动。

第十七条 新闻机构非采编岗位工作人员、非新闻机构以及其他社会组织或者个人不得假借新闻机构或者假冒新闻记者进行新闻采访活动。

第十八条 新闻记者使用新闻记者证从事新闻采访活动,应遵守法律规定和新闻职业道德,确保新闻报道真实、全面、客观、公正,不得编发虚假报道,不得刊播虚假新闻,不得徇私隐匿应报道的新闻事实。

第十九条 新闻采访活动是新闻记者的职务行为,新闻记者证只限本人使用,不得转借或者涂改,不得用于非职务活动。

新闻记者不得从事与记者职务有关的有偿服务、中介活动或者兼职、取酬,不得借新闻采访工作从事广告、发行、赞助等经营活动,不得创办或者参股广告类公司,不得借新闻采访活动牟取不正当利益,不得借舆论监督进行敲诈勒索、打击报复等滥用新闻采访权利的行为。

第二十条 新闻记者与新闻机构解除劳动关系、调离本新闻机构或者采编岗位,应在离岗前主动交回新闻记者证,新闻机构应立即通过"全国新闻记者证管理及核验网络系统"申请注销其新闻记者证,并及时将收回的新闻记者证交由新闻出版行政部门销毁。

第二十一条 新闻记者证因污损、残破等各种原因无法继续使用,由新闻机构持原证到发证机关更换新证,原新闻记者证编号保留使用。

第二十二条 新闻记者证遗失后,持证人须立即向新闻机构报告,新闻机构须立即办理注销手续,并在新闻出版总署或者省、自治区、直辖市新闻出版行政部门指定的媒体上刊登遗失公告。

需要重新补办新闻记者证的,可在刊登公告一周后到发证机关申请补领新证,原新闻记者证编号同时作废。

第二十三条 新闻机构撤销,其原已申领的新闻记者证同时注销。该新闻机构的主管单位负责收回作废的新闻记者证,交由发证机关销毁。

第二十四条 采访国内、国际重大

活动,活动主办单位可以制作一次性临时采访证件,临时采访证件的发放范围必须为新闻记者证的合法持有人,并随新闻记者证一同使用。

第二十五条 新闻记者证每五年统一换发一次。新闻记者证换发的具体办法由新闻出版总署另行制定。

第四章 监督管理

第二十六条 新闻出版总署和各省、自治区、直辖市新闻出版行政部门以及解放军总政治部宣传部新闻出版局负责对新闻记者证的发放、使用和年度核验等工作进行监督管理。

各级新闻出版行政部门负责对新闻记者在本行政区域内的新闻采编活动进行监督管理。

新闻出版行政部门根据调查掌握的违法事实,建立不良从业人员档案,并适时公开。

第二十七条 新闻机构的主管单位须履行对所属新闻机构新闻记者证的申领审核和规范使用的管理责任,加强对所属新闻机构及其新闻记者开展新闻采编活动的监督管理。

第二十八条 新闻机构须履行对所属新闻采编人员资格条件审核及新闻记者证申领、发放、使用和管理责任,对新闻记者的采访活动进行监督管理,对有违法行为的新闻记者应及时调查处理。

新闻机构应建立健全新闻记者持证上岗培训和在岗培训制度,建立健全用工制度和社会保障制度,及时为符合条件的采编人员申领新闻记者证。

新闻机构不得聘用存在搞虚假报道、有偿新闻、利用新闻报道谋取不正当利益、违法使用新闻记者证等不良从业记录的人员。

第二十九条 新闻机构每年应定期公示新闻记者证持有人名单和新申领新闻记者证人员名单,在其所属媒体上公布“全国新闻记者证管理及核验网络系统”的网址和举报电话,方便社会公众核验新闻记者证,并接受监督。

第三十条 被采访人以及社会公众有权对新闻记者的新闻采访活动予以监督,可以通过“全国新闻记者证管理及核验网络系统”等途径核验新闻记者证、核实记者身份,并对新闻记者的违法行为予以举报。

第三十一条 新闻记者涉嫌违法被有关部门立案调查的,新闻出版总署可以视其涉嫌违法的情形,通过“全国新闻记者证管理及核验网络系统”中止其新闻记者证使用,并根据不同情形依法处理。

第三十二条 新闻记者证实行年度核验制度,由新闻出版总署和各省、自治区、直辖市新闻出版行政部门以及解放军总政治部宣传部新闻出版局分别负责中央新闻机构、地方新闻机构和解放军及武警部队(不含边防、消防、警卫部队)新闻机构新闻记者证的年度核验工作。

新闻记者证年度核验每年1月开始,3月15日前结束,各省、自治区、直辖市新闻出版行政部门和解放军总政治部宣传部新闻出版局须在3月31日前,将年度核验报告报新闻出版总署。

新闻机构未按规定进行新闻记者证年度核验的，由发证机关注销其全部新闻记者证。

第三十三条 新闻记者证年度核验工作由新闻机构自查，填写《新闻记者证年度核验表》，经主管单位审核后，报新闻出版行政部门依法核验。年度核验的主要内容是：

（一）检查持证人员是否仍具备持有新闻记者证的所有条件；

（二）检查持证人员本年度内是否出现违法行为；

（三）检查持证人员的登记信息是否变更。

通过年度核验的新闻记者证，由新闻出版行政部门核发年度核验标签，并粘贴到新闻记者证年度核验位置，新闻记者证的有效期以年度核验标签的时间为准。未通过年度核验的新闻记者证，由发证机关注销，不得继续使用。

第五章 法律责任

第三十四条 新闻机构及其工作人员违反本办法的，新闻出版行政部门视其情节轻重，可采取下列行政措施：

（一）通报批评；

（二）责令公开检讨；

（三）责令改正；

（四）中止新闻记者证使用；

（五）责成主管单位、主办单位监督整改。

本条所列行政措施可以并用。

第三十五条 新闻机构工作人员有以下行为之一的，由新闻出版总署或者省、自治区、直辖市新闻出版行政部门给予警告，并处3万元以下罚款，情节严重的，吊销其新闻记者证，构成犯罪的，依法追究刑事责任：

（一）违反本办法第十七条，从事有关活动的；

（二）违反本办法第十八条，编发虚假报道的；

（三）违反本办法第十九条，转借、涂改新闻记者证或者利用职务便利从事不当活动的；

（四）违反本办法第二十条，未在离岗前交回新闻记者证的。

第三十六条 新闻机构有以下行为之一的，由新闻出版总署或者省、自治区、直辖市新闻出版行政部门没收违法所得，给予警告，并处3万元以下罚款，可以暂停核发该新闻机构新闻记者证，并建议其主管单位、主办单位对其负责人给予处分：

（一）违反本办法第六条，擅自制作、仿制、发放、销售新闻记者证或者擅自制作、发放、销售采访证件的；

（二）违反本办法第八条，提交虚假申报材料的；

（三）未按照本办法第九条、第十条，严格审核采编人员资格或者擅自扩大发证范围的；

（四）违反本办法第十六条，新闻机构内未持有新闻记者证的人员从事新闻采访活动的；

（五）违反本办法第二十条，未及时注销新闻记者证的；

（六）违反本办法第二十二条，未及

时办理注销手续的;

(七)违反本办法第二十八条,未履行监管责任、未及时为符合条件的采编人员申领新闻记者证的或者违规聘用有关人员的;

(八)违反本办法第二十九条,未公示或公布有关信息的;

(九)违反本办法第三十二条,未按时参加年度核验的;

(十)对本新闻机构工作人员出现第三十五条所列行为负有管理责任的。

第三十七条 社会组织或者个人有以下行为之一的,由新闻出版行政部门联合有关部门共同查处,没收违法所得,给予警告,并处3万元以下罚款,构成犯罪的,依法追究刑事责任:

(一)擅自制作、仿制、发放、销售新闻记者证或者擅自制作、发放、销售采访证件的;

(二)假借新闻机构、假冒新闻记者从事新闻采访活动的;

(三)以新闻采访为名开展各类活动或者谋取利益的。

第三十八条 新闻记者因违法活动被吊销新闻记者证的,5年内不得重新申领新闻记者证,被追究刑事责任的,终身不得申领新闻记者证。

第六章 附 则

第三十九条 国外及香港、澳门、台湾新闻机构的人员在境内从事新闻采访活动,不适用本办法。

第四十条 本办法自2009年10月15日起施行。2005年1月10日新闻出版总署颁布的《新闻记者证管理办法》同时废止,本办法生效前颁布的与本办法不一致的其它规定不再执行。

新闻出版行业领导岗位持证上岗实施办法

(2002年6月3日新闻出版总署发布 新出办〔2002〕717号)

第一条 为了贯彻落实中共中央办公厅、国务院办公厅转发的《中共中央宣传部、国家广电总局、新闻出版总署关于深化新闻出版广播电视业改革的若干意见》和新闻出版署、中共中央宣传部、国家教委、人事部《关于在出版行业开展岗位培训实施持证上岗制度的规定》,加强新闻出版单位领导岗位持证上岗工作的管理,制定本实施办法(以下简称办法)。

第二条 按本办法规定实施持证上岗的领导岗位是:

1. 出版社(含图书、音像、电子出版单位,下同)社长、总编辑。

2. 期刊社主编。

3. 新华书店省、地(市)、县市店经理(含外文书店、古旧书店以及一级书刊批发单位经理,下同)。

4. 国家级、省级书刊印刷定点企业厂长(经理)。

5. 音像复制单位的法定代表人或主要负责人。

6. 报社社长、总编辑。

(上述岗位均包括副职,下同)。

第三条 本办法所称持证上岗，是指第二条所列岗位人员在经主管机关（部门或单位）批准任职时，须持新闻出版总署统一印制的《岗位培训合格证书》上岗。

第四条 新闻出版总署主管全国新闻出版行业的持证上岗工作，负责对全国新闻出版行业需要持证上岗的岗位及持证上岗要求和时间等作出规定。

省、自治区、直辖市新闻出版局根据新闻出版总署的要求，负责本省（区、市）新闻出版单位领导岗位持证上岗实施工作，并主管本省（区、市）新闻出版单位其他岗位持证上岗工作。

中央和国家机关有关部委、人民团体新闻出版主管部门协助新闻出版总署做好本系统新闻出版单位领导岗位持证上岗管理工作。

第五条 《岗位培训合格证书》由新闻出版总署统一印制并用印，分别由新闻出版总署和各省、自治区、直辖市新闻出版局指定的培训机构颁发，在全国新闻出版行业有效。

第六条 《岗位培训合格证书》通过岗位培训取得。本办法第二条规定岗位的在职或拟任职人员，要在当年内（或任职后半年内）按规定参加由新闻出版总署或各省、自治区、直辖市新闻出版局组织或指定培训机构举办的相应岗位的岗位培训班，学完规定的全部课程，并经考试、考核合格者，即可获得《岗位培训合格证书》。

岗位培训班由新闻出版总署或各省、自治区、直辖市新闻出版局指定的培训机构按年度定期举办。

第七条 《岗位培训合格证书》有效期为五年，持有《岗位培训合格证书》的人员，要在有效期满后的第一年内，按本办法第六条要求参加岗位培训，并重新取得《岗位培训合格证书》。

第八条 持有《岗位培训合格证书》的人员，调离原单位，但不改变任职岗位性质的，其《岗位培训合格证书》继续有效。脱离原岗位工作，并改变岗位性质三年以下，又回原岗位工作的，其《岗位培训合格证书》要经新闻出版管理机关核验，方可有效。脱离原岗位工作并改变岗位性质三年以上的，其《岗位培训合格证书》自行失效。

第九条 新闻出版单位要根据新闻出版总署或各省、自治区、直辖市新闻出版局的规定，定期向上述新闻出版管理机关书面报告本单位领导持证上岗情况。

第十条 从2002年起，新闻出版管理机关要将本办法第二条所列人员持证上岗情况列入新闻出版单位年检内容。年检内容包括：1. 单位领导持证上岗率达不到80%的（非本单位原因除外），新闻出版单位年检主管机关将视不同情况给予警告；2. 单位领导持证上岗率达不到50%的，暂缓年检。对受到警告、暂缓年检的出版单位，要在新闻出版单位年检主管机关规定的时间内，达到持证上岗要求。

第十一条 任何单位和个人不得伪造、涂改、出借、转让《岗位培训合格证书》。《岗位培训合格证书》如有遗失，须由本人提出书面申请,经本单位确认,方可由新闻出版总署或省、自治区、直辖市新闻出版局指定的培训机构按本办法第六条规定审核补发。

第十二条 本办法第二条规定之外的其他岗位的持证上岗工作,在条件具备时,各省、自治区、直辖市新闻出版局可参照本办法作出具体规定。

第十三条 本办法发布之前,已取得《岗位培训合格证书》的人员,其持证上岗按本办法执行。

第十四条 中国人民解放军所属出版单位持证上岗实施办法,由解放军总政治部另行规定。

第十五条 本办法由新闻出版总署负责解释。

新闻从业人员职务行为信息管理办法

(2014年6月30日国家新闻出版广电总局发布 新广出发〔2014〕75号)

第一条 为加强新闻从业人员职务行为信息的管理,规范新闻传播秩序,根据《保守国家秘密法》、《劳动合同法》、《著作权法》等有关法律法规,制定本办法。

第二条 本办法所称新闻从业人员职务行为信息,是指新闻单位的记者、编辑、播音员、主持人等新闻采编人员及提供技术支持等辅助活动的其他新闻从业人员,在从事采访、参加会议、听取传达、阅读文件等职务活动中,获取的各类信息、素材以及所采制的新闻作品,其中包含国家秘密、商业秘密、未公开披露的信息等。

第三条 新闻单位要坚持依法依规、趋利避害、善管善用、可管可控的原则,加强职务行为信息管理,确保新闻从业人员职务行为信息使用科学合理、规范有序。

第四条 新闻单位应健全保密制度,对新闻从业人员在职务行为中接触的国家秘密信息,应明确知悉范围和保密期限,健全国家秘密载体的收发、传递、使用、复制、保存和销毁制度,禁止非法复制、记录、存储国家秘密,禁止在任何媒体以任何形式传递国家秘密,禁止在私人交往和通信中涉及国家秘密。

新闻从业人员上岗应当经过保密教育培训,并签订保密承诺书。

第五条 新闻单位应按照《劳动合同法》的有关规定,与新闻从业人员就职务行为信息中的商业秘密、未公开披露的信息、职务作品等与知识产权相关的保密事项,签订职务行为信息保密协议,建立职务行为信息统一管理制度。

保密协议须分类明确新闻从业人员职务行为信息的权利归属、使用规范、离岗离职后的义务和违约责任。

新闻从业人员不得违反保密协议的约定,向其他境内外媒体、网站提供职务行为信息,或者担任境外媒体的“特约记者”、“特约通讯员”、“特约撰稿人”或专栏作者等。

第六条 新闻从业人员不得利用职

务行为信息谋取不正当利益。

第七条 新闻从业人员以职务身份开设博客、微博、微信等，须经所在新闻单位批准备案，所在单位负有日常监管职责。

新闻从业人员不得违反保密协议的约定，通过博客、微博、微信公众账号或个人账号等任何渠道，以及论坛、讲座等任何场所，透露、发布职务行为信息。

第八条 新闻从业人员离岗离职要交回所有涉密材料、文件，在法律规定或协议约定的保密期限内履行保密义务。

第九条 新闻单位须将签署保密承诺书和职务行为信息保密协议，作为新闻从业人员劳动聘用和职务任用的必要条件，未签订的不得聘用和任用。

第十条 新闻采编人员申领、换领新闻记者证，须按照《新闻记者证管理办法》的规定提交有关申报材料，申报材料中未包含保密承诺书和职务行为信息保密协议的，不予核发新闻记者证。

第十一条 新闻单位应在参加新闻记者证年度核验时，向新闻出版广电行政部门报告新闻从业人员保密承诺书和保密协议签订、执行情况。

第十二条 新闻从业人员违反保密承诺和保密协议、擅自使用职务行为信息的，新闻单位应依照合同追究违约责任，视情节作出行政处理或纪律处分，并追究其民事责任。

第十三条 新闻单位的主管主办单位应督促所属新闻单位健全保密承诺和保密协议制度，履行管理责任；新闻出版广电行政部门应加强本行政区域内新闻单位职务行为信息管理情况的日常监督检查。

第十四条 新闻从业人员擅自发布职务行为信息造成严重后果的，由新闻出版广电行政部门依法吊销新闻记者证，列入不良从业行为记录，做出禁业或限业处理。

第十五条 新闻单位对新闻从业人员职务行为信息管理混乱，造成失密泄密、敲诈勒索、侵权等严重问题的，由新闻出版广电行政部门等依法查处，责令整改，对拒不改正或整改不到位的不予通过年度核验，情节严重的撤销许可证，并依法追究新闻单位负责人和直接责任人的责任。

第十六条 新闻从业人员违反规定使用职务行为信息造成失密泄密的，依法追究相关人员责任，涉嫌违法犯罪的移送司法机关处理。

第十七条 本办法自发布之日起施行。

新闻单位驻地方机构管理办法(试行)

(2016年12月30日国家新闻出版广电总局令第11号公布　自2017年6月1日起施行)

第一章　总　　则

第一条 为规范新闻单位驻地方机构(以下称驻地方机构)的新闻采编活

动,加强驻地方机构的管理,促进新闻事业健康有序发展,根据国家有关规定,制定本办法。

第二条 本办法所称驻地方机构,是指依法批准的新闻单位设立的从事新闻采编活动的派出机构。

本办法适用于下列新闻单位派出的驻地方机构从事新闻采编活动的管理:

(一)报纸出版单位、新闻性期刊出版单位;

(二)通讯社;

(三)广播电台、电视台、广播电视台;

(四)新闻网站、网络广播电视台;

(五)其他新闻单位。

第三条 国务院新闻出版广电主管部门负责全国驻地方机构的监督管理,制定全国驻地方机构的设立规划,确定总量、布局、结构。

县级以上地方人民政府新闻出版广电主管部门负责本行政区域内驻地方机构的监督管理。

新闻单位负责其驻地方机构从事新闻采编等活动的日常管理,保障驻地方机构依法运行。

第四条 驻地方机构及其人员从事新闻采编活动应当以人民为中心,坚持为人民服务、为社会主义服务,坚持正确舆论导向,弘扬社会主义核心价值观,弘扬民族优秀文化。

第五条 驻地方机构及其人员从事新闻采编活动应当遵守法律法规,尊重社会公德,恪守职业道德,深入基层、深入群众、深入生活,确保新闻报道真实、全面、客观、公正。

第六条 驻地方机构及其人员从事新闻采编等活动受法律保护。

任何单位和人员不得干扰、阻挠驻地方机构及其人员的正常工作,不得假冒、盗用驻地方机构名义开展活动。

第二章 驻地方机构设立

第七条 国家对设立驻地方机构实行许可制度,未经批准不得设立,任何单位和人员不得以驻地方机构名义从事新闻采编活动。

新闻单位不得以派驻地记者方式代替设立驻地方机构从事新闻采编活动。

第八条 本办法第二条规定的新闻单位设立驻地方机构应当符合国务院新闻出版广电主管部门对驻地方机构总量、布局、结构的规划,并具备下列条件:

(一)在派驻地确有新闻采编需要;

(二)有健全的驻地方机构人员、财务、新闻采编活动等管理制度;

(三)有指导、管理驻地方机构的条件和能力;

(四)驻地方机构负责人具有新闻、出版、播音主持等专业的中级以上职称或者有5年以上新闻采编、新闻管理工作经历;

(五)驻地方机构有符合业务需要的持有新闻记者证的新闻采编人员;

(六)驻地方机构有满足业务需要的固定工作场所和经费;

(七)国家规定的其他条件。

第九条 申请设立驻地方机构的报纸出版单位,仅限于每周出版四期以上的报纸出版单位，不包括教学辅导类报纸、文摘类报纸、高等学校校报等出版单位。

申请设立驻地方机构的新闻网站，仅限于中央主要新闻单位所办中央重点新闻网站。

申请设立驻地方机构的新闻性期刊出版单位、广播电台、电视台、广播电视台、网络广播电视台，应当经国务院新闻出版广电主管部门认定。

第十条 新闻单位在同一城市只能设立一个驻地方机构。

报业集团、期刊集团或者有多家子报子刊的新闻单位应当以集团或者新闻单位名义设立驻地方机构，其下属新闻单位不得再单独设立驻地方机构。

第十一条 新闻单位设立驻地方机构，经其主管单位审核同意后，向驻地方机构所在地省、自治区、直辖市新闻出版广电主管部门提出申请。其中，中央主要新闻单位设立驻地方机构，须先经国务院新闻出版广电主管部门审核同意。

中央重点新闻网站设立驻地方机构，经驻地方机构所在地省、自治区、直辖市网信主管部门审核，并经国家网信主管部门审查同意后，向所在地省、自治区、直辖市新闻出版广电主管部门提出申请。

第十二条 新闻单位设立驻地方机构，应提交申请书及下列材料：

（一）驻地方机构负责人、新闻采编人员等的基本情况及其从业资格证明；

（二）符合本办法规定的驻地方机构人员编制或者劳动合同、聘用合同等证明；

（三）驻地方机构经费来源的证明；

（四）驻地方机构工作场所的证明；

（五）主管单位同意设立驻地方机构的证明；

（六）报纸出版单位出具报纸刊期的证明；

（七）新闻性期刊出版单位、广播电台、电视台、广播电视台、网络广播电视台出具国务院新闻出版广电主管部门认定的证明；

（八）中央重点新闻网站出具国家网信主管部门审查同意的证明。

第十三条 省、自治区、直辖市新闻出版广电主管部门自受理申请之日起20日内，作出批准或者不批准的决定。批准的，发放新闻单位驻地方机构许可证；不批准的，应当说明理由。

第十四条 驻地方机构名称由新闻单位名称和驻地方机构所在行政区域及单位名称组成。

第十五条 驻地方机构的登记地址、联系方式、负责人、新闻采编人员等发生变更，驻地方机构应当在变更后90日内到所在地省、自治区、直辖市新闻出版广电主管部门办理变更登记手续。

第十六条 新闻单位终止其驻地方机构业务活动，应当在30日内到所在地省、自治区、直辖市新闻出版广电主管部门办理注销登记手续，交回新闻单位驻地方机构许可证。

第十七条 新闻单位驻地方机构许可证由国务院新闻出版广电主管部门统一印制，有效期6年。

第三章　驻地方机构规范

第十八条　新闻单位应当在取得新闻单位驻地方机构许可证后30日内派遣新闻采编人员等到驻地方机构开展工作。

第十九条　新闻单位应当建立健全新闻线索集中管理和统一安排采访制度,规范驻地方机构的新闻采编活动。

第二十条　新闻单位应当建立规范的驻地方机构人员用工制度,签订劳动合同或者聘用合同,保障员工的薪酬、社会保障等各项权益。

第二十一条　新闻单位应当确保驻地方机构正常开展工作所需经费,不得向驻地方机构及其人员下达经营创收指标、摊派经营任务、收取管理费等。

第二十二条　新闻单位应当建立健全驻地方机构人员培训和在职教育制度,提升从业人员素质。

第二十三条　新闻单位应当建立健全驻地方机构负责人任期、轮岗、审计、约谈、问责等内部管理制度,对出现违法违规问题造成恶劣影响的,要撤换驻地方机构负责人并依法依规追究责任。

第二十四条　新闻单位应当建立健全巡视检查制度,定期开展巡视检查,强化对驻地方机构的日常管理。

第二十五条　新闻单位应当建立健全社会监督机制,公示驻地方机构及其负责人、新闻采编人员名单,接受社会监督。

第二十六条　新闻单位、驻地方机构及其人员不得以承包、出租、出借、合作等任何形式非法转让驻地方机构的名称、证照、新闻业务等。

第二十七条　驻地方机构应当在批准范围内从事与新闻单位业务范围相一致的新闻采编活动。

驻地方机构及其人员不得从事广告、出版物发行、开办经营实体等与新闻采编业务无关的活动。

第二十八条　驻地方机构负责人应当落实国家有关新闻采编的管理规定,对本机构的新闻采编工作全面负责。

驻地方机构应当建立新闻采编工作记录制度、自查评估制度。

第二十九条　驻地方机构及其人员不得有下列违法违规和违反职业道德的行为:

(一)编发虚假报道;

(二)有偿新闻、有偿不闻、新闻敲诈等;

(三)利用职务影响和职务便利要求采访、报道对象及相关单位和人员做广告、订报刊、提供赞助等;

(四)其他谋取不正当利益的行为。

第三十条　驻地方机构不得以任何名义设立分支机构、聘用人员,不得与党政机关混合设立,党政机关工作人员不得在驻地方机构兼职。

驻地方机构负责人原则上不得同时在两个以上驻地方机构任职。

第四章　监督管理

第三十一条　国务院新闻出版广电主管部门负责指导、协调地方新闻出版广电主管部门对全国驻地方机构的监督管理。

国务院新闻出版广电主管部门负责中央主要新闻单位和中央重点新闻网站驻地方机构执行本办法情况的监督抽查；负责督办、查处驻地方机构及其人员违反本办法的重大案件；负责依法将驻地方机构及其人员违反本办法受到行政处罚的情形记入新闻采编不良从业行为记录。

第三十二条 省、自治区、直辖市新闻出版广电主管部门负责本行政区域内驻地方机构的日常监督管理。

省、自治区、直辖市新闻出版广电主管部门应当建立健全准入退出、综合评估、监督抽查、年度核验、信息通报和公告等制度，负责查处本行政区域内驻地方机构及其人员违反本办法的行为。

省、自治区、直辖市新闻出版广电主管部门应当向国务院新闻出版广电主管部门定期报告驻地方机构准入退出、综合评估、监督抽查、年度核验和公告等情况。

第三十三条 地方各级新闻出版广电主管部门应当建立健全社会监督机制，受理对违反本办法行为的投诉、举报，并及时核实、处理、答复。

第三十四条 国务院新闻出版广电主管部门发现中央主要新闻单位和中央重点新闻网站驻地方机构有违反本办法行为的，可以对新闻单位相关负责人进行约谈，向有关部门提出处理建议。

省、自治区、直辖市新闻出版广电主管部门发现本行政区域内驻地方机构有违反本办法行为的，可以对新闻单位相关负责人，或者驻地方机构负责人进行约谈，向有关部门提出处理建议。

第三十五条 省、自治区、直辖市新闻出版广电主管部门应当与网信主管部门建立协作机制，通报本行政区域内中央重点新闻网站驻地方机构准入退出、变更备案、年度核验、案件查处等信息。

第三十六条 新闻单位的主管单位应当督促所属新闻单位及其驻地方机构执行本办法的各项管理规定，及时发现并纠正所属新闻单位、驻地方机构及其人员的违法行为，并依法追究所属新闻单位主要负责人和直接责任人的责任。

第三十七条 省、自治区、直辖市新闻出版广电主管部门每两年对本行政区域内驻地方机构统一组织年度核验，重点核查驻地方机构下列内容：

（一）新闻采编工作情况；

（二）负责人、持有新闻记者证的新闻采编人员等变更情况；

（三）是否存在违反本办法的行为及其处理情况。

第三十八条 驻地方机构应当按时将下列材料报省、自治区、直辖市新闻出版广电主管部门进行年度核验：

（一）驻地方机构年度工作总结报告；

（二）驻地方机构年度主要新闻报道目录或者证明其新闻采编业绩的有关材料；

（三）新闻单位对驻地方机构的年度评估报告；

(四)其他必需的有关材料。

中央重点新闻网站驻地方机构还应当提供省、自治区、直辖市网信主管部门提出的审核意见。

第三十九条 省、自治区、直辖市新闻出版广电主管部门应当及时向社会公告年度核验合格的驻地方机构名录;在年度核验中发现驻地方机构及其人员有违法行为的,应当依法处理;对不再具备行政许可法定条件的,应当责令限期改正,未按期改正的,应当依法撤销行政许可。

第五章 法律责任

第四十条 新闻出版广电主管部门或者其他有关部门工作人员有下列情形之一,尚不构成犯罪的,依法给予处分:

(一)利用职务便利收受他人财物或者其他好处的;

(二)违反本办法规定进行审批活动的;

(三)不履行监督职责的;

(四)发现违法行为不予查处的;

(五)干扰、阻挠驻地方机构及其人员正常的新闻采编活动、妨碍舆论监督的;

(六)其他违反本办法规定滥用职权、玩忽职守、徇私舞弊的情形。

第四十一条 驻地方机构出现下列情形之一的,由国务院新闻出版广电主管部门或者省、自治区、直辖市新闻出版广电主管部门责令新闻单位限期改正;新闻单位未按期改正的,由省、自治区、直辖市新闻出版广电主管部门撤销其新闻单位驻地方机构许可证:

(一)驻地方机构不具备本办法第八条、第九条规定的许可条件的;

(二)违反本办法第十八条,未在法定期限内开展工作的。

第四十二条 新闻单位及其驻地方机构有下列行为之一的,国务院新闻出版广电主管部门或者省、自治区、直辖市新闻出版广电主管部门可以采取通报批评、责令公开检讨、责令整改等行政措施,情节严重的,可以给予警告,可以并处 3 万元以下罚款:

(一)违反本办法第十五条、第十六条,未在法定期限内办理有关手续的;

(二)违反本办法第十九条、第二十条、第二十二条、第二十三条、第二十四条、第二十五条,未按规定开展工作、落实有关责任的;

(三)违反本办法第二十八条,驻地方机构负责人未按规定落实有关责任或者未建立有关制度的;

(四)违反本办法第三十八条,未按规定参加年度核验的。

第四十三条 新闻单位及其驻地方机构有下列行为之一的,国务院新闻出版广电主管部门或者省、自治区、直辖市新闻出版广电主管部门可以采取通报批评、责令公开检讨、责令整改等行政措施,可以给予警告,可以并处 3 万元以下罚款,情节严重的,撤销其新闻单位驻地方机构许可证:

(一)违反本办法第二十一条,向驻

地方机构及其人员下达经营创收指标、摊派经营任务、收取管理费的；

（二）违反本办法第二十六条，非法转让驻地方机构的名称、证照、新闻业务等的；

（三）违反本办法第二十七条、第二十九条，从事与新闻采编业务无关的活动或者从事违法违规和违反职业道德行为的；

（四）违反本办法第三十条，违规设立分支机构、聘用人员，与党政机关混合设立，党政机关工作人员在驻地方机构兼职的。

第四十四条　违反本办法第六条、第七条，擅自设立驻地方机构或者采取假冒、盗用等方式以驻地方机构或者驻地记者名义开展活动的，由省、自治区、直辖市新闻出版广电主管部门予以取缔，可以并处3万元以下罚款，没收违法所得。

第六章　附　　则

第四十五条　本办法施行前已经设立的驻地方机构，自本办法施行之日起6个月内，由新闻单位持原批准文件到驻地方机构所在地省、自治区、直辖市新闻出版广电主管部门换发新闻单位驻地方机构许可证。

第四十六条　本办法自2017年6月1日起施行。2009年8月6日原新闻出版总署颁布的《报刊记者站管理办法》同时废止。

广播电视编辑记者、播音员主持人资格管理暂行规定

（2004年6月18日国家广播电影电视总局令第26号发布　根据2020年12月1日国家广播电视总局令第7号《关于第一批废止和修改的部门规章的决定》修正）

第一章　总　　则

第一条　为规范广播电视编辑记者、播音员主持人执业资格管理，提高从业人员素质，加强广播电视队伍建设，制定本规定。

第二条　本规定适用于广播电视编辑记者、播音员主持人资格考试、执业注册、证书发放与管理等活动。

第三条　国家对广播电视编辑记者、播音员主持人实行资格认定制度。

在依法设立的广播电视节目制作、广播电视播出机构（以下简称制作、播出机构）连续从事广播电视采访编辑、播音主持工作满1年的人员，应当依照本规定通过考试和注册取得执业资格并持有执业证书。

第四条　国家广播电视总局（以下简称广电总局）负责全国广播电视编辑记者、播音员主持人资格认定的管理和监督。

省级广播电视行政部门负责实施本

行政区域内广播电视编辑记者、播音员主持人资格考试、执业注册、证书发放与监督管理。

第二章 资 格 考 试

第五条 广播电视编辑记者资格考试与播音员主持人资格考试(以下简称资格考试)分别举行,实行全国统一大纲、统一命题、统一组织、统一标准的制度。

资格考试原则上每年上半年举行1次。报名、考试的时间由广电总局确定,在受理报名前3个月向社会公告。

第六条 广电总局负责确定考试科目、组织编写考试大纲、建立考试试题库、组织命题等工作;负责组织资格考试、确定考试合格标准,监督、检查、指导省级广播电视行政部门实施本行政区域内的考务工作。

第七条 资格考试试卷从资格考试试题库中随机抽取生成。

第八条 符合下列条件的人员,可以报名参加资格考试:

(一)遵守宪法、法律、广播电视相关法规、规章;

(二)坚持四项基本原则,拥护中国共产党的基本理论、基本路线和方针政策;

(三)具有完全民事行为能力;

(四)具有大学专科及以上学历(含应届毕业生)。

第九条 有下列情形之一的,不能报名参加考试,已经办理报名手续的,报名无效:

(一)因故意犯罪受过刑事处罚的;

(二)受过党纪政纪开除处分的。

第十条 报名参加考试的人员,到报名点办理报名手续。经审查合格后,领取准考证。凭准考证、身份证,在指定的时间、地点参加考试。

第十一条 广电总局自考试结束之日起60个工作日内公布考试成绩和合格标准。参加考试的人员可以通过广电总局政府网站或指定的其他方式查询考试成绩。

第十二条 考试合格的,由省级广播电视行政部门颁发《广播电视编辑记者资格考试合格证》或《广播电视播音员主持人资格考试合格证》。

第十三条 考试中有违反考场纪律、扰乱考场秩序等行为的,视情节轻重,给予取消相关科目成绩、本次考试成绩、下一年度考试资格的处理。

第十四条 任何行政机关或行业组织不得组织强制性的资格考试考前培训,不得指定教材或者其他助考材料。

第三章 执 业 注 册

第十五条 从事广播电视采访编辑、播音主持工作,应当取得相关执业资格。

未取得相关执业资格的人员,应当在持有相关执业证书的人员指导下从事实习等辅助性工作。

第十六条 具备下列条件的人员,可以申请相关执业资格注册:

(一)已取得《广播电视编辑记者资格考试合格证》或《广播电视播音员主持

人资格考试合格证》;

（二）在制作、播出机构相应岗位实习满1年;

（三）身体状况能胜任所申请执业的工作岗位要求;

（四）无本规定第九条所列情形;

（五）以普通话为基本用语的播音员主持人,取得与岗位要求一致的普通话水平测试等级证书。

第十七条 执业资格注册,按以下程序办理:

（一）由申请人所在的制作、播出机构统一向省级广播电视行政部门（以下称注册机关）提交以下材料:

1. 申请人填写的《注册申请表》、相关资格考试合格证和学历证书复印件;

2. 申请人所在的制作、播出机构同意聘用申请人从事广播电视编辑记者或播音主持工作的书面意见。

（二）符合条件的,由注册机关在法定期限内办理注册手续,发放《中华人民共和国广播电视编辑记者证》或《中华人民共和国播音员主持人证》。

第十八条 《中华人民共和国广播电视编辑记者证》和《中华人民共和国播音员主持人证》由广电总局统一印制,由注册机关统一注册,有效期为2年。注册机关应将注册情况在1个月内报广电总局备案。

《中华人民共和国广播电视编辑记者证》和《中华人民共和国播音员主持人证》是广播电视编辑记者、播音员主持人的执业凭证,在全国范围内有效。

第十九条 注册有效期届满需要延续的,申请人应当在有效期届满30日前提出延续申请,填写《延续注册申请表》,由所在的制作、播出机构向注册机关办理延续注册手续。

第二十条 注册有效期内,持证人变更工作单位并继续从事广播电视采访编辑、播音主持工作的,应当在变更工作单位后1个月内填写《变更注册申请表》,并提交执业证书,由变更后所在的制作、播出机构向所在地注册机关办理变更注册手续。

因工作变更或退休不再执业的,由原所在的制作、播出机构收回执业证书,并交原注册机关统一销毁。

第二十一条 广电总局和注册机关应当向社会公布注册人员名单等信息。

第二十二条 持证人应妥善保管执业证书,不得出借、出租、转让、涂改和损毁。

第二十三条 有下列情形之一的,注册机关不予办理注册手续;制作、播出机构应将责任人调离广播电视采访编辑或播音主持岗位:

（一）出现本规定第九条所列情形的;

（二）因本人过错造成重大宣传事故的;

（三）违反职业纪律、违背职业道德,造成恶劣影响的;

（四）品行不端、声誉较差的。

出现本条第（一）、（二）、（三）项情形的,申请人在3年内不得再次提出注册申请。

第二十四条 以欺骗、贿赂等不正当手段取得的执业证书无效,注册机关应予以撤销。申请人在3年内不得再次提出注册申请。

第二十五条 当事人对注册机关的有关决定持有异议的,可以自接到决定之日起60日内向广电总局申请复议。

第四章 权利与义务

第二十六条 广播电视编辑记者、播音员主持人在执业活动中享有以下权利:

(一)以所在的制作、播出机构的名义从事广播电视节目采访编辑或播音主持工作,制作、播出机构应当提供完成工作所必需的物质条件;

(二)人身安全、人格尊严依法不受侵犯;

(三)参加继续教育和业务培训;

(四)指导实习人员从事采访编辑、播音主持工作;

(五)依法享有的其他权利。

第二十七条 广播电视编辑记者、播音员主持人在执业活动中应当履行以下义务:

(一)遵守法律、法规、规章;

(二)尊重公民、法人和其他组织的合法权益;

(三)坚持正确的舆论导向;

(四)恪守职业道德,坚持客观、真实、公正的原则;

(五)严守工作纪律,服从所在机构的管理,认真履行岗位职责;

(六)努力钻研业务,更新知识,不断提高政策理论水平和专业素养;

(七)树立良好的公众形象和健康向上的精神风貌;

(八)依法应当履行的其他义务。

第五章 附 则

第二十八条 本规定实施前,在广播电视播出机构工作并取得编辑记者、播音员主持人从业资格的人员,符合广电总局规定条件的,经本人申请,可以通过审核取得本规定要求的执业资格,获得执业证书。具体办法由广电总局另行规定。

第二十九条 聘请境外人员从事广播电视采访编辑、播音主持工作的,依照国家有关规定执行。

第三十条 本规定自2004年8月1日起施行,广电总局《播音员主持人持证上岗规定》(广电总局令第10号)同时废止。

七、互联网与数字安全

中华人民共和国数据安全法

（2021年6月10日第十三届全国人民代表大会常务委员会第二十九次会议通过　2021年6月10日中华人民共和国主席令第84号公布　自2021年9月1日起施行）

目　　录

第一章　总　　则

第一条　为了规范数据处理活动，保障数据安全，促进数据开发利用，保护个人、组织的合法权益，维护国家主权、安全和发展利益，制定本法。

第二条　在中华人民共和国境内开展数据处理活动及其安全监管，适用本法。

在中华人民共和国境外开展数据处理活动，损害中华人民共和国国家安全、公共利益或者公民、组织合法权益的，依法追究法律责任。

第三条　本法所称数据，是指任何以电子或者其他方式对信息的记录。

数据处理，包括数据的收集、存储、使用、加工、传输、提供、公开等。

数据安全，是指通过采取必要措施，确保数据处于有效保护和合法利用的状态，以及具备保障持续安全状态的能力。

第四条　维护数据安全，应当坚持总体国家安全观，建立健全数据安全治理体系，提高数据安全保障能力。

第五条　中央国家安全领导机构负责国家数据安全工作的决策和议事协调，研究制定、指导实施国家数据安全战略和有关重大方针政策，统筹协调国家数据安全的重大事项和重要工作，建立国家数据安全工作协调机制。

第六条　各地区、各部门对本地区、本部门工作中收集和产生的数据及数据安全负责。

工业、电信、交通、金融、自然资源、卫生健康、教育、科技等主管部门承担本行业、本领域数据安全监管职责。

公安机关、国家安全机关等依照本

法和有关法律、行政法规的规定,在各自职责范围内承担数据安全监管职责。

国家网信部门依照本法和有关法律、行政法规的规定,负责统筹协调网络数据安全和相关监管工作。

第七条 国家保护个人、组织与数据有关的权益,鼓励数据依法合理有效利用,保障数据依法有序自由流动,促进以数据为关键要素的数字经济发展。

第八条 开展数据处理活动,应当遵守法律、法规,尊重社会公德和伦理,遵守商业道德和职业道德,诚实守信,履行数据安全保护义务,承担社会责任,不得危害国家安全、公共利益,不得损害个人、组织的合法权益。

第九条 国家支持开展数据安全知识宣传普及,提高全社会的数据安全保护意识和水平,推动有关部门、行业组织、科研机构、企业、个人等共同参与数据安全保护工作,形成全社会共同维护数据安全和促进发展的良好环境。

第十条 相关行业组织按照章程,依法制定数据安全行为规范和团体标准,加强行业自律,指导会员加强数据安全保护,提高数据安全保护水平,促进行业健康发展。

第十一条 国家积极开展数据安全治理、数据开发利用等领域的国际交流与合作,参与数据安全相关国际规则和标准的制定,促进数据跨境安全、自由流动。

第十二条 任何个人、组织都有权对违反本法规定的行为向有关主管部门投诉、举报。收到投诉、举报的部门应当及时依法处理。

有关主管部门应当对投诉、举报人的相关信息予以保密,保护投诉、举报人的合法权益。

第二章 数据安全与发展

第十三条 国家统筹发展和安全,坚持以数据开发利用和产业发展促进数据安全,以数据安全保障数据开发利用和产业发展。

第十四条 国家实施大数据战略,推进数据基础设施建设,鼓励和支持数据在各行业、各领域的创新应用。

省级以上人民政府应当将数字经济发展纳入本级国民经济和社会发展规划,并根据需要制定数字经济发展规划。

第十五条 国家支持开发利用数据提升公共服务的智能化水平。提供智能化公共服务,应当充分考虑老年人、残疾人的需求,避免对老年人、残疾人的日常生活造成障碍。

第十六条 国家支持数据开发利用和数据安全技术研究,鼓励数据开发利用和数据安全等领域的技术推广和商业创新,培育、发展数据开发利用和数据安全产品、产业体系。

第十七条 国家推进数据开发利用技术和数据安全标准体系建设。国务院标准化行政主管部门和国务院有关部门根据各自的职责,组织制定并适时修订有关数据开发利用技术、产品和数据安全相关标准。国家支持企业、社会团体和教育、科研机构等参与标准制定。

第十八条 国家促进数据安全检测

评估、认证等服务的发展，支持数据安全检测评估、认证等专业机构依法开展服务活动。

国家支持有关部门、行业组织、企业、教育和科研机构、有关专业机构等在数据安全风险评估、防范、处置等方面开展协作。

第十九条 国家建立健全数据交易管理制度，规范数据交易行为，培育数据交易市场。

第二十条 国家支持教育、科研机构和企业等开展数据开发利用技术和数据安全相关教育和培训，采取多种方式培养数据开发利用技术和数据安全专业人才，促进人才交流。

第三章 数据安全制度

第二十一条 国家建立数据分类分级保护制度，根据数据在经济社会发展中的重要程度，以及一旦遭到篡改、破坏、泄露或者非法获取、非法利用，对国家安全、公共利益或者个人、组织合法权益造成的危害程度，对数据实行分类分级保护。国家数据安全工作协调机制统筹协调有关部门制定重要数据目录，加强对重要数据的保护。

关系国家安全、国民经济命脉、重要民生、重大公共利益等数据属于国家核心数据，实行更加严格的管理制度。

各地区、各部门应当按照数据分类分级保护制度，确定本地区、本部门以及相关行业、领域的重要数据具体目录，对列入目录的数据进行重点保护。

第二十二条 国家建立集中统一、高效权威的数据安全风险评估、报告、信息共享、监测预警机制。国家数据安全工作协调机制统筹协调有关部门加强数据安全风险信息的获取、分析、研判、预警工作。

第二十三条 国家建立数据安全应急处置机制。发生数据安全事件，有关主管部门应当依法启动应急预案，采取相应的应急处置措施，防止危害扩大，消除安全隐患，并及时向社会发布与公众有关的警示信息。

第二十四条 国家建立数据安全审查制度，对影响或者可能影响国家安全的数据处理活动进行国家安全审查。

依法作出的安全审查决定为最终决定。

第二十五条 国家对与维护国家安全和利益、履行国际义务相关的属于管制物项的数据依法实施出口管制。

第二十六条 任何国家或者地区在与数据和数据开发利用技术等有关的投资、贸易等方面对中华人民共和国采取歧视性的禁止、限制或者其他类似措施的，中华人民共和国可以根据实际情况对该国家或者地区对等采取措施。

第四章 数据安全保护义务

第二十七条 开展数据处理活动应当依照法律、法规的规定，建立健全全流程数据安全管理制度，组织开展数据安全教育培训，采取相应的技术措施和其他必要措施，保障数据安全。利用互联网等信息网络开展数据处理活动，应当在网络安全等级保护制度的基础上，履行上述数据安全保护义务。

重要数据的处理者应当明确数据安全负责人和管理机构,落实数据安全保护责任。

第二十八条 开展数据处理活动以及研究开发数据新技术,应当有利于促进经济社会发展,增进人民福祉,符合社会公德和伦理。

第二十九条 开展数据处理活动应当加强风险监测,发现数据安全缺陷、漏洞等风险时,应当立即采取补救措施;发生数据安全事件时,应当立即采取处置措施,按照规定及时告知用户并向有关主管部门报告。

第三十条 重要数据的处理者应当按照规定对其数据处理活动定期开展风险评估,并向有关主管部门报送风险评估报告。

风险评估报告应当包括处理的重要数据的种类、数量,开展数据处理活动的情况,面临的数据安全风险及其应对措施等。

第三十一条 关键信息基础设施的运营者在中华人民共和国境内运营中收集和产生的重要数据的出境安全管理,适用《中华人民共和国网络安全法》的规定;其他数据处理者在中华人民共和国境内运营中收集和产生的重要数据的出境安全管理办法,由国家网信部门会同国务院有关部门制定。

第三十二条 任何组织、个人收集数据,应当采取合法、正当的方式,不得窃取或者以其他非法方式获取数据。

法律、行政法规对收集、使用数据的目的、范围有规定的,应当在法律、行政法规规定的目的和范围内收集、使用数据。

第三十三条 从事数据交易中介服务的机构提供服务,应当要求数据提供方说明数据来源,审核交易双方的身份,并留存审核、交易记录。

第三十四条 法律、行政法规规定提供数据处理相关服务应当取得行政许可的,服务提供者应当依法取得许可。

第三十五条 公安机关、国家安全机关因依法维护国家安全或者侦查犯罪的需要调取数据,应当按照国家有关规定,经过严格的批准手续,依法进行,有关组织、个人应当予以配合。

第三十六条 中华人民共和国主管机关根据有关法律和中华人民共和国缔结或者参加的国际条约、协定,或者按照平等互惠原则,处理外国司法或者执法机构关于提供数据的请求。非经中华人民共和国主管机关批准,境内的组织、个人不得向外国司法或者执法机构提供存储于中华人民共和国境内的数据。

第五章 政务数据安全与开放

第三十七条 国家大力推进电子政务建设,提高政务数据的科学性、准确性、时效性,提升运用数据服务经济社会发展的能力。

第三十八条 国家机关为履行法定职责的需要收集、使用数据,应当在其履行法定职责的范围内依照法律、行政法规规定的条件和程序进行;对在履行职责中知悉的个人隐私、个人信息、商业秘密、保密商务信息等数据应当依法予以保密，不得泄露或者非法向他人提供。

第三十九条 国家机关应当依照法律、行政法规的规定，建立健全数据安全管理制度，落实数据安全保护责任，保障政务数据安全。

第四十条 国家机关委托他人建设、维护电子政务系统，存储、加工政务数据，应当经过严格的批准程序，并应当监督受托方履行相应的数据安全保护义务。受托方应当依照法律、法规的规定和合同约定履行数据安全保护义务，不得擅自留存、使用、泄露或者向他人提供政务数据。

第四十一条 国家机关应当遵循公正、公平、便民的原则，按照规定及时、准确地公开政务数据。依法不予公开的除外。

第四十二条 国家制定政务数据开放目录，构建统一规范、互联互通、安全可控的政务数据开放平台，推动政务数据开放利用。

第四十三条 法律、法规授权的具有管理公共事务职能的组织为履行法定职责开展数据处理活动，适用本章规定。

第六章 法律责任

第四十四条 有关主管部门在履行数据安全监管职责中，发现数据处理活动存在较大安全风险的，可以按照规定的权限和程序对有关组织、个人进行约谈，并要求有关组织、个人采取措施进行整改，消除隐患。

第四十五条 开展数据处理活动的组织、个人不履行本法第二十七条、第二十九条、第三十条规定的数据安全保护义务的，由有关主管部门责令改正，给予警告，可以并处五万元以上五十万元以下罚款，对直接负责的主管人员和其他直接责任人员可以处一万元以上十万元以下罚款；拒不改正或者造成大量数据泄露等严重后果的，处五十万元以上二百万元以下罚款，并可以责令暂停相关业务、停业整顿、吊销相关业务许可证或者吊销营业执照，对直接负责的主管人员和其他直接责任人员处五万元以上二十万元以下罚款。

违反国家核心数据管理制度，危害国家主权、安全和发展利益的，由有关主管部门处二百万元以上一千万元以下罚款，并根据情况责令暂停相关业务、停业整顿、吊销相关业务许可证或者吊销营业执照；构成犯罪的，依法追究刑事责任。

第四十六条 违反本法第三十一条规定，向境外提供重要数据的，由有关主管部门责令改正，给予警告，可以并处十万元以上一百万元以下罚款，对直接负责的主管人员和其他直接责任人员可以处一万元以上十万元以下罚款；情节严重的，处一百万元以上一千万元以下罚款，并可以责令暂停相关业务、停业整顿、吊销相关业务许可证或者吊销营业执照，对直接负责的主管人员和其他直接责任人员处十万元以上一百万元以下罚款。

第四十七条 从事数据交易中介服务的机构未履行本法第三十三条规定的义务的，由有关主管部门责令改正，没收违法所得，处违法所得一倍以上十倍以下罚款，没有违法所得或者违法所得不足十万元的,处十万元以上一百万元以下罚款,并可以责令暂停相关业务、停业整顿、吊销相关业务许可证或者吊销营业执照;对直接负责的主管人员和其他直接责任人员处一万元以上十万元以下罚款。

第四十八条 违反本法第三十五条规定,拒不配合数据调取的,由有关主管部门责令改正,给予警告,并处五万元以上五十万元以下罚款,对直接负责的主管人员和其他直接责任人员处一万元以上十万元以下罚款。

违反本法第三十六条规定,未经主管机关批准向外国司法或者执法机构提供数据的,由有关主管部门给予警告,可以并处十万元以上一百万元以下罚款,对直接负责的主管人员和其他直接责任人员可以处一万元以上十万元以下罚款;造成严重后果的,处一百万元以上五百万元以下罚款,并可以责令暂停相关业务、停业整顿、吊销相关业务许可证或者吊销营业执照,对直接负责的主管人员和其他直接责任人员处五万元以上五十万元以下罚款。

第四十九条 国家机关不履行本法规定的数据安全保护义务的,对直接负责的主管人员和其他直接责任人员依法给予处分。

第五十条 履行数据安全监管职责的国家工作人员玩忽职守、滥用职权、徇私舞弊的,依法给予处分。

第五十一条 窃取或者以其他非法方式获取数据,开展数据处理活动排除、限制竞争,或者损害个人、组织合法权益的,依照有关法律、行政法规的规定处罚。

第五十二条 违反本法规定,给他人造成损害的,依法承担民事责任。

违反本法规定,构成违反治安管理行为的,依法给予治安管理处罚;构成犯罪的,依法追究刑事责任。

第七章 附 则

第五十三条 开展涉及国家秘密的数据处理活动,适用《中华人民共和国保守国家秘密法》等法律、行政法规的规定。

在统计、档案工作中开展数据处理活动,开展涉及个人信息的数据处理活动,还应当遵守有关法律、行政法规的规定。

第五十四条 军事数据安全保护的办法,由中央军事委员会依据本法另行制定。

第五十五条 本法自2021年9月1日起施行。

中华人民共和国网络安全法

(2016年11月7日第十二届全国人民代表大会常务委员会第二十四次会议通过 2016年11月7日中华人民共和国主席令第53号公布 自2017年6月1日起施行)

目 录

第一章　总　　则

第一条　为了保障网络安全，维护网络空间主权和国家安全、社会公共利益，保护公民、法人和其他组织的合法权益，促进经济社会信息化健康发展，制定本法。

第二条　在中华人民共和国境内建设、运营、维护和使用网络，以及网络安全的监督管理，适用本法。

第三条　国家坚持网络安全与信息化发展并重，遵循积极利用、科学发展、依法管理、确保安全的方针，推进网络基础设施建设和互联互通，鼓励网络技术创新和应用，支持培养网络安全人才，建立健全网络安全保障体系，提高网络安全保护能力。

第四条　国家制定并不断完善网络安全战略，明确保障网络安全的基本要求和主要目标，提出重点领域的网络安全政策、工作任务和措施。

第五条　国家采取措施，监测、防御、处置来源于中华人民共和国境内外的网络安全风险和威胁，保护关键信息基础设施免受攻击、侵入、干扰和破坏，依法惩治网络违法犯罪活动，维护网络空间安全和秩序。

第六条　国家倡导诚实守信、健康文明的网络行为，推动传播社会主义核心价值观，采取措施提高全社会的网络安全意识和水平，形成全社会共同参与促进网络安全的良好环境。

第七条　国家积极开展网络空间治理、网络技术研发和标准制定、打击网络违法犯罪等方面的国际交流与合作，推动构建和平、安全、开放、合作的网络空间，建立多边、民主、透明的网络治理体系。

第八条　国家网信部门负责统筹协调网络安全工作和相关监督管理工作。国务院电信主管部门、公安部门和其他有关机关依照本法和有关法律、行政法规的规定，在各自职责范围内负责网络安全保护和监督管理工作。

县级以上地方人民政府有关部门的网络安全保护和监督管理职责，按照国家有关规定确定。

第九条　网络运营者开展经营和服务活动，必须遵守法律、行政法规，尊重社会公德，遵守商业道德，诚实信用，履行网络安全保护义务，接受政府和社会的监督，承担社会责任。

第十条　建设、运营网络或者通过网络提供服务，应当依照法律、行政法规的规定和国家标准的强制性要求，采取技术措施和其他必要措施，保障网络安全、稳定运行，有效应对网络安全事件，防范网络违法犯罪活动，维护网络数据的完整性、保密性和可用性。

第十一条　网络相关行业组织按照章程，加强行业自律，制定网络安全行为规范，指导会员加强网络安全保护，提高网络安全保护水平,促进行业健康发展。

第十二条 国家保护公民、法人和其他组织依法使用网络的权利,促进网络接入普及,提升网络服务水平,为社会提供安全、便利的网络服务,保障网络信息依法有序自由流动。

任何个人和组织使用网络应当遵守宪法法律,遵守公共秩序,尊重社会公德,不得危害网络安全,不得利用网络从事危害国家安全、荣誉和利益,煽动颠覆国家政权、推翻社会主义制度,煽动分裂国家、破坏国家统一,宣扬恐怖主义、极端主义,宣扬民族仇恨、民族歧视,传播暴力、淫秽色情信息,编造、传播虚假信息扰乱经济秩序和社会秩序,以及侵害他人名誉、隐私、知识产权和其他合法权益等活动。

第十三条 国家支持研究开发有利于未成年人健康成长的网络产品和服务,依法惩治利用网络从事危害未成年人身心健康的活动,为未成年人提供安全、健康的网络环境。

第十四条 任何个人和组织有权对危害网络安全的行为向网信、电信、公安等部门举报。收到举报的部门应当及时依法作出处理;不属于本部门职责的,应当及时移送有权处理的部门。

有关部门应当对举报人的相关信息予以保密,保护举报人的合法权益。

第二章 网络安全支持与促进

第十五条 国家建立和完善网络安全标准体系。国务院标准化行政主管部门和国务院其他有关部门根据各自的职责,组织制定并适时修订有关网络安全管理以及网络产品、服务和运行安全的国家标准、行业标准。

国家支持企业、研究机构、高等学校、网络相关行业组织参与网络安全国家标准、行业标准的制定。

第十六条 国务院和省、自治区、直辖市人民政府应当统筹规划,加大投入,扶持重点网络安全技术产业和项目,支持网络安全技术的研究开发和应用,推广安全可信的网络产品和服务,保护网络技术知识产权,支持企业、研究机构和高等学校等参与国家网络安全技术创新项目。

第十七条 国家推进网络安全社会化服务体系建设,鼓励有关企业、机构开展网络安全认证、检测和风险评估等安全服务。

第十八条 国家鼓励开发网络数据安全保护和利用技术,促进公共数据资源开放,推动技术创新和经济社会发展。

国家支持创新网络安全管理方式,运用网络新技术,提升网络安全保护水平。

第十九条 各级人民政府及其有关部门应当组织开展经常性的网络安全宣传教育,并指导、督促有关单位做好网络安全宣传教育工作。

大众传播媒介应当有针对性地面向社会进行网络安全宣传教育。

第二十条 国家支持企业和高等学校、职业学校等教育培训机构开展网络安全相关教育与培训,采取多种方式培养网络安全人才,促进网络安全人才交流。

第三章　网络运行安全

第一节　一 般 规 定

第二十一条　国家实行网络安全等级保护制度。网络运营者应当按照网络安全等级保护制度的要求，履行下列安全保护义务，保障网络免受干扰、破坏或者未经授权的访问，防止网络数据泄露或者被窃取、篡改：

（一）制定内部安全管理制度和操作规程，确定网络安全负责人，落实网络安全保护责任；

（二）采取防范计算机病毒和网络攻击、网络侵入等危害网络安全行为的技术措施；

（三）采取监测、记录网络运行状态、网络安全事件的技术措施，并按照规定留存相关的网络日志不少于六个月；

（四）采取数据分类、重要数据备份和加密等措施；

（五）法律、行政法规规定的其他义务。

第二十二条　网络产品、服务应当符合相关国家标准的强制性要求。网络产品、服务的提供者不得设置恶意程序；发现其网络产品、服务存在安全缺陷、漏洞等风险时，应当立即采取补救措施，按照规定及时告知用户并向有关主管部门报告。

网络产品、服务的提供者应当为其产品、服务持续提供安全维护；在规定或者当事人约定的期限内，不得终止提供安全维护。

网络产品、服务具有收集用户信息功能的，其提供者应当向用户明示并取得同意；涉及用户个人信息的，还应当遵守本法和有关法律、行政法规关于个人信息保护的规定。

第二十三条　网络关键设备和网络安全专用产品应当按照相关国家标准的强制性要求，由具备资格的机构安全认证合格或者安全检测符合要求后，方可销售或者提供。国家网信部门会同国务院有关部门制定、公布网络关键设备和网络安全专用产品目录，并推动安全认证和安全检测结果互认，避免重复认证、检测。

第二十四条　网络运营者为用户办理网络接入、域名注册服务，办理固定电话、移动电话等入网手续，或者为用户提供信息发布、即时通讯等服务，在与用户签订协议或者确认提供服务时，应当要求用户提供真实身份信息。用户不提供真实身份信息的，网络运营者不得为其提供相关服务。

国家实施网络可信身份战略，支持研究开发安全、方便的电子身份认证技术，推动不同电子身份认证之间的互认。

第二十五条　网络运营者应当制定网络安全事件应急预案，及时处置系统漏洞、计算机病毒、网络攻击、网络侵入等安全风险；在发生危害网络安全的事件时，立即启动应急预案，采取相应的补救措施，并按照规定向有关主管部门报告。

第二十六条　开展网络安全认证、检测、风险评估等活动，向社会发布系统漏洞、计算机病毒、网络攻击、网络侵入等网络安全信息,应当遵守国家有关规定。

第二十七条 任何个人和组织不得从事非法侵入他人网络、干扰他人网络正常功能、窃取网络数据等危害网络安全的活动;不得提供专门用于从事侵入网络、干扰网络正常功能及防护措施、窃取网络数据等危害网络安全活动的程序、工具;明知他人从事危害网络安全的活动的,不得为其提供技术支持、广告推广、支付结算等帮助。

第二十八条 网络运营者应当为公安机关、国家安全机关依法维护国家安全和侦查犯罪的活动提供技术支持和协助。

第二十九条 国家支持网络运营者之间在网络安全信息收集、分析、通报和应急处置等方面进行合作,提高网络运营者的安全保障能力。

有关行业组织建立健全本行业的网络安全保护规范和协作机制,加强对网络安全风险的分析评估,定期向会员进行风险警示,支持、协助会员应对网络安全风险。

第三十条 网信部门和有关部门在履行网络安全保护职责中获取的信息,只能用于维护网络安全的需要,不得用于其他用途。

第二节 关键信息基础设施的运行安全

第三十一条 国家对公共通信和信息服务、能源、交通、水利、金融、公共服务、电子政务等重要行业和领域,以及其他一旦遭到破坏、丧失功能或者数据泄露,可能严重危害国家安全、国计民生、公共利益的关键信息基础设施,在网络安全等级保护制度的基础上,实行重点保护。关键信息基础设施的具体范围和安全保护办法由国务院制定。

国家鼓励关键信息基础设施以外的网络运营者自愿参与关键信息基础设施保护体系。

第三十二条 按照国务院规定的职责分工,负责关键信息基础设施安全保护工作的部门分别编制并组织实施本行业、本领域的关键信息基础设施安全规划,指导和监督关键信息基础设施运行安全保护工作。

第三十三条 建设关键信息基础设施应当确保其具有支持业务稳定、持续运行的性能,并保证安全技术措施同步规划、同步建设、同步使用。

第三十四条 除本法第二十一条的规定外,关键信息基础设施的运营者还应当履行下列安全保护义务:

(一)设置专门安全管理机构和安全管理负责人,并对该负责人和关键岗位的人员进行安全背景审查;

(二)定期对从业人员进行网络安全教育、技术培训和技能考核;

(三)对重要系统和数据库进行容灾备份;

(四)制定网络安全事件应急预案,并定期进行演练;

(五)法律、行政法规规定的其他义务。

第三十五条 关键信息基础设施的运营者采购网络产品和服务，可能影响国家安全的，应当通过国家网信部门会同国务院有关部门组织的国家安全审查。

第三十六条 关键信息基础设施的运营者采购网络产品和服务，应当按照规定与提供者签订安全保密协议，明确安全和保密义务与责任。

第三十七条 关键信息基础设施的运营者在中华人民共和国境内运营中收集和产生的个人信息和重要数据应当在境内存储。因业务需要，确需向境外提供的，应当按照国家网信部门会同国务院有关部门制定的办法进行安全评估；法律、行政法规另有规定的，依照其规定。

第三十八条 关键信息基础设施的运营者应当自行或者委托网络安全服务机构对其网络的安全性和可能存在的风险每年至少进行一次检测评估，并将检测评估情况和改进措施报送相关负责关键信息基础设施安全保护工作的部门。

第三十九条 国家网信部门应当统筹协调有关部门对关键信息基础设施的安全保护采取下列措施：

（一）对关键信息基础设施的安全风险进行抽查检测，提出改进措施，必要时可以委托网络安全服务机构对网络存在的安全风险进行检测评估；

（二）定期组织关键信息基础设施的运营者进行网络安全应急演练，提高应对网络安全事件的水平和协同配合能力；

（三）促进有关部门、关键信息基础设施的运营者以及有关研究机构、网络安全服务机构等之间的网络安全信息共享；

（四）对网络安全事件的应急处置与网络功能的恢复等，提供技术支持和协助。

第四章 网络信息安全

第四十条 网络运营者应当对其收集的用户信息严格保密，并建立健全用户信息保护制度。

第四十一条 网络运营者收集、使用个人信息，应当遵循合法、正当、必要的原则，公开收集、使用规则，明示收集、使用信息的目的、方式和范围，并经被收集者同意。

网络运营者不得收集与其提供的服务无关的个人信息，不得违反法律、行政法规的规定和双方的约定收集、使用个人信息，并应当依照法律、行政法规的规定和与用户的约定，处理其保存的个人信息。

第四十二条 网络运营者不得泄露、篡改、毁损其收集的个人信息；未经被收集者同意，不得向他人提供个人信息。但是，经过处理无法识别特定个人且不能复原的除外。

网络运营者应当采取技术措施和其他必要措施，确保其收集的个人信息安全，防止信息泄露、毁损、丢失。在发生或者可能发生个人信息泄露、毁损、丢失的情况时，应当立即采取补救措施，按照规定及时告知用户并向有关主管部门报告。

第四十三条 个人发现网络运营者违反法律、行政法规的规定或者双方的约定收集、使用其个人信息的,有权要求网络运营者删除其个人信息;发现网络运营者收集、存储的其个人信息有错误的,有权要求网络运营者予以更正。网络运营者应当采取措施予以删除或者更正。

第四十四条 任何个人和组织不得窃取或者以其他非法方式获取个人信息,不得非法出售或者非法向他人提供个人信息。

第四十五条 依法负有网络安全监督管理职责的部门及其工作人员,必须对在履行职责中知悉的个人信息、隐私和商业秘密严格保密,不得泄露、出售或者非法向他人提供。

第四十六条 任何个人和组织应当对其使用网络的行为负责,不得设立用于实施诈骗,传授犯罪方法,制作或者销售违禁物品、管制物品等违法犯罪活动的网站、通讯群组,不得利用网络发布涉及实施诈骗,制作或者销售违禁物品、管制物品以及其他违法犯罪活动的信息。

第四十七条 网络运营者应当加强对其用户发布的信息的管理,发现法律、行政法规禁止发布或者传输的信息的,应当立即停止传输该信息,采取消除等处置措施,防止信息扩散,保存有关记录,并向有关主管部门报告。

第四十八条 任何个人和组织发送的电子信息、提供的应用软件,不得设置恶意程序,不得含有法律、行政法规禁止发布或者传输的信息。

电子信息发送服务提供者和应用软件下载服务提供者,应当履行安全管理义务,知道其用户有前款规定行为的,应当停止提供服务,采取消除等处置措施,保存有关记录,并向有关主管部门报告。

第四十九条 网络运营者应当建立网络信息安全投诉、举报制度,公布投诉、举报方式等信息,及时受理并处理有关网络信息安全的投诉和举报。

网络运营者对网信部门和有关部门依法实施的监督检查,应当予以配合。

第五十条 国家网信部门和有关部门依法履行网络信息安全监督管理职责,发现法律、行政法规禁止发布或者传输的信息的,应当要求网络运营者停止传输,采取消除等处置措施,保存有关记录;对来源于中华人民共和国境外的上述信息,应当通知有关机构采取技术措施和其他必要措施阻断传播。

第五章　监测预警与应急处置

第五十一条 国家建立网络安全监测预警和信息通报制度。国家网信部门应当统筹协调有关部门加强网络安全信息收集、分析和通报工作,按照规定统一发布网络安全监测预警信息。

第五十二条 负责关键信息基础设施安全保护工作的部门,应当建立健全本行业、本领域的网络安全监测预警和信息通报制度,并按照规定报送网络安全监测预警信息。

第五十三条 国家网信部门协调有关部门建立健全网络安全风险评估和应急工作机制,制定网络安全事件应急预案,并定期组织演练。

负责关键信息基础设施安全保护工

作的部门应当制定本行业、本领域的网络安全事件应急预案，并定期组织演练。

网络安全事件应急预案应当按照事件发生后的危害程度、影响范围等因素对网络安全事件进行分级，并规定相应的应急处置措施。

第五十四条 网络安全事件发生的风险增大时，省级以上人民政府有关部门应当按照规定的权限和程序，并根据网络安全风险的特点和可能造成的危害，采取下列措施：

（一）要求有关部门、机构和人员及时收集、报告有关信息，加强对网络安全风险的监测；

（二）组织有关部门、机构和专业人员，对网络安全风险信息进行分析评估，预测事件发生的可能性、影响范围和危害程度；

（三）向社会发布网络安全风险预警，发布避免、减轻危害的措施。

第五十五条 发生网络安全事件，应当立即启动网络安全事件应急预案，对网络安全事件进行调查和评估，要求网络运营者采取技术措施和其他必要措施，消除安全隐患，防止危害扩大，并及时向社会发布与公众有关的警示信息。

第五十六条 省级以上人民政府有关部门在履行网络安全监督管理职责中，发现网络存在较大安全风险或者发生安全事件的，可以按照规定的权限和程序对该网络的运营者的法定代表人或者主要负责人进行约谈。网络运营者应当按照要求采取措施，进行整改，消除隐患。

第五十七条 因网络安全事件，发生突发事件或者生产安全事故的，应当依照《中华人民共和国突发事件应对法》、《中华人民共和国安全生产法》等有关法律、行政法规的规定处置。

第五十八条 因维护国家安全和社会公共秩序，处置重大突发社会安全事件的需要，经国务院决定或者批准，可以在特定区域对网络通信采取限制等临时措施。

第六章　法律责任

第五十九条 网络运营者不履行本法第二十一条、第二十五条规定的网络安全保护义务的，由有关主管部门责令改正，给予警告；拒不改正或者导致危害网络安全等后果的，处一万元以上十万元以下罚款，对直接负责的主管人员处五千元以上五万元以下罚款。

关键信息基础设施的运营者不履行本法第三十三条、第三十四条、第三十六条、第三十八条规定的网络安全保护义务的，由有关主管部门责令改正，给予警告；拒不改正或者导致危害网络安全等后果的，处十万元以上一百万元以下罚款，对直接负责的主管人员处一万元以上十万元以下罚款。

第六十条 违反本法第二十二条第一款、第二款和第四十八条第一款规定，有下列行为之一的，由有关主管部门责令改正，给予警告；拒不改正或者导致危害网络安全等后果的，处五万元以上五十万元以下罚款，对直接负责的主管人员处一万元以上十万元以下罚款：

(一)设置恶意程序的;

(二)对其产品、服务存在的安全缺陷、漏洞等风险未立即采取补救措施,或者未按照规定及时告知用户并向有关主管部门报告的;

(三)擅自终止为其产品、服务提供安全维护的。

第六十一条 网络运营者违反本法第二十四条第一款规定,未要求用户提供真实身份信息,或者对不提供真实身份信息的用户提供相关服务的,由有关主管部门责令改正;拒不改正或者情节严重的,处五万元以上五十万元以下罚款,并可以由有关主管部门责令暂停相关业务、停业整顿、关闭网站、吊销相关业务许可证或者吊销营业执照,对直接负责的主管人员和其他直接责任人员处一万元以上十万元以下罚款。

第六十二条 违反本法第二十六条规定,开展网络安全认证、检测、风险评估等活动,或者向社会发布系统漏洞、计算机病毒、网络攻击、网络侵入等网络安全信息的,由有关主管部门责令改正,给予警告;拒不改正或者情节严重的,处一万元以上十万元以下罚款,并可以由有关主管部门责令暂停相关业务、停业整顿、关闭网站、吊销相关业务许可证或者吊销营业执照,对直接负责的主管人员和其他直接责任人员处五千元以上五万元以下罚款。

第六十三条 违反本法第二十七条规定,从事危害网络安全的活动,或者提供专门用于从事危害网络安全活动的程序、工具,或者为他人从事危害网络安全的活动提供技术支持、广告推广、支付结算等帮助,尚不构成犯罪的,由公安机关没收违法所得,处五日以下拘留,可以并处五万元以上五十万元以下罚款;情节较重的,处五日以上十五日以下拘留,可以并处十万元以上一百万元以下罚款。

单位有前款行为的,由公安机关没收违法所得,处十万元以上一百万元以下罚款,并对直接负责的主管人员和其他直接责任人员依照前款规定处罚。

违反本法第二十七条规定,受到治安管理处罚的人员,五年内不得从事网络安全管理和网络运营关键岗位的工作;受到刑事处罚的人员,终身不得从事网络安全管理和网络运营关键岗位的工作。

第六十四条 网络运营者、网络产品或者服务的提供者违反本法第二十二条第三款、第四十一条至第四十三条规定,侵害个人信息依法得到保护的权利的,由有关主管部门责令改正,可以根据情节单处或者并处警告、没收违法所得、处违法所得一倍以上十倍以下罚款,没有违法所得的,处一百万元以下罚款,对直接负责的主管人员和其他直接责任人员处一万元以上十万元以下罚款;情节严重的,并可以责令暂停相关业务、停业整顿、关闭网站、吊销相关业务许可证或者吊销营业执照。

违反本法第四十四条规定,窃取或者以其他非法方式获取、非法出售或者非法向他人提供个人信息,尚不构成犯罪的,由公安机关没收违法所得,并处违法所得一倍以上十倍以下罚款,没有违法所得的,处一百万元以下罚款。

第六十五条 关键信息基础设施的运营者违反本法第三十五条规定，使用未经安全审查或者安全审查未通过的网络产品或者服务的，由有关主管部门责令停止使用，处采购金额一倍以上十倍以下罚款；对直接负责的主管人员和其他直接责任人员处一万元以上十万元以下罚款。

第六十六条 关键信息基础设施的运营者违反本法第三十七条规定，在境外存储网络数据，或者向境外提供网络数据的，由有关主管部门责令改正，给予警告，没收违法所得，处五万元以上五十万元以下罚款，并可以责令暂停相关业务、停业整顿、关闭网站、吊销相关业务许可证或者吊销营业执照；对直接负责的主管人员和其他直接责任人员处一万元以上十万元以下罚款。

第六十七条 违反本法第四十六条规定，设立用于实施违法犯罪活动的网站、通讯群组，或者利用网络发布涉及实施违法犯罪活动的信息，尚不构成犯罪的，由公安机关处五日以下拘留，可以并处一万元以上十万元以下罚款；情节较重的，处五日以上十五日以下拘留，可以并处五万元以上五十万元以下罚款。关闭用于实施违法犯罪活动的网站、通讯群组。

单位有前款行为的，由公安机关处十万元以上五十万元以下罚款，并对直接负责的主管人员和其他直接责任人员依照前款规定处罚。

第六十八条 网络运营者违反本法第四十七条规定，对法律、行政法规禁止发布或者传输的信息未停止传输、采取消除等处置措施、保存有关记录的，由有关主管部门责令改正，给予警告，没收违法所得；拒不改正或者情节严重的，处十万元以上五十万元以下罚款，并可以责令暂停相关业务、停业整顿、关闭网站、吊销相关业务许可证或者吊销营业执照，对直接负责的主管人员和其他直接责任人员处一万元以上十万元以下罚款。

电子信息发送服务提供者、应用软件下载服务提供者，不履行本法第四十八条第二款规定的安全管理义务的，依照前款规定处罚。

第六十九条 网络运营者违反本法规定，有下列行为之一的，由有关主管部门责令改正；拒不改正或者情节严重的，处五万元以上五十万元以下罚款，对直接负责的主管人员和其他直接责任人员，处一万元以上十万元以下罚款：

（一）不按照有关部门的要求对法律、行政法规禁止发布或者传输的信息，采取停止传输、消除等处置措施的；

（二）拒绝、阻碍有关部门依法实施的监督检查的；

（三）拒不向公安机关、国家安全机关提供技术支持和协助的。

第七十条 发布或者传输本法第十二条第二款和其他法律、行政法规禁止发布或者传输的信息的，依照有关法律、行政法规的规定处罚。

第七十一条 有本法规定的违法行为的，依照有关法律、行政法规的规定记入信用档案，并予以公示。

第七十二条 国家机关政务网络的

运营者不履行本法规定的网络安全保护义务的,由其上级机关或者有关机关责令改正;对直接负责的主管人员和其他直接责任人员依法给予处分。

第七十三条 网信部门和有关部门违反本法第三十条规定,将在履行网络安全保护职责中获取的信息用于其他用途的,对直接负责的主管人员和其他直接责任人员依法给予处分。

网信部门和有关部门的工作人员玩忽职守、滥用职权、徇私舞弊,尚不构成犯罪的,依法给予处分。

第七十四条 违反本法规定,给他人造成损害的,依法承担民事责任。

违反本法规定,构成违反治安管理行为的,依法给予治安管理处罚;构成犯罪的,依法追究刑事责任。

第七十五条 境外的机构、组织、个人从事攻击、侵入、干扰、破坏等危害中华人民共和国的关键信息基础设施的活动,造成严重后果的,依法追究法律责任;国务院公安部门和有关部门并可以决定对该机构、组织、个人采取冻结财产或者其他必要的制裁措施。

第七章 附 则

第七十六条 本法下列用语的含义:

(一)网络,是指由计算机或者其他信息终端及相关设备组成的按照一定的规则和程序对信息进行收集、存储、传输、交换、处理的系统。

(二)网络安全,是指通过采取必要措施,防范对网络的攻击、侵入、干扰、破坏和非法使用以及意外事故,使网络处于稳定可靠运行的状态,以及保障网络数据的完整性、保密性、可用性的能力。

(三)网络运营者,是指网络的所有者、管理者和网络服务提供者。

(四)网络数据,是指通过网络收集、存储、传输、处理和产生的各种电子数据。

(五)个人信息,是指以电子或者其他方式记录的能够单独或者与其他信息结合识别自然人个人身份的各种信息,包括但不限于自然人的姓名、出生日期、身份证件号码、个人生物识别信息、住址、电话号码等。

第七十七条 存储、处理涉及国家秘密信息的网络的运行安全保护,除应当遵守本法外,还应当遵守保密法律、行政法规的规定。

第七十八条 军事网络的安全保护,由中央军事委员会另行规定。

第七十九条 本法自2017年6月1日起施行。

中华人民共和国
个人信息保护法

(2021年8月20日第十三届全国人民代表大会常务委员会第三十次会议通过 2021年8月20日中华人民共和国主席令第91号公布 自2021年11月1日起施行)

目 录

第一章　总　　则

第一条　为了保护个人信息权益，规范个人信息处理活动，促进个人信息合理利用，根据宪法，制定本法。

第二条　自然人的个人信息受法律保护，任何组织、个人不得侵害自然人的个人信息权益。

第三条　在中华人民共和国境内处理自然人个人信息的活动，适用本法。

在中华人民共和国境外处理中华人民共和国境内自然人个人信息的活动，有下列情形之一的，也适用本法：

（一）以向境内自然人提供产品或者服务为目的；

（二）分析、评估境内自然人的行为；

（三）法律、行政法规规定的其他情形。

第四条　个人信息是以电子或者其他方式记录的与已识别或者可识别的自然人有关的各种信息，不包括匿名化处理后的信息。

个人信息的处理包括个人信息的收集、存储、使用、加工、传输、提供、公开、删除等。

第五条　处理个人信息应当遵循合法、正当、必要和诚信原则，不得通过误导、欺诈、胁迫等方式处理个人信息。

第六条　处理个人信息应当具有明确、合理的目的，并应当与处理目的直接相关，采取对个人权益影响最小的方式。

收集个人信息，应当限于实现处理目的的最小范围，不得过度收集个人信息。

第七条　处理个人信息应当遵循公开、透明原则，公开个人信息处理规则，明示处理的目的、方式和范围。

第八条　处理个人信息应当保证个人信息的质量，避免因个人信息不准确、不完整对个人权益造成不利影响。

第九条　个人信息处理者应当对其个人信息处理活动负责，并采取必要措施保障所处理的个人信息的安全。

第十条　任何组织、个人不得非法收集、使用、加工、传输他人个人信息，不得非法买卖、提供或者公开他人个人信息；不得从事危害国家安全、公共利益的个人信息处理活动。

第十一条　国家建立健全个人信息保护制度，预防和惩治侵害个人信息权益的行为，加强个人信息保护宣传教育，推动形成政府、企业、相关社会组织、公众共同参与个人信息保护的良好环境。

第十二条　国家积极参与个人信息保护国际规则的制定，促进个人信息保护方面的国际交流与合作，推动与其他国家、地区、国际组织之间的个人信息保护规则、标准等互认。

第二章　个人信息处理规则

第一节　一般规定

第十三条　符合下列情形之一的，个人信息处理者方可处理个人信息：

(一)取得个人的同意；

(二)为订立、履行个人作为一方当事人的合同所必需，或者按照依法制定的劳动规章制度和依法签订的集体合同实施人力资源管理所必需；

(三)为履行法定职责或者法定义务所必需；

(四)为应对突发公共卫生事件，或者紧急情况下为保护自然人的生命健康和财产安全所必需；

(五)为公共利益实施新闻报道、舆论监督等行为，在合理的范围内处理个人信息；

(六)依照本法规定在合理的范围内处理个人自行公开或者其他已经合法公开的个人信息；

(七)法律、行政法规规定的其他情形。

依照本法其他有关规定，处理个人信息应当取得个人同意，但是有前款第二项至第七项规定情形的，不需取得个人同意。

第十四条　基于个人同意处理个人信息的，该同意应当由个人在充分知情的前提下自愿、明确作出。法律、行政法规规定处理个人信息应当取得个人单独同意或者书面同意的，从其规定。

个人信息的处理目的、处理方式和处理的个人信息种类发生变更的，应当重新取得个人同意。

第十五条　基于个人同意处理个人信息的，个人有权撤回其同意。个人信息处理者应当提供便捷的撤回同意的方式。

个人撤回同意，不影响撤回前基于个人同意已进行的个人信息处理活动的效力。

第十六条　个人信息处理者不得以个人不同意处理其个人信息或者撤回同意为由，拒绝提供产品或者服务；处理个人信息属于提供产品或者服务所必需的除外。

第十七条　个人信息处理者在处理个人信息前，应当以显著方式、清晰易懂的语言真实、准确、完整地向个人告知下列事项：

(一)个人信息处理者的名称或者姓名和联系方式；

(二)个人信息的处理目的、处理方式，处理的个人信息种类、保存期限；

(三)个人行使本法规定权利的方式和程序；

(四)法律、行政法规规定应当告知的其他事项。

前款规定事项发生变更的，应当将变更部分告知个人。

个人信息处理者通过制定个人信息处理规则的方式告知第一款规定事项的，处理规则应当公开，并且便于查阅和保存。

第十八条　个人信息处理者处理个

人信息,有法律、行政法规规定应当保密或者不需要告知的情形的,可以不向个人告知前条第一款规定的事项。

紧急情况下为保护自然人的生命健康和财产安全无法及时向个人告知的,个人信息处理者应当在紧急情况消除后及时告知。

第十九条 除法律、行政法规另有规定外,个人信息的保存期限应当为实现处理目的所必要的最短时间。

第二十条 两个以上的个人信息处理者共同决定个人信息的处理目的和处理方式的,应当约定各自的权利和义务。但是,该约定不影响个人向其中任何一个个人信息处理者要求行使本法规定的权利。

个人信息处理者共同处理个人信息,侵害个人信息权益造成损害的,应当依法承担连带责任。

第二十一条 个人信息处理者委托处理个人信息的,应当与受托人约定委托处理的目的、期限、处理方式、个人信息的种类、保护措施以及双方的权利和义务等,并对受托人的个人信息处理活动进行监督。

受托人应当按照约定处理个人信息,不得超出约定的处理目的、处理方式等处理个人信息;委托合同不生效、无效、被撤销或者终止的,受托人应当将个人信息返还个人信息处理者或者予以删除,不得保留。

未经个人信息处理者同意,受托人不得转委托他人处理个人信息。

第二十二条 个人信息处理者因合并、分立、解散、被宣告破产等原因需要转移个人信息的,应当向个人告知接收方的名称或者姓名和联系方式。接收方应当继续履行个人信息处理者的义务。接收方变更原先的处理目的、处理方式的,应当依照本法规定重新取得个人同意。

第二十三条 个人信息处理者向其他个人信息处理者提供其处理的个人信息的,应当向个人告知接收方的名称或者姓名、联系方式、处理目的、处理方式和个人信息的种类,并取得个人的单独同意。接收方应当在上述处理目的、处理方式和个人信息的种类等范围内处理个人信息。接收方变更原先的处理目的、处理方式的,应当依照本法规定重新取得个人同意。

第二十四条 个人信息处理者利用个人信息进行自动化决策,应当保证决策的透明度和结果公平、公正,不得对个人在交易价格等交易条件上实行不合理的差别待遇。

通过自动化决策方式向个人进行信息推送、商业营销,应当同时提供不针对其个人特征的选项,或者向个人提供便捷的拒绝方式。

通过自动化决策方式作出对个人权益有重大影响的决定,个人有权要求个人信息处理者予以说明,并有权拒绝个人信息处理者仅通过自动化决策的方式作出决定。

第二十五条 个人信息处理者不得公开其处理的个人信息,取得个人单独同意的除外。

第二十六条 在公共场所安装图像采集、个人身份识别设备,应当为维护公共安全所必需,遵守国家有关规定,并设置显著的提示标识。所收集的个人图像、身份识别信息只能用于维护公共安全的目的,不得用于其他目的;取得个人单独同意的除外。

第二十七条 个人信息处理者可以在合理的范围内处理个人自行公开或者其他已经合法公开的个人信息;个人明确拒绝的除外。个人信息处理者处理已公开的个人信息,对个人权益有重大影响的,应当依照本法规定取得个人同意。

第二节 敏感个人信息的处理规则

第二十八条 敏感个人信息是一旦泄露或者非法使用,容易导致自然人的人格尊严受到侵害或者人身、财产安全受到危害的个人信息,包括生物识别、宗教信仰、特定身份、医疗健康、金融账户、行踪轨迹等信息,以及不满十四周岁未成年人的个人信息。

只有在具有特定的目的和充分的必要性,并采取严格保护措施的情形下,个人信息处理者方可处理敏感个人信息。

第二十九条 处理敏感个人信息应当取得个人的单独同意;法律、行政法规规定处理敏感个人信息应当取得书面同意的,从其规定。

第三十条 个人信息处理者处理敏感个人信息的,除本法第十七条第一款规定的事项外,还应当向个人告知处理敏感个人信息的必要性以及对个人权益的影响;依照本法规定可以不向个人告知的除外。

第三十一条 个人信息处理者处理不满十四周岁未成年人个人信息的,应当取得未成年人的父母或者其他监护人的同意。

个人信息处理者处理不满十四周岁未成年人个人信息的,应当制定专门的个人信息处理规则。

第三十二条 法律、行政法规对处理敏感个人信息规定应当取得相关行政许可或者作出其他限制的,从其规定。

第三节 国家机关处理个人信息的特别规定

第三十三条 国家机关处理个人信息的活动,适用本法;本节有特别规定的,适用本节规定。

第三十四条 国家机关为履行法定职责处理个人信息,应当依照法律、行政法规规定的权限、程序进行,不得超出履行法定职责所必需的范围和限度。

第三十五条 国家机关为履行法定职责处理个人信息,应当依照本法规定履行告知义务;有本法第十八条第一款规定的情形,或者告知将妨碍国家机关履行法定职责的除外。

第三十六条 国家机关处理的个人信息应当在中华人民共和国境内存储;确需向境外提供的,应当进行安全评估。安全评估可以要求有关部门提供支持与协助。

第三十七条 法律、法规授权的具有管理公共事务职能的组织为履行法定职责处理个人信息,适用本法关于国家机关处理个人信息的规定。

第三章　个人信息跨境提供的规则

第三十八条　个人信息处理者因业务等需要，确需向中华人民共和国境外提供个人信息的，应当具备下列条件之一：

（一）依照本法第四十条的规定通过国家网信部门组织的安全评估；

（二）按照国家网信部门的规定经专业机构进行个人信息保护认证；

（三）按照国家网信部门制定的标准合同与境外接收方订立合同，约定双方的权利和义务；

（四）法律、行政法规或者国家网信部门规定的其他条件。

中华人民共和国缔结或者参加的国际条约、协定对向中华人民共和国境外提供个人信息的条件等有规定的，可以按照其规定执行。

个人信息处理者应当采取必要措施，保障境外接收方处理个人信息的活动达到本法规定的个人信息保护标准。

第三十九条　个人信息处理者向中华人民共和国境外提供个人信息的，应当向个人告知境外接收方的名称或者姓名、联系方式、处理目的、处理方式、个人信息的种类以及个人向境外接收方行使本法规定权利的方式和程序等事项，并取得个人的单独同意。

第四十条　关键信息基础设施运营者和处理个人信息达到国家网信部门规定数量的个人信息处理者，应当将在中华人民共和国境内收集和产生的个人信息存储在境内。确需向境外提供的，应当通过国家网信部门组织的安全评估；法律、行政法规和国家网信部门规定可以不进行安全评估的，从其规定。

第四十一条　中华人民共和国主管机关根据有关法律和中华人民共和国缔结或者参加的国际条约、协定，或者按照平等互惠原则，处理外国司法或者执法机构关于提供存储于境内个人信息的请求。非经中华人民共和国主管机关批准，个人信息处理者不得向外国司法或者执法机构提供存储于中华人民共和国境内的个人信息。

第四十二条　境外的组织、个人从事侵害中华人民共和国公民的个人信息权益，或者危害中华人民共和国国家安全、公共利益的个人信息处理活动的，国家网信部门可以将其列入限制或者禁止个人信息提供清单，予以公告，并采取限制或者禁止向其提供个人信息等措施。

第四十三条　任何国家或者地区在个人信息保护方面对中华人民共和国采取歧视性的禁止、限制或者其他类似措施的，中华人民共和国可以根据实际情况对该国家或者地区对等采取措施。

第四章　个人在个人信息处理活动中的权利

第四十四条　个人对其个人信息的处理享有知情权、决定权，有权限制或者拒绝他人对其个人信息进行处理；法律、行政法规另有规定的除外。

第四十五条　个人有权向个人信息

处理者查阅、复制其个人信息;有本法第十八条第一款、第三十五条规定情形的除外。

个人请求查阅、复制其个人信息的,个人信息处理者应当及时提供。

个人请求将个人信息转移至其指定的个人信息处理者,符合国家网信部门规定条件的,个人信息处理者应当提供转移的途径。

第四十六条 个人发现其个人信息不准确或者不完整的,有权请求个人信息处理者更正、补充。

个人请求更正、补充其个人信息的,个人信息处理者应当对其个人信息予以核实,并及时更正、补充。

第四十七条 有下列情形之一的,个人信息处理者应当主动删除个人信息;个人信息处理者未删除的,个人有权请求删除:

(一)处理目的已实现、无法实现或者为实现处理目的不再必要;

(二)个人信息处理者停止提供产品或者服务,或者保存期限已届满;

(三)个人撤回同意;

(四)个人信息处理者违反法律、行政法规或者违反约定处理个人信息;

(五)法律、行政法规规定的其他情形。

法律、行政法规规定的保存期限未届满,或者删除个人信息从技术上难以实现的,个人信息处理者应当停止除存储和采取必要的安全保护措施之外的处理。

第四十八条 个人有权要求个人信息处理者对其个人信息处理规则进行解释说明。

第四十九条 自然人死亡的,其近亲属为了自身的合法、正当利益,可以对死者的相关个人信息行使本章规定的查阅、复制、更正、删除等权利;死者生前另有安排的除外。

第五十条 个人信息处理者应当建立便捷的个人行使权利的申请受理和处理机制。拒绝个人行使权利的请求的,应当说明理由。

个人信息处理者拒绝个人行使权利的请求的,个人可以依法向人民法院提起诉讼。

第五章 个人信息处理者的义务

第五十一条 个人信息处理者应当根据个人信息的处理目的、处理方式、个人信息的种类以及对个人权益的影响、可能存在的安全风险等,采取下列措施确保个人信息处理活动符合法律、行政法规的规定,并防止未经授权的访问以及个人信息泄露、篡改、丢失:

(一)制定内部管理制度和操作规程;

(二)对个人信息实行分类管理;

(三)采取相应的加密、去标识化等安全技术措施;

(四)合理确定个人信息处理的操作权限,并定期对从业人员进行安全教育和培训;

(五)制定并组织实施个人信息安全事件应急预案;

(六)法律、行政法规规定的其他措施。

第五十二条 处理个人信息达到国家网信部门规定数量的个人信息处理者应当指定个人信息保护负责人，负责对个人信息处理活动以及采取的保护措施等进行监督。

个人信息处理者应当公开个人信息保护负责人的联系方式，并将个人信息保护负责人的姓名、联系方式等报送履行个人信息保护职责的部门。

第五十三条 本法第三条第二款规定的中华人民共和国境外的个人信息处理者，应当在中华人民共和国境内设立专门机构或者指定代表，负责处理个人信息保护相关事务，并将有关机构的名称或者代表的姓名、联系方式等报送履行个人信息保护职责的部门。

第五十四条 个人信息处理者应当定期对其处理个人信息遵守法律、行政法规的情况进行合规审计。

第五十五条 有下列情形之一的，个人信息处理者应当事前进行个人信息保护影响评估，并对处理情况进行记录：

（一）处理敏感个人信息；

（二）利用个人信息进行自动化决策；

（三）委托处理个人信息、向其他个人信息处理者提供个人信息、公开个人信息；

（四）向境外提供个人信息；

（五）其他对个人权益有重大影响的个人信息处理活动。

第五十六条 个人信息保护影响评估应当包括下列内容：

（一）个人信息的处理目的、处理方式等是否合法、正当、必要；

（二）对个人权益的影响及安全风险；

（三）所采取的保护措施是否合法、有效并与风险程度相适应。

个人信息保护影响评估报告和处理情况记录应当至少保存三年。

第五十七条 发生或者可能发生个人信息泄露、篡改、丢失的，个人信息处理者应当立即采取补救措施，并通知履行个人信息保护职责的部门和个人。通知应当包括下列事项：

（一）发生或者可能发生个人信息泄露、篡改、丢失的信息种类、原因和可能造成的危害；

（二）个人信息处理者采取的补救措施和个人可以采取的减轻危害的措施；

（三）个人信息处理者的联系方式。

个人信息处理者采取措施能够有效避免信息泄露、篡改、丢失造成危害的，个人信息处理者可以不通知个人；履行个人信息保护职责的部门认为可能造成危害的，有权要求个人信息处理者通知个人。

第五十八条 提供重要互联网平台服务、用户数量巨大、业务类型复杂的个人信息处理者，应当履行下列义务：

（一）按照国家规定建立健全个人信息保护合规制度体系，成立主要由外部成员组成的独立机构对个人信息保护情况进行监督；

（二）遵循公开、公平、公正的原则，制定平台规则，明确平台内产品或者服务提供者处理个人信息的规范和保护个

人信息的义务;

(三)对严重违反法律、行政法规处理个人信息的平台内的产品或者服务提供者,停止提供服务;

(四)定期发布个人信息保护社会责任报告,接受社会监督。

第五十九条 接受委托处理个人信息的受托人,应当依照本法和有关法律、行政法规的规定,采取必要措施保障所处理的个人信息的安全,并协助个人信息处理者履行本法规定的义务。

第六章 履行个人信息保护职责的部门

第六十条 国家网信部门负责统筹协调个人信息保护工作和相关监督管理工作。国务院有关部门依照本法和有关法律、行政法规的规定,在各自职责范围内负责个人信息保护和监督管理工作。

县级以上地方人民政府有关部门的个人信息保护和监督管理职责,按照国家有关规定确定。

前两款规定的部门统称为履行个人信息保护职责的部门。

第六十一条 履行个人信息保护职责的部门履行下列个人信息保护职责:

(一)开展个人信息保护宣传教育,指导、监督个人信息处理者开展个人信息保护工作;

(二)接受、处理与个人信息保护有关的投诉、举报;

(三)组织对应用程序等个人信息保护情况进行测评,并公布测评结果;

(四)调查、处理违法个人信息处理活动;

(五)法律、行政法规规定的其他职责。

第六十二条 国家网信部门统筹协调有关部门依据本法推进下列个人信息保护工作:

(一)制定个人信息保护具体规则、标准;

(二)针对小型个人信息处理者、处理敏感个人信息以及人脸识别、人工智能等新技术、新应用,制定专门的个人信息保护规则、标准;

(三)支持研究开发和推广应用安全、方便的电子身份认证技术,推进网络身份认证公共服务建设;

(四)推进个人信息保护社会化服务体系建设,支持有关机构开展个人信息保护评估、认证服务;

(五)完善个人信息保护投诉、举报工作机制。

第六十三条 履行个人信息保护职责的部门履行个人信息保护职责,可以采取下列措施:

(一)询问有关当事人,调查与个人信息处理活动有关的情况;

(二)查阅、复制当事人与个人信息处理活动有关的合同、记录、账簿以及其他有关资料;

(三)实施现场检查,对涉嫌违法的个人信息处理活动进行调查;

(四)检查与个人信息处理活动有关的设备、物品;对有证据证明是用于违法个人信息处理活动的设备、物品,向本部门主要负责人书面报告并经批准,可以查封或者扣押。

履行个人信息保护职责的部门依法履行职责，当事人应当予以协助、配合，不得拒绝、阻挠。

第六十四条 履行个人信息保护职责的部门在履行职责中，发现个人信息处理活动存在较大风险或者发生个人信息安全事件的，可以按照规定的权限和程序对该个人信息处理者的法定代表人或者主要负责人进行约谈，或者要求个人信息处理者委托专业机构对其个人信息处理活动进行合规审计。个人信息处理者应当按照要求采取措施，进行整改，消除隐患。

履行个人信息保护职责的部门在履行职责中，发现违法处理个人信息涉嫌犯罪的，应当及时移送公安机关依法处理。

第六十五条 任何组织、个人有权对违法个人信息处理活动向履行个人信息保护职责的部门进行投诉、举报。收到投诉、举报的部门应当依法及时处理，并将处理结果告知投诉、举报人。

履行个人信息保护职责的部门应当公布接受投诉、举报的联系方式。

第七章 法律责任

第六十六条 违反本法规定处理个人信息，或者处理个人信息未履行本法规定的个人信息保护义务的，由履行个人信息保护职责的部门责令改正，给予警告，没收违法所得，对违法处理个人信息的应用程序，责令暂停或者终止提供服务；拒不改正的，并处一百万元以下罚款；对直接负责的主管人员和其他直接责任人员处一万元以上十万元以下罚款。

有前款规定的违法行为，情节严重的，由省级以上履行个人信息保护职责的部门责令改正，没收违法所得，并处五千万元以下或者上一年度营业额百分之五以下罚款，并可以责令暂停相关业务或者停业整顿、通报有关主管部门吊销相关业务许可或者吊销营业执照；对直接负责的主管人员和其他直接责任人员处十万元以上一百万元以下罚款，并可以决定禁止其在一定期限内担任相关企业的董事、监事、高级管理人员和个人信息保护负责人。

第六十七条 有本法规定的违法行为的，依照有关法律、行政法规的规定记入信用档案，并予以公示。

第六十八条 国家机关不履行本法规定的个人信息保护义务的，由其上级机关或者履行个人信息保护职责的部门责令改正；对直接负责的主管人员和其他直接责任人员依法给予处分。

履行个人信息保护职责的部门的工作人员玩忽职守、滥用职权、徇私舞弊，尚不构成犯罪的，依法给予处分。

第六十九条 处理个人信息侵害个人信息权益造成损害，个人信息处理者不能证明自己没有过错的，应当承担损害赔偿等侵权责任。

前款规定的损害赔偿责任按照个人因此受到的损失或者个人信息处理者因此获得的利益确定；个人因此受到的损失和个人信息处理者因此获得的利益难

以确定的,根据实际情况确定赔偿数额。

第七十条 个人信息处理者违反本法规定处理个人信息,侵害众多个人的权益的,人民检察院、法律规定的消费者组织和由国家网信部门确定的组织可以依法向人民法院提起诉讼。

第七十一条 违反本法规定,构成违反治安管理行为的,依法给予治安管理处罚;构成犯罪的,依法追究刑事责任。

第八章 附 则

第七十二条 自然人因个人或者家庭事务处理个人信息的,不适用本法。

法律对各级人民政府及其有关部门组织实施的统计、档案管理活动中的个人信息处理有规定的,适用其规定。

第七十三条 本法下列用语的含义:

(一)个人信息处理者,是指在个人信息处理活动中自主决定处理目的、处理方式的组织、个人。

(二)自动化决策,是指通过计算机程序自动分析、评估个人的行为习惯、兴趣爱好或者经济、健康、信用状况等,并进行决策的活动。

(三)去标识化,是指个人信息经过处理,使其在不借助额外信息的情况下无法识别特定自然人的过程。

(四)匿名化,是指个人信息经过处理无法识别特定自然人且不能复原的过程。

第七十四条 本法自2021年11月1日起施行。

全国人民代表大会常务委员会关于维护互联网安全的决定

(2000年12月28日第九届全国人民代表大会常务委员会第十九次会议通过 根据2009年8月27日第十一届全国人民代表大会常务委员会第十次会议《关于修改部分法律的决定》修正)

我国的互联网,在国家大力倡导和积极推动下,在经济建设和各项事业中得到日益广泛的应用,使人们的生产、工作、学习和生活方式已经开始并将继续发生深刻的变化,对于加快我国国民经济、科学技术的发展和社会服务信息化进程具有重要作用。同时,如何保障互联网的运行安全和信息安全问题已经引起全社会的普遍关注。为了兴利除弊,促进我国互联网的健康发展,维护国家安全和社会公共利益,保护个人、法人和其他组织的合法权益,特作如下决定:

一、为了保障互联网的运行安全,对有下列行为之一,构成犯罪的,依照刑法有关规定追究刑事责任:

(一)侵入国家事务、国防建设、尖端科学技术领域的计算机信息系统;

(二)故意制作、传播计算机病毒等破坏性程序,攻击计算机系统及通信网络,致使计算机系统及通信网络遭受损害;

(三)违反国家规定,擅自中断计算机网络或者通信服务,造成计算机网络或者通信系统不能正常运行。

二、为了维护国家安全和社会稳定，对有下列行为之一，构成犯罪的，依照刑法有关规定追究刑事责任：

（一）利用互联网造谣、诽谤或者发表、传播其他有害信息，煽动颠覆国家政权、推翻社会主义制度，或者煽动分裂国家、破坏国家统一；

（二）通过互联网窃取、泄露国家秘密、情报或者军事秘密；

（三）利用互联网煽动民族仇恨、民族歧视，破坏民族团结；

（四）利用互联网组织邪教组织、联络邪教组织成员，破坏国家法律、行政法规实施。

三、为了维护社会主义市场经济秩序和社会管理秩序，对有下列行为之一，构成犯罪的，依照刑法有关规定追究刑事责任：

（一）利用互联网销售伪劣产品或者对商品、服务作虚假宣传；

（二）利用互联网损害他人商业信誉和商品声誉；

（三）利用互联网侵犯他人知识产权；

（四）利用互联网编造并传播影响证券、期货交易或者其他扰乱金融秩序的虚假信息；

（五）在互联网上建立淫秽网站、网页，提供淫秽站点链接服务，或者传播淫秽书刊、影片、音像、图片。

四、为了保护个人、法人和其他组织的人身、财产等合法权利，对有下列行为之一，构成犯罪的，依照刑法有关规定追究刑事责任：

（一）利用互联网侮辱他人或者捏造事实诽谤他人；

（二）非法截获、篡改、删除他人电子邮件或者其他数据资料，侵犯公民通信自由和通信秘密；

（三）利用互联网进行盗窃、诈骗、敲诈勒索。

五、利用互联网实施本决定第一条、第二条、第三条、第四条所列行为以外的其他行为，构成犯罪的，依照刑法有关规定追究刑事责任。

六、利用互联网实施违法行为，违反社会治安管理，尚不构成犯罪的，由公安机关依照《治安管理处罚法》予以处罚；违反其他法律、行政法规，尚不构成犯罪的，由有关行政管理部门依法给予行政处罚；对直接负责的主管人员和其他直接责任人员，依法给予行政处分或者纪律处分。

利用互联网侵犯他人合法权益，构成民事侵权的，依法承担民事责任。

七、各级人民政府及有关部门要采取积极措施，在促进互联网的应用和网络技术的普及过程中，重视和支持对网络安全技术的研究和开发，增强网络的安全防护能力。有关主管部门要加强对互联网的运行安全和信息安全的宣传教育，依法实施有效的监督管理，防范和制止利用互联网进行的各种违法活动，为互联网的健康发展创造良好的社会环境。从事互联网业务的单位要依法开展活动，发现互联网上出现违法犯罪行为和有害信息时，要采取措施，停止传输有害信息,并及时向有关机关报告。任何单位和个人在利用互联网时,都要遵纪守法,抵制各种违法犯罪行为和有害信息。人民法院、人民检察院、公安机关、国家安全机关要各司其职,密切配合,依法严厉打击利用互联网实施的各种犯罪活动。要动员全社会的力量,依靠全社会的共同努力,保障互联网的运行安全与信息安全,促进社会主义精神文明和物质文明建设。

互联网信息服务管理办法

(2000 年 9 月 25 日国务院令第 292 号公布　根据 2011 年 1 月 8 日《国务院关于废止和修改部分行政法规的决定》第一次修订　根据 2024 年 12 月 6 日《国务院关于修改和废止部分行政法规的决定》第二次修订)

第一条　为了规范互联网信息服务活动,促进互联网信息服务健康有序发展,制定本办法。

第二条　在中华人民共和国境内从事互联网信息服务活动,必须遵守本办法。

本办法所称互联网信息服务,是指通过互联网向上网用户提供信息的服务活动。

第三条　互联网信息服务分为经营性和非经营性两类。

经营性互联网信息服务,是指通过互联网向上网用户有偿提供信息或者网页制作等服务活动。

非经营性互联网信息服务,是指通过互联网向上网用户无偿提供具有公开性、共享性信息的服务活动。

第四条　国家对经营性互联网信息服务实行许可制度;对非经营性互联网信息服务实行备案制度。

未取得许可或者未履行备案手续的,不得从事互联网信息服务。

第五条　从事新闻、出版、教育等互联网信息服务,依照法律、行政法规以及国家有关规定须经有关主管部门审核同意的,在申请经营许可或者履行备案手续前,应当依法经有关主管部门审核同意。

第六条　从事经营性互联网信息服务,除应当符合《中华人民共和国电信条例》规定的要求外,还应当具备下列条件:

(一)有业务发展计划及相关技术方案;

(二)有健全的网络与信息安全保障措施,包括网站安全保障措施、信息安全保密管理制度、用户信息安全管理制度;

(三)服务项目属于本办法第五条规定范围的,已取得有关主管部门同意的文件。

第七条　从事经营性互联网信息服务,应当向省、自治区、直辖市电信管理机构或者国务院信息产业主管部门申请办理互联网信息服务增值电信业务经营许可证(以下简称经营许可证)。

省、自治区、直辖市电信管理机构或者国务院信息产业主管部门应当自收到申请之日起60日内审查完毕,作出批准或者不予批准的决定。予以批准的,颁发经营许可证;不予批准的,应当书面通知申请人并说明理由。

申请人取得经营许可证后,应当持经营许可证向企业登记机关办理登记手续。

第八条 从事非经营性互联网信息服务,应当向省、自治区、直辖市电信管理机构或者国务院信息产业主管部门办理备案手续。办理备案时,应当提交下列材料:

(一)主办单位和网站负责人的基本情况;

(二)网站网址和服务项目;

(三)服务项目属于本办法第五条规定范围的,已取得有关主管部门的同意文件。

省、自治区、直辖市电信管理机构对备案材料齐全的,应当予以备案并编号。

第九条 从事互联网信息服务,拟开办电子公告服务的,应当在申请经营性互联网信息服务许可或者办理非经营性互联网信息服务备案时,按照国家有关规定提出专项申请或者专项备案。

第十条 省、自治区、直辖市电信管理机构和国务院信息产业主管部门应当公布取得经营许可证或者已履行备案手续的互联网信息服务提供者名单。

第十一条 互联网信息服务提供者应当按照经许可或者备案的项目提供服务,不得超出经许可或者备案的项目提供服务。

非经营性互联网信息服务提供者不得从事有偿服务。

互联网信息服务提供者变更服务项目、网站网址等事项的,应当提前30日向原审核、发证或者备案机关办理变更手续。

第十二条 互联网信息服务提供者应当在其网站主页的显著位置标明其经营许可证编号或者备案编号。

第十三条 互联网信息服务提供者应当向上网用户提供良好的服务,并保证所提供的信息内容合法。

第十四条 从事新闻、出版以及电子公告等服务项目的互联网信息服务提供者,应当记录提供的信息内容及其发布时间、互联网地址或者域名;互联网接入服务提供者应当记录上网用户的上网时间、用户账号、互联网地址或者域名、主叫电话号码等信息。

互联网信息服务提供者和互联网接入服务提供者的记录备份应当保存60日,并在国家有关机关依法查询时,予以提供。

第十五条 互联网信息服务提供者不得制作、复制、发布、传播含有下列内容的信息:

(一)反对宪法所确定的基本原则的;

(二)危害国家安全,泄露国家秘密,颠覆国家政权,破坏国家统一的;

(三)损害国家荣誉和利益的;

(四)煽动民族仇恨、民族歧视,破坏民族团结的;

(五)破坏国家宗教政策,宣扬邪教和封建迷信的;

(六)散布谣言,扰乱社会秩序,破坏

社会稳定的;

(七)散布淫秽、色情、赌博、暴力、凶杀、恐怖或者教唆犯罪的;

(八)侮辱或者诽谤他人,侵害他人合法权益的;

(九)含有法律、行政法规禁止的其他内容的。

第十六条 互联网信息服务提供者发现其网站传输的信息明显属于本办法第十五条所列内容之一的,应当立即停止传输,保存有关记录,并向国家有关机关报告。

第十七条 经营性互联网信息服务提供者申请在境内境外上市或者同外商合资、合作,应当事先经国务院信息产业主管部门审查同意;其中,外商投资的比例应当符合有关法律、行政法规的规定。

第十八条 国务院信息产业主管部门和省、自治区、直辖市电信管理机构,依法对互联网信息服务实施监督管理。

新闻、出版、教育、卫生、药品监督管理、工商行政管理和公安、国家安全等有关主管部门,在各自职责范围内依法对互联网信息内容实施监督管理。

第十九条 违反本办法的规定,未取得经营许可证,擅自从事经营性互联网信息服务,或者超出许可的项目提供服务的,由省、自治区、直辖市电信管理机构责令限期改正,有违法所得的,没收违法所得,处违法所得3倍以上5倍以下的罚款;没有违法所得或者违法所得不足5万元的,处10万元以上100万元以下的罚款;情节严重的,责令关闭网站。

违反本办法的规定,未履行备案手续,擅自从事非经营性互联网信息服务,或者超出备案的项目提供服务的,由省、自治区、直辖市电信管理机构责令限期改正;拒不改正的,责令关闭网站。

第二十条 制作、复制、发布、传播本办法第十五条所列内容之一的信息,构成犯罪的,依法追究刑事责任;尚不构成犯罪的,由公安机关、国家安全机关依照《中华人民共和国治安管理处罚法》、《计算机信息网络国际联网安全保护管理办法》等有关法律、行政法规的规定予以处罚;对经营性互联网信息服务提供者,并由发证机关责令停业整顿直至吊销经营许可证,通知企业登记机关;对非经营性互联网信息服务提供者,并由备案机关责令暂时关闭网站直至关闭网站。

第二十一条 未履行本办法第十四条规定的义务的,由省、自治区、直辖市电信管理机构责令改正;情节严重的,责令停业整顿或者暂时关闭网站。

第二十二条 违反本办法的规定,未在其网站主页上标明其经营许可证编号或者备案编号的,由省、自治区、直辖市电信管理机构责令改正,处5000元以上5万元以下的罚款。

第二十三条 违反本办法第十六条规定的义务的,由省、自治区、直辖市电信管理机构责令改正;情节严重的,对经营性互联网信息服务提供者,并由发证机关吊销经营许可证,对非经营性互联网信息服务提供者,并由备案机关责令关闭网站。

第二十四条 互联网信息服务提供者在其业务活动中,违反其他法律、法规的，由新闻、出版、教育、卫生、药品监督管理和工商行政管理等有关主管部门依照有关法律、法规的规定处罚。

第二十五条 电信管理机构和其他有关主管部门及其工作人员，玩忽职守、滥用职权、徇私舞弊，疏于对互联网信息服务的监督管理，造成严重后果，构成犯罪的，依法追究刑事责任；尚不构成犯罪的，对直接负责的主管人员和其他直接责任人员依法给予降级、撤职直至开除的行政处分。

第二十六条 在本办法公布前从事互联网信息服务的，应当自本办法公布之日起60日内依照本办法的有关规定补办有关手续。

第二十七条 本办法自公布之日起施行。

信息网络传播权保护条例

（2006年5月18日国务院令第468号公布　根据2013年1月30日《国务院关于修改〈信息网络传播权保护条例〉的决定》修订）

第一条 为保护著作权人、表演者、录音录像制作者（以下统称权利人）的信息网络传播权，鼓励有益于社会主义精神文明、物质文明建设的作品的创作和传播，根据《中华人民共和国著作权法》（以下简称著作权法），制定本条例。

第二条 权利人享有的信息网络传播权受著作权法和本条例保护。除法律、行政法规另有规定的外，任何组织或者个人将他人的作品、表演、录音录像制品通过信息网络向公众提供，应当取得权利人许可，并支付报酬。

第三条 依法禁止提供的作品、表演、录音录像制品，不受本条例保护。

权利人行使信息网络传播权，不得违反宪法和法律、行政法规，不得损害公共利益。

第四条 为了保护信息网络传播权，权利人可以采取技术措施。

任何组织或者个人不得故意避开或者破坏技术措施，不得故意制造、进口或者向公众提供主要用于避开或者破坏技术措施的装置或者部件，不得故意为他人避开或者破坏技术措施提供技术服务。但是，法律、行政法规规定可以避开的除外。

第五条 未经权利人许可，任何组织或者个人不得进行下列行为：

（一）故意删除或者改变通过信息网络向公众提供的作品、表演、录音录像制品的权利管理电子信息，但由于技术上的原因无法避免删除或者改变的除外；

（二）通过信息网络向公众提供明知或者应知未经权利人许可被删除或者改变权利管理电子信息的作品、表演、录音录像制品。

第六条 通过信息网络提供他人作品，属于下列情形的，可以不经著作权人许可，不向其支付报酬：

（一）为介绍、评论某一作品或者说明某一问题，在向公众提供的作品中适当引用已经发表的作品；

(二)为报道时事新闻,在向公众提供的作品中不可避免地再现或者引用已经发表的作品;

(三)为学校课堂教学或者科学研究,向少数教学、科研人员提供少量已经发表的作品;

(四)国家机关为执行公务,在合理范围内向公众提供已经发表的作品;

(五)将中国公民、法人或者其他组织已经发表的、以汉语言文字创作的作品翻译成的少数民族语言文字作品,向中国境内少数民族提供;

(六)不以营利为目的,以盲人能够感知的独特方式向盲人提供已经发表的文字作品;

(七)向公众提供在信息网络上已经发表的关于政治、经济问题的时事性文章;

(八)向公众提供在公众集会上发表的讲话。

第七条 图书馆、档案馆、纪念馆、博物馆、美术馆等可以不经著作权人许可,通过信息网络向本馆馆舍内服务对象提供本馆收藏的合法出版的数字作品和依法为陈列或者保存版本的需要以数字化形式复制的作品,不向其支付报酬,但不得直接或者间接获得经济利益。当事人另有约定的除外。

前款规定的为陈列或者保存版本需要以数字化形式复制的作品,应当是已经损毁或者濒临损毁、丢失或者失窃,或者其存储格式已经过时,并且在市场上无法购买或者只能以明显高于标定的价格购买的作品。

第八条 为通过信息网络实施九年制义务教育或者国家教育规划,可以不经著作权人许可,使用其已经发表作品的片断或者短小的文字作品、音乐作品或者单幅的美术作品、摄影作品制作课件,由制作课件或者依法取得课件的远程教育机构通过信息网络向注册学生提供,但应当向著作权人支付报酬。

第九条 为扶助贫困,通过信息网络向农村地区的公众免费提供中国公民、法人或者其他组织已经发表的种植养殖、防病治病、防灾减灾等与扶助贫困有关的作品和适应基本文化需求的作品,网络服务提供者应当在提供前公告拟提供的作品及其作者、拟支付报酬的标准。自公告之日起 30 日内,著作权人不同意提供的,网络服务提供者不得提供其作品;自公告之日起满 30 日,著作权人没有异议的,网络服务提供者可以提供其作品,并按照公告的标准向著作权人支付报酬。网络服务提供者提供著作权人的作品后,著作权人不同意提供的,网络服务提供者应当立即删除著作权人的作品,并按照公告的标准向著作权人支付提供作品期间的报酬。

依照前款规定提供作品的,不得直接或者间接获得经济利益。

第十条 依照本条例规定不经著作权人许可、通过信息网络向公众提供其作品的,还应当遵守下列规定:

(一)除本条例第六条第一项至第六项、第七条规定的情形外,不得提供作者事先声明不许提供的作品;

(二)指明作品的名称和作者的姓名

（名称）；

（三）依照本条例规定支付报酬；

（四）采取技术措施，防止本条例第七条、第八条、第九条规定的服务对象以外的其他人获得著作权人的作品，并防止本条例第七条规定的服务对象的复制行为对著作权人利益造成实质性损害；

（五）不得侵犯著作权人依法享有的其他权利。

第十一条 通过信息网络提供他人表演、录音录像制品的，应当遵守本条例第六条至第十条的规定。

第十二条 属于下列情形的，可以避开技术措施，但不得向他人提供避开技术措施的技术、装置或者部件，不得侵犯权利人依法享有的其他权利：

（一）为学校课堂教学或者科学研究，通过信息网络向少数教学、科研人员提供已经发表的作品、表演、录音录像制品，而该作品、表演、录音录像制品只能通过信息网络获取；

（二）不以营利为目的，通过信息网络以盲人能够感知的独特方式向盲人提供已经发表的文字作品，而该作品只能通过信息网络获取；

（三）国家机关依照行政、司法程序执行公务；

（四）在信息网络上对计算机及其系统或者网络的安全性能进行测试。

第十三条 著作权行政管理部门为了查处侵犯信息网络传播权的行为，可以要求网络服务提供者提供涉嫌侵权的服务对象的姓名（名称）、联系方式、网络地址等资料。

第十四条 对提供信息存储空间或者提供搜索、链接服务的网络服务提供者，权利人认为其服务所涉及的作品、表演、录音录像制品，侵犯自己的信息网络传播权或者被删除、改变了自己的权利管理电子信息的，可以向该网络服务提供者提交书面通知，要求网络服务提供者删除该作品、表演、录音录像制品，或者断开与该作品、表演、录音录像制品的链接。通知书应当包含下列内容：

（一）权利人的姓名（名称）、联系方式和地址；

（二）要求删除或者断开链接的侵权作品、表演、录音录像制品的名称和网络地址；

（三）构成侵权的初步证明材料。

权利人应当对通知书的真实性负责。

第十五条 网络服务提供者接到权利人的通知书后，应当立即删除涉嫌侵权的作品、表演、录音录像制品，或者断开与涉嫌侵权的作品、表演、录音录像制品的链接，并同时将通知书转送提供作品、表演、录音录像制品的服务对象；服务对象网络地址不明、无法转送的，应当将通知书的内容同时在信息网络上公告。

第十六条 服务对象接到网络服务提供者转送的通知书后，认为其提供的作品、表演、录音录像制品未侵犯他人权利的，可以向网络服务提供者提交书面说明，要求恢复被删除的作品、表演、录音录像制品，或者恢复与被断开的作品、表演、录音录像制品的链接。书面说明应当包含下列内容：

(一)服务对象的姓名(名称)、联系方式和地址；

(二)要求恢复的作品、表演、录音录像制品的名称和网络地址；

(三)不构成侵权的初步证明材料。

服务对象应当对书面说明的真实性负责。

第十七条 网络服务提供者接到服务对象的书面说明后，应当立即恢复被删除的作品、表演、录音录像制品，或者可以恢复与被断开的作品、表演、录音录像制品的链接，同时将服务对象的书面说明转送权利人。权利人不得再通知网络服务提供者删除该作品、表演、录音录像制品，或者断开与该作品、表演、录音录像制品的链接。

第十八条 违反本条例规定，有下列侵权行为之一的，根据情况承担停止侵害、消除影响、赔礼道歉、赔偿损失等民事责任；同时损害公共利益的，可以由著作权行政管理部门责令停止侵权行为，没收违法所得，非法经营额5万元以上的，可处非法经营额1倍以上5倍以下的罚款；没有非法经营额或者非法经营额5万元以下的，根据情节轻重，可处25万元以下的罚款；情节严重的，著作权行政管理部门可以没收主要用于提供网络服务的计算机等设备；构成犯罪的，依法追究刑事责任：

(一)通过信息网络擅自向公众提供他人的作品、表演、录音录像制品的；

(二)故意避开或者破坏技术措施的；

(三)故意删除或者改变通过信息网络向公众提供的作品、表演、录音录像制品的权利管理电子信息，或者通过信息网络向公众提供明知或者应知未经权利人许可而被删除或者改变权利管理电子信息的作品、表演、录音录像制品的；

(四)为扶助贫困通过信息网络向农村地区提供作品、表演、录音录像制品超过规定范围，或者未按照公告的标准支付报酬，或者在权利人不同意提供其作品、表演、录音录像制品后未立即删除的；

(五)通过信息网络提供他人的作品、表演、录音录像制品，未指明作品、表演、录音录像制品的名称或者作者、表演者、录音录像制作者的姓名(名称)，或者未支付报酬，或者未依照本条例规定采取技术措施防止服务对象以外的其他人获得他人的作品、表演、录音录像制品，或者未防止服务对象的复制行为对权利人利益造成实质性损害的。

第十九条 违反本条例规定，有下列行为之一的，由著作权行政管理部门予以警告，没收违法所得，没收主要用于避开、破坏技术措施的装置或者部件；情节严重的，可以没收主要用于提供网络服务的计算机等设备；非法经营额5万元以上的，可处非法经营额1倍以上5倍以下的罚款；没有非法经营额或者非法经营额5万元以下的，根据情节轻重，可处25万元以下的罚款；构成犯罪的，依法追究刑事责任：

(一)故意制造、进口或者向他人提供主要用于避开、破坏技术措施的装置

或者部件,或者故意为他人避开或者破坏技术措施提供技术服务的;

(二)通过信息网络提供他人的作品、表演、录音录像制品,获得经济利益的;

(三)为扶助贫困通过信息网络向农村地区提供作品、表演、录音录像制品,未在提供前公告作品、表演、录音录像制品的名称和作者、表演者、录音录像制作者的姓名(名称)以及报酬标准的。

第二十条 网络服务提供者根据服务对象的指令提供网络自动接入服务,或者对服务对象提供的作品、表演、录音录像制品提供自动传输服务,并具备下列条件的,不承担赔偿责任:

(一)未选择并且未改变所传输的作品、表演、录音录像制品;

(二)向指定的服务对象提供该作品、表演、录音录像制品,并防止指定的服务对象以外的其他人获得。

第二十一条 网络服务提供者为提高网络传输效率,自动存储从其他网络服务提供者获得的作品、表演、录音录像制品,根据技术安排自动向服务对象提供,并具备下列条件的,不承担赔偿责任:

(一)未改变自动存储的作品、表演、录音录像制品;

(二)不影响提供作品、表演、录音录像制品的原网络服务提供者掌握服务对象获取该作品、表演、录音录像制品的情况;

(三)在原网络服务提供者修改、删除或者屏蔽该作品、表演、录音录像制品时,根据技术安排自动予以修改、删除或者屏蔽。

第二十二条 网络服务提供者为服务对象提供信息存储空间,供服务对象通过信息网络向公众提供作品、表演、录音录像制品,并具备下列条件的,不承担赔偿责任:

(一)明确标示该信息存储空间是为服务对象所提供,并公开网络服务提供者的名称、联系人、网络地址;

(二)未改变服务对象所提供的作品、表演、录音录像制品;

(三)不知道也没有合理的理由应当知道服务对象提供的作品、表演、录音录像制品侵权;

(四)未从服务对象提供作品、表演、录音录像制品中直接获得经济利益;

(五)在接到权利人的通知书后,根据本条例规定删除权利人认为侵权的作品、表演、录音录像制品。

第二十三条 网络服务提供者为服务对象提供搜索或者链接服务,在接到权利人的通知书后,根据本条例规定断开与侵权的作品、表演、录音录像制品的链接的,不承担赔偿责任;但是,明知或者应知所链接的作品、表演、录音录像制品侵权的,应当承担共同侵权责任。

第二十四条 因权利人的通知导致网络服务提供者错误删除作品、表演、录音录像制品,或者错误断开与作品、表演、录音录像制品的链接,给服务对象造成损失的,权利人应当承担赔偿责任。

第二十五条 网络服务提供者无正当理由拒绝提供或者拖延提供涉嫌侵权

的服务对象的姓名(名称)、联系方式、网络地址等资料的,由著作权行政管理部门予以警告;情节严重的,没收主要用于提供网络服务的计算机等设备。

第二十六条 本条例下列用语的含义:

信息网络传播权,是指以有线或者无线方式向公众提供作品、表演或者录音录像制品,使公众可以在其个人选定的时间和地点获得作品、表演或者录音录像制品的权利。

技术措施,是指用于防止、限制未经权利人许可浏览、欣赏作品、表演、录音录像制品的或者通过信息网络向公众提供作品、表演、录音录像制品的有效技术、装置或者部件。

权利管理电子信息,是指说明作品及其作者、表演及其表演者、录音录像制品及其制作者的信息,作品、表演、录音录像制品权利人的信息和使用条件的信息,以及表示上述信息的数字或者代码。

第二十七条 本条例自2006年7月1日起施行。

国务院关于授权国家互联网信息办公室负责互联网信息内容管理工作的通知

(2014年8月26日
国发〔2014〕33号)

为促进互联网信息服务健康有序发展,保护公民、法人和其他组织的合法权益,维护国家安全和公共利益,授权重新组建的国家互联网信息办公室负责全国互联网信息内容管理工作,并负责监督管理执法。

举报互联网和手机媒体淫秽色情及低俗信息奖励办法

(2009年12月4日互联网违法和不良信息举报中心、12321网络不良与垃圾信息举报受理中心、网络违法犯罪举报网站、全国"扫黄打非"办公室举报中心发布)

互联网和手机媒体上的淫秽色情及低俗信息严重危害青少年身心健康,严重危害网络文化环境,广大人民群众反映强烈。净化互联网和手机媒体环境既是文明工程,也是民心工程。为发挥社会公众监督作用,鼓励举报互联网等信息网络淫秽色情及低俗信息,建设健康文明的网络环境,保护未成年人身心健康,互联网违法和不良信息举报中心、12321网络不良与垃圾信息举报受理中心、网络违法犯罪举报网站、全国"扫黄打非"办公室举报中心等四个举报中心或网站,决定联合对举报互联网和手机媒体淫秽色情及低俗信息有功人员进行奖励。奖励办法如下:

一、奖励范围

通过互联网等信息网络传播淫秽色情及低俗信息是违法和违背社会公德的行为。针对我国境内网站传播淫秽色情和低俗信息的特点和违法违规分子的行为特征，重点对以下九类举报予以奖励。

1. 举报淫秽色情网站的；

2. 举报手机媒体传播淫秽色情信息的；

3. 举报境内网站为淫秽色情网站提供网址链接和广告、推广服务的；

4. 举报境内网站从事非法性用品广告的；

5. 举报将淫秽色情网站服务器放在境外、在境内从事传播活动的；

6. 举报境内网站发展注册会员传播淫秽色情信息的；

7. 举报境内网站从事淫秽色情视频表演的；

8. 举报境内网站传播危害青少年身心健康、违背社会公德低俗信息的；

9. 提供重要线索，配合执法机关侦破利用互联网传播淫秽色情信息重大犯罪案件的。

二、奖励金额及认定

1. 对举报有功人员视不同情况分别给予1000元至10000元人民币奖励，对提供违法人员较详细基本情况的予以追加奖励；

2. 如出现多人举报同一线索，经核实，奖励最先举报的；

3. 成立举报互联网和手机媒体淫秽色情及低俗信息奖励审核委员会，负责对举报有功人员的资格审核和奖金数额的确定。公众可通过互联网和电话等进行举报，互联网违法和不良信息举报中心的举报网址为 net. china. com. cn，举报电话为010-88820566；12321网络不良与垃圾信息举报受理中心的举报电话为12321；网络违法犯罪举报网站的网址为 www. cyberpolice. cn；全国“扫黄打非”办公室举报中心的举报电话为12390。举报人的个人信息及安全将依法受到保护。

本办法自公布之日起执行。

即时通信工具公众信息服务发展管理暂行规定

（2014年8月7日国家互联网信息办公室发布）

第一条 为进一步推动即时通信工具公众信息服务健康有序发展，保护公民、法人和其他组织的合法权益，维护国家安全和公共利益，根据《全国人民代表大会常务委员会关于维护互联网安全的决定》、《全国人民代表大会常务委员会关于加强网络信息保护的决定》、《最高人民法院最高人民检察院关于办理利用信息网络实施诽谤等刑事案件适用法律若干问题的解释》、《互联网信息服务管理办法》、《互联网新闻信息服务管理规定》等法律法规，制定本规定。

第二条 在中华人民共和国境内从事即时通信工具公众信息服务，适用本规定。

本规定所称即时通信工具，是指基于互联网面向终端使用者提供即时信息交流服务的应用。本规定所称公众信息服务，是指通过即时通信工具的公众账号及其他形式向公众发布信息的活动。

第三条 国家互联网信息办公室负责统筹协调指导即时通信工具公众信息服务发展管理工作,省级互联网信息内容主管部门负责本行政区域的相关工作。

互联网行业组织应当积极发挥作用,加强行业自律,推动行业信用评价体系建设,促进行业健康有序发展。

第四条 即时通信工具服务提供者应当取得法律法规规定的相关资质。即时通信工具服务提供者从事公众信息服务活动,应当取得互联网新闻信息服务资质。

第五条 即时通信工具服务提供者应当落实安全管理责任,建立健全各项制度,配备与服务规模相适应的专业人员,保护用户信息及公民个人隐私,自觉接受社会监督,及时处理公众举报的违法和不良信息。

第六条 即时通信工具服务提供者应当按照"后台实名、前台自愿"的原则,要求即时通信工具服务使用者通过真实身份信息认证后注册账号。

即时通信工具服务使用者注册账号时,应当与即时通信工具服务提供者签订协议,承诺遵守法律法规、社会主义制度、国家利益、公民合法权益、公共秩序、社会道德风尚和信息真实性等"七条底线"。

第七条 即时通信工具服务使用者为从事公众信息服务活动开设公众账号,应当经即时通信工具服务提供者审核,由即时通信工具服务提供者向互联网信息内容主管部门分类备案。

新闻单位、新闻网站开设的公众账号可以发布、转载时政类新闻,取得互联网新闻信息服务资质的非新闻单位开设的公众账号可以转载时政类新闻。其他公众账号未经批准不得发布、转载时政类新闻。

即时通信工具服务提供者应当对可以发布或转载时政类新闻的公众账号加注标识。

鼓励各级党政机关、企事业单位和各人民团体开设公众账号,服务经济社会发展,满足公众需求。

第八条 即时通信工具服务使用者从事公众信息服务活动,应当遵守相关法律法规。

对违反协议约定的即时通信工具服务使用者,即时通信工具服务提供者应当视情节采取警示、限制发布、暂停更新直至关闭账号等措施,并保存有关记录,履行向有关主管部门报告义务。

第九条 对违反本规定的行为,由有关部门依照相关法律法规处理。

第十条 本规定自公布之日起施行。

互联网视听节目服务管理规定

(2007 年 12 月 20 日国家广播电影电视总局、信息产业部令第 56 号公布 根据 2015 年 8 月 28 日国家新闻出版广电总局令第 3 号《关于修订部分规章和规范性文件的决定》修正)

第一条 为维护国家利益和公共利益,保护公众和互联网视听节目服务单位的合法权益，规范互联网视听节目服务秩序，促进健康有序发展，根据国家有关规定，制定本规定。

第二条 在中华人民共和国境内向公众提供互联网（含移动互联网，以下简称互联网）视听节目服务活动，适用本规定。

本规定所称互联网视听节目服务，是指制作、编辑、集成并通过互联网向公众提供视音频节目，以及为他人提供上载传播视听节目服务的活动。

第三条 国务院广播电影电视主管部门作为互联网视听节目服务的行业主管部门，负责对互联网视听节目服务实施监督管理，统筹互联网视听节目服务的产业发展、行业管理、内容建设和安全监管。国务院信息产业主管部门作为互联网行业主管部门，依据电信行业管理职责对互联网视听节目服务实施相应的监督管理。

地方人民政府广播电影电视主管部门和地方电信管理机构依据各自职责对本行政区域内的互联网视听节目服务单位及接入服务实施相应的监督管理。

第四条 互联网视听节目服务单位及其相关网络运营单位，是重要的网络文化建设力量，承担建设中国特色网络文化和维护网络文化信息安全的责任，应自觉遵守宪法、法律和行政法规，接受互联网视听节目服务行业主管部门和互联网行业主管部门的管理。

第五条 互联网视听节目服务单位组成的全国性社会团体，负责制定行业自律规范，倡导文明上网、文明办网，营造文明健康的网络环境，传播健康有益视听节目，抵制腐朽落后思想文化传播，并在国务院广播电影电视主管部门指导下开展活动。

第六条 发展互联网视听节目服务要有益于传播社会主义先进文化，推动社会全面进步和人的全面发展、促进社会和谐。从事互联网视听节目服务，应当坚持为人民服务、为社会主义服务，坚持正确导向，把社会效益放在首位，建设社会主义核心价值体系，遵守社会主义道德规范，大力弘扬体现时代发展和社会进步的思想文化，大力弘扬民族优秀文化传统，提供更多更好的互联网视听节目服务，满足人民群众日益增长的需求，不断丰富人民群众的精神文化生活，充分发挥文化滋润心灵、陶冶情操、愉悦身心的作用，为青少年成长创造良好的网上空间，形成共建共享的精神家园。

第七条 从事互联网视听节目服务，应当依照本规定取得广播电影电视主管部门颁发的《信息网络传播视听节目许可证》（以下简称《许可证》）或履行备案手续。

未按照本规定取得广播电影电视主管部门颁发的《许可证》或履行备案手续，任何单位和个人不得从事互联网视听节目服务。

互联网视听节目服务业务指导目录由国务院广播电影电视主管部门商国务院信息产业主管部门制定。

第八条 申请从事互联网视听节目服务的，应当同时具备以下条件：

（一）具备法人资格，为国有独资或

国有控股单位,且在申请之日前三年内无违法违规记录;

(二)有健全的节目安全传播管理制度和安全保护技术措施;

(三)有与其业务相适应并符合国家规定的视听节目资源;

(四)有与其业务相适应的技术能力、网络资源;

(五)有与其业务相适应的专业人员,且主要出资者和经营者在申请之日前三年内无违法违规记录;

(六)技术方案符合国家标准、行业标准和技术规范;

(七)符合国务院广播电影电视主管部门确定的互联网视听节目服务总体规划、布局和业务指导目录;

(八)符合法律、行政法规和国家有关规定的条件。

第九条 从事广播电台、电视台形态服务和时政类视听新闻服务的,除符合本规定第八条规定外,还应当持有广播电视播出机构许可证或互联网新闻信息服务许可证。其中,以自办频道方式播放视听节目的,由地(市)级以上广播电台、电视台、中央新闻单位提出申请。

从事主持、访谈、报道类视听服务的,除符合本规定第八条规定外,还应当持有广播电视节目制作经营许可证和互联网新闻信息服务许可证;从事自办网络剧(片)类服务的,还应当持有广播电视节目制作经营许可证。

未经批准,任何组织和个人不得在互联网上使用广播电视专有名称开展业务。

第十条 申请《许可证》,应当通过省、自治区、直辖市人民政府广播电影电视主管部门向国务院广播电影电视主管部门提出申请,中央直属单位可以直接向国务院广播电影电视主管部门提出申请。

省、自治区、直辖市人民政府广播电影电视主管部门应当提供便捷的服务,自收到申请之日起 20 日内提出初审意见,报国务院广播电影电视主管部门审批;国务院广播电影电视主管部门应当自收到申请或者初审意见之日起40 日内作出许可或者不予许可的决定,其中专家评审时间为 20 日。予以许可的,向申请人颁发《许可证》,并向社会公告;不予许可的,应当书面通知申请人并说明理由。《许可证》应当载明互联网视听节目服务的播出标识、名称、服务类别等事项。

《许可证》有效期为 3 年。有效期届满,需继续从事互联网视听节目服务的,应于有效期届满前 30 日内,持符合本办法第八条规定条件的相关材料,向原发证机关申请办理续办手续。

地(市)级以上广播电台、电视台从事互联网视听节目转播类服务的,到省级以上广播电影电视主管部门履行备案手续。中央新闻单位从事互联网视听节目转播类服务的,到国务院广播电影电视主管部门履行备案手续。备案单位应在节目开播 30 日前,提交网址、网站名、拟转播的广播电视频道、栏目名称等有关备案材料,广播电影电视主管部门应将备案情况向社会公告。

第十一条 取得《许可证》的单位，应当依据《互联网信息服务管理办法》，向省（自治区、直辖市）电信管理机构或国务院信息产业主管部门（以下简称电信主管部门）申请办理电信业务经营许可或者履行相关备案手续，并依法到工商行政管理部门办理注册登记或变更登记手续。电信主管部门应根据广播电影电视主管部门许可，严格互联网视听节目服务单位的域名和IP地址管理。

第十二条 互联网视听节目服务单位变更股东、股权结构，有重大资产变动或有上市等重大融资行为的，以及业务项目超出《许可证》载明范围的，应按本规定办理审批手续。互联网视听节目服务单位的办公场所、法定代表人以及互联网信息服务单位的网址、网站名依法变更的，应当在变更后15日内向省级以上广播电影电视主管部门和电信主管部门备案，变更事项涉及工商登记的，应当依法到工商行政管理部门办理变更登记手续。

第十三条 互联网视听节目服务单位应当在取得《许可证》90日内提供互联网视听节目服务。未按期提供服务的，其《许可证》由原发证机关予以注销。如因特殊原因，应经发证机关同意。申请终止服务的，应提前60日向原发证机关申报，其《许可证》由原发证机关予以注销。连续停止业务超过60日的，由原发证机关按终止业务处理，其《许可证》由原发证机关予以注销。

第十四条 互联网视听节目服务单位应当按照《许可证》载明或备案的事项开展互联网视听节目服务，并在播出界面显著位置标注国务院广播电影电视主管部门批准的播出标识、名称、《许可证》或备案编号。

任何单位不得向未持有《许可证》或备案的单位提供与互联网视听节目服务有关的代收费及信号传输、服务器托管等金融和技术服务。

第十五条 鼓励国有战略投资者投资互联网视听节目服务企业；鼓励互联网视听节目服务单位积极开发适应新一代互联网和移动通信特点的新业务，为移动多媒体、多媒体网站生产积极健康的视听节目，努力提高互联网视听节目的供给能力；鼓励影视生产基地、电视节目制作单位多生产适合在网上传播的影视剧（片）、娱乐节目，积极发展民族网络影视产业；鼓励互联网视听节目服务单位传播公益性视听节目。

互联网视听节目服务单位应当遵守著作权法律、行政法规的规定，采取版权保护措施，保护著作权人的合法权益。

第十六条 互联网视听节目服务单位提供的、网络运营单位接入的视听节目应当符合法律、行政法规、部门规章的规定。已播出的视听节目应至少完整保留60日。视听节目不得含有以下内容：

（一）反对宪法确定的基本原则的；

（二）危害国家统一、主权和领土完整的；

（三）泄露国家秘密、危害国家安全或者损害国家荣誉和利益的；

（四）煽动民族仇恨、民族歧视，破坏民族团结，或者侵害民族风俗、习惯的；

(五)宣扬邪教、迷信的;

(六)扰乱社会秩序,破坏社会稳定的;

(七)诱导未成年人违法犯罪和渲染暴力、色情、赌博、恐怖活动的;

(八)侮辱或者诽谤他人,侵害公民个人隐私等他人合法权益的;

(九)危害社会公德,损害民族优秀文化传统的;

(十)有关法律、行政法规和国家规定禁止的其他内容。

第十七条 用于互联网视听节目服务的电影电视剧类节目和其它节目,应当符合国家有关广播电影电视节目的管理规定。互联网视听节目服务单位播出时政类视听新闻节目,应当是地(市)级以上广播电台、电视台制作、播出的节目和中央新闻单位网站登载的时政类视听新闻节目。

未持有《许可证》的单位不得为个人提供上载传播视听节目服务。互联网视听节目服务单位不得允许个人上载时政类视听新闻节目,在提供播客、视频分享等上载传播视听节目服务时,应当提示上载者不得上载违反本规定的视听节目。任何单位和个人不得转播、链接、聚合、集成非法的广播电视频道、视听节目网站的节目。

第十八条 广播电影电视主管部门发现互联网视听节目服务单位传播违反本规定的视听节目,应当采取必要措施予以制止。互联网视听节目服务单位对含有违反本规定内容的视听节目,应当立即删除,并保存有关记录,履行报告义务,落实有关主管部门的管理要求。

互联网视听节目服务单位主要出资者和经营者应对播出和上载的视听节目内容负责。

第十九条 互联网视听节目服务单位应当选择依法取得互联网接入服务电信业务经营许可证或广播电视节目传送业务经营许可证的网络运营单位提供服务;应当依法维护用户权利,履行对用户的承诺,对用户信息保密,不得进行虚假宣传或误导用户、做出对用户不公平不合理的规定、损害用户的合法权益;提供有偿服务时,应当以显著方式公布所提供服务的视听节目种类、范围、资费标准和时限,并告知用户中止或者取消互联网视听节目服务的条件和方式。

第二十条 网络运营单位提供互联网视听节目信号传输服务时,应当保障视听节目服务单位的合法权益,保证传输安全,不得擅自插播、截留视听节目信号;在提供服务前应当查验视听节目服务单位的《许可证》或备案证明材料,按照《许可证》载明事项或备案范围提供接入服务。

第二十一条 广播电影电视和电信主管部门应建立公众监督举报制度。公众有权举报视听节目服务单位的违法违规行为,有关主管部门应当及时处理,不得推诿。广播电影电视、电信等监督管理部门发现违反本规定的行为,不属于本部门职责的,应当移交有权处理的部门处理。

电信主管部门应当依照国家有关规定向广播电影电视主管部门提供必要的

技术系统接口和网站数据查询资料。

第二十二条 广播电影电视主管部门依法对互联网视听节目服务单位进行实地检查,有关单位和个人应当予以配合。广播电影电视主管部门工作人员依法进行实地检查时应当主动出示有关证件。

第二十三条 违反本规定有下列行为之一的,由县级以上广播电影电视主管部门予以警告、责令改正,可并处3万元以下罚款;同时,可对其主要出资者和经营者予以警告,可并处2万元以下罚款:

(一)擅自在互联网上使用广播电视专有名称开展业务的;

(二)变更股东、股权结构,或上市融资,或重大资产变动时,未办理审批手续的;

(三)未建立健全节目运营规范,未采取版权保护措施,或对传播有害内容未履行提示、删除、报告义务的;

(四)未在播出界面显著位置标注播出标识、名称、《许可证》和备案编号的;

(五)未履行保留节目记录、向主管部门如实提供查询义务的;

(六)向未持有《许可证》或备案的单位提供代收费及信号传输、服务器托管等与互联网视听节目服务有关的服务的;

(七)未履行查验义务,或向互联网视听节目服务单位提供其《许可证》或备案载明事项范围以外的接入服务的;

(八)进行虚假宣传或者误导用户的;

(九)未经用户同意,擅自泄露用户信息秘密的;

(十)互联网视听服务单位在同一年度内三次出现违规行为的;

(十一)拒绝、阻挠、拖延广播电影电视主管部门依法进行监督检查或者在监督检查过程中弄虚作假的;

(十二)以虚假证明、文件等手段骗取《许可证》的。

有本条第十二项行为的,发证机关应撤销其许可证。

第二十四条 擅自从事互联网视听节目服务的,由县级以上广播电影电视主管部门予以警告、责令改正,可并处3万元以下罚款;情节严重的,根据《广播电视管理条例》第四十七条的规定予以处罚。

传播的视听节目内容违反本规定的,由县级以上广播电影电视主管部门予以警告、责令改正,可并处3万元以下罚款;情节严重的,根据《广播电视管理条例》第四十九条的规定予以处罚。

未按照许可证载明或备案的事项从事互联网视听节目服务的或违规播出时政类视听新闻节目的,由县级以上广播电影电视主管部门予以警告、责令改正,可并处3万元以下罚款;情节严重的,根据《广播电视管理条例》第五十条之规定予以处罚。

转播、链接、聚合、集成非法的广播电视频道和视听节目网站内容的,擅自插播、截留视听节目信号的,由县级以上广播电影电视主管部门予以警告、责令改正,可并处3万元以下罚款;情节严重的，根据《广播电视管理条例》第五十一条之规定予以处罚。

第二十五条 对违反本规定的互联网视听节目服务单位，电信主管部门应根据广播电影电视主管部门的书面意见，按照电信管理和互联网管理的法律、行政法规的规定，关闭其网站，吊销其相应许可证或撤销备案，责令为其提供信号接入服务的网络运营单位停止接入；拒不执行停止接入服务决定，违反《电信条例》第五十七条规定的，由电信主管部门依据《电信条例》第七十八条的规定吊销其许可证。

违反治安管理规定的，由公安机关依法予以处罚；构成犯罪的，由司法机关依法追究刑事责任。

第二十六条 广播电影电视、电信等主管部门不履行规定的职责，或滥用职权的，要依法给予有关责任人处分，构成犯罪的，由司法机关依法追究刑事责任。

第二十七条 互联网视听节目服务单位出现重大违法违规行为的，除按有关规定予以处罚外，其主要出资者和经营者自互联网视听节目服务单位受到处罚之日起5年内不得投资和从事互联网视听节目服务。

第二十八条 通过互联网提供视音频即时通讯服务，由国务院信息产业主管部门按照国家有关规定进行监督管理。

利用局域网络及利用互联网架设虚拟专网向公众提供网络视听节目服务，须向行业主管部门提出申请，由国务院信息产业主管部门前置审批，国务院广播电影电视主管部门审核批准，按照国家有关规定进行监督管理。

第二十九条 本规定自2008年1月31日起施行。此前发布的规定与本规定不一致之处，依本规定执行。

网络出版服务管理规定

（2016年2月4日国家新闻出版广电总局、工业和信息化部令第5号公布自2016年3月10日起施行）

第一章 总 则

第一条 为了规范网络出版服务秩序，促进网络出版服务业健康有序发展，根据《出版管理条例》、《互联网信息服务管理办法》及相关法律法规，制定本规定。

第二条 在中华人民共和国境内从事网络出版服务，适用本规定。

本规定所称网络出版服务，是指通过信息网络向公众提供网络出版物。

本规定所称网络出版物，是指通过信息网络向公众提供的，具有编辑、制作、加工等出版特征的数字化作品，范围主要包括：

（一）文学、艺术、科学等领域内具有知识性、思想性的文字、图片、地图、游戏、动漫、音视频读物等原创数字化作品；

（二）与已出版的图书、报纸、期刊、

音像制品、电子出版物等内容相一致的数字化作品；

（三）将上述作品通过选择、编排、汇集等方式形成的网络文献数据库等数字化作品；

（四）国家新闻出版广电总局认定的其他类型的数字化作品。

网络出版服务的具体业务分类另行制定。

第三条 从事网络出版服务，应当遵守宪法和有关法律、法规，坚持为人民服务、为社会主义服务的方向，坚持社会主义先进文化的前进方向，弘扬社会主义核心价值观，传播和积累一切有益于提高民族素质、推动经济发展、促进社会进步的思想道德、科学技术和文化知识，满足人民群众日益增长的精神文化需要。

第四条 国家新闻出版广电总局作为网络出版服务的行业主管部门，负责全国网络出版服务的前置审批和监督管理工作。工业和信息化部作为互联网行业主管部门，依据职责对全国网络出版服务实施相应的监督管理。

地方人民政府各级出版行政主管部门和各省级电信主管部门依据各自职责对本行政区域内网络出版服务及接入服务实施相应的监督管理工作并做好配合工作。

第五条 出版行政主管部门根据已经取得的违法嫌疑证据或者举报，对涉嫌违法从事网络出版服务的行为进行查处时，可以检查与涉嫌违法行为有关的物品和经营场所；对有证据证明是与违法行为有关的物品，可以查封或者扣押。

第六条 国家鼓励图书、音像、电子、报纸、期刊出版单位从事网络出版服务，加快与新媒体的融合发展。

国家鼓励组建网络出版服务行业协会，按照章程，在出版行政主管部门的指导下制定行业自律规范，倡导网络文明，传播健康有益内容，抵制不良有害内容。

第二章　网络出版服务许可

第七条 从事网络出版服务，必须依法经过出版行政主管部门批准，取得《网络出版服务许可证》。

第八条 图书、音像、电子、报纸、期刊出版单位从事网络出版服务，应当具备以下条件：

（一）有确定的从事网络出版业务的网站域名、智能终端应用程序等出版平台；

（二）有确定的网络出版服务范围；

（三）有从事网络出版服务所需的必要的技术设备，相关服务器和存储设备必须存放在中华人民共和国境内。

第九条 其他单位从事网络出版服务，除第八条所列条件外，还应当具备以下条件：

（一）有确定的、不与其他出版单位相重复的，从事网络出版服务主体的名称及章程；

（二）有符合国家规定的法定代表人和主要负责人，法定代表人必须是在境内长久居住的具有完全行为能力的中国公民，法定代表人和主要负责人至少1人应当具有中级以上出版专业技术人员职

业资格;

(三)除法定代表人和主要负责人外,有适应网络出版服务范围需要的8名以上具有国家新闻出版广电总局认可的出版及相关专业技术职业资格的专职编辑出版人员,其中具有中级以上职业资格的人员不得少于3名;

(四)有从事网络出版服务所需的内容审校制度;

(五)有固定的工作场所;

(六)法律、行政法规和国家新闻出版广电总局规定的其他条件。

第十条 中外合资经营、中外合作经营和外资经营的单位不得从事网络出版服务。

网络出版服务单位与境内中外合资经营、中外合作经营、外资经营企业或境外组织及个人进行网络出版服务业务的项目合作,应当事前报国家新闻出版广电总局审批。

第十一条 申请从事网络出版服务,应当向所在地省、自治区、直辖市出版行政主管部门提出申请,经审核同意后,报国家新闻出版广电总局审批。国家新闻出版广电总局应当自受理申请之日起60日内,作出批准或者不予批准的决定。不批准的,应当说明理由。

第十二条 从事网络出版服务的申报材料,应该包括下列内容:

(一)《网络出版服务许可证申请表》;

(二)单位章程及资本来源性质证明;

(三)网络出版服务可行性分析报告,包括资金使用、产品规划、技术条件、设备配备、机构设置、人员配备、市场分析、风险评估、版权保护措施等;

(四)法定代表人和主要负责人的简历、住址、身份证明文件;

(五)编辑出版等相关专业技术人员的国家认可的职业资格证明和主要从业经历及培训证明;

(六)工作场所使用证明;

(七)网站域名注册证明、相关服务器存放在中华人民共和国境内的承诺。

本规定第八条所列单位从事网络出版服务的,仅提交前款(一)、(六)、(七)项规定的材料。

第十三条 设立网络出版服务单位的申请者应自收到批准决定之日起30日内办理注册登记手续:

(一)持批准文件到所在地省、自治区、直辖市出版行政主管部门领取并填写《网络出版服务许可登记表》;

(二)省、自治区、直辖市出版行政主管部门对《网络出版服务许可登记表》审核无误后,在10日内向申请者发放《网络出版服务许可证》;

(三)《网络出版服务许可登记表》一式三份,由申请者和省、自治区、直辖市出版行政主管部门各存一份,另一份由省、自治区、直辖市出版行政主管部门在15日内报送国家新闻出版广电总局备案。

第十四条 《网络出版服务许可证》有效期为5年。有效期届满,需继续从事网络出版服务活动的,应于有效期届满60日前按本规定第十一条的程序提出申请。出版行政主管部门应当在该许可有效期届满前作出是否准予延续的决定。

批准的，换发《网络出版服务许可证》。

第十五条 网络出版服务经批准后，申请者应持批准文件、《网络出版服务许可证》到所在地省、自治区、直辖市电信主管部门办理相关手续。

第十六条 网络出版服务单位变更《网络出版服务许可证》许可登记事项、资本结构，合并或者分立，设立分支机构的，应依据本规定第十一条办理审批手续，并应持批准文件到所在地省、自治区、直辖市电信主管部门办理相关手续。

第十七条 网络出版服务单位中止网络出版服务的，应当向所在地省、自治区、直辖市出版行政主管部门备案，并说明理由和期限；网络出版服务单位中止网络出版服务不得超过180日。

网络出版服务单位终止网络出版服务的，应当自终止网络出版服务之日起30日内，向所在地省、自治区、直辖市出版行政主管部门办理注销手续后到省、自治区、直辖市电信主管部门办理相关手续。省、自治区、直辖市出版行政主管部门将相关信息报国家新闻出版广电总局备案。

第十八条 网络出版服务单位自登记之日起满180日未开展网络出版服务的，由原登记的出版行政主管部门注销登记，并报国家新闻出版广电总局备案。同时，通报相关省、自治区、直辖市电信主管部门。

因不可抗力或者其他正当理由发生上述所列情形的，网络出版服务单位可以向原登记的出版行政主管部门申请延期。

第十九条 网络出版服务单位应当在其网站首页上标明出版行政主管部门核发的《网络出版服务许可证》编号。

互联网相关服务提供者在为网络出版服务单位提供人工干预搜索排名、广告、推广等服务时，应当查验服务对象的《网络出版服务许可证》及业务范围。

第二十条 网络出版服务单位应当按照批准的业务范围从事网络出版服务，不得超出批准的业务范围从事网络出版服务。

第二十一条 网络出版服务单位不得转借、出租、出卖《网络出版服务许可证》或以任何形式转让网络出版服务许可。

网络出版服务单位允许其他网络信息服务提供者以其名义提供网络出版服务，属于前款所称禁止行为。

第二十二条 网络出版服务单位实行特殊管理股制度，具体办法由国家新闻出版广电总局另行制定。

第三章 网络出版服务管理

第二十三条 网络出版服务单位实行编辑责任制度，保障网络出版物内容合法。

网络出版服务单位实行出版物内容审核责任制度、责任编辑制度、责任校对制度等管理制度，保障网络出版物出版质量。

在网络上出版其他出版单位已在境内合法出版的作品且不改变原出版物内容的，须在网络出版物的相应页面显著标明原出版单位名称以及书号、刊号、网络出版物号或者网址信息。

第二十四条 网络出版物不得含有以下内容:

(一)反对宪法确定的基本原则的;

(二)危害国家统一、主权和领土完整的;

(三)泄露国家秘密、危害国家安全或者损害国家荣誉和利益的;

(四)煽动民族仇恨、民族歧视,破坏民族团结,或者侵害民族风俗、习惯的;

(五)宣扬邪教、迷信的;

(六)散布谣言,扰乱社会秩序,破坏社会稳定的;

(七)宣扬淫秽、色情、赌博、暴力或者教唆犯罪的;

(八)侮辱或者诽谤他人,侵害他人合法权益的;

(九)危害社会公德或者民族优秀文化传统的;

(十)有法律、行政法规和国家规定禁止的其他内容的。

第二十五条 为保护未成年人合法权益,网络出版物不得含有诱发未成年人模仿违反社会公德和违法犯罪行为的内容,不得含有恐怖、残酷等妨害未成年人身心健康的内容,不得含有披露未成年人个人隐私的内容。

第二十六条 网络出版服务单位出版涉及国家安全、社会安定等方面重大选题的内容,应当按照国家新闻出版广电总局有关重大选题备案管理的规定办理备案手续。未经备案的重大选题内容,不得出版。

第二十七条 网络游戏上网出版前,必须向所在地省、自治区、直辖市出版行政主管部门提出申请,经审核同意后,报国家新闻出版广电总局审批。

第二十八条 网络出版物的内容不真实或不公正,致使公民、法人或者其他组织合法权益受到侵害的,相关网络出版服务单位应当停止侵权,公开更正,消除影响,并依法承担其他民事责任。

第二十九条 国家对网络出版物实行标识管理,具体办法由国家新闻出版广电总局另行制定。

第三十条 网络出版物必须符合国家的有关规定和标准要求,保证出版物质量。

网络出版物使用语言文字,必须符合国家法律规定和有关标准规范。

第三十一条 网络出版服务单位应当按照国家有关规定或技术标准,配备应用必要的设备和系统,建立健全各项管理制度,保障信息安全、内容合法,并为出版行政主管部门依法履行监督管理职责提供技术支持。

第三十二条 网络出版服务单位在网络上提供境外出版物,应当取得著作权合法授权。其中,出版境外著作权人授权的网络游戏,须按本规定第二十七条办理审批手续。

第三十三条 网络出版服务单位发现其出版的网络出版物含有本规定第二十四条、第二十五条所列内容的,应当立即删除,保存有关记录,并向所在地县级以上出版行政主管部门报告。

第三十四条 网络出版服务单位应

记录所出版作品的内容及其时间、网址或者域名,记录应当保存60日,并在国家有关部门依法查询时,予以提供。

第三十五条 网络出版服务单位须遵守国家统计规定,依法向出版行政主管部门报送统计资料。

第四章 监督管理

第三十六条 网络出版服务的监督管理实行属地管理原则。

各地出版行政主管部门应当加强对本行政区域内的网络出版服务单位及其出版活动的日常监督管理,履行下列职责:

(一)对网络出版服务单位进行行业监管,对网络出版服务单位违反本规定的情况进行查处并报告上级出版行政主管部门;

(二)对网络出版服务进行监管,对违反本规定的行为进行查处并报告上级出版行政主管部门;

(三)对网络出版物内容和质量进行监管,定期组织内容审读和质量检查,并将结果向上级出版行政主管部门报告;

(四)对网络出版从业人员进行管理,定期组织岗位、业务培训和考核;

(五)配合上级出版行政主管部门、协调相关部门、指导下级出版行政主管部门开展工作。

第三十七条 出版行政主管部门应当加强监管队伍和机构建设,采取必要的技术手段对网络出版服务进行管理。出版行政主管部门依法履行监督检查等执法职责时,网络出版服务单位应当予以配合,不得拒绝、阻挠。

各省、自治区、直辖市出版行政主管部门应当定期将本行政区域内的网络出版服务监督管理情况向国家新闻出版广电总局提交书面报告。

第三十八条 网络出版服务单位实行年度核验制度,年度核验每年进行一次。省、自治区、直辖市出版行政主管部门负责对本行政区域内的网络出版服务单位实施年度核验并将有关情况报国家新闻出版广电总局备案。年度核验内容包括网络出版服务单位的设立条件、登记项目、出版经营情况、出版质量、遵守法律规范、内部管理情况等。

第三十九条 年度核验按照以下程序进行:

(一)网络出版服务单位提交年度自检报告,内容包括:本年度政策法律执行情况,奖惩情况,网站出版、管理、运营绩效情况,网络出版物目录,对年度核验期内的违法违规行为的整改情况,编辑出版人员培训管理情况等;并填写由国家新闻出版广电总局统一印制的《网络出版服务年度核验登记表》,与年度自检报告一并报所在地省、自治区、直辖市出版行政主管部门;

(二)省、自治区、直辖市出版行政主管部门对本行政区域内的网络出版服务单位的设立条件、登记项目、开展业务及执行法规等情况进行全面审核,并在收到网络出版服务单位的年度自检报告和《网络出版服务年度核验登记表》等年度核验材料的45日内完成全面审核查验工作。对符合年度核验要求的网络出版服

务单位予以登记,并在其《网络出版服务许可证》上加盖年度核验章;

(三)省、自治区、直辖市出版行政主管部门应于完成全面审核查验工作的15日内将年度核验情况及有关书面材料报国家新闻出版广电总局备案。

第四十条 有下列情形之一的,暂缓年度核验:

(一)正在停业整顿的;

(二)违反出版法规规章,应予处罚的;

(三)未按要求执行出版行政主管部门相关管理规定的;

(四)内部管理混乱,无正当理由未开展实质性网络出版服务活动的;

(五)存在侵犯著作权等其他违法嫌疑需要进一步核查的。

暂缓年度核验的期限由省、自治区、直辖市出版行政主管部门确定,报国家新闻出版广电总局备案,最长不得超过180日。暂缓年度核验期间,须停止网络出版服务。

暂缓核验期满,按本规定重新办理年度核验手续。

第四十一条 已经不具备本规定第八条、第九条规定条件的,责令限期改正;逾期仍未改正的,不予通过年度核验,由国家新闻出版广电总局撤销《网络出版服务许可证》,所在地省、自治区、直辖市出版行政主管部门注销登记,并通知当地电信主管部门依法处理。

第四十二条 省、自治区、直辖市出版行政主管部门可根据实际情况,对本行政区域内的年度核验事项进行调整,相关情况报国家新闻出版广电总局备案。

第四十三条 省、自治区、直辖市出版行政主管部门可以向社会公布年度核验结果。

第四十四条 从事网络出版服务的编辑出版等相关专业技术人员及其负责人应当符合国家关于编辑出版等相关专业技术人员职业资格管理的有关规定。

网络出版服务单位的法定代表人或主要负责人应按照有关规定参加出版行政主管部门组织的岗位培训,并取得国家新闻出版广电总局统一印制的《岗位培训合格证书》。未按规定参加岗位培训或培训后未取得《岗位培训合格证书》的,不得继续担任法定代表人或主要负责人。

第五章 保障与奖励

第四十五条 国家制定有关政策,保障、促进网络出版服务业的发展与繁荣。鼓励宣传科学真理、传播先进文化、倡导科学精神、塑造美好心灵、弘扬社会正气等有助于形成先进网络文化的网络出版服务,推动健康文化、优秀文化产品的数字化、网络化传播。

网络出版服务单位依法从事网络出版服务,任何组织和个人不得干扰、阻止和破坏。

第四十六条 国家支持、鼓励下列优秀的、重点的网络出版物的出版:

(一)对阐述、传播宪法确定的基本原则有重大作用的;

(二)对弘扬社会主义核心价值观,

进行爱国主义、集体主义、社会主义和民族团结教育以及弘扬社会公德、职业道德、家庭美德、个人品德有重要意义的；

（三）对弘扬民族优秀文化，促进国际文化交流有重大作用的；

（四）具有自主知识产权和优秀文化内涵的；

（五）对推进文化创新，及时反映国内外新的科学文化成果有重大贡献的；

（六）对促进公共文化服务有重大作用的；

（七）专门以未成年人为对象、内容健康的或者其他有利于未成年人健康成长的；

（八）其他具有重要思想价值、科学价值或者文化艺术价值的。

第四十七条 对为发展、繁荣网络出版服务业作出重要贡献的单位和个人，按照国家有关规定给予奖励。

第四十八条 国家保护网络出版物著作权人的合法权益。网络出版服务单位应当遵守《中华人民共和国著作权法》、《信息网络传播权保护条例》、《计算机软件保护条例》等著作权法律法规。

第四十九条 对非法干扰、阻止和破坏网络出版物出版的行为，出版行政主管部门及其他有关部门，应当及时采取措施，予以制止。

第六章 法律责任

第五十条 网络出版服务单位违反本规定的，出版行政主管部门可以采取下列行政措施：

（一）下达警示通知书；

（二）通报批评、责令改正；

（三）责令公开检讨；

（四）责令删除违法内容。

警示通知书由国家新闻出版广电总局制定统一格式，由出版行政主管部门下达给相关网络出版服务单位。

本条所列的行政措施可以并用。

第五十一条 未经批准，擅自从事网络出版服务，或者擅自上网出版网络游戏（含境外著作权人授权的网络游戏），根据《出版管理条例》第六十一条、《互联网信息服务管理办法》第十九条的规定，由出版行政主管部门、工商行政管理部门依照法定职权予以取缔，并由所在地省级电信主管部门依据有关部门的通知，按照《互联网信息服务管理办法》第十九条的规定给予责令关闭网站等处罚；已经触犯刑法的，依法追究刑事责任；尚不够刑事处罚的，删除全部相关网络出版物，没收违法所得和从事违法出版活动的主要设备、专用工具，违法经营额1万元以上的，并处违法经营额5倍以上10倍以下的罚款；违法经营额不足1万元的，可以处5万元以下的罚款；侵犯他人合法权益的，依法承担民事责任。

第五十二条 出版、传播含有本规定第二十四条、第二十五条禁止内容的网络出版物的，根据《出版管理条例》第六十二条、《互联网信息服务管理办法》第二十条的规定，由出版行政主管部门责令删除相关内容并限期改正，没收违法所得，违法经营额1万元以上的，并处违法经营额5倍以上10倍以下罚款；违法经营额不足1万元的，可以处5万元以下罚款;情节严重的,责令限期停业整顿或者由国家新闻出版广电总局吊销《网络出版服务许可证》,由电信主管部门依据出版行政主管部门的通知吊销其电信业务经营许可或者责令关闭网站;构成犯罪的,依法追究刑事责任。

为从事本条第一款行为的网络出版服务单位提供人工干预搜索排名、广告、推广等相关服务的,由出版行政主管部门责令其停止提供相关服务。

第五十三条 违反本规定第二十一条的,根据《出版管理条例》第六十六条的规定,由出版行政主管部门责令停止违法行为,给予警告,没收违法所得,违法经营额1万元以上的,并处违法经营额5倍以上10倍以下的罚款;违法经营额不足1万元的,可以处5万元以下的罚款;情节严重的,责令限期停业整顿或者由国家新闻出版广电总局吊销《网络出版服务许可证》。

第五十四条 有下列行为之一的,根据《出版管理条例》第六十七条的规定,由出版行政主管部门责令改正,给予警告;情节严重的,责令限期停业整顿或者由国家新闻出版广电总局吊销《网络出版服务许可证》:

(一)网络出版服务单位变更《网络出版服务许可证》登记事项、资本结构,超出批准的服务范围从事网络出版服务,合并或者分立,设立分支机构,未依据本规定办理审批手续的;

(二)网络出版服务单位未按规定出版涉及重大选题出版物的;

(三)网络出版服务单位擅自中止网络出版服务超过180日的;

(四)网络出版物质量不符合有关规定和标准的。

第五十五条 违反本规定第三十四条的,根据《互联网信息服务管理办法》第二十一条的规定,由省级电信主管部门责令改正;情节严重的,责令停业整顿或者暂时关闭网站。

第五十六条 网络出版服务单位未依法向出版行政主管部门报送统计资料的,依据《新闻出版统计管理办法》处罚。

第五十七条 网络出版服务单位违反本规定第二章规定,以欺骗或者贿赂等不正当手段取得许可的,由国家新闻出版广电总局撤销其相应许可。

第五十八条 有下列行为之一的,由出版行政主管部门责令改正,予以警告,并处3万元以下罚款:

(一)违反本规定第十条,擅自与境内外中外合资经营、中外合作经营和外资经营的企业进行涉及网络出版服务业务的合作的;

(二)违反本规定第十九条,未标明有关许可信息或者未核验有关网站的《网络出版服务许可证》的;

(三)违反本规定第二十三条,未按规定实行编辑责任制度等管理制度的;

(四)违反本规定第三十一条,未按规定或标准配备应用有关系统、设备或未健全有关管理制度的;

(五)未按本规定要求参加年度核验的;

(六)违反本规定第四十四条,网络出版服务单位的法定代表人或主要负责人未取得《岗位培训合格证书》的；

（七）违反出版行政主管部门关于网络出版其他管理规定的。

第五十九条 网络出版服务单位违反本规定被处以吊销许可证行政处罚的，其法定代表人或者主要负责人自许可证被吊销之日起10年内不得担任网络出版服务单位的法定代表人或者主要负责人。

从事网络出版服务的编辑出版等相关专业技术人员及其负责人违反本规定，情节严重的，由原发证机关吊销其资格证书。

第七章 附 则

第六十条 本规定所称出版物内容审核责任制度、责任编辑制度、责任校对制度等管理制度，参照《图书质量保障体系》的有关规定执行。

第六十一条 本规定自2016年3月10日起施行。原国家新闻出版总署、信息产业部2002年6月27日颁布的《互联网出版管理暂行规定》同时废止。

互联网信息搜索服务管理规定

（2016年6月25日国家互联网信息办公室发布 自2016年8月1日起施行）

第一条 为规范互联网信息搜索服务，促进互联网信息搜索行业健康有序发展，保护公民、法人和其他组织的合法权益，维护国家安全和公共利益，根据《全国人民代表大会常务委员会关于加强网络信息保护的决定》和《国务院关于授权国家互联网信息办公室负责互联网信息内容管理工作的通知》，制定本规定。

第二条 在中华人民共和国境内从事互联网信息搜索服务，适用本规定。

本规定所称互联网信息搜索服务，是指运用计算机技术从互联网上搜集、处理各类信息供用户检索的服务。

第三条 国家互联网信息办公室负责全国互联网信息搜索服务的监督管理执法工作。地方互联网信息办公室依据职责负责本行政区域内互联网信息搜索服务的监督管理执法工作。

第四条 互联网信息搜索服务行业组织应当建立健全行业自律制度和行业准则，指导互联网信息搜索服务提供者建立健全服务规范，督促互联网信息搜索服务提供者依法提供服务、接受社会监督，提高互联网信息搜索服务从业人员的职业素养。

第五条 互联网信息搜索服务提供者应当取得法律法规规定的相关资质。

第六条 互联网信息搜索服务提供者应当落实主体责任，建立健全信息审核、公共信息实时巡查、应急处置及个人信息保护等信息安全管理制度，具有安全可控的防范措施，为有关部门依法履行职责提供必要的技术支持。

第七条 互联网信息搜索服务提供者不得以链接、摘要、快照、联想词、相关搜索、相关推荐等形式提供含有法律法规禁止的信息内容。

第八条 互联网信息搜索服务提供者提供服务过程中发现搜索结果明显含有法律法规禁止内容的信息、网站及应用,应当停止提供相关搜索结果,保存有关记录,并及时向国家或者地方互联网信息办公室报告。

第九条 互联网信息搜索服务提供者及其从业人员,不得通过断开相关链接或者提供含有虚假信息的搜索结果等手段,牟取不正当利益。

第十条 互联网信息搜索服务提供者应当提供客观、公正、权威的搜索结果,不得损害国家利益、公共利益,以及公民、法人和其他组织的合法权益。

第十一条 互联网信息搜索服务提供者提供付费搜索信息服务,应当依法查验客户有关资质,明确付费搜索信息页面比例上限,醒目区分自然搜索结果与付费搜索信息,对付费搜索信息逐条加注显著标识。

互联网信息搜索服务提供者提供商业广告信息服务,应当遵守相关法律法规。

第十二条 互联网信息搜索服务提供者应当建立健全公众投诉、举报和用户权益保护制度,在显著位置公布投诉、举报方式,主动接受公众监督,及时处理公众投诉、举报,依法承担对用户权益造成损害的赔偿责任。

第十三条 本规定自2016年8月1日起施行。

互联网直播服务管理规定

(2016年11月4日国家互联网信息办公室发布 自2016年12月1日起施行)

第一条 为加强对互联网直播服务的管理,保护公民、法人和其他组织的合法权益,维护国家安全和公共利益,根据《全国人民代表大会常务委员会关于加强网络信息保护的决定》《国务院关于授权国家互联网信息办公室负责互联网信息内容管理工作的通知》《互联网信息服务管理办法》和《互联网新闻信息服务管理规定》,制定本规定。

第二条 在中华人民共和国境内提供、使用互联网直播服务,应当遵守本规定。

本规定所称互联网直播,是指基于互联网,以视频、音频、图文等形式向公众持续发布实时信息的活动;本规定所称互联网直播服务提供者,是指提供互联网直播平台服务的主体;本规定所称互联网直播服务使用者,包括互联网直播发布者和用户。

第三条 提供互联网直播服务,应当遵守法律法规,坚持正确导向,大力弘扬社会主义核心价值观,培育积极健康、向上向善的网络文化,维护良好网络生态,维护国家利益和公共利益,为广大网民特别是青少年成长营造风清气正的网络空间。

第四条 国家互联网信息办公室负责全国互联网直播服务信息内容的监督管理执法工作。地方互联网信息办公室依据职责负责本行政区域内的互联网直播服务信息内容的监督管理执法工作。国务院相关管理部门依据职责对互联网直播服务实施相应监督管理。

各级互联网信息办公室应当建立日常监督检查和定期检查相结合的监督管理制度，指导督促互联网直播服务提供者依据法律法规和服务协议规范互联网直播服务行为。

第五条 互联网直播服务提供者提供互联网新闻信息服务的，应当依法取得互联网新闻信息服务资质，并在许可范围内开展互联网新闻信息服务。

开展互联网新闻信息服务的互联网直播发布者，应当依法取得互联网新闻信息服务资质并在许可范围内提供服务。

第六条 通过网络表演、网络视听节目等提供互联网直播服务的，还应当依法取得法律法规规定的相关资质。

第七条 互联网直播服务提供者应当落实主体责任，配备与服务规模相适应的专业人员，健全信息审核、信息安全管理、值班巡查、应急处置、技术保障等制度。提供互联网新闻信息直播服务的，应当设立总编辑。

互联网直播服务提供者应当建立直播内容审核平台，根据互联网直播的内容类别、用户规模等实施分级分类管理，对图文、视频、音频等直播内容加注或播报平台标识信息，对互联网新闻信息直播及其互动内容实施先审后发管理。

第八条 互联网直播服务提供者应当具备与其服务相适应的技术条件，应当具备即时阻断互联网直播的技术能力，技术方案应符合国家相关标准。

第九条 互联网直播服务提供者以及互联网直播服务使用者不得利用互联网直播服务从事危害国家安全、破坏社会稳定、扰乱社会秩序、侵犯他人合法权益、传播淫秽色情等法律法规禁止的活动，不得利用互联网直播服务制作、复制、发布、传播法律法规禁止的信息内容。

第十条 互联网直播发布者发布新闻信息，应当真实准确、客观公正。转载新闻信息应当完整准确，不得歪曲新闻信息内容，并在显著位置注明来源，保证新闻信息来源可追溯。

第十一条 互联网直播服务提供者应当加强对评论、弹幕等直播互动环节的实时管理，配备相应管理人员。

互联网直播发布者在进行直播时，应当提供符合法律法规要求的直播内容，自觉维护直播活动秩序。

用户在参与直播互动时，应当遵守法律法规，文明互动，理性表达。

第十二条 互联网直播服务提供者应当按照“后台实名、前台自愿”的原则，对互联网直播用户进行基于移动电话号码等方式的真实身份信息认证，对互联网直播发布者进行基于身份证件、营业执照、组织机构代码证等的认证登记。互联网直播服务提供者应当对互联网直播发布者的真实身份信息进行审核，向所在地省、自治区、直辖市互联网信息办公室分类备案，并在相关执法部门依法查询时予以提供。

互联网直播服务提供者应当保护互联网直播服务使用者身份信息和隐私,不得泄露、篡改、毁损,不得出售或者非法向他人提供。

第十三条 互联网直播服务提供者应当与互联网直播服务使用者签订服务协议,明确双方权利义务,要求其承诺遵守法律法规和平台公约。

互联网直播服务协议和平台公约的必备条款由互联网直播服务提供者所在地省、自治区、直辖市互联网信息办公室指导制定。

第十四条 互联网直播服务提供者应当对违反法律法规和服务协议的互联网直播服务使用者,视情采取警示、暂停发布、关闭账号等处置措施,及时消除违法违规直播信息内容,保存记录并向有关主管部门报告。

第十五条 互联网直播服务提供者应当建立互联网直播发布者信用等级管理体系,提供与信用等级挂钩的管理和服务。

互联网直播服务提供者应当建立黑名单管理制度,对纳入黑名单的互联网直播服务使用者禁止重新注册账号,并及时向所在地省、自治区、直辖市互联网信息办公室报告。

省、自治区、直辖市互联网信息办公室应当建立黑名单通报制度,并向国家互联网信息办公室报告。

第十六条 互联网直播服务提供者应当记录互联网直播服务使用者发布内容和日志信息,保存六十日。

互联网直播服务提供者应当配合有关部门依法进行的监督检查,并提供必要的文件、资料和数据。

第十七条 互联网直播服务提供者和互联网直播发布者未经许可或者超出许可范围提供互联网新闻信息服务的,由国家和省、自治区、直辖市互联网信息办公室依据《互联网新闻信息服务管理规定》予以处罚。

对于违反本规定的其他违法行为,由国家和地方互联网信息办公室依据职责,依法予以处罚;构成犯罪的,依法追究刑事责任。通过网络表演、网络视听节目等提供网络直播服务,违反有关法律法规的,由相关部门依法予以处罚。

第十八条 鼓励支持相关行业组织制定行业公约,加强行业自律,建立健全行业信用评价体系和服务评议制度,促进行业规范发展。

第十九条 互联网直播服务提供者应当自觉接受社会监督,健全社会投诉举报渠道,设置便捷的投诉举报入口,及时处理公众投诉举报。

第二十条 本规定自 2016 年 12 月 1 日起施行。

网络表演经营活动管理办法

(2016 年 12 月 2 日文化部发布 文市发〔2016〕33 号)

第一条 为切实加强网络表演经营活动管理,规范网络表演市场秩序,促进行业健康有序发展，根据《互联网信息服务管理办法》、《互联网文化管理暂行规定》等有关法律法规，制定本办法。

第二条 本办法所称网络表演是指以现场进行的文艺表演活动等为主要内容，通过互联网、移动通讯网、移动互联网等信息网络，实时传播或者以音视频形式上载传播而形成的互联网文化产品。

网络表演经营活动是指通过用户收费、电子商务、广告、赞助等方式获取利益，向公众提供网络表演产品及服务的行为。

将网络游戏技法展示或解说的内容，通过互联网、移动通讯网、移动互联网等信息网络，实时传播或者以音视频形式上载传播的经营活动，参照本办法进行管理。

第三条 从事网络表演经营活动，应当遵守宪法和有关法律法规，坚持为人民服务、为社会主义服务的方向，坚持社会主义先进文化的前进方向，自觉弘扬社会主义核心价值观。

第四条 从事网络表演经营活动的网络表演经营单位，应当根据《互联网文化管理暂行规定》，向省级文化行政部门申请取得《网络文化经营许可证》，许可证的经营范围应当明确包括网络表演。网络表演经营单位应当在其网站主页的显著位置标明《网络文化经营许可证》编号。

第五条 网络表演经营单位对本单位开展的网络表演经营活动承担主体责任，应当按照《互联网文化管理暂行规定》和《网络文化经营单位内容自审管理办法》的有关要求，建立健全内容审核管理制度，配备满足自审需要并取得相应资质的审核人员，建立适应内容管理需要的技术监管措施。

不具备内容自审及实时监管能力的网络表演经营单位，不得开通表演频道。未采取监管措施或未通过内容自审的网络表演产品，不得向公众提供。

第六条 网络表演不得含有以下内容：

（一）含有《互联网文化管理暂行规定》第十六条规定的禁止内容的；

（二）表演方式恐怖、残忍、暴力、低俗，摧残表演者身心健康的；

（三）利用人体缺陷或者以展示人体变异等方式招徕用户的；

（四）以偷拍偷录等方式，侵害他人合法权益的；

（五）以虐待动物等方式进行表演的；

（六）使用未取得文化行政部门内容审查批准文号或备案编号的网络游戏产品，进行网络游戏技法展示或解说的。

第七条 网络表演经营单位应当加强对未成年人的保护，不得损害未成年人身心健康。有未成年人参与的网络表演，不得侵犯未成年人权益。

第八条 网络表演经营单位要加强对表演者的管理。为表演者开通表演频道的，应与表演者签订协议，约定双方权利义务，要求其承诺遵守法律法规和相关管理规定。

第九条 网络表演经营单位应当要求表演者使用有效身份证件进行实名注

册,并采取面谈、录制通话视频等有效方式进行核实。网络表演经营单位应当依法保护表演者的身份信息。

第十条 网络表演经营单位为外国或者香港特别行政区、澳门特别行政区、台湾地区的表演者(以下简称境外表演者)开通表演频道并向公众提供网络表演产品的,应当于开通网络表演频道前,向文化部提出申请。未经批准,不得为境外表演者开通表演频道。为境内表演者开通表演频道的,应当于表演者开展表演活动之日起10日内,将表演频道信息向文化部备案。

第十一条 网络表演经营单位应当在表演频道内及表演音视频上,标注经营单位标识等信息。网络表演经营单位应当根据表演者信用等级、所提供的表演内容类型等,对表演频道采取针对性管理措施。

第十二条 网络表演经营单位应当完善用户注册系统,保存用户注册信息,积极采取措施保护用户信息安全。要依照法律法规规定或者服务协议,加强对用户行为的监督和约束,发现用户发布违法信息的,应当立即停止为其提供服务,保存有关记录并向有关部门报告。

第十三条 网络表演经营单位应当建立内部巡查监督管理制度,对网络表演进行实时监管。网络表演经营单位应当记录全部网络表演视频资料并妥善保存,资料保存时间不得少于60日,并在有关部门依法查询时予以提供。

网络表演经营单位向公众提供的非实时的网络表演音视频(包括用户上传的),应当严格实行先自审后上线。

第十四条 网络表演经营单位应当建立突发事件应急处置机制。发现本单位所提供的网络表演含有违法违规内容时,应当立即停止提供服务,保存有关记录,并立即向本单位注册地或者实际经营地省级文化行政部门或文化市场综合执法机构报告。

第十五条 网络表演经营单位应当在每季度第一个月月底前将本单位上季度的自审信息(包括实时监运情况、发现问题处置情况和提供违法违规内容的表演者信息等)报送文化部。

第十六条 网络表演经营单位应当建立健全举报系统,主动接受网民和社会监督。要配备专职人员负责举报受理,建立有效处理举报问题的内部联动机制。要在其网站主页及表演者表演频道页面的显著位置,设置"12318"全国文化市场举报网站链接按钮。

第十七条 文化部负责全国网络表演市场的监督管理,建立统一的网络表演警示名单、黑名单等信用监管制度,制定并发布网络表演审核工作指引等标准规范,组织实施全国网络表演市场随机抽查工作,对网络表演内容合法性进行最终认定。

第十八条 各级文化行政部门和文化市场综合执法机构要加强对网络表演市场的事中事后监管,重点实施"双随机一公开"。要充分利用网络文化市场执法协作机制,加强对辖区内网络表演经营单位的指导、服务和日常监管,制定随机抽查工作实施方案和随机抽查事项清单。县级以上文化行政部门或文化市场综合执法机构，根据查处情况，实施警示名单和黑名单等信用管理制度。及时公布查处结果，主动接受社会监督。

第十九条 网络表演行业的协会、自律组织等要主动加强行业自律，制定行业标准和经营规范，开展行业培训，推动企业守法经营。

第二十条 网络表演经营单位违反本办法第四条有关规定，从事网络表演经营活动未申请许可证的，由县级以上文化行政部门或者文化市场综合执法机构按照《互联网文化管理暂行规定》第二十一条予以查处；未按照许可证业务范围从事网络表演活动的，按照《互联网文化管理暂行规定》第二十四条予以查处。

第二十一条 网络表演经营单位提供的表演内容违反本办法第六条有关规定的，由县级以上文化行政部门或者文化市场综合执法机构按照《互联网文化管理暂行规定》第二十八条予以查处。

第二十二条 网络表演经营单位违反本办法第十条有关规定，为未经批准的表演者开通表演频道的，由县级以上文化行政部门或者文化市场综合执法机构按照《互联网文化管理暂行规定》第二十八条予以查处；逾期未备案的，按照《互联网文化管理暂行规定》第二十七条予以查处。

网络表演经营单位自2017年3月15日起，按照本办法第十条有关规定，通过全国文化市场技术监管与服务平台向文化部提交申请或备案。

第二十三条 网络表演经营单位违反本办法第十三条有关规定，未按规定保存网络表演视频资料的，按照《互联网文化管理暂行规定》第三十一条予以查处。

第二十四条 网络表演经营单位违反本办法第十四条有关规定的，由县级以上文化行政部门或者文化市场综合执法机构按照《互联网文化管理暂行规定》第三十条予以查处。

第二十五条 网络表演经营单位违反本办法第五条、第八条、第九条、第十一条、第十二条、第十三条、第十五条有关规定，未能完全履行自审责任的，由县级以上文化行政部门或者文化市场综合执法机构按照《互联网文化管理暂行规定》第二十九条予以查处。

第二十六条 通过信息网络实时在线传播营业性演出活动的，应当遵守《互联网文化管理暂行规定》、《营业性演出管理条例》及《营业性演出管理条例实施细则》的有关规定。

第二十七条 本办法自2017年1月1日起施行。

国家新闻出版广电总局关于加强微博、微信等网络社交平台传播视听节目管理的通知

（2016年11月2日
新广电发〔2016〕196号）

各省、自治区、直辖市新闻出版广电局，新疆生产建设兵团新闻出版广电局：

随着微博、微信等网络社交平台的迅速发展,利用网络社交平台传播影视剧、纪录片和新闻节目等视听节目的行为日益增多,其中不乏大量由无资质的机构或个人制作的新闻节目和不符合国家相关管理政策的影视剧、纪录片。为进一步规范互联网视听节目的传播秩序,根据《互联网视听节目服务管理规定》等有关规定,现就加强微博、微信等网络社交平台(含微博账号、微信公众号,下同)面向公众传播视听节目管理通知如下:

一、利用微博、微信等各类社交应用开展互联网视听节目服务的网络平台,应当取得《信息网络传播视听节目许可证》(AVSP)等法律法规规定的相关资质,并严格在许可证载明的业务范围内开展业务。在网络平台上使用微博账号、微信公众号等各类社交应用开展互联网视听节目服务,且已持有《信息网络传播视听节目许可证》的机构,应当按照许可证的各项要求开展业务;未持有《信息网络传播视听节目许可证》的机构和个人使用微博账号、微信公众号等各类社交应用开展互联网视听节目服务,应由网络平台作为该项服务的开办主体,按照视听节目管理的各项要求,对节目内容履行内容把关等各项管理责任,节目范围不得超出平台自身许可证载明的业务范围。网络平台对不符合上述要求的微博账号、微信公众号等,不得为其提供信息上传服务等技术支持。

二、利用微博、微信等各类网络社交平台传播的电影、电视剧,相关影视剧应当具有《电影片公映许可证》或《电视剧发行许可证》。

三、利用微博、微信等各类网络社交平台传播的网络剧、网络电影、新闻节目、纪录片、专题片、综艺节目等视听节目,节目内容应当符合互联网视听节目管理的相关规定。微博、微信等网络社交平台不得转发网民上传的自制时政类视听新闻节目。

四、各省(自治区、直辖市)新闻出版广电局要按照本通知要求,会同相关部门对本区域内利用微博、微信等各类网络社交平台传播视听节目的情况进行全面排查,并组织不符合要求的网络社交平台立即进行整改。排查和整改情况报我局网络司。

互联网新闻信息服务管理规定

(2017年5月2日国家互联网信息办公室令第1号公布　自2017年6月1日起施行)

第一章　总　　则

第一条　为加强互联网信息内容管理,促进互联网新闻信息服务健康有序发展,根据《中华人民共和国网络安全法》《互联网信息服务管理办法》《国务院关于授权国家互联网信息办公室负责互联网信息内容管理工作的通知》,制定本规定。

第二条　在中华人民共和国境内提

供互联网新闻信息服务，适用本规定。

本规定所称新闻信息，包括有关政治、经济、军事、外交等社会公共事务的报道、评论，以及有关社会突发事件的报道、评论。

第三条 提供互联网新闻信息服务，应当遵守宪法、法律和行政法规，坚持为人民服务、为社会主义服务的方向，坚持正确舆论导向，发挥舆论监督作用，促进形成积极健康、向上向善的网络文化，维护国家利益和公共利益。

第四条 国家互联网信息办公室负责全国互联网新闻信息服务的监督管理执法工作。地方互联网信息办公室依据职责负责本行政区域内互联网新闻信息服务的监督管理执法工作。

第二章 许　　可

第五条 通过互联网站、应用程序、论坛、博客、微博客、公众账号、即时通信工具、网络直播等形式向社会公众提供互联网新闻信息服务，应当取得互联网新闻信息服务许可，禁止未经许可或超越许可范围开展互联网新闻信息服务活动。

前款所称互联网新闻信息服务，包括互联网新闻信息采编发布服务、转载服务、传播平台服务。

第六条 申请互联网新闻信息服务许可，应当具备下列条件：

（一）在中华人民共和国境内依法设立的法人；

（二）主要负责人、总编辑是中国公民；

（三）有与服务相适应的专职新闻编辑人员、内容审核人员和技术保障人员；

（四）有健全的互联网新闻信息服务管理制度；

（五）有健全的信息安全管理制度和安全可控的技术保障措施；

（六）有与服务相适应的场所、设施和资金。

申请互联网新闻信息采编发布服务许可的，应当是新闻单位（含其控股的单位）或新闻宣传部门主管的单位。

符合条件的互联网新闻信息服务提供者实行特殊管理股制度，具体实施办法由国家互联网信息办公室另行制定。

提供互联网新闻信息服务，还应当依法向电信主管部门办理互联网信息服务许可或备案手续。

第七条 任何组织不得设立中外合资经营、中外合作经营和外资经营的互联网新闻信息服务单位。

互联网新闻信息服务单位与境内外中外合资经营、中外合作经营和外资经营的企业进行涉及互联网新闻信息服务业务的合作，应当报经国家互联网信息办公室进行安全评估。

第八条 互联网新闻信息服务提供者的采编业务和经营业务应当分开，非公有资本不得介入互联网新闻信息采编业务。

第九条 申请互联网新闻信息服务许可，申请主体为中央新闻单位（含其控股的单位）或中央新闻宣传部门主管的单位的，由国家互联网信息办公室受理和决定；申请主体为地方新闻单位（含其控股的单位)或地方新闻宣传部门主管的单位的,由省、自治区、直辖市互联网信息办公室受理和决定;申请主体为其他单位的,经所在地省、自治区、直辖市互联网信息办公室受理和初审后,由国家互联网信息办公室决定。

国家或省、自治区、直辖市互联网信息办公室决定批准的,核发《互联网新闻信息服务许可证》。《互联网新闻信息服务许可证》有效期为三年。有效期届满,需继续从事互联网新闻信息服务活动的,应当于有效期届满三十日前申请续办。

省、自治区、直辖市互联网信息办公室应当定期向国家互联网信息办公室报告许可受理和决定情况。

第十条 申请互联网新闻信息服务许可,应当提交下列材料:

(一)主要负责人、总编辑为中国公民的证明;

(二)专职新闻编辑人员、内容审核人员和技术保障人员的资质情况;

(三)互联网新闻信息服务管理制度;

(四)信息安全管理制度和技术保障措施;

(五)互联网新闻信息服务安全评估报告;

(六)法人资格、场所、资金和股权结构等证明;

(七)法律法规规定的其他材料。

第三章 运 行

第十一条 互联网新闻信息服务提供者应当设立总编辑,总编辑对互联网新闻信息内容负总责。总编辑人选应当具有相关从业经验,符合相关条件,并报国家或省、自治区、直辖市互联网信息办公室备案。

互联网新闻信息服务相关从业人员应当依法取得相应资质,接受专业培训、考核。互联网新闻信息服务相关从业人员从事新闻采编活动,应当具备新闻采编人员职业资格,持有国家新闻出版广电总局统一颁发的新闻记者证。

第十二条 互联网新闻信息服务提供者应当健全信息发布审核、公共信息巡查、应急处置等信息安全管理制度,具有安全可控的技术保障措施。

第十三条 互联网新闻信息服务提供者为用户提供互联网新闻信息传播平台服务,应当按照《中华人民共和国网络安全法》的规定,要求用户提供真实身份信息。用户不提供真实身份信息的,互联网新闻信息服务提供者不得为其提供相关服务。

互联网新闻信息服务提供者对用户身份信息和日志信息负有保密的义务,不得泄露、篡改、毁损,不得出售或非法向他人提供。

互联网新闻信息服务提供者及其从业人员不得通过采编、发布、转载、删除新闻信息,干预新闻信息呈现或搜索结果等手段谋取不正当利益。

第十四条 互联网新闻信息服务提供者提供互联网新闻信息传播平台服务,应当与在其平台上注册的用户签订协议,明确双方权利义务。

对用户开设公众账号的,互联网新

闻信息服务提供者应当审核其账号信息、服务资质、服务范围等信息，并向所在地省、自治区、直辖市互联网信息办公室分类备案。

第十五条 互联网新闻信息服务提供者转载新闻信息，应当转载中央新闻单位或省、自治区、直辖市直属新闻单位等国家规定范围内的单位发布的新闻信息，注明新闻信息来源、原作者、原标题、编辑真实姓名等，不得歪曲、篡改标题原意和新闻信息内容，并保证新闻信息来源可追溯。

互联网新闻信息服务提供者转载新闻信息，应当遵守著作权相关法律法规的规定，保护著作权人的合法权益。

第十六条 互联网新闻信息服务提供者和用户不得制作、复制、发布、传播法律、行政法规禁止的信息内容。

互联网新闻信息服务提供者提供服务过程中发现含有违反本规定第三条或前款规定内容的，应当依法立即停止传输该信息、采取消除等处置措施，保存有关记录，并向有关主管部门报告。

第十七条 互联网新闻信息服务提供者变更主要负责人、总编辑、主管单位、股权结构等影响许可条件的重大事项，应当向原许可机关办理变更手续。

互联网新闻信息服务提供者应用新技术、调整增设具有新闻舆论属性或社会动员能力的应用功能，应当报国家或省、自治区、直辖市互联网信息办公室进行互联网新闻信息服务安全评估。

第十八条 互联网新闻信息服务提供者应当在明显位置明示互联网新闻信息服务许可证编号。

互联网新闻信息服务提供者应当自觉接受社会监督，建立社会投诉举报渠道，设置便捷的投诉举报入口，及时处理公众投诉举报。

第四章 监督检查

第十九条 国家和地方互联网信息办公室应当建立日常检查和定期检查相结合的监督管理制度，依法对互联网新闻信息服务活动实施监督检查，有关单位、个人应当予以配合。

国家和地方互联网信息办公室应当健全执法人员资格管理制度。执法人员开展执法活动，应当依法出示执法证件。

第二十条 任何组织和个人发现互联网新闻信息服务提供者有违反本规定行为的，可以向国家和地方互联网信息办公室举报。

国家和地方互联网信息办公室应当向社会公开举报受理方式，收到举报后，应当依法予以处置。互联网新闻信息服务提供者应当予以配合。

第二十一条 国家和地方互联网信息办公室应当建立互联网新闻信息服务网络信用档案，建立失信黑名单制度和约谈制度。

国家互联网信息办公室会同国务院电信、公安、新闻出版广电等部门建立信息共享机制，加强工作沟通和协作配合，依法开展联合执法等专项监督检查活动。

第五章 法律责任

第二十二条 违反本规定第五条规

定,未经许可或超越许可范围开展互联网新闻信息服务活动的,由国家和省、自治区、直辖市互联网信息办公室依据职责责令停止相关服务活动,处一万元以上三万元以下罚款。

第二十三条 互联网新闻信息服务提供者运行过程中不再符合许可条件的,由原许可机关责令限期改正;逾期仍不符合许可条件的,暂停新闻信息更新;《互联网新闻信息服务许可证》有效期届满仍不符合许可条件的,不予换发许可证。

第二十四条 互联网新闻信息服务提供者违反本规定第七条第二款、第八条、第十一条、第十二条、第十三条第三款、第十四条、第十五条第一款、第十七条、第十八条规定的,由国家和地方互联网信息办公室依据职责给予警告,责令限期改正;情节严重或拒不改正的,暂停新闻信息更新,处五千元以上三万元以下罚款;构成犯罪的,依法追究刑事责任。

第二十五条 互联网新闻信息服务提供者违反本规定第三条、第十六条第一款、第十九条第一款、第二十条第二款规定的,由国家和地方互联网信息办公室依据职责给予警告,责令限期改正;情节严重或拒不改正的,暂停新闻信息更新,处二万元以上三万元以下罚款;构成犯罪的,依法追究刑事责任。

第二十六条 互联网新闻信息服务提供者违反本规定第十三条第一款、第十六条第二款规定的,由国家和地方互联网信息办公室根据《中华人民共和国网络安全法》的规定予以处理。

第六章 附 则

第二十七条 本规定所称新闻单位,是指依法设立的报刊社、广播电台、电视台、通讯社和新闻电影制片厂。

第二十八条 违反本规定,同时违反互联网信息服务管理规定的,由国家和地方互联网信息办公室根据本规定处理后,转由电信主管部门依法处置。

国家对互联网视听节目服务、网络出版服务等另有规定的,应当同时符合其规定。

第二十九条 本规定自2017年6月1日起施行。本规定施行之前颁布的有关规定与本规定不一致的,按照本规定执行。

互联网跟帖评论服务管理规定

(2022年11月16日国家互联网信息办公室发布)

第一条 为了规范互联网跟帖评论服务,维护国家安全和公共利益,保护公民、法人和其他组织的合法权益,根据《中华人民共和国网络安全法》《网络信息内容生态治理规定》《互联网用户账号信息管理规定》等法律法规和国家有关规定,制定本规定。

第二条 在中华人民共和国境内提供、使用跟帖评论服务,应当遵守本规定。

本规定所称跟帖评论服务，是指互联网站、应用程序以及其他具有舆论属性或社会动员能力的网站平台，以评论、回复、留言、弹幕、点赞等方式，为用户提供发表文字、符号、表情、图片、音视频等信息的服务。

第三条 国家网信部门负责全国跟帖评论服务的监督管理执法工作。地方网信部门依据职责负责本行政区域内跟帖评论服务的监督管理执法工作。

第四条 跟帖评论服务提供者应当严格落实跟帖评论服务管理主体责任，依法履行以下义务：

（一）按照“后台实名、前台自愿”原则，对注册用户进行基于移动电话号码、身份证件号码或者统一社会信用代码等方式的真实身份信息认证，不得向未认证真实身份信息或者冒用组织机构、他人身份信息的用户提供跟帖评论服务。

（二）建立健全用户个人信息保护制度，处理用户个人信息应当遵循合法、正当、必要和诚信原则，公开个人信息处理规则，告知个人信息的处理目的、处理方式、处理的个人信息种类、保存期限等事项，并依法取得个人的同意。法律、行政法规另有规定的除外。

（三）对新闻信息提供跟帖评论服务的，应当建立先审后发制度。

（四）提供弹幕方式跟帖评论服务的，应当在同一平台和页面同时提供与之对应的静态版信息内容。

（五）建立健全跟帖评论审核管理、实时巡查、应急处置、举报受理等信息安全管理制度，及时发现处置违法和不良信息，并向网信部门报告。

（六）创新跟帖评论管理方式，研发使用跟帖评论信息安全管理技术，提升违法和不良信息处置能力；及时发现跟帖评论服务存在的安全缺陷、漏洞等风险，采取补救措施，并向网信部门报告。

（七）配备与服务规模相适应的审核编辑队伍，加强跟帖评论审核培训，提高审核编辑人员专业素养。

（八）配合网信部门依法开展监督检查工作，提供必要的技术、数据支持和协助。

第五条 具有舆论属性或社会动员能力的跟帖评论服务提供者上线跟帖评论相关新产品、新应用、新功能的，应当按照国家有关规定开展安全评估。

第六条 跟帖评论服务提供者应当与注册用户签订服务协议，明确跟帖评论的服务与管理细则以及双方跟帖评论发布权限、管理责任等权利义务，履行互联网相关法律法规告知义务，开展文明上网教育。对公众账号生产运营者，在服务协议中应当明确其跟帖评论管理权限及相应责任，督促其切实履行管理义务。

第七条 跟帖评论服务提供者应当按照用户服务协议对跟帖评论服务使用者和公众账号生产运营者进行规范管理。对发布违法和不良信息内容的跟帖评论服务使用者，应当依法依约采取警示提醒、拒绝发布、删除信息、限制账号功能、暂停账号更新、关闭账号、禁止重新注册等处置措施，并保存相关记录；对未尽到管理义务导致跟帖评论环节出现违法和不良信息内容的公众账号生产运营者,应当根据具体情形,依法依约采取警示提醒、删除信息、暂停跟帖评论区功能直至永久关闭跟帖评论区、限制账号功能、暂停账号更新、关闭账号、禁止重新注册等处置措施,保存相关记录,并及时向网信部门报告。

第八条 跟帖评论服务提供者应当建立用户分级管理制度,对用户的跟帖评论行为开展信用评估,根据信用等级确定服务范围及功能,对严重失信的用户应列入黑名单,停止对列入黑名单的用户提供服务,并禁止其通过重新注册账号等方式使用跟帖评论服务。

第九条 跟帖评论服务使用者应当遵守法律法规,遵循公序良俗,弘扬社会主义核心价值观,不得发布法律法规和国家有关规定禁止的信息内容。

第十条 公众账号生产运营者应当对账号跟帖评论信息内容加强审核管理,及时发现跟帖评论环节违法和不良信息内容,采取举报、处置等必要措施。

第十一条 公众账号生产运营者可按照用户服务协议向跟帖评论服务提供者申请举报、隐藏或者删除违法和不良评论信息、自主关闭账号跟帖评论区等管理权限。跟帖评论服务提供者应当对公众账号生产运营者的跟帖评论管理情况进行信用评估后,根据公众账号的主体性质、信用评估等级等,合理设置管理权限,提供相关技术支持。

第十二条 跟帖评论服务提供者、跟帖评论服务使用者和公众账号生产运营者不得通过发布、删除、推荐跟帖评论信息以及利用软件、雇佣商业机构及人员散布信息等其他干预跟帖评论信息呈现的手段,侵害他人合法权益或公共利益,谋取非法利益,恶意干扰跟帖评论秩序,误导公众舆论。

第十三条 跟帖评论服务提供者应当建立健全跟帖评论违法和不良信息公众投诉举报和跟帖评论服务使用者申诉制度,设置便捷投诉举报和申诉入口,及时受理和处置跟帖评论相关投诉举报和申诉。

跟帖评论服务使用者对被处置的跟帖评论信息存在异议的,有权向跟帖评论服务提供者提出申诉,跟帖评论服务提供者应当按照用户服务协议进行核查处理。

任何组织和个人发现违反本规定行为的,可以向网信部门投诉举报。网信部门收到投诉举报后,应当及时依法处理。

第十四条 各级网信部门应当建立健全日常检查和定期检查相结合的监督管理制度,依法对互联网跟帖评论服务实施监督检查。

第十五条 违反本规定的,由国家和地方网信部门依照相关法律法规处理。

第十六条 本规定自2022年12月15日起施行。2017年8月25日公布的《互联网跟帖评论服务管理规定》同时废止。

互联网论坛社区服务管理规定

（2017年8月25日国家互联网信息办公室发布　自2017年10月1日起施行）

第一条　为规范互联网论坛社区服务，促进互联网论坛社区行业健康有序发展，保护公民、法人和其他组织的合法权益，维护国家安全和公共利益，根据《中华人民共和国网络安全法》《国务院关于授权国家互联网信息办公室负责互联网信息内容管理工作的通知》，制定本规定。

第二条　在中华人民共和国境内从事互联网论坛社区服务，适用本规定。

本规定所称互联网论坛社区服务，是指在互联网上以论坛、贴吧、社区等形式，为用户提供互动式信息发布社区平台的服务。

第三条　国家互联网信息办公室负责全国互联网论坛社区服务的监督管理执法工作。地方互联网信息办公室依据职责负责本行政区域内互联网论坛社区服务的监督管理执法工作。

第四条　鼓励互联网论坛社区服务行业组织建立健全行业自律制度和行业准则，指导互联网论坛社区服务提供者建立健全服务规范，督促互联网论坛社区服务提供者依法提供服务、接受社会监督，提高互联网论坛社区服务从业人员的职业素养。

第五条　互联网论坛社区服务提供者应当落实主体责任，建立健全信息审核、公共信息实时巡查、应急处置及个人信息保护等信息安全管理制度，具有安全可控的防范措施，配备与服务规模相适应的专业人员，为有关部门依法履行职责提供必要的技术支持。

第六条　互联网论坛社区服务提供者不得利用互联网论坛社区服务发布、传播法律法规和国家有关规定禁止的信息。

互联网论坛社区服务提供者应当与用户签订协议，明确用户不得利用互联网论坛社区服务发布、传播法律法规和国家有关规定禁止的信息，情节严重的，服务提供者将封禁或者关闭有关账号、版块；明确论坛社区版块发起者、管理者应当履行与其权利相适应的义务，对违反法律规定和协议约定、履行责任义务不到位的，服务提供者应当依法依约限制或取消其管理权限，直至封禁或者关闭有关账号、版块。

第七条　互联网论坛社区服务提供者应当加强对其用户发布信息的管理，发现含有法律法规和国家有关规定禁止的信息的，应当立即停止传输该信息，采取消除等处置措施，保存有关记录，并及时向国家或者地方互联网信息办公室报告。

第八条　互联网论坛社区服务提供者应当按照“后台实名、前台自愿”的原则，要求用户通过真实身份信息认证后注册账号,并对版块发起者和管理者实施真实身份信息备案、定期核验等。用户不提供真实身份信息的,互联网论坛社区服务提供者不得为其提供信息发布服务。

互联网论坛社区服务提供者应当加强对注册用户虚拟身份信息、版块名称简介等的审核管理,不得出现法律法规和国家有关规定禁止的内容。

互联网论坛社区服务提供者应当保护用户身份信息,不得泄露、篡改、毁损,不得非法出售或者非法向他人提供。

第九条 互联网论坛社区服务提供者及其从业人员,不得通过发布、转载、删除信息或者干预呈现结果等手段,谋取不正当利益。

第十条 互联网论坛社区服务提供者开展经营和服务活动,必须遵守法律法规,尊重社会公德,遵守商业道德,诚实信用,承担社会责任。

第十一条 互联网论坛社区服务提供者应当建立健全公众投诉、举报制度,在显著位置公布投诉、举报方式,主动接受公众监督,及时处理公众投诉、举报。国家和地方互联网信息办公室依据职责,对举报受理落实情况进行监督检查。

第十二条 互联网论坛社区服务提供者违反本规定的,由有关部门依照相关法律法规处理。

第十三条 本规定自2017年10月1日起施行。

互联网群组信息服务管理规定

(2017年9月7日国家互联网信息办公室发布 自2017年10月8日起施行)

第一条 为规范互联网群组信息服务,维护国家安全和公共利益,保护公民、法人和其他组织的合法权益,根据《中华人民共和国网络安全法》《国务院关于授权国家互联网信息办公室负责互联网信息内容管理工作的通知》,制定本规定。

第二条 在中华人民共和国境内提供、使用互联网群组信息服务,应当遵守本规定。

本规定所称互联网群组,是指互联网用户通过互联网站、移动互联网应用程序等建立的,用于群体在线交流信息的网络空间。本规定所称互联网群组信息服务提供者,是指提供互联网群组信息服务的平台。本规定所称互联网群组信息服务使用者,包括群组建立者、管理者和成员。

第三条 国家互联网信息办公室负责全国互联网群组信息服务的监督管理执法工作。地方互联网信息办公室依据职责负责本行政区域内的互联网群组信息服务的监督管理执法工作。

第四条 互联网群组信息服务提供者和使用者,应当坚持正确导向,弘扬社会主义核心价值观，培育积极健康的网络文化，维护良好网络生态。

第五条 互联网群组信息服务提供者应当落实信息内容安全管理主体责任，配备与服务规模相适应的专业人员和技术能力，建立健全用户注册、信息审核、应急处置、安全防护等管理制度。

互联网群组信息服务提供者应当制定并公开管理规则和平台公约，与使用者签订服务协议，明确双方权利义务。

第六条 互联网群组信息服务提供者应当按照“后台实名、前台自愿”的原则，对互联网群组信息服务使用者进行真实身份信息认证，用户不提供真实身份信息的，不得为其提供信息发布服务。

互联网群组信息服务提供者应当采取必要措施保护使用者个人信息安全，不得泄露、篡改、毁损，不得非法出售或者非法向他人提供。

第七条 互联网群组信息服务提供者应当根据互联网群组的性质类别、成员规模、活跃程度等实行分级分类管理，制定具体管理制度并向国家或省、自治区、直辖市互联网信息办公室备案，依法规范群组信息传播秩序。

互联网群组信息服务提供者应当建立互联网群组信息服务使用者信用等级管理体系，根据信用等级提供相应服务。

第八条 互联网群组信息服务提供者应当根据自身服务规模和管理能力，合理设定群组成员人数和个人建立群数、参加群数上限。

互联网群组信息服务提供者应设置和显示唯一群组识别编码，对成员达到一定规模的群组要设置群信息页面，注明群组名称、人数、类别等基本信息。

互联网群组信息服务提供者应根据群组规模类别，分级审核群组建立者真实身份、信用等级等建群资质，完善建群、入群等审核验证功能，并标注群组建立者、管理者及成员群内身份信息。

第九条 互联网群组建立者、管理者应当履行群组管理责任，依据法律法规、用户协议和平台公约，规范群组网络行为和信息发布，构建文明有序的网络群体空间。

互联网群组成员在参与群组信息交流时，应当遵守法律法规，文明互动、理性表达。

互联网群组信息服务提供者应为群组建立者、管理者进行群组管理提供必要功能权限。

第十条 互联网群组信息服务提供者和使用者不得利用互联网群组传播法律法规和国家有关规定禁止的信息内容。

第十一条 互联网群组信息服务提供者应当对违反法律法规和国家有关规定的互联网群组，依法依约采取警示整改、暂停发布、关闭群组等处置措施，保存有关记录，并向有关主管部门报告。

互联网群组信息服务提供者应当对违反法律法规和国家有关规定的群组建立者、管理者等使用者，依法依约采取降低信用等级、暂停管理权限、取消建群资格等管理措施，保存有关记录，并向有关主管部门报告。

互联网群组信息服务提供者应当建立黑名单管理制度，对违法违约情节严重的群组及建立者、管理者和成员纳入黑名单,限制群组服务功能,保存有关记录,并向有关主管部门报告。

第十二条 互联网群组信息服务提供者和使用者应当接受社会公众和行业组织的监督,建立健全投诉举报渠道,设置便捷举报入口,及时处理投诉举报。国家和地方互联网信息办公室依据职责,对举报受理落实情况进行监督检查。

鼓励互联网行业组织指导推动互联网群组信息服务提供者制定行业公约,加强行业自律,履行社会责任。

第十三条 互联网群组信息服务提供者应当配合有关主管部门依法进行的监督检查,并提供必要的技术支持和协助。

互联网群组信息服务提供者应当按规定留存网络日志不少于六个月。

第十四条 互联网群组信息服务提供者和使用者违反本规定的,由有关部门依照相关法律法规处理。

第十五条 本规定自2017年10月8日起施行。

互联网文化管理暂行规定(节选)

(2011年2月17日文化部令第51号发布 根据2017年12月15日文化部令第57号《关于废止和修改部分部门规章的决定》修正)

第二条 本规定所称互联网文化产品是指通过互联网生产、传播和流通的文化产品,主要包括:

(一)专门为互联网而生产的网络音乐娱乐、网络游戏、网络演出剧(节)目、网络表演、网络艺术品、网络动漫等互联网文化产品;

(二)将音乐娱乐、游戏、演出剧(节)目、表演、艺术品、动漫等文化产品以一定的技术手段制作、复制到互联网上传播的互联网文化产品。

第十六条 互联网文化单位不得提供载有以下内容的文化产品:

(一)反对宪法确定的基本原则的;

(二)危害国家统一、主权和领土完整的;

(三)泄露国家秘密、危害国家安全或者损害国家荣誉和利益的;

(四)煽动民族仇恨、民族歧视,破坏民族团结,或者侵害民族风俗、习惯的;

(五)宣扬邪教、迷信的;

(六)散布谣言,扰乱社会秩序,破坏社会稳定的;

(七)宣扬淫秽、赌博、暴力或者教唆犯罪的;

(八)侮辱或者诽谤他人,侵害他人合法权益的;

(九)危害社会公德或者民族优秀文化传统的;

(十)有法律、行政法规和国家规定禁止的其他内容的。

互联网用户公众账号信息服务管理规定

（2021年1月22日国家互联网信息办公室发布）

第一章 总 则

第一条 为了规范互联网用户公众账号信息服务，维护国家安全和公共利益，保护公民、法人和其他组织的合法权益，根据《中华人民共和国网络安全法》《互联网信息服务管理办法》《网络信息内容生态治理规定》等法律法规和国家有关规定，制定本规定。

第二条 在中华人民共和国境内提供、从事互联网用户公众账号信息服务，应当遵守本规定。

第三条 国家网信部门负责全国互联网用户公众账号信息服务的监督管理执法工作。地方网信部门依据职责负责本行政区域内互联网用户公众账号信息服务的监督管理执法工作。

第四条 公众账号信息服务平台和公众账号生产运营者应当遵守法律法规，遵循公序良俗，履行社会责任，坚持正确舆论导向、价值取向，弘扬社会主义核心价值观，生产发布向上向善的优质信息内容，发展积极健康的网络文化，维护清朗网络空间。

鼓励各级党政机关、企事业单位和人民团体注册运营公众账号，生产发布高质量政务信息或者公共服务信息，满足公众信息需求，推动经济社会发展。

鼓励公众账号信息服务平台积极为党政机关、企事业单位和人民团体提升政务信息发布、公共服务和社会治理水平，提供充分必要的技术支持和安全保障。

第五条 公众账号信息服务平台提供互联网用户公众账号信息服务，应当取得国家法律、行政法规规定的相关资质。

公众账号信息服务平台和公众账号生产运营者向社会公众提供互联网新闻信息服务，应当取得互联网新闻信息服务许可。

第二章 公众账号信息服务平台

第六条 公众账号信息服务平台应当履行信息内容和公众账号管理主体责任，配备与业务规模相适应的管理人员和技术能力，设置内容安全负责人岗位，建立健全并严格落实账号注册、信息内容安全、生态治理、应急处置、网络安全、数据安全、个人信息保护、知识产权保护、信用评价等管理制度。

公众账号信息服务平台应当依据法律法规和国家有关规定，制定并公开信息内容生产、公众账号运营等管理规则、平台公约，与公众账号生产运营者签订服务协议，明确双方内容发布权限、账号管理责任等权利义务。

第七条 公众账号信息服务平台应当按照国家有关标准和规范，建立公众账号分类注册和分类生产制度，实施分类管理。

公众账号信息服务平台应当依据公众账号信息内容生产质量、信息传播能力、账号主体信用评价等指标,建立分级管理制度,实施分级管理。

公众账号信息服务平台应当将公众账号和内容生产与账号运营管理规则、平台公约、服务协议等向所在地省、自治区、直辖市网信部门备案;上线具有舆论属性或者社会动员能力的新技术新应用新功能,应当按照有关规定进行安全评估。

第八条 公众账号信息服务平台应当采取复合验证等措施,对申请注册公众账号的互联网用户进行基于移动电话号码、居民身份证号码或者统一社会信用代码等方式的真实身份信息认证,提高认证准确率。用户不提供真实身份信息的,或者冒用组织机构、他人真实身份信息进行虚假注册的,不得为其提供相关服务。

公众账号信息服务平台应当对互联网用户注册的公众账号名称、头像和简介等进行合法合规性核验,发现账号名称、头像和简介与注册主体真实身份信息不相符的,特别是擅自使用或者关联党政机关、企事业单位等组织机构或者社会知名人士名义的,应当暂停提供服务并通知用户限期改正,拒不改正的,应当终止提供服务;发现相关注册信息含有违法和不良信息的,应当依法及时处置。

公众账号信息服务平台应当禁止被依法依约关闭的公众账号以相同账号名称重新注册;对注册与其关联度高的账号名称,还应当对账号主体真实身份信息、服务资质等进行必要核验。

第九条 公众账号信息服务平台对申请注册从事经济、教育、医疗卫生、司法等领域信息内容生产的公众账号,应当要求用户在注册时提供其专业背景,以及依照法律、行政法规获得的职业资格或者服务资质等相关材料,并进行必要核验。

公众账号信息服务平台应当对核验通过后的公众账号加注专门标识,并根据用户的不同主体性质,公示内容生产类别、运营主体名称、注册运营地址、统一社会信用代码、联系方式等注册信息,方便社会监督查询。

公众账号信息服务平台应当建立动态核验巡查制度,适时核验生产运营者注册信息的真实性、有效性。

第十条 公众账号信息服务平台应当对同一主体在本平台注册公众账号的数量合理设定上限。对申请注册多个公众账号的用户,还应当对其主体性质、服务资质、业务范围、信用评价等进行必要核验。

公众账号信息服务平台对互联网用户注册后超过六个月不登录、不使用的公众账号,可以根据服务协议暂停或者终止提供服务。

公众账号信息服务平台应当健全技术手段,防范和处置互联网用户超限量注册、恶意注册、虚假注册等违规注册行为。

第十一条 公众账号信息服务平台

应当依法依约禁止公众账号生产运营者违规转让公众账号。

公众账号生产运营者向其他用户转让公众账号使用权的，应当向平台提出申请。平台应当依据前款规定对受让方用户进行认证核验，并公示主体变更信息。平台发现生产运营者未经审核擅自转让公众账号的，应当及时暂停或者终止提供服务。

公众账号生产运营者自行停止账号运营，可以向平台申请暂停或者终止使用。平台应当按照服务协议暂停或者终止提供服务。

第十二条 公众账号信息服务平台应当建立公众账号监测评估机制，防范账号订阅数、用户关注度、内容点击率、转发评论量等数据造假行为。

公众账号信息服务平台应当规范公众账号推荐订阅关注机制，健全技术手段，及时发现、处置公众账号订阅关注数量的异常变动情况。未经互联网用户知情同意，不得以任何方式强制或者变相强制订阅关注其他用户公众账号。

第十三条 公众账号信息服务平台应当建立生产运营者信用等级管理体系，根据信用等级提供相应服务。

公众账号信息服务平台应当建立健全网络谣言等虚假信息预警、发现、溯源、甄别、辟谣、消除等处置机制，对制作发布虚假信息的公众账号生产运营者降低信用等级或者列入黑名单。

第十四条 公众账号信息服务平台与生产运营者开展内容供给与账号推广合作，应当规范管理电商销售、广告发布、知识付费、用户打赏等经营行为，不得发布虚假广告、进行夸大宣传、实施商业欺诈及商业诋毁等，防止违法违规运营。

公众账号信息服务平台应当加强对原创信息内容的著作权保护，防范盗版侵权行为。

平台不得利用优势地位干扰生产运营者合法合规运营、侵犯用户合法权益。

第三章 公众账号生产运营者

第十五条 公众账号生产运营者应当按照平台分类管理规则，在注册公众账号时如实填写用户主体性质、注册地、运营地、内容生产类别、联系方式等基本信息，组织机构用户还应当注明主要经营或者业务范围。

公众账号生产运营者应当遵守平台内容生产和账号运营管理规则、平台公约和服务协议，按照公众账号登记的内容生产类别，从事相关行业领域的信息内容生产发布。

第十六条 公众账号生产运营者应当履行信息内容生产和公众账号运营管理主体责任，依法依规从事信息内容生产和公众账号运营活动。

公众账号生产运营者应当建立健全选题策划、编辑制作、发布推广、互动评论等全过程信息内容安全审核机制，加强信息内容导向性、真实性、合法性审核，维护网络传播良好秩序。

公众账号生产运营者应当建立健全公众账号注册使用、运营推广等全过程安全管理机制，依法、文明、规范运营公众账号,以优质信息内容吸引公众关注订阅和互动分享,维护公众账号良好社会形象。

公众账号生产运营者与第三方机构开展公众账号运营、内容供给等合作,应与第三方机构签订书面协议,明确第三方机构信息安全管理义务并督促履行。

第十七条 公众账号生产运营者转载信息内容的,应当遵守著作权保护相关法律法规,依法标注著作权人和可追溯信息来源,尊重和保护著作权人的合法权益。

公众账号生产运营者应当对公众账号留言、跟帖、评论等互动环节进行管理。平台可以根据公众账号的主体性质、信用等级等,合理设置管理权限,提供相关技术支持。

第十八条 公众账号生产运营者不得有下列违法违规行为:

(一)不以真实身份信息注册,或者注册与自身真实身份信息不相符的公众账号名称、头像、简介等;

(二)恶意假冒、仿冒或者盗用组织机构及他人公众账号生产发布信息内容;

(三)未经许可或者超越许可范围提供互联网新闻信息采编发布等服务;

(四)操纵利用多个平台账号,批量发布雷同低质信息内容,生成虚假流量数据,制造虚假舆论热点;

(五)利用突发事件煽动极端情绪,或者实施网络暴力损害他人和组织机构名誉,干扰组织机构正常运营,影响社会和谐稳定;

(六)编造虚假信息,伪造原创属性,标注不实信息来源,歪曲事实真相,误导社会公众;

(七)以有偿发布、删除信息等手段,实施非法网络监督、营销诈骗、敲诈勒索,谋取非法利益;

(八)违规批量注册、囤积或者非法交易买卖公众账号;

(九)制作、复制、发布违法信息,或者未采取措施防范和抵制制作、复制、发布不良信息;

(十)法律、行政法规禁止的其他行为。

第四章 监督管理

第十九条 公众账号信息服务平台应当加强对本平台公众账号信息服务活动的监督管理,及时发现和处置违法违规信息或者行为。

公众账号信息服务平台应当对违反本规定及相关法律法规的公众账号,依法依约采取警示提醒、限制账号功能、暂停信息更新、停止广告发布、关闭注销账号、列入黑名单、禁止重新注册等处置措施,保存有关记录,并及时向网信等有关主管部门报告。

第二十条 公众账号信息服务平台和生产运营者应当自觉接受社会监督。

公众账号信息服务平台应当在显著位置设置便捷的投诉举报入口和申诉渠道,公布投诉举报和申诉方式,健全受理、甄别、处置、反馈等机制,明确处理流程和反馈时限,及时处理公众投诉举报和生产运营者申诉。

鼓励互联网行业组织开展公众评

议，推动公众账号信息服务平台和生产运营者严格自律，建立多方参与的权威调解机制，公平合理解决行业纠纷，依法维护用户合法权益。

第二十一条 各级网信部门会同有关主管部门建立健全协作监管等工作机制，监督指导公众账号信息服务平台和生产运营者依法依规从事相关信息服务活动。

公众账号信息服务平台和生产运营者应当配合有关主管部门依法实施监督检查，并提供必要的技术支持和协助。

公众账号信息服务平台和生产运营者违反本规定的，由网信部门和有关主管部门在职责范围内依照相关法律法规处理。

第五章 附 则

第二十二条 本规定所称互联网用户公众账号，是指互联网用户在互联网站、应用程序等网络平台注册运营，面向社会公众生产发布文字、图片、音视频等信息内容的网络账号。

本规定所称公众账号信息服务平台，是指为互联网用户提供公众账号注册运营、信息内容发布与技术保障服务的网络信息服务提供者。

本规定所称公众账号生产运营者，是指注册运营公众账号从事内容生产发布的自然人、法人或者非法人组织。

第二十三条 本规定自2021年2月22日起施行。本规定施行之前颁布的有关规定与本规定不一致的，按照本规定执行。

专网及定向传播视听节目服务管理规定

（2016年4月25日国家新闻出版广电总局令第6号公布 根据2021年3月23日国家广播电视总局令第8号《关于第二批修改的部门规章的决定》修正）

第一章 总 则

第一条 为规范专网及定向传播视听节目服务秩序，促进行业健康有序发展，保护公众和从业机构的合法权益，维护国家利益和公共利益，根据国家有关规定，制定本规定。

第二条 本规定所称专网及定向传播视听节目服务，是指以电视机、手机等各类固定、移动电子设备为接收终端，通过局域网络及利用互联网架设虚拟专网或者以互联网等信息网络为定向传输通道，向公众定向提供广播电视节目等视听节目服务活动，包括以交互式网络电视（IPTV）、专网手机电视、互联网电视等形式从事内容提供、集成播控、传输分发等活动。

第三条 国家广播电视总局负责全国专网及定向传播视听节目服务的监督管理工作。

县级以上地方人民政府广播电视行政部门负责本行政区域内专网及定向传播视听节目服务的监督管理工作。

第四条 从事专网及定向传播视听

节目服务,应当坚持为人民服务、为社会主义服务,把社会效益放在首位,弘扬社会主义核心价值观,弘扬民族优秀传统文化,弘扬正能量。

专网及定向传播视听节目服务单位应当自觉遵守宪法、法律和行政法规,提供更多更好的专网及定向传播视听节目服务,不断丰富人民群众的精神文化生活。

鼓励专网及定向传播视听节目服务行业组织发挥行业自律、引导、服务功能,鼓励公众监督专网及定向传播视听节目服务。

第二章　专网及定向传播视听节目服务单位的设立

第五条　从事内容提供、集成播控、传输分发等专网及定向传播视听节目服务,应当依照本规定取得《信息网络传播视听节目许可证》。

《信息网络传播视听节目许可证》由国家广播电视总局根据专网及定向传播视听节目服务的业务类别、服务内容、传输网络、覆盖范围等事项分类核发。

专网及定向传播视听节目服务业务指导目录由国家广播电视总局制定。

第六条　申请从事专网及定向传播视听节目服务的单位,应当具备下列条件:

(一)具备法人资格,为国有独资或者国有控股单位;

(二)有健全的节目内容编审、安全传播管理制度和安全保护措施;

(三)有与其业务相适应的技术能力、经营场所和相关资源;

(四)有与其业务相适应的专业人员;

(五)技术方案符合国家有关标准和技术规范;

(六)符合国家广播电视总局确定的专网及定向传播视听节目服务总体规划、布局和业务指导目录;

(七)符合法律、行政法规和国家规定的其他条件。

外商投资企业不得从事专网及定向传播视听节目服务。

第七条　申请从事内容提供服务的,应当是经国家广播电视总局批准设立的地(市)级以上广播电视播出机构或者中央新闻单位等机构,还应当具备两千小时以上的节目内容储备和三十人以上的专业节目编审人员。

申请从事集成播控服务的,应当是经国家广播电视总局批准设立的省、自治区、直辖市级以上广播电视播出机构。

申请从事交互式网络电视(IPTV)传输服务、专网手机电视分发服务的,应当是工业和信息化部批准的具有合法基础网络运营资质的单位,并具有一定规模的公共信息基础网络设施资源和为用户提供长期服务的信誉或者能力。

第八条　申请从事专网及定向传播视听节目服务,应当向省、自治区、直辖市人民政府广播电视行政部门提出申请,中央直属单位可直接向国家广播电视总局提出申请。

省、自治区、直辖市人民政府广播电视行政部门应当自收到申请之日起二十日内提出初核意见，并将初核意见及全部申请材料报国家广播电视总局审批；国家广播电视总局应当自收到申请或者初核意见之日起四十日内作出许可或者不予许可的决定，其中专家评审时间为二十日。予以许可的，向申请人颁发《信息网络传播视听节目许可证》，并向社会公告；不予许可的，应当书面通知申请人并说明理由。

第九条 《信息网络传播视听节目许可证》有效期为三年。有效期届满，需继续从事专网及定向传播视听节目服务的，应当于有效期届满前三十日内，持符合本规定第六条、第七条条件的相关材料，按照本规定的审批程序办理续办手续。

第十条 专网及定向传播视听节目服务单位变更《信息网络传播视听节目许可证》载明的业务类别、服务内容、传输网络、覆盖范围等业务项目以及变更股东、股权结构等重大事项的，应当事先按本规定办理审批手续。

专网及定向传播视听节目服务单位的单位名称、办公场所、法定代表人依法变更的，应当在变更后十五日内向原发证机关备案。

专网及定向传播视听节目服务单位采用合资、合作模式开展节目生产购销、广告投放、市场推广、商业合作、收付结算、技术服务等经营性业务的，应当在签订合资、合作协议后十五日内向原发证机关备案。

第十一条 专网及定向传播视听节目服务单位在专网及定向传播视听节目服务业务指导目录载明的业务类别之外，拟增加新产品或者开展新业务的，应当报国家广播电视总局进行安全评估。

第十二条 专网及定向传播视听节目服务单位应当在取得《信息网络传播视听节目许可证》九十日内提供服务。未按期提供服务的，由原发证机关注销其《信息网络传播视听节目许可证》。

如因特殊原因，延期或者中止提供服务的，应当经原发证机关同意。申请终止服务的，应当提前六十日向原发证机关申报，由原发证机关注销其《信息网络传播视听节目许可证》。

未经申报，连续停止业务超过六十日的，由原发证机关按终止业务处理，并注销其《信息网络传播视听节目许可证》。

第三章 专网及定向传播视听节目服务规范

第十三条 专网及定向传播视听节目服务单位应当按照《信息网络传播视听节目许可证》载明的事项从事专网及定向传播视听节目服务。

第十四条 专网及定向传播视听节目服务单位应当建立健全与国家网络信息安全相适应的安全管理制度、保障体系和技术保障手段，履行安全保障义务。

专网及定向传播视听节目服务单位应当为广播电视行政部门设立的节目监控系统提供必要的信号接入条件。

第十五条 专网及定向传播视听节目服务单位相互之间应当按照广播电视行政部门的管理规定和相关标准实行规范对接，并为对接提供必要的技术支持和服务保障。

第十六条 用于专网及定向传播视听节目服务的技术系统和终端产品,应当符合国家有关标准和技术规范。

任何单位不得向未取得专网及定向传播视听节目服务许可的单位提供与专网及定向传播视听节目服务有关的服务器托管、网络传输、软硬件技术支持、代收费等服务。

第十七条 专网及定向传播视听节目服务单位传播的节目应当符合法律、行政法规、部门规章的规定,不得含有以下内容:

(一)违反宪法确定的基本原则,煽动抗拒或者破坏宪法、法律、行政法规实施的;

(二)危害国家统一、主权和领土完整,泄露国家秘密,危害国家安全,损害国家荣誉和利益的;

(三)诋毁民族优秀文化传统,煽动民族仇恨、民族歧视,侵害民族风俗习惯,歪曲民族历史和民族历史人物,伤害民族感情,破坏民族团结的;

(四)宣扬宗教狂热,危害宗教和睦,伤害信教公民宗教感情,破坏信教公民和不信教公民团结,宣扬邪教、迷信的;

(五)危害社会公德,扰乱社会秩序,破坏社会稳定,宣扬淫秽、赌博、吸毒,渲染暴力、恐怖,教唆犯罪或者传授犯罪方法的;

(六)侵害未成年人合法权益或者损害未成年人身心健康的;

(七)侮辱、诽谤他人或者散布他人隐私,侵害他人合法权益的;

(八)法律、行政法规禁止的其他内容。

第十八条 专网及定向传播视听节目服务单位传播的电影、电视剧、动画片、纪录片等节目,应当符合国家广播电影电视相关管理规定。专网及定向传播视听节目服务单位传播的时政类视听新闻节目,应当是地(市)级以上广播电视播出机构制作、播出的新闻节目。

专网及定向传播视听节目服务单位不得转播、链接、聚合、集成非法广播电视频道节目、非法视听节目网站的节目和未取得内容提供服务许可的单位开办的节目。

专网及定向传播视听节目服务单位应当遵守著作权法律、行政法规的规定,采取版权保护措施,保护著作权人的合法权益。

第十九条 内容提供服务单位,负责建设和运营内容提供平台,组织、编辑和审核节目内容。

内容提供服务单位播出的节目应当经过集成播控服务单位设立的集成播控平台统一集成后提供给用户。内容提供服务单位应当选择依法取得集成播控服务许可的单位提供接入服务。

第二十条 内容提供服务单位负责审查其内容提供平台上的节目是否符合本规定第十七条的规定和版权管理要求,并进行播前审查。

内容提供服务单位应当建立健全节目审查、安全播出等节目内容管理制度,配备专业节目审查人员。所播出节目的名称、内容概要、播出时间、时长、来源等信息,应当至少保留六十日,并配合广播电视行政部门依法查询。

内容提供服务单位发现含有违反本规定的节目,应当立即删除并保存有关记录,并向广播电视行政部门报告,落实广播电视行政部门的管理要求。

第二十一条 集成播控服务单位,负责集成播控平台的建设和运营,负责对内容提供服务单位播出的节目的统一集成和播出监控,负责电子节目指南(EPG)、用户端、计费、版权等管理。

集成播控服务单位发现接入集成播控平台的节目含有违反本规定的内容时,应当立即切断节目源,并向广播电视行政部门报告。

第二十二条 集成播控服务单位应当建立健全安全播控管理制度,采取技术安全管控措施,配备专业安全播控管理人员,按照广播电视行政部门的管理规定集成播控节目。

集成播控服务单位在提供接入服务时,应当查验内容提供服务单位的《信息网络传播视听节目许可证》,并为其提供优质的信号接入服务,不得擅自插播、截留、变更内容提供服务单位播出的节目信号。

第二十三条 集成播控服务单位和内容提供服务单位应当在播出界面显著位置标注国家广播电视总局批准的播出标识、名称。

第二十四条 传输分发服务单位应当遵守广播电视行政部门有关安全传输的管理规定,建立健全安全传输管理制度,保障网络传输安全。

传输分发服务单位在提供传输分发服务前,应当查验集成播控服务单位的《信息网络传播视听节目许可证》。不得擅自插播、截留、变更集成播控平台发出的节目信号和电子节目指南(EPG)、用户端、计费、版权等控制信号。

第二十五条 省、自治区、直辖市以上人民政府广播电视行政部门应当建立健全节目监管系统,建立公众监督举报制度,加强对专网及定向传播视听节目服务的监督管理。

广播电视行政部门发现专网及定向传播视听节目服务单位未及时处置违法违规内容、落实监管措施的,可以对其主要负责人、法定代表人、总编辑进行约谈。

第四章 法律责任

第二十六条 擅自从事专网及定向传播视听节目服务的,由县级以上人民政府广播电视行政部门予以警告、责令改正,可并处三万元以下罚款;情节严重的,根据《广播电视管理条例》第四十七条的规定予以处罚。

第二十七条 专网及定向传播视听节目服务单位传播的节目内容违反本规定的,由县级以上人民政府广播电视行政部门予以警告、责令改正,可并处三万元以下罚款;情节严重的,根据《广播电视管理条例》第四十九条的规定予以处罚。

第二十八条 违反本规定,有下列行为之一的,由县级以上人民政府广播电视行政部门予以警告、责令改正,可并

处三万元以下罚款;情节严重的,根据《广播电视管理条例》第五十条的规定予以处罚:

(一)未按照《信息网络传播视听节目许可证》载明的事项从事专网及定向传播视听节目服务的;

(二)违规传播时政类视听新闻节目的;

(三)集成播控服务单位未对内容提供服务单位播出的节目进行统一集成和播出监控或者未负责电子节目指南(EPG)、用户端、计费、版权等管理的。

第二十九条 违反本规定,有下列行为之一的,由县级以上人民政府广播电视行政部门予以警告、责令改正,可并处三万元以下罚款;情节严重的,根据《广播电视管理条例》第五十一条的规定予以处罚:

(一)专网及定向传播视听节目服务单位转播、链接、聚合、集成非法广播电视频道节目、非法视听节目网站的节目和未取得内容提供服务许可的单位开办的节目的;

(二)集成播控服务单位擅自插播、截留、变更内容提供服务单位播出的节目信号的;

(三)传输分发服务单位擅自插播、截留、变更集成播控平台发出的节目信号和电子节目指南(EPG)、用户端、计费、版权等控制信号的。

第三十条 违反本规定,有下列行为之一的,由县级以上人民政府广播电视行政部门予以警告、责令改正,可并处三万元以下罚款;同时,可对其主要出资者和经营者予以警告,可并处两万元以下罚款:

(一)变更股东、股权结构等重大事项,未事先办理审批手续的;

(二)专网及定向传播视听节目服务单位的单位名称、办公场所、法定代表人依法变更后未及时向原发证机关备案的;

(三)未按本规定要求,将拟增加的新产品或者开展的新业务报国家广播电视总局进行安全评估的;

(四)采用合资、合作模式开展节目生产购销、广告投放、市场推广、商业合作、收付结算、技术服务等经营性业务未及时向原发证机关备案的;

(五)集成播控服务单位和传输分发服务单位在提供服务时未履行许可证查验义务的;

(六)未按本规定要求建立健全与国家网络信息安全相适应的安全播控、节目内容、安全传输等管理制度、保障体系的;

(七)集成播控服务单位和内容提供服务单位未在播出界面显著位置标注播出标识、名称的;

(八)内容提供服务单位未采取版权保护措施,未保留节目播出信息或者未配合广播电视行政部门查询,以及发现含有违反本规定的节目时未及时删除并保存记录或者未报告广播电视行政部门的;

(九)集成播控服务单位发现接入集成播控平台的节目含有违反本规定的内容时未及时切断节目源或者未报告广播

电视行政部门的；

（十）用于专网及定向传播视听节目服务的技术系统和终端产品不符合国家有关标准和技术规范的；

（十一）向未取得专网及定向传播视听节目服务许可的单位提供与专网及定向传播视听节目服务有关的服务器托管、网络传输、软硬件技术支持、代收费等服务的；

（十二）未向广播电视行政部门设立的节目监控系统提供必要的信号接入条件的；

（十三）专网及定向传播视听节目服务单位在同一年度内三次出现违规行为的；

（十四）拒绝、阻挠、拖延广播电视行政部门依法进行监督检查或者在监督检查过程中弄虚作假的；

（十五）以虚假证明、文件等手段骗取《信息网络传播视听节目许可证》的。

有前款第十五项行为的，发证机关应当撤销其《信息网络传播视听节目许可证》。

第三十一条 广播电视行政部门工作人员滥用职权、玩忽职守的，依法给予处分；构成犯罪的，依法追究刑事责任。

第五章 附 则

第三十二条 制作、编辑、集成并通过互联网向公众提供视音频节目以及为他人提供上载传播视听节目服务的，由国家广播电视总局、工业和信息化部按照国家有关规定进行监督管理。

第三十三条 本规定自2016年6月1日起施行。2004年7月6日国家广播电影电视总局发布的《互联网等信息网络传播视听节目管理办法》（国家广播电影电视总局令第39号）同时废止。

网络短视频内容审核标准细则

（2021年12月15日中国网络视听节目服务协会发布）

为提升短视频内容质量，遏制错误虚假有害内容传播蔓延，营造清朗网络空间，根据国家相关法律法规、《互联网视听节目服务管理规定》和《网络视听节目内容审核通则》，制定本细则。

一、网络短视频内容审核基本标准

（一）《互联网视听节目服务管理规定》第十六条所列10条标准。

（二）《网络视听节目内容审核通则》第四章第七、八、九、十、十一、十二条所列94条标准。

二、网络短视频内容审核具体细则

依据网络短视频内容审核基本标准，短视频节目及其标题、名称、评论、弹幕、表情包等，其语言、表演、字幕、画面、音乐、音效中不得出现以下具体内容：

（一）危害中国特色社会主义制度的内容

比如：

1. 攻击、否定、损害、违背中国特色社会主义的指导思想和行动指南的；

2. 调侃、讽刺、反对、蔑视马克思主义中国化的最新理论成果和指导地位的；

3. 攻击、否定中国特色社会主义最本质的特征的，攻击、否定、弱化党中央的核心、全党的核心地位的；

4. 脱离世情国情党情，以一个阶段党和国家的发展历史否定另一个阶段党和国家的发展历史，搞历史虚无主义的；

5. 有违中共中央关于党的百年奋斗重大成就和历史经验的决议的，对新中国成立以来党和国家所出台的重大方针政策，所推出的重大举措，所推进的重大工作进行调侃、否定、攻击的；

6. 对宪法等国家重大法律法规的制定、修订进行曲解、否定、攻击、谩骂，或对其中具体条款进行调侃、讽刺、反对、歪曲的；

7. 以娱乐化方式篡改、解读支撑中国特色社会主义制度的根本制度、基本制度、重要制度，对其中的特定名词称谓进行不当使用的；

(二)分裂国家的内容

比如：

8. 反对、攻击、曲解“一个中国”“一国两制”的；

9. 体现台独、港独、藏独、疆独等的言行、活动、标识的，包括影像资料、作品、语音、言论、图片、文字、反动旗帜、标语口号等各种形式(转播中央新闻单位新闻报道除外)；

10. 持有台独、港独、藏独、疆独等分裂国家立场的艺人及组织团体制作或参与制作的节目、娱乐报道、作品宣传的；

11. 对涉及领土和历史事件的描写不符合国家定论的；

(三)损害国家形象的内容

比如：

12. 贬损、玷污、恶搞中国国家和民族的形象、精神和气质的；

13. 以焚烧、毁损、涂划、玷污、践踏、恶搞等方式侮辱国旗、国徽的，在不适宜的娱乐商业活动等场合使用国旗、国徽的；

14. 篡改、恶搞国歌的，在不适宜的商业和娱乐活动中使用国歌，或在不恰当的情境唱奏国歌，有损国歌尊严的；

15. 截取党和国家领导人讲话片段可能使原意扭曲或使人产生歧义，或通过截取视频片段、专门制作拼凑动图等方式，歪曲放大展示党和国家领导人语气语意语态的；

16. 未经国家授权或批准，特型演员和普通群众通过装扮、模仿党和国家领导人形象，参加包括主持、表演、演讲、摆拍等活动，谋取利益或哗众取宠产生不良影响的(依法批准的影视作品或文艺表演等除外)；

17. 节目中人物穿着印有党和国家领导人头像的服装鞋帽，通过抖动、折叠印有头像的服装鞋帽形成怪异表情的；

(四)损害革命领袖、英雄烈士形象的内容

比如：

18. 抹黑、歪曲、丑化、亵渎、否定革命领袖、英雄烈士事迹和精神的；

19. 不当使用及恶搞革命领袖、英雄烈士姓名、肖像的；

(五)泄露国家秘密的内容

比如：

20. 泄露国家各级党政机关未公开

的文件、讲话的；

21. 泄露国家各级党政机关未公开的专项工作内容、程序与工作部署的；

22. 泄露国防、科技、军工等国家秘密的；

23. 私自发布有关党和国家领导人的个人工作与生活信息、党和国家领导人家庭成员信息的；

（六）破坏社会稳定的内容

比如：

24. 炒作社会热点，激化社会矛盾，影响公共秩序与公共安全的；

25. 传播非省级以上新闻单位发布的灾难事故信息的；

26. 非新闻单位制作的关于灾难事故、公共事件的影响、后果的节目的；

（七）损害民族与地域团结的内容

比如：

27. 通过语言、称呼、装扮、图片、音乐等方式嘲笑、调侃、伤害民族和地域感情、破坏安定团结的；

28. 将正常的安全保卫措施渲染成民族偏见与对立的；

29. 传播可能引发误解的内容的；

30. 对独特的民族习俗和宗教信仰猎奇渲染，甚至丑化侮辱的；

31. 以赞同、歌颂的态度表现历史上民族间征伐的残酷血腥战事的；

（八）违背国家宗教政策的内容

比如：

32. 展示宗教极端主义、极端思想和邪教组织及其主要成员、信徒的活动，以及他们的“教义”与思想的；

33. 不恰当地比较不同宗教、教派的优劣，可能引发宗教、教派之间矛盾和冲突的；

34. 过度展示和宣扬宗教教义、教规、仪式内容的；

35. 将宗教极端主义与合法宗教活动混为一谈，将正常的宗教信仰与宗教活动渲染成极端思想与行动，或将极端思想与行动解释成正常的宗教信仰与宗教活动的；

36. 戏说和调侃宗教内容，以及各类恶意伤害民族宗教感情言论的；

（九）传播恐怖主义的内容

比如：

37. 表现境内外恐怖主义组织的；

38. 详细展示恐怖主义行为的；

39. 传播恐怖主义及其主张的；

40. 传播有目的、有计划、有组织通过自焚、人体炸弹、打砸抢烧等手段发动的暴力恐怖袭击活动视频（中央新闻媒体公开报道的除外），或转发对这些活动进行歪曲事实真相的片面报道和视频片段的；

（十）歪曲贬低民族优秀文化传统的内容

比如：

41. 篡改名著、歪曲原著精神实质的；

42. 颠覆经典名著中重要人物人设的；

43. 违背基本历史定论，任意曲解历史的；

44. 对历史尤其是革命历史进行恶搞或过度娱乐化表现的；

（十一）恶意中伤或损害人民军队、

国安、警察、行政、司法等国家公务人员形象和共产党党员形象的内容

比如:

45. 恶意截取执法人员执法工作过程片段,将执法人员正常执法营造成暴力执法效果的;

46. 传播未经证实的穿着军装人员打架斗殴、集会、游行、抗议、上访的,假冒人民军队、国安、警察、行政、司法等国家公务人员的名义在公开场合招摇撞骗、蛊惑人心的;

47. 展现解放军形象时用语过度夸张,存在泛娱乐化问题的;

(十二)美化反面和负面人物形象的内容

比如:

48. 为包括吸毒嫖娼在内的各类违法犯罪人员及黑恶势力人物提供宣传平台,着重展示其积极一面的;

49. 对已定性的负面人物歌功颂德的;

(十三)宣扬封建迷信,违背科学精神的内容

比如:

50. 开设跳大神、破太岁、巫蛊术、扎小人、道场作法频道、版块、个人主页,宣扬巫术作法等封建迷信思想的;

51. 鼓吹通过法术改变人的命运的;

52. 借民间经典传说宣扬封建迷信思想的;

(十四)宣扬不良、消极颓废的人生观、世界观和价值观的内容

比如:

53. 宣扬流量至上、奢靡享乐、炫富拜金等不良价值观,展示违背伦理道德的糜烂生活的;

54. 展现"饭圈"乱象和不良粉丝文化,鼓吹炒作流量至上、畸形审美、狂热追星、粉丝非理性发声和应援、明星绯闻丑闻的;

55. 宣传和宣扬丧文化、自杀游戏的;

56. 展现同情、支持婚外情、一夜情的;

(十五)渲染暴力血腥、展示丑恶行为和惊悚情景的内容

比如:

57. 表现黑恶势力群殴械斗、凶杀、暴力催债、招募打手、雇凶杀人等猖狂行为的;

58. 细致展示凶暴、残酷、恐怖、极端的犯罪过程及肉体、精神虐待的;

59. 细致展示吸毒后极度亢奋的生理状态、扭曲的表情,展示容易引发模仿的各类吸毒工具与吸毒方式的;

60. 细致展示恶俗行为、审丑文化的;

61. 细致展示老虎机、推币机、打鱼机、上分器、作弊器等赌博器具,以及千术、反千术等赌博技巧与行为的;

62. 展现过度的生理痛苦、精神歇斯底里,对普通观看者可能造成强烈感官和精神刺激,从而引发身心惊恐、焦虑、厌恶、恶心等不适感的画面、台词、音乐及音效的;

63. 宣扬以暴制暴,宣扬极端的复仇心理和行为的;

(十六)展示淫秽色情,渲染庸俗低

级趣味，宣扬不健康和非主流的婚恋观的内容

比如：

64. 具体展示卖淫、嫖娼、淫乱、强奸等情节的，直接展示性行为，呻吟、叫床等声音、特效的；

65. 视频中出现以淫秽色情信息为诱饵进行导流的；

66. 以猎奇宣扬的方式对“红灯区”、有性交易内容的夜店、洗浴按摩场所进行拍摄和展现的；

67. 表现和展示非正常的性关系、性行为的；

68. 展示和宣扬不健康、非主流的婚恋观和婚恋状态的；

69. 以单纯感官刺激为目的，集中细致展现接吻、爱抚、淋浴及类似的与性行为有关的间接表现或暗示的，有明显的性挑逗、性骚扰、性侮辱或类似效果的画面、台词、音乐及音效的，展示男女性器官，或仅用肢体掩盖或用很小的遮盖物掩盖人体隐秘部位及衣着过分暴露的；

70. 使用粗俗语言，展示恶俗行为的；

71. 以隐晦、低俗的语言表达使人产生性行为和性器官联想的内容的；

72. 以成人电影、情色电影、三级片被审核删减内容的影视剧的“完整版”“未删减版”“未删节版”“被删片段”“汇集版”作为视频节目标题、分类或宣传推广的；

73. 以偷拍、走光、露点及各种挑逗性、易引发性联想的文字或图片作为视频节目标题、分类或宣传推广的；

（十七）侮辱、诽谤、贬损、恶搞他人的内容

比如：

74. 侮辱、诽谤、贬损、恶搞历史人物及其他真实人物的形象、名誉的；

75. 贬损、恶搞他国国家领导人，可能引发国际纠纷或造成不良国际影响的；

76. 侮辱、贬损他人的职业身份、社会地位、身体特征、健康状况的；

（十八）有悖于社会公德，格调低俗庸俗，娱乐化倾向严重的内容

比如：

77. 以恶搞方式描绘重大自然灾害、意外事故、恐怖事件、战争等灾难场面的；

78. 以肯定、赞许的基调或引入模仿的方式表现打架斗殴、羞辱他人、污言秽语的；

79. 内容浅薄，违背公序良俗，扰乱公共场所秩序的；

80. 以虚构慈善捐赠事实、编造和渲染他人悲惨身世等方式，传播虚假慈善、伪正能量的；

（十九）不利于未成年人健康成长的内容

比如：

81. 表现未成年人早恋的，以及抽烟酗酒、打架斗殴、滥用毒品等不良行为的；

82. 人物造型过分夸张怪异，对未成年人有不良影响的；

83. 利用未成年人制作不良节目的；

84. 侵害未成年人合法权益或者损

害未成年人身心健康的;

(二十)宣扬、美化历史上侵略战争和殖民史的内容

比如:

85. 宣扬法西斯主义、极端民族主义、种族主义的;

86. 是非不分,立场错位,无视或忽略侵略战争中非正义一方的侵略行为,反而突出表现正义一方的某些错误的;

87. 使用带有殖民主义色彩的词汇、称谓、画面的;

(二十一)其他违反国家有关规定、社会道德规范的内容

比如:

88. 将政治内容、经典文化、严肃历史文化进行过度娱乐化展示解读,消解主流价值,对主流价值观"低级红、高级黑"的;

89. 从事反华、反党、分裂、邪教、恐怖活动的特定组织或个人制作或参与制作的节目,及其开设的频道、版块、主页、账号的;

90. 违规开展涉及政治、经济、军事、外交,重大社会、文化、科技、卫生、教育、体育以及其他重要敏感活动、事件的新闻采编与传播的;

91. 违法犯罪、丑闻劣迹者制作或参与制作的节目,或为违法犯罪、丑闻劣迹者正名的;

92. 违规播放国家尚未批准播映的电影、电视剧、网络影视剧的片段,尚未批准引进的各类境外视听节目及片段,或已被国家明令禁止的视听节目及片段的;

93. 未经授权自行剪切、改编电影、电视剧、网络影视剧等各类视听节目及片段的;

94. 侵犯个人隐私,恶意曝光他人身体与疾病、私人住宅、婚姻关系、私人空间、私人活动的;

95. 对国家有关规定已明确的标识、呼号、称谓、用语进行滥用、错用的;

96. 破坏生态环境,虐待动物,捕杀、食用国家保护类动物的;

97. 展示个人持有具有杀伤力的危险管制物品的;

98. 引诱教唆公众参与虚拟货币"挖矿"、交易、炒作的;

99. 在节目中植入非法、违规产品和服务信息,弄虚作假误导群众的;

100. 其他有违法律、法规和社会公序良俗的。

网络安全审查办法

(2021 年 12 月 28 日国家互联网信息办公室、国家发展和改革委员会、工业和信息化部、公安部、国家安全部、财政部、商务部、中国人民银行、国家市场监督管理总局、国家广播电视总局、中国证券监督管理委员会、国家保密局、国家密码管理局令第 8 号公布　自 2022 年 2 月 15 日起施行)

第一条　为了确保关键信息基础设施供应链安全,保障网络安全和数据安全,维护国家安全,根据《中华人民共和

国国家安全法》、《中华人民共和国网络安全法》、《中华人民共和国数据安全法》、《关键信息基础设施安全保护条例》,制定本办法。

第二条 关键信息基础设施运营者采购网络产品和服务,网络平台运营者开展数据处理活动,影响或者可能影响国家安全的,应当按照本办法进行网络安全审查。

前款规定的关键信息基础设施运营者、网络平台运营者统称为当事人。

第三条 网络安全审查坚持防范网络安全风险与促进先进技术应用相结合、过程公正透明与知识产权保护相结合、事前审查与持续监管相结合、企业承诺与社会监督相结合,从产品和服务以及数据处理活动安全性、可能带来的国家安全风险等方面进行审查。

第四条 在中央网络安全和信息化委员会领导下,国家互联网信息办公室会同中华人民共和国国家发展和改革委员会、中华人民共和国工业和信息化部、中华人民共和国公安部、中华人民共和国国家安全部、中华人民共和国财政部、中华人民共和国商务部、中国人民银行、国家市场监督管理总局、国家广播电视总局、中国证券监督管理委员会、国家保密局、国家密码管理局建立国家网络安全审查工作机制。

网络安全审查办公室设在国家互联网信息办公室,负责制定网络安全审查相关制度规范,组织网络安全审查。

第五条 关键信息基础设施运营者采购网络产品和服务的,应当预判该产品和服务投入使用后可能带来的国家安全风险。影响或者可能影响国家安全的,应当向网络安全审查办公室申报网络安全审查。

关键信息基础设施安全保护工作部门可以制定本行业、本领域预判指南。

第六条 对于申报网络安全审查的采购活动,关键信息基础设施运营者应当通过采购文件、协议等要求产品和服务提供者配合网络安全审查,包括承诺不利用提供产品和服务的便利条件非法获取用户数据、非法控制和操纵用户设备,无正当理由不中断产品供应或者必要的技术支持服务等。

第七条 掌握超过100万用户个人信息的网络平台运营者赴国外上市,必须向网络安全审查办公室申报网络安全审查。

第八条 当事人申报网络安全审查,应当提交以下材料:

(一)申报书;

(二)关于影响或者可能影响国家安全的分析报告;

(三)采购文件、协议、拟签订的合同或者拟提交的首次公开募股(IPO)等上市申请文件;

(四)网络安全审查工作需要的其他材料。

第九条 网络安全审查办公室应当自收到符合本办法第八条规定的审查申报材料起10个工作日内,确定是否需要审查并书面通知当事人。

第十条 网络安全审查重点评估相关对象或者情形的以下国家安全风险

因素：

(一)产品和服务使用后带来的关键信息基础设施被非法控制、遭受干扰或者破坏的风险；

(二)产品和服务供应中断对关键信息基础设施业务连续性的危害；

(三)产品和服务的安全性、开放性、透明性、来源的多样性，供应渠道的可靠性以及因为政治、外交、贸易等因素导致供应中断的风险；

(四)产品和服务提供者遵守中国法律、行政法规、部门规章情况；

(五)核心数据、重要数据或者大量个人信息被窃取、泄露、毁损以及非法利用、非法出境的风险；

(六)上市存在关键信息基础设施、核心数据、重要数据或者大量个人信息被外国政府影响、控制、恶意利用的风险，以及网络信息安全风险；

(七)其他可能危害关键信息基础设施安全、网络安全和数据安全的因素。

第十一条 网络安全审查办公室认为需要开展网络安全审查的，应当自向当事人发出书面通知之日起30个工作日内完成初步审查，包括形成审查结论建议和将审查结论建议发送网络安全审查工作机制成员单位、相关部门征求意见；情况复杂的，可以延长15个工作日。

第十二条 网络安全审查工作机制成员单位和相关部门应当自收到审查结论建议之日起15个工作日内书面回复意见。

网络安全审查工作机制成员单位、相关部门意见一致的，网络安全审查办公室以书面形式将审查结论通知当事人；意见不一致的，按照特别审查程序处理，并通知当事人。

第十三条 按照特别审查程序处理的，网络安全审查办公室应当听取相关单位和部门意见，进行深入分析评估，再次形成审查结论建议，并征求网络安全审查工作机制成员单位和相关部门意见，按程序报中央网络安全和信息化委员会批准后，形成审查结论并书面通知当事人。

第十四条 特别审查程序一般应当在90个工作日内完成，情况复杂的可以延长。

第十五条 网络安全审查办公室要求提供补充材料的，当事人、产品和服务提供者应当予以配合。提交补充材料的时间不计入审查时间。

第十六条 网络安全审查工作机制成员单位认为影响或者可能影响国家安全的网络产品和服务以及数据处理活动，由网络安全审查办公室按程序报中央网络安全和信息化委员会批准后，依照本办法的规定进行审查。

为了防范风险，当事人应当在审查期间按照网络安全审查要求采取预防和消减风险的措施。

第十七条 参与网络安全审查的相关机构和人员应当严格保护知识产权，对在审查工作中知悉的商业秘密、个人信息，当事人、产品和服务提供者提交的未公开材料，以及其他未公开信息承担保密义务；未经信息提供方同意，不得向无关方披露或者用于审查以外的目的。

第十八条 当事人或者网络产品和服务提供者认为审查人员有失客观公正，或者未能对审查工作中知悉的信息承担保密义务的，可以向网络安全审查办公室或者有关部门举报。

第十九条 当事人应当督促产品和服务提供者履行网络安全审查中作出的承诺。

网络安全审查办公室通过接受举报等形式加强事前事中事后监督。

第二十条 当事人违反本办法规定的，依照《中华人民共和国网络安全法》、《中华人民共和国数据安全法》的规定处理。

第二十一条 本办法所称网络产品和服务主要指核心网络设备、重要通信产品、高性能计算机和服务器、大容量存储设备、大型数据库和应用软件、网络安全设备、云计算服务，以及其他对关键信息基础设施安全、网络安全和数据安全有重要影响的网络产品和服务。

第二十二条 涉及国家秘密信息的，依照国家有关保密规定执行。

国家对数据安全审查、外商投资安全审查另有规定的，应当同时符合其规定。

第二十三条 本办法自 2022 年 2 月 15 日起施行。2020 年 4 月 13 日公布的《网络安全审查办法》（国家互联网信息办公室、国家发展和改革委员会、工业和信息化部、公安部、国家安全部、财政部、商务部、中国人民银行、国家市场监督管理总局、国家广播电视总局、国家保密局、国家密码管理局令第 6 号）同时废止。

互联网信息服务算法推荐管理规定（节选）

（2021 年 12 月 31 日国家互联网信息办公室、工业和信息化部、公安部、国家市场监督管理总局令第 9 号公布　自 2022 年 3 月 1 日起施行）

第二条 在中华人民共和国境内应用算法推荐技术提供互联网信息服务（以下简称算法推荐服务），适用本规定。法律、行政法规另有规定的，依照其规定。

前款所称应用算法推荐技术，是指利用生成合成类、个性化推送类、排序精选类、检索过滤类、调度决策类等算法技术向用户提供信息。

第三条 国家网信部门负责统筹协调全国算法推荐服务治理和相关监督管理工作。国务院电信、公安、市场监管等有关部门依据各自职责负责算法推荐服务监督管理工作。

地方网信部门负责统筹协调本行政区域内的算法推荐服务治理和相关监督管理工作。地方电信、公安、市场监管等有关部门依据各自职责负责本行政区域内的算法推荐服务监督管理工作。

第七条 算法推荐服务提供者应当落实算法安全主体责任，建立健全算法机制机理审核、科技伦理审查、用户注册、信息发布审核、数据安全和个人信息保护、反电信网络诈骗、安全评估监测、安全事件应急处置等管理制度和技术措施,制定并公开算法推荐服务相关规则,配备与算法推荐服务规模相适应的专业人员和技术支撑。

第十八条 算法推荐服务提供者向未成年人提供服务的,应当依法履行未成年人网络保护义务,并通过开发适合未成年人使用的模式、提供适合未成年人特点的服务等方式,便利未成年人获取有益身心健康的信息。

算法推荐服务提供者不得向未成年人推送可能引发未成年人模仿不安全行为和违反社会公德行为、诱导未成年人不良嗜好等可能影响未成年人身心健康的信息,不得利用算法推荐服务诱导未成年人沉迷网络。

第十九条 算法推荐服务提供者向老年人提供服务的,应当保障老年人依法享有的权益,充分考虑老年人出行、就医、消费、办事等需求,按照国家有关规定提供智能化适老服务,依法开展涉电信网络诈骗信息的监测、识别和处置,便利老年人安全使用算法推荐服务。

移动互联网应用程序信息服务管理规定

(2022年6月14日国家互联网信息办公室发布 自2022年8月1日起施行)

第一章 总 则

第一条 为了规范移动互联网应用程序(以下简称应用程序)信息服务,保护公民、法人和其他组织的合法权益,维护国家安全和公共利益,根据《中华人民共和国网络安全法》、《中华人民共和国数据安全法》、《中华人民共和国个人信息保护法》、《中华人民共和国未成年人保护法》、《互联网信息服务管理办法》、《互联网新闻信息服务管理规定》、《网络信息内容生态治理规定》等法律、行政法规和国家有关规定,制定本规定。

第二条 在中华人民共和国境内提供应用程序信息服务,以及从事互联网应用商店等应用程序分发服务,应当遵守本规定。

本规定所称应用程序信息服务,是指通过应用程序向用户提供文字、图片、语音、视频等信息制作、复制、发布、传播等服务的活动,包括即时通讯、新闻资讯、知识问答、论坛社区、网络直播、电子商务、网络音视频、生活服务等类型。

本规定所称应用程序分发服务,是指通过互联网提供应用程序发布、下载、动态加载等服务的活动,包括应用商店、快应用中心、互联网小程序平台、浏览器插件平台等类型。

第三条 国家网信部门负责全国应用程序信息内容的监督管理工作。地方网信部门依据职责负责本行政区域内应用程序信息内容的监督管理工作。

第四条 应用程序提供者和应用程序分发平台应当遵守宪法、法律和行政法规,弘扬社会主义核心价值观,坚持正确政治方向、舆论导向和价值取向,遵循公序良俗,履行社会责任,维护清朗网络空间。

应用程序提供者和应用程序分发平台不得利用应用程序从事危害国家安全、扰乱社会秩序、侵犯他人合法权益等法律法规禁止的活动。

第五条 应用程序提供者和应用程序分发平台应当履行信息内容管理主体责任，积极配合国家实施网络可信身份战略，建立健全信息内容安全管理、信息内容生态治理、数据安全和个人信息保护、未成年人保护等管理制度，确保网络安全，维护良好网络生态。

第二章 应用程序提供者

第六条 应用程序提供者为用户提供信息发布、即时通讯等服务的，应当对申请注册的用户进行基于移动电话号码、身份证件号码或者统一社会信用代码等方式的真实身份信息认证。用户不提供真实身份信息，或者冒用组织机构、他人身份信息进行虚假注册的，不得为其提供相关服务。

第七条 应用程序提供者通过应用程序提供互联网新闻信息服务的，应当取得互联网新闻信息服务许可，禁止未经许可或者超越许可范围开展互联网新闻信息服务活动。

应用程序提供者提供其他互联网信息服务，依法须经有关主管部门审核同意或者取得相关许可的，经有关主管部门审核同意或者取得相关许可后方可提供服务。

第八条 应用程序提供者应当对信息内容呈现结果负责，不得生产传播违法信息，自觉防范和抵制不良信息。

应用程序提供者应当建立健全信息内容审核管理机制，建立完善用户注册、账号管理、信息审核、日常巡查、应急处置等管理措施，配备与服务规模相适应的专业人员和技术能力。

第九条 应用程序提供者不得通过虚假宣传、捆绑下载等行为，通过机器或者人工刷榜、刷量、控评等方式，或者利用违法和不良信息诱导用户下载。

第十条 应用程序应当符合相关国家标准的强制性要求。应用程序提供者发现应用程序存在安全缺陷、漏洞等风险时，应当立即采取补救措施，按照规定及时告知用户并向有关主管部门报告。

第十一条 应用程序提供者开展应用程序数据处理活动，应当履行数据安全保护义务，建立健全全流程数据安全管理制度，采取保障数据安全技术措施和其他安全措施，加强风险监测，不得危害国家安全、公共利益，不得损害他人合法权益。

第十二条 应用程序提供者处理个人信息应当遵循合法、正当、必要和诚信原则，具有明确、合理的目的并公开处理规则，遵守必要个人信息范围的有关规定，规范个人信息处理活动，采取必要措施保障个人信息安全，不得以任何理由强制要求用户同意个人信息处理行为，不得因用户不同意提供非必要个人信息，而拒绝用户使用其基本功能服务。

第十三条 应用程序提供者应当坚持最有利于未成年人的原则，关注未成年人健康成长，履行未成年人网络保护各项义务，依法严格落实未成年人用户账号真实身份信息注册和登录要求,不得以任何形式向未成年人用户提供诱导其沉迷的相关产品和服务,不得制作、复制、发布、传播含有危害未成年人身心健康内容的信息。

第十四条 应用程序提供者上线具有舆论属性或者社会动员能力的新技术、新应用、新功能,应当按照国家有关规定进行安全评估。

第十五条 鼓励应用程序提供者积极采用互联网协议第六版(IPv6)向用户提供信息服务。

第十六条 应用程序提供者应当依据法律法规和国家有关规定,制定并公开管理规则,与注册用户签订服务协议,明确双方相关权利义务。

对违反本规定及相关法律法规及服务协议的注册用户,应用程序提供者应当依法依约采取警示、限制功能、关闭账号等处置措施,保存记录并向有关主管部门报告。

第三章 应用程序分发平台

第十七条 应用程序分发平台应当在上线运营三十日内向所在地省、自治区、直辖市网信部门备案。办理备案时,应当提交以下材料:

(一)平台运营主体基本情况;

(二)平台名称、域名、接入服务、服务资质、上架应用程序类别等信息;

(三)平台取得的经营性互联网信息服务许可或者非经营性互联网信息服务备案等材料;

(四)本规定第五条要求建立健全的相关制度文件;

(五)平台管理规则、服务协议等。

省、自治区、直辖市网信部门收到备案材料后,材料齐全的应当予以备案。

国家网信部门及时公布已经履行备案手续的应用程序分发平台名单。

第十八条 应用程序分发平台应当建立分类管理制度,对上架的应用程序实施分类管理,并按类别向其所在地省、自治区、直辖市网信部门备案应用程序。

第十九条 应用程序分发平台应当采取复合验证等措施,对申请上架的应用程序提供者进行基于移动电话号码、身份证件号码或者统一社会信用代码等多种方式相结合的真实身份信息认证。根据应用程序提供者的不同主体性质,公示提供者名称、统一社会信用代码等信息,方便社会监督查询。

第二十条 应用程序分发平台应当建立健全管理机制和技术手段,建立完善上架审核、日常管理、应急处置等管理措施。

应用程序分发平台应当对申请上架和更新的应用程序进行审核,发现应用程序名称、图标、简介存在违法和不良信息,与注册主体真实身份信息不相符,业务类型存在违法违规等情况的,不得为其提供服务。

应用程序提供的信息服务属于本规定第七条规定范围的,应用程序分发平台应当对相关许可等情况进行核验;属于本规定第十四条规定范围的,应用程序分发平台应当对安全评估情况进行核验。

应用程序分发平台应当加强对在架

应用程序的日常管理，对含有违法和不良信息，下载量、评价指标等数据造假，存在数据安全风险隐患，违法违规收集使用个人信息，损害他人合法权益等的，不得为其提供服务。

第二十一条 应用程序分发平台应当依据法律法规和国家有关规定，制定并公开管理规则，与应用程序提供者签订服务协议，明确双方相关权利义务。

对违反本规定及相关法律法规及服务协议的应用程序，应用程序分发平台应当依法依约采取警示、暂停服务、下架等处置措施，保存记录并向有关主管部门报告。

第四章 监督管理

第二十二条 应用程序提供者和应用程序分发平台应当自觉接受社会监督，设置醒目、便捷的投诉举报入口，公布投诉举报方式，健全受理、处置、反馈等机制，及时处理公众投诉举报。

第二十三条 鼓励互联网行业组织建立健全行业自律机制，制定完善行业规范和自律公约，指导会员单位建立健全服务规范，依法依规提供信息服务，维护市场公平，促进行业健康发展。

第二十四条 网信部门会同有关主管部门建立健全工作机制，监督指导应用程序提供者和应用程序分发平台依法依规从事信息服务活动。

应用程序提供者和应用程序分发平台应当对网信部门和有关主管部门依法实施的监督检查予以配合，并提供必要的支持和协助。

第二十五条 应用程序提供者和应用程序分发平台违反本规定的，由网信部门和有关主管部门在职责范围内依照相关法律法规处理。

第五章 附　　则

第二十六条 本规定所称移动互联网应用程序，是指运行在移动智能终端上向用户提供信息服务的应用软件。

本规定所称移动互联网应用程序提供者，是指提供信息服务的移动互联网应用程序所有者或者运营者。

本规定所称移动互联网应用程序分发平台，是指提供移动互联网应用程序发布、下载、动态加载等分发服务的互联网信息服务提供者。

第二十七条 本规定自2022年8月1日起施行。2016年6月28日公布的《移动互联网应用程序信息服务管理规定》同时废止。

互联网弹窗信息推送服务管理规定

（2022年9月9日国家互联网信息办公室、工业和信息化部、国家市场监督管理总局发布　自2022年9月30日起施行）

第一条 为了规范互联网弹窗信息推送服务，维护国家安全和公共利益，保护公民、法人和其他组织的合法权益，促进行业健康有序发展，根据《中华人民共和国网络安全法》、《中华人民共和国未成年人保护法》、《中华人民共和国广告法》、《互联网信息服务管理办法》、《互联网新闻信息服务管理规定》、《网络信息内容生态治理规定》等法律法规,制定本规定。

第二条 在中华人民共和国境内提供互联网弹窗信息推送服务,适用本规定。

本规定所称互联网弹窗信息推送服务,是指通过操作系统、应用软件、网站等,以弹出消息窗口形式向互联网用户提供的信息推送服务。

本规定所称互联网弹窗信息推送服务提供者,是指提供互联网弹窗信息推送服务的组织或者个人。

第三条 提供互联网弹窗信息推送服务,应当遵守宪法、法律和行政法规,弘扬社会主义核心价值观,坚持正确政治方向、舆论导向和价值取向,维护清朗网络空间。

第四条 互联网弹窗信息推送服务提供者应当落实信息内容管理主体责任,建立健全信息内容审核、生态治理、数据安全和个人信息保护、未成年人保护等管理制度。

第五条 提供互联网弹窗信息推送服务的,应当遵守下列要求:

(一)不得推送《网络信息内容生态治理规定》规定的违法和不良信息,特别是恶意炒作娱乐八卦、绯闻隐私、奢靡炫富、审丑扮丑等违背公序良俗内容,不得以恶意翻炒为目的,关联某一话题集中推送相关旧闻;

(二)未取得互联网新闻信息服务许可的,不得弹窗推送新闻信息,弹窗推送信息涉及其他互联网信息服务,依法应当经有关主管部门审核同意或者取得相关许可的,应当经有关主管部门审核同意或者取得相关许可;

(三)弹窗推送新闻信息的,应当严格依据国家互联网信息办公室发布的《互联网新闻信息稿源单位名单》,不得超范围转载,不得歪曲、篡改标题原意和新闻信息内容,保证新闻信息来源可追溯;

(四)提升弹窗推送信息多样性,科学设定新闻信息和垂直领域内容占比,体现积极健康向上的主流价值观,不得集中推送、炒作社会热点敏感事件、恶性案件、灾难事故等,引发社会恐慌;

(五)健全弹窗信息推送内容管理规范,完善信息筛选、编辑、推送等工作流程,配备与服务规模相适应的审核力量,加强弹窗信息内容审核;

(六)保障用户权益,以服务协议等明确告知用户弹窗信息推送服务的具体形式、内容频次、取消渠道等,充分考虑用户体验,科学规划推送频次,不得对普通用户和会员用户进行不合理地差别推送,不得以任何形式干扰或者影响用户关闭弹窗,弹窗信息应当显著标明弹窗信息推送服务提供者身份;

(七)不得设置诱导用户沉迷、过度消费等违反法律法规或者违背伦理道德的算法模型;不得利用算法实施恶意屏蔽信息、过度推荐等行为;不得利用算法针对未成年人用户进行画像,向其推送可能影响其身心健康的信息;

（八）弹窗推送广告信息的，应当具有可识别性，显著标明“广告”和关闭标志，确保弹窗广告一键关闭；

（九）不得以弹窗信息推送方式呈现恶意引流跳转的第三方链接、二维码等信息，不得通过弹窗信息推送服务诱导用户点击，实施流量造假、流量劫持。

第六条 互联网弹窗信息推送服务提供者应当自觉接受社会监督，设置便捷投诉举报入口，及时处理关于弹窗信息推送服务的公众投诉举报。

第七条 鼓励和指导互联网行业组织建立健全互联网弹窗信息推送服务行业准则，引导行业健康有序发展。

第八条 网信部门会同电信主管部门、市场监管部门等有关部门建立健全协作监管等工作机制，监督指导互联网弹窗信息推送服务提供者依法依规提供服务。

第九条 互联网弹窗信息推送服务提供者违反本规定的，由网信部门、电信主管部门、市场监管部门等有关部门在职责范围内依照相关法律法规规定处理。

第十条 本规定自 2022 年 9 月 30 日起施行。

网络主播行为规范

（2022 年 6 月 8 日国家广播电视总局、文化和旅游部发布　广电发〔2022〕36 号）

网络主播在传播科学文化知识、丰富精神文化生活、促进经济社会发展等方面，肩负重要职责、发挥重要作用。为进一步加强网络主播职业道德建设，规范从业行为，强化社会责任，树立良好形象，共同营造积极向上、健康有序、和谐清朗的网络空间，制定本行为规范。

第一条 通过互联网提供网络表演、视听节目服务的主播人员，包括在网络平台直播、与用户进行实时交流互动、以上传音视频节目形式发声出镜的人员，应当遵照本行为规范。利用人工智能技术合成的虚拟主播及内容，参照本行为规范。

第二条 网络主播应当自觉遵守中华人民共和国宪法和法律法规规范，维护国家利益、公共利益和他人合法权益，自觉履行社会责任，自觉接受行业主管部门监管和社会监督。

第三条 网络主播应当遵守网络实名制注册账号的有关规定，配合平台提供真实有效的身份信息进行实名注册并规范使用账号名称。

第四条 网络主播应当坚持正确政治方向、舆论导向和价值取向，树立正确的世界观、人生观、价值观，积极践行社会主义核心价值观，崇尚社会公德、恪守职业道德、修养个人品德。

第五条 网络主播应当坚持以人民为中心的创作导向，传播的网络表演、视听节目内容应当反映时代新气象、讴歌人民新创造，弘扬中华优秀传统文化，传播正能量，展现真善美，满足人民群众美好生活新需要。

第六条 网络主播应当坚持健康的格调品位，自觉摈弃低俗、庸俗、媚俗等低级趣味，自觉反对流量至上、畸形审美、“饭圈”乱象、拜金主义等不良现象，自觉抵制违反法律法规、有损网络文明、有悖网络道德、有害网络和谐的行为。

第七条 网络主播应当引导用户文明互动、理性表达、合理消费,共建文明健康的网络表演、网络视听生态环境。

第八条 网络主播应当保持良好声屏形象,表演、服饰、妆容、语言、行为、肢体动作及画面展示等要文明得体,符合大众审美情趣和欣赏习惯。

第九条 网络主播应当尊重公民和法人的名誉权、荣誉权,尊重个人隐私权、肖像权,尊重和保护未成年人、老年人、残疾人的合法权益。

第十条 网络主播应当遵守知识产权相关法律法规,自觉尊重他人知识产权。

第十一条 网络主播应当如实申报收入,依法履行纳税义务。

第十二条 网络主播应当按照规范写法和标准含义使用国家通用语言文字,增强语言文化素养,自觉遏阻庸俗暴戾网络语言传播,共建健康文明的网络语言环境。

第十三条 网络主播应当自觉加强学习,掌握从事主播工作所必需的知识和技能。

对于需要较高专业水平(如医疗卫生、财经金融、法律、教育)的直播内容,主播应取得相应执业资质,并向直播平台进行执业资质报备,直播平台应对主播进行资质审核及备案。

第十四条 网络主播在提供网络表演及视听节目服务过程中不得出现下列行为:

1. 发布违反宪法所确定的基本原则及违反国家法律法规的内容;

2. 发布颠覆国家政权,危害国家统一、主权和领土完整,危害国家安全,泄露国家秘密,损害国家尊严、荣誉和利益的内容;

3. 发布削弱、歪曲、否定中国共产党的领导、社会主义制度和改革开放的内容;

4. 发布诋毁民族优秀文化传统,煽动民族仇恨、民族歧视,歪曲民族历史或者民族历史人物,伤害民族感情、破坏民族团结,或者侵害民族风俗、习惯的内容;

5. 违反国家宗教政策,在非宗教场所开展宗教活动,宣扬宗教极端主义、邪教等内容;

6. 恶搞、诋毁、歪曲或者以不当方式展现中华优秀传统文化、革命文化、社会主义先进文化;

7. 恶搞、歪曲、丑化、亵渎、否定英雄烈士和模范人物的事迹和精神;

8. 使用换脸等深度伪造技术对党和国家领导人、英雄烈士、党史、历史等进行伪造、篡改;

9. 损害人民军队、警察、法官等特定职业、群体的公众形象;

10. 宣扬基于种族、国籍、地域、性别、职业、身心缺陷等理由的歧视;

11. 宣扬淫秽、赌博、吸毒,渲染暴力、血腥、恐怖、传销、诈骗,教唆犯罪或者传授犯罪方法,暴露侦查手段,展示枪支、管制刀具;

12. 编造、故意传播虚假恐怖信息、虚假险情、疫情、灾情、警情,扰乱社会治安和公共秩序,破坏社会稳定;

13. 展现过度的惊悚恐怖、生理痛

苦、精神歇斯底里,造成强烈感官、精神刺激并可致人身心不适的画面、台词、音乐及音效等;

14. 侮辱、诽谤他人或者散布他人隐私,侵害他人合法权益;

15. 未经授权使用他人拥有著作权的作品;

16. 对社会热点和敏感问题进行炒作或者蓄意制造舆论"热点";

17. 炒作绯闻、丑闻、劣迹,传播格调低下的内容,宣扬违背社会主义核心价值观、违反公序良俗的内容;

18. 服饰妆容、语言行为、直播间布景等展现带有性暗示、性挑逗的内容;

19. 介绍或者展示自杀、自残、暴力血腥、高危动作和其他易引发未成年人模仿的危险行为,表现吸烟、酗酒等诱导未成年人不良嗜好的内容;

20. 利用未成年人或未成年人角色进行非广告类的商业宣传、表演或作为噱头获取商业或不正当利益,指引错误价值观、人生观和道德观的内容;

21. 宣扬封建迷信文化习俗和思想、违反科学常识等内容;

22. 破坏生态环境,展示虐待动物,捕杀、食用国家保护类动物等内容;

23. 铺张浪费粮食,展示假吃、催吐、暴饮暴食等,或其他易造成不良饮食消费、食物浪费示范的内容;

24. 引导用户低俗互动,组织煽动粉丝互撕谩骂、拉踩引战、造谣攻击,实施网络暴力;

25. 营销假冒伪劣、侵犯知识产权或不符合保障人身、财产安全要求的商品,虚构或者篡改交易、关注度、浏览量、点赞量等数据流量造假;

26. 夸张宣传误导消费者,通过虚假承诺诱骗消费者,使用绝对化用语,未经许可直播销售专营、专卖物品等违反广告相关法律法规的;

27. 通过"弹幕"、直播间名称、公告、语音等传播虚假、骚扰广告;

28. 通过有组织炒作、雇佣水军刷礼物、宣传"刷礼物抽奖"等手段,暗示、诱惑、鼓励用户大额"打赏",引诱未成年用户"打赏"或以虚假身份信息"打赏";

29. 在涉及国家安全、公共安全,影响社会正常生产、生活秩序,影响他人正常生活、侵犯他人隐私等场所和其他法律法规禁止的场所拍摄或播出;

30. 展示或炒作大量奢侈品、珠宝、纸币等资产,展示无节制奢靡生活,贬低低收入群体的炫富行为;

31. 法律法规禁止的以及其他对网络表演、网络视听生态造成不良影响的行为。

第十五条 各级文化和旅游行政部门、广播电视行政部门要坚持以习近平新时代中国特色社会主义思想为指导,加强对网络表演、网络视听平台和经纪机构以及网络主播的监督管理,切实压紧压实主管主办责任和主体责任。发现网络主播违规行为,及时责成相关网络表演、网络视听平台予以处理。网络表演、网络视听平台和经纪机构规范网络主播情况及网络主播规范从业情况,纳入文化和旅游行政部门、广播电视行政部门许可管理、日常管理、安全检查、节目上线管理考察范围。

第十六条 各级文化和旅游行政部

门、广播电视行政部门、文化市场综合执法机构要进一步加强对网络表演、网络视听平台和经纪机构的执法巡查,依法查处提供违法违规内容的网络表演和网络视听平台,并督促平台和经纪机构及时处置违法违规内容及相关网络主播。

第十七条 网络表演、网络视听平台和经纪机构要严格履行法定职责义务,落实主体责任。根据本行为规范,加强对网络主播的教育培训、日常管理和规范引导。建立健全网络主播入驻、培训、日常管理、业务评分档案和“红黄牌”管理等内部制度规范。对向上向善、模范遵守行为规范的网络主播进行正向激励;对出现违规行为的网络主播,要强化警示和约束;对问题性质严重、多次出现问题且屡教不改的网络主播,应当封禁账号,将相关网络主播纳入“黑名单”或“警示名单”,不允许以更换账号或更换平台等形式再度开播。对构成犯罪的网络主播,依法追究刑事责任。对违法失德艺人不得提供公开进行文艺表演、发声出镜机会,防止转移阵地复出。网络表演、网络视听经纪机构要加强对网络主播的管理和约束,依法合规提供经纪服务,维护网络主播合法权益。

第十八条 各有关行业协会要加强引导,根据本行为规范,建立健全网络主播信用评价体系,进一步完善行业规范和自律公约,探索建立平台与主播约束关系机制,积极开展道德评议,强化培训引导服务,维护良好网络生态,促进行业规范发展。对违法违规、失德失范、造成恶劣社会影响的网络主播要定期公布,引导各平台联合抵制、严肃惩戒。

网络暴力信息治理规定

(2024年6月12日国家互联网信息办公室、公安部、文化和旅游部、国家广播电视总局令第17号公布 自2024年8月1日起施行)

第一章 总 则

第一条 为了治理网络暴力信息,营造良好网络生态,保障公民合法权益,维护社会公共利益,根据《中华人民共和国网络安全法》、《中华人民共和国个人信息保护法》、《中华人民共和国治安管理处罚法》、《互联网信息服务管理办法》等法律、行政法规,制定本规定。

第二条 中华人民共和国境内的网络暴力信息治理活动,适用本规定。

第三条 网络暴力信息治理坚持源头防范、防控结合、标本兼治、协同共治的原则。

第四条 国家网信部门负责统筹协调全国网络暴力信息治理和相关监督管理工作。国务院公安、文化和旅游、广播电视等有关部门依据各自职责开展网络暴力信息的监督管理工作。

地方网信部门负责统筹协调本行政区域内网络暴力信息治理和相关监督管理工作。地方公安、文化和旅游、广播电视等有关部门依据各自职责开展本行政区域内网络暴力信息的监督管理工作。

第五条 鼓励网络相关行业组织加强行业自律,开展网络暴力信息治理普法宣传,督促指导网络信息服务提供者加强网络暴力信息治理并接受社会监督，为遭受网络暴力信息侵害的用户提供帮扶救助等支持。

第二章 一般规定

第六条 网络信息服务提供者和用户应当坚持社会主义核心价值观，遵守法律法规，尊重社会公德和伦理道德，促进形成积极健康、向上向善的网络文化，维护良好网络生态。

第七条 网络信息服务提供者应当履行网络信息内容管理主体责任，建立完善网络暴力信息治理机制，健全用户注册、账号管理、个人信息保护、信息发布审核、监测预警、识别处置等制度。

第八条 网络信息服务提供者为用户提供信息发布、即时通讯等服务的，应当依法对用户进行真实身份信息认证。用户不提供真实身份信息的，网络信息服务提供者不得为其提供相关服务。

网络信息服务提供者应当加强用户账号信息管理，为遭受网络暴力信息侵害的相关主体提供账号信息认证协助，防范和制止假冒、仿冒、恶意关联相关主体进行违规注册或者发布信息。

第九条 网络信息服务提供者应当制定和公开管理规则、平台公约，与用户签订服务协议，明确网络暴力信息治理相关权利义务，并依法依约履行治理责任。

第十条 任何组织和个人不得制作、复制、发布、传播涉网络暴力违法信息，应当防范和抵制制作、复制、发布、传播涉网络暴力不良信息。

任何组织和个人不得利用网络暴力事件实施蹭炒热度、推广引流等营销炒作行为，不得通过批量注册或者操纵用户账号等形式组织制作、复制、发布、传播网络暴力信息。

明知他人从事涉网络暴力信息违法犯罪活动的，任何组织和个人不得为其提供数据、技术、流量、资金等支持和协助。

第十一条 网络信息服务提供者应当定期发布网络暴力信息治理公告，并将相关工作情况列入网络信息内容生态治理工作年度报告。

第三章 预防预警

第十二条 网络信息服务提供者应当在国家网信部门和国务院有关部门指导下细化网络暴力信息分类标准规则，建立健全网络暴力信息特征库和典型案例样本库，采用人工智能、大数据等技术手段和人工审核相结合的方式加强对网络暴力信息的识别监测。

第十三条 网络信息服务提供者应当建立健全网络暴力信息预警模型，综合事件类别、针对主体、参与人数、信息内容、发布频次、环节场景、举报投诉等因素，及时发现预警网络暴力信息风险。

网络信息服务提供者发现存在网络暴力信息风险的，应当及时回应社会关切，引导用户文明互动、理性表达，并对异常账号及时采取真实身份信息动态核验、弹窗提示、违规警示、限制流量等措施；发现相关信息内容浏览、搜索、评论、举报量显著增长等情形的，还应当及时向有关部门报告。

第十四条 网络信息服务提供者应

当建立健全用户账号信用管理体系,将涉网络暴力信息违法违规情形记入用户信用记录,依法依约降低账号信用等级或者列入黑名单,并据以限制账号功能或者停止提供相关服务。

第四章　信息和账号处置

第十五条　网络信息服务提供者发现涉网络暴力违法信息的,或者在其服务的醒目位置、易引起用户关注的重点环节发现涉网络暴力不良信息的,应当立即停止传输,采取删除、屏蔽、断开链接等处置措施,保存有关记录,向有关部门报告。发现涉嫌违法犯罪的,应当及时向公安机关报案,并提供相关线索,依法配合开展侦查、调查和处置等工作。

第十六条　互联网新闻信息服务提供者应当坚持正确政治方向、舆论导向、价值取向,加强网络暴力信息治理的公益宣传。

互联网新闻信息服务提供者不得通过夸大事实、过度渲染、片面报道等方式采编发布、转载涉网络暴力新闻信息。对互联网新闻信息提供跟帖评论服务的,应当实行先审后发。

互联网新闻信息服务提供者采编发布、转载涉网络暴力新闻信息不真实或者不公正的,应当立即公开更正,消除影响。

第十七条　网络信息服务提供者应当加强网络视听节目、网络表演等服务内容的管理,发现含有网络暴力信息的网络视听节目、网络表演等服务的,应当及时删除信息或者停止提供相关服务;应当加强对网络直播、短视频等服务的内容审核,及时阻断含有网络暴力信息的网络直播,处置含有网络暴力信息的短视频。

第十八条　网络信息服务提供者应当加强对跟帖评论信息内容的管理,对以评论、回复、留言、弹幕、点赞等方式制作、复制、发布、传播网络暴力信息的,应当及时采取删除、屏蔽、关闭评论、停止提供相关服务等处置措施。

第十九条　网络信息服务提供者应当加强对网络论坛社区和网络群组的管理,禁止用户在版块、词条、超话、群组等环节制作、复制、发布、传播网络暴力信息,禁止以匿名投稿、隔空喊话等方式创建含有网络暴力信息的论坛社区和群组账号。

网络论坛社区、网络群组的建立者和管理者应当履行管理责任,发现用户制作、复制、发布、传播网络暴力信息的,应当依法依约采取限制发言、移出群组等管理措施。

第二十条　公众账号生产运营者应当建立健全发布推广、互动评论等全过程信息内容安全审核机制,发现账号跟帖评论等环节存在网络暴力信息的,应当及时采取举报、处置等措施。

第二十一条　对违反本规定第十条的用户,网络信息服务提供者应当依法依约采取警示、删除信息、限制账号功能、关闭账号等处置措施,并保存相关记录;对组织、煽动、多次发布网络暴力信息的,网络信息服务提供者还应当依法依约采取列入黑名单、禁止重新注册等处置措施。

对借网络暴力事件实施营销炒作等

行为的，除前款规定外，还应当依法依约采取清理订阅关注账号、暂停营利权限等处置措施。

第二十二条 对组织、煽动制作、复制、发布、传播网络暴力信息的网络信息内容多渠道分发服务机构，网络信息服务提供者应当依法依约对该机构及其管理的账号采取警示、暂停营利权限、限制提供服务、入驻清退等处置措施。

第五章 保护机制

第二十三条 网络信息服务提供者应当建立健全网络暴力信息防护功能，提供便利用户设置屏蔽陌生用户或者特定用户、本人发布信息可见范围、禁止转载或者评论本人发布信息等网络暴力信息防护选项。

网络信息服务提供者应当完善私信规则，提供便利用户设置仅接收好友私信或者拒绝接收所有私信等网络暴力信息防护选项，鼓励提供智能屏蔽私信或者自定义私信屏蔽词等功能。

第二十四条 网络信息服务提供者发现用户面临网络暴力信息风险的，应当及时通过显著方式提示用户，告知用户可以采取的防护措施。

网络信息服务提供者发现网络暴力信息风险涉及以下情形的，还应当为用户提供网络暴力信息防护指导和保护救助服务，协助启动防护措施，并向网信、公安等有关部门报告：

（一）网络暴力信息侵害未成年人、老年人、残疾人等用户合法权益的；

（二）网络暴力信息侵犯用户个人隐私的；

（三）若不及时采取措施，可能造成用户人身、财产损害等严重后果的其他情形。

第二十五条 网络信息服务提供者发现、处置网络暴力信息的，应当及时保存信息内容、浏览评论转发数量等数据。网络信息服务提供者应当向用户提供网络暴力信息快捷取证等功能，依法依约为用户维权提供便利。

公安、网信等有关部门依法调取证据的，网络信息服务提供者应当及时提供必要的技术支持和协助。

第二十六条 网络信息服务提供者应当自觉接受社会监督，优化投诉、举报程序，在服务显著位置设置专门的网络暴力信息快捷投诉、举报入口，公布处理流程，及时受理、处理公众投诉、举报并反馈处理结果。

网络信息服务提供者应当结合投诉、举报内容以及相关证明材料及时研判。对属于网络暴力信息的投诉、举报，应当依法处理并反馈结果；对因证明材料不充分难以准确判断的，应当及时告知用户补充证明材料；对不属于网络暴力信息的投诉、举报，应当按照其他类型投诉、举报的受理要求予以处理并反馈结果。

第二十七条 网络信息服务提供者应当优先处理涉未成年人网络暴力信息的投诉、举报。发现涉及侵害未成年人用户合法权益的网络暴力信息风险的，应当按照法律法规和本规定要求及时采取措施，提供相应保护救助服务，并向有关部门报告。

网络信息服务提供者应当设置便利未成年人及其监护人行使通知删除网络暴力信息权利的功能、渠道，接到相关通知后,应当及时采取删除、屏蔽、断开链接等必要的措施,防止信息扩散。

第六章 监督管理和法律责任

第二十八条 网信部门会同公安、文化和旅游、广播电视等有关部门依法对网络信息服务提供者的网络暴力信息治理情况进行监督检查。

网络信息服务提供者对网信部门和有关部门依法实施的监督检查应当予以配合。

第二十九条 网信部门会同公安、文化和旅游、广播电视等有关部门建立健全信息共享、会商通报、取证调证、案件督办等工作机制,协同治理网络暴力信息。

公安机关对于网信、文化和旅游、广播电视等部门移送的涉网络暴力信息违法犯罪线索,应当及时进行审查,并对符合立案条件的及时立案侦查、调查。

第三十条 违反本规定的,依照《中华人民共和国网络安全法》、《中华人民共和国个人信息保护法》、《中华人民共和国治安管理处罚法》、《互联网信息服务管理办法》等法律、行政法规的规定予以处罚。

法律、行政法规没有规定的,由网信、公安、文化和旅游、广播电视等有关部门依据职责给予警告、通报批评,责令限期改正,可以并处一万元以上十万元以下罚款;涉及危害公民生命健康安全且有严重后果的,并处十万元以上二十万元以下罚款。

对组织、煽动制作、复制、发布、传播网络暴力信息或者利用网络暴力事件实施恶意营销炒作等行为的组织和个人,应当依法从重处罚。

第三十一条 违反本规定,给他人造成损害的,依法承担民事责任;构成违反治安管理行为的,依法给予治安管理处罚;构成犯罪的,依法追究刑事责任。

第七章 附　　则

第三十二条 本规定所称网络暴力信息,是指通过网络以文本、图像、音频、视频等形式对个人集中发布的,含有侮辱谩骂、造谣诽谤、煽动仇恨、威逼胁迫、侵犯隐私,以及影响身心健康的指责嘲讽、贬低歧视等内容的违法和不良信息。

第三十三条 依法通过网络检举、揭发他人违法犯罪,或者依法实施舆论监督的,不适用本规定。

第三十四条 本规定自2024年8月1日起施行。

国家版权局办公厅关于规范网络转载版权秩序的通知

(2015年4月17日
国版办发〔2015〕3号)

为贯彻落实中共中央办公厅、国务院办公厅印发的《关于推动传统媒体和新兴媒体融合发展的指导意见》,鼓励报刊单位和互联网媒体合法、诚信经营,推动建立健全版权合作机制,规范网络转载版权秩序,根据《中华人民共和国著作权法》、《中华人民共和国著作权法实施条例》、《信息网络传播权保护条例》有关规定，现就规范网络转载版权秩序有关事项通知如下：

一、互联网媒体转载他人作品，应当遵守著作权法律法规的相关规定，必须经过著作权人许可并支付报酬，并应当指明作者姓名、作品名称及作品来源。法律、法规另有规定的除外。

互联网媒体依照前款规定转载他人作品，不得侵犯著作权人依法享有的其他权益。

二、报刊单位之间相互转载已经刊登的作品，适用《著作权法》第三十三条第二款的规定，即作品刊登后，除著作权人声明不得转载、摘编的外，其他报刊可以转载或者作为文摘、资料刊登，但应当按照规定向著作权人支付报酬。

报刊单位与互联网媒体、互联网媒体之间相互转载已经发表的作品，不适用前款规定，应当经过著作权人许可并支付报酬。

三、互联网媒体转载他人作品，不得对作品内容进行实质性修改；对标题和内容做文字性修改和删节的，不得歪曲篡改标题和作品的原意。

四、《著作权法》第五条所称时事新闻，是指通过报纸、期刊、广播电台、电视台等媒体报道的单纯事实消息，该单纯事实消息不受著作权法保护。凡包含了著作权人独创性劳动的消息、通讯、特写、报道等作品均不属于单纯事实消息，互联网媒体进行转载时，必须经过著作权人许可并支付报酬。

五、报刊单位可以就通过约稿、投稿等方式获得的作品与著作权人订立许可使用合同，明确约定许可使用的权利种类、许可使用的权利是专有使用权或者非专有使用权、许可使用的地域范围和期间、付酬标准和办法、违约责任以及双方认为需要约定的其他内容。双方约定权利由报刊单位行使的，互联网媒体转载该作品，应当经过报刊单位许可并支付报酬。

六、报刊单位可以与其职工通过合同就职工为完成报刊单位工作任务所创作作品的著作权归属进行约定。合同约定著作权由报刊单位享有的，报刊单位可以通过发布版权声明的方式，明确报刊单位刊登作品的权属关系，互联网媒体转载此类作品，应当经过报刊单位许可并支付报酬。

七、报刊单位和互联网媒体应当建立健全本单位版权管理制度。建立本单位及本单位职工享有著作权的作品信息库，载明作品权属信息，对许可他人使用的作品应载明授权方式、授权期限等相关信息。建立经许可使用的他人作品信息库，载明权利来源、授权方式、授权期限等相关信息。

八、报刊单位与互联网媒体、互联网媒体之间应当通过签订版权许可协议等方式建立网络转载版权合作机制，加强对转载作品的版权审核，共同探索合理的授权价格体系，进一步完善作品的授权交易机制。

九、各级版权行政管理部门要加大对互联网媒体的版权监管力度，支持行业组织在推动版权保护、版权交易、自律维权等方面发挥积极作用，严厉打击未经许可转载、非法传播他人作品的侵权盗版行为。

最高人民法院、最高人民检察院、公安部、国家新闻出版广电总局关于依法严厉打击非法电视网络接收设备违法犯罪活动的通知

(2015年9月18日
新广电发〔2015〕229号)

为有效遏制非法电视网络接收设备违法犯罪活动,切实维护国家安全、社会稳定和人民群众的利益,现通知如下:

一、充分认识当前严厉打击非法电视网络接收设备违法犯罪活动的重要意义

生产、销售、安装非法电视网络接收设备违法犯罪活动,特别是利用非法电视网络接收设备实施传播淫秽色情节目、危害国家安全等违法犯罪活动,严重扰乱社会治安秩序,严重危害国家安全。各级公安、检察、审判机关和新闻出版广电行政主管部门要从维护国家安全和社会治安秩序的大局出发,充分认识非法电视网络接收设备违法犯罪活动的严重危害性,增强工作的责任感和紧迫感,加强组织领导,充分发挥职能作用,依法严厉打击非法电视网络接收设备违法犯罪活动,坚决遏制非法电视网络接收设备违法犯罪活动上升、蔓延的势头,确保社会治安秩序良好。

二、正确把握法律政策界限,依法严厉打击非法电视网络接收设备违法犯罪活动

各级公安、检察、审判机关和新闻出版广电行政主管部门要高度重视查办非法电视网络接收设备违法犯罪案件,正确把握法律政策界限,严格执行法律法规的有关规定,坚决依法严厉打击非法电视网络接收设备违法犯罪活动。非法电视网络接收设备主要包括三类:“电视棒”等网络共享设备;非法互联网电视接收设备,包括但不限于内置含有非法电视、非法广播等非法内容的定向接收软件或硬件模块的机顶盒、电视机、投影仪、显示器;用于收看非法电视、收听非法广播的网络软件、移动互联网客户端软件和互联网电视客户端软件。根据刑法和司法解释的规定,违反国家规定,从事生产、销售非法电视网络接收设备(含软件),以及为非法广播电视接收软件提供下载服务、为非法广播电视节目频道接收提供链接服务等营利性活动,扰乱市场秩序,个人非法经营数额在五万元以上或违法所得数额在一万元以上,单位非法经营数额在五十万元以上或违法所得数额在十万元以上,按照非法经营罪追究刑事责任。对于利用生产、销售、安装非法电视网络接收设备传播淫秽色情节目、实施危害国家安全等行为的,根据其行为的性质,依法追究刑事责任。对非法电视网络接收设备犯罪行为,涉及数个罪名的,按照相关原则,择一重罪处罚或数罪并罚。在追究犯罪分子刑事责任的同时,还要依法追缴违法所得,没收其犯罪所用的本人财物。对于实施上述行为尚不构成犯罪的,由新闻出版广电等相关行政主管部门依法给予行政处

罚;构成违反治安管理行为的,依法给予治安管理处罚。

三、加强协作配合,切实增强打击非法电视网络接收设备违法犯罪活动的工作合力

各级新闻出版广电部门和公安、检察、审判机关要进一步增强打击非法电视网络接收设备违法犯罪活动的主动性,加快查办工作进度,提高工作效率。各级新闻出版广电部门要加大对非法广播电视网络传播行为的监管力度,发现涉嫌犯罪的,及时移送公安机关,并对公安机关查缴的涉嫌接收非法电视的网络接收设备及时作出认定。公安机关对于涉嫌犯罪的案件,应依法及时立案侦查,深挖彻查涉嫌非法电视网络接收设备犯罪活动的利益链条。检察机关对于公安机关提请批准逮捕和移送审查起诉的案件,应当依法及时决定是否批准逮捕和提起公诉。审判机关对于检察机关提起公诉的案件,应当依法及时审判。对于在查处过程中发生的抗拒、阻碍国家机关工作人员依法执行职务,构成犯罪的,以妨害公务罪依法追究刑事责任;构成违反治安管理行为的,依法给予治安管理处罚。各有关部门在开展非法电视网络接收设备打击整治专项行动中,要加强沟通联系,建立有效工作机制,形成打击合力。

各地各部门接此通知后,应立即部署贯彻执行。执行中遇到的问题,要开展调查研究,提出可行性建议,及时报告上级主管部门。

国家版权局关于规范网盘服务版权秩序的通知

(2015 年 10 月 14 日
国版函〔2015〕13 号)

为规范网盘服务版权秩序,根据《中华人民共和国著作权法》、《信息网络传播权保护条例》等规定,现就有关事项通知如下:

一、凡为用户提供网络信息存储空间服务的网盘服务商应当遵守著作权法律法规,合法使用、传播作品,履行著作权保护义务。

二、网盘服务商应当建立必要管理机制,运用有效技术措施,主动屏蔽、移除侵权作品,防止用户违法上传、存储并分享他人作品。

三、网盘服务商应当在其网盘首页显著位置提示用户遵守著作权法,尊重著作权人合法权益,不违法上传、存储并分享他人作品。

四、网盘服务商应当在其网盘首页显著位置详细标明权利人通知、投诉的方式,及时受理权利人通知、投诉,并在接到权利人通知、投诉后 24 小时内移除相关侵权作品,删除、断开相关侵权作品链接;同时应当遵守《信息网络传播权保护条例》关于“通知”的相关规定。

五、网盘服务商应当采取有效措施,制止用户违法上传、存储并分享下列作品:

(一)根据权利人通知已经移除的作品;

(二)权利人向网盘服务商发送了权利公示或者声明的作品;

(三)版权行政管理部门公布的重点监管作品。

六、网盘服务商应当采取有效措施,制止用户违法上传、存储并分享下列未经授权的作品:

(一)正在热播、热卖的作品;

(二)出版、影视、音乐等专业机构出版或者制作的作品;

(三)其他明显感知属于未经授权提供的作品。

七、网盘服务商不得擅自或者组织上传未经授权的他人作品,不得对用户上传、存储的作品进行编辑、推荐、排名等加工,不得以各种方式指引、诱导、鼓励用户违法分享他人作品,不得为用户利用其他网络服务形式违法分享他人作品提供便利。

八、网盘服务商应当加强用户管理,要求用户对其账号异常登录、流量异常变化等可能涉嫌侵权的情况及时作出合理解释,对于拒绝解释或者不能给出合理解释的用户,可以暂停或者终止使用其账号。

九、网盘服务商应当完整保存用户姓名、账号、网络地址、联系方式等注册信息,并按照版权行政管理部门的要求提供用户上传、存储并分享的侵权作品、网络地址或者域名等必要信息。

十、网盘服务商应当建立侵权用户处置机制,根据用户侵权情形,给予列入黑名单、暂停或者终止服务等处置。

十一、网盘服务商应当严格遵守、执行本通知。版权行政管理部门要对网盘服务商加强监管,依法查处网盘服务商违反著作权法的行为。

十二、本通知自印发之日起实施。

中央网络安全和信息化委员会办公室关于进一步加强网络侵权信息举报工作的指导意见

(2023年8月31日)

各省、自治区、直辖市党委网信办,新疆生产建设兵团党委网信办:

网络侵权信息举报工作是网信部门践行网上群众路线的重要举措,是保护网民网络合法权益的重要手段,对促进形成积极健康、向上向善的网络文化具有重要意义。为加强网络侵权信息举报工作,推动建立良好网络生态,切实维护好广大网民网络合法权益,现提出如下意见。

一、总体要求

(一)指导思想

以习近平新时代中国特色社会主义思想为指导,深入贯彻落实党的二十大和二十届一中、二中全会精神,坚持以人民为中心的发展思想,坚持围绕中心、服务大局,以提升广大网民在网络空间的获得感、幸福感、安全感为目标,以维护好广大网民网络合法权益为出发点和落脚点,以压紧压实网站平台主体责任为着力点,夯实工作基础、创新完善举措、健全制度规范、完善体制机制,突出做好涉公民个人、企业法人网络侵权信息举报工作，持续营造清朗网络空间，助力经济社会健康有序发展。

（二）主要原则

坚持系统观念。加强整体设计、注重统筹协调，推动线上线下受理处置全覆盖，主体责任和监督责任同步落实，横向协同和纵向联动一体构建，全方位、全链条推进工作。

坚持问题导向。针对网民网络维权难点堵点问题，立足职能、靶向施策、精准发力，创新工作思路、改进方法手段，着力提升网民举报投诉的有效性和处置率。

坚持依法依规。科学设置受理处置标准，严格受理处置流程，加强内部管理，注重风险防范，确保举报受理处置法律适用准确、程序完备合规，不断提高工作制度化、规范化水平。

坚持注重实效。增强针对性、突出实效性，聚焦重点领域、紧盯关键环节，综合施策、标本兼治，做深做细各项工作，确保各项重点任务落地落实。

二、夯实工作基础

（三）优化举报服务。建立多元化举报平台，实现线上线下全覆盖，满足广大网民多层次多样化举报需求。强化举报平台服务功能，提供集“举报投诉”“举报指南”“典型案例”“法律法规”等多功能于一体的举报服务产品。加强举报渠道建设，依法依规制定举报指引，明确举报要件，方便网民有效准确举报。建立投诉维权矩阵，为网民引入法律咨询、司法救济、公益诉讼、网络调解等渠道，拓展社会力量积极参与网民权益维护保障工作。

（四）健全处置机制。建立全链条闭环举报处置机制，积极受理处理本部门职责范围内的举报，视情会商研判、移送转交职责范围外的举报；加强跟踪督办，确保“事事有着落、件件有回音”。丰富举报处置手段，建立分级分类处置措施。加大惩戒力度，严惩恶意侵权、重复侵权、群体侵权。强化震慑遏制效果，严厉处置并及时公布群众反映强烈、社会舆论关注度高的典型案件。

（五）完善制度规范。健全受理处置规范，明确受理对象、受理范围、受理方式、处置举措。完善流程规范，细化集体研议、层级把关、审处分离等工作程序。建立举报人信息保护制度，严禁泄露、篡改、毁损、出售或者非法向他人提供举报人个人信息及举报材料。完善信息登记、工作台账、档案管理等制度，改进工作作风，提升服务质量。

（六）统一研判标准。充分发挥标准化建设在网络侵权信息举报工作中的基础性和引领性作用，研究制定依法有据、科学适用的网络侵权信息举报受理审核、研判处置标准。鼓励行业组织、网站平台积极参与标准制定。推动标准化实施应用，突出网站平台主体应用地位，努力实现从“有好标准”到“用好标准”的实践转化，逐步实现同一举报事项、同一受理条件、同一举证要求、同一办理结果。

（七）强化技术支撑。加强技术系统建设，提升举报受理处置便捷化、智能化水平；拓展动态监测、统计分析、趋势研判、效果评估等功能,充分发挥数据基础资源作用,提高预测预防预警能力。加快推进网信部门网络举报技术管理系统有效衔接、互联互通,统筹推进技术融合、数据融合、业务融合,提升跨层级、跨地区网络侵权信息举报协同处置能力,为建立"一体受理、一体处置"的全国"一盘棋"工作格局提供支撑。

三、切实保护公民个人网络合法权益

(八)明确涉个人举报处置重点。重点受理处置未取得个人同意或违反国家有关规定,泄露公民家庭住址、身份证件、联系方式、医疗健康、行踪轨迹、金融账户等个人信息的举报线索。重点处置窃取、兜售个人信息的违法网站、账号。重点处置利用他人姓名、肖像、职务等显著标识特征,假冒仿冒他人发布信息、表达立场观点以及开展其他网络活动的违法账号。重点处置丑化污损他人肖像、错误关联或不当使用他人肖像,侮辱谩骂、诋毁诽谤、造谣抹黑侵犯他人名誉的违法和不良信息及相关账号。

(九)建立网络暴力信息举报快速处置通道。建立线上网络暴力信息举报专区,为网民提供便捷化举报渠道,快速受理处置针对个人集中发布的不友善、不文明言论,特别是"人肉搜索"、恶意攻击、造谣诽谤等网络暴力信息。从严处置首发、首转、多发、煽动传播网络暴力信息的账号。坚持线上处置和线下查处相结合,强化与执法司法部门的协同治理,提升网络暴力信息溯源能力,依法追究网络暴力实施者法律责任,提高网络暴力违法成本,从源头上遏制网络暴力乱象。

(十)加强特殊群体网络合法权益保护。优先保护未成年人网络合法权益,及时处置以文字、图片、音视频等形式,侮辱、诽谤、威胁未成年人或者恶意损害未成年人形象的违法和不良信息。及时处置泄露未成年人姓名、住所、照片以及其他可能识别出未成年人真实身份的违法和不良信息。依法严厉打击涉未成年人网络欺凌行为。依法保护妇女、残疾人、老年人等其他特殊群体网络合法权益,坚决处置性别歧视、年龄歧视、地域歧视等制造社会矛盾、煽动群体对立的违法和不良信息。

(十一)把握举报受理处置重点领域。重点处置"自媒体"制作、复制、发布的虚假不实信息,建立网络账号(账号主体)黑名单机制,从严处理举报集中的违法违规账号及其主体。重点处置网络信息搜索服务提供者以链接、摘要、快照、联想词、相关搜索等形式推荐的侵权信息。重点处置网络话题、信息评论、网络直播、短视频、网络群组等栏目环节出现的互撕谩骂、拉踩引战等侵权信息。

四、切实维护企业网络合法权益

(十二)把握涉企举报处置重点。重点处置以吸睛引流、增粉养号、恶性竞争、不当盈利为目的,通过捏造事实、主观臆断、歪曲解读、恶意关联、蓄意炒作、翻炒旧闻等方式,侵害企业及企业家名誉、降低公众对企业产品或者服务社会评价,影响企业正常生产经营活动、干扰市场经济秩序的虚假不实信息。依法处置集纳企业负面信息进行敲诈勒索、假冒仿冒企业名称或显著标识开展网络活动的违法网站和账号。严厉打击操控舆论、恶意造谣诽谤企业名誉的网络水军。

（十三）明确重点保障企业类型。依法保护企业及企业家网络合法权益，优化企业网上营商环境，支持各类所有制企业优化改革、发展壮大。重点保护“拟上市”企业网络合法权益，为企业顺利上市融资保驾护航；重点保护上市企业网络合法权益，稳定企业市值，提振投资者信心；重点保护高新技术企业、“专精特新”企业网络合法权益，助力企业创新发展、做大做优做强。

（十四）开设线上涉企举报专区。建立“两微两端”线上涉企举报专区，明确受理范围、举报要件、举证要求，积极受理属地企业网络侵权信息举报。针对属地网络侵权信息，按照“专人负责、优先办理、全程跟踪、限时办结”的工作原则，简化工作流程、依法快速处置。针对非属地网络侵权信息，按照相关规定和相关程序及时报送中央网信办。

（十五）健全举报查证机制。拓宽工作思路，创新举证方法，丰富举证形式，降低企业举报难度，提升企业举报可行性。梳理总结侮辱谩骂污染网络生态、断章取义误导舆论、无备案仿冒假冒违法网站等显性网络侵权类别，明确无需司法、行政等国家机构举证的具体情形。探索第三方专业机构、行业标准、法律意见书、审计报告、公共服务平台查询结果、源发媒体信息等在网络侵权举证中的效用。建立与涉企职能管理部门的联动协同机制，对重要问题、重大线索进行分析研判、统筹调度，形成工作合力，为快速查证、及时处置创造有利条件。

（十六）强化举报政策指导。主动靠前服务，积极为企业想办法、解难题。加强调查研究，摸排属地企业遭遇网络侵权情况，做到情况明、底数清。宣讲举报政策，加强培训指导，做好“送政策到企业”工作。建立与属地重点企业的沟通对接渠道，定期了解企业维权诉求，对维权诉求合理的，进行“一对一”定向辅导，解析举报方法，搭建举报渠道，强化服务保障；对维权诉求不合理的，积极做好解释说明工作。

（十七）严格规范企业举报行为。切实提升审核研判能力，准确把握舆论监督内涵和网络侵权标准，正确看待网上舆论监督对提升企业治理能力、完善企业生产运营机制的重要作用。按照“依法依规、有效引导、规范渠道”的原则，依法妥善处理涉劳资、合同、股权、产权、债务、消费等权益纠纷举报。合理设置举报条件，规范企业举报行为，防范举报权利滥用、扰乱举报工作秩序。

五、压紧压实网站平台主体责任

（十八）严格督导检查。坚持全面检查和重点检查相结合，全面检查属地网站平台网络侵权信息举报工作情况，重点检查网站平台未按照有关法律法规及时处理反馈的显性网络侵权信息举报。建立问题台账，狠抓整改落实，对落实主体责任不力、网络侵权问题多发频发的网站平台，加强惩戒处罚。

（十九）设立投诉窗口。探索建立线上网民投诉受理窗口，及时办理网民关于属地网站平台处置网络侵权信息举报不及时、维护网民合法权益工作不到位的投诉。规范投诉处理程序,完善投诉处理措施,公布投诉处理办法。建立投诉办理情况查询系统,提高投诉处理质量和效率。健全网站平台网络侵权信息举报工作评价体系,引入群众评价参数指标,开展群众满意度测评。

(二十)推动信息公开。指导属地重点网站平台建立常态化网络侵权信息举报受理处置情况通报机制。运用全媒体方式,显著位置发布,深度解析受理流程、研判标准、办理时限等社区规则,引导网民精准有效举报。公布网络侵权信息举报处置数量、处置措施、典型案例,接受公众监督。公开热点侵权事件举报处置情况,回应网民关切。

(二十一)提升处置效果。指导网站平台完善分级分类网络侵权信息举报处置举措。建立快速通道机制,第一时间受理、第一时间处置显性网络侵权以及事实清楚、举证充分的举报。建立"限时加私"机制,对时效性强、举证时间久,可能给举报人造成较大负面影响的侵权信息,先行采取"加私"措施,及时阻断相关信息分享传播,为举报人完成举证提供时间窗口。建立"争议标签"机制,对涉及事项尚未得到充分证实的侵权信息,采取设置"内容存疑标签"或"链接当事人回应声明"等措施,引导网民客观评判,防止侵权信息误导舆论。

六、组织实施

(二十二)加强组织领导。提高政治站位,充分认识做好网络侵权信息举报工作的重要意义,将网络侵权信息举报工作作为管网治网重点任务,紧抓不放、常抓不懈。要精心谋划部署,制定工作方案,明确目标任务,细化工作举措。要认真组织实施,压紧压实各方责任,扎实有序推进,确保取得实效。

(二十三)注重示范引领。坚持全面部署和试点带动相结合,围绕重点任务、关键举措开展试点示范工作,鼓励思路创新、举措创新、机制创新,及时总结推广优秀做法、典型经验,积极培育形成一批符合时代特征、贴近群众需求的网络侵权信息举报工作品牌。

(二十四)强化队伍建设。配齐配强工作力量,加强思想淬炼,增强宗旨意识,涵养为民服务精神。加强实践锻炼和业务培训,提高法律素养和媒介素养,提升为民服务本领和能力,着力打造一支业务精、能力强、守纪律、明底线的高素质专业化工作队伍。

(二十五)加强宣传推广。加强线上宣传,持续开展主题宣传、成效宣传、典型宣传,通过音画图文等多种手段,立体呈现网络侵权信息举报工作。加强线下推广,组织网络侵权信息举报工作宣传进基层、进社区、进学校、进企业,不断扩大网络侵权信息举报工作的公众知晓度、社会参与度。

八、未成年人保护

中华人民共和国
未成年人保护法

（1991年9月4日第七届全国人民代表大会常务委员会第二十一次会议通过　2006年12月29日第十届全国人民代表大会常务委员会第二十五次会议第一次修订　根据2012年10月26日第十一届全国人民代表大会常务委员会第二十九次会议《关于修改〈中华人民共和国未成年人保护法〉的决定》第一次修正　2020年10月17日第十三届全国人民代表大会常务委员会第二十二次会议第二次修订　根据2024年4月26日第十四届全国人民代表大会常务委员会第九次会议《关于修改〈中华人民共和国农业技术推广法〉、〈中华人民共和国未成年人保护法〉、〈中华人民共和国生物安全法〉的决定》第二次修正）

目　　录

第一章　总　　则

第一条　为了保护未成年人身心健康，保障未成年人合法权益，促进未成年人德智体美劳全面发展，培养有理想、有道德、有文化、有纪律的社会主义建设者和接班人，培养担当民族复兴大任的时代新人，根据宪法，制定本法。

第二条　本法所称未成年人是指未满十八周岁的公民。

第三条　国家保障未成年人的生存权、发展权、受保护权、参与权等权利。

未成年人依法平等地享有各项权利，不因本人及其父母或者其他监护人的民族、种族、性别、户籍、职业、宗教信仰、教育程度、家庭状况、身心健康状况等受到歧视。

第四条　保护未成年人，应当坚持最有利于未成年人的原则。处理涉及未成年人事项，应当符合下列要求：

（一）给予未成年人特殊、优先保护；

（二）尊重未成年人人格尊严；

(三)保护未成年人隐私权和个人信息;

(四)适应未成年人身心健康发展的规律和特点;

(五)听取未成年人的意见;

(六)保护与教育相结合。

第五条 国家、社会、学校和家庭应当对未成年人进行理想教育、道德教育、科学教育、文化教育、法治教育、国家安全教育、健康教育、劳动教育,加强爱国主义、集体主义和中国特色社会主义的教育,培养爱祖国、爱人民、爱劳动、爱科学、爱社会主义的公德,抵制资本主义、封建主义和其他腐朽思想的侵蚀,引导未成年人树立和践行社会主义核心价值观。

第六条 保护未成年人,是国家机关、武装力量、政党、人民团体、企业事业单位、社会组织、城乡基层群众性自治组织、未成年人的监护人以及其他成年人的共同责任。

国家、社会、学校和家庭应当教育和帮助未成年人维护自身合法权益,增强自我保护的意识和能力。

第七条 未成年人的父母或者其他监护人依法对未成年人承担监护职责。

国家采取措施指导、支持、帮助和监督未成年人的父母或者其他监护人履行监护职责。

第八条 县级以上人民政府应当将未成年人保护工作纳入国民经济和社会发展规划,相关经费纳入本级政府预算。

第九条 各级人民政府应当重视和加强未成年人保护工作。县级以上人民政府负责妇女儿童工作的机构,负责未成年人保护工作的组织、协调、指导、督促,有关部门在各自职责范围内做好相关工作。

第十条 共产主义青年团、妇女联合会、工会、残疾人联合会、关心下一代工作委员会、青年联合会、学生联合会、少年先锋队以及其他人民团体、有关社会组织,应当协助各级人民政府及其有关部门、人民检察院、人民法院做好未成年人保护工作,维护未成年人合法权益。

第十一条 任何组织或者个人发现不利于未成年人身心健康或者侵犯未成年人合法权益的情形,都有权劝阻、制止或者向公安、民政、教育等有关部门提出检举、控告。

国家机关、居民委员会、村民委员会、密切接触未成年人的单位及其工作人员,在工作中发现未成年人身心健康受到侵害、疑似受到侵害或者面临其他危险情形的,应当立即向公安、民政、教育等有关部门报告。

有关部门接到涉及未成年人的检举、控告或者报告,应当依法及时受理、处置,并以适当方式将处理结果告知相关单位和人员。

第十二条 国家鼓励和支持未成年人保护方面的科学研究,建设相关学科、设置相关专业,加强人才培养。

第十三条 国家建立健全未成年人统计调查制度,开展未成年人健康、受教育等状况的统计、调查和分析,发布未成年人保护的有关信息。

第十四条 国家对保护未成年人有

显著成绩的组织和个人给予表彰和奖励。

第二章 家庭保护

第十五条 未成年人的父母或者其他监护人应当学习家庭教育知识，接受家庭教育指导，创造良好、和睦、文明的家庭环境。

共同生活的其他成年家庭成员应当协助未成年人的父母或者其他监护人抚养、教育和保护未成年人。

第十六条 未成年人的父母或者其他监护人应当履行下列监护职责：

（一）为未成年人提供生活、健康、安全等方面的保障；

（二）关注未成年人的生理、心理状况和情感需求；

（三）教育和引导未成年人遵纪守法、勤俭节约，养成良好的思想品德和行为习惯；

（四）对未成年人进行安全教育，提高未成年人的自我保护意识和能力；

（五）尊重未成年人受教育的权利，保障适龄未成年人依法接受并完成义务教育；

（六）保障未成年人休息、娱乐和体育锻炼的时间，引导未成年人进行有益身心健康的活动；

（七）妥善管理和保护未成年人的财产；

（八）依法代理未成年人实施民事法律行为；

（九）预防和制止未成年人的不良行为和违法犯罪行为，并进行合理管教；

（十）其他应当履行的监护职责。

第十七条 未成年人的父母或者其他监护人不得实施下列行为：

（一）虐待、遗弃、非法送养未成年人或者对未成年人实施家庭暴力；

（二）放任、教唆或者利用未成年人实施违法犯罪行为；

（三）放任、唆使未成年人参与邪教、迷信活动或者接受恐怖主义、分裂主义、极端主义等侵害；

（四）放任、唆使未成年人吸烟（含电子烟，下同）、饮酒、赌博、流浪乞讨或者欺凌他人；

（五）放任或者迫使应当接受义务教育的未成年人失学、辍学；

（六）放任未成年人沉迷网络，接触危害或者可能影响其身心健康的图书、报刊、电影、广播电视节目、音像制品、电子出版物和网络信息等；

（七）放任未成年人进入营业性娱乐场所、酒吧、互联网上网服务营业场所等不适宜未成年人活动的场所；

（八）允许或者迫使未成年人从事国家规定以外的劳动；

（九）允许、迫使未成年人结婚或者为未成年人订立婚约；

（十）违法处分、侵吞未成年人的财产或者利用未成年人牟取不正当利益；

（十一）其他侵犯未成年人身心健康、财产权益或者不依法履行未成年人保护义务的行为。

第十八条 未成年人的父母或者其他监护人应当为未成年人提供安全的家庭生活环境，及时排除引发触电、烫伤、跌落等伤害的安全隐患;采取配备儿童安全座椅、教育未成年人遵守交通规则等措施,防止未成年人受到交通事故的伤害;提高户外安全保护意识,避免未成年人发生溺水、动物伤害等事故。

第十九条 未成年人的父母或者其他监护人应当根据未成年人的年龄和智力发展状况,在作出与未成年人权益有关的决定前,听取未成年人的意见,充分考虑其真实意愿。

第二十条 未成年人的父母或者其他监护人发现未成年人身心健康受到侵害、疑似受到侵害或者其他合法权益受到侵犯的,应当及时了解情况并采取保护措施;情况严重的,应当立即向公安、民政、教育等部门报告。

第二十一条 未成年人的父母或者其他监护人不得使未满八周岁或者由于身体、心理原因需要特别照顾的未成年人处于无人看护状态,或者将其交由无民事行为能力、限制民事行为能力、患有严重传染性疾病或者其他不适宜的人员临时照护。

未成年人的父母或者其他监护人不得使未满十六周岁的未成年人脱离监护单独生活。

第二十二条 未成年人的父母或者其他监护人因外出务工等原因在一定期限内不能完全履行监护职责的,应当委托具有照护能力的完全民事行为能力人代为照护;无正当理由的,不得委托他人代为照护。

未成年人的父母或者其他监护人在确定被委托人时,应当综合考虑其道德品质、家庭状况、身心健康状况、与未成年人生活情感上的联系等情况,并听取有表达意愿能力未成年人的意见。

具有下列情形之一的,不得作为被委托人:

(一)曾实施性侵害、虐待、遗弃、拐卖、暴力伤害等违法犯罪行为;

(二)有吸毒、酗酒、赌博等恶习;

(三)曾拒不履行或者长期怠于履行监护、照护职责;

(四)其他不适宜担任被委托人的情形。

第二十三条 未成年人的父母或者其他监护人应当及时将委托照护情况书面告知未成年人所在学校、幼儿园和实际居住地的居民委员会、村民委员会,加强和未成年人所在学校、幼儿园的沟通;与未成年人、被委托人至少每周联系和交流一次,了解未成年人的生活、学习、心理等情况,并给予未成年人亲情关爱。

未成年人的父母或者其他监护人接到被委托人、居民委员会、村民委员会、学校、幼儿园等关于未成年人心理、行为异常的通知后,应当及时采取干预措施。

第二十四条 未成年人的父母离婚时,应当妥善处理未成年子女的抚养、教育、探望、财产等事宜,听取有表达意愿能力未成年人的意见。不得以抢夺、藏匿未成年子女等方式争夺抚养权。

未成年人的父母离婚后,不直接抚养未成年子女的一方应当依照协议、人民法院判决或者调解确定的时间和方式,在不影响未成年人学习、生活的情况下探望未成年子女,直接抚养的一方应当配合，但被人民法院依法中止探望权的除外。

第三章 学校保护

第二十五条 学校应当全面贯彻国家教育方针，坚持立德树人，实施素质教育，提高教育质量，注重培养未成年学生认知能力、合作能力、创新能力和实践能力，促进未成年学生全面发展。

学校应当建立未成年学生保护工作制度，健全学生行为规范，培养未成年学生遵纪守法的良好行为习惯。

第二十六条 幼儿园应当做好保育、教育工作，遵循幼儿身心发展规律，实施启蒙教育，促进幼儿在体质、智力、品德等方面和谐发展。

第二十七条 学校、幼儿园的教职员工应当尊重未成年人人格尊严，不得对未成年人实施体罚、变相体罚或者其他侮辱人格尊严的行为。

第二十八条 学校应当保障未成年学生受教育的权利，不得违反国家规定开除、变相开除未成年学生。

学校应当对尚未完成义务教育的辍学未成年学生进行登记并劝返复学；劝返无效的，应当及时向教育行政部门书面报告。

第二十九条 学校应当关心、爱护未成年学生，不得因家庭、身体、心理、学习能力等情况歧视学生。对家庭困难、身心有障碍的学生，应当提供关爱；对行为异常、学习有困难的学生，应当耐心帮助。

学校应当配合政府有关部门建立留守未成年学生、困境未成年学生的信息档案，开展关爱帮扶工作。

第三十条 学校应当根据未成年学生身心发展特点，进行社会生活指导、心理健康辅导、青春期教育和生命教育。

第三十一条 学校应当组织未成年学生参加与其年龄相适应的日常生活劳动、生产劳动和服务性劳动，帮助未成年学生掌握必要的劳动知识和技能，养成良好的劳动习惯。

第三十二条 学校、幼儿园应当开展勤俭节约、反对浪费、珍惜粮食、文明饮食等宣传教育活动，帮助未成年人树立浪费可耻、节约为荣的意识，养成文明健康、绿色环保的生活习惯。

第三十三条 学校应当与未成年学生的父母或者其他监护人互相配合，合理安排未成年学生的学习时间，保障其休息、娱乐和体育锻炼的时间。

学校不得占用国家法定节假日、休息日及寒暑假期，组织义务教育阶段的未成年学生集体补课，加重其学习负担。

幼儿园、校外培训机构不得对学龄前未成年人进行小学课程教育。

第三十四条 学校、幼儿园应当提供必要的卫生保健条件，协助卫生健康部门做好在校、在园未成年人的卫生保健工作。

第三十五条 学校、幼儿园应当建立安全管理制度，对未成年人进行安全教育，完善安保设施、配备安保人员，保障未成年人在校、在园期间的人身和财产安全。

学校、幼儿园不得在危及未成年人

人身安全、身心健康的校舍和其他设施、场所中进行教育教学活动。

学校、幼儿园安排未成年人参加文化娱乐、社会实践等集体活动,应当保护未成年人的身心健康,防止发生人身伤害事故。

第三十六条 使用校车的学校、幼儿园应当建立健全校车安全管理制度,配备安全管理人员,定期对校车进行安全检查,对校车驾驶人进行安全教育,并向未成年人讲解校车安全乘坐知识,培养未成年人校车安全事故应急处理技能。

第三十七条 学校、幼儿园应当根据需要,制定应对自然灾害、事故灾难、公共卫生事件等突发事件和意外伤害的预案,配备相应设施并定期进行必要的演练。

未成年人在校内、园内或者本校、本园组织的校外、园外活动中发生人身伤害事故的,学校、幼儿园应当立即救护,妥善处理,及时通知未成年人的父母或者其他监护人,并向有关部门报告。

第三十八条 学校、幼儿园不得安排未成年人参加商业性活动,不得向未成年人及其父母或者其他监护人推销或者要求其购买指定的商品和服务。

学校、幼儿园不得与校外培训机构合作为未成年人提供有偿课程辅导。

第三十九条 学校应当建立学生欺凌防控工作制度,对教职员工、学生等开展防治学生欺凌的教育和培训。

学校对学生欺凌行为应当立即制止,通知实施欺凌和被欺凌未成年学生的父母或者其他监护人参与欺凌行为的认定和处理;对相关未成年学生及时给予心理辅导、教育和引导;对相关未成年学生的父母或者其他监护人给予必要的家庭教育指导。

对实施欺凌的未成年学生,学校应当根据欺凌行为的性质和程度,依法加强管教。对严重的欺凌行为,学校不得隐瞒,应当及时向公安机关、教育行政部门报告,并配合相关部门依法处理。

第四十条 学校、幼儿园应当建立预防性侵害、性骚扰未成年人工作制度。对性侵害、性骚扰未成年人等违法犯罪行为,学校、幼儿园不得隐瞒,应当及时向公安机关、教育行政部门报告,并配合相关部门依法处理。

学校、幼儿园应当对未成年人开展适合其年龄的性教育,提高未成年人防范性侵害、性骚扰的自我保护意识和能力。对遭受性侵害、性骚扰的未成年人,学校、幼儿园应当及时采取相关的保护措施。

第四十一条 婴幼儿照护服务机构、早期教育服务机构、校外培训机构、校外托管机构等应当参照本章有关规定,根据不同年龄阶段未成年人的成长特点和规律,做好未成年人保护工作。

第四章 社会保护

第四十二条 全社会应当树立关心、爱护未成年人的良好风尚。

国家鼓励、支持和引导人民团体、企业事业单位、社会组织以及其他组织和个人,开展有利于未成年人健康成长的社会活动和服务。

第四十三条 居民委员会、村民委员会应当设置专人专岗负责未成年人保护工作，协助政府有关部门宣传未成年人保护方面的法律法规，指导、帮助和监督未成年人的父母或者其他监护人依法履行监护职责，建立留守未成年人、困境未成年人的信息档案并给予关爱帮扶。

居民委员会、村民委员会应当协助政府有关部门监督未成年人委托照护情况，发现被委托人缺乏照护能力、怠于履行照护职责等情况，应当及时向政府有关部门报告，并告知未成年人的父母或者其他监护人，帮助、督促被委托人履行照护职责。

第四十四条 爱国主义教育基地、图书馆、青少年宫、儿童活动中心、儿童之家应当对未成年人免费开放；博物馆、纪念馆、科技馆、展览馆、美术馆、文化馆、社区公益性互联网上网服务场所以及影剧院、体育场馆、动物园、植物园、公园等场所，应当按照有关规定对未成年人免费或者优惠开放。

国家鼓励爱国主义教育基地、博物馆、科技馆、美术馆等公共场馆开设未成年人专场，为未成年人提供有针对性的服务。

国家鼓励国家机关、企业事业单位、部队等开发自身教育资源，设立未成年人开放日，为未成年人主题教育、社会实践、职业体验等提供支持。

国家鼓励科研机构和科技类社会组织对未成年人开展科学普及活动。

第四十五条 城市公共交通以及公路、铁路、水路、航空客运等应当按照有关规定对未成年人实施免费或者优惠票价。

第四十六条 国家鼓励大型公共场所、公共交通工具、旅游景区景点等设置母婴室、婴儿护理台以及方便幼儿使用的坐便器、洗手台等卫生设施，为未成年人提供便利。

第四十七条 任何组织或者个人不得违反有关规定，限制未成年人应当享有的照顾或者优惠。

第四十八条 国家鼓励创作、出版、制作和传播有利于未成年人健康成长的图书、报刊、电影、广播电视节目、舞台艺术作品、音像制品、电子出版物和网络信息等。

第四十九条 新闻媒体应当加强未成年人保护方面的宣传，对侵犯未成年人合法权益的行为进行舆论监督。新闻媒体采访报道涉及未成年人事件应当客观、审慎和适度，不得侵犯未成年人的名誉、隐私和其他合法权益。

第五十条 禁止制作、复制、出版、发布、传播含有宣扬淫秽、色情、暴力、邪教、迷信、赌博、引诱自杀、恐怖主义、分裂主义、极端主义等危害未成年人身心健康内容的图书、报刊、电影、广播电视节目、舞台艺术作品、音像制品、电子出版物和网络信息等。

第五十一条 任何组织或者个人出版、发布、传播的图书、报刊、电影、广播电视节目、舞台艺术作品、音像制品、电子出版物或者网络信息，包含可能影响未成年人身心健康内容的，应当以显著方式作出提示。

第五十二条 禁止制作、复制、发布、传播或者持有有关未成年人的淫秽色情物品和网络信息。

第五十三条 任何组织或者个人不得刊登、播放、张贴或者散发含有危害未成年人身心健康内容的广告;不得在学校、幼儿园播放、张贴或者散发商业广告;不得利用校服、教材等发布或者变相发布商业广告。

第五十四条 禁止拐卖、绑架、虐待、非法收养未成年人,禁止对未成年人实施性侵害、性骚扰。

禁止胁迫、引诱、教唆未成年人参加黑社会性质组织或者从事违法犯罪活动。

禁止胁迫、诱骗、利用未成年人乞讨。

第五十五条 生产、销售用于未成年人的食品、药品、玩具、用具和游戏游艺设备、游乐设施等,应当符合国家或者行业标准,不得危害未成年人的人身安全和身心健康。上述产品的生产者应当在显著位置标明注意事项,未标明注意事项的不得销售。

第五十六条 未成年人集中活动的公共场所应当符合国家或者行业安全标准,并采取相应安全保护措施。对可能存在安全风险的设施,应当定期进行维护,在显著位置设置安全警示标志并标明适龄范围和注意事项;必要时应当安排专门人员看管。

大型的商场、超市、医院、图书馆、博物馆、科技馆、游乐场、车站、码头、机场、旅游景区景点等场所运营单位应当设置搜寻走失未成年人的安全警报系统。场所运营单位接到求助后,应当立即启动安全警报系统,组织人员进行搜寻并向公安机关报告。

公共场所发生突发事件时,应当优先救护未成年人。

第五十七条 旅馆、宾馆、酒店等住宿经营者接待未成年人入住,或者接待未成年人和成年人共同入住时,应当询问父母或者其他监护人的联系方式、入住人员的身份关系等有关情况;发现有违法犯罪嫌疑的,应当立即向公安机关报告,并及时联系未成年人的父母或者其他监护人。

第五十八条 学校、幼儿园周边不得设置营业性娱乐场所、酒吧、互联网上网服务营业场所等不适宜未成年人活动的场所。营业性歌舞娱乐场所、酒吧、互联网上网服务营业场所等不适宜未成年人活动场所的经营者,不得允许未成年人进入;游艺娱乐场所设置的电子游戏设备,除国家法定节假日外,不得向未成年人提供。经营者应当在显著位置设置未成年人禁入、限入标志;对难以判明是否是未成年人的,应当要求其出示身份证件。

第五十九条 学校、幼儿园周边不得设置烟、酒、彩票销售网点。禁止向未成年人销售烟、酒、彩票或者兑付彩票奖金。烟、酒和彩票经营者应当在显著位置设置不向未成年人销售烟、酒或者彩票的标志;对难以判明是否是未成年人的,应当要求其出示身份证件。

任何人不得在学校、幼儿园和其他未成年人集中活动的公共场所吸烟、饮酒。

第六十条 禁止向未成年人提供、销售管制刀具或者其他可能致人严重伤害的器具等物品。经营者难以判明购买者是否是未成年人的，应当要求其出示身份证件。

第六十一条 任何组织或者个人不得招用未满十六周岁未成年人，国家另有规定的除外。

营业性娱乐场所、酒吧、互联网上网服务营业场所等不适宜未成年人活动的场所不得招用已满十六周岁的未成年人。

招用已满十六周岁未成年人的单位和个人应当执行国家在工种、劳动时间、劳动强度和保护措施等方面的规定，不得安排其从事过重、有毒、有害等危害未成年人身心健康的劳动或者危险作业。

任何组织或者个人不得组织未成年人进行危害其身心健康的表演等活动。经未成年人的父母或者其他监护人同意，未成年人参与演出、节目制作等活动，活动组织方应当根据国家有关规定，保障未成年人合法权益。

第六十二条 密切接触未成年人的单位招聘工作人员时，应当向公安机关、人民检察院查询应聘者是否具有性侵害、虐待、拐卖、暴力伤害等违法犯罪记录；发现其具有前述行为记录的，不得录用。

密切接触未成年人的单位应当每年定期对工作人员是否具有上述违法犯罪记录进行查询。通过查询或者其他方式发现其工作人员具有上述行为的，应当及时解聘。

第六十三条 任何组织或者个人不得隐匿、毁弃、非法删除未成年人的信件、日记、电子邮件或者其他网络通讯内容。

除下列情形外，任何组织或者个人不得开拆、查阅未成年人的信件、日记、电子邮件或者其他网络通讯内容：

（一）无民事行为能力未成年人的父母或者其他监护人代未成年人开拆、查阅；

（二）因国家安全或者追查刑事犯罪依法进行检查；

（三）紧急情况下为了保护未成年人本人的人身安全。

第五章　网络保护

第六十四条 国家、社会、学校和家庭应当加强未成年人网络素养宣传教育，培养和提高未成年人的网络素养，增强未成年人科学、文明、安全、合理使用网络的意识和能力，保障未成年人在网络空间的合法权益。

第六十五条 国家鼓励和支持有利于未成年人健康成长的网络内容的创作与传播，鼓励和支持专门以未成年人为服务对象、适合未成年人身心健康特点的网络技术、产品、服务的研发、生产和使用。

第六十六条 网信部门及其他有关部门应当加强对未成年人网络保护工作的监督检查，依法惩处利用网络从事危害未成年人身心健康的活动,为未成年人提供安全、健康的网络环境。

第六十七条 网信部门会同公安、文化和旅游、新闻出版、电影、广播电视等部门根据保护不同年龄阶段未成年人的需要,确定可能影响未成年人身心健康网络信息的种类、范围和判断标准。

第六十八条 新闻出版、教育、卫生健康、文化和旅游、网信等部门应当定期开展预防未成年人沉迷网络的宣传教育,监督网络产品和服务提供者履行预防未成年人沉迷网络的义务,指导家庭、学校、社会组织互相配合,采取科学、合理的方式对未成年人沉迷网络进行预防和干预。

任何组织或者个人不得以侵害未成年人身心健康的方式对未成年人沉迷网络进行干预。

第六十九条 学校、社区、图书馆、文化馆、青少年宫等场所为未成年人提供的互联网上网服务设施,应当安装未成年人网络保护软件或者采取其他安全保护技术措施。

智能终端产品的制造者、销售者应当在产品上安装未成年人网络保护软件,或者以显著方式告知用户未成年人网络保护软件的安装渠道和方法。

第七十条 学校应当合理使用网络开展教学活动。未经学校允许,未成年学生不得将手机等智能终端产品带入课堂,带入学校的应当统一管理。

学校发现未成年学生沉迷网络的,应当及时告知其父母或者其他监护人,共同对未成年学生进行教育和引导,帮助其恢复正常的学习生活。

第七十一条 未成年人的父母或者其他监护人应当提高网络素养,规范自身使用网络的行为,加强对未成年人使用网络行为的引导和监督。

未成年人的父母或者其他监护人应当通过在智能终端产品上安装未成年人网络保护软件、选择适合未成年人的服务模式和管理功能等方式,避免未成年人接触危害或者可能影响其身心健康的网络信息,合理安排未成年人使用网络的时间,有效预防未成年人沉迷网络。

第七十二条 信息处理者通过网络处理未成年人个人信息的,应当遵循合法、正当和必要的原则。处理不满十四周岁未成年人个人信息的,应当征得未成年人的父母或者其他监护人同意,但法律、行政法规另有规定的除外。

未成年人、父母或者其他监护人要求信息处理者更正、删除未成年人个人信息的,信息处理者应当及时采取措施予以更正、删除,但法律、行政法规另有规定的除外。

第七十三条 网络服务提供者发现未成年人通过网络发布私密信息的,应当及时提示,并采取必要的保护措施。

第七十四条 网络产品和服务提供者不得向未成年人提供诱导其沉迷的产品和服务。

网络游戏、网络直播、网络音视频、网络社交等网络服务提供者应当针对未成年人使用其服务设置相应的时间管理、权限管理、消费管理等功能。

以未成年人为服务对象的在线教育

网络产品和服务，不得插入网络游戏链接，不得推送广告等与教学无关的信息。

第七十五条 网络游戏经依法审批后方可运营。

国家建立统一的未成年人网络游戏电子身份认证系统。网络游戏服务提供者应当要求未成年人以真实身份信息注册并登录网络游戏。

网络游戏服务提供者应当按照国家有关规定和标准，对游戏产品进行分类，作出适龄提示，并采取技术措施，不得让未成年人接触不适宜的游戏或者游戏功能。

网络游戏服务提供者不得在每日二十二时至次日八时向未成年人提供网络游戏服务。

第七十六条 网络直播服务提供者不得为未满十六周岁的未成年人提供网络直播发布者账号注册服务；为年满十六周岁的未成年人提供网络直播发布者账号注册服务时，应当对其身份信息进行认证，并征得其父母或者其他监护人同意。

第七十七条 任何组织或者个人不得通过网络以文字、图片、音视频等形式，对未成年人实施侮辱、诽谤、威胁或者恶意损害形象等网络欺凌行为。

遭受网络欺凌的未成年人及其父母或者其他监护人有权通知网络服务提供者采取删除、屏蔽、断开链接等措施。网络服务提供者接到通知后，应当及时采取必要的措施制止网络欺凌行为，防止信息扩散。

第七十八条 网络产品和服务提供者应当建立便捷、合理、有效的投诉和举报渠道，公开投诉、举报方式等信息，及时受理并处理涉及未成年人的投诉、举报。

第七十九条 任何组织或者个人发现网络产品、服务含有危害未成年人身心健康的信息，有权向网络产品和服务提供者或者网信、公安等部门投诉、举报。

第八十条 网络服务提供者发现用户发布、传播可能影响未成年人身心健康的信息且未作显著提示的，应当作出提示或者通知用户予以提示；未作出提示的，不得传输相关信息。

网络服务提供者发现用户发布、传播含有危害未成年人身心健康内容的信息的，应当立即停止传输相关信息，采取删除、屏蔽、断开链接等处置措施，保存有关记录，并向网信、公安等部门报告。

网络服务提供者发现用户利用其网络服务对未成年人实施违法犯罪行为的，应当立即停止向该用户提供网络服务，保存有关记录，并向公安机关报告。

第六章 政府保护

第八十一条 县级以上人民政府承担未成年人保护协调机制具体工作的职能部门应当明确相关内设机构或者专门人员，负责承担未成年人保护工作。

乡镇人民政府和街道办事处应当设立未成年人保护工作站或者指定专门人员，及时办理未成年人相关事务；支持、指导居民委员会、村民委员会设立专人专岗，做好未成年人保护工作。

第八十二条 各级人民政府应当将家庭教育指导服务纳入城乡公共服务体系,开展家庭教育知识宣传,鼓励和支持有关人民团体、企业事业单位、社会组织开展家庭教育指导服务。

第八十三条 各级人民政府应当保障未成年人受教育的权利,并采取措施保障留守未成年人、困境未成年人、残疾未成年人接受义务教育。

对尚未完成义务教育的辍学未成年学生,教育行政部门应当责令父母或者其他监护人将其送入学校接受义务教育。

第八十四条 各级人民政府应当发展托育、学前教育事业,办好婴幼儿照护服务机构、幼儿园,支持社会力量依法兴办母婴室、婴幼儿照护服务机构、幼儿园。

县级以上地方人民政府及其有关部门应当培养和培训婴幼儿照护服务机构、幼儿园的保教人员,提高其职业道德素质和业务能力。

第八十五条 各级人民政府应当发展职业教育,保障未成年人接受职业教育或者职业技能培训,鼓励和支持人民团体、企业事业单位、社会组织为未成年人提供职业技能培训服务。

第八十六条 各级人民政府应当保障具有接受普通教育能力、能适应校园生活的残疾未成年人就近在普通学校、幼儿园接受教育;保障不具有接受普通教育能力的残疾未成年人在特殊教育学校、幼儿园接受学前教育、义务教育和职业教育。

各级人民政府应当保障特殊教育学校、幼儿园的办学、办园条件,鼓励和支持社会力量举办特殊教育学校、幼儿园。

第八十七条 地方人民政府及其有关部门应当保障校园安全,监督、指导学校、幼儿园等单位落实校园安全责任,建立突发事件的报告、处置和协调机制。

第八十八条 公安机关和其他有关部门应当依法维护校园周边的治安和交通秩序,设置监控设备和交通安全设施,预防和制止侵害未成年人的违法犯罪行为。

第八十九条 地方人民政府应当建立和改善适合未成年人的活动场所和设施,支持公益性未成年人活动场所和设施的建设和运行,鼓励社会力量兴办适合未成年人的活动场所和设施,并加强管理。

地方人民政府应当采取措施,鼓励和支持学校在国家法定节假日、休息日及寒暑假期将文化体育设施对未成年人免费或者优惠开放。

地方人民政府应当采取措施,防止任何组织或者个人侵占、破坏学校、幼儿园、婴幼儿照护服务机构等未成年人活动场所的场地、房屋和设施。

第九十条 各级人民政府及其有关部门应当对未成年人进行卫生保健和营养指导,提供卫生保健服务。

卫生健康部门应当依法对未成年人的疫苗预防接种进行规范,防治未成年人常见病、多发病,加强传染病防治和监督管理,做好伤害预防和干预,指导和监督学校、幼儿园、婴幼儿照护服务机构开展卫生保健工作。

教育行政部门应当加强未成年人的心理健康教育，建立未成年人心理问题的早期发现和及时干预机制。卫生健康部门应当做好未成年人心理治疗、心理危机干预以及精神障碍早期识别和诊断治疗等工作。

第九十一条 各级人民政府及其有关部门对困境未成年人实施分类保障，采取措施满足其生活、教育、安全、医疗康复、住房等方面的基本需要。

第九十二条 具有下列情形之一的，民政部门应当依法对未成年人进行临时监护：

（一）未成年人流浪乞讨或者身份不明，暂时查找不到父母或者其他监护人；

（二）监护人下落不明且无其他人可以担任监护人；

（三）监护人因自身客观原因或者因发生自然灾害、事故灾难、公共卫生事件等突发事件不能履行监护职责，导致未成年人监护缺失；

（四）监护人拒绝或者怠于履行监护职责，导致未成年人处于无人照料的状态；

（五）监护人教唆、利用未成年人实施违法犯罪行为，未成年人需要被带离安置；

（六）未成年人遭受监护人严重伤害或者面临人身安全威胁，需要被紧急安置；

（七）法律规定的其他情形。

第九十三条 对临时监护的未成年人，民政部门可以采取委托亲属抚养、家庭寄养等方式进行安置，也可以交由未成年人救助保护机构或者儿童福利机构进行收留、抚养。

临时监护期间，经民政部门评估，监护人重新具备履行监护职责条件的，民政部门可以将未成年人送回监护人抚养。

第九十四条 具有下列情形之一的，民政部门应当依法对未成年人进行长期监护：

（一）查找不到未成年人的父母或者其他监护人；

（二）监护人死亡或者被宣告死亡且无其他人可以担任监护人；

（三）监护人丧失监护能力且无其他人可以担任监护人；

（四）人民法院判决撤销监护人资格并指定由民政部门担任监护人；

（五）法律规定的其他情形。

第九十五条 民政部门进行收养评估后，可以依法将其长期监护的未成年人交由符合条件的申请人收养。收养关系成立后，民政部门与未成年人的监护关系终止。

第九十六条 民政部门承担临时监护或者长期监护职责的，财政、教育、卫生健康、公安等部门应当根据各自职责予以配合。

县级以上人民政府及其民政部门应当根据需要设立未成年人救助保护机构、儿童福利机构，负责收留、抚养由民政部门监护的未成年人。

第九十七条 县级以上人民政府应当开通全国统一的未成年人保护热线，

及时受理、转介侵犯未成年人合法权益的投诉、举报;鼓励和支持人民团体、企业事业单位、社会组织参与建设未成年人保护服务平台、服务热线、服务站点,提供未成年人保护方面的咨询、帮助。

第九十八条 国家建立性侵害、虐待、拐卖、暴力伤害等违法犯罪人员信息查询系统,向密切接触未成年人的单位提供免费查询服务。

第九十九条 地方人民政府应当培育、引导和规范有关社会组织、社会工作者参与未成年人保护工作,开展家庭教育指导服务,为未成年人的心理辅导、康复救助、监护及收养评估等提供专业服务。

第七章 司法保护

第一百条 公安机关、人民检察院、人民法院和司法行政部门应当依法履行职责,保障未成年人合法权益。

第一百零一条 公安机关、人民检察院、人民法院和司法行政部门应当确定专门机构或者指定专门人员,负责办理涉及未成年人案件。办理涉及未成年人案件的人员应当经过专门培训,熟悉未成年人身心特点。专门机构或者专门人员中,应当有女性工作人员。

公安机关、人民检察院、人民法院和司法行政部门应当对上述机构和人员实行与未成年人保护工作相适应的评价考核标准。

第一百零二条 公安机关、人民检察院、人民法院和司法行政部门办理涉及未成年人案件,应当考虑未成年人身心特点和健康成长的需要,使用未成年人能够理解的语言和表达方式,听取未成年人的意见。

第一百零三条 公安机关、人民检察院、人民法院、司法行政部门以及其他组织和个人不得披露有关案件中未成年人的姓名、影像、住所、就读学校以及其他可能识别出其身份的信息,但查找失踪、被拐卖未成年人等情形除外。

第一百零四条 对需要法律援助或者司法救助的未成年人,法律援助机构或者公安机关、人民检察院、人民法院和司法行政部门应当给予帮助,依法为其提供法律援助或者司法救助。

法律援助机构应当指派熟悉未成年人身心特点的律师为未成年人提供法律援助服务。

法律援助机构和律师协会应当对办理未成年人法律援助案件的律师进行指导和培训。

第一百零五条 人民检察院通过行使检察权,对涉及未成年人的诉讼活动等依法进行监督。

第一百零六条 未成年人合法权益受到侵犯,相关组织和个人未代为提起诉讼的,人民检察院可以督促、支持其提起诉讼;涉及公共利益的,人民检察院有权提起公益诉讼。

第一百零七条 人民法院审理继承案件,应当依法保护未成年人的继承权和受遗赠权。

人民法院审理离婚案件,涉及未成年子女抚养问题的,应当尊重已满八周岁未成年子女的真实意愿,根据双方具体情况，按照最有利于未成年子女的原则依法处理。

第一百零八条 未成年人的父母或者其他监护人不依法履行监护职责或者严重侵犯被监护的未成年人合法权益的，人民法院可以根据有关人员或者单位的申请，依法作出人身安全保护令或者撤销监护人资格。

被撤销监护人资格的父母或者其他监护人应当依法继续负担抚养费用。

第一百零九条 人民法院审理离婚、抚养、收养、监护、探望等案件涉及未成年人的，可以自行或者委托社会组织对未成年人的相关情况进行社会调查。

第一百一十条 公安机关、人民检察院、人民法院讯问未成年犯罪嫌疑人、被告人，询问未成年被害人、证人，应当依法通知其法定代理人或者其成年亲属、所在学校的代表等合适成年人到场，并采取适当方式，在适当场所进行，保障未成年人的名誉权、隐私权和其他合法权益。

人民法院开庭审理涉及未成年人案件，未成年被害人、证人一般不出庭作证；必须出庭的，应当采取保护其隐私的技术手段和心理干预等保护措施。

第一百一十一条 公安机关、人民检察院、人民法院应当与其他有关政府部门、人民团体、社会组织互相配合，对遭受性侵害或者暴力伤害的未成年被害人及其家庭实施必要的心理干预、经济救助、法律援助、转学安置等保护措施。

第一百一十二条 公安机关、人民检察院、人民法院办理未成年人遭受性侵害或者暴力伤害案件，在询问未成年被害人、证人时，应当采取同步录音录像等措施，尽量一次完成；未成年被害人、证人是女性的，应当由女性工作人员进行。

第一百一十三条 对违法犯罪的未成年人，实行教育、感化、挽救的方针，坚持教育为主、惩罚为辅的原则。

对违法犯罪的未成年人依法处罚后，在升学、就业等方面不得歧视。

第一百一十四条 公安机关、人民检察院、人民法院和司法行政部门发现有关单位未尽到未成年人教育、管理、救助、看护等保护职责的，应当向该单位提出建议。被建议单位应当在一个月内作出书面回复。

第一百一十五条 公安机关、人民检察院、人民法院和司法行政部门应当结合实际，根据涉及未成年人案件的特点，开展未成年人法治宣传教育工作。

第一百一十六条 国家鼓励和支持社会组织、社会工作者参与涉及未成年人案件中未成年人的心理干预、法律援助、社会调查、社会观护、教育矫治、社区矫正等工作。

第八章　法律责任

第一百一十七条 违反本法第十一条第二款规定，未履行报告义务造成严重后果的，由上级主管部门或者所在单位对直接负责的主管人员和其他直接责任人员依法给予处分。

第一百一十八条 未成年人的父母或者其他监护人不依法履行监护职责或

者侵犯未成年人合法权益的,由其居住地的居民委员会、村民委员会予以劝诫、制止;情节严重的,居民委员会、村民委员会应当及时向公安机关报告。

公安机关接到报告或者公安机关、人民检察院、人民法院在办理案件过程中发现未成年人的父母或者其他监护人存在上述情形的,应当予以训诫,并可以责令其接受家庭教育指导。

第一百一十九条 学校、幼儿园、婴幼儿照护服务等机构及其教职员工违反本法第二十七条、第二十八条、第三十九条规定的,由公安、教育、卫生健康、市场监督管理等部门按照职责分工责令改正;拒不改正或者情节严重的,对直接负责的主管人员和其他直接责任人员依法给予处分。

第一百二十条 违反本法第四十四条、第四十五条、第四十七条规定,未给予未成年人免费或者优惠待遇的,由市场监督管理、文化和旅游、交通运输等部门按照职责分工责令限期改正,给予警告;拒不改正的,处一万元以上十万元以下罚款。

第一百二十一条 违反本法第五十条、第五十一条规定的,由新闻出版、广播电视、电影、网信等部门按照职责分工责令限期改正,给予警告,没收违法所得,可以并处十万元以下罚款;拒不改正或者情节严重的,责令暂停相关业务、停产停业或者吊销营业执照、吊销相关许可证,违法所得一百万元以上的,并处违法所得一倍以上十倍以下的罚款,没有违法所得或者违法所得不足一百万元的,并处十万元以上一百万元以下罚款。

第一百二十二条 场所运营单位违反本法第五十六条第二款规定、住宿经营者违反本法第五十七条规定的,由市场监督管理、应急管理、公安等部门按照职责分工责令限期改正,给予警告;拒不改正或者造成严重后果的,责令停业整顿或者吊销营业执照、吊销相关许可证,并处一万元以上十万元以下罚款。

第一百二十三条 相关经营者违反本法第五十八条、第五十九条第一款、第六十条规定的,由文化和旅游、市场监督管理、烟草专卖、公安等部门按照职责分工责令限期改正,给予警告,没收违法所得,可以并处五万元以下罚款;拒不改正或者情节严重的,责令停业整顿或者吊销营业执照、吊销相关许可证,可以并处五万元以上五十万元以下罚款。

第一百二十四条 违反本法第五十九条第二款规定,在学校、幼儿园和其他未成年人集中活动的公共场所吸烟、饮酒的,由卫生健康、教育、市场监督管理等部门按照职责分工责令改正,给予警告,可以并处五百元以下罚款;场所管理者未及时制止的,由卫生健康、教育、市场监督管理等部门按照职责分工给予警告,并处一万元以下罚款。

第一百二十五条 违反本法第六十一条规定的,由文化和旅游、人力资源和社会保障、市场监督管理等部门按照职责分工责令限期改正,给予警告,没收违法所得,可以并处十万元以下罚款;拒不改正或者情节严重的,责令停产停业或者吊销营业执照、吊销相关许可证,并处十万元以上一百万元以下罚款。

第一百二十六条 密切接触未成年人的单位违反本法第六十二条规定,未履行查询义务,或者招用、继续聘用具有相关违法犯罪记录人员的,由教育、人力资源和社会保障、市场监督管理等部门按照职责分工责令限期改正,给予警告,并处五万元以下罚款;拒不改正或者造成严重后果的,责令停业整顿或者吊销营业执照、吊销相关许可证,并处五万元以上五十万元以下罚款,对直接负责的主管人员和其他直接责任人员依法给予处分。

第一百二十七条 信息处理者违反本法第七十二条规定,或者网络产品和服务提供者违反本法第七十三条、第七十四条、第七十五条、第七十六条、第七十七条、第八十条规定的,由公安、网信、电信、新闻出版、广播电视、文化和旅游等有关部门按照职责分工责令改正,给予警告,没收违法所得,违法所得一百万元以上的,并处违法所得一倍以上十倍以下罚款,没有违法所得或者违法所得不足一百万元的,并处十万元以上一百万元以下罚款,对直接负责的主管人员和其他责任人员处一万元以上十万元以下罚款;拒不改正或者情节严重的,并可以责令暂停相关业务、停业整顿、关闭网站、吊销营业执照或者吊销相关许可证。

第一百二十八条 国家机关工作人员玩忽职守、滥用职权、徇私舞弊,损害未成年人合法权益的,依法给予处分。

第一百二十九条 违反本法规定,侵犯未成年人合法权益,造成人身、财产或者其他损害的,依法承担民事责任。

违反本法规定,构成违反治安管理行为的,依法给予治安管理处罚;构成犯罪的,依法追究刑事责任。

第九章　附　　则

第一百三十条 本法中下列用语的含义:

(一)密切接触未成年人的单位,是指学校、幼儿园等教育机构;校外培训机构;未成年人救助保护机构、儿童福利机构等未成年人安置、救助机构;婴幼儿照护服务机构、早期教育服务机构;校外托管、临时看护机构;家政服务机构;为未成年人提供医疗服务的医疗机构;其他对未成年人负有教育、培训、监护、救助、看护、医疗等职责的企业事业单位、社会组织等。

(二)学校,是指普通中小学、特殊教育学校、中等职业学校、专门学校。

(三)学生欺凌,是指发生在学生之间,一方蓄意或者恶意通过肢体、语言及网络等手段实施欺压、侮辱,造成另一方人身伤害、财产损失或者精神损害的行为。

第一百三十一条 对中国境内未满十八周岁的外国人、无国籍人,依照本法有关规定予以保护。

第一百三十二条 本法自 2021 年 6 月 1 日起施行。

中华人民共和国
预防未成年人犯罪法

(1999年6月28日第九届全国人民代表大会常务委员会第十次会议通过　根据2012年10月26日第十一届全国人民代表大会常务委员会第二十九次会议《关于修改〈中华人民共和国预防未成年人犯罪法〉的决定》修正　2020年12月26日第十三届全国人民代表大会常务委员会第二十四次会议修订)

目　　录

第一章　总　　则

第一条　为了保障未成年人身心健康,培养未成年人良好品行,有效预防未成年人违法犯罪,制定本法。

第二条　预防未成年人犯罪,立足于教育和保护未成年人相结合,坚持预防为主、提前干预,对未成年人的不良行为和严重不良行为及时进行分级预防、干预和矫治。

第三条　开展预防未成年人犯罪工作,应当尊重未成年人人格尊严,保护未成年人的名誉权、隐私权和个人信息等合法权益。

第四条　预防未成年人犯罪,在各级人民政府组织下,实行综合治理。

国家机关、人民团体、社会组织、企业事业单位、居民委员会、村民委员会、学校、家庭等各负其责、相互配合,共同做好预防未成年人犯罪工作,及时消除滋生未成年人违法犯罪行为的各种消极因素,为未成年人身心健康发展创造良好的社会环境。

第五条　各级人民政府在预防未成年人犯罪方面的工作职责是:

(一)制定预防未成年人犯罪工作规划;

(二)组织公安、教育、民政、文化和旅游、市场监督管理、网信、卫生健康、新闻出版、电影、广播电视、司法行政等有关部门开展预防未成年人犯罪工作;

(三)为预防未成年人犯罪工作提供政策支持和经费保障;

(四)对本法的实施情况和工作规划的执行情况进行检查;

(五)组织开展预防未成年人犯罪宣传教育;

(六)其他预防未成年人犯罪工作职责。

第六条　国家加强专门学校建设,对有严重不良行为的未成年人进行专门教育。专门教育是国民教育体系的组成部分,是对有严重不良行为的未成年人进行教育和矫治的重要保护处分措施。

省级人民政府应当将专门教育发展和专门学校建设纳入经济社会发展规

划。县级以上地方人民政府成立专门教育指导委员会，根据需要合理设置专门学校。

专门教育指导委员会由教育、民政、财政、人力资源社会保障、公安、司法行政、人民检察院、人民法院、共产主义青年团、妇女联合会、关心下一代工作委员会、专门学校等单位，以及律师、社会工作者等人员组成，研究确定专门学校教学、管理等相关工作。

专门学校建设和专门教育具体办法，由国务院规定。

第七条 公安机关、人民检察院、人民法院、司法行政部门应当由专门机构或者经过专业培训、熟悉未成年人身心特点的专门人员负责预防未成年人犯罪工作。

第八条 共产主义青年团、妇女联合会、工会、残疾人联合会、关心下一代工作委员会、青年联合会、学生联合会、少年先锋队以及有关社会组织，应当协助各级人民政府及其有关部门、人民检察院和人民法院做好预防未成年人犯罪工作，为预防未成年人犯罪培育社会力量，提供支持服务。

第九条 国家鼓励、支持和指导社会工作服务机构等社会组织参与预防未成年人犯罪相关工作，并加强监督。

第十条 任何组织或者个人不得教唆、胁迫、引诱未成年人实施不良行为或者严重不良行为，以及为未成年人实施上述行为提供条件。

第十一条 未成年人应当遵守法律法规及社会公共道德规范，树立自尊、自律、自强意识，增强辨别是非和自我保护的能力，自觉抵制各种不良行为以及违法犯罪行为的引诱和侵害。

第十二条 预防未成年人犯罪，应当结合未成年人不同年龄的生理、心理特点，加强青春期教育、心理关爱、心理矫治和预防犯罪对策的研究。

第十三条 国家鼓励和支持预防未成年人犯罪相关学科建设、专业设置、人才培养及科学研究，开展国际交流与合作。

第十四条 国家对预防未成年人犯罪工作有显著成绩的组织和个人，给予表彰和奖励。

第二章 预防犯罪的教育

第十五条 国家、社会、学校和家庭应当对未成年人加强社会主义核心价值观教育，开展预防犯罪教育，增强未成年人的法治观念，使未成年人树立遵纪守法和防范违法犯罪的意识，提高自我管控能力。

第十六条 未成年人的父母或者其他监护人对未成年人的预防犯罪教育负有直接责任，应当依法履行监护职责，树立优良家风，培养未成年人良好品行；发现未成年人心理或者行为异常的，应当及时了解情况并进行教育、引导和劝诫，不得拒绝或者怠于履行监护职责。

第十七条 教育行政部门、学校应当将预防犯罪教育纳入学校教学计划，指导教职员工结合未成年人的特点，采取多种方式对未成年学生进行有针对性的预防犯罪教育。

第十八条 学校应当聘任从事法治教育的专职或者兼职教师,并可以从司法和执法机关、法学教育和法律服务机构等单位聘请法治副校长、校外法治辅导员。

第十九条 学校应当配备专职或者兼职的心理健康教育教师,开展心理健康教育。学校可以根据实际情况与专业心理健康机构合作,建立心理健康筛查和早期干预机制,预防和解决学生心理、行为异常问题。

学校应当与未成年学生的父母或者其他监护人加强沟通,共同做好未成年学生心理健康教育;发现未成年学生可能患有精神障碍的,应当立即告知其父母或者其他监护人送相关专业机构诊治。

第二十条 教育行政部门应当会同有关部门建立学生欺凌防控制度。学校应当加强日常安全管理,完善学生欺凌发现和处置的工作流程,严格排查并及时消除可能导致学生欺凌行为的各种隐患。

第二十一条 教育行政部门鼓励和支持学校聘请社会工作者长期或者定期进驻学校,协助开展道德教育、法治教育、生命教育和心理健康教育,参与预防和处理学生欺凌等行为。

第二十二条 教育行政部门、学校应当通过举办讲座、座谈、培训等活动,介绍科学合理的教育方法,指导教职员工、未成年学生的父母或者其他监护人有效预防未成年人犯罪。

学校应当将预防犯罪教育计划告知未成年学生的父母或者其他监护人。未成年学生的父母或者其他监护人应当配合学校对未成年学生进行有针对性的预防犯罪教育。

第二十三条 教育行政部门应当将预防犯罪教育的工作效果纳入学校年度考核内容。

第二十四条 各级人民政府及其有关部门、人民检察院、人民法院、共产主义青年团、少年先锋队、妇女联合会、残疾人联合会、关心下一代工作委员会等应当结合实际,组织、举办多种形式的预防未成年人犯罪宣传教育活动。有条件的地方可以建立青少年法治教育基地,对未成年人开展法治教育。

第二十五条 居民委员会、村民委员会应当积极开展有针对性的预防未成年人犯罪宣传活动,协助公安机关维护学校周围治安,及时掌握本辖区内未成年人的监护、就学和就业情况,组织、引导社区社会组织参与预防未成年人犯罪工作。

第二十六条 青少年宫、儿童活动中心等校外活动场所应当把预防犯罪教育作为一项重要的工作内容,开展多种形式的宣传教育活动。

第二十七条 职业培训机构、用人单位在对已满十六周岁准备就业的未成年人进行职业培训时,应当将预防犯罪教育纳入培训内容。

第三章 对不良行为的干预

第二十八条 本法所称不良行为,是指未成年人实施的不利于其健康成长的下列行为：

（一）吸烟、饮酒；

（二）多次旷课、逃学；

（三）无故夜不归宿、离家出走；

（四）沉迷网络；

（五）与社会上具有不良习性的人交往，组织或者参加实施不良行为的团伙；

（六）进入法律法规规定未成年人不宜进入的场所；

（七）参与赌博、变相赌博，或者参加封建迷信、邪教等活动；

（八）阅览、观看或者收听宣扬淫秽、色情、暴力、恐怖、极端等内容的读物、音像制品或者网络信息等；

（九）其他不利于未成年人身心健康成长的不良行为。

第二十九条 未成年人的父母或者其他监护人发现未成年人有不良行为的，应当及时制止并加强管教。

第三十条 公安机关、居民委员会、村民委员会发现本辖区内未成年人有不良行为的，应当及时制止，并督促其父母或者其他监护人依法履行监护职责。

第三十一条 学校对有不良行为的未成年学生，应当加强管理教育，不得歧视；对拒不改正或者情节严重的，学校可以根据情况予以处分或者采取以下管理教育措施：

（一）予以训导；

（二）要求遵守特定的行为规范；

（三）要求参加特定的专题教育；

（四）要求参加校内服务活动；

（五）要求接受社会工作者或者其他专业人员的心理辅导和行为干预；

（六）其他适当的管理教育措施。

第三十二条 学校和家庭应当加强沟通，建立家校合作机制。学校决定对未成年学生采取管理教育措施的，应当及时告知其父母或者其他监护人；未成年学生的父母或者其他监护人应当支持、配合学校进行管理教育。

第三十三条 未成年学生偷窃少量财物，或者有殴打、辱骂、恐吓、强行索要财物等学生欺凌行为，情节轻微的，可以由学校依照本法第三十一条规定采取相应的管理教育措施。

第三十四条 未成年学生旷课、逃学的，学校应当及时联系其父母或者其他监护人，了解有关情况；无正当理由的，学校和未成年学生的父母或者其他监护人应当督促其返校学习。

第三十五条 未成年人无故夜不归宿、离家出走的，父母或者其他监护人、所在的寄宿制学校应当及时查找，必要时向公安机关报告。

收留夜不归宿、离家出走未成年人的，应当及时联系其父母或者其他监护人、所在学校；无法取得联系的，应当及时向公安机关报告。

第三十六条 对夜不归宿、离家出走或者流落街头的未成年人，公安机关、公共场所管理机构等发现或者接到报告后，应当及时采取有效保护措施，并通知其父母或者其他监护人、所在的寄宿制学校，必要时应当护送其返回住所、学校；无法与其父母或者其他监护人、学校取得联系的，应当护送未成年人到救助保护机构接受救助。

第三十七条 未成年人的父母或者其他监护人、学校发现未成年人组织或者参加实施不良行为的团伙,应当及时制止;发现该团伙有违法犯罪嫌疑的,应当立即向公安机关报告。

第四章 对严重不良行为的矫治

第三十八条 本法所称严重不良行为,是指未成年人实施的有刑法规定、因不满法定刑事责任年龄不予刑事处罚的行为,以及严重危害社会的下列行为:

(一)结伙斗殴,追逐、拦截他人,强拿硬要或者任意损毁、占用公私财物等寻衅滋事行为;

(二)非法携带枪支、弹药或者弩、匕首等国家规定的管制器具;

(三)殴打、辱骂、恐吓,或者故意伤害他人身体;

(四)盗窃、哄抢、抢夺或者故意损毁公私财物;

(五)传播淫秽的读物、音像制品或者信息等;

(六)卖淫、嫖娼,或者进行淫秽表演;

(七)吸食、注射毒品,或者向他人提供毒品;

(八)参与赌博赌资较大;

(九)其他严重危害社会的行为。

第三十九条 未成年人的父母或者其他监护人、学校、居民委员会、村民委员会发现有人教唆、胁迫、引诱未成年人实施严重不良行为的,应当立即向公安机关报告。公安机关接到报告或者发现有上述情形的,应当及时依法查处;对人身安全受到威胁的未成年人,应当立即采取有效保护措施。

第四十条 公安机关接到举报或者发现未成年人有严重不良行为的,应当及时制止,依法调查处理,并可以责令其父母或者其他监护人消除或者减轻违法后果,采取措施严加管教。

第四十一条 对有严重不良行为的未成年人,公安机关可以根据具体情况,采取以下矫治教育措施:

(一)予以训诫;

(二)责令赔礼道歉、赔偿损失;

(三)责令具结悔过;

(四)责令定期报告活动情况;

(五)责令遵守特定的行为规范,不得实施特定行为、接触特定人员或者进入特定场所;

(六)责令接受心理辅导、行为矫治;

(七)责令参加社会服务活动;

(八)责令接受社会观护,由社会组织、有关机构在适当场所对未成年人进行教育、监督和管束;

(九)其他适当的矫治教育措施。

第四十二条 公安机关在对未成年人进行矫治教育时,可以根据需要邀请学校、居民委员会、村民委员会以及社会工作服务机构等社会组织参与。

未成年人的父母或者其他监护人应当积极配合矫治教育措施的实施,不得妨碍阻挠或者放任不管。

第四十三条 对有严重不良行为的未成年人,未成年人的父母或者其他监护人、所在学校无力管教或者管教无效的,可以向教育行政部门提出申请,经专门教育指导委员会评估同意后，由教育行政部门决定送入专门学校接受专门教育。

第四十四条　未成年人有下列情形之一的，经专门教育指导委员会评估同意，教育行政部门会同公安机关可以决定将其送入专门学校接受专门教育：

（一）实施严重危害社会的行为，情节恶劣或者造成严重后果；

（二）多次实施严重危害社会的行为；

（三）拒不接受或者配合本法第四十一条规定的矫治教育措施；

（四）法律、行政法规规定的其他情形。

第四十五条　未成年人实施刑法规定的行为、因不满法定刑事责任年龄不予刑事处罚的，经专门教育指导委员会评估同意，教育行政部门会同公安机关可以决定对其进行专门矫治教育。

省级人民政府应当结合本地的实际情况，至少确定一所专门学校按照分校区、分班级等方式设置专门场所，对前款规定的未成年人进行专门矫治教育。

前款规定的专门场所实行闭环管理，公安机关、司法行政部门负责未成年人的矫治工作，教育行政部门承担未成年人的教育工作。

第四十六条　专门学校应当在每个学期适时提请专门教育指导委员会对接受专门教育的未成年学生的情况进行评估。对经评估适合转回普通学校就读的，专门教育指导委员会应当向原决定机关提出书面建议，由原决定机关决定是否将未成年学生转回普通学校就读。

原决定机关决定将未成年学生转回普通学校的，其原所在学校不得拒绝接收；因特殊情况，不适宜转回原所在学校的，由教育行政部门安排转学。

第四十七条　专门学校应当对接受专门教育的未成年人分级分类进行教育和矫治，有针对性地开展道德教育、法治教育、心理健康教育，并根据实际情况进行职业教育；对没有完成义务教育的未成年人，应当保证其继续接受义务教育。

专门学校的未成年学生的学籍保留在原学校，符合毕业条件的，原学校应当颁发毕业证书。

第四十八条　专门学校应当与接受专门教育的未成年人的父母或者其他监护人加强联系，定期向其反馈未成年人的矫治和教育情况，为父母或者其他监护人、亲属等看望未成年人提供便利。

第四十九条　未成年人及其父母或者其他监护人对本章规定的行政决定不服的，可以依法提起行政复议或者行政诉讼。

第五章　对重新犯罪的预防

第五十条　公安机关、人民检察院、人民法院办理未成年人刑事案件，应当根据未成年人的生理、心理特点和犯罪的情况，有针对性地进行法治教育。

对涉及刑事案件的未成年人进行教育，其法定代理人以外的成年亲属或者教师、辅导员等参与有利于感化、挽救未成年人的，公安机关、人民检察院、人民法院应当邀请其参加有关活动。

第五十一条 公安机关、人民检察院、人民法院办理未成年人刑事案件,可以自行或者委托有关社会组织、机构对未成年犯罪嫌疑人或者被告人的成长经历、犯罪原因、监护、教育等情况进行社会调查;根据实际需要并经未成年犯罪嫌疑人、被告人及其法定代理人同意,可以对未成年犯罪嫌疑人、被告人进行心理测评。

社会调查和心理测评的报告可以作为办理案件和教育未成年人的参考。

第五十二条 公安机关、人民检察院、人民法院对于无固定住所、无法提供保证人的未成年人适用取保候审的,应当指定合适成年人作为保证人,必要时可以安排取保候审的未成年人接受社会观护。

第五十三条 对被拘留、逮捕以及在未成年犯管教所执行刑罚的未成年人,应当与成年人分别关押、管理和教育。对未成年人的社区矫正,应当与成年人分别进行。

对有上述情形且没有完成义务教育的未成年人,公安机关、人民检察院、人民法院、司法行政部门应当与教育行政部门相互配合,保证其继续接受义务教育。

第五十四条 未成年犯管教所、社区矫正机构应当对未成年犯、未成年社区矫正对象加强法治教育,并根据实际情况对其进行职业教育。

第五十五条 社区矫正机构应当告知未成年社区矫正对象安置帮教的有关规定,并配合安置帮教工作部门落实或者解决未成年社区矫正对象的就学、就业等问题。

第五十六条 对刑满释放的未成年人,未成年犯管教所应当提前通知其父母或者其他监护人按时接回,并协助落实安置帮教措施。没有父母或者其他监护人、无法查明其父母或者其他监护人的,未成年犯管教所应当提前通知未成年人原户籍所在地或者居住地的司法行政部门安排人员按时接回,由民政部门或者居民委员会、村民委员会依法对其进行监护。

第五十七条 未成年人的父母或者其他监护人和学校、居民委员会、村民委员会对接受社区矫正、刑满释放的未成年人,应当采取有效的帮教措施,协助司法机关以及有关部门做好安置帮教工作。

居民委员会、村民委员会可以聘请思想品德优秀,作风正派,热心未成年人工作的离退休人员、志愿者或其他人员协助做好前款规定的安置帮教工作。

第五十八条 刑满释放和接受社区矫正的未成年人,在复学、升学、就业等方面依法享有与其他未成年人同等的权利,任何单位和个人不得歧视。

第五十九条 未成年人的犯罪记录依法被封存的,公安机关、人民检察院、人民法院和司法行政部门不得向任何单位或者个人提供,但司法机关因办案需要或者有关单位根据国家有关规定进行查询的除外。依法进行查询的单位和个人应当对相关记录信息予以保密。

未成年人接受专门矫治教育、专门

教育的记录，以及被行政处罚、采取刑事强制措施和不起诉的记录，适用前款规定。

第六十条 人民检察院通过依法行使检察权，对未成年人重新犯罪预防工作等进行监督。

第六章 法律责任

第六十一条 公安机关、人民检察院、人民法院在办理案件过程中发现实施严重不良行为的未成年人的父母或者其他监护人不依法履行监护职责的，应当予以训诫，并可以责令其接受家庭教育指导。

第六十二条 学校及其教职员工违反本法规定，不履行预防未成年人犯罪工作职责，或者虐待、歧视相关未成年人的，由教育行政等部门责令改正，通报批评；情节严重的，对直接负责的主管人员和其他直接责任人员依法给予处分。构成违反治安管理行为的，由公安机关依法予以治安管理处罚。

教职员工教唆、胁迫、引诱未成年人实施不良行为或者严重不良行为，以及品行不良、影响恶劣的，教育行政部门、学校应当依法予以解聘或者辞退。

第六十三条 违反本法规定，在复学、升学、就业等方面歧视相关未成年人的，由所在单位或者教育、人力资源社会保障等部门责令改正；拒不改正的，对直接负责的主管人员或者其他直接责任人员依法给予处分。

第六十四条 有关社会组织、机构及其工作人员虐待、歧视接受社会观护的未成年人，或者出具虚假社会调查、心理测评报告的，由民政、司法行政等部门对直接负责的主管人员或者其他直接责任人员依法给予处分，构成违反治安管理行为的，由公安机关予以治安管理处罚。

第六十五条 教唆、胁迫、引诱未成年人实施不良行为或者严重不良行为，构成违反治安管理行为的，由公安机关依法予以治安管理处罚。

第六十六条 国家机关及其工作人员在预防未成年人犯罪工作中滥用职权、玩忽职守、徇私舞弊的，对直接负责的主管人员和其他直接责任人员，依法给予处分。

第六十七条 违反本法规定，构成犯罪的，依法追究刑事责任。

第七章 附　　则

第六十八条 本法自 2021 年 6 月 1 日起施行。

未成年人网络保护条例

（2023 年 10 月 16 日国务院令第 766 号公布　自 2024 年 1 月 1 日起施行）

第一章 总　　则

第一条 为了营造有利于未成年人身心健康的网络环境，保障未成年人合法权益，根据《中华人民共和国未成年人保护法》、《中华人民共和国网络安全法》、《中华人民共和国个人信息保护法》等法律,制定本条例。

第二条 未成年人网络保护工作应当坚持中国共产党的领导,坚持以社会主义核心价值观为引领,坚持最有利于未成年人的原则,适应未成年人身心健康发展和网络空间的规律和特点,实行社会共治。

第三条 国家网信部门负责统筹协调未成年人网络保护工作,并依据职责做好未成年人网络保护工作。

国家新闻出版、电影部门和国务院教育、电信、公安、民政、文化和旅游、卫生健康、市场监督管理、广播电视等有关部门依据各自职责做好未成年人网络保护工作。

县级以上地方人民政府及其有关部门依据各自职责做好未成年人网络保护工作。

第四条 共产主义青年团、妇女联合会、工会、残疾人联合会、关心下一代工作委员会、青年联合会、学生联合会、少年先锋队以及其他人民团体、有关社会组织、基层群众性自治组织,协助有关部门做好未成年人网络保护工作,维护未成年人合法权益。

第五条 学校、家庭应当教育引导未成年人参加有益身心健康的活动,科学、文明、安全、合理使用网络,预防和干预未成年人沉迷网络。

第六条 网络产品和服务提供者、个人信息处理者、智能终端产品制造者和销售者应当遵守法律、行政法规和国家有关规定,尊重社会公德,遵守商业道德,诚实信用,履行未成年人网络保护义务,承担社会责任。

第七条 网络产品和服务提供者、个人信息处理者、智能终端产品制造者和销售者应当接受政府和社会的监督,配合有关部门依法实施涉及未成年人网络保护工作的监督检查,建立便捷、合理、有效的投诉、举报渠道,通过显著方式公布投诉、举报途径和方法,及时受理并处理公众投诉、举报。

第八条 任何组织和个人发现违反本条例规定的,可以向网信、新闻出版、电影、教育、电信、公安、民政、文化和旅游、卫生健康、市场监督管理、广播电视等有关部门投诉、举报。收到投诉、举报的部门应当及时依法作出处理;不属于本部门职责的,应当及时移送有权处理的部门。

第九条 网络相关行业组织应当加强行业自律,制定未成年人网络保护相关行业规范,指导会员履行未成年人网络保护义务,加强对未成年人的网络保护。

第十条 新闻媒体应当通过新闻报道、专题栏目(节目)、公益广告等方式,开展未成年人网络保护法律法规、政策措施、典型案例和有关知识的宣传,对侵犯未成年人合法权益的行为进行舆论监督,引导全社会共同参与未成年人网络保护。

第十一条 国家鼓励和支持在未成年人网络保护领域加强科学研究和人才培养,开展国际交流与合作。

第十二条 对在未成年人网络保护

工作中作出突出贡献的组织和个人，按照国家有关规定给予表彰和奖励。

第二章　网络素养促进

第十三条　国务院教育部门应当将网络素养教育纳入学校素质教育内容，并会同国家网信部门制定未成年人网络素养测评指标。

教育部门应当指导、支持学校开展未成年人网络素养教育，围绕网络道德意识形成、网络法治观念培养、网络使用能力建设、人身财产安全保护等，培育未成年人网络安全意识、文明素养、行为习惯和防护技能。

第十四条　县级以上人民政府应当科学规划、合理布局，促进公益性上网服务均衡协调发展，加强提供公益性上网服务的公共文化设施建设，改善未成年人上网条件。

县级以上地方人民政府应当通过为中小学校配备具有相应专业能力的指导教师、政府购买服务或者鼓励中小学校自行采购相关服务等方式，为学生提供优质的网络素养教育课程。

第十五条　学校、社区、图书馆、文化馆、青少年宫等场所为未成年人提供互联网上网服务设施的，应当通过安排专业人员、招募志愿者等方式，以及安装未成年人网络保护软件或者采取其他安全保护技术措施，为未成年人提供上网指导和安全、健康的上网环境。

第十六条　学校应当将提高学生网络素养等内容纳入教育教学活动，并合理使用网络开展教学活动，建立健全学生在校期间上网的管理制度，依法规范管理未成年学生带入学校的智能终端产品，帮助学生养成良好上网习惯，培养学生网络安全和网络法治意识，增强学生对网络信息的获取和分析判断能力。

第十七条　未成年人的监护人应当加强家庭家教家风建设，提高自身网络素养，规范自身使用网络的行为，加强对未成年人使用网络行为的教育、示范、引导和监督。

第十八条　国家鼓励和支持研发、生产和使用专门以未成年人为服务对象、适应未成年人身心健康发展规律和特点的网络保护软件、智能终端产品和未成年人模式、未成年人专区等网络技术、产品、服务，加强网络无障碍环境建设和改造，促进未成年人开阔眼界、陶冶情操、提高素质。

第十九条　未成年人网络保护软件、专门供未成年人使用的智能终端产品应当具有有效识别违法信息和可能影响未成年人身心健康的信息、保护未成年人个人信息权益、预防未成年人沉迷网络、便于监护人履行监护职责等功能。

国家网信部门会同国务院有关部门根据未成年人网络保护工作的需要，明确未成年人网络保护软件、专门供未成年人使用的智能终端产品的相关技术标准或者要求，指导监督网络相关行业组织按照有关技术标准和要求对未成年人网络保护软件、专门供未成年人使用的智能终端产品的使用效果进行评估。

智能终端产品制造者应当在产品出厂前安装未成年人网络保护软件，或者采用显著方式告知用户安装渠道和方法。智能终端产品销售者在产品销售前应当采用显著方式告知用户安装未成年人网络保护软件的情况以及安装渠道和方法。

未成年人的监护人应当合理使用并指导未成年人使用网络保护软件、智能终端产品等，创造良好的网络使用家庭环境。

第二十条 未成年人用户数量巨大或者对未成年人群体具有显著影响的网络平台服务提供者，应当履行下列义务：

(一)在网络平台服务的设计、研发、运营等阶段，充分考虑未成年人身心健康发展特点，定期开展未成年人网络保护影响评估；

(二)提供未成年人模式或者未成年人专区等，便利未成年人获取有益身心健康的平台内产品或者服务；

(三)按照国家规定建立健全未成年人网络保护合规制度体系，成立主要由外部成员组成的独立机构，对未成年人网络保护情况进行监督；

(四)遵循公开、公平、公正的原则，制定专门的平台规则，明确平台内产品或者服务提供者的未成年人网络保护义务，并以显著方式提示未成年人用户依法享有的网络保护权利和遭受网络侵害的救济途径；

(五)对违反法律、行政法规严重侵害未成年人身心健康或者侵犯未成年人其他合法权益的平台内产品或者服务提供者，停止提供服务；

(六)每年发布专门的未成年人网络保护社会责任报告，并接受社会监督。

前款所称的未成年人用户数量巨大或者对未成年人群体具有显著影响的网络平台服务提供者的具体认定办法，由国家网信部门会同有关部门另行制定。

第三章 网络信息内容规范

第二十一条 国家鼓励和支持制作、复制、发布、传播弘扬社会主义核心价值观和社会主义先进文化、革命文化、中华优秀传统文化，铸牢中华民族共同体意识，培养未成年人家国情怀和良好品德，引导未成年人养成良好生活习惯和行为习惯等的网络信息，营造有利于未成年人健康成长的清朗网络空间和良好网络生态。

第二十二条 任何组织和个人不得制作、复制、发布、传播含有宣扬淫秽、色情、暴力、邪教、迷信、赌博、引诱自残自杀、恐怖主义、分裂主义、极端主义等危害未成年人身心健康内容的网络信息。

任何组织和个人不得制作、复制、发布、传播或者持有有关未成年人的淫秽色情网络信息。

第二十三条 网络产品和服务中含有可能引发或者诱导未成年人模仿不安全行为、实施违反社会公德行为、产生极端情绪、养成不良嗜好等可能影响未成年人身心健康的信息的，制作、复制、发布、传播该信息的组织和个人应当在信息展示前予以显著提示。

国家网信部门会同国家新闻出版、电影部门和国务院教育、电信、公安、文化和旅游、广播电视等部门，在前款规定基础上确定可能影响未成年人身心健康的信息的具体种类、范围、判断标准和提示办法。

第二十四条 任何组织和个人不得在专门以未成年人为服务对象的网络产品和服务中制作、复制、发布、传播本条例第二十三条第一款规定的可能影响未成年人身心健康的信息。

网络产品和服务提供者不得在首页首屏、弹窗、热搜等处于产品或者服务醒目位置、易引起用户关注的重点环节呈现本条例第二十三条第一款规定的可能影响未成年人身心健康的信息。

网络产品和服务提供者不得通过自动化决策方式向未成年人进行商业营销。

第二十五条 任何组织和个人不得向未成年人发送、推送或者诱骗、强迫未成年人接触含有危害或者可能影响未成年人身心健康内容的网络信息。

第二十六条 任何组织和个人不得通过网络以文字、图片、音视频等形式，对未成年人实施侮辱、诽谤、威胁或者恶意损害形象等网络欺凌行为。

网络产品和服务提供者应当建立健全网络欺凌行为的预警预防、识别监测和处置机制，设置便利未成年人及其监护人保存遭受网络欺凌记录、行使通知权利的功能、渠道，提供便利未成年人设置屏蔽陌生用户、本人发布信息可见范围、禁止转载或者评论本人发布信息、禁止向本人发送信息等网络欺凌信息防护选项。

网络产品和服务提供者应当建立健全网络欺凌信息特征库，优化相关算法模型，采用人工智能、大数据等技术手段和人工审核相结合的方式加强对网络欺凌信息的识别监测。

第二十七条 任何组织和个人不得通过网络以文字、图片、音视频等形式，组织、教唆、胁迫、引诱、欺骗、帮助未成年人实施违法犯罪行为。

第二十八条 以未成年人为服务对象的在线教育网络产品和服务提供者，应当按照法律、行政法规和国家有关规定，根据不同年龄阶段未成年人身心发展特点和认知能力提供相应的产品和服务。

第二十九条 网络产品和服务提供者应当加强对用户发布信息的管理，采取有效措施防止制作、复制、发布、传播违反本条例第二十二条、第二十四条、第二十五条、第二十六条第一款、第二十七条规定的信息，发现违反上述条款规定的信息的，应当立即停止传输相关信息，采取删除、屏蔽、断开链接等处置措施，防止信息扩散，保存有关记录，向网信、公安等部门报告，并对制作、复制、发布、传播上述信息的用户采取警示、限制功能、暂停服务、关闭账号等处置措施。

网络产品和服务提供者发现用户发布、传播本条例第二十三条第一款规定的信息未予显著提示的，应当作出提示或者通知用户予以提示；未作出提示的，不得传输该信息。

第三十条 国家网信、新闻出版、电影部门和国务院教育、电信、公安、文化和旅游、广播电视等部门发现违反本条例第二十二条、第二十四条、第二十五条、第二十六条第一款、第二十七条规定的信息的,或者发现本条例第二十三条第一款规定的信息未予显著提示的,应当要求网络产品和服务提供者按照本条例第二十九条的规定予以处理;对来源于境外的上述信息,应当依法通知有关机构采取技术措施和其他必要措施阻断传播。

第四章 个人信息网络保护

第三十一条 网络服务提供者为未成年人提供信息发布、即时通讯等服务的,应当依法要求未成年人或者其监护人提供未成年人真实身份信息。未成年人或者其监护人不提供未成年人真实身份信息的,网络服务提供者不得为未成年人提供相关服务。

网络直播服务提供者应当建立网络直播发布者真实身份信息动态核验机制,不得向不符合法律规定情形的未成年人用户提供网络直播发布服务。

第三十二条 个人信息处理者应当严格遵守国家网信部门和有关部门关于网络产品和服务必要个人信息范围的规定,不得强制要求未成年人或者其监护人同意非必要的个人信息处理行为,不得因为未成年人或者其监护人不同意处理未成年人非必要个人信息或者撤回同意,拒绝未成年人使用其基本功能服务。

第三十三条 未成年人的监护人应当教育引导未成年人增强个人信息保护意识和能力、掌握个人信息范围、了解个人信息安全风险,指导未成年人行使其在个人信息处理活动中的查阅、复制、更正、补充、删除等权利,保护未成年人个人信息权益。

第三十四条 未成年人或者其监护人依法请求查阅、复制、更正、补充、删除未成年人个人信息的,个人信息处理者应当遵守以下规定:

(一)提供便捷的支持未成年人或者其监护人查阅未成年人个人信息种类、数量等的方法和途径,不得对未成年人或者其监护人的合理请求进行限制;

(二)提供便捷的支持未成年人或者其监护人复制、更正、补充、删除未成年人个人信息的功能,不得设置不合理条件;

(三)及时受理并处理未成年人或者其监护人查阅、复制、更正、补充、删除未成年人个人信息的申请,拒绝未成年人或者其监护人行使权利的请求的,应当书面告知申请人并说明理由。

对未成年人或者其监护人依法提出的转移未成年人个人信息的请求,符合国家网信部门规定条件的,个人信息处理者应当提供转移的途径。

第三十五条 发生或者可能发生未成年人个人信息泄露、篡改、丢失的,个人信息处理者应当立即启动个人信息安全事件应急预案,采取补救措施,及时向网信等部门报告,并按照国家有关规定将事件情况以邮件、信函、电话、信息推送等方式告知受影响的未成年人及其监护人。

个人信息处理者难以逐一告知的,应当采取合理、有效的方式及时发布相关警示信息,法律、行政法规另有规定的除外。

第三十六条 个人信息处理者对其工作人员应当以最小授权为原则,严格设定信息访问权限,控制未成年人个人信息知悉范围。工作人员访问未成年人个人信息的,应当经过相关负责人或者其授权的管理人员审批,记录访问情况,并采取技术措施,避免违法处理未成年人个人信息。

第三十七条 个人信息处理者应当自行或者委托专业机构每年对其处理未成年人个人信息遵守法律、行政法规的情况进行合规审计,并将审计情况及时报告网信等部门。

第三十八条 网络服务提供者发现未成年人私密信息或者未成年人通过网络发布的个人信息中涉及私密信息的,应当及时提示,并采取停止传输等必要保护措施,防止信息扩散。

网络服务提供者通过未成年人私密信息发现未成年人可能遭受侵害的,应当立即采取必要措施保存有关记录,并向公安机关报告。

第五章 网络沉迷防治

第三十九条 对未成年人沉迷网络进行预防和干预,应当遵守法律、行政法规和国家有关规定。

教育、卫生健康、市场监督管理等部门依据各自职责对从事未成年人沉迷网络预防和干预活动的机构实施监督管理。

第四十条 学校应当加强对教师的指导和培训,提高教师对未成年学生沉迷网络的早期识别和干预能力。对于有沉迷网络倾向的未成年学生,学校应当及时告知其监护人,共同对未成年学生进行教育和引导,帮助其恢复正常的学习生活。

第四十一条 未成年人的监护人应当指导未成年人安全合理使用网络,关注未成年人上网情况以及相关生理状况、心理状况、行为习惯,防范未成年人接触危害或者可能影响其身心健康的网络信息,合理安排未成年人使用网络的时间,预防和干预未成年人沉迷网络。

第四十二条 网络产品和服务提供者应当建立健全防沉迷制度,不得向未成年人提供诱导其沉迷的产品和服务,及时修改可能造成未成年人沉迷的内容、功能和规则,并每年向社会公布防沉迷工作情况,接受社会监督。

第四十三条 网络游戏、网络直播、网络音视频、网络社交等网络服务提供者应当针对不同年龄阶段未成年人使用其服务的特点,坚持融合、友好、实用、有效的原则,设置未成年人模式,在使用时段、时长、功能和内容等方面按照国家有关规定和标准提供相应的服务,并以醒目便捷的方式为监护人履行监护职责提供时间管理、权限管理、消费管理等功能。

第四十四条 网络游戏、网络直播、网络音视频、网络社交等网络服务提供者应当采取措施,合理限制不同年龄阶段未成年人在使用其服务中的单次消费数额和单日累计消费数额,不得向未成年人提供与其民事行为能力不符的付费服务。

第四十五条 网络游戏、网络直播、网络音视频、网络社交等网络服务提供者应当采取措施，防范和抵制流量至上等不良价值倾向，不得设置以应援集资、投票打榜、刷量控评等为主题的网络社区、群组、话题，不得诱导未成年人参与应援集资、投票打榜、刷量控评等网络活动，并预防和制止其用户诱导未成年人实施上述行为。

第四十六条 网络游戏服务提供者应当通过统一的未成年人网络游戏电子身份认证系统等必要手段验证未成年人用户真实身份信息。

网络产品和服务提供者不得为未成年人提供游戏账号租售服务。

第四十七条 网络游戏服务提供者应当建立、完善预防未成年人沉迷网络的游戏规则，避免未成年人接触可能影响其身心健康的游戏内容或者游戏功能。

网络游戏服务提供者应当落实适龄提示要求，根据不同年龄阶段未成年人身心发展特点和认知能力，通过评估游戏产品的类型、内容与功能等要素，对游戏产品进行分类，明确游戏产品适合的未成年人用户年龄阶段，并在用户下载、注册、登录界面等位置予以显著提示。

第四十八条 新闻出版、教育、卫生健康、文化和旅游、广播电视、网信等部门应当定期开展预防未成年人沉迷网络的宣传教育，监督检查网络产品和服务提供者履行预防未成年人沉迷网络义务的情况，指导家庭、学校、社会组织互相配合，采取科学、合理的方式对未成年人沉迷网络进行预防和干预。

国家新闻出版部门牵头组织开展未成年人沉迷网络游戏防治工作，会同有关部门制定关于向未成年人提供网络游戏服务的时段、时长、消费上限等管理规定。

卫生健康、教育等部门依据各自职责指导有关医疗卫生机构、高等学校等，开展未成年人沉迷网络所致精神障碍和心理行为问题的基础研究和筛查评估、诊断、预防、干预等应用研究。

第四十九条 严禁任何组织和个人以虐待、胁迫等侵害未成年人身心健康的方式干预未成年人沉迷网络、侵犯未成年人合法权益。

第六章 法律责任

第五十条 地方各级人民政府和县级以上有关部门违反本条例规定，不履行未成年人网络保护职责的，由其上级机关责令改正；拒不改正或者情节严重的，对负有责任的领导人员和直接责任人员依法给予处分。

第五十一条 学校、社区、图书馆、文化馆、青少年宫等违反本条例规定，不履行未成年人网络保护职责的，由教育、文化和旅游等部门依据各自职责责令改正；拒不改正或者情节严重的，对负有责任的领导人员和直接责任人员依法给予处分。

第五十二条 未成年人的监护人不履行本条例规定的监护职责或者侵犯未

成年人合法权益的，由未成年人居住地的居民委员会、村民委员会、妇女联合会，监护人所在单位，中小学校、幼儿园等有关密切接触未成年人的单位依法予以批评教育、劝诫制止、督促其接受家庭教育指导等。

第五十三条 违反本条例第七条、第十九条第三款、第三十八条第二款规定的，由网信、新闻出版、电影、教育、电信、公安、民政、文化和旅游、市场监督管理、广播电视等部门依据各自职责责令改正；拒不改正或者情节严重的，处5万元以上50万元以下罚款，对直接负责的主管人员和其他直接责任人员处1万元以上10万元以下罚款。

第五十四条 违反本条例第二十条第一款规定的，由网信、新闻出版、电信、公安、文化和旅游、广播电视等部门依据各自职责责令改正，给予警告，没收违法所得；拒不改正的，并处100万元以下罚款，对直接负责的主管人员和其他直接责任人员处1万元以上10万元以下罚款。

违反本条例第二十条第一款第一项和第五项规定，情节严重的，由省级以上网信、新闻出版、电信、公安、文化和旅游、广播电视等部门依据各自职责责令改正，没收违法所得，并处5000万元以下或者上一年度营业额百分之五以下罚款，并可以责令暂停相关业务或者停业整顿、通报有关部门依法吊销相关业务许可证或者吊销营业执照；对直接负责的主管人员和其他直接责任人员处10万元以上100万元以下罚款，并可以决定禁止其在一定期限内担任相关企业的董事、监事、高级管理人员和未成年人保护负责人。

第五十五条 违反本条例第二十四条、第二十五条规定的，由网信、新闻出版、电影、电信、公安、文化和旅游、市场监督管理、广播电视等部门依据各自职责责令限期改正，给予警告，没收违法所得，可以并处10万元以下罚款；拒不改正或者情节严重的，责令暂停相关业务、停产停业或者吊销相关业务许可证、吊销营业执照，违法所得100万元以上的，并处违法所得1倍以上10倍以下罚款，没有违法所得或者违法所得不足100万元的，并处10万元以上100万元以下罚款。

第五十六条 违反本条例第二十六条第二款和第三款、第二十八条、第二十九条第一款、第三十一条第二款、第三十六条、第三十八条第一款、第四十二条至第四十五条、第四十六条第二款、第四十七条规定的，由网信、新闻出版、电影、教育、电信、公安、文化和旅游、广播电视等部门依据各自职责责令改正，给予警告，没收违法所得，违法所得100万元以上的，并处违法所得1倍以上10倍以下罚款，没有违法所得或者违法所得不足100万元的，并处10万元以上100万元以下罚款，对直接负责的主管人员和其他直接责任人员处1万元以上10万元以下罚款；拒不改正或者情节严重的，并可以责令暂停相关业务、停业整顿、关闭网站、吊销相关业务许可证或者吊销营业执照。

第五十七条 网络产品和服务提供

者违反本条例规定,受到关闭网站、吊销相关业务许可证或者吊销营业执照处罚的,5年内不得重新申请相关许可,其直接负责的主管人员和其他直接责任人员5年内不得从事同类网络产品和服务业务。

第五十八条 违反本条例规定,侵犯未成年人合法权益,给未成年人造成损害的,依法承担民事责任;构成违反治安管理行为的,依法给予治安管理处罚;构成犯罪的,依法追究刑事责任。

第七章 附 则

第五十九条 本条例所称智能终端产品,是指可以接入网络、具有操作系统、能够由用户自行安装应用软件的手机、计算机等网络终端产品。

第六十条 本条例自2024年1月1日起施行。

未成年人节目管理规定

(2019年3月29日国家广播电视总局令第3号公布 根据2021年10月8日国家广播电视总局令第9号《关于第三批修改的部门规章的决定》修正)

第一章 总 则

第一条 为了规范未成年人节目,保护未成年人身心健康,保障未成年人合法权益,教育引导未成年人,培育和弘扬社会主义核心价值观,根据《中华人民共和国未成年人保护法》《广播电视管理条例》等法律、行政法规,制定本规定。

第二条 从事未成年人节目的制作、传播活动,适用本规定。

本规定所称未成年人节目,包括未成年人作为主要参与者或者以未成年人为主要接收对象的广播电视节目和网络视听节目。

第三条 从事未成年人节目制作、传播活动,应当以培养能够担当民族复兴大任的时代新人为着眼点,以培育和弘扬社会主义核心价值观为根本任务,弘扬中华优秀传统文化、革命文化和社会主义先进文化,坚持创新发展,增强原创能力,自觉保护未成年人合法权益,尊重未成年人发展和成长规律,促进未成年人健康成长。

第四条 未成年人节目管理工作应当坚持正确导向,注重保护尊重未成年人的隐私和人格尊严等合法权益,坚持教育保护并重,实行社会共治,防止未成年人节目出现商业化、成人化和过度娱乐化倾向。

第五条 国务院广播电视主管部门负责全国未成年人节目的监督管理工作。

县级以上地方人民政府广播电视主管部门负责本行政区域内未成年人节目的监督管理工作。

第六条 广播电视和网络视听行业组织应当结合行业特点,依法制定未成年人节目行业自律规范,加强职业道德教育,切实履行社会责任,促进业务交流，维护成员合法权益。

第七条 广播电视主管部门对在培育和弘扬社会主义核心价值观、强化正面教育、贴近现实生活、创新内容形式、产生良好社会效果等方面表现突出的未成年人节目，以及在未成年人节目制作、传播活动中做出突出贡献的组织、个人，按照有关规定予以表彰、奖励。

第二章 节目规范

第八条 国家支持、鼓励含有下列内容的未成年人节目的制作、传播：

（一）培育和弘扬社会主义核心价值观；

（二）弘扬中华优秀传统文化、革命文化和社会主义先进文化；

（三）引导树立正确的世界观、人生观、价值观；

（四）发扬中华民族传统家庭美德，树立优良家风；

（五）符合未成年人身心发展规律和特点；

（六）保护未成年人合法权益和情感，体现人文关怀；

（七）反映未成年人健康生活和积极向上的精神面貌；

（八）普及自然和社会科学知识；

（九）其他符合国家支持、鼓励政策的内容。

第九条 未成年人节目不得含有下列内容：

（一）渲染暴力、血腥、恐怖，教唆犯罪或者传授犯罪方法；

（二）除健康、科学的性教育之外的涉性话题、画面；

（三）肯定、赞许未成年人早恋；

（四）诋毁、歪曲或者以不当方式表现中华优秀传统文化、革命文化、社会主义先进文化；

（五）歪曲民族历史或者民族历史人物，歪曲、丑化、亵渎、否定英雄烈士事迹和精神；

（六）宣扬、美化、崇拜曾经对我国发动侵略战争和实施殖民统治的国家、事件、人物；

（七）宣扬邪教、迷信或者消极颓废的思想观念；

（八）宣扬或者肯定不良的家庭观、婚恋观、利益观；

（九）过分强调或者过度表现财富、家庭背景、社会地位；

（十）介绍或者展示自杀、自残和其他易被未成年人模仿的危险行为及游戏项目等；

（十一）表现吸毒、滥用麻醉药品、精神药品和其他违禁药物；

（十二）表现吸烟、售烟和酗酒；

（十三）表现违反社会公共道德、扰乱社会秩序等不良举止行为；

（十四）渲染帮会、黑社会组织的各类仪式；

（十五）宣传、介绍不利于未成年人身心健康的网络游戏；

（十六）法律、行政法规禁止的其他内容。

以科普、教育、警示为目的，制作、传播的节目中确有必要出现上述内容的，应当根据节目内容采取明显图像或者声音等方式予以提示,在显著位置设置明确提醒,并对相应画面、声音进行技术处理,避免过分展示。

第十条 不得制作、传播利用未成年人或者未成年人角色进行商业宣传的非广告类节目。

制作、传播未成年人参与的歌唱类选拔节目、真人秀节目、访谈脱口秀节目应当符合国务院广播电视主管部门的要求。

第十一条 广播电视播出机构、网络视听节目服务机构、节目制作机构应当根据不同年龄段未成年人身心发展状况,制作、传播相应的未成年人节目,并采取明显图像或者声音等方式予以提示。

第十二条 邀请未成年人参与节目制作,应当事先经其法定监护人同意。不得以恐吓、诱骗或者收买等方式迫使、引诱未成年人参与节目制作。

制作未成年人节目应当保障参与制作的未成年人人身和财产安全,以及充足的学习和休息时间。

第十三条 未成年人节目制作过程中,不得泄露或者质问、引诱未成年人泄露个人及其近亲属的隐私信息,不得要求未成年人表达超过其判断能力的观点。

对确需报道的未成年人违法犯罪案件,不得披露犯罪案件中未成年人当事人的姓名、住所、照片、图像等个人信息,以及可能推断出未成年人当事人身份的资料。对于不可避免含有上述内容的画面和声音,应当采取技术处理,达到不可识别的标准。

第十四条 邀请未成年人参与节目制作,其服饰、表演应当符合未成年人年龄特征和时代特点,不得诱导未成年人谈论名利、情爱等话题。

未成年人节目不得宣扬童星效应或者包装、炒作明星子女。

第十五条 未成年人节目应当严格控制设置竞赛排名,不得设置过高物质奖励,不得诱导未成年人现场拉票或者询问未成年人失败退出的感受。

情感故事类、矛盾调解类等节目应当尊重和保护未成年人情感,不得就家庭矛盾纠纷采访未成年人,不得要求未成年人参与节目录制和现场调解,避免未成年人亲眼目睹家庭矛盾冲突和情感纠纷。

未成年人节目不得以任何方式对未成年人进行品行、道德方面的测试,放大不良现象和非理性情绪。

第十六条 未成年人节目的主持人应当依法取得职业资格,言行妆容不得引起未成年人心理不适,并在节目中切实履行引导把控职责。

未成年人节目设置嘉宾,应当按照国务院广播电视主管部门的规定,将道德品行作为首要标准,严格遴选、加强培训,不得选用因丑闻劣迹、违法犯罪等行为造成不良社会影响的人员,并提高基层群众作为节目嘉宾的比重。

第十七条 国产原创未成年人节目应当积极体现中华文化元素,使用外国的人名、地名、服装、形象、背景等应当符合剧情需要。

未成年人节目中的用语用字应当符合有关通用语言文字的法律规定。

第十八条 未成年人节目前后播出广告或者播出过程中插播广告，应当遵守以下规定：

（一）未成年人专门频率、频道、专区、链接、页面不得播出医疗、药品、保健食品、医疗器械、化妆品、酒类、美容广告、不利于未成年人身心健康的网络游戏广告，以及其他不适宜未成年人观看的广告，其他未成年人节目前后不得播出上述广告；

（二）针对不满十四周岁的未成年人的商品或者服务的广告，不得含有劝诱其要求家长购买广告商品或者服务、可能引发其模仿不安全行为的内容；

（三）不得利用不满十周岁的未成年人作为广告代言人；

（四）未成年人广播电视节目每小时播放广告不得超过12分钟；

（五）未成年人网络视听节目播出或者暂停播出过程中，不得插播、展示广告，内容切换过程中的广告时长不得超过30秒。

第三章 传播规范

第十九条 未成年人专门频率、频道应当通过自制、外购、节目交流等多种方式，提高制作、播出未成年人节目的能力，提升节目质量和频率、频道专业化水平，满足未成年人收听收看需求。

网络视听节目服务机构应当以显著方式在显著位置对所传播的未成年人节目建立专区，专门播放适宜未成年人收听收看的节目。

未成年人专门频率频道、网络专区不得播出未成年人不宜收听收看的节目。

第二十条 广播电视播出机构、网络视听节目服务机构对所播出的录播或者用户上传的未成年人节目，应当按照有关规定履行播前审查义务；对直播节目，应当采取直播延时、备用节目替换等必要的技术手段，确保所播出的未成年人节目中不得含有本规定第九条第一款禁止内容。

第二十一条 广播电视播出机构、网络视听节目服务机构应当建立未成年人保护专员制度，安排具有未成年人保护工作经验或者教育背景的人员专门负责未成年人节目、广告的播前审查，并对不适合未成年人收听收看的节目、广告提出调整播出时段或者暂缓播出的建议，暂缓播出的建议由有关节目审查部门组织专家论证后实施。

第二十二条 广播电视播出机构、网络视听节目服务机构在未成年人节目播出过程中，应当至少每隔30分钟在显著位置发送易于辨认的休息提示信息。

第二十三条 广播电视播出机构在法定节假日和学校寒暑假每日8:00至23:00，以及法定节假日和学校寒暑假之外时间每日15:00至22:00，播出的节目应当适宜所有人群收听收看。

未成年人专门频率频道全天播出未成年人节目的比例应当符合国务院广播电视主管部门的要求，在每日17:00－

22:00之间应当播出国产动画片或者其他未成年人节目,不得播出影视剧以及引进节目,确需在这一时段播出优秀未成年人影视剧的,应当符合国务院广播电视主管部门的要求。

未成年人专门频率频道、网络专区每日播出或者可供点播的国产动画片和引进动画片的比例应当符合国务院广播电视主管部门的规定。

第二十四条 网络用户上传含有未成年人形象、信息的节目且未经未成年人法定监护人同意的,未成年人的法定监护人有权通知网络视听节目服务机构采取删除、屏蔽、断开链接等必要措施。网络视听节目服务机构接到通知并确认其身份后应当及时采取相关措施。

第二十五条 网络视听节目服务机构应当对网络用户上传的未成年人节目建立公众监督举报制度。在接到公众书面举报后经审查发现节目含有本规定第九条第一款禁止内容或者属于第十条第一款禁止节目类型的,网络视听节目服务机构应当及时采取删除、屏蔽、断开链接等必要措施。

第二十六条 广播电视播出机构、网络视听节目服务机构应当建立由未成年人保护专家、家长代表、教师代表等组成的未成年人节目评估委员会,定期对未成年人节目、广告进行播前、播中、播后评估。必要时,可以邀请未成年人参加评估。评估意见应当作为节目继续播出或者调整的重要依据,有关节目审查部门应当对是否采纳评估意见作出书面说明。

第二十七条 广播电视播出机构、网络视听节目服务机构应当建立未成年人节目社会评价制度,并以适当方式及时公布所评价节目的改进情况。

第二十八条 广播电视播出机构、网络视听节目服务机构应当就未成年人保护情况每年度向当地人民政府广播电视主管部门提交书面年度报告。

评估委员会工作情况、未成年人保护专员履职情况和社会评价情况应当作为年度报告的重要内容。

第四章 监督管理

第二十九条 广播电视主管部门应当建立健全未成年人节目监听监看制度,运用日常监听监看、专项检查、实地抽查等方式,加强对未成年人节目的监督管理。

第三十条 广播电视主管部门应当设立未成年人节目违法行为举报制度,公布举报电话、邮箱等联系方式。

任何单位或者个人有权举报违反本规定的未成年人节目。广播电视主管部门接到举报,应当记录并及时依法调查、处理;对不属于本部门职责范围的,应当及时移送有关部门。

第三十一条 全国性广播电视、网络视听行业组织应当依据本规定,制定未成年人节目内容审核具体行业标准,加强从业人员培训,并就培训情况向国务院广播电视主管部门提交书面年度报告。

第五章 法律责任

第三十二条 违反本规定,制作、传播含有本规定第九条第一款禁止内容的未成年人节目的,或者在以科普、教育、警示为目的制作的节目中,包含本规定第九条第一款禁止内容但未设置明确提醒、进行技术处理的,或者制作、传播本规定第十条禁止的未成年人节目类型的,依照《广播电视管理条例》第四十九条的规定予以处罚。

第三十三条 违反本规定,播放、播出广告的时间超过规定或者播出国产动画片和引进动画片的比例不符合国务院广播电视主管部门规定的,依照《广播电视管理条例》第五十条的规定予以处罚。

第三十四条 违反本规定第十一条至第十七条、第十九条至第二十二条、第二十三条第一款和第二款、第二十四条至第二十八条的规定,由县级以上人民政府广播电视主管部门责令限期改正,给予警告,可以并处三万元以下的罚款。

违反第十八条第一项至第三项的规定,由有关部门依法予以处罚。

第三十五条 广播电视节目制作经营机构、广播电视播出机构、网络视听节目服务机构违反本规定,其主管部门或者有权处理单位,应当依法对负有责任的主管人员或者直接责任人员给予处分、处理;造成严重社会影响的,广播电视主管部门可以向被处罚单位的主管部门或者有权处理单位通报情况,提出对负有责任的主管人员或者直接责任人员的处分、处理建议,并可函询后续处分、处理结果。

第三十六条 广播电视主管部门工作人员滥用职权、玩忽职守、徇私舞弊或者未依照本规定履行职责的,对负有责任的主管人员和直接责任人员依法给予处分。

第六章　附　　则

第三十七条 本规定所称网络视听节目服务机构,是指互联网视听节目服务机构和专网及定向传播视听节目服务机构。

本规定所称学校寒暑假是指广播电视播出机构所在地、网络视听节目服务机构注册地教育行政部门规定的时间段。

第三十八条 未构成本规定所称未成年人节目,但节目中含有未成年人形象、信息等内容,有关内容规范和法律责任参照本规定执行。

第三十九条 本规定自2019年4月30日起施行。

国家新闻出版署关于防止未成年人沉迷网络游戏的通知

(2019年10月25日
国新出发〔2019〕34号)

各省、自治区、直辖市新闻出版局,各网络游戏企业,有关行业组织:

近年来,网络游戏行业在满足群众休闲娱乐需要、丰富人民精神文化生活的同时,也出现一些值得高度关注的问题,特别是未成年人沉迷网络游戏、过度消费等现象,对未成年人身心健康和正常学习生活造成不良影响,社会反映强烈。规范网络游戏服务,引导网络游戏企业切实把社会效益放在首位,有效遏制未成年人沉迷网络游戏、过度消费等行为,保护未成年人身心健康成长,是贯彻落实习近平总书记关于青少年工作重要指示精神、促进网络游戏繁荣健康有序发展的有效举措。现就有关工作事项通知如下。

一、实行网络游戏用户账号实名注册制度。所有网络游戏用户均须使用有效身份信息方可进行游戏账号注册。自本通知施行之日起,网络游戏企业应建立并实施用户实名注册系统,不得以任何形式为未实名注册的新增用户提供游戏服务。自本通知施行之日起2个月内,网络游戏企业须要求已有用户全部完成实名注册,对未完成实名注册的用户停止提供游戏服务。对用户提供的实名注册信息,网络游戏企业必须严格按照有关法律法规妥善保存、保护,不得用作其他用途。

网络游戏企业可以对其游戏服务设置不超过1小时的游客体验模式。在游客体验模式下,用户无须实名注册,不能充值和付费消费。对使用同一硬件设备的用户,网络游戏企业在15天内不得重复提供游客体验模式。

二、严格控制未成年人使用网络游戏时段、时长。每日22时至次日8时,网络游戏企业不得以任何形式为未成年人提供游戏服务。网络游戏企业向未成年人提供游戏服务的时长,法定节假日每日累计不得超过3小时,其他时间每日累计不得超过1.5小时。

三、规范向未成年人提供付费服务。网络游戏企业须采取有效措施,限制未成年人使用与其民事行为能力不符的付费服务。网络游戏企业不得为未满8周岁的用户提供游戏付费服务。同一网络游戏企业所提供的游戏付费服务,8周岁以上未满16周岁的用户,单次充值金额不得超过50元人民币,每月充值金额累计不得超过200元人民币;16周岁以上未满18周岁的用户,单次充值金额不得超过100元人民币,每月充值金额累计不得超过400元人民币。

四、切实加强行业监管。本通知前述各项要求,均为网络游戏上网出版运营的必要条件。各地出版管理部门要切实履行属地监管职责,严格按照本通知要求做好属地网络游戏企业及其网络游戏服务的监督管理工作。对未落实本通知要求的网络游戏企业,各地出版管理部门应责令限期改正;情节严重的,依法依规予以处理,直至吊销相关许可。各地出版管理部门协调有关执法机构做好监管执法工作。

五、探索实施适龄提示制度。网络游戏企业应从游戏内容和功能的心理接受程度、对抗激烈程度、可能引起认知混淆程度、可能导致危险模仿程度、付费消费程度等多维度综合衡量,探索对上网出版运营的网络游戏作出适合不同年龄段用户的提示,并在用户下载、注册、登录页面等位置显著标明。有关行业组织要探索实施适龄提示具体标准规范,督促网络游戏企业落实适龄提示制度。网络游戏企业应注意分析未成年人沉迷的成因，并及时对造成沉迷的游戏内容、功能或者规则进行修改。

六、积极引导家长、学校等社会各界力量履行未成年人监护守护责任，加强对未成年人健康合理使用网络游戏的教导，帮助未成年人树立正确的网络游戏消费观念和行为习惯。

七、本通知所称未成年人是指未满18周岁的公民，所称网络游戏企业含提供网络游戏服务的平台。

国家新闻出版署关于进一步严格管理切实防止未成年人沉迷网络游戏的通知

（2021年8月30日
国新出发〔2021〕14号）

各省、自治区、直辖市新闻出版局，各网络游戏企业，有关行业组织：

一段时间以来，未成年人过度使用甚至沉迷网络游戏问题突出，对正常生活学习和健康成长造成不良影响，社会各方面特别是广大家长反映强烈。为进一步严格管理措施，坚决防止未成年人沉迷网络游戏，切实保护未成年人身心健康，现将有关要求通知如下。

一、严格限制向未成年人提供网络游戏服务的时间。自本通知施行之日起，所有网络游戏企业仅可在周五、周六、周日和法定节假日每日20时至21时向未成年人提供1小时网络游戏服务，其他时间均不得以任何形式向未成年人提供网络游戏服务。

二、严格落实网络游戏用户账号实名注册和登录要求。所有网络游戏必须接入国家新闻出版署网络游戏防沉迷实名验证系统，所有网络游戏用户必须使用真实有效身份信息进行游戏账号注册并登录网络游戏，网络游戏企业不得以任何形式（含游客体验模式）向未实名注册和登录的用户提供游戏服务。

三、各级出版管理部门加强对网络游戏企业落实提供网络游戏服务时段时长、实名注册和登录、规范付费等情况的监督检查，加大检查频次和力度，对未严格落实的网络游戏企业，依法依规严肃处理。

四、积极引导家庭、学校等社会各方面营造有利于未成年人健康成长的良好环境，依法履行未成年人监护职责，加强未成年人网络素养教育，在未成年人使用网络游戏时督促其以真实身份验证，严格执行未成年人使用网络游戏时段时长规定，引导未成年人形成良好的网络使用习惯，防止未成年人沉迷网络游戏。

五、本通知所称未成年人是指未满18周岁的公民，所称网络游戏企业含提供网络游戏服务的平台。

本通知自2021年9月1日起施行。《国家新闻出版署关于防止未成年人沉迷网络游戏工作的通知》（国新出发〔2019〕34号）相关规定与本通知不一致的，以本通知为准。

教育部办公厅等六部门关于进一步加强预防中小学生沉迷网络游戏管理工作的通知

(2021年10月20日教育部办公厅、中央宣传部办公厅、中央网信办秘书局、工业和信息化部办公厅、公安部办公厅、市场监管总局办公厅发布　教基厅函〔2021〕41号)

各省、自治区、直辖市教育厅(教委)、党委宣传部、网信办、通信管理局、公安厅(局)、市场监管局(厅、委),新疆生产建设兵团教育局、党委宣传部、网信办、公安局、市场监管局:

为深入贯彻《中华人民共和国未成年人保护法》等法律法规要求,认真落实中央有关未成年人网络环境治理的决策部署,有效预防中小学生沉迷网络游戏,切实促进中小学生健康成长,现就加强预防中小学生沉迷网络游戏管理工作通知如下:

一、确保内容健康干净。各地出版管理部门要引导网络游戏企业开发导向正确、内涵丰厚、种类多样、寓教于乐的网络游戏产品,确保内容优质健康干净。督促网络游戏企业加大内容审核力度,严格落实相关法律法规要求,坚决杜绝网络游戏中含有可能引发中小学生模仿不安全行为、违反社会公德行为和违法犯罪行为的内容,以及恐怖暴力、色情低俗、封建迷信等妨害中小学生身心健康的内容。指导网络游戏企业按照有关规定和标准,对产品进行分类,作出适龄提示,并采取技术措施,避免中小学生接触不适宜的游戏或者游戏功能。要严格执行网络游戏前置审批制度,未经批准的游戏,不得上线运营。

二、落实好防沉迷要求。网络游戏企业要按照《中华人民共和国未成年人保护法》和《国家新闻出版署关于进一步严格管理　切实防止未成年人沉迷网络游戏的通知》(国新出发〔2021〕14号)规定,严格落实网络游戏用户账号实名注册和登录要求。所有网络游戏用户提交的实名注册信息,必须通过国家新闻出版署网络游戏防沉迷实名验证系统验证。验证为未成年人的用户,必须纳入统一的网络游戏防沉迷管理。网络游戏企业可在周五、周六、周日和法定节假日每日20时至21时,向中小学生提供1小时网络游戏服务,其他时间不得以任何形式向中小学生提供网络游戏服务。

三、严格校内教育管理。地方教育行政部门要指导学校对经申请带入校园的手机等终端产品进行统一管理,严禁带入课堂。学校提供的互联网上网服务设施,应安装未成年人网络保护软件或者采取其他安全保护技术措施。学校教职员工发现学生进入互联网上网服务营业场所时,应当及时予以制止、教育。学校要广泛开展各类文体活动,引导学生培养兴趣爱好,自觉远离不良网络诱惑。要采取多种形式加强网络素养宣传教育,采取科学合理的方式对中小学生沉迷网络行为进行预防和干预,引导中小学生正确认识、科学对待、合理使用网络。

四、推动家校协同发力。地方教育行政部门和学校要加强家校沟通，做好家庭教育指导工作，引导家长充分认识沉迷网络游戏的危害性和加强管理的必要性，形成家校协同育人合力。要督促家长履行好监护责任，发挥好榜样作用，安排好孩子日常学习生活，有意识地让孩子多从事一些家务劳动、户外活动、体育锻炼，帮助孩子养成健康生活方式。学校和家长发现学生有沉迷网络游戏、过度消费等苗头迹象，要相互告知，共同进行教育和引导，及时矫正不良行为，帮助其恢复正常的学习和生活。

五、切实加强监管问责。各地出版管理、网信、通信管理、公安、市场监管等部门要加强对网络游戏企业的事中事后监管，对违反有关规定，上线运营后落实防沉迷措施不到位或擅自添加违法、不良信息内容以及未经审批违法违规运营的网络游戏，要按有关规定予以惩处。网信、市场监管部门对发布不良网络游戏信息、插入网络游戏链接、推送网络游戏广告的中小学在线教育网络平台和产品，要按有关规定及时进行处罚或关停。各地出版管理部门要鼓励相关组织或个人，对未按要求落实实名注册、时段时长限制、充值限制或者涉及不良内容的网络游戏企业和平台进行举报。教育督导部门要将预防中小学生网络沉迷工作纳入对地方政府履行教育职责评价和责任督学日常监督范围，并将督导结果作为评价地方教育工作和学校管理工作成效的重要内容。

文化和旅游部办公厅关于加强网络文化市场未成年人保护工作的意见

（2021年11月29日
办市场发〔2021〕211号）

各省、自治区、直辖市文化和旅游厅（局），新疆生产建设兵团文化体育广电和旅游局：

近年来，网络表演、网络音乐、网络动漫、网络演出剧（节）目、网络艺术品等网络文化市场快速发展，创造了良好的社会效益和经济效益，丰富了群众文化生活，拉动了数字经济发展。同时，在发展过程中，部分网络文化平台存在“儿童邪典”内容、利用“网红儿童”牟利等不良现象和问题，对未成年人价值观产生错误影响，严重妨害未成年人健康成长。为贯彻落实《中华人民共和国未成年人保护法》，深入推进文娱领域综合治理，加强未成年人网络保护，保障未成年人在网络空间的合法权益，特制定如下工作意见。

一、强化思想政治引领

1. 加强思想政治教育。建立健全网络文化市场从业人员培训培养机制，统筹线上线下教育资源，改进课程设置、优化教学内容，强化党史、新中国史、改革开放史、社会主义发展史学习，引导从业人员自觉践行社会主义核心价值观，牢固树立未成年人保护理念，主动提升网络文化产品社会效益，着力护航未成年人健康成长。

2. 加强法治观念教育。落实"谁执法、谁普法"普法责任制要求,在网络文化市场行业管理、执法的过程中开展未成年人保护法治宣传,以案说法、以案释法,用管理实践、执法案例强化教育警示效果,切实增强网络文化市场主体遵规守法、合法经营的意识。

3. 加强网络素养教育。指导网络文化市场主体加强未成年人及家长网络素养宣传教育,增强未成年人科学、文明、安全、合理使用网络的意识和能力。监督网络文化产品和服务提供者履行预防未成年人沉迷网络的义务,指导相关企业、行业组织互相配合,采取科学、合理的方式对未成年人沉迷网络进行预防和干预。

二、压实市场主体责任

4. 切实强化用户识别。督促网络文化市场主体提高识别未实名认证未成年人用户账号能力,通过用户观看内容分析、行为特征研判等方法,强化对未成年用户的识别、引导和管理。要求网络文化服务提供者不得为未满十六周岁的未成年人提供网络直播发布者账号注册服务,对年满十六周岁的未成年人提供注册服务应当依法认证身份信息并征得监护人同意。

5. 严格保护个人信息。指导网络文化市场主体建立健全未成年人个人信息保护机制,提高信息保护制度化、规范化、法治化水平。通过网络处理未成年人个人信息,应当遵循合法、正当、必要和诚信原则,有效落实《中华人民共和国未成年人保护法》《中华人民共和国个人信息保护法》关于处理、更正、删除未成年人信息的要求。接到遭受网络欺凌的未成年人及其父母或者其他监护人的通知后,应当及时采取必要的措施制止网络欺凌行为,防止信息扩散。

6. 坚决阻断有害内容。督促网络文化市场主体加强网络内容建设,探索建立未成年人不适宜接触内容的审核判断标准,持续提升违法违规内容模型识别能力,提高人工审核专业性和有效性,及时有力屏蔽、清理涉邪典、色情、非法传教、危险行为、不良价值观等有害内容。禁止直播间通过展示低俗图片、"福利"、"资料"等暗示性信息和电话号码、微信号、二维码等私密联系方式诱导未成年前往获取有害内容。

7. 严禁借"网红儿童"牟利。严管严控未成年人参与网络表演,对出现未成年人单独出镜或者由成年人携带出镜超过一定时长且经核定为借助未成年人积累人气、谋取利益的直播间或者短视频账号,或者利用儿童模特摆出不雅姿势、做性暗示动作等吸引流量、带货牟利的账号依法予以严肃处理。

8. 有效规范"金钱打赏"。网络文化市场主体不得以打赏排名、虚假宣传等方式炒作网络表演者收入,不得以虚假消费、带头打赏等方式诱导未成年人用户消费。引导网络文化市场主体依法对未成年人充值打赏权限进行规范,推动建立并优化未成年人借助成年人账号充值打赏的识别认定机制,加大电子证据综合分析采集力度,实现快处快赔。

9. 持续优化功能设置。指导网络文

化市场主体依法建立“未成年人保护模式”，针对未成年人使用其服务设置密码锁、时间锁、消费限制、行为追踪以及卸载重装继承（防绕开）等保护机制，及时防堵盗用、冒用、借用账号等漏洞。开发利用“监护人独立授权”等功能，更好地支持家长和平台共同管理和保障未成年人健康上网。

三、加大行业监管力度

10. 着力规范行政审批。落实“放管服”改革要求，落实新修订的《经营性互联网文化单位审批业务手册》，进一步规范网络文化单位经营许可审批，加强进口互联网文化产品内容审查。落实《营业性演出管理条例》《网络表演经纪机构管理办法》，规范演出经纪机构行政审批，进一步明确演出经纪机构在经纪行为、演出内容安排、粉丝引导等方面的工作职责，提高经纪人员业务能力和经纪服务质量。

11. 研究完善监管制度。加强网络文化市场调查研究，发挥专家学者“外脑”作用，密切关注市场和技术发展变化，及时跟踪研判相关产品和服务内容，监测行业动向和发展趋势，开展网络文化市场未成年人保护工作前瞻性研究，制定可能影响未成年人身心健康的信息的辨识要素、标准和尺度，提高有害内容识别有效性，完善相关监管要求。

12. 切实畅通举报渠道。充分发挥全国文化市场举报平台作用，加强网络文化市场举报受理。指导网络文化市场主体严格落实实名认证，增加“包含不适内容”的快捷举报反馈按钮，进一步增强违法违规内容的可追责性。鼓励网络文化企业设置外部举报奖励机制，开通未成年人保护相关的专项举报入口。

13. 持续强化巡查执法。强化网络文化市场事前事中监管，加强对网络文化企业内容审核的指导和监督，持续开展网络巡查和随机抽查。强化网络文化市场执法，落实《关于在文化市场执法领域加强〈中华人民共和国未成年人保护法〉贯彻实施工作的通知》，及时查办案件，公开宣传典型案例，提高执法透明度和公信力。不定期开展网络文化市场涉未成年人不良信息清理整治专项行动，对举报较多的网络文化经营单位，要加强检查、重点监管、从严查处。

14. 加大信用监管力度。持续开展《文化和旅游市场信用管理规定》内容解读和宣贯。依法依规将符合条件的网络文化市场主体及从业人员认定为文化市场失信主体，并实施信用管理。将失信信息作为相关行政管理、公共服务等的参考依据。

四、优化网络内容建设

15. 增强正向价值引导。发挥榜样力量，加强正面典型宣传，在坚决处置炫富拜金、奢靡享乐、卖惨“审丑”等不良内容的基础上，积极组织策划系列正能量传播项目，制作推广一批宣传功勋人物、尊崇英雄模范的优秀作品，鼓励平台企业对积极弘扬正能量的网络主播、从业人员给予更多机会和流量，引导未成年人树立正确价值观。

16. 丰富优质内容供给。持续加大“未成年人模式”下内容池的优质内容供给，搭建适龄化、多样化的内容体系，探索与高校、科研机构、文博机构、艺术机构等合作打造适合未成年人年龄阶段、满足未成年人成长需求的优质内容,充实未成年人的精神生活。多措并举鼓励和引导未成年人用户消费有信息价值、探索价值的网络文化内容。

五、指导加强行业自律

17. 积极开展道德评议。积极发挥行业协会作用,制定网络文化市场从业人员自律管理办法,加强行业职业道德委员会建设,明确工作程序、积极开展道德评议,及时对违法失德人员及纵容违法失德行为的行业企业、从业人员进行行业联合抵制。

18. 规范网络主播管理。指导有关行业协会依据《网络主播警示和复出管理规范》建立跨平台联动处置机制,对发布含有严重违法违规、违背公序良俗且社会影响恶劣音视频内容的网络主播采取警示措施,从源头切断"问题主播"传播有害信息路径。

文化和旅游部、公安部关于加强电竞酒店管理中未成年人保护工作的通知

(2023年8月3日
文旅市场发〔2023〕82号)

各省、自治区、直辖市文化和旅游厅(局)、公安厅(局),新疆生产建设兵团文化体育广电和旅游局、公安局:

近年来,电竞酒店行业快速发展,在满足群众需求、扩大消费等方面起到了积极作用,同时也存在接待未成年人等引发社会关注的问题。为认真贯彻落实《中华人民共和国未成年人保护法》有关规定,根据最有利于未成年人原则,切实加强电竞酒店管理中未成年人保护工作,促进行业健康有序发展,现就有关事项通知如下。

一、提高政治站位,充分认识加强电竞酒店管理中未成年人保护工作的重要意义

(一)提高政治站位。党中央、国务院历来高度重视未成年人保护工作,习近平总书记和有关中央领导同志多次对未成年人保护工作作出重要指示批示。加强未成年人保护工作,促进未成年人健康成长,是贯彻落实党中央、国务院决策部署并回应社会关切的重要举措,是各级政府管理部门肩负的重要职责。

(二)强化责任担当。各级文化和旅游行政部门、公安机关应当提高政治站位,主动担当作为,坚持问题导向,不断创新监管方式,既要坚决管住电竞酒店违规接待未成年人问题,又要秉持包容审慎原则,合理引导电竞酒店行业健康有序发展,做到守土有责、守土尽责。

二、加强底线管理,严禁电竞酒店违规接待未成年人

(三)明确业态属性。本通知所称的电竞酒店是指通过设置电竞房向消费者提供电子竞技娱乐服务的新型住宿业态,包括所有客房均为电竞房的专业电竞酒店和利用部分客房开设电竞房区域的非专业电竞酒店。电竞酒店每间电竞

房的床位数不得超过 6 张，计算机数量和入住人员不得超过床位数。

（四）严禁电竞酒店违规接待未成年人。专业电竞酒店和非专业电竞酒店的电竞房区域，属于不适宜未成年人活动的场所。电竞酒店经营者应当遵守《中华人民共和国未成年人保护法》等有关法律法规，不得允许未成年人进入专业电竞酒店和非专业电竞酒店的电竞房区域。

三、强化主体责任，严格落实未成年人保护规定

（五）设置禁入标志。专业电竞酒店经营者应当在酒店入口处的显著位置悬挂未成年人禁入标志；非专业电竞酒店经营者应当在相近楼层集中设置电竞房并划定电竞房区域，在电竞房区域入口处的显著位置悬挂未成年人禁入标志。电竞酒店经营者应当在前台显著位置和客房管理系统明示电竞房区域分布图。鼓励非专业电竞酒店经营者对电竞房区域进行物理隔离、电梯控制，防止未成年人擅自进入。

（六）履行告知义务。电竞酒店经营者应当在消费者预定、入住等环节明确告知其电竞房区域不接待未成年人；通过电子商务平台等开展客房预定的，应当以显著方式提示消费者电竞房区域不接待未成年人。电子商务平台经营者应当核验电竞酒店提示信息。

（七）落实“五必须”规定。电竞酒店非电竞房区域接待未成年人入住时，经营者应当严格落实“五必须”规定：必须查验入住未成年人身份并如实登记；必须询问未成年人父母或者其他监护人的联系方式并记录备案；必须询问同住人员身份关系等情况并记录备案；必须加强安全巡查和访客管理，预防对未成年人的不法侵害；必须立即向公安机关报告可疑情况，并及时联系未成年人的父母或者其他监护人，并同时采取相应安全保护措施。

（八）实施网络安全技术措施。电竞酒店经营者应当依法制定信息网络安全管理制度和应急处置预案，实施互联网安全保护技术措施。电竞酒店经营者应当设置禁止未成年人登录计算机、消费时长提示等功能，并通过网络技术措施服务提供者向文化和旅游行政部门提供电竞房分布、设置禁止未成年人登录功能以及阻断登录情况等可查询信息。

（九）实施图像采集技术措施。电竞酒店经营者应当按照有关规定，在大厅、前台、通道、电竞房区域主要出入口等公共区域内的合理位置安装图像采集设备并设置采集区域提示标识，加强检查值守，发现有未成年人违规进入电竞房区域的，要及时劝阻并联系其父母或者其他监护人。图像采集信息应当依法留存，不得不当披露、传播，并在文化和旅游行政部门等部门检查电竞房时提供查询。

（十）建立日常巡查制度。电竞酒店经营者应当建立日常巡查制度，发现有未成年人违规进入、未实名登记擅自进入等违法行为的，应当立即制止并分别向所在地县级文化和旅游行政部门、公安机关报告。文化和旅游行政部门、公安机关等有关部门有权依法对辖区内电竞酒店的电竞房实施监督检查,电竞酒店经营者应当配合,不得拒绝、阻挠。

四、加强协同监管,形成未成年人保护合力

(十一)建立协同监管机制。地方各级文化和旅游行政部门、公安机关应当会同相关部门,建立电竞酒店未成年人保护协同监管机制,加强信息通报、线索移送、执法联动等工作,引导督促经营者严格落实实名登记、设置未成年人禁入标志、禁止违规接待未成年人等要求,依法查处违规经营行为。公安机关在工作中发现电竞酒店经营者违规接待未成年人的,及时通报文化和旅游行政部门依法查处;文化和旅游行政部门在工作中发现电竞酒店经营者未落实实名登记及“五必须”规定的,及时通报公安机关依法查处。

(十二)严格文化和旅游市场行政处罚。电竞酒店经营者违规接待未成年人或者未设置未成年人禁入标志的,由文化和旅游行政部门依照《中华人民共和国未成年人保护法》第一百二十三条予以处罚。

(十三)严格治安管理行政处罚。电竞酒店非电竞房区域接待未成年人入住,或者接待未成年人和成年人共同入住时,未询问父母或者其他监护人的联系方式、入住人员的身份关系等有关情况的,由公安机关依照《中华人民共和国未成年人保护法》第一百二十二条予以处罚。电竞酒店未取得特种行业许可证,擅自经营旅馆业的,由公安机关依照《中华人民共和国治安管理处罚法》第五十四条予以处罚,并对非法经营行为予以取缔。

(十四)加强行业自律。电竞酒店有关行业协会应当加强行业自律,制定行业规范,开展培训教育,探索开展本领域的信用评价、服务等级评定工作,引导经营者严格落实《中华人民共和国未成年人保护法》有关规定。

(十五)加强社会监督。社会公众可以依法向文化和旅游行政部门、公安机关反映电竞酒店违规接待未成年人等情况;鼓励和支持电竞酒店入住人员向文化和旅游行政部门、公安机关举报电竞酒店违规接待未成年人等线索。

各省级文化和旅游行政部门应当会同公安机关部署开展电竞酒店摸底排查工作,摸清辖区内电竞酒店的企业名称、类型、住所、电竞房数量、计算机台数等情况,并于2023年10月31日前分别报送文化和旅游部、公安部。

特此通知。

九、行政执法

中华人民共和国行政强制法

（2011年6月30日第十一届全国人民代表大会常务委员会第二十一次会议通过　2011年6月30日中华人民共和国主席令第49号公布　自2012年1月1日起施行）

目　　录

第一章　总　　则

第一条　为了规范行政强制的设定和实施，保障和监督行政机关依法履行职责，维护公共利益和社会秩序，保护公民、法人和其他组织的合法权益，根据宪法，制定本法。

第二条　本法所称行政强制，包括行政强制措施和行政强制执行。

行政强制措施，是指行政机关在行政管理过程中，为制止违法行为、防止证据损毁、避免危害发生、控制危险扩大等情形，依法对公民的人身自由实施暂时性限制，或者对公民、法人或者其他组织的财物实施暂时性控制的行为。

行政强制执行，是指行政机关或者行政机关申请人民法院，对不履行行政决定的公民、法人或者其他组织，依法强制履行义务的行为。

第三条　行政强制的设定和实施，适用本法。

发生或者即将发生自然灾害、事故灾难、公共卫生事件或者社会安全事件等突发事件，行政机关采取应急措施或者临时措施，依照有关法律、行政法规的规定执行。

行政机关采取金融业审慎监管措施、进出境货物强制性技术监控措施，依照有关法律、行政法规的规定执行。

第四条　行政强制的设定和实施，

应当依照法定的权限、范围、条件和程序。

第五条 行政强制的设定和实施，应当适当。采用非强制手段可以达到行政管理目的的，不得设定和实施行政强制。

第六条 实施行政强制，应当坚持教育与强制相结合。

第七条 行政机关及其工作人员不得利用行政强制权为单位或者个人谋取利益。

第八条 公民、法人或者其他组织对行政机关实施行政强制，享有陈述权、申辩权；有权依法申请行政复议或者提起行政诉讼；因行政机关违法实施行政强制受到损害的，有权依法要求赔偿。

公民、法人或者其他组织因人民法院在强制执行中有违法行为或者扩大强制执行范围受到损害的，有权依法要求赔偿。

第二章 行政强制的种类和设定

第九条 行政强制措施的种类：

(一)限制公民人身自由；

(二)查封场所、设施或者财物；

(三)扣押财物；

(四)冻结存款、汇款；

(五)其他行政强制措施。

第十条 行政强制措施由法律设定。

尚未制定法律，且属于国务院行政管理职权事项的，行政法规可以设定除本法第九条第一项、第四项和应当由法律规定的行政强制措施以外的其他行政强制措施。

尚未制定法律、行政法规，且属于地方性事务的，地方性法规可以设定本法第九条第二项、第三项的行政强制措施。

法律、法规以外的其他规范性文件不得设定行政强制措施。

第十一条 法律对行政强制措施的对象、条件、种类作了规定的，行政法规、地方性法规不得作出扩大规定。

法律中未设定行政强制措施的，行政法规、地方性法规不得设定行政强制措施。但是，法律规定特定事项由行政法规规定具体管理措施的，行政法规可以设定除本法第九条第一项、第四项和应当由法律规定的行政强制措施以外的其他行政强制措施。

第十二条 行政强制执行的方式：

(一)加处罚款或者滞纳金；

(二)划拨存款、汇款；

(三)拍卖或者依法处理查封、扣押的场所、设施或者财物；

(四)排除妨碍、恢复原状；

(五)代履行；

(六)其他强制执行方式。

第十三条 行政强制执行由法律设定。

法律没有规定行政机关强制执行的，作出行政决定的行政机关应当申请人民法院强制执行。

第十四条 起草法律草案、法规草案，拟设定行政强制的，起草单位应当采取听证会、论证会等形式听取意见，并向制定机关说明设定该行政强制的必要性、可能产生的影响以及听取和采纳意见的情况。

第十五条 行政强制的设定机关应当定期对其设定的行政强制进行评价,并对不适当的行政强制及时予以修改或者废止。

行政强制的实施机关可以对已设定的行政强制的实施情况及存在的必要性适时进行评价,并将意见报告该行政强制的设定机关。

公民、法人或者其他组织可以向行政强制的设定机关和实施机关就行政强制的设定和实施提出意见和建议。有关机关应当认真研究论证,并以适当方式予以反馈。

第三章 行政强制措施实施程序

第一节 一般规定

第十六条 行政机关履行行政管理职责,依照法律、法规的规定,实施行政强制措施。

违法行为情节显著轻微或者没有明显社会危害的,可以不采取行政强制措施。

第十七条 行政强制措施由法律、法规规定的行政机关在法定职权范围内实施。行政强制措施权不得委托。

依据《中华人民共和国行政处罚法》的规定行使相对集中行政处罚权的行政机关,可以实施法律、法规规定的与行政处罚权有关的行政强制措施。

行政强制措施应当由行政机关具备资格的行政执法人员实施,其他人员不得实施。

第十八条 行政机关实施行政强制措施应当遵守下列规定:

(一)实施前须向行政机关负责人报告并经批准;

(二)由两名以上行政执法人员实施;

(三)出示执法身份证件;

(四)通知当事人到场;

(五)当场告知当事人采取行政强制措施的理由、依据以及当事人依法享有的权利、救济途径;

(六)听取当事人的陈述和申辩;

(七)制作现场笔录;

(八)现场笔录由当事人和行政执法人员签名或者盖章,当事人拒绝的,在笔录中予以注明;

(九)当事人不到场的,邀请见证人到场,由见证人和行政执法人员在现场笔录上签名或者盖章;

(十)法律、法规规定的其他程序。

第十九条 情况紧急,需要当场实施行政强制措施的,行政执法人员应当在二十四小时内向行政机关负责人报告,并补办批准手续。行政机关负责人认为不应当采取行政强制措施的,应当立即解除。

第二十条 依照法律规定实施限制公民人身自由的行政强制措施,除应当履行本法第十八条规定的程序外,还应当遵守下列规定:

(一)当场告知或者实施行政强制措施后立即通知当事人家属实施行政强制措施的行政机关、地点和期限;

(二)在紧急情况下当场实施行政强

制措施的,在返回行政机关后,立即向行政机关负责人报告并补办批准手续;

(三)法律规定的其他程序。

实施限制人身自由的行政强制措施不得超过法定期限。实施行政强制措施的目的已经达到或者条件已经消失,应当立即解除。

第二十一条 违法行为涉嫌犯罪应当移送司法机关的,行政机关应当将查封、扣押、冻结的财物一并移送,并书面告知当事人。

第二节 查封、扣押

第二十二条 查封、扣押应当由法律、法规规定的行政机关实施,其他任何行政机关或者组织不得实施。

第二十三条 查封、扣押限于涉案的场所、设施或者财物,不得查封、扣押与违法行为无关的场所、设施或者财物;不得查封、扣押公民个人及其所扶养家属的生活必需品。

当事人的场所、设施或者财物已被其他国家机关依法查封的,不得重复查封。

第二十四条 行政机关决定实施查封、扣押的,应当履行本法第十八条规定的程序,制作并当场交付查封、扣押决定书和清单。

查封、扣押决定书应当载明下列事项:

(一)当事人的姓名或者名称、地址;

(二)查封、扣押的理由、依据和期限;

(三)查封、扣押场所、设施或者财物的名称、数量等;

(四)申请行政复议或者提起行政诉讼的途径和期限;

(五)行政机关的名称、印章和日期。

查封、扣押清单一式二份,由当事人和行政机关分别保存。

第二十五条 查封、扣押的期限不得超过三十日;情况复杂的,经行政机关负责人批准,可以延长,但是延长期限不得超过三十日。法律、行政法规另有规定的除外。

延长查封、扣押的决定应当及时书面告知当事人,并说明理由。

对物品需要进行检测、检验、检疫或者技术鉴定的,查封、扣押的期间不包括检测、检验、检疫或者技术鉴定的期间。检测、检验、检疫或者技术鉴定的期间应当明确,并书面告知当事人。检测、检验、检疫或者技术鉴定的费用由行政机关承担。

第二十六条 对查封、扣押的场所、设施或者财物,行政机关应当妥善保管,不得使用或者损毁;造成损失的,应当承担赔偿责任。

对查封的场所、设施或者财物,行政机关可以委托第三人保管,第三人不得损毁或者擅自转移、处置。因第三人的原因造成的损失,行政机关先行赔付后,有权向第三人追偿。

因查封、扣押发生的保管费用由行政机关承担。

第二十七条 行政机关采取查封、扣押措施后,应当及时查清事实,在本法第二十五条规定的期限内作出处理决定。对违法事实清楚,依法应当没收的非法财物予以没收;法律、行政法规规定应当销毁的,依法销毁;应当解除查封、扣押的,作出解除查封、扣押的决定。

第二十八条 有下列情形之一的,行政机关应当及时作出解除查封、扣押决定:

(一)当事人没有违法行为;

(二)查封、扣押的场所、设施或者财物与违法行为无关;

(三)行政机关对违法行为已经作出处理决定,不再需要查封、扣押;

(四)查封、扣押期限已经届满;

(五)其他不再需要采取查封、扣押措施的情形。

解除查封、扣押应当立即退还财物;已将鲜活物品或者其他不易保管的财物拍卖或者变卖的,退还拍卖或者变卖所得款项。变卖价格明显低于市场价格,给当事人造成损失的,应当给予补偿。

第三节 冻 结

第二十九条 冻结存款、汇款应当由法律规定的行政机关实施,不得委托给其他行政机关或者组织;其他任何行政机关或者组织不得冻结存款、汇款。

冻结存款、汇款的数额应当与违法行为涉及的金额相当;已被其他国家机关依法冻结的,不得重复冻结。

第三十条 行政机关依照法律规定决定实施冻结存款、汇款的,应当履行本法第十八条第一项、第二项、第三项、第七项规定的程序,并向金融机构交付冻结通知书。

金融机构接到行政机关依法作出的冻结通知书后,应当立即予以冻结,不得拖延,不得在冻结前向当事人泄露信息。

法律规定以外的行政机关或者组织要求冻结当事人存款、汇款的,金融机构应当拒绝。

第三十一条 依照法律规定冻结存款、汇款的,作出决定的行政机关应当在三日内向当事人交付冻结决定书。冻结决定书应当载明下列事项:

(一)当事人的姓名或者名称、地址;

(二)冻结的理由、依据和期限;

(三)冻结的账号和数额;

(四)申请行政复议或者提起行政诉讼的途径和期限;

(五)行政机关的名称、印章和日期。

第三十二条 自冻结存款、汇款之日起三十日内,行政机关应当作出处理决定或者作出解除冻结决定;情况复杂的,经行政机关负责人批准,可以延长,但是延长期限不得超过三十日。法律另有规定的除外。

延长冻结的决定应当及时书面告知当事人,并说明理由。

第三十三条 有下列情形之一的,行政机关应当及时作出解除冻结决定:

(一)当事人没有违法行为;

(二)冻结的存款、汇款与违法行为无关;

(三)行政机关对违法行为已经作出处理决定,不再需要冻结;

(四)冻结期限已经届满;

(五)其他不再需要采取冻结措施的情形。

行政机关作出解除冻结决定的,应当及时通知金融机构和当事人。金融机构接到通知后,应当立即解除冻结。

行政机关逾期未作出处理决定或者解除冻结决定的,金融机构应当自冻结期满之日起解除冻结。

第四章　行政机关强制执行程序

第一节　一般规定

第三十四条　行政机关依法作出行政决定后,当事人在行政机关决定的期限内不履行义务的,具有行政强制执行权的行政机关依照本章规定强制执行。

第三十五条　行政机关作出强制执行决定前,应当事先催告当事人履行义务。催告应当以书面形式作出,并载明下列事项:

(一)履行义务的期限;

(二)履行义务的方式;

(三)涉及金钱给付的,应当有明确的金额和给付方式;

(四)当事人依法享有的陈述权和申辩权。

第三十六条　当事人收到催告书后有权进行陈述和申辩。行政机关应当充分听取当事人的意见,对当事人提出的事实、理由和证据,应当进行记录、复核。当事人提出的事实、理由或者证据成立的,行政机关应当采纳。

第三十七条　经催告,当事人逾期仍不履行行政决定,且无正当理由的,行政机关可以作出强制执行决定。

强制执行决定应当以书面形式作出,并载明下列事项:

(一)当事人的姓名或者名称、地址;

(二)强制执行的理由和依据;

(三)强制执行的方式和时间;

(四)申请行政复议或者提起行政诉讼的途径和期限;

(五)行政机关的名称、印章和日期。

在催告期间,对有证据证明有转移或者隐匿财物迹象的,行政机关可以作出立即强制执行决定。

第三十八条　催告书、行政强制执行决定书应当直接送达当事人。当事人拒绝接收或者无法直接送达当事人的,应当依照《中华人民共和国民事诉讼法》的有关规定送达。

第三十九条　有下列情形之一的,中止执行:

(一)当事人履行行政决定确有困难或者暂无履行能力的;

(二)第三人对执行标的主张权利,确有理由的;

(三)执行可能造成难以弥补的损失,且中止执行不损害公共利益的;

(四)行政机关认为需要中止执行的其他情形。

中止执行的情形消失后,行政机关应当恢复执行。对没有明显社会危害,当事人确无能力履行,中止执行满三年未恢复执行的,行政机关不再执行。

第四十条　有下列情形之一的,终结执行:

(一)公民死亡,无遗产可供执行,又无义务承受人的;

(二)法人或者其他组织终止,无财

产可供执行,又无义务承受人的;

(三)执行标的灭失的;

(四)据以执行的行政决定被撤销的;

(五)行政机关认为需要终结执行的其他情形。

第四十一条 在执行中或者执行完毕后,据以执行的行政决定被撤销、变更,或者执行错误的,应当恢复原状或者退还财物;不能恢复原状或者退还财物的,依法给予赔偿。

第四十二条 实施行政强制执行,行政机关可以在不损害公共利益和他人合法权益的情况下,与当事人达成执行协议。执行协议可以约定分阶段履行;当事人采取补救措施的,可以减免加处的罚款或者滞纳金。

执行协议应当履行。当事人不履行执行协议的,行政机关应当恢复强制执行。

第四十三条 行政机关不得在夜间或者法定节假日实施行政强制执行。但是,情况紧急的除外。

行政机关不得对居民生活采取停止供水、供电、供热、供燃气等方式迫使当事人履行相关行政决定。

第四十四条 对违法的建筑物、构筑物、设施等需要强制拆除的,应当由行政机关予以公告,限期当事人自行拆除。当事人在法定期限内不申请行政复议或者提起行政诉讼,又不拆除的,行政机关可以依法强制拆除。

第二节 金钱给付义务的执行

第四十五条 行政机关依法作出金钱给付义务的行政决定,当事人逾期不履行的,行政机关可以依法加处罚款或者滞纳金。加处罚款或者滞纳金的标准应当告知当事人。

加处罚款或者滞纳金的数额不得超出金钱给付义务的数额。

第四十六条 行政机关依照本法第四十五条规定实施加处罚款或者滞纳金超过三十日,经催告当事人仍不履行的,具有行政强制执行权的行政机关可以强制执行。

行政机关实施强制执行前,需要采取查封、扣押、冻结措施的,依照本法第三章规定办理。

没有行政强制执行权的行政机关应当申请人民法院强制执行。但是,当事人在法定期限内不申请行政复议或者提起行政诉讼,经催告仍不履行的,在实施行政管理过程中已经采取查封、扣押措施的行政机关,可以将查封、扣押的财物依法拍卖抵缴罚款。

第四十七条 划拨存款、汇款应当由法律规定的行政机关决定,并书面通知金融机构。金融机构接到行政机关依法作出划拨存款、汇款的决定后,应当立即划拨。

法律规定以外的行政机关或者组织要求划拨当事人存款、汇款的,金融机构应当拒绝。

第四十八条 依法拍卖财物,由行政机关委托拍卖机构依照《中华人民共和国拍卖法》的规定办理。

第四十九条 划拨的存款、汇款以及拍卖和依法处理所得的款项应当上缴国库或者划入财政专户。任何行政机关或者个人不得以任何形式截留、私分或者变相私分。

第三节 代 履 行

第五十条 行政机关依法作出要求当事人履行排除妨碍、恢复原状等义务的行政决定,当事人逾期不履行,经催告仍不履行,其后果已经或者将危害交通安全、造成环境污染或者破坏自然资源的,行政机关可以代履行,或者委托没有利害关系的第三人代履行。

第五十一条 代履行应当遵守下列规定:

(一)代履行前送达决定书,代履行决定书应当载明当事人的姓名或者名称、地址,代履行的理由和依据、方式和时间、标的、费用预算以及代履行人;

(二)代履行三日前,催告当事人履行,当事人履行的,停止代履行;

(三)代履行时,作出决定的行政机关应当派员到场监督;

(四)代履行完毕,行政机关到场监督的工作人员、代履行人和当事人或者见证人应当在执行文书上签名或者盖章。

代履行的费用按照成本合理确定,由当事人承担。但是,法律另有规定的除外。

代履行不得采用暴力、胁迫以及其他非法方式。

第五十二条 需要立即清除道路、河道、航道或者公共场所的遗洒物、障碍物或者污染物,当事人不能清除的,行政机关可以决定立即实施代履行;当事人不在场的,行政机关应当在事后立即通知当事人,并依法作出处理。

第五章 申请人民法院强制执行

第五十三条 当事人在法定期限内不申请行政复议或者提起行政诉讼,又不履行行政决定的,没有行政强制执行权的行政机关可以自期限届满之日起三个月内,依照本章规定申请人民法院强制执行。

第五十四条 行政机关申请人民法院强制执行前,应当催告当事人履行义务。催告书送达十日后当事人仍未履行义务的,行政机关可以向所在地有管辖权的人民法院申请强制执行;执行对象是不动产的,向不动产所在地有管辖权的人民法院申请强制执行。

第五十五条 行政机关向人民法院申请强制执行,应当提供下列材料:

(一)强制执行申请书;

(二)行政决定书及作出决定的事实、理由和依据;

(三)当事人的意见及行政机关催告情况;

(四)申请强制执行标的情况;

(五)法律、行政法规规定的其他材料。

强制执行申请书应当由行政机关负责人签名,加盖行政机关的印章,并注明日期。

第五十六条 人民法院接到行政机关强制执行的申请,应当在五日内受理。

行政机关对人民法院不予受理的裁

定有异议的，可以在十五日内向上一级人民法院申请复议，上一级人民法院应当自收到复议申请之日起十五日内作出是否受理的裁定。

第五十七条 人民法院对行政机关强制执行的申请进行书面审查，对符合本法第五十五条规定，且行政决定具备法定执行效力的，除本法第五十八条规定的情形外，人民法院应当自受理之日起七日内作出执行裁定。

第五十八条 人民法院发现有下列情形之一的，在作出裁定前可以听取被执行人和行政机关的意见：

（一）明显缺乏事实根据的；

（二）明显缺乏法律、法规依据的；

（三）其他明显违法并损害被执行人合法权益的。

人民法院应当自受理之日起三十日内作出是否执行的裁定。裁定不予执行的，应当说明理由，并在五日内将不予执行的裁定送达行政机关。

行政机关对人民法院不予执行的裁定有异议的，可以自收到裁定之日起十五日内向上一级人民法院申请复议，上一级人民法院应当自收到复议申请之日起三十日内作出是否执行的裁定。

第五十九条 因情况紧急，为保障公共安全，行政机关可以申请人民法院立即执行。经人民法院院长批准，人民法院应当自作出执行裁定之日起五日内执行。

第六十条 行政机关申请人民法院强制执行，不缴纳申请费。强制执行的费用由被执行人承担。

人民法院以划拨、拍卖方式强制执行的，可以在划拨、拍卖后将强制执行的费用扣除。

依法拍卖财物，由人民法院委托拍卖机构依照《中华人民共和国拍卖法》的规定办理。

划拨的存款、汇款以及拍卖和依法处理所得的款项应当上缴国库或者划入财政专户，不得以任何形式截留、私分或者变相私分。

第六章 法律责任

第六十一条 行政机关实施行政强制，有下列情形之一的，由上级行政机关或者有关部门责令改正，对直接负责的主管人员和其他直接责任人员依法给予处分：

（一）没有法律、法规依据的；

（二）改变行政强制对象、条件、方式的；

（三）违反法定程序实施行政强制的；

（四）违反本法规定，在夜间或者法定节假日实施行政强制执行的；

（五）对居民生活采取停止供水、供电、供热、供燃气等方式迫使当事人履行相关行政决定的；

（六）有其他违法实施行政强制情形的。

第六十二条 违反本法规定，行政机关有下列情形之一的，由上级行政机关或者有关部门责令改正，对直接负责的主管人员和其他直接责任人员依法给予处分：

（一）扩大查封、扣押、冻结范围的；

（二）使用或者损毁查封、扣押场所、设施或者财物的；

（三）在查封、扣押法定期间不作出处理决定或者未依法及时解除查封、扣押的；

（四）在冻结存款、汇款法定期间不作出处理决定或者未依法及时解除冻结的。

第六十三条 行政机关将查封、扣押的财物或者划拨的存款、汇款以及拍卖和依法处理所得的款项，截留、私分或者变相私分的，由财政部门或者有关部门予以追缴；对直接负责的主管人员和其他直接责任人员依法给予记大过、降级、撤职或者开除的处分。

行政机关工作人员利用职务上的便利，将查封、扣押的场所、设施或者财物据为己有的，由上级行政机关或者有关部门责令改正，依法给予记大过、降级、撤职或者开除的处分。

第六十四条 行政机关及其工作人员利用行政强制权为单位或者个人谋取利益的，由上级行政机关或者有关部门责令改正，对直接负责的主管人员和其他直接责任人员依法给予处分。

第六十五条 违反本法规定，金融机构有下列行为之一的，由金融业监督管理机构责令改正，对直接负责的主管人员和其他直接责任人员依法给予处分：

（一）在冻结前向当事人泄露信息的；

（二）对应当立即冻结、划拨的存款、汇款不冻结或者不划拨，致使存款、汇款转移的；

（三）将不应当冻结、划拨的存款、汇款予以冻结或者划拨的；

（四）未及时解除冻结存款、汇款的。

第六十六条 违反本法规定，金融机构将款项划入国库或者财政专户以外的其他账户的，由金融业监督管理机构责令改正，并处以违法划拨款项二倍的罚款；对直接负责的主管人员和其他直接责任人员依法给予处分。

违反本法规定，行政机关、人民法院指令金融机构将款项划入国库或者财政专户以外的其他账户的，对直接负责的主管人员和其他直接责任人员依法给予处分。

第六十七条 人民法院及其工作人员在强制执行中有违法行为或者扩大强制执行范围的，对直接负责的主管人员和其他直接责任人员依法给予处分。

第六十八条 违反本法规定，给公民、法人或者其他组织造成损失的，依法给予赔偿。

违反本法规定，构成犯罪的，依法追究刑事责任。

第七章 附 则

第六十九条 本法中十日以内期限的规定是指工作日，不含法定节假日。

第七十条 法律、行政法规授权的具有管理公共事务职能的组织在法定授权范围内，以自己的名义实施行政强制，适用本法有关行政机关的规定。

第七十一条 本法自2012年1月1日起施行。

中华人民共和国行政诉讼法

（1989年4月4日第七届全国人民代表大会第二次会议通过　根据2014年11月1日第十二届全国人民代表大会常务委员会第十一次会议《关于修改〈中华人民共和国行政诉讼法〉的决定》第一次修正　根据2017年6月27日第十二届全国人民代表大会常务委员会第二十八次会议《关于修改〈中华人民共和国民事诉讼法〉和〈中华人民共和国行政诉讼法〉的决定》第二次修正）

目　　录

第一章　总　　则

第一条　为保证人民法院公正、及时审理行政案件，解决行政争议，保护公民、法人和其他组织的合法权益，监督行政机关依法行使职权，根据宪法，制定本法。

第二条　公民、法人或者其他组织认为行政机关和行政机关工作人员的行政行为侵犯其合法权益，有权依照本法向人民法院提起诉讼。

前款所称行政行为，包括法律、法规、规章授权的组织作出的行政行为。

第三条　人民法院应当保障公民、法人和其他组织的起诉权利，对应当受理的行政案件依法受理。

行政机关及其工作人员不得干预、阻碍人民法院受理行政案件。

被诉行政机关负责人应当出庭应诉。不能出庭的，应当委托行政机关相应的工作人员出庭。

第四条　人民法院依法对行政案件独立行使审判权，不受行政机关、社会团体和个人的干涉。

人民法院设行政审判庭，审理行政案件。

第五条　人民法院审理行政案件，以事实为根据，以法律为准绳。

第六条　人民法院审理行政案件，对行政行为是否合法进行审查。

第七条　人民法院审理行政案件，依法实行合议、回避、公开审判和两审终审制度。

第八条　当事人在行政诉讼中的法律地位平等。

第九条　各民族公民都有用本民族语言、文字进行行政诉讼的权利。

在少数民族聚居或者多民族共同居住的地区,人民法院应当用当地民族通用的语言、文字进行审理和发布法律文书。

人民法院应当对不通晓当地民族通用的语言、文字的诉讼参与人提供翻译。

第十条 当事人在行政诉讼中有权进行辩论。

第十一条 人民检察院有权对行政诉讼实行法律监督。

第二章 受案范围

第十二条 人民法院受理公民、法人或者其他组织提起的下列诉讼:

(一)对行政拘留、暂扣或者吊销许可证和执照、责令停产停业、没收违法所得、没收非法财物、罚款、警告等行政处罚不服的;

(二)对限制人身自由或者对财产的查封、扣押、冻结等行政强制措施和行政强制执行不服的;

(三)申请行政许可,行政机关拒绝或者在法定期限内不予答复,或者对行政机关作出的有关行政许可的其他决定不服的;

(四)对行政机关作出的关于确认土地、矿藏、水流、森林、山岭、草原、荒地、滩涂、海域等自然资源的所有权或者使用权的决定不服的;

(五)对征收、征用决定及其补偿决定不服的;

(六)申请行政机关履行保护人身权、财产权等合法权益的法定职责,行政机关拒绝履行或者不予答复的;

(七)认为行政机关侵犯其经营自主权或者农村土地承包经营权、农村土地经营权的;

(八)认为行政机关滥用行政权力排除或者限制竞争的;

(九)认为行政机关违法集资、摊派费用或者违法要求履行其他义务的;

(十)认为行政机关没有依法支付抚恤金、最低生活保障待遇或者社会保险待遇的;

(十一)认为行政机关不依法履行、未按照约定履行或者违法变更、解除政府特许经营协议、土地房屋征收补偿协议等协议的;

(十二)认为行政机关侵犯其他人身权、财产权等合法权益的。

除前款规定外,人民法院受理法律、法规规定可以提起诉讼的其他行政案件。

第十三条 人民法院不受理公民、法人或者其他组织对下列事项提起的诉讼:

(一)国防、外交等国家行为;

(二)行政法规、规章或者行政机关制定、发布的具有普遍约束力的决定、命令;

(三)行政机关对行政机关工作人员的奖惩、任免等决定;

(四)法律规定由行政机关最终裁决的行政行为。

第三章 管辖

第十四条 基层人民法院管辖第一审行政案件。

第十五条 中级人民法院管辖下列第一审行政案件：

（一）对国务院部门或者县级以上地方人民政府所作的行政行为提起诉讼的案件；

（二）海关处理的案件；

（三）本辖区内重大、复杂的案件；

（四）其他法律规定由中级人民法院管辖的案件。

第十六条 高级人民法院管辖本辖区内重大、复杂的第一审行政案件。

第十七条 最高人民法院管辖全国范围内重大、复杂的第一审行政案件。

第十八条 行政案件由最初作出行政行为的行政机关所在地人民法院管辖。经复议的案件，也可以由复议机关所在地人民法院管辖。

经最高人民法院批准，高级人民法院可以根据审判工作的实际情况，确定若干人民法院跨行政区域管辖行政案件。

第十九条 对限制人身自由的行政强制措施不服提起的诉讼，由被告所在地或者原告所在地人民法院管辖。

第二十条 因不动产提起的行政诉讼，由不动产所在地人民法院管辖。

第二十一条 两个以上人民法院都有管辖权的案件，原告可以选择其中一个人民法院提起诉讼。原告向两个以上有管辖权的人民法院提起诉讼的，由最先立案的人民法院管辖。

第二十二条 人民法院发现受理的案件不属于本院管辖的，应当移送有管辖权的人民法院，受移送的人民法院应当受理。受移送的人民法院认为受移送的案件按照规定不属于本院管辖的，应当报请上级人民法院指定管辖，不得再自行移送。

第二十三条 有管辖权的人民法院由于特殊原因不能行使管辖权的，由上级人民法院指定管辖。

人民法院对管辖权发生争议，由争议双方协商解决。协商不成的，报它们的共同上级人民法院指定管辖。

第二十四条 上级人民法院有权审理下级人民法院管辖的第一审行政案件。

下级人民法院对其管辖的第一审行政案件，认为需要由上级人民法院审理或者指定管辖的，可以报请上级人民法院决定。

第四章 诉讼参加人

第二十五条 行政行为的相对人以及其他与行政行为有利害关系的公民、法人或者其他组织，有权提起诉讼。

有权提起诉讼的公民死亡，其近亲属可以提起诉讼。

有权提起诉讼的法人或者其他组织终止，承受其权利的法人或者其他组织可以提起诉讼。

人民检察院在履行职责中发现生态环境和资源保护、食品药品安全、国有财产保护、国有土地使用权出让等领域负有监督管理职责的行政机关违法行使职权或者不作为，致使国家利益或者社会公共利益受到侵害的，应当向行政机关提出检察建议，督促其依法履行职责。

行政机关不依法履行职责的,人民检察院依法向人民法院提起诉讼。

第二十六条 公民、法人或者其他组织直接向人民法院提起诉讼的,作出行政行为的行政机关是被告。

经复议的案件,复议机关决定维持原行政行为的,作出原行政行为的行政机关和复议机关是共同被告;复议机关改变原行政行为的,复议机关是被告。

复议机关在法定期限内未作出复议决定,公民、法人或者其他组织起诉原行政行为的,作出原行政行为的行政机关是被告;起诉复议机关不作为的,复议机关是被告。

两个以上行政机关作出同一行政行为的,共同作出行政行为的行政机关是共同被告。

行政机关委托的组织所作的行政行为,委托的行政机关是被告。

行政机关被撤销或者职权变更的,继续行使其职权的行政机关是被告。

第二十七条 当事人一方或者双方为二人以上,因同一行政行为发生的行政案件,或者因同类行政行为发生的行政案件、人民法院认为可以合并审理并经当事人同意的,为共同诉讼。

第二十八条 当事人一方人数众多的共同诉讼,可以由当事人推选代表人进行诉讼。代表人的诉讼行为对其所代表的当事人发生效力,但代表人变更、放弃诉讼请求或者承认对方当事人的诉讼请求,应当经被代表的当事人同意。

第二十九条 公民、法人或者其他组织同被诉行政行为有利害关系但没有提起诉讼,或者同案件处理结果有利害关系的,可以作为第三人申请参加诉讼,或者由人民法院通知参加诉讼。

人民法院判决第三人承担义务或者减损第三人权益的,第三人有权依法提起上诉。

第三十条 没有诉讼行为能力的公民,由其法定代理人代为诉讼。法定代理人互相推诿代理责任的,由人民法院指定其中一人代为诉讼。

第三十一条 当事人、法定代理人,可以委托一至二人作为诉讼代理人。

下列人员可以被委托为诉讼代理人:

(一)律师、基层法律服务工作者;

(二)当事人的近亲属或者工作人员;

(三)当事人所在社区、单位以及有关社会团体推荐的公民。

第三十二条 代理诉讼的律师,有权按照规定查阅、复制本案有关材料,有权向有关组织和公民调查,收集与本案有关的证据。对涉及国家秘密、商业秘密和个人隐私的材料,应当依照法律规定保密。

当事人和其他诉讼代理人有权按照规定查阅、复制本案庭审材料,但涉及国家秘密、商业秘密和个人隐私的内容除外。

第五章 证 据

第三十三条 证据包括:

(一)书证;

(二)物证;

（三）视听资料；

（四）电子数据；

（五）证人证言；

（六）当事人的陈述；

（七）鉴定意见；

（八）勘验笔录、现场笔录。

以上证据经法庭审查属实，才能作为认定案件事实的根据。

第三十四条 被告对作出的行政行为负有举证责任，应当提供作出该行政行为的证据和所依据的规范性文件。

被告不提供或者无正当理由逾期提供证据，视为没有相应证据。但是，被诉行政行为涉及第三人合法权益，第三人提供证据的除外。

第三十五条 在诉讼过程中，被告及其诉讼代理人不得自行向原告、第三人和证人收集证据。

第三十六条 被告在作出行政行为时已经收集了证据，但因不可抗力等正当事由不能提供的，经人民法院准许，可以延期提供。

原告或者第三人提出了其在行政处理程序中没有提出的理由或者证据的，经人民法院准许，被告可以补充证据。

第三十七条 原告可以提供证明行政行为违法的证据。原告提供的证据不成立的，不免除被告的举证责任。

第三十八条 在起诉被告不履行法定职责的案件中，原告应当提供其向被告提出申请的证据。但有下列情形之一的除外：

（一）被告应当依职权主动履行法定职责的；

（二）原告因正当理由不能提供证据的。

在行政赔偿、补偿的案件中，原告应当对行政行为造成的损害提供证据。因被告的原因导致原告无法举证的，由被告承担举证责任。

第三十九条 人民法院有权要求当事人提供或者补充证据。

第四十条 人民法院有权向有关行政机关以及其他组织、公民调取证据。但是，不得为证明行政行为的合法性调取被告作出行政行为时未收集的证据。

第四十一条 与本案有关的下列证据，原告或者第三人不能自行收集的，可以申请人民法院调取：

（一）由国家机关保存而须由人民法院调取的证据；

（二）涉及国家秘密、商业秘密和个人隐私的证据；

（三）确因客观原因不能自行收集的其他证据。

第四十二条 在证据可能灭失或者以后难以取得的情况下，诉讼参加人可以向人民法院申请保全证据，人民法院也可以主动采取保全措施。

第四十三条 证据应当在法庭上出示，并由当事人互相质证。对涉及国家秘密、商业秘密和个人隐私的证据，不得在公开开庭时出示。

人民法院应当按照法定程序，全面、客观地审查核实证据。对未采纳的证据应当在裁判文书中说明理由。

以非法手段取得的证据，不得作为认定案件事实的根据。

第六章　起诉和受理

第四十四条　对属于人民法院受案范围的行政案件,公民、法人或者其他组织可以先向行政机关申请复议,对复议决定不服的,再向人民法院提起诉讼;也可以直接向人民法院提起诉讼。

法律、法规规定应当先向行政机关申请复议,对复议决定不服再向人民法院提起诉讼的,依照法律、法规的规定。

第四十五条　公民、法人或者其他组织不服复议决定的,可以在收到复议决定书之日起十五日内向人民法院提起诉讼。复议机关逾期不作决定的,申请人可以在复议期满之日起十五日内向人民法院提起诉讼。法律另有规定的除外。

第四十六条　公民、法人或者其他组织直接向人民法院提起诉讼的,应当自知道或者应当知道作出行政行为之日起六个月内提出。法律另有规定的除外。

因不动产提起诉讼的案件自行政行为作出之日起超过二十年,其他案件自行政行为作出之日起超过五年提起诉讼的,人民法院不予受理。

第四十七条　公民、法人或者其他组织申请行政机关履行保护其人身权、财产权等合法权益的法定职责,行政机关在接到申请之日起两个月内不履行的,公民、法人或者其他组织可以向人民法院提起诉讼。法律、法规对行政机关履行职责的期限另有规定的,从其规定。

公民、法人或者其他组织在紧急情况下请求行政机关履行保护其人身权、财产权等合法权益的法定职责,行政机关不履行的,提起诉讼不受前款规定期限的限制。

第四十八条　公民、法人或者其他组织因不可抗力或者其他不属于其自身的原因耽误起诉期限的,被耽误的时间不计算在起诉期限内。

公民、法人或者其他组织因前款规定以外的其他特殊情况耽误起诉期限的,在障碍消除后十日内,可以申请延长期限,是否准许由人民法院决定。

第四十九条　提起诉讼应当符合下列条件:

(一)原告是符合本法第二十五条规定的公民、法人或者其他组织;

(二)有明确的被告;

(三)有具体的诉讼请求和事实根据;

(四)属于人民法院受案范围和受诉人民法院管辖。

第五十条　起诉应当向人民法院递交起诉状,并按照被告人数提出副本。

书写起诉状确有困难的,可以口头起诉,由人民法院记入笔录,出具注明日期的书面凭证,并告知对方当事人。

第五十一条　人民法院在接到起诉状时对符合本法规定的起诉条件的,应当登记立案。

对当场不能判定是否符合本法规定的起诉条件的,应当接收起诉状,出具注明收到日期的书面凭证,并在七日内决定是否立案。不符合起诉条件的,作出不予立案的裁定。裁定书应当载明不予立案的理由。原告对裁定不服的，可以提起上诉。

起诉状内容欠缺或者有其他错误的，应当给予指导和释明，并一次性告知当事人需要补正的内容。不得未经指导和释明即以起诉不符合条件为由不接收起诉状。

对于不接收起诉状、接收起诉状后不出具书面凭证，以及不一次性告知当事人需要补正的起诉状内容的，当事人可以向上级人民法院投诉，上级人民法院应当责令改正，并对直接负责的主管人员和其他直接责任人员依法给予处分。

第五十二条 人民法院既不立案，又不作出不予立案裁定的，当事人可以向上一级人民法院起诉。上一级人民法院认为符合起诉条件的，应当立案、审理，也可以指定其他下级人民法院立案、审理。

第五十三条 公民、法人或者其他组织认为行政行为所依据的国务院部门和地方人民政府及其部门制定的规范性文件不合法，在对行政行为提起诉讼时，可以一并请求对该规范性文件进行审查。

前款规定的规范性文件不含规章。

第七章 审理和判决

第一节 一般规定

第五十四条 人民法院公开审理行政案件，但涉及国家秘密、个人隐私和法律另有规定的除外。

涉及商业秘密的案件，当事人申请不公开审理的，可以不公开审理。

第五十五条 当事人认为审判人员与本案有利害关系或者有其他关系可能影响公正审判，有权申请审判人员回避。

审判人员认为自己与本案有利害关系或者有其他关系，应当申请回避。

前两款规定，适用于书记员、翻译人员、鉴定人、勘验人。

院长担任审判长时的回避，由审判委员会决定；审判人员的回避，由院长决定；其他人员的回避，由审判长决定。当事人对决定不服的，可以申请复议一次。

第五十六条 诉讼期间，不停止行政行为的执行。但有下列情形之一的，裁定停止执行：

（一）被告认为需要停止执行的；

（二）原告或者利害关系人申请停止执行，人民法院认为该行政行为的执行会造成难以弥补的损失，并且停止执行不损害国家利益、社会公共利益的；

（三）人民法院认为该行政行为的执行会给国家利益、社会公共利益造成重大损害的；

（四）法律、法规规定停止执行的。

当事人对停止执行或者不停止执行的裁定不服的，可以申请复议一次。

第五十七条 人民法院对起诉行政机关没有依法支付抚恤金、最低生活保障金和工伤、医疗社会保险金的案件，权利义务关系明确、不先予执行将严重影响原告生活的，可以根据原告的申请，裁定先予执行。

当事人对先予执行裁定不服的，可

以申请复议一次。复议期间不停止裁定的执行。

第五十八条 经人民法院传票传唤,原告无正当理由拒不到庭,或者未经法庭许可中途退庭的,可以按照撤诉处理;被告无正当理由拒不到庭,或者未经法庭许可中途退庭的,可以缺席判决。

第五十九条 诉讼参与人或者其他人有下列行为之一的,人民法院可以根据情节轻重,予以训诫、责令具结悔过或者处一万元以下的罚款、十五日以下的拘留;构成犯罪的,依法追究刑事责任:

(一)有义务协助调查、执行的人,对人民法院的协助调查决定、协助执行通知书,无故推拖、拒绝或者妨碍调查、执行的;

(二)伪造、隐藏、毁灭证据或者提供虚假证明材料,妨碍人民法院审理案件的;

(三)指使、贿买、胁迫他人作伪证或者威胁、阻止证人作证的;

(四)隐藏、转移、变卖、毁损已被查封、扣押、冻结的财产的;

(五)以欺骗、胁迫等非法手段使原告撤诉的;

(六)以暴力、威胁或者其他方法阻碍人民法院工作人员执行职务,或者以哄闹、冲击法庭等方法扰乱人民法院工作秩序的;

(七)对人民法院审判人员或者其他工作人员、诉讼参与人、协助调查和执行的人员恐吓、侮辱、诽谤、诬陷、殴打、围攻或者打击报复的。

人民法院对有前款规定的行为之一的单位,可以对其主要负责人或者直接责任人员依照前款规定予以罚款、拘留;构成犯罪的,依法追究刑事责任。

罚款、拘留须经人民法院院长批准。当事人不服的,可以向上一级人民法院申请复议一次。复议期间不停止执行。

第六十条 人民法院审理行政案件,不适用调解。但是,行政赔偿、补偿以及行政机关行使法律、法规规定的自由裁量权的案件可以调解。

调解应当遵循自愿、合法原则,不得损害国家利益、社会公共利益和他人合法权益。

第六十一条 在涉及行政许可、登记、征收、征用和行政机关对民事争议所作的裁决的行政诉讼中,当事人申请一并解决相关民事争议的,人民法院可以一并审理。

在行政诉讼中,人民法院认为行政案件的审理需以民事诉讼的裁判为依据的,可以裁定中止行政诉讼。

第六十二条 人民法院对行政案件宣告判决或者裁定前,原告申请撤诉的,或者被告改变其所作的行政行为,原告同意并申请撤诉的,是否准许,由人民法院裁定。

第六十三条 人民法院审理行政案件,以法律和行政法规、地方性法规为依据。地方性法规适用于本行政区域内发生的行政案件。

人民法院审理民族自治地方的行政案件,并以该民族自治地方的自治条例和单行条例为依据。

人民法院审理行政案件,参照规章。

第六十四条 人民法院在审理行政案件中，经审查认为本法第五十三条规定的规范性文件不合法的，不作为认定行政行为合法的依据，并向制定机关提出处理建议。

第六十五条 人民法院应当公开发生法律效力的判决书、裁定书，供公众查阅，但涉及国家秘密、商业秘密和个人隐私的内容除外。

第六十六条 人民法院在审理行政案件中，认为行政机关的主管人员、直接责任人员违法违纪的，应当将有关材料移送监察机关、该行政机关或者其上一级行政机关；认为有犯罪行为的，应当将有关材料移送公安、检察机关。

人民法院对被告经传票传唤无正当理由拒不到庭，或者未经法庭许可中途退庭的，可以将被告拒不到庭或者中途退庭的情况予以公告，并可以向监察机关或者被告的上一级行政机关提出依法给予其主要负责人或者直接责任人员处分的司法建议。

第二节 第一审普通程序

第六十七条 人民法院应当在立案之日起五日内，将起诉状副本发送被告。被告应当在收到起诉状副本之日起十五日内向人民法院提交作出行政行为的证据和所依据的规范性文件，并提出答辩状。人民法院应当在收到答辩状之日起五日内，将答辩状副本发送原告。

被告不提出答辩状的，不影响人民法院审理。

第六十八条 人民法院审理行政案件，由审判员组成合议庭，或者由审判员、陪审员组成合议庭。合议庭的成员，应当是三人以上的单数。

第六十九条 行政行为证据确凿，适用法律、法规正确，符合法定程序的，或者原告申请被告履行法定职责或者给付义务理由不成立的，人民法院判决驳回原告的诉讼请求。

第七十条 行政行为有下列情形之一的，人民法院判决撤销或者部分撤销，并可以判决被告重新作出行政行为：

（一）主要证据不足的；

（二）适用法律、法规错误的；

（三）违反法定程序的；

（四）超越职权的；

（五）滥用职权的；

（六）明显不当的。

第七十一条 人民法院判决被告重新作出行政行为的，被告不得以同一的事实和理由作出与原行政行为基本相同的行政行为。

第七十二条 人民法院经过审理，查明被告不履行法定职责的，判决被告在一定期限内履行。

第七十三条 人民法院经过审理，查明被告依法负有给付义务的，判决被告履行给付义务。

第七十四条 行政行为有下列情形之一的，人民法院判决确认违法，但不撤销行政行为：

（一）行政行为依法应当撤销，但撤销会给国家利益、社会公共利益造成重大损害的；

（二）行政行为程序轻微违法，但对

原告权利不产生实际影响的。

行政行为有下列情形之一,不需要撤销或者判决履行的,人民法院判决确认违法:

(一)行政行为违法,但不具有可撤销内容的;

(二)被告改变原违法行政行为,原告仍要求确认原行政行为违法的;

(三)被告不履行或者拖延履行法定职责,判决履行没有意义的。

第七十五条 行政行为有实施主体不具有行政主体资格或者没有依据等重大且明显违法情形,原告申请确认行政行为无效的,人民法院判决确认无效。

第七十六条 人民法院判决确认违法或者无效的,可以同时判决责令被告采取补救措施;给原告造成损失的,依法判决被告承担赔偿责任。

第七十七条 行政处罚明显不当,或者其他行政行为涉及对款额的确定、认定确有错误的,人民法院可以判决变更。

人民法院判决变更,不得加重原告的义务或者减损原告的权益。但利害关系人同为原告,且诉讼请求相反的除外。

第七十八条 被告不依法履行、未按照约定履行或者违法变更、解除本法第十二条第一款第十一项规定的协议的,人民法院判决被告承担继续履行、采取补救措施或者赔偿损失等责任。

被告变更、解除本法第十二条第一款第十一项规定的协议合法,但未依法给予补偿的,人民法院判决给予补偿。

第七十九条 复议机关与作出原行政行为的行政机关为共同被告的案件,人民法院应当对复议决定和原行政行为一并作出裁判。

第八十条 人民法院对公开审理和不公开审理的案件,一律公开宣告判决。

当庭宣判的,应当在十日内发送判决书;定期宣判的,宣判后立即发给判决书。

宣告判决时,必须告知当事人上诉权利、上诉期限和上诉的人民法院。

第八十一条 人民法院应当在立案之日起六个月内作出第一审判决。有特殊情况需要延长的,由高级人民法院批准,高级人民法院审理第一审案件需要延长的,由最高人民法院批准。

第三节 简易程序

第八十二条 人民法院审理下列第一审行政案件,认为事实清楚、权利义务关系明确、争议不大的,可以适用简易程序:

(一)被诉行政行为是依法当场作出的;

(二)案件涉及款额二千元以下的;

(三)属于政府信息公开案件的。

除前款规定以外的第一审行政案件,当事人各方同意适用简易程序的,可以适用简易程序。

发回重审、按照审判监督程序再审的案件不适用简易程序。

第八十三条 适用简易程序审理的行政案件,由审判员一人独任审理,并应当在立案之日起四十五日内审结。

第八十四条 人民法院在审理过程中,发现案件不宜适用简易程序的,裁定转为普通程序。

第四节 第二审程序

第八十五条 当事人不服人民法院第一审判决的，有权在判决书送达之日起十五日内向上一级人民法院提起上诉。当事人不服人民法院第一审裁定的，有权在裁定书送达之日起十日内向上一级人民法院提起上诉。逾期不提起上诉的，人民法院的第一审判决或者裁定发生法律效力。

第八十六条 人民法院对上诉案件，应当组成合议庭，开庭审理。经过阅卷、调查和询问当事人，对没有提出新的事实、证据或者理由，合议庭认为不需要开庭审理的，也可以不开庭审理。

第八十七条 人民法院审理上诉案件，应当对原审人民法院的判决、裁定和被诉行政行为进行全面审查。

第八十八条 人民法院审理上诉案件，应当在收到上诉状之日起三个月内作出终审判决。有特殊情况需要延长的，由高级人民法院批准，高级人民法院审理上诉案件需要延长的，由最高人民法院批准。

第八十九条 人民法院审理上诉案件，按照下列情形，分别处理：

（一）原判决、裁定认定事实清楚，适用法律、法规正确的，判决或者裁定驳回上诉，维持原判决、裁定；

（二）原判决、裁定认定事实错误或者适用法律、法规错误的，依法改判、撤销或者变更；

（三）原判决认定基本事实不清、证据不足的，发回原审人民法院重审，或者查清事实后改判；

（四）原判决遗漏当事人或者违法缺席判决等严重违反法定程序的，裁定撤销原判决，发回原审人民法院重审。

原审人民法院对发回重审的案件作出判决后，当事人提起上诉的，第二审人民法院不得再次发回重审。

人民法院审理上诉案件，需要改变原审判决的，应当同时对被诉行政行为作出判决。

第五节 审判监督程序

第九十条 当事人对已经发生法律效力的判决、裁定，认为确有错误的，可以向上一级人民法院申请再审，但判决、裁定不停止执行。

第九十一条 当事人的申请符合下列情形之一的，人民法院应当再审：

（一）不予立案或者驳回起诉确有错误的；

（二）有新的证据，足以推翻原判决、裁定的；

（三）原判决、裁定认定事实的主要证据不足、未经质证或者系伪造的；

（四）原判决、裁定适用法律、法规确有错误的；

（五）违反法律规定的诉讼程序，可能影响公正审判的；

（六）原判决、裁定遗漏诉讼请求的；

（七）据以作出原判决、裁定的法律文书被撤销或者变更的；

（八）审判人员在审理该案件时有贪污受贿、徇私舞弊、枉法裁判行为的。

第九十二条 各级人民法院院长对本院已经发生法律效力的判决、裁定,发现有本法第九十一条规定情形之一,或者发现调解违反自愿原则或者调解书内容违法,认为需要再审的,应当提交审判委员会讨论决定。

最高人民法院对地方各级人民法院已经发生法律效力的判决、裁定,上级人民法院对下级人民法院已经发生法律效力的判决、裁定,发现有本法第九十一条规定情形之一,或者发现调解违反自愿原则或者调解书内容违法的,有权提审或者指令下级人民法院再审。

第九十三条 最高人民检察院对各级人民法院已经发生法律效力的判决、裁定,上级人民检察院对下级人民法院已经发生法律效力的判决、裁定,发现有本法第九十一条规定情形之一,或者发现调解书损害国家利益、社会公共利益的,应当提出抗诉。

地方各级人民检察院对同级人民法院已经发生法律效力的判决、裁定,发现有本法第九十一条规定情形之一,或者发现调解书损害国家利益、社会公共利益的,可以向同级人民法院提出检察建议,并报上级人民检察院备案;也可以提请上级人民检察院向同级人民法院提出抗诉。

各级人民检察院对审判监督程序以外的其他审判程序中审判人员的违法行为,有权向同级人民法院提出检察建议。

第八章　执　　行

第九十四条 当事人必须履行人民法院发生法律效力的判决、裁定、调解书。

第九十五条 公民、法人或者其他组织拒绝履行判决、裁定、调解书的,行政机关或者第三人可以向第一审人民法院申请强制执行,或者由行政机关依法强制执行。

第九十六条 行政机关拒绝履行判决、裁定、调解书的,第一审人民法院可以采取下列措施:

(一)对应当归还的罚款或者应当给付的款额,通知银行从该行政机关的账户内划拨;

(二)在规定期限内不履行的,从期满之日起,对该行政机关负责人按日处五十元至一百元的罚款;

(三)将行政机关拒绝履行的情况予以公告;

(四)向监察机关或者该行政机关的上一级行政机关提出司法建议。接受司法建议的机关,根据有关规定进行处理,并将处理情况告知人民法院;

(五)拒不履行判决、裁定、调解书,社会影响恶劣的,可以对该行政机关直接负责的主管人员和其他直接责任人员予以拘留;情节严重,构成犯罪的,依法追究刑事责任。

第九十七条 公民、法人或者其他组织对行政行为在法定期限内不提起诉讼又不履行的,行政机关可以申请人民法院强制执行,或者依法强制执行。

第九章　涉外行政诉讼

第九十八条 外国人、无国籍人、外国组织在中华人民共和国进行行政诉讼,适用本法。法律另有规定的除外。

第九十九条 外国人、无国籍人、外国组织在中华人民共和国进行行政诉讼,同中华人民共和国公民、组织有同等的诉讼权利和义务。

外国法院对中华人民共和国公民、组织的行政诉讼权利加以限制的,人民法院对该国公民、组织的行政诉讼权利,实行对等原则。

第一百条 外国人、无国籍人、外国组织在中华人民共和国进行行政诉讼,委托律师代理诉讼的,应当委托中华人民共和国律师机构的律师。

第十章 附 则

第一百零一条 人民法院审理行政案件,关于期间、送达、财产保全、开庭审理、调解、中止诉讼、终结诉讼、简易程序、执行等,以及人民检察院对行政案件受理、审理、裁判、执行的监督,本法没有规定的,适用《中华人民共和国民事诉讼法》的相关规定。

第一百零二条 人民法院审理行政案件,应当收取诉讼费用。诉讼费用由败诉方承担,双方都有责任的由双方分担。收取诉讼费用的具体办法另行规定。

第一百零三条 本法自1990年10月1日起施行。

中华人民共和国行政复议法

(1999年4月29日第九届全国人民代表大会常务委员会第九次会议通过 根据2009年8月27日第十一届全国人民代表大会常务委员会第十次会议《关于修改部分法律的决定》第一次修正 根据2017年9月1日第十二届全国人民代表大会常务委员会第二十九次会议《关于修改〈中华人民共和国法官法〉等八部法律的决定》第二次修正 2023年9月1日第十四届全国人民代表大会常务委员会第五次会议修订)

目 录

第一章　总　　则

第一条　为了防止和纠正违法的或者不当的行政行为,保护公民、法人和其他组织的合法权益,监督和保障行政机关依法行使职权,发挥行政复议化解行政争议的主渠道作用,推进法治政府建设,根据宪法,制定本法。

第二条　公民、法人或者其他组织认为行政机关的行政行为侵犯其合法权益,向行政复议机关提出行政复议申请,行政复议机关办理行政复议案件,适用本法。

前款所称行政行为,包括法律、法规、规章授权的组织的行政行为。

第三条　行政复议工作坚持中国共产党的领导。

行政复议机关履行行政复议职责,应当遵循合法、公正、公开、高效、便民、为民的原则,坚持有错必纠,保障法律、法规的正确实施。

第四条　县级以上各级人民政府以及其他依照本法履行行政复议职责的行政机关是行政复议机关。

行政复议机关办理行政复议事项的机构是行政复议机构。行政复议机构同时组织办理行政复议机关的行政应诉事项。

行政复议机关应当加强行政复议工作,支持和保障行政复议机构依法履行职责。上级行政复议机构对下级行政复议机构的行政复议工作进行指导、监督。

国务院行政复议机构可以发布行政复议指导性案例。

第五条　行政复议机关办理行政复议案件,可以进行调解。

调解应当遵循合法、自愿的原则,不得损害国家利益、社会公共利益和他人合法权益,不得违反法律、法规的强制性规定。

第六条　国家建立专业化、职业化行政复议人员队伍。

行政复议机构中初次从事行政复议工作的人员,应当通过国家统一法律职业资格考试取得法律职业资格,并参加统一职前培训。

国务院行政复议机构应当会同有关部门制定行政复议人员工作规范,加强对行政复议人员的业务考核和管理。

第七条　行政复议机关应当确保行政复议机构的人员配备与所承担的工作任务相适应,提高行政复议人员专业素质,根据工作需要保障办案场所、装备等设施。县级以上各级人民政府应当将行政复议工作经费列入本级预算。

第八条　行政复议机关应当加强信息化建设,运用现代信息技术,方便公民、法人或者其他组织申请、参加行政复议,提高工作质量和效率。

第九条　对在行政复议工作中做出显著成绩的单位和个人,按照国家有关规定给予表彰和奖励。

第十条　公民、法人或者其他组织对行政复议决定不服的,可以依照《中华人民共和国行政诉讼法》的规定向人民法院提起行政诉讼,但是法律规定行政复议决定为最终裁决的除外。

第二章　行政复议申请

第一节　行政复议范围

第十一条　有下列情形之一的，公民、法人或者其他组织可以依照本法申请行政复议：

（一）对行政机关作出的行政处罚决定不服；

（二）对行政机关作出的行政强制措施、行政强制执行决定不服；

（三）申请行政许可，行政机关拒绝或者在法定期限内不予答复，或者对行政机关作出的有关行政许可的其他决定不服；

（四）对行政机关作出的确认自然资源的所有权或者使用权的决定不服；

（五）对行政机关作出的征收征用决定及其补偿决定不服；

（六）对行政机关作出的赔偿决定或者不予赔偿决定不服；

（七）对行政机关作出的不予受理工伤认定申请的决定或者工伤认定结论不服；

（八）认为行政机关侵犯其经营自主权或者农村土地承包经营权、农村土地经营权；

（九）认为行政机关滥用行政权力排除或者限制竞争；

（十）认为行政机关违法集资、摊派费用或者违法要求履行其他义务；

（十一）申请行政机关履行保护人身权利、财产权利、受教育权利等合法权益的法定职责，行政机关拒绝履行、未依法履行或者不予答复；

（十二）申请行政机关依法给付抚恤金、社会保险待遇或者最低生活保障等社会保障，行政机关没有依法给付；

（十三）认为行政机关不依法订立、不依法履行、未按照约定履行或者违法变更、解除政府特许经营协议、土地房屋征收补偿协议等行政协议；

（十四）认为行政机关在政府信息公开工作中侵犯其合法权益；

（十五）认为行政机关的其他行政行为侵犯其合法权益。

第十二条　下列事项不属于行政复议范围：

（一）国防、外交等国家行为；

（二）行政法规、规章或者行政机关制定、发布的具有普遍约束力的决定、命令等规范性文件；

（三）行政机关对行政机关工作人员的奖惩、任免等决定；

（四）行政机关对民事纠纷作出的调解。

第十三条　公民、法人或者其他组织认为行政机关的行政行为所依据的下列规范性文件不合法，在对行政行为申请行政复议时，可以一并向行政复议机关提出对该规范性文件的附带审查申请：

（一）国务院部门的规范性文件；

（二）县级以上地方各级人民政府及其工作部门的规范性文件；

（三）乡、镇人民政府的规范性文件；

（四）法律、法规、规章授权的组织的规范性文件。

前款所列规范性文件不含规章。规章的审查依照法律、行政法规办理。

第二节　行政复议参加人

第十四条　依照本法申请行政复议的公民、法人或者其他组织是申请人。

有权申请行政复议的公民死亡的，其近亲属可以申请行政复议。有权申请行政复议的法人或者其他组织终止的，其权利义务承受人可以申请行政复议。

有权申请行政复议的公民为无民事行为能力人或者限制民事行为能力人的，其法定代理人可以代为申请行政复议。

第十五条　同一行政复议案件申请人人数众多的，可以由申请人推选代表人参加行政复议。

代表人参加行政复议的行为对其所代表的申请人发生效力，但是代表人变更行政复议请求、撤回行政复议申请、承认第三人请求的，应当经被代表的申请人同意。

第十六条　申请人以外的同被申请行政复议的行政行为或者行政复议案件处理结果有利害关系的公民、法人或者其他组织，可以作为第三人申请参加行政复议，或者由行政复议机构通知其作为第三人参加行政复议。

第三人不参加行政复议，不影响行政复议案件的审理。

第十七条　申请人、第三人可以委托一至二名律师、基层法律服务工作者或者其他代理人代为参加行政复议。

申请人、第三人委托代理人的，应当向行政复议机构提交授权委托书、委托人及被委托人的身份证明文件。授权委托书应当载明委托事项、权限和期限。申请人、第三人变更或者解除代理人权限的，应当书面告知行政复议机构。

第十八条　符合法律援助条件的行政复议申请人申请法律援助的，法律援助机构应当依法为其提供法律援助。

第十九条　公民、法人或者其他组织对行政行为不服申请行政复议的，作出行政行为的行政机关或者法律、法规、规章授权的组织是被申请人。

两个以上行政机关以共同的名义作出同一行政行为的，共同作出行政行为的行政机关是被申请人。

行政机关委托的组织作出行政行为的，委托的行政机关是被申请人。

作出行政行为的行政机关被撤销或者职权变更的，继续行使其职权的行政机关是被申请人。

第三节　申请的提出

第二十条　公民、法人或者其他组织认为行政行为侵犯其合法权益的，可以自知道或者应当知道该行政行为之日起六十日内提出行政复议申请；但是法律规定的申请期限超过六十日的除外。

因不可抗力或者其他正当理由耽误法定申请期限的，申请期限自障碍消除之日起继续计算。

行政机关作出行政行为时，未告知公民、法人或者其他组织申请行政复议的权利、行政复议机关和申请期限的，申请期限自公民、法人或者其他组织知道或者应当知道申请行政复议的权利、行政复议机关和申请期限之日起计算，但是自知道或者应当知道行政行为内容之日起最长不得超过一年。

第二十一条　因不动产提出的行政复议申请自行政行为作出之日起超过二十年，其他行政复议申请自行政行为作出之日起超过五年的，行政复议机关不予受理。

第二十二条　申请人申请行政复议，可以书面申请；书面申请有困难的，也可以口头申请。

书面申请的，可以通过邮寄或者行政复议机关指定的互联网渠道等方式提交行政复议申请书，也可以当面提交行政复议申请书。行政机关通过互联网渠道送达行政行为决定书的，应当同时提供提交行政复议申请书的互联网渠道。

口头申请的，行政复议机关应当当场记录申请人的基本情况、行政复议请求、申请行政复议的主要事实、理由和时间。

申请人对两个以上行政行为不服的，应当分别申请行政复议。

第二十三条　有下列情形之一的，申请人应当先向行政复议机关申请行政复议，对行政复议决定不服的，可以再依法向人民法院提起行政诉讼：

（一）对当场作出的行政处罚决定不服；

（二）对行政机关作出的侵犯其已经依法取得的自然资源的所有权或者使用权的决定不服；

（三）认为行政机关存在本法第十一条规定的未履行法定职责情形；

（四）申请政府信息公开，行政机关不予公开；

（五）法律、行政法规规定应当先向行政复议机关申请行政复议的其他情形。

对前款规定的情形，行政机关在作出行政行为时应当告知公民、法人或者其他组织先向行政复议机关申请行政复议。

第四节　行政复议管辖

第二十四条　县级以上地方各级人民政府管辖下列行政复议案件：

（一）对本级人民政府工作部门作出的行政行为不服的；

（二）对下一级人民政府作出的行政行为不服的；

（三）对本级人民政府依法设立的派出机关作出的行政行为不服的；

（四）对本级人民政府或者其工作部门管理的法律、法规、规章授权的组织作出的行政行为不服的。

除前款规定外，省、自治区、直辖市人民政府同时管辖对本机关作出的行政行为不服的行政复议案件。

省、自治区人民政府依法设立的派出机关参照设区的市级人民政府的职责权限，管辖相关行政复议案件。

对县级以上地方各级人民政府工作部门依法设立的派出机构依照法律、法规、规章规定，以派出机构的名义作出的行政行为不服的行政复议案件，由本级人民政府管辖；其中，对直辖市、设区的市人民政府工作部门按照行政区划设立的派出机构作出的行政行为不服的,也可以由其所在地的人民政府管辖。

第二十五条 国务院部门管辖下列行政复议案件:

(一)对本部门作出的行政行为不服的;

(二)对本部门依法设立的派出机构依照法律、行政法规、部门规章规定,以派出机构的名义作出的行政行为不服的;

(三)对本部门管理的法律、行政法规、部门规章授权的组织作出的行政行为不服的。

第二十六条 对省、自治区、直辖市人民政府依照本法第二十四条第二款的规定、国务院部门依照本法第二十五条第一项的规定作出的行政复议决定不服的,可以向人民法院提起行政诉讼;也可以向国务院申请裁决,国务院依照本法的规定作出最终裁决。

第二十七条 对海关、金融、外汇管理等实行垂直领导的行政机关、税务和国家安全机关的行政行为不服的,向上一级主管部门申请行政复议。

第二十八条 对履行行政复议机构职责的地方人民政府司法行政部门的行政行为不服的,可以向本级人民政府申请行政复议,也可以向上一级司法行政部门申请行政复议。

第二十九条 公民、法人或者其他组织申请行政复议,行政复议机关已经依法受理的,在行政复议期间不得向人民法院提起行政诉讼。

公民、法人或者其他组织向人民法院提起行政诉讼,人民法院已经依法受理的,不得申请行政复议。

第三章 行政复议受理

第三十条 行政复议机关收到行政复议申请后,应当在五日内进行审查。对符合下列规定的,行政复议机关应当予以受理:

(一)有明确的申请人和符合本法规定的被申请人;

(二)申请人与被申请行政复议的行政行为有利害关系;

(三)有具体的行政复议请求和理由;

(四)在法定申请期限内提出;

(五)属于本法规定的行政复议范围;

(六)属于本机关的管辖范围;

(七)行政复议机关未受理过该申请人就同一行政行为提出的行政复议申请,并且人民法院未受理过该申请人就同一行政行为提起的行政诉讼。

对不符合前款规定的行政复议申请,行政复议机关应当在审查期限内决定不予受理并说明理由;不属于本机关管辖的,还应当在不予受理决定中告知申请人有管辖权的行政复议机关。

行政复议申请的审查期限届满,行政复议机关未作出不予受理决定的,审查期限届满之日起视为受理。

第三十一条 行政复议申请材料不齐全或者表述不清楚,无法判断行政复议申请是否符合本法第三十条第一款规定的，行政复议机关应当自收到申请之日起五日内书面通知申请人补正。补正通知应当一次性载明需要补正的事项。

申请人应当自收到补正通知之日起十日内提交补正材料。有正当理由不能按期补正的，行政复议机关可以延长合理的补正期限。无正当理由逾期不补正的，视为申请人放弃行政复议申请，并记录在案。

行政复议机关收到补正材料后，依照本法第三十条的规定处理。

第三十二条 对当场作出或者依据电子技术监控设备记录的违法事实作出的行政处罚决定不服申请行政复议的，可以通过作出行政处罚决定的行政机关提交行政复议申请。

行政机关收到行政复议申请后，应当及时处理；认为需要维持行政处罚决定的，应当自收到行政复议申请之日起五日内转送行政复议机关。

第三十三条 行政复议机关受理行政复议申请后，发现该行政复议申请不符合本法第三十条第一款规定的，应当决定驳回申请并说明理由。

第三十四条 法律、行政法规规定应当先向行政复议机关申请行政复议、对行政复议决定不服再向人民法院提起行政诉讼的，行政复议机关决定不予受理、驳回申请或者受理后超过行政复议期限不作答复的，公民、法人或者其他组织可以自收到决定书之日起或者行政复议期限届满之日起十五日内，依法向人民法院提起行政诉讼。

第三十五条 公民、法人或者其他组织依法提出行政复议申请，行政复议机关无正当理由不予受理、驳回申请或者受理后超过行政复议期限不作答复的，申请人有权向上级行政机关反映，上级行政机关应当责令其纠正；必要时，上级行政复议机关可以直接受理。

第四章 行政复议审理

第一节 一般规定

第三十六条 行政复议机关受理行政复议申请后，依照本法适用普通程序或者简易程序进行审理。行政复议机构应当指定行政复议人员负责办理行政复议案件。

行政复议人员对办理行政复议案件过程中知悉的国家秘密、商业秘密和个人隐私，应当予以保密。

第三十七条 行政复议机关依照法律、法规、规章审理行政复议案件。

行政复议机关审理民族自治地方的行政复议案件，同时依照该民族自治地方的自治条例和单行条例。

第三十八条 上级行政复议机关根据需要，可以审理下级行政复议机关管辖的行政复议案件。

下级行政复议机关对其管辖的行政复议案件，认为需要由上级行政复议机关审理的，可以报请上级行政复议机关决定。

第三十九条 行政复议期间有下列情形之一的，行政复议中止：

（一）作为申请人的公民死亡，其近亲属尚未确定是否参加行政复议；

(二)作为申请人的公民丧失参加行政复议的行为能力,尚未确定法定代理人参加行政复议;

(三)作为申请人的公民下落不明;

(四)作为申请人的法人或者其他组织终止,尚未确定权利义务承受人;

(五)申请人、被申请人因不可抗力或者其他正当理由,不能参加行政复议;

(六)依照本法规定进行调解、和解,申请人和被申请人同意中止;

(七)行政复议案件涉及的法律适用问题需要有权机关作出解释或者确认;

(八)行政复议案件审理需要以其他案件的审理结果为依据,而其他案件尚未审结;

(九)有本法第五十六条或者第五十七条规定的情形;

(十)需要中止行政复议的其他情形。

行政复议中止的原因消除后,应当及时恢复行政复议案件的审理。

行政复议机关中止、恢复行政复议案件的审理,应当书面告知当事人。

第四十条 行政复议期间,行政复议机关无正当理由中止行政复议的,上级行政机关应当责令其恢复审理。

第四十一条 行政复议期间有下列情形之一的,行政复议机关决定终止行政复议:

(一)申请人撤回行政复议申请,行政复议机构准予撤回;

(二)作为申请人的公民死亡,没有近亲属或者其近亲属放弃行政复议权利;

(三)作为申请人的法人或者其他组织终止,没有权利义务承受人或者其权利义务承受人放弃行政复议权利;

(四)申请人对行政拘留或者限制人身自由的行政强制措施不服申请行政复议后,因同一违法行为涉嫌犯罪,被采取刑事强制措施;

(五)依照本法第三十九条第一款第一项、第二项、第四项的规定中止行政复议满六十日,行政复议中止的原因仍未消除。

第四十二条 行政复议期间行政行为不停止执行;但是有下列情形之一的,应当停止执行:

(一)被申请人认为需要停止执行;

(二)行政复议机关认为需要停止执行;

(三)申请人、第三人申请停止执行,行政复议机关认为其要求合理,决定停止执行;

(四)法律、法规、规章规定停止执行的其他情形。

第二节 行政复议证据

第四十三条 行政复议证据包括:

(一)书证;

(二)物证;

(三)视听资料;

(四)电子数据;

(五)证人证言;

(六)当事人的陈述;

(七)鉴定意见;

(八)勘验笔录、现场笔录。

以上证据经行政复议机构审查属

实，才能作为认定行政复议案件事实的根据。

第四十四条 被申请人对其作出的行政行为的合法性、适当性负有举证责任。

有下列情形之一的，申请人应当提供证据：

（一）认为被申请人不履行法定职责的，提供曾经要求被申请人履行法定职责的证据，但是被申请人应当依职权主动履行法定职责或者申请人因正当理由不能提供的除外；

（二）提出行政赔偿请求的，提供受行政行为侵害而造成损害的证据，但是因被申请人原因导致申请人无法举证的，由被申请人承担举证责任；

（三）法律、法规规定需要申请人提供证据的其他情形。

第四十五条 行政复议机关有权向有关单位和个人调查取证，查阅、复制、调取有关文件和资料，向有关人员进行询问。

调查取证时，行政复议人员不得少于两人，并应当出示行政复议工作证件。

被调查取证的单位和个人应当积极配合行政复议人员的工作，不得拒绝或者阻挠。

第四十六条 行政复议期间，被申请人不得自行向申请人和其他有关单位或者个人收集证据；自行收集的证据不作为认定行政行为合法性、适当性的依据。

行政复议期间，申请人或者第三人提出被申请行政复议的行政行为作出时没有提出的理由或者证据的，经行政复议机构同意，被申请人可以补充证据。

第四十七条 行政复议期间，申请人、第三人及其委托代理人可以按照规定查阅、复制被申请人提出的书面答复、作出行政行为的证据、依据和其他有关材料，除涉及国家秘密、商业秘密、个人隐私或者可能危及国家安全、公共安全、社会稳定的情形外，行政复议机构应当同意。

第三节 普通程序

第四十八条 行政复议机构应当自行政复议申请受理之日起七日内，将行政复议申请书副本或者行政复议申请笔录复印件发送被申请人。被申请人应当自收到行政复议申请书副本或者行政复议申请笔录复印件之日起十日内，提出书面答复，并提交作出行政行为的证据、依据和其他有关材料。

第四十九条 适用普通程序审理的行政复议案件，行政复议机构应当当面或者通过互联网、电话等方式听取当事人的意见，并将听取的意见记录在案。因当事人原因不能听取意见的，可以书面审理。

第五十条 审理重大、疑难、复杂的行政复议案件，行政复议机构应当组织听证。

行政复议机构认为有必要听证，或者申请人请求听证的，行政复议机构可以组织听证。

听证由一名行政复议人员任主持人，两名以上行政复议人员任听证员，一名记录员制作听证笔录。

第五十一条 行政复议机构组织听证的,应当于举行听证的五日前将听证的时间、地点和拟听证事项书面通知当事人。

申请人无正当理由拒不参加听证的,视为放弃听证权利。

被申请人的负责人应当参加听证。不能参加的,应当说明理由并委托相应的工作人员参加听证。

第五十二条 县级以上各级人民政府应当建立相关政府部门、专家、学者等参与的行政复议委员会,为办理行政复议案件提供咨询意见,并就行政复议工作中的重大事项和共性问题研究提出意见。行政复议委员会的组成和开展工作的具体办法,由国务院行政复议机构制定。

审理行政复议案件涉及下列情形之一的,行政复议机构应当提请行政复议委员会提出咨询意见:

(一)案情重大、疑难、复杂;

(二)专业性、技术性较强;

(三)本法第二十四条第二款规定的行政复议案件;

(四)行政复议机构认为有必要。

行政复议机构应当记录行政复议委员会的咨询意见。

第四节 简易程序

第五十三条 行政复议机关审理下列行政复议案件,认为事实清楚、权利义务关系明确、争议不大的,可以适用简易程序:

(一)被申请行政复议的行政行为是当场作出;

(二)被申请行政复议的行政行为是警告或者通报批评;

(三)案件涉及款额三千元以下;

(四)属于政府信息公开案件。

除前款规定以外的行政复议案件,当事人各方同意适用简易程序的,可以适用简易程序。

第五十四条 适用简易程序审理的行政复议案件,行政复议机构应当自受理行政复议申请之日起三日内,将行政复议申请书副本或者行政复议申请笔录复印件发送被申请人。被申请人应当自收到行政复议申请书副本或者行政复议申请笔录复印件之日起五日内,提出书面答复,并提交作出行政行为的证据、依据和其他有关材料。

适用简易程序审理的行政复议案件,可以书面审理。

第五十五条 适用简易程序审理的行政复议案件,行政复议机构认为不宜适用简易程序的,经行政复议机构的负责人批准,可以转为普通程序审理。

第五节 行政复议附带审查

第五十六条 申请人依照本法第十三条的规定提出对有关规范性文件的附带审查申请,行政复议机关有权处理的,应当在三十日内依法处理;无权处理的,应当在七日内转送有权处理的行政机关依法处理。

第五十七条 行政复议机关在对被申请人作出的行政行为进行审查时,认为其依据不合法，本机关有权处理的，应当在三十日内依法处理；无权处理的，应当在七日内转送有权处理的国家机关依法处理。

第五十八条 行政复议机关依照本法第五十六条、第五十七条的规定有权处理有关规范性文件或者依据的，行政复议机构应当自行政复议中止之日起三日内，书面通知规范性文件或者依据的制定机关就相关条款的合法性提出书面答复。制定机关应当自收到书面通知之日起十日内提交书面答复及相关材料。

行政复议机构认为必要时，可以要求规范性文件或者依据的制定机关当面说明理由，制定机关应当配合。

第五十九条 行政复议机关依照本法第五十六条、第五十七条的规定有权处理有关规范性文件或者依据，认为相关条款合法的，在行政复议决定书中一并告知；认为相关条款超越权限或者违反上位法的，决定停止该条款的执行，并责令制定机关予以纠正。

第六十条 依照本法第五十六条、第五十七条的规定接受转送的行政机关、国家机关应当自收到转送之日起六十日内，将处理意见回复转送的行政复议机关。

第五章 行政复议决定

第六十一条 行政复议机关依照本法审理行政复议案件，由行政复议机构对行政行为进行审查，提出意见，经行政复议机关的负责人同意或者集体讨论通过后，以行政复议机关的名义作出行政复议决定。

经过听证的行政复议案件，行政复议机关应当根据听证笔录、审查认定的事实和证据，依照本法作出行政复议决定。

提请行政复议委员会提出咨询意见的行政复议案件，行政复议机关应当将咨询意见作为作出行政复议决定的重要参考依据。

第六十二条 适用普通程序审理的行政复议案件，行政复议机关应当自受理申请之日起六十日内作出行政复议决定；但是法律规定的行政复议期限少于六十日的除外。情况复杂，不能在规定期限内作出行政复议决定的，经行政复议机构的负责人批准，可以适当延长，并书面告知当事人；但是延长期限最多不得超过三十日。

适用简易程序审理的行政复议案件，行政复议机关应当自受理申请之日起三十日内作出行政复议决定。

第六十三条 行政行为有下列情形之一的，行政复议机关决定变更该行政行为：

（一）事实清楚，证据确凿，适用依据正确，程序合法，但是内容不适当；

（二）事实清楚，证据确凿，程序合法，但是未正确适用依据；

（三）事实不清、证据不足，经行政复议机关查清事实和证据。

行政复议机关不得作出对申请人更为不利的变更决定，但是第三人提出相反请求的除外。

第六十四条 行政行为有下列情形

之一的,行政复议机关决定撤销或者部分撤销该行政行为,并可以责令被申请人在一定期限内重新作出行政行为:

(一)主要事实不清、证据不足;

(二)违反法定程序;

(三)适用的依据不合法;

(四)超越职权或者滥用职权。

行政复议机关责令被申请人重新作出行政行为的,被申请人不得以同一事实和理由作出与被申请行政复议的行政行为相同或者基本相同的行政行为,但是行政复议机关以违反法定程序为由决定撤销或者部分撤销的除外。

第六十五条 行政行为有下列情形之一的,行政复议机关不撤销该行政行为,但是确认该行政行为违法:

(一)依法应予撤销,但是撤销会给国家利益、社会公共利益造成重大损害;

(二)程序轻微违法,但是对申请人权利不产生实际影响。

行政行为有下列情形之一,不需要撤销或者责令履行的,行政复议机关确认该行政行为违法:

(一)行政行为违法,但是不具有可撤销内容;

(二)被申请人改变原违法行政行为,申请人仍要求撤销或者确认该行政行为违法;

(三)被申请人不履行或者拖延履行法定职责,责令履行没有意义。

第六十六条 被申请人不履行法定职责的,行政复议机关决定被申请人在一定期限内履行。

第六十七条 行政行为有实施主体不具有行政主体资格或者没有依据等重大且明显违法情形,申请人申请确认行政行为无效的,行政复议机关确认该行政行为无效。

第六十八条 行政行为认定事实清楚,证据确凿,适用依据正确,程序合法,内容适当的,行政复议机关决定维持该行政行为。

第六十九条 行政复议机关受理申请人认为被申请人不履行法定职责的行政复议申请后,发现被申请人没有相应法定职责或者在受理前已经履行法定职责的,决定驳回申请人的行政复议请求。

第七十条 被申请人不按照本法第四十八条、第五十四条的规定提出书面答复、提交作出行政行为的证据、依据和其他有关材料的,视为该行政行为没有证据、依据,行政复议机关决定撤销、部分撤销该行政行为,确认该行政行为违法、无效或者决定被申请人在一定期限内履行,但是行政行为涉及第三人合法权益,第三人提供证据的除外。

第七十一条 被申请人不依法订立、不依法履行、未按照约定履行或者违法变更、解除行政协议的,行政复议机关决定被申请人承担依法订立、继续履行、采取补救措施或者赔偿损失等责任。

被申请人变更、解除行政协议合法,但是未依法给予补偿或者补偿不合理的,行政复议机关决定被申请人依法给予合理补偿。

第七十二条 申请人在申请行政复议时一并提出行政赔偿请求,行政复议机关对依照《中华人民共和国国家赔偿法》的有关规定应当不予赔偿的，在作出行政复议决定时，应当同时决定驳回行政赔偿请求；对符合《中华人民共和国国家赔偿法》的有关规定应当给予赔偿的，在决定撤销或者部分撤销、变更行政行为或者确认行政行为违法、无效时，应当同时决定被申请人依法给予赔偿；确认行政行为违法的，还可以同时责令被申请人采取补救措施。

申请人在申请行政复议时没有提出行政赔偿请求的，行政复议机关在依法决定撤销或者部分撤销、变更罚款，撤销或者部分撤销违法集资、没收财物、征收征用、摊派费用以及对财产的查封、扣押、冻结等行政行为时，应当同时责令被申请人返还财产，解除对财产的查封、扣押、冻结措施，或者赔偿相应的价款。

第七十三条 当事人经调解达成协议的，行政复议机关应当制作行政复议调解书，经各方当事人签字或者签章，并加盖行政复议机关印章，即具有法律效力。

调解未达成协议或者调解书生效前一方反悔的，行政复议机关应当依法审查或者及时作出行政复议决定。

第七十四条 当事人在行政复议决定作出前可以自愿达成和解，和解内容不得损害国家利益、社会公共利益和他人合法权益，不得违反法律、法规的强制性规定。

当事人达成和解后，由申请人向行政复议机构撤回行政复议申请。行政复议机构准予撤回行政复议申请、行政复议机关决定终止行政复议的，申请人不得再以同一事实和理由提出行政复议申请。但是，申请人能够证明撤回行政复议申请违背其真实意愿的除外。

第七十五条 行政复议机关作出行政复议决定，应当制作行政复议决定书，并加盖行政复议机关印章。

行政复议决定书一经送达，即发生法律效力。

第七十六条 行政复议机关在办理行政复议案件过程中，发现被申请人或者其他下级行政机关的有关行政行为违法或者不当的，可以向其制发行政复议意见书。有关机关应当自收到行政复议意见书之日起六十日内，将纠正相关违法或者不当行政行为的情况报送行政复议机关。

第七十七条 被申请人应当履行行政复议决定书、调解书、意见书。

被申请人不履行或者无正当理由拖延履行行政复议决定书、调解书、意见书的，行政复议机关或者有关上级行政机关应当责令其限期履行，并可以约谈被申请人的有关负责人或者予以通报批评。

第七十八条 申请人、第三人逾期不起诉又不履行行政复议决定书、调解书的，或者不履行最终裁决的行政复议决定的，按照下列规定分别处理：

（一）维持行政行为的行政复议决定书，由作出行政行为的行政机关依法强制执行，或者申请人民法院强制执行；

（二）变更行政行为的行政复议决定书，由行政复议机关依法强制执行，或者申请人民法院强制执行；

(三)行政复议调解书,由行政复议机关依法强制执行,或者申请人民法院强制执行。

第七十九条 行政复议机关根据被申请行政复议的行政行为的公开情况,按照国家有关规定将行政复议决定书向社会公开。

县级以上地方各级人民政府办理以本级人民政府工作部门为被申请人的行政复议案件,应当将发生法律效力的行政复议决定书、意见书同时抄告被申请人的上一级主管部门。

第六章 法律责任

第八十条 行政复议机关不依照本法规定履行行政复议职责,对负有责任的领导人员和直接责任人员依法给予警告、记过、记大过的处分;经有权监督的机关督促仍不改正或者造成严重后果的,依法给予降级、撤职、开除的处分。

第八十一条 行政复议机关工作人员在行政复议活动中,徇私舞弊或者有其他渎职、失职行为的,依法给予警告、记过、记大过的处分;情节严重的,依法给予降级、撤职、开除的处分;构成犯罪的,依法追究刑事责任。

第八十二条 被申请人违反本法规定,不提出书面答复或者不提交作出行政行为的证据、依据和其他有关材料,或者阻挠、变相阻挠公民、法人或者其他组织依法申请行政复议的,对负有责任的领导人员和直接责任人员依法给予警告、记过、记大过的处分;进行报复陷害的,依法给予降级、撤职、开除的处分;构成犯罪的,依法追究刑事责任。

第八十三条 被申请人不履行或者无正当理由拖延履行行政复议决定书、调解书、意见书的,对负有责任的领导人员和直接责任人员依法给予警告、记过、记大过的处分;经责令履行仍拒不履行的,依法给予降级、撤职、开除的处分。

第八十四条 拒绝、阻挠行政复议人员调查取证,故意扰乱行政复议工作秩序的,依法给予处分、治安管理处罚;构成犯罪的,依法追究刑事责任。

第八十五条 行政机关及其工作人员违反本法规定的,行政复议机关可以向监察机关或者公职人员任免机关、单位移送有关人员违法的事实材料,接受移送的监察机关或者公职人员任免机关、单位应当依法处理。

第八十六条 行政复议机关在办理行政复议案件过程中,发现公职人员涉嫌贪污贿赂、失职渎职等职务违法或者职务犯罪的问题线索,应当依照有关规定移送监察机关,由监察机关依法调查处置。

第七章 附 则

第八十七条 行政复议机关受理行政复议申请,不得向申请人收取任何费用。

第八十八条 行政复议期间的计算和行政复议文书的送达,本法没有规定的,依照《中华人民共和国民事诉讼法》关于期间、送达的规定执行。

本法关于行政复议期间有关“三日”、“五日”、“七日”、“十日”的规定是指工作日,不含法定休假日。

第八十九条 外国人、无国籍人、外国组织在中华人民共和国境内申请行政复议,适用本法。

第九十条 本法自2024年1月1日起施行。

中华人民共和国行政处罚法

(1996年3月17日第八届全国人民代表大会第四次会议通过 根据2009年8月27日第十一届全国人民代表大会常务委员会第十次会议《关于修改部分法律的决定》第一次修正 根据2017年9月1日第十二届全国人民代表大会常务委员会第二十九次会议《关于修改〈中华人民共和国法官法〉等八部法律的决定》第二次修正 2021年1月22日第十三届全国人民代表大会常务委员会第二十五次会议修订)

目 录

第一章 总 则

第一条 为了规范行政处罚的设定和实施,保障和监督行政机关有效实施行政管理,维护公共利益和社会秩序,保护公民、法人或者其他组织的合法权益,根据宪法,制定本法。

第二条 行政处罚是指行政机关依法对违反行政管理秩序的公民、法人或者其他组织,以减损权益或者增加义务的方式予以惩戒的行为。

第三条 行政处罚的设定和实施,适用本法。

第四条 公民、法人或者其他组织违反行政管理秩序的行为,应当给予行政处罚的,依照本法由法律、法规、规章规定,并由行政机关依照本法规定的程序实施。

第五条 行政处罚遵循公正、公开的原则。

设定和实施行政处罚必须以事实为依据,与违法行为的事实、性质、情节以及社会危害程度相当。

对违法行为给予行政处罚的规定必须公布;未经公布的,不得作为行政处罚的依据。

第六条 实施行政处罚,纠正违法行为,应当坚持处罚与教育相结合,教育公民、法人或者其他组织自觉守法。

第七条 公民、法人或者其他组织对行政机关所给予的行政处罚,享有陈述权、申辩权;对行政处罚不服的,有权依法申请行政复议或者提起行政诉讼。

公民、法人或者其他组织因行政机关违法给予行政处罚受到损害的,有权依法提出赔偿要求。

第八条 公民、法人或者其他组织因违法行为受到行政处罚,其违法行为对他人造成损害的,应当依法承担民事责任。

违法行为构成犯罪,应当依法追究刑事责任的,不得以行政处罚代替刑事处罚。

第二章 行政处罚的种类和设定

第九条 行政处罚的种类:

(一)警告、通报批评;

(二)罚款、没收违法所得、没收非法财物;

(三)暂扣许可证件、降低资质等级、吊销许可证件;

(四)限制开展生产经营活动、责令停产停业、责令关闭、限制从业;

(五)行政拘留;

(六)法律、行政法规规定的其他行政处罚。

第十条 法律可以设定各种行政处罚。

限制人身自由的行政处罚,只能由法律设定。

第十一条 行政法规可以设定除限制人身自由以外的行政处罚。

法律对违法行为已经作出行政处罚规定,行政法规需要作出具体规定的,必须在法律规定的给予行政处罚的行为、种类和幅度的范围内规定。

法律对违法行为未作出行政处罚规定,行政法规为实施法律,可以补充设定行政处罚。拟补充设定行政处罚的,应当通过听证会、论证会等形式广泛听取意见,并向制定机关作出书面说明。行政法规报送备案时,应当说明补充设定行政处罚的情况。

第十二条 地方性法规可以设定除限制人身自由、吊销营业执照以外的行政处罚。

法律、行政法规对违法行为已经作出行政处罚规定,地方性法规需要作出具体规定的,必须在法律、行政法规规定的给予行政处罚的行为、种类和幅度的范围内规定。

法律、行政法规对违法行为未作出行政处罚规定,地方性法规为实施法律、行政法规,可以补充设定行政处罚。拟补充设定行政处罚的,应当通过听证会、论证会等形式广泛听取意见,并向制定机关作出书面说明。地方性法规报送备案时,应当说明补充设定行政处罚的情况。

第十三条 国务院部门规章可以在法律、行政法规规定的给予行政处罚的行为、种类和幅度的范围内作出具体规定。

尚未制定法律、行政法规的,国务院部门规章对违反行政管理秩序的行为,可以设定警告、通报批评或者一定数额罚款的行政处罚。罚款的限额由国务院规定。

第十四条 地方政府规章可以在法律、法规规定的给予行政处罚的行为、种类和幅度的范围内作出具体规定。

尚未制定法律、法规的，地方政府规章对违反行政管理秩序的行为，可以设定警告、通报批评或者一定数额罚款的行政处罚。罚款的限额由省、自治区、直辖市人民代表大会常务委员会规定。

第十五条 国务院部门和省、自治区、直辖市人民政府及其有关部门应当定期组织评估行政处罚的实施情况和必要性，对不适当的行政处罚事项及种类、罚款数额等，应当提出修改或者废止的建议。

第十六条 除法律、法规、规章外，其他规范性文件不得设定行政处罚。

第三章　行政处罚的实施机关

第十七条 行政处罚由具有行政处罚权的行政机关在法定职权范围内实施。

第十八条 国家在城市管理、市场监管、生态环境、文化市场、交通运输、应急管理、农业等领域推行建立综合行政执法制度，相对集中行政处罚权。

国务院或者省、自治区、直辖市人民政府可以决定一个行政机关行使有关行政机关的行政处罚权。

限制人身自由的行政处罚权只能由公安机关和法律规定的其他机关行使。

第十九条 法律、法规授权的具有管理公共事务职能的组织可以在法定授权范围内实施行政处罚。

第二十条 行政机关依照法律、法规、规章的规定，可以在其法定权限内书面委托符合本法第二十一条规定条件的组织实施行政处罚。行政机关不得委托其他组织或者个人实施行政处罚。

委托书应当载明委托的具体事项、权限、期限等内容。委托行政机关和受委托组织应当将委托书向社会公布。

委托行政机关对受委托组织实施行政处罚的行为应当负责监督，并对该行为的后果承担法律责任。

受委托组织在委托范围内，以委托行政机关名义实施行政处罚；不得再委托其他组织或者个人实施行政处罚。

第二十一条 受委托组织必须符合以下条件：

（一）依法成立并具有管理公共事务职能；

（二）有熟悉有关法律、法规、规章和业务并取得行政执法资格的工作人员；

（三）需要进行技术检查或者技术鉴定的，应当有条件组织进行相应的技术检查或者技术鉴定。

第四章　行政处罚的管辖和适用

第二十二条 行政处罚由违法行为发生地的行政机关管辖。法律、行政法规、部门规章另有规定的，从其规定。

第二十三条 行政处罚由县级以上地方人民政府具有行政处罚权的行政机关管辖。法律、行政法规另有规定的，从其规定。

第二十四条 省、自治区、直辖市根据当地实际情况,可以决定将基层管理迫切需要的县级人民政府部门的行政处罚权交由能够有效承接的乡镇人民政府、街道办事处行使,并定期组织评估。决定应当公布。

承接行政处罚权的乡镇人民政府、街道办事处应当加强执法能力建设,按照规定范围、依照法定程序实施行政处罚。

有关地方人民政府及其部门应当加强组织协调、业务指导、执法监督,建立健全行政处罚协调配合机制,完善评议、考核制度。

第二十五条 两个以上行政机关都有管辖权的,由最先立案的行政机关管辖。

对管辖发生争议的,应当协商解决,协商不成的,报请共同的上一级行政机关指定管辖;也可以直接由共同的上一级行政机关指定管辖。

第二十六条 行政机关因实施行政处罚的需要,可以向有关机关提出协助请求。协助事项属于被请求机关职权范围内的,应当依法予以协助。

第二十七条 违法行为涉嫌犯罪的,行政机关应当及时将案件移送司法机关,依法追究刑事责任。对依法不需要追究刑事责任或者免予刑事处罚,但应当给予行政处罚的,司法机关应当及时将案件移送有关行政机关。

行政处罚实施机关与司法机关之间应当加强协调配合,建立健全案件移送制度,加强证据材料移交、接收衔接,完善案件处理信息通报机制。

第二十八条 行政机关实施行政处罚时,应当责令当事人改正或者限期改正违法行为。

当事人有违法所得,除依法应当退赔的外,应当予以没收。违法所得是指实施违法行为所取得的款项。法律、行政法规、部门规章对违法所得的计算另有规定的,从其规定。

第二十九条 对当事人的同一个违法行为,不得给予两次以上罚款的行政处罚。同一个违法行为违反多个法律规范应当给予罚款处罚的,按照罚款数额高的规定处罚。

第三十条 不满十四周岁的未成年人有违法行为的,不予行政处罚,责令监护人加以管教;已满十四周岁不满十八周岁的未成年人有违法行为的,应当从轻或者减轻行政处罚。

第三十一条 精神病人、智力残疾人在不能辨认或者不能控制自己行为时有违法行为的,不予行政处罚,但应当责令其监护人严加看管和治疗。间歇性精神病人在精神正常时有违法行为的,应当给予行政处罚。尚未完全丧失辨认或者控制自己行为能力的精神病人、智力残疾人有违法行为的,可以从轻或者减轻行政处罚。

第三十二条 当事人有下列情形之一,应当从轻或者减轻行政处罚:

(一)主动消除或者减轻违法行为危害后果的;

（二）受他人胁迫或者诱骗实施违法行为的；

（三）主动供述行政机关尚未掌握的违法行为的；

（四）配合行政机关查处违法行为有立功表现的；

（五）法律、法规、规章规定其他应当从轻或者减轻行政处罚的。

第三十三条 违法行为轻微并及时改正，没有造成危害后果的，不予行政处罚。初次违法且危害后果轻微并及时改正的，可以不予行政处罚。

当事人有证据足以证明没有主观过错的，不予行政处罚。法律、行政法规另有规定的，从其规定。

对当事人的违法行为依法不予行政处罚的，行政机关应当对当事人进行教育。

第三十四条 行政机关可以依法制定行政处罚裁量基准，规范行使行政处罚裁量权。行政处罚裁量基准应当向社会公布。

第三十五条 违法行为构成犯罪，人民法院判处拘役或者有期徒刑时，行政机关已经给予当事人行政拘留的，应当依法折抵相应刑期。

违法行为构成犯罪，人民法院判处罚金时，行政机关已经给予当事人罚款的，应当折抵相应罚金；行政机关尚未给予当事人罚款的，不再给予罚款。

第三十六条 违法行为在二年内未被发现的，不再给予行政处罚；涉及公民生命健康安全、金融安全且有危害后果的，上述期限延长至五年。法律另有规定的除外。

前款规定的期限，从违法行为发生之日起计算；违法行为有连续或者继续状态的，从行为终了之日起计算。

第三十七条 实施行政处罚，适用违法行为发生时的法律、法规、规章的规定。但是，作出行政处罚决定时，法律、法规、规章已被修改或者废止，且新的规定处罚较轻或者不认为是违法的，适用新的规定。

第三十八条 行政处罚没有依据或者实施主体不具有行政主体资格的，行政处罚无效。

违反法定程序构成重大且明显违法的，行政处罚无效。

第五章 行政处罚的决定

第一节 一般规定

第三十九条 行政处罚的实施机关、立案依据、实施程序和救济渠道等信息应当公示。

第四十条 公民、法人或者其他组织违反行政管理秩序的行为，依法应当给予行政处罚的，行政机关必须查明事实；违法事实不清、证据不足的，不得给予行政处罚。

第四十一条 行政机关依照法律、行政法规规定利用电子技术监控设备收集、固定违法事实的，应当经过法制和技术审核，确保电子技术监控设备符合标准、设置合理、标志明显，设置地点应当向社会公布。

电子技术监控设备记录违法事实应当真实、清晰、完整、准确。行政机关应当审核记录内容是否符合要求;未经审核或者经审核不符合要求的,不得作为行政处罚的证据。

行政机关应当及时告知当事人违法事实,并采取信息化手段或者其他措施,为当事人查询、陈述和申辩提供便利。不得限制或者变相限制当事人享有的陈述权、申辩权。

第四十二条 行政处罚应当由具有行政执法资格的执法人员实施。执法人员不得少于两人,法律另有规定的除外。

执法人员应当文明执法,尊重和保护当事人合法权益。

第四十三条 执法人员与案件有直接利害关系或者有其他关系可能影响公正执法的,应当回避。

当事人认为执法人员与案件有直接利害关系或者有其他关系可能影响公正执法的,有权申请回避。

当事人提出回避申请的,行政机关应当依法审查,由行政机关负责人决定。决定作出之前,不停止调查。

第四十四条 行政机关在作出行政处罚决定之前,应当告知当事人拟作出的行政处罚内容及事实、理由、依据,并告知当事人依法享有的陈述、申辩、要求听证等权利。

第四十五条 当事人有权进行陈述和申辩。行政机关必须充分听取当事人的意见,对当事人提出的事实、理由和证据,应当进行复核;当事人提出的事实、理由或者证据成立的,行政机关应当采纳。

行政机关不得因当事人陈述、申辩而给予更重的处罚。

第四十六条 证据包括:

(一)书证;

(二)物证;

(三)视听资料;

(四)电子数据;

(五)证人证言;

(六)当事人的陈述;

(七)鉴定意见;

(八)勘验笔录、现场笔录。

证据必须经查证属实,方可作为认定案件事实的根据。

以非法手段取得的证据,不得作为认定案件事实的根据。

第四十七条 行政机关应当依法以文字、音像等形式,对行政处罚的启动、调查取证、审核、决定、送达、执行等进行全过程记录,归档保存。

第四十八条 具有一定社会影响的行政处罚决定应当依法公开。

公开的行政处罚决定被依法变更、撤销、确认违法或者确认无效的,行政机关应当在三日内撤回行政处罚决定信息并公开说明理由。

第四十九条 发生重大传染病疫情等突发事件,为了控制、减轻和消除突发事件引起的社会危害,行政机关对违反突发事件应对措施的行为,依法快速、从重处罚。

第五十条 行政机关及其工作人员对实施行政处罚过程中知悉的国家秘密、商业秘密或者个人隐私,应当依法予以保密。

第二节 简易程序

第五十一条 违法事实确凿并有法定依据，对公民处以二百元以下、对法人或者其他组织处以三千元以下罚款或者警告的行政处罚的，可以当场作出行政处罚决定。法律另有规定的，从其规定。

第五十二条 执法人员当场作出行政处罚决定的，应当向当事人出示执法证件，填写预定格式、编有号码的行政处罚决定书，并当场交付当事人。当事人拒绝签收的，应当在行政处罚决定书上注明。

前款规定的行政处罚决定书应当载明当事人的违法行为，行政处罚的种类和依据、罚款数额、时间、地点，申请行政复议、提起行政诉讼的途径和期限以及行政机关名称，并由执法人员签名或者盖章。

执法人员当场作出的行政处罚决定，应当报所属行政机关备案。

第五十三条 对当场作出的行政处罚决定，当事人应当依照本法第六十七条至第六十九条的规定履行。

第三节 普通程序

第五十四条 除本法第五十一条规定的可以当场作出的行政处罚外，行政机关发现公民、法人或者其他组织有依法应当给予行政处罚的行为的，必须全面、客观、公正地调查，收集有关证据；必要时，依照法律、法规的规定，可以进行检查。

符合立案标准的，行政机关应当及时立案。

第五十五条 执法人员在调查或者进行检查时，应当主动向当事人或者有关人员出示执法证件。当事人或者有关人员有权要求执法人员出示执法证件。执法人员不出示执法证件的，当事人或者有关人员有权拒绝接受调查或者检查。

当事人或者有关人员应当如实回答询问，并协助调查或者检查，不得拒绝或者阻挠。询问或者检查应当制作笔录。

第五十六条 行政机关在收集证据时，可以采取抽样取证的方法；在证据可能灭失或者以后难以取得的情况下，经行政机关负责人批准，可以先行登记保存，并应当在七日内及时作出处理决定，在此期间，当事人或者有关人员不得销毁或者转移证据。

第五十七条 调查终结，行政机关负责人应当对调查结果进行审查，根据不同情况，分别作出如下决定：

（一）确有应受行政处罚的违法行为的，根据情节轻重及具体情况，作出行政处罚决定；

（二）违法行为轻微，依法可以不予行政处罚的，不予行政处罚；

（三）违法事实不能成立的，不予行政处罚；

（四）违法行为涉嫌犯罪的，移送司法机关。

对情节复杂或者重大违法行为给予行政处罚，行政机关负责人应当集体讨论决定。

第五十八条 有下列情形之一,在行政机关负责人作出行政处罚的决定之前,应当由从事行政处罚决定法制审核的人员进行法制审核;未经法制审核或者审核未通过的,不得作出决定:

(一)涉及重大公共利益的;

(二)直接关系当事人或者第三人重大权益,经过听证程序的;

(三)案件情况疑难复杂、涉及多个法律关系的;

(四)法律、法规规定应当进行法制审核的其他情形。

行政机关中初次从事行政处罚决定法制审核的人员,应当通过国家统一法律职业资格考试取得法律职业资格。

第五十九条 行政机关依照本法第五十七条的规定给予行政处罚,应当制作行政处罚决定书。行政处罚决定书应当载明下列事项:

(一)当事人的姓名或者名称、地址;

(二)违反法律、法规、规章的事实和证据;

(三)行政处罚的种类和依据;

(四)行政处罚的履行方式和期限;

(五)申请行政复议、提起行政诉讼的途径和期限;

(六)作出行政处罚决定的行政机关名称和作出决定的日期。

行政处罚决定书必须盖有作出行政处罚决定的行政机关的印章。

第六十条 行政机关应当自行政处罚案件立案之日起九十日内作出行政处罚决定。法律、法规、规章另有规定的,从其规定。

第六十一条 行政处罚决定书应当在宣告后当场交付当事人;当事人不在场的,行政机关应当在七日内依照《中华人民共和国民事诉讼法》的有关规定,将行政处罚决定书送达当事人。

当事人同意并签订确认书的,行政机关可以采用传真、电子邮件等方式,将行政处罚决定书等送达当事人。

第六十二条 行政机关及其执法人员在作出行政处罚决定之前,未依照本法第四十四条、第四十五条的规定向当事人告知拟作出的行政处罚内容及事实、理由、依据,或者拒绝听取当事人的陈述、申辩,不得作出行政处罚决定;当事人明确放弃陈述或者申辩权利的除外。

第四节 听证程序

第六十三条 行政机关拟作出下列行政处罚决定,应当告知当事人有要求听证的权利,当事人要求听证的,行政机关应当组织听证:

(一)较大数额罚款;

(二)没收较大数额违法所得、没收较大价值非法财物;

(三)降低资质等级、吊销许可证件;

(四)责令停产停业、责令关闭、限制从业;

(五)其他较重的行政处罚;

(六)法律、法规、规章规定的其他情形。

当事人不承担行政机关组织听证的费用。

第六十四条 听证应当依照以下程

序组织：

（一）当事人要求听证的，应当在行政机关告知后五日内提出；

（二）行政机关应当在举行听证的七日前，通知当事人及有关人员听证的时间、地点；

（三）除涉及国家秘密、商业秘密或者个人隐私依法予以保密外，听证公开举行；

（四）听证由行政机关指定的非本案调查人员主持；当事人认为主持人与本案有直接利害关系的，有权申请回避；

（五）当事人可以亲自参加听证，也可以委托一至二人代理；

（六）当事人及其代理人无正当理由拒不出席听证或者未经许可中途退出听证的，视为放弃听证权利，行政机关终止听证；

（七）举行听证时，调查人员提出当事人违法的事实、证据和行政处罚建议，当事人进行申辩和质证；

（八）听证应当制作笔录。笔录应当交当事人或者其代理人核对无误后签字或者盖章。当事人或者其代理人拒绝签字或者盖章的，由听证主持人在笔录中注明。

第六十五条 听证结束后，行政机关应当根据听证笔录，依照本法第五十七条的规定，作出决定。

第六章 行政处罚的执行

第六十六条 行政处罚决定依法作出后，当事人应当在行政处罚决定书载明的期限内，予以履行。

当事人确有经济困难，需要延期或者分期缴纳罚款的，经当事人申请和行政机关批准，可以暂缓或者分期缴纳。

第六十七条 作出罚款决定的行政机关应当与收缴罚款的机构分离。

除依照本法第六十八条、第六十九条的规定当场收缴的罚款外，作出行政处罚决定的行政机关及其执法人员不得自行收缴罚款。

当事人应当自收到行政处罚决定书之日起十五日内，到指定的银行或者通过电子支付系统缴纳罚款。银行应当收受罚款，并将罚款直接上缴国库。

第六十八条 依照本法第五十一条的规定当场作出行政处罚决定，有下列情形之一，执法人员可以当场收缴罚款：

（一）依法给予一百元以下罚款的；

（二）不当场收缴事后难以执行的。

第六十九条 在边远、水上、交通不便地区，行政机关及其执法人员依照本法第五十一条、第五十七条的规定作出罚款决定后，当事人到指定的银行或者通过电子支付系统缴纳罚款确有困难，经当事人提出，行政机关及其执法人员可以当场收缴罚款。

第七十条 行政机关及其执法人员当场收缴罚款的，必须向当事人出具国务院财政部门或者省、自治区、直辖市人民政府财政部门统一制发的专用票据；不出具财政部门统一制发的专用票据的，当事人有权拒绝缴纳罚款。

第七十一条 执法人员当场收缴的罚款，应当自收缴罚款之日起二日内，交至行政机关；在水上当场收缴的罚款，应当自抵岸之日起二日内交至行政机关;行政机关应当在二日内将罚款缴付指定的银行。

第七十二条 当事人逾期不履行行政处罚决定的,作出行政处罚决定的行政机关可以采取下列措施:

(一)到期不缴纳罚款的,每日按罚款数额的百分之三加处罚款,加处罚款的数额不得超出罚款的数额;

(二)根据法律规定,将查封、扣押的财物拍卖、依法处理或者将冻结的存款、汇款划拨抵缴罚款;

(三)根据法律规定,采取其他行政强制执行方式;

(四)依照《中华人民共和国行政强制法》的规定申请人民法院强制执行。

行政机关批准延期、分期缴纳罚款的,申请人民法院强制执行的期限,自暂缓或者分期缴纳罚款期限结束之日起计算。

第七十三条 当事人对行政处罚决定不服,申请行政复议或者提起行政诉讼的,行政处罚不停止执行,法律另有规定的除外。

当事人对限制人身自由的行政处罚决定不服,申请行政复议或者提起行政诉讼的,可以向作出决定的机关提出暂缓执行申请。符合法律规定情形的,应当暂缓执行。

当事人申请行政复议或者提起行政诉讼的,加处罚款的数额在行政复议或者行政诉讼期间不予计算。

第七十四条 除依法应当予以销毁的物品外,依法没收的非法财物必须按照国家规定公开拍卖或者按照国家有关规定处理。

罚款、没收的违法所得或者没收非法财物拍卖的款项,必须全部上缴国库,任何行政机关或者个人不得以任何形式截留、私分或者变相私分。

罚款、没收的违法所得或者没收非法财物拍卖的款项,不得同作出行政处罚决定的行政机关及其工作人员的考核、考评直接或者变相挂钩。除依法应当退还、退赔的外,财政部门不得以任何形式向作出行政处罚决定的行政机关返还罚款、没收的违法所得或者没收非法财物拍卖的款项。

第七十五条 行政机关应当建立健全对行政处罚的监督制度。县级以上人民政府应当定期组织开展行政执法评议、考核,加强对行政处罚的监督检查,规范和保障行政处罚的实施。

行政机关实施行政处罚应当接受社会监督。公民、法人或者其他组织对行政机关实施行政处罚的行为,有权申诉或者检举;行政机关应当认真审查,发现有错误的,应当主动改正。

第七章　法律责任

第七十六条 行政机关实施行政处罚,有下列情形之一,由上级行政机关或者有关机关责令改正,对直接负责的主管人员和其他直接责任人员依法给予处分:

(一)没有法定的行政处罚依据的;

(二)擅自改变行政处罚种类、幅度的;

（三）违反法定的行政处罚程序的；

（四）违反本法第二十条关于委托处罚的规定的；

（五）执法人员未取得执法证件的。

行政机关对符合立案标准的案件不及时立案的，依照前款规定予以处理。

第七十七条 行政机关对当事人进行处罚不使用罚款、没收财物单据或者使用非法定部门制发的罚款、没收财物单据的，当事人有权拒绝，并有权予以检举，由上级行政机关或者有关机关对使用的非法单据予以收缴销毁，对直接负责的主管人员和其他直接责任人员依法给予处分。

第七十八条 行政机关违反本法第六十七条的规定自行收缴罚款的，财政部门违反本法第七十四条的规定向行政机关返还罚款、没收的违法所得或者拍卖款项的，由上级行政机关或者有关机关责令改正，对直接负责的主管人员和其他直接责任人员依法给予处分。

第七十九条 行政机关截留、私分或者变相私分罚款、没收的违法所得或者财物的，由财政部门或者有关机关予以追缴，对直接负责的主管人员和其他直接责任人员依法给予处分；情节严重构成犯罪的，依法追究刑事责任。

执法人员利用职务上的便利，索取或者收受他人财物、将收缴罚款据为己有，构成犯罪的，依法追究刑事责任；情节轻微不构成犯罪的，依法给予处分。

第八十条 行政机关使用或者损毁查封、扣押的财物，对当事人造成损失的，应当依法予以赔偿，对直接负责的主管人员和其他直接责任人员依法给予处分。

第八十一条 行政机关违法实施检查措施或者执行措施，给公民人身或者财产造成损害、给法人或者其他组织造成损失的，应当依法予以赔偿，对直接负责的主管人员和其他直接责任人员依法给予处分；情节严重构成犯罪的，依法追究刑事责任。

第八十二条 行政机关对应当依法移交司法机关追究刑事责任的案件不移交，以行政处罚代替刑事处罚，由上级行政机关或者有关机关责令改正，对直接负责的主管人员和其他直接责任人员依法给予处分；情节严重构成犯罪的，依法追究刑事责任。

第八十三条 行政机关对应当予以制止和处罚的违法行为不予制止、处罚，致使公民、法人或者其他组织的合法权益、公共利益和社会秩序遭受损害的，对直接负责的主管人员和其他直接责任人员依法给予处分；情节严重构成犯罪的，依法追究刑事责任。

第八章 附 则

第八十四条 外国人、无国籍人、外国组织在中华人民共和国领域内有违法行为，应当给予行政处罚的，适用本法，法律另有规定的除外。

第八十五条 本法中“二日”“三日”“五日”“七日”的规定是指工作日，不含法定节假日。

第八十六条 本法自 2021 年 7 月 15 日起施行。

中华人民共和国
海关法(节选)

(1987年1月22日第六届全国人民代表大会常务委员会第十九次会议通过　根据2000年7月8日第九届全国人民代表大会常务委员会第十六次会议《关于修改〈中华人民共和国海关法〉的决定》第一次修正　根据2013年6月29日第十二届全国人民代表大会常务委员会第三次会议《关于修改〈中华人民共和国文物保护法〉等十二部法律的决定》第二次修正　根据2013年12月28日第十二届全国人民代表大会常务委员会第六次会议《关于修改〈中华人民共和国海洋环境保护法〉等七部法律的决定》第三次修正　根据2016年11月7日第十二届全国人民代表大会常务委员会第二十四次会议《关于修改〈中华人民共和国对外贸易法〉等十二部法律的决定》第四次修正　根据2017年11月4日第十二届全国人民代表大会常务委员会第三十次会议《关于修改〈中华人民共和国会计法〉等十一部法律的决定》第五次修正　根据2021年4月29日第十三届全国人民代表大会常务委员会第二十八次会议《关于修改〈中华人民共和国道路交通安全法〉等八部法律的决定》第六次修正)

第三十条　进口货物的收货人自运输工具申报进境之日起超过三个月未向海关申报的，其进口货物由海关提取依法变卖处理，所得价款在扣除运输、装卸、储存等费用和税款后，尚有余款的，自货物依法变卖之日起一年内，经收货人申请，予以发还；其中属于国家对进口有限制性规定，应当提交许可证件而不能提供的，不予发还。逾期无人申请或者不予发还的，上缴国库。

确属误卸或者溢卸的进境货物，经海关审定，由原运输工具负责人或者货物的收发货人自该运输工具卸货之日起三个月内，办理退运或者进口手续；必要时，经海关批准，可以延期三个月。逾期未办手续的，由海关按前款规定处理。

前两款所列货物不宜长期保存的，海关可以根据实际情况提前处理。

收货人或者货物所有人声明放弃的进口货物，由海关提取依法变卖处理；所得价款在扣除运输、装卸、储存等费用后，上缴国库。

第四十六条　个人携带进出境的行李物品、邮寄进出境的物品，应当以自用、合理数量为限，并接受海关监管。

第四十七条　进出境物品的所有人应当向海关如实申报，并接受海关查验。

海关加施的封志，任何人不得擅自开启或者损毁。

第四十八条　进出境邮袋的装卸、转运和过境，应当接受海关监管。邮政企业应当向海关递交邮件路单。

邮政企业应当将开拆及封发国际邮袋的时间事先通知海关，海关应当按时派员到场监管查验。

第四十九条　邮运进出境的物品，经海关查验放行后，有关经营单位方可投递或者交付。

第五十一条 进出境物品所有人声明放弃的物品、在海关规定期限内未办理海关手续或者无人认领的物品，以及无法投递又无法退回的进境邮递物品，由海关依照本法第三十条的规定处理。

中华人民共和国
海关行政处罚实施条例(节选)

(2004年9月19日国务院令第420号公布 根据2022年3月29日《国务院关于修改和废止部分行政法规的决定》修订)

第七条 违反海关法及其他有关法律、行政法规，逃避海关监管，偷逃应纳税款、逃避国家有关进出境的禁止性或者限制性管理，有下列情形之一的，是走私行为：

(一)未经国务院或者国务院授权的机关批准，从未设立海关的地点运输、携带国家禁止或者限制进出境的货物、物品或者依法应当缴纳税款的货物、物品进出境的；

(二)经过设立海关的地点，以藏匿、伪装、瞒报、伪报或者其他方式逃避海关监管，运输、携带、邮寄国家禁止或者限制进出境的货物、物品或者依法应当缴纳税款的货物、物品进出境的；

(三)使用伪造、变造的手册、单证、印章、账册、电子数据或者以其他方式逃避海关监管，擅自将海关监管货物、物品、进境的境外运输工具，在境内销售的；

(四)使用伪造、变造的手册、单证、印章、账册、电子数据或者以伪报加工贸易制成品单位耗料量等方式，致使海关监管货物、物品脱离监管的；

(五)以藏匿、伪装、瞒报、伪报或者其他方式逃避海关监管，擅自将保税区、出口加工区等海关特殊监管区域内的海关监管货物、物品，运出区外的；

(六)有逃避海关监管，构成走私的其他行为的。

第八条 有下列行为之一的，按走私行为论处：

(一)明知是走私进口的货物、物品，直接向走私人非法收购的；

(二)在内海、领海、界河、界湖，船舶及所载人员运输、收购、贩卖国家禁止或者限制进出境的货物、物品，或者运输、收购、贩卖依法应当缴纳税款的货物，没有合法证明的。

第九条 有本实施条例第七条、第八条所列行为之一的，依照下列规定处罚：

(一)走私国家禁止进出口的货物的，没收走私货物及违法所得，可以并处100万元以下罚款；走私国家禁止进出境的物品的，没收走私物品及违法所得，可以并处10万元以下罚款；

(二)应当提交许可证件而未提交但未偷逃税款，走私国家限制进出境的货物、物品的，没收走私货物、物品及违法所得，可以并处走私货物、物品等值以下罚款；

(三)偷逃应纳税款但未逃避许可证件管理,走私依法应当缴纳税款的货物、物品的,没收走私货物、物品及违法所得,可以并处偷逃应纳税款3倍以下罚款。

专门用于走私的运输工具或者用于掩护走私的货物、物品,2年内3次以上用于走私的运输工具或者用于掩护走私的货物、物品,应当予以没收。藏匿走私货物、物品的特制设备、夹层、暗格,应当予以没收或者责令拆毁。使用特制设备、夹层、暗格实施走私的,应当从重处罚。

第二十条 运输、携带、邮寄国家禁止进出境的物品进出境,未向海关申报但没有以藏匿、伪装等方式逃避海关监管的,予以没收,或者责令退回,或者在海关监管下予以销毁或者进行技术处理。

第三十八条 下列货物、物品、运输工具及有关账册、单据等资料,海关可以依法扣留:

(一)有走私嫌疑的货物、物品、运输工具;

(二)违反海关法或者其他有关法律、行政法规的货物、物品、运输工具;

(三)与违反海关法或者其他有关法律、行政法规的货物、物品、运输工具有牵连的账册、单据等资料;

(四)法律、行政法规规定可以扣留的其他货物、物品、运输工具及有关账册、单据等资料。

中华人民共和国
邮政法(节选)

(1986年12月2日第六届全国人民代表大会常务委员会第十八次会议通过 2009年4月24日第十一届全国人民代表大会常务委员会第八次会议修订 根据2012年10月26日第十一届全国人民代表大会常务委员会第二十九次会议《关于修改〈中华人民共和国邮政法〉的决定》第一次修正 根据2015年4月24日第十二届全国人民代表大会常务委员会第十四次会议《关于修改〈中华人民共和国义务教育法〉等五部法律的决定》第二次修正)

第二十四条 邮政企业收寄邮件和用户交寄邮件,应当遵守法律、行政法规以及国务院和国务院有关部门关于禁止寄递或者限制寄递物品的规定。

第二十五条 邮政企业应当依法建立并执行邮件收寄验视制度。

对用户交寄的信件,必要时邮政企业可以要求用户开拆,进行验视,但不得检查信件内容。用户拒绝开拆的,邮政企业不予收寄。

对信件以外的邮件,邮政企业收寄时应当当场验视内件。用户拒绝验视的,邮政企业不予收寄。

第二十六条 邮政企业发现邮件内夹带禁止寄递或者限制寄递的物品的,应当按照国家有关规定处理。

进出境邮件中夹带国家禁止进出境或者限制进出境的物品的，由海关依法处理。

第三十七条 任何单位和个人不得利用邮件寄递含有下列内容的物品：

（一）煽动颠覆国家政权、推翻社会主义制度或者分裂国家、破坏国家统一，危害国家安全的；

（二）泄露国家秘密的；

（三）散布谣言扰乱社会秩序，破坏社会稳定的；

（四）煽动民族仇恨、民族歧视，破坏民族团结的；

（五）宣扬邪教或者迷信的；

（六）散布淫秽、赌博、恐怖信息或者教唆犯罪的；

（七）法律、行政法规禁止的其他内容。

第五十九条 本法第六条、第二十一条、第二十二条、第二十四条、第二十五条、第二十六条第一款、第三十五条第二款、第三十六条关于邮政企业及其从业人员的规定，适用于快递企业及其从业人员；第十一条关于邮件处理场所的规定，适用于快件处理场所；第三条第二款、第二十六条第二款、第三十五条第一款、第三十六条、第三十七条关于邮件的规定，适用于快件；第四十五条第二款关于邮件的损失赔偿的规定，适用于快件的损失赔偿。

中华人民共和国治安管理处罚法（节选）

（2005年8月28日第十届全国人民代表大会常务委员会第十七次会议通过　根据2012年10月26日第十一届全国人民代表大会常务委员会第二十九次会议《关于修改〈中华人民共和国治安管理处罚法〉的决定》修正）

第六十八条 制作、运输、复制、出售、出租淫秽的书刊、图片、影片、音像制品等淫秽物品或者利用计算机信息网络、电话以及其他通讯工具传播淫秽信息的，处十日以上十五日以下拘留，可以并处三千元以下罚款；情节较轻的，处五日以下拘留或者五百元以下罚款。

无证无照经营查处办法

（2017年8月6日国务院令第684号公布　自2017年10月1日起施行）

第一条 为了维护社会主义市场经济秩序，促进公平竞争，保护经营者和消费者的合法权益，制定本办法。

第二条 任何单位或者个人不得违反法律、法规、国务院决定的规定，从事无证无照经营。

第三条 下列经营活动，不属于无证无照经营：

(一)在县级以上地方人民政府指定的场所和时间,销售农副产品、日常生活用品,或者个人利用自己的技能从事依法无须取得许可的便民劳务活动;

(二)依照法律、行政法规、国务院决定的规定,从事无须取得许可或者办理注册登记的经营活动。

第四条 县级以上地方人民政府负责组织、协调本行政区域的无证无照经营查处工作,建立有关部门分工负责、协调配合的无证无照经营查处工作机制。

第五条 经营者未依法取得许可从事经营活动的,由法律、法规、国务院决定规定的部门予以查处;法律、法规、国务院决定没有规定或者规定不明确的,由省、自治区、直辖市人民政府确定的部门予以查处。

第六条 经营者未依法取得营业执照从事经营活动的,由履行工商行政管理职责的部门(以下称工商行政管理部门)予以查处。

第七条 经营者未依法取得许可且未依法取得营业执照从事经营活动的,依照本办法第五条的规定予以查处。

第八条 工商行政管理部门以及法律、法规、国务院决定规定的部门和省、自治区、直辖市人民政府确定的部门(以下统称查处部门)应当依法履行职责,密切协同配合,利用信息网络平台加强信息共享;发现不属于本部门查处职责的无证无照经营,应当及时通报有关部门。

第九条 任何单位或者个人有权向查处部门举报无证无照经营。

查处部门应当向社会公开受理举报的电话、信箱或者电子邮件地址,并安排人员受理举报,依法予以处理。对实名举报的,查处部门应当告知处理结果,并为举报人保密。

第十条 查处部门依法查处无证无照经营,应当坚持查处与引导相结合、处罚与教育相结合的原则,对具备办理证照的法定条件、经营者有继续经营意愿的,应当督促、引导其依法办理相应证照。

第十一条 县级以上人民政府工商行政管理部门对涉嫌无照经营进行查处,可以行使下列职权:

(一)责令停止相关经营活动;

(二)向与涉嫌无照经营有关的单位和个人调查了解有关情况;

(三)进入涉嫌从事无照经营的场所实施现场检查;

(四)查阅、复制与涉嫌无照经营有关的合同、票据、账簿以及其他有关资料。

对涉嫌从事无照经营的场所,可以予以查封;对涉嫌用于无照经营的工具、设备、原材料、产品(商品)等物品,可以予以查封、扣押。

对涉嫌无证经营进行查处,依照相关法律、法规的规定采取措施。

第十二条 从事无证经营的,由查处部门依照相关法律、法规的规定予以处罚。

第十三条 从事无照经营的,由工商行政管理部门依照相关法律、行政法规的规定予以处罚。法律、行政法规对无照经营的处罚没有明确规定的,由工商行政管理部门责令停止违法行为,没收违法所得，并处1万元以下的罚款。

第十四条 明知属于无照经营而为经营者提供经营场所，或者提供运输、保管、仓储等条件的，由工商行政管理部门责令停止违法行为，没收违法所得，可以处5000元以下的罚款。

第十五条 任何单位或者个人从事无证无照经营的，由查处部门记入信用记录，并依照相关法律、法规的规定予以公示。

第十六条 妨害查处部门查处无证无照经营，构成违反治安管理行为的，由公安机关依照《中华人民共和国治安管理处罚法》的规定予以处罚。

第十七条 查处部门及其工作人员滥用职权、玩忽职守、徇私舞弊的，对负有责任的领导人员和直接责任人员依法给予处分。

第十八条 违反本办法规定，构成犯罪的，依法追究刑事责任。

第十九条 本办法自2017年10月1日起施行。2003年1月6日国务院公布的《无照经营查处取缔办法》同时废止。

著作权行政处罚实施办法

（2009年5月7日国家版权局令第6号公布　自2009年6月15日起施行）

第一章　总　　则

第一条 为规范著作权行政管理部门的行政处罚行为，保护公民、法人和其他组织的合法权益，根据《中华人民共和国行政处罚法》（以下称行政处罚法）、《中华人民共和国著作权法》（以下称著作权法）和其他有关法律、行政法规，制定本办法。

第二条 国家版权局以及地方人民政府享有著作权行政执法权的有关部门（以下称著作权行政管理部门），在法定职权范围内就本办法列举的违法行为实施行政处罚。法律、法规另有规定的，从其规定。

第三条 本办法所称的违法行为是指：

（一）著作权法第四十七条列举的侵权行为，同时损害公共利益的；

（二）《计算机软件保护条例》第二十四条列举的侵权行为，同时损害公共利益的；

（三）《信息网络传播权保护条例》第十八条列举的侵权行为，同时损害公共利益的；第十九条、第二十五条列举的侵权行为；

（四）《著作权集体管理条例》第四十一条、第四十四条规定的应予行政处罚的行为；

（五）其他有关著作权法律、法规、规章规定的应给予行政处罚的违法行为。

第四条 对本办法列举的违法行为，著作权行政管理部门可以依法责令停止侵权行为，并给予下列行政处罚：

（一）警告；

（二）罚款；

（三）没收违法所得；

（四）没收侵权制品；

(五)没收安装存储侵权制品的设备;

(六)没收主要用于制作侵权制品的材料、工具、设备等;

(七)法律、法规、规章规定的其他行政处罚。

第二章 管辖和适用

第五条 本办法列举的违法行为,由侵权行为实施地、侵权结果发生地、侵权制品储藏地或者依法查封扣押地的著作权行政管理部门负责查处。法律、行政法规另有规定的除外。

侵犯信息网络传播权的违法行为由侵权人住所地、实施侵权行为的网络服务器等设备所在地或侵权网站备案登记地的著作权行政管理部门负责查处。

第六条 国家版权局可以查处在全国有重大影响的违法行为,以及认为应当由其查处的其他违法行为。地方著作权行政管理部门负责查处本辖区发生的违法行为。

第七条 两个以上地方著作权行政管理部门对同一违法行为均有管辖权时,由先立案的著作权行政管理部门负责查处该违法行为。

地方著作权行政管理部门因管辖权发生争议或者管辖不明时,由争议双方协商解决;协商不成的,报请共同的上一级著作权行政管理部门指定管辖;其共同的上一级著作权行政管理部门也可以直接指定管辖。

上级著作权行政管理部门在必要时,可以处理下级著作权行政管理部门管辖的有重大影响的案件,也可以将自己管辖的案件交由下级著作权行政管理部门处理;下级著作权行政管理部门认为其管辖的案件案情重大、复杂,需要由上级著作权行政管理部门处理的,可以报请上一级著作权行政管理部门处理。

第八条 著作权行政管理部门发现查处的违法行为,根据我国刑法规定涉嫌构成犯罪的,应当由该著作权行政管理部门依照国务院《行政执法机关移送涉嫌犯罪案件的规定》将案件移送司法部门处理。

第九条 著作权行政管理部门对违法行为予以行政处罚的时效为两年,从违法行为发生之日起计算。违法行为有连续或者继续状态的,从行为终了之日起计算。侵权制品仍在发行或仍在向公众进行传播的,视为违法行为仍在继续。

违法行为在两年内未被发现的,不再给予行政处罚。法律另有规定的除外。

第三章 处罚程序

第十条 除行政处罚法规定适用简易程序的情况外,著作权行政处罚适用行政处罚法规定的一般程序。

第十一条 著作权行政管理部门适用一般程序查处违法行为,应当立案。

对本办法列举的违法行为,著作权行政管理部门可以自行决定立案查处,或者根据有关部门移送的材料决定立案查处,也可以根据被侵权人、利害关系人或者其他知情人的投诉或者举报决定立案查处。

第十二条 投诉人就本办法列举的违法行为申请立案查处的，应当提交申请书、权利证明、被侵权作品（或者制品）以及其他证据。

申请书应当说明当事人的姓名（或者名称）、地址以及申请查处所根据的主要事实、理由。

投诉人委托代理人代为申请的，应当由代理人出示委托书。

第十三条 著作权行政管理部门应当在收到所有投诉材料之日起十五日内，决定是否受理并通知投诉人。不予受理的，应当书面告知理由。

第十四条 立案时应当填写立案审批表，同时附上相关材料，包括投诉或者举报材料、上级著作权行政管理部门交办或者有关部门移送案件的有关材料、执法人员的检查报告等，由本部门负责人批准，指定两名以上办案人员负责调查处理。

办案人员与案件有利害关系的，应当自行回避；没有回避的，当事人可以申请其回避。办案人员的回避，由本部门负责人批准。负责人的回避，由本级人民政府批准。

第十五条 执法人员在执法过程中，发现违法行为正在实施，情况紧急来不及立案的，可以采取下列措施：

（一）对违法行为予以制止或者纠正；

（二）对涉嫌侵权制品、安装存储涉嫌侵权制品的设备和主要用于违法行为的材料、工具、设备等依法先行登记保存；

（三）收集、调取其他有关证据。

执法人员应当及时将有关情况和材料报所在著作权行政管理部门，并于发现情况之日起七日内办理立案手续。

第十六条 立案后，办案人员应当及时进行调查，并要求法定举证责任人在著作权行政管理部门指定的期限内举证。

办案人员取证时可以采取下列手段收集、调取有关证据：

（一）查阅、复制与涉嫌违法行为有关的文件档案、账簿和其他书面材料；

（二）对涉嫌侵权制品进行抽样取证；

（三）对涉嫌侵权制品、安装存储涉嫌侵权制品的设备、涉嫌侵权的网站网页、涉嫌侵权的网站服务器和主要用于违法行为的材料、工具、设备等依法先行登记保存。

第十七条 办案人员在执法中应当向当事人或者有关人员出示由国家版权局或者地方人民政府制发的行政执法证件。

第十八条 办案时收集的证据包括：

（一）书证；

（二）物证；

（三）证人证言；

（四）视听资料；

（五）当事人陈述；

（六）鉴定结论；

（七）检查、勘验笔录。

第十九条 当事人提供的涉及著作权的底稿、原件、合法出版物、作品登记证书、著作权合同登记证书、认证机构出具的证明、取得权利的合同,以及当事人自行或者委托他人以订购、现场交易等方式购买侵权复制品而取得的实物、发票等,可以作为证据。

第二十条 办案人员抽样取证、先行登记保存有关证据,应当有当事人在场。对有关物品应当当场制作清单一式两份,由办案人员和当事人签名、盖章后,分别交由当事人和办案人员所在著作权行政管理部门保存。当事人不在场或者拒绝签名、盖章的,由现场两名以上办案人员注明情况。

第二十一条 办案人员先行登记保存有关证据,应当经本部门负责人批准,并向当事人交付证据先行登记保存通知书。当事人或者有关人员在证据保存期间不得转移、损毁有关证据。

先行登记保存的证据,应当加封著作权行政管理部门先行登记保存封条,由当事人就地保存。先行登记保存的证据确需移至他处的,可以移至适当的场所保存。情况紧急来不及办理本条规定的手续时,办案人员可以先行采取措施,事后及时补办手续。

第二十二条 对先行登记保存的证据,应当在交付证据先行登记保存通知书后七日内作出下列处理决定:

(一)需要鉴定的,送交鉴定;

(二)违法事实成立,应当予以没收的,依照法定程序予以没收;

(三)应当移送有关部门处理的,将案件连同证据移送有关部门处理;

(四)违法事实不成立,或者依法不应予以没收的,解除登记保存措施;

(五)其他有关法定措施。

第二十三条 著作权行政管理部门在查处案件过程中,委托其他著作权行政管理部门代为调查的,须出具委托书。受委托的著作权行政管理部门应当积极予以协助。

第二十四条 对查处案件中的专业性问题,著作权行政管理部门可以委托专门机构或者聘请专业人员进行鉴定。

第二十五条 调查终结后,办案人员应当提交案件调查报告,说明有关行为是否违法,提出处理意见及有关事实、理由和依据,并附上全部证据材料。

第二十六条 著作权行政管理部门拟作出行政处罚决定的,应当由本部门负责人签发行政处罚事先告知书,告知当事人拟作出行政处罚决定的事实、理由和依据,并告知当事人依法享有的陈述权、申辩权和其他权利。

行政处罚事先告知书应当由著作权行政管理部门直接送达当事人,当事人应当在送达回执上签名、盖章。当事人拒绝签收的,由送达人员注明情况,把送达文书留在受送达人住所,并报告本部门负责人。著作权行政管理部门也可以采取邮寄送达方式告知当事人。无法找到当事人时,可以以公告形式告知。

第二十七条 当事人要求陈述、申辩的,应当在被告知后七日内,或者自发布公告之日起三十日内,向著作权行政管理部门提出陈述、申辩意见以及相应的事实、理由和证据。当事人在此期间未行使陈述权、申辩权的，视为放弃权利。

采取直接送达方式告知的，以当事人签收之日为被告知日期；采取邮寄送达方式告知的，以回执上注明的收件日期为被告知日期。

第二十八条 办案人员应当充分听取当事人的陈述、申辩意见，对当事人提出的事实、理由和证据进行复核，并提交复核报告。

著作权行政管理部门不得因当事人申辩加重处罚。

第二十九条 著作权行政管理部门负责人应当对案件调查报告及复核报告进行审查，并根据审查结果分别作出下列处理决定：

（一）确属应当予以行政处罚的违法行为的，根据侵权人的过错程度、侵权时间长短、侵权范围大小及损害后果等情节，予以行政处罚；

（二）违法行为轻微并及时纠正，没有造成危害后果的，不予行政处罚；

（三）违法事实不成立的，不予行政处罚；

（四）违法行为涉嫌构成犯罪的，移送司法部门处理。

对情节复杂或者重大的违法行为给予较重的行政处罚，由著作权行政管理部门负责人集体讨论决定。

第三十条 著作权行政管理部门作出罚款决定时，罚款数额应当依照《中华人民共和国著作权法实施条例》第三十六条、《计算机软件保护条例》第二十四条的规定和《信息网络传播权保护条例》第十八条、第十九条的规定确定。

第三十一条 违法行为情节严重的，著作权行政管理部门可以没收主要用于制作侵权制品的材料、工具、设备等。

具有下列情形之一的，属于前款所称“情节严重”：

（一）违法所得数额（即获利数额）二千五百元以上的；

（二）非法经营数额在一万五千元以上的；

（三）经营侵权制品在二百五十册（张或份）以上的；

（四）因侵犯著作权曾经被追究法律责任，又侵犯著作权的；

（五）造成其他重大影响或者严重后果的。

第三十二条 对当事人的同一违法行为，其他行政机关已经予以罚款的，著作权行政管理部门不得再予罚款，但仍可以视具体情况予以本办法第四条所规定的其他种类的行政处罚。

第三十三条 著作权行政管理部门作出较大数额罚款决定或者法律、行政法规规定应当听证的其他行政处罚决定前，应当告知当事人有要求举行听证的权利。

前款所称“较大数额罚款”，是指对个人处以两万元以上、对单位处以十万元以上的罚款。地方性法规、规章对听证要求另有规定的，依照地方性法规、规章办理。

第三十四条 当事人要求听证的，著作权行政管理部门应当依照行政处罚法第四十二条规定的程序组织听证。当事人不承担组织听证的费用。

第三十五条 著作权行政管理部门决定予以行政处罚的,应当制作行政处罚决定书。

著作权行政管理部门认为违法行为轻微,决定不予行政处罚的,应当制作不予行政处罚通知书,说明不予行政处罚的事实、理由和依据,并送达当事人;违法事实不成立的,应当制作调查结果通知书,并送达当事人。

著作权行政管理部门决定移送司法部门处理的案件,应当制作涉嫌犯罪案件移送书,并连同有关材料和证据及时移送有管辖权的司法部门。

第三十六条 行政处罚决定书应当由著作权行政管理部门在宣告后当场交付当事人。当事人不在场的,应当在七日内送达当事人。

第三十七条 当事人对国家版权局的行政处罚不服的,可以向国家版权局申请行政复议;当事人对地方著作权行政管理部门的行政处罚不服的,可以向该部门的本级人民政府或者其上一级著作权行政管理部门申请行政复议。

当事人对行政处罚或者行政复议决定不服的,可以依法提起行政诉讼。

第四章 执行程序

第三十八条 当事人收到行政处罚决定书后,应当在行政处罚决定书规定的期限内予以履行。

当事人申请行政复议或者提起行政诉讼的,行政处罚不停止执行。法律另有规定的除外。

第三十九条 没收的侵权制品应当销毁,或者经被侵权人同意后以其他适当方式处理。

销毁侵权制品时,著作权行政管理部门应当指派两名以上执法人员监督销毁过程,核查销毁结果,并制作销毁记录。

对没收的主要用于制作侵权制品的材料、工具、设备等,著作权行政管理部门应当依法公开拍卖或者依照国家有关规定处理。

第四十条 上级著作权行政管理部门作出的行政处罚决定,可以委托下级著作权行政管理部门代为执行。代为执行的下级著作权行政管理部门,应当将执行结果报告该上级著作权行政管理部门。

第五章 附则

第四十一条 本办法所称的侵权制品包括侵权复制品和假冒他人署名的作品。

第四十二条 著作权行政管理部门应当按照国家统计法规建立著作权行政处罚统计制度,每年向上一级著作权行政管理部门提交著作权行政处罚统计报告。

第四十三条 行政处罚决定或者复议决定执行完毕后,著作权行政管理部门应当及时将案件材料立卷归档。

立卷归档的材料主要包括:行政处罚决定书、立案审批表、案件调查报告、复核报告、复议决定书、听证笔录、听证报告、证据材料、财物处理单据以及其他有关材料。

第四十四条 本办法涉及的有关法律文书，应当参照国家版权局确定的有关文书格式制作。

第四十五条 本办法自2009年6月15日起施行。国家版权局2003年9月1日发布的《著作权行政处罚实施办法》同时废止，本办法施行前发布的其他有关规定与本办法相抵触的，依照本办法执行。

出版管理行政处罚实施办法

（1997年12月30日新闻出版署令第12号公布　自1998年1月1日起施行）

第一章　总　　则

第一条 为了规范出版管理行政处罚，保障和监督新闻出版行政机关有效实施行政管理，保护公民、法人或者其他组织的合法权益，根据《中华人民共和国行政处罚法》和《出版管理条例》等有关法律、法规，制定本办法。

第二条 公民、法人或者其他组织违反出版管理法规，应当给予行政处罚的，由新闻出版行政机关依照《中华人民共和国行政处罚法》和本办法的规定实施。

第三条 新闻出版行政机关实施行政处罚应当遵循下列原则：

（一）必须有法定依据，遵守法定程序，否则行政处罚无效；

（二）必须以事实为依据，与违法行为的事实、性质、情节以及社会危害程度相当，违法事实不清的，不得给予行政处罚；

（三）对违法行为给予行政处罚的规定必须公布，未经公布的不得作为行政处罚的依据；

（四）应当坚持处罚与教育相结合，教育公民、法人或者其他组织自觉守法；

（五）在作出行政处罚决定之前，应当向当事人告知给予行政处罚的事实、理由和依据，听取当事人的陈述、申辩，否则行政处罚决定不能成立。

第四条 新闻出版行政机关在法定职权范围内负责对下列违法行为实施行政处罚：

（一）《出版管理条例》规定的违法行为；

（二）《音像制品管理条例》规定的违法行为；

（三）《印刷业管理条例》规定的违法行为；

（四）其他有关法律、法规和规章规定的应当由新闻出版行政机关给予行政处罚的违法行为。

第五条 本办法所称新闻出版行政机关是指新闻出版署，省、自治区、直辖市新闻出版局，计划单列市新闻出版局，地市级和县级新闻出版局，或者省、自治区、直辖市人民政府规定的行使新闻出版管理职能的行政机关。

法律、法规授权的具有新闻出版管理职能的组织实施出版管理行政处罚，适用本办法。

第二章　管　　辖

第六条　新闻出版署负责对下列违法行为实施行政处罚：

(一)在全国有重大影响的；

(二)法律、法规规定由新闻出版署管辖的；

(三)其他应当由自己管辖的。

第七条　省、自治区、直辖市新闻出版局负责对下列违法行为实施行政处罚：

(一)在本行政区有重大影响的；

(二)涉及外国的；

(三)其他依法应当由自己管辖的。

其他地方新闻出版行政机关负责对本行政区域发生的违法行为实施行政处罚。省、自治区、直辖市制定的地方性法规、规章有具体规定的，从其规定。

第八条　行政处罚由主要违法行为发生地的新闻出版行政机关管辖。两个以上地方新闻出版行政机关对同一违法行为都有管辖权的，由先立案的新闻出版行政机关管辖。

第九条　地方新闻出版行政机关就行政处罚管辖发生争议或者管辖不明的，报请共同的上一级新闻出版行政机关指定管辖。该上一级新闻出版行政机关应当指定其中一个地方新闻出版行政机关管辖，或者指定适宜的其他地方新闻出版行政机关管辖。

第十条　上级新闻出版行政机关在必要的时候可以处理下级新闻出版行政机关管辖的行政处罚案件，也可以把自己管辖的行政处罚案件交下级新闻出版行政机关处理。

下级新闻出版行政机关认为其管辖的行政处罚案件重大、复杂，需要由上级新闻出版行政机关处理的，可以报请上一级新闻出版行政机关决定。

第十一条　对出版单位的行政处罚，由新闻出版署或者省级新闻出版行政机关管辖；新闻出版署、省级新闻出版行政机关认为由出版单位所在地的新闻出版行政机关管辖更适宜的，可以指定该地的新闻出版行政机关管辖。

第十二条　吊销许可证的处罚，由原发证机关决定。

第十三条　新闻出版行政机关认为违法行为构成犯罪的，必须将案件移送司法机关。

第十四条　有关著作权的违法行为，由著作权行政管理部门依照有关规定处理。

第三章　立　　案

第十五条　除依照《中华人民共和国行政处罚法》可以当场作出行政处罚决定的以外，新闻出版行政机关发现公民、法人或者其他组织有依法应当给予行政处罚的违法行为的，应当立案查处。

第十六条　新闻出版行政机关应当严格履行职责，对有关公民、法人或者其他组织遵守出版法律、法规和规章的情况进行监督检查。对在检查中发现的违法行为，新闻出版行政机关应当及时立案。

新闻出版行政机关在进行执法检查时，执法人员不得少于两人，并应当向当事人或者有关人员出示新闻出版行政执法证。

第十七条 新闻出版行政机关在执法检查中，发现正在印刷、复制、批发、零售、出租违禁出版物或者非法出版物，情况紧急来不及立案的，执法人员可以采取以下措施：

（一）对违法行为予以制止或者纠正；

（二）对违禁出版物或者非法出版物、专用于违法行为的工具、设备依法查封或扣押；

（三）收集、提取有关证据。

第十八条 新闻出版行政机关应当建立健全违法行为举报制度，接受公民、法人或者其他组织对违法行为的控告、检举。对控告、检举的违法行为经审核基本属实的，应当及时立案。不予立案的，应当及时告知控告人或检举人。

第十九条 新闻出版行政机关对其他行政机关移送的、上级新闻出版行政机关指定或者交办的、当事人主动交待的和通过其他方式发现的违法行为，应当及时立案。

第二十条 行政处罚案件的具体立案工作由新闻出版行政机关的相关职能部门负责。

立案应当制作出版管理行政处罚案件立案审批表，报本机关负责人审查，决定立案或者不予立案。

立案应当自发现或者受理案件之日起7日内完成。情况紧急来不及立案的，应当在调查取证或者依法采取有关行政措施后及时立案。

第四章 调查取证

第二十一条 行政处罚案件立案后，新闻出版行政机关应当及时进行调查取证。

调查取证必须全面、客观、公正，以收集确凿证据，查明违法事实。

第二十二条 调查取证由新闻出版行政机关立案的职能部门或者新闻出版行政机关所属的稽查部门负责。

调查取证时执法人员不得少于两人，并向当事人或有关人员出示有效证件。执法人员与当事人有直接利害关系的，应当回避。

第二十三条 进行调查取证可以采取以下手段：

（一）询问当事人、证人、利害关系人等有关人员；

（二）查阅、复制与违法行为有关的文件、档案、帐簿和其他书面材料；

（三）对违法出版物或者其他违法物品抽样取证；

（四）对证据先行登记保存；

（五）自行或委托其他组织对证据进行鉴定；

（六）对与违法行为有关的场所、设备进行勘验、检查。

第二十四条 执法人员进行调查取证应制作询问笔录、勘验或检查等调查笔录，笔录由当事人或有关人员签名或盖章，当事人拒绝签名或盖章的，由执法人员在笔录上注明情况。

第二十五条 进行抽样取证、先行登记保存和勘验、检查，应当有当事人在场,当事人拒绝到场的,执法人员应当邀请有关人员参加见证。执法人员应当在调查笔录上注明情况,并由参加见证的有关人员签名或者盖章。

第二十六条 执法人员对抽样取证、先行登记保存的物品应当开列清单,一式两份,写明物品的名称、数量、规格等项目,由执法人员、当事人签字或者盖章,一份清单交付当事人。当事人拒绝签名或者盖章和接收清单的,由执法人员在清单上注明情况。

第二十七条 在证据可能灭失或者以后难以取得的情况下采取先行登记保存,应当经过本机关负责人批准,并向当事人出具证据先行登记保存通知书,责令当事人或者有关人员在证据保存期间不得转移、毁坏。认为先行登记保存的证据确需移至他处的,可以移至适当的场所保存。

情况紧急来不及办理上款规定程序的,执法人员可以先行采取措施,事后及时补办手续。

第二十八条 新闻出版行政机关对先行登记保存的证据,应当在7日内作出以下处理决定:

(一)需要进行检验或者鉴定的,予以检验或者鉴定;

(二)对依法应予没收的,予以没收,对依法不予没收的,退还当事人;

(三)对依法应当移送有关机关处理的,移交有关机关。

在7日内未作出处理决定的,应当解除保存,并将先行登记保存的证据退还当事人。

第二十九条 非法出版物的鉴定由省级以上新闻出版行政机关指定的鉴定机关和鉴定人员作出,违禁出版物的鉴定由省级以上新闻出版行政机关作出。鉴定书由两名以上鉴定人签名,经机关负责人审核后签发,加盖新闻出版行政机关出版物鉴定专用章。

鉴定中遇有复杂、疑难问题或者鉴定结论有分歧,或者应当事人申请要求重新鉴定的,可以报请上级新闻出版行政机关鉴定。

第三十条 新闻出版行政机关在调查取证有困难的情况下,可以委托其他新闻出版行政机关就某些事项代为调查取证,受委托的新闻出版行政机关应当积极办理,及时将调查取证结果回复委托的机关。

上级新闻出版行政机关对已经立案的案件可以指示下级新闻出版行政机关调查取证。

第五章 听 证

第三十一条 新闻出版行政机关作出责令停产停业、责令停业整顿、吊销许可证和较大数额罚款等行政处罚决定之前,调查取证部门应当告知当事人有要求听证的权利。

本条所称“较大数额罚款”,由新闻出版署作出处理决定的,是指对公民2万元以上、对法人或者其他组织10万元以上的罚款;由地方新闻出版行政机关作出处罚决定的,按照地方性法规、规章的规定办理,地方性法规、规章未作规定的,是指对公民1万元以上、对法人或者其他组织5万元以上的罚款。

第三十二条 当事人要求举行听证的，应当在被告知后3日内提出书面申请，说明听证要求和理由。当事人提出书面申请有困难的，可以口头提出申请，调查取证部门应当制作笔录，并由当事人签名或盖章。

当事人在被告知后3日内未提出听证申请的，视为放弃听证要求，由调查取证部门记录在案。

第三十三条 新闻出版行政机关应当从本机关法制工作部门或者其他比较超脱的相关职能部门中指定一名听证主持人、一名书记员。调查取证部门的人员不得作为听证主持人和书记员。

第三十四条 新闻出版行政机关决定举行听证的，应当制作听证通知书，并在听证7日前，将举行听证的时间、地点通知当事人和本案调查人员。

第三十五条 当事人可以亲自参加听证，也可以委托一至二人代理。委托代理人申请和参加听证的，应当提交委托书，委托书应当载明委托权限。

第三十六条 当事人接到听证通知书后，无正当理由不按期参加听证的，视为放弃听证要求。

有下列情况之一的，听证可以延期举行：

（一）当事人有正当理由未到场的；

（二）当事人提出回避申请理由成立，需要重新确定主持人的；

（三）发现有新的重要事实需要重新调查核实的；

（四）其他需要延期的情形。

第三十七条 在听证举行过程中，当事人放弃申辩或者退出听证的，终止听证，并记入听证笔录。

第三十八条 听证主持人履行以下职责：

（一）决定举行听证的时间和地点；

（二）主持进行听证程序；

（三）维持听证秩序；

（四）决定终止听证；

（五）决定听证延期举行；

（六）根据听证情况向机关负责人写出报告并就案件的处理提出意见。

听证书记员如实记录听证情况，制作听证笔录，协助听证主持人工作。

第三十九条 当事人认为主持人、书记员与本案有利害关系的，有权申请回避。书记员的回避，由主持人决定；主持人的回避，由其所在部门负责人决定。

第四十条 听证应当按照以下程序进行：

（一）听证会开始，介绍主持人、书记员，宣布听证纪律；

（二）告知当事人听证中的权利和义务，询问是否有回避申请；

（三）核对参加听证的当事人及代理人、本案调查人员、本案直接利害关系人、证人的身份；

（四）本案调查人员说明案件事实、证据、适用的法律、法规或者规章，以及拟作出的行政处罚决定的理由；

（五）询问当事人或者代理人、本案调查人员、证人和其他有关人员，并要求出示有关证据材料；

（六）当事人或者代理人从事实和法

律上进行申辩,并对证据材料进行质证;

(七)当事人或者其代理人和本案调查人员就本案的事实和法律问题进行辩论;

(八)当事人或者其代理人作最后陈述;

(九)听证主持人宣布听证会结束。

第四十一条 听证结束,当事人或者其代理人应当将申辩材料及有关证据提交听证主持人。

第四十二条 听证笔录应当在听证后交双方人员审核,经确认无误后,由双方人员在听证笔录上签名。双方人员拒绝签名的,由书记员在笔录上记明。

第四十三条 听证主持人应当根据听证确定的事实、证据,依照本办法第四十五条的规定对原拟作出的处罚决定及其事实、理由和依据加以复核,向本机关负责人提出意见。

第六章 决 定

第四十四条 违法行为经调查事实清楚、证据确凿的,调查人员应当制作出版管理行政处罚意见书,载明违法事实、理由、法律依据、处罚意见及立案、调查取证情况。

调查人员应当依照《中华人民共和国行政处罚法》第三十一、三十二条的规定,听取当事人的陈述和申辩。

调查人员应当将出版管理行政处罚意见书和当事人的陈述、申辩材料,连同立案审批表和其他有关证据材料,经本部门负责人同意,送本机关法制工作部门复核。

经过听证的案件,按照本办法第四十三条的规定办理。

第四十五条 法制工作部门对出版管理行政处罚意见书等书面材料就以下事项进行复核,签署意见后报本机关负责人审批:

(一)认定事实是否清楚;

(二)适用法律是否正确;

(三)处罚意见是否合法、适当;

(四)是否符合法定程序;

(五)其他有关事项。

第四十六条 新闻出版行政机关负责人对报送的出版管理行政处罚意见书等材料进行审查,根据不同情况分别作出以下决定:

(一)确有应受行政处罚的违法行为,根据情节轻重及具体情况,作出行政处罚决定;

(二)违法事实不能成立的和违法行为轻微依法可以不予行政处罚的,不予行政处罚;

(三)认为违法行为构成犯罪的,移送司法机关;

(四)认为应当吊销营业执照或者其他许可证的,向工商行政管理机关或者公安机关提出建议;

(五)认为应当给予当事人或受处罚单位主要负责人行政处分的,向其所在单位或其主管部门提出建议。

经过听证的和其他较重大的行政处罚,由新闻出版行政机关负责人集体讨论决定。

第四十七条 新闻出版行政机关决定给予行政处罚的,应当制作出版管理行政处罚决定书，载明《中华人民共和国行政处罚法》第三十九条和国务院《罚款决定与罚款收缴分离实施办法》第七条规定的事项。

新闻出版行政机关决定不给予行政处罚的，应当制作不予行政处罚通知书，说明不予行政处罚的理由，送达当事人。

新闻出版行政机关决定移送司法机关处理的案件，应当制作建议追究刑事责任意见书，连同有关材料和证据及时移送有管辖权的司法机关。

新闻出版行政机关向工商行政管理机关或者公安机关建议吊销当事人营业执照或者其他许可证的，应当制作建议吊销营业执照或者其他许可证意见书。

新闻出版行政机关建议给予当事人或者其他有关人员行政处分的，应当制作建议给予行政处分意见书，送达当事人或者其他人员所在单位或其主管机关。

本条各款所列法律文书，由调查部门负责制作并送达。

第四十八条 对同一违法行为，其他行政机关已经给予罚款处罚的，新闻出版行政机关不得再予罚款，但仍可以依法给予其他种类的行政处罚。

第四十九条 给予停业整顿行政处罚的，应当明确停业的时限和整顿的事项。

第五十条 新闻出版行政机关对违法行为的行政处罚决定，应当自立案之日起两个月内作出；案件重大、复杂的，经本机关负责人决定，可以延长，但延长的时间最多不得超过两个月。

作出行政处罚决定的日期以行政处罚决定书上的日期为准。

第七章 执　　行

第五十一条 行政处罚决定书应当在宣告后当场交付当事人；当事人不在场的，新闻出版行政机关应当在作出行政处罚决定的 7 日内依照民事诉讼法的有关规定，将行政处罚决定书送达当事人。

第五十二条 新闻出版行政机关作出的行政处罚决定，可以在有关范围内予以通报或者在报纸、期刊等媒介上公布。

第五十三条 罚款的收缴依照国务院《罚款决定与罚款收缴分离实施办法》执行。

第五十四条 没收的出版物需要销毁的，纸质出版物应当化浆，其他出版物应当以适宜的方式销毁。新闻出版行政机关应当指派专人负责销毁事宜，监督销毁过程，核查销毁结果，防止应当销毁的出版物流失。

没收的出版物不需要销毁的，新闻出版行政机关应当报请上一级新闻出版行政机关决定处理的方式。

第五十五条 对没收的从事非法活动的主要专用工具和设备，新闻出版行政机关依照有关规定处理。

第五十六条 对于给予停业整顿行政处罚的，新闻出版行政机关应当对当事人停业期间的整顿情况进行监督，并在停业期满前进行检查验收，对整顿符合要求的，根据当事人的申请，恢复其业务。

第五十七条 上一级新闻出版行政机关作出的行政处罚决定,可以指示下一级新闻出版行政机关执行。

第五十八条 新闻出版行政机关实施行政处罚时,可以采取下列措施纠正违法行为:

(一)对未经批准擅自设立的出版、印刷、复制、发行单位予以公告取缔;

(二)责令停止出版、印刷、复制、发行出版物;

(三)其他责令当事人纠正违法行为的措施。

第五十九条 当事人逾期不履行行政处罚决定的,新闻出版行政机关可以依照《中华人民共和国行政处罚法》规定的措施处理。

新闻出版行政机关申请人民法院强制执行行政处罚决定,应当自当事人起诉期限届满之日起3个月内提出。

第六十条 当事人申请行政复议或提起行政诉讼期间,行政处罚决定不停止执行,法律、法规另有规定的除外。

第六十一条 出版管理行政处罚案件终结后,调查人员应当将案件材料立卷归档。

第八章 附 则

第六十二条 新闻出版行政机关应当建立行政处罚统计制度和重大行政处罚备案制度,每半年向上一级新闻出版行政机关提交一次行政处罚统计报告,重大行政处罚报上一级新闻出版行政机关备案。

第六十三条 新闻出版行政机关的法制工作部门负责对本机关实施行政处罚进行监督,负责办理本办法第六十二条规定的事项。

第六十四条 新闻出版行政执法证由新闻出版署统一制作,具体管理办法另行制定。

新闻出版行政执法证未颁发之前,适用当地人民政府颁发的执法证或者其他有效证件。

第六十五条 本办法所称非法出版物,是指违反《出版管理条例》未经批准擅自出版的出版物,伪造、假冒出版单位或者报纸、期刊名称出版的出版物,擅自印刷或者复制的境外出版物,非法进口的出版物。

本办法所称违禁出版物,是指内容违反《出版管理条例》第二十五条、第二十六条规定的出版物。

第六十六条 本办法自1998年1月1日起施行。

广播电视行政处罚程序规定

(2021年12月10日国家广播电视总局令第11号公布)

第一章 总 则

第一条 为维护广播电视和网络视听领域行政管理秩序,保障和规范广播电视行政部门有效实施行政管理,保护公民、法人或者其他组织的合法权益,根据《中华人民共和国行政处罚法》《广播电视管理条例》及有关法律、行政法规的规定，制定本规定。

第二条 办理广播电视行政处罚案件，适用本规定。

第三条 实施广播电视行政处罚应当以法律、法规和规章为依据，应当遵循公正、公开的原则，坚持处罚与教育相结合。

第四条 实施广播电视行政处罚，应当依法履行告知义务，保护当事人合法权益。

第五条 广播电视行政部门及其工作人员对实施行政处罚过程中知悉的国家秘密、商业秘密、工作秘密或者个人隐私，应当依法予以保密。

第二章 行政处罚的管辖与适用

第六条 县级以上广播电视行政部门可以根据工作需要，在法定权限内以书面委托书形式委托符合《中华人民共和国行政处罚法》规定的组织实施行政处罚。委托书应当规定委托的具体事项、权限及期限，并由委托广播电视行政部门和受委托组织向社会公布。

第七条 实施广播电视行政处罚，由违法行为发生地的有行政处罚权的县级以上广播电视行政部门管辖。

违法行为发生地包括：法人住所地，实际经营地，服务许可地或者备案地，网站建立者、管理者、使用者所在地，网络接入地，计算机等终端设备所在地等。

第八条 两个以上广播电视行政部门都有管辖权的案件，由最先立案的广播电视行政部门管辖。

对管辖发生争议的，应当协商解决，协商不成的，报请共同的上一级广播电视行政部门指定管辖；也可以直接由共同的上一级广播电视行政部门指定管辖。

重大、复杂的案件，可以由国家广播电视总局指定管辖。

第九条 实施广播电视行政处罚，适用违法行为发生时的法律、法规、规章的规定。但是，作出行政处罚决定时，法律、法规、规章已被修改或者废止，且新的规定处罚较轻或者不认为是违法的，适用新的规定。

第三章 一般规定

第十条 广播电视行政处罚的立案依据、实施程序和救济渠道等信息应当公示。

第十一条 广播电视行政部门应当依法以文字、音像等形式，对行政处罚的启动、调查取证、审核、决定、送达、执行等进行全过程记录，归档保存。

第十二条 广播电视行政处罚应当由具有行政执法资格的执法人员实施。执法人员不得少于两人，法律另有规定的除外。

执法人员应当文明执法，尊重和保护当事人合法权益。

第十三条 在案件办理过程中，当事人委托代理人的，应当提交授权委托书，载明委托人及其代理人的基本信息、委托事项及代理权限、代理权的起止日期、委托日期和委托人签名或者盖章。

委托人变更委托内容或者提前解除

委托的,应当书面告知广播电视行政部门。

第十四条 执法人员有下列情形之一的,应当自行回避,当事人及其代理人有权申请其回避:

(一)是案件的当事人或者当事人的近亲属;

(二)本人或者其近亲属与案件有直接利害关系;

(三)与案件有其他关系,可能影响案件公正处理。

第十五条 执法人员自行回避或者当事人及其代理人要求执法人员回避的,应当提出申请,并且说明理由。

回避申请由广播电视行政部门依法审查,并由本机关负责人作出决定。回避决定作出前,执法人员不停止行政处罚案件调查。

第十六条 听证主持人、记录员、检测人、检验人、技术鉴定人和翻译人员的回避,适用本规定第十四条、第十五条的规定。

第十七条 广播电视行政部门办理行政处罚案件的证据种类主要有:

(一)书证;

(二)物证;

(三)视听资料;

(四)电子数据;

(五)证人证言;

(六)当事人的陈述;

(七)鉴定意见;

(八)勘验笔录、现场笔录。

证据必须经查证属实,方可作为认定案件事实的根据。

以非法手段取得的证据,不得作为认定案件事实的根据。

第十八条 广播电视行政部门收集的物证、书证应当是原物、原件。收集原物、原件确有困难的,可以拍摄、复制足以反映原物、原件内容或者外形的照片、录像、复制件,并且可以指定或者委托有关单位或者个人对原物、原件予以妥善保管。

第十九条 广播电视行政部门收集电子数据或者录音、录像等视听资料,应当收集原始载体。

收集原始载体确有困难的,可以采取打印、拍照或者录像等方式固定相关证据,并附有关过程等情况的文字说明。

第二十条 期间以时、日、月、年计算。期间开始的时和日,不计算在期间内。期间届满的最后一日是节假日的,以其后的第一个工作日为期间届满日期。

期间不包括在途时间,法定期满前交付邮寄的,不视为逾期。

第二十一条 经当事人或者其代理人同意并签订确认书的,广播电视行政部门可以采用传真、电子邮件等方式,将行政处罚决定书等法律文书送达当事人或者其代理人。

采取前款方式送达的,以传真、电子邮件等到达当事人或者其代理人特定系统的日期为送达日期。

第二十二条 广播电视行政处罚法律文书的送达程序,《中华人民共和国行政处罚法》《中华人民共和国行政强制法》和本规定均未明确的,适用《中华人民共和国民事诉讼法》的相关规定。

第二十三条 对行政处罚案件的法律文书和案件有关材料，应当按照下列顺序及时归档：

（一）案卷封面；

（二）案卷材料目录；

（三）行政处罚决定书；

（四）行政处罚决定书送达回证；

（五）立案批件；

（六）调查笔录、现场笔录；

（七）照片等证据材料；

（八）先行登记保存、抽样取证相关文书；

（九）检验或者鉴定证明；

（十）行政处罚告知书；

（十一）行政处罚告知书送达回证；

（十二）听证相关材料；

（十三）财产处理单据；

（十四）行政处罚决定审批表；

（十五）结案报告；

（十六）其他有关材料；

（十七）案卷封底。

予以立案，但未作处罚决定的案件材料，也应按前款规定归档。

第二十四条 行政处罚案卷必须一案一卷，并经立卷人签字或者盖章。

任何人不得私自增添或者抽取案卷材料。未经许可，不得擅自借阅。

第四章 行政处罚的决定

第一节 简易程序

第二十五条 违法事实确凿并有法定依据，对公民处以二百元以下，对法人或者其他组织处以三千元以下罚款或者警告的行政处罚的，广播电视行政部门可以适用简易程序当场作出行政处罚决定。

第二十六条 执法人员当场作出行政处罚决定的，应当向当事人出示执法证件，填写预定格式、编有号码的行政处罚决定书，并当场交付当事人。当事人拒绝签收的，应当在行政处罚决定书上注明。

前款规定的行政处罚决定书应当载明当事人的违法行为，行政处罚的种类和依据、罚款数额、时间、地点，申请行政复议、提起行政诉讼的途径和期限以及作出行政处罚决定机关名称，并由执法人员签名或者盖章。

执法人员当场作出的行政处罚决定，应当报作出行政处罚决定机关备案。

第二十七条 除依法可以当场作出的行政处罚外，广播电视行政部门发现公民、法人或者其他组织有依法应当给予行政处罚的行为的，必须全面、客观、公正地调查，收集有关证据；必要时，依照法律、法规的规定，可以进行检查。符合立案标准的，应当及时立案。

第二节 普通程序

第二十八条 执法人员进行调查或者进行检查时，应当主动向当事人或者有关人员出示执法证件。当事人或者有关人员有权要求执法人员出示执法证件。执法人员不出示执法证件的，当事人或者有关人员有权拒绝接受调查或者检查。

当事人或者有关人员应当如实回答

询问,并协助调查或者检查,不得拒绝或者阻挠。询问或者检查应当制作笔录。

第二十九条 调查笔录或者现场笔录应当由当事人或者在场的有关人员核对后签字或者盖章。

对拒不签字或者盖章的,可以由在场执法人员签字或者盖章并注明情况,也可以采取录音、拍照、录像等方式记录。

第三十条 执法人员可以采取询问,勘验,检查,抽样取证,鉴定,拍摄,收集、调取和固定电子数据等方式收集证据。

在证据可能灭失或者以后难以取得的情况下,经本机关负责人批准,可以先行登记保存,并填写证据先行登记保存通知书、物品清单和现场笔录。

第三十一条 对先行登记保存的证据应当视情况选择适当场所妥善保存,并于七日内作出处理决定:

(一)需要采取证据保全措施的,采取记录、复制、拍照、录像等证据保全措施后予以返还;

(二)法律、法规、规章规定的其他处理方式。

对需要进行技术检测、检验或者鉴定的,进行检测、检验或者鉴定的时间不计入作出处理决定期限。

在先行登记保存期间,当事人或者有关人员不得销毁或者转移证据。

第三十二条 执法人员对证据进行抽样取证或者先行登记保存,须经本机关负责人批准,并制发相关通知书。当事人不在场或者拒绝到场的,执法人员可请有关人员参加,或者由在场执法人员签字或者盖章并注明情况,也可以采取录音、拍照、录像等方式记录。

对抽样取证或者先行登记保存的物品应当开列清单,写明物品名称、数量、规格等事项,由执法人员、当事人签名或者盖章,一式两份,一份送达当事人。当事人拒绝签收的,应当由两名以上执法人员在清单上注明情况。

第三十三条 广播电视行政部门在调查终结后、作出行政处罚决定前,应当制作行政处罚告知书,告知当事人拟作出的行政处罚内容及事实、理由、依据,并且告知当事人依法享有的陈述、申辩、要求听证等权利。

广播电视行政部门未依照前款规定履行告知义务,或者拒绝听取当事人的陈述、申辩,不得作出行政处罚决定;当事人明确放弃陈述或者申辩权利的除外。

第三十四条 当事人有权进行陈述和申辩。广播电视行政部门必须充分听取当事人意见,对当事人提出的事实、理由和证据,应当进行复核;当事人提出的事实、理由、证据或者意见成立的,应当采纳。

广播电视行政部门不得因当事人陈述、申辩、要求听证而给予更重的处罚,但是发现新的违法事实的除外。

第三十五条 除因不可抗力或者广播电视行政部门认可的其他正当理由外,当事人应当在收到行政处罚告知书之日起五日内提出书面陈述、申辩和要求听证。逾期视为放弃权利。

当事人因不可抗拒的事由或者其他正当理由耽误期限的,在障碍消除后的十日内可以向广播电视行政部门申请顺延期限，是否准许，由广播电视行政部门决定。

第三十六条 对违法行为调查终结，本机关负责人应当对拟作出的行政处罚决定进行审查，根据不同情况分别作出如下决定：

（一）确有应受行政处罚的违法行为的，根据情节轻重及具体情况，作出行政处罚决定；

（二）违法行为轻微，依法可以不予行政处罚的，不予行政处罚；

（三）违法事实不能成立的，不予行政处罚；

（四）违法行为涉嫌犯罪的，移送司法机关。

对情节复杂或者重大违法行为给予行政处罚，应由本机关负责人集体讨论决定。对集体讨论的案件，实行首长负责制。

法律、法规、规章规定应当经上级广播电视行政部门批准的，应当经批准后决定。

第三十七条 有下列情形之一，在本机关负责人作出决定之前，应当由从事行政处罚决定法制审核的人员进行法制审核，未经法制审核或者审核未通过的，不得作出决定：

（一）涉及重大公共利益的；

（二）直接关系当事人或者第三人重大权益，经过听证程序的；

（三）案件情况疑难复杂，涉及多个法律关系的；

（四）法律、法规规定应当进行法制审核的其他情形。

本机关中初次从事行政处罚决定法制审核的人员，应当符合《中华人民共和国行政处罚法》中的相关要求。

第三十八条 广播电视行政部门依照本规定第三十六条的规定应当给予行政处罚的，应当制作行政处罚决定书。

行政处罚决定书应当载明以下内容：

（一）当事人的基本情况，包括当事人姓名或者名称、地址等；

（二）违反法律、法规、规章的事实和证据；

（三）行政处罚的种类和依据；

（四）行政处罚的履行方式和期限；

（五）申请行政复议或者提起行政诉讼的途径和期限；

（六）作出行政处罚决定的行政部门名称和作出决定的日期。

行政处罚决定书必须盖有作出行政处罚决定机关的印章。

第三十九条 广播电视行政部门应当自行政处罚案件立案之日起六个月内作出行政处罚决定；确有必要的，经本机关负责人批准可以延长期限，延长期限不得超过六个月。案情特别复杂或者有其他特殊情况，经延长期限仍不能作出处理决定的，应当由省级以上广播电视行政部门负责人集体讨论决定是否继续延长期限，决定继续延长期限的，应当同时确定延长的合理期限。

上述期间不包括公告、检测、检验、技术鉴定、听证的期间。

在案件办理期间，发现当事人另有违法行为的，自发现之日起重新计算办案期限。

第三节　听证程序

第四十条　广播电视行政部门拟作出下列行政处罚决定,应当告知当事人有要求听证的权利,当事人要求听证的,应当组织听证:

(一)对公民处一万元以上罚款、对法人或者其他组织处十万元以上罚款;

(二)对公民处没收违法所得一万元以上、对法人或者其他组织处没收违法所得十万元以上;

(三)没收公民、法人或者其他组织从事违法活动的工具、设备、节目载体,价值分别超过一万元、十万元;

(四)降低资质等级、吊销许可证件;

(五)责令停产停业、责令关闭、限制从业;

(六)其他较重的行政处罚;

(七)法律、法规、规章规定的其他情形。

各省、自治区、直辖市人大常委会或者人民政府对前款第(一)项、第(二)项、第(三)项所列金额另有规定的,可以从其规定。

当事人不承担组织听证的费用。

第四十一条　听证由广播电视行政部门负责行政处罚案件法制审核的部门组织。

第四十二条　除涉及国家秘密、商业秘密或者个人隐私依法予以保密外,听证公开举行。

第四十三条　广播电视行政部门决定组织听证的,应当自收到听证申请之日起二十日以内举行听证,并在举行听证的七日前将举行听证的时间、地点通知听证参加人和其他人员。

第四十四条　听证结束后,广播电视行政部门应当根据听证笔录,依照本规定第三十六条的规定作出决定。

第五章　行政处罚的执行

第四十五条　广播电视行政部门作出行政处罚决定后,当事人应当在行政处罚决定书载明的期限内,予以履行。

广播电视行政部门作出罚款决定的,当事人应当自收到行政处罚决定书之日起十五日内,到指定的银行或者通过电子支付系统缴纳罚款。

第四十六条　当事人确有经济困难向广播电视行政部门提出延期或者分期缴纳罚款的,应当以书面方式提出申请。

广播电视行政部门收到当事人延期、分期缴纳罚款的申请后,应当在十日内作出是否准予延期、分期缴纳罚款的决定。

第四十七条　依照本规定第二十五条的规定当场作出行政处罚决定,有下列情形之一,执法人员可以当场收缴罚款:

(一)依法给予一百元以下罚款的;

(二)不当场收缴事后难以执行的。

第四十八条　当事人逾期不履行行政处罚决定的,广播电视行政部门可以采取下列措施:

(一)到期不缴纳罚款的,每日按照罚款数额的百分之三加处罚款,加处罚款的数额不得超出罚款的数额;

(二)法律规定的其他行政强制执行方式;

（三）依照《中华人民共和国行政强制法》的规定申请人民法院强制执行。

第六章　法律责任

第四十九条　广播电视行政部门实施行政处罚，有下列情形之一的，由上级广播电视行政部门或者有关部门责令改正，可以对直接负责的主管人员和其他直接责任人员依法给予处分：

（一）没有法定的行政处罚依据的；

（二）擅自改变行政处罚种类、幅度的；

（三）违反法定的行政处罚程序的；

（四）违反本规定第六条关于委托处罚的规定的；

（五）执法人员未取得执法证件的。

广播电视行政部门对符合立案标准的案件不及时立案的，依照前款规定予以处理。

第五十条　执法人员玩忽职守、徇私舞弊、滥用职权、索取或者收受他人财物的，依法给予处分；构成犯罪的，依法追究刑事责任。

第五十一条　广播电视行政部门对应当依法移交司法机关追究刑事责任的案件不移交，以行政处罚代替刑事处罚，由上级行政机关或者有关机关责令改正，对直接负责的主管人员和其他直接责任人员依法给予处分；情节严重构成犯罪的，依法追究刑事责任。

第七章　附　　则

第五十二条　本规定中所称广播电视行政处罚，包括对广播电视和网络视听领域违法行为实施的行政处罚。

第五十三条　本规定所称以上、以下，包括本数。

第五十四条　本规定中“三日”“五日”“七日”“十日”“二十日”的规定是指工作日，不含法定节假日。

第五十五条　本规定自公布之日起施行。1996 年 12 月 19 日发布的《广播电影电视行政处罚程序暂行规定》（广播电影电视部令第 20 号）同时废止。

十、刑事责任

行政执法机关移送涉嫌犯罪案件的规定

（2001年7月9日中华人民共和国国务院令第310号公布　根据2020年8月7日《国务院关于修改〈行政执法机关移送涉嫌犯罪案件的规定〉的决定》修订）

第一条　为了保证行政执法机关向公安机关及时移送涉嫌犯罪案件，依法惩罚破坏社会主义市场经济秩序罪、妨害社会管理秩序罪以及其他罪，保障社会主义建设事业顺利进行，制定本规定。

第二条　本规定所称行政执法机关，是指依照法律、法规或者规章的规定，对破坏社会主义市场经济秩序、妨害社会管理秩序以及其他违法行为具有行政处罚权的行政机关，以及法律、法规授权的具有管理公共事务职能、在法定授权范围内实施行政处罚的组织。

第三条　行政执法机关在依法查处违法行为过程中，发现违法事实涉及的金额、违法事实的情节、违法事实造成的后果等，根据刑法关于破坏社会主义市场经济秩序罪、妨害社会管理秩序罪等罪的规定和最高人民法院、最高人民检察院关于破坏社会主义市场经济秩序罪、妨害社会管理秩序罪等罪的司法解释以及最高人民检察院、公安部关于经济犯罪案件的追诉标准等规定，涉嫌构成犯罪，依法需要追究刑事责任的，必须依照本规定向公安机关移送。

知识产权领域的违法案件，行政执法机关根据调查收集的证据和查明的案件事实，认为存在犯罪的合理嫌疑，需要公安机关采取措施进一步获取证据以判断是否达到刑事案件立案追诉标准的，应当向公安机关移送。

第四条　行政执法机关在查处违法行为过程中，必须妥善保存所收集的与违法行为有关的证据。

行政执法机关对查获的涉案物品，应当如实填写涉案物品清单，并按照国家有关规定予以处理。对易腐烂、变质等不宜或者不易保管的涉案物品，应当采取必要措施，留取证据；对需要进行检验、鉴定的涉案物品，应当由法定检验、鉴定机构进行检验、鉴定，并出具检验报告或者鉴定结论。

第五条　行政执法机关对应当向公安机关移送的涉嫌犯罪案件，应当立即指定2名或者2名以上行政执法人员组成专案组专门负责，核实情况后提出移送涉嫌犯罪案件的书面报告，报经本机关正职负责人或者主持工作的负责人审批。

行政执法机关正职负责人或者主持工作的负责人应当自接到报告之日起3日内作出批准移送或者不批准移送的决定。决定批准的，应当在24小时内向同级公安机关移送；决定不批准的，应当将不予批准的理由记录在案。

第六条 行政执法机关向公安机关移送涉嫌犯罪案件，应当附有下列材料：

（一）涉嫌犯罪案件移送书；

（二）涉嫌犯罪案件情况的调查报告；

（三）涉案物品清单；

（四）有关检验报告或者鉴定结论；

（五）其他有关涉嫌犯罪的材料。

第七条 公安机关对行政执法机关移送的涉嫌犯罪案件，应当在涉嫌犯罪案件移送书的回执上签字；其中，不属于本机关管辖的，应当在24小时内转送有管辖权的机关，并书面告知移送案件的行政执法机关。

第八条 公安机关应当自接受行政执法机关移送的涉嫌犯罪案件之日起3日内，依照刑法、刑事诉讼法以及最高人民法院、最高人民检察院关于立案标准和公安部关于公安机关办理刑事案件程序的规定，对所移送的案件进行审查。认为有犯罪事实，需要追究刑事责任，依法决定立案的，应当书面通知移送案件的行政执法机关；认为没有犯罪事实，或者犯罪事实显著轻微，不需要追究刑事责任，依法不予立案的，应当说明理由，并书面通知移送案件的行政执法机关，相应退回案卷材料。

第九条 行政执法机关接到公安机关不予立案的通知书后，认为依法应当由公安机关决定立案的，可以自接到不予立案通知书之日起3日内，提请作出不予立案决定的公安机关复议，也可以建议人民检察院依法进行立案监督。

作出不予立案决定的公安机关应当自收到行政执法机关提请复议的文件之日起3日内作出立案或者不予立案的决定，并书面通知移送案件的行政执法机关。移送案件的行政执法机关对公安机关不予立案的复议决定仍有异议的，应当自收到复议决定通知书之日起3日内建议人民检察院依法进行立案监督。

公安机关应当接受人民检察院依法进行的立案监督。

第十条 行政执法机关对公安机关决定不予立案的案件，应当依法作出处理；其中，依照有关法律、法规或者规章的规定应当给予行政处罚的，应当依法实施行政处罚。

第十一条 行政执法机关对应当向公安机关移送的涉嫌犯罪案件，不得以行政处罚代替移送。

行政执法机关向公安机关移送涉嫌犯罪案件前已经作出的警告，责令停产停业，暂扣或者吊销许可证、暂扣或者吊销执照的行政处罚决定，不停止执行。

依照行政处罚法的规定，行政执法机关向公安机关移送涉嫌犯罪案件前，已经依法给予当事人罚款的，人民法院判处罚金时,依法折抵相应罚金。

第十二条 行政执法机关对公安机关决定立案的案件,应当自接到立案通知书之日起3日内将涉案物品以及与案件有关的其他材料移交公安机关,并办结交接手续;法律、行政法规另有规定的,依照其规定。

第十三条 公安机关对发现的违法行为,经审查,没有犯罪事实,或者立案侦查后认为犯罪事实显著轻微,不需要追究刑事责任,但依法应当追究行政责任的,应当及时将案件移送同级行政执法机关,有关行政执法机关应当依法作出处理。

第十四条 行政执法机关移送涉嫌犯罪案件,应当接受人民检察院和监察机关依法实施的监督。

任何单位和个人对行政执法机关违反本规定,应当向公安机关移送涉嫌犯罪案件而不移送的,有权向人民检察院、监察机关或者上级行政执法机关举报。

第十五条 行政执法机关违反本规定,隐匿、私分、销毁涉案物品的,由本级或者上级人民政府,或者实行垂直管理的上级行政执法机关,对其正职负责人根据情节轻重,给予降级以上的处分;构成犯罪的,依法追究刑事责任。

对前款所列行为直接负责的主管人员和其他直接责任人员,比照前款的规定给予处分;构成犯罪的,依法追究刑事责任。

第十六条 行政执法机关违反本规定,逾期不将案件移送公安机关的,由本级或者上级人民政府,或者实行垂直管理的上级行政执法机关,责令限期移送,并对其正职负责人或者主持工作的负责人根据情节轻重,给予记过以上的处分;构成犯罪的,依法追究刑事责任。

行政执法机关违反本规定,对应当向公安机关移送的案件不移送,或者以行政处罚代替移送的,由本级或者上级人民政府,或者实行垂直管理的上级行政执法机关,责令改正,给予通报;拒不改正的,对其正职负责人或者主持工作的负责人给予记过以上的处分;构成犯罪的,依法追究刑事责任。

对本条第一款、第二款所列行为直接负责的主管人员和其他直接责任人员,分别比照前两款的规定给予处分;构成犯罪的,依法追究刑事责任。

第十七条 公安机关违反本规定,不接受行政执法机关移送的涉嫌犯罪案件,或者逾期不作出立案或者不予立案的决定的,除由人民检察院依法实施立案监督外,由本级或者上级人民政府责令改正,对其正职负责人根据情节轻重,给予记过以上的处分;构成犯罪的,依法追究刑事责任。

对前款所列行为直接负责的主管人员和其他直接责任人员,比照前款的规定给予处分;构成犯罪的,依法追究刑事责任。

第十八条 有关机关存在本规定第十五条、第十六条、第十七条所列违法行为,需要由监察机关依法给予违法的公职人员政务处分的,该机关及其上级主管机关或者有关人民政府应当依照有关规定将相关案件线索移送监察机关处理。

第十九条 行政执法机关在依法查处违法行为过程中，发现公职人员有贪污贿赂、失职渎职或者利用职权侵犯公民人身权利和民主权利等违法行为，涉嫌构成职务犯罪的，应当依照刑法、刑事诉讼法、监察法等法律规定及时将案件线索移送监察机关或者人民检察院处理。

第二十条 本规定自公布之日起施行。

公安机关受理行政执法机关移送涉嫌犯罪案件规定

（2016年6月16日公安部发布
公通字〔2016〕16号）

第一条 为规范公安机关受理行政执法机关移送涉嫌犯罪案件工作，完善行政执法与刑事司法衔接工作机制，根据有关法律、法规，制定本规定。

第二条 对行政执法机关移送的涉嫌犯罪案件，公安机关应当接受，及时录入执法办案信息系统，并检查是否附有下列材料：

（一）案件移送书，载明移送机关名称、行政违法行为涉嫌犯罪罪名、案件主办人及联系电话等。案件移送书应当附移送材料清单，并加盖移送机关公章；

（二）案件调查报告，载明案件来源、查获情况、嫌疑人基本情况、涉嫌犯罪的事实、证据和法律依据、处理建议等；

（三）涉案物品清单，载明涉案物品的名称、数量、特征、存放地等事项，并附采取行政强制措施、现场笔录等表明涉案物品来源的相关材料；

（四）附有鉴定机构和鉴定人资质证明或者其他证明文件的检验报告或者鉴定意见；

（五）现场照片、询问笔录、电子数据、视听资料、认定意见、责令整改通知书等其他与案件有关的证据材料。

移送材料表明移送案件的行政执法机关已经或者曾经作出有关行政处罚决定的，应当检查是否附有有关行政处罚决定书。

对材料不全的，应当在接受案件的二十四小时内书面告知移送的行政执法机关在三日内补正。但不得以材料不全为由，不接受移送案件。

第三条 对接受的案件，公安机关应当按照下列情形分别处理：

（一）对属于本公安机关管辖的，迅速进行立案审查；

（二）对属于公安机关管辖但不属于本公安机关管辖的，移送有管辖权的公安机关，并书面告知移送案件的行政执法机关；

（三）对不属于公安机关管辖的，退回移送案件的行政执法机关，并书面说明理由。

第四条 对接受的案件，公安机关应当立即审查，并在规定的时间内作出立案或者不立案的决定。

决定立案的，应当书面通知移送案件的行政执法机关。对决定不立案的，应当说明理由，制作不予立案通知书，连同案卷材料在三日内送达移送案件的行政执法机关。

第五条 公安机关审查发现涉嫌犯罪案件移送材料不全、证据不充分的,可以就证明有犯罪事实的相关证据要求等提出补充调查意见,商请移送案件的行政执法机关补充调查。必要时,公安机关可以自行调查。

第六条 对决定立案的,公安机关应当自立案之日起三日内与行政执法机关交接涉案物品以及与案件有关的其他证据材料。

对保管条件、保管场所有特殊要求的涉案物品,公安机关可以在采取必要措施固定留取证据后,商请行政执法机关代为保管。

移送案件的行政执法机关在移送案件后,需要作出责令停产停业、吊销许可证等行政处罚,或者在相关行政复议、行政诉讼中,需要使用已移送公安机关证据材料的,公安机关应当协助。

第七条 单位或者个人认为行政执法机关办理的行政案件涉嫌犯罪,向公安机关报案、控告、举报或者自首的,公安机关应当接受,不得要求相关单位或者人员先行向行政执法机关报案、控告、举报或者自首。

第八条 对行政执法机关移送的涉嫌犯罪案件,公安机关立案后决定撤销案件的,应当将撤销案件决定书连同案卷材料送达移送案件的行政执法机关。对依法应当追究行政法律责任的,可以同时向行政执法机关提出书面建议。

第九条 公安机关应当定期总结受理审查行政执法机关移送涉嫌犯罪案件情况,分析衔接工作中存在的问题,并提出意见建议,通报行政执法机关、同级人民检察院。必要时,同时通报本级或者上一级人民政府,或者实行垂直管理的行政执法机关的上一级机关。

第十条 公安机关受理行政执法机关移送涉嫌犯罪案件,依法接受人民检察院的法律监督。

第十一条 公安机关可以根据法律法规,联合同级人民检察院、人民法院、行政执法机关制定行政执法机关移送涉嫌犯罪案件类型、移送标准、证据要求、法律文书等文件。

第十二条 本规定自印发之日起实施。

最高人民法院、最高人民检察院关于办理利用互联网、移动通讯终端、声讯台制作、复制、出版、贩卖、传播淫秽电子信息刑事案件具体应用法律若干问题的解释

(2004 年 9 月 1 日最高人民法院审判委员会第 1323 次会议、2004 年 9 月 2 日最高人民检察院第十届检察委员会第 26 次会议通过 2004 年 9 月 3 日公布 自 2004 年 9 月 6 日起施行 法释〔2004〕11 号)

为依法惩治利用互联网、移动通讯终端制作、复制、出版、贩卖、传播淫秽电

子信息、通过声讯台传播淫秽语音信息等犯罪活动，维护公共网络、通讯的正常秩序，保障公众的合法权益，根据《中华人民共和国刑法》、《全国人民代表大会常务委员会关于维护互联网安全的决定》的规定，现对办理该类刑事案件具体应用法律的若干问题解释如下：

第一条 以牟利为目的，利用互联网、移动通讯终端制作、复制、出版、贩卖、传播淫秽电子信息，具有下列情形之一的，依照刑法第三百六十三条第一款的规定，以制作、复制、出版、贩卖、传播淫秽物品牟利罪定罪处罚：

（一）制作、复制、出版、贩卖、传播淫秽电影、表演、动画等视频文件二十个以上的；

（二）制作、复制、出版、贩卖、传播淫秽音频文件一百个以上的；

（三）制作、复制、出版、贩卖、传播淫秽电子刊物、图片、文章、短信息等二百件以上的；

（四）制作、复制、出版、贩卖、传播的淫秽电子信息，实际被点击数达到一万次以上的；

（五）以会员制方式出版、贩卖、传播淫秽电子信息，注册会员达二百人以上的；

（六）利用淫秽电子信息收取广告费、会员注册费或者其他费用，违法所得一万元以上的；

（七）数量或者数额虽未达到第（一）项至第（六）项规定标准，但分别达到其中两项以上标准一半以上的；

（八）造成严重后果的。

利用聊天室、论坛、即时通信软件、电子邮件等方式，实施第一款规定行为的，依照刑法第三百六十三条第一款的规定，以制作、复制、出版、贩卖、传播淫秽物品牟利罪定罪处罚。

第二条 实施第一条规定的行为，数量或者数额达到第一条第一款第（一）项至第（六）项规定标准五倍以上的，应当认定为刑法第三百六十三条第一款规定的“情节严重”；达到规定标准二十五倍以上的，应当认定为“情节特别严重”。

第三条 不以牟利为目的，利用互联网或者移动通讯终端传播淫秽电子信息，具有下列情形之一的，依照刑法第三百六十四条第一款的规定，以传播淫秽物品罪定罪处罚：

（一）数量达到第一条第一款第（一）项至第（五）项规定标准二倍以上的；

（二）数量分别达到第一条第一款第（一）项至第（五）项两项以上标准的；

（三）造成严重后果的。

利用聊天室、论坛、即时通信软件、电子邮件等方式，实施第一款规定行为的，依照刑法第三百六十四条第一款的规定，以传播淫秽物品罪定罪处罚。

第四条 明知是淫秽电子信息而在自己所有、管理或者使用的网站或者网页上提供直接链接的，其数量标准根据所链接的淫秽电子信息的种类计算。

第五条 以牟利为目的，通过声讯台传播淫秽语音信息，具有下列情形之一的，依照刑法第三百六十三条第一款的规定，对直接负责的主管人员和其他直接责任人员以传播淫秽物品牟利罪定罪处罚：

(一)向一百人次以上传播的;

(二)违法所得一万元以上的;

(三)造成严重后果的。

实施前款规定行为,数量或者数额达到前款第(一)项至第(二)项规定标准五倍以上的,应当认定为刑法第三百六十三条第一款规定的“情节严重”;达到规定标准二十五倍以上的,应当认定为“情节特别严重”。

第六条 实施本解释前五条规定的犯罪,具有下列情形之一的,依照刑法第三百六十三条第一款、第三百六十四条第一款的规定从重处罚:

(一)制作、复制、出版、贩卖、传播具体描绘不满十八周岁未成年人性行为的淫秽电子信息的;

(二)明知是具体描绘不满十八周岁的未成年人性行为的淫秽电子信息而在自己所有、管理或者使用的网站或者网页上提供直接链接的;

(三)向不满十八周岁的未成年人贩卖、传播淫秽电子信息和语音信息的;

(四)通过使用破坏性程序、恶意代码修改用户计算机设置等方法,强制用户访问、下载淫秽电子信息的。

第七条 明知他人实施制作、复制、出版、贩卖、传播淫秽电子信息犯罪,为其提供互联网接入、服务器托管、网络存储空间、通讯传输通道、费用结算等帮助的,对直接负责的主管人员和其他直接责任人员,以共同犯罪论处。

第八条 利用互联网、移动通讯终端、声讯台贩卖、传播淫秽书刊、影片、录像带、录音带等以实物为载体的淫秽物品的,依照《最高人民法院关于审理非法出版物刑事案件具体应用法律若干问题的解释》的有关规定定罪处罚。

第九条 刑法第三百六十七条第一款规定的“其他淫秽物品”,包括具体描绘性行为或者露骨宣扬色情的诲淫性的视频文件、音频文件、电子刊物、图片、文章、短信息等互联网、移动通讯终端电子信息和声讯台语音信息。

有关人体生理、医学知识的电子信息和声讯台语音信息不是淫秽物品。包含色情内容的有艺术价值的电子文学、艺术作品不视为淫秽物品。

最高人民法院、最高人民检察院关于办理利用互联网、移动通讯终端、声讯台制作、复制、出版、贩卖、传播淫秽电子信息刑事案件具体应用法律若干问题的解释(二)

(2010年1月18日最高人民法院审判委员会第1483次会议、2010年1月14日最高人民检察院第十一届检察委员会第28次会议通过 2010年2月2日公布 自2010年2月4日起施行 法释〔2010〕3号)

为依法惩治利用互联网、移动通讯终端制作、复制、出版、贩卖、传播淫秽电子信息,通过声讯台传播淫秽语音信息等犯罪活动,维护社会秩序,保障公民权益，根据《中华人民共和国刑法》、《全国人民代表大会常务委员会关于维护互联网安全的决定》的规定，现对办理该类刑事案件具体应用法律的若干问题解释如下：

第一条 以牟利为目的，利用互联网、移动通讯终端制作、复制、出版、贩卖、传播淫秽电子信息的，依照《最高人民法院、最高人民检察院关于办理利用互联网、移动通讯终端、声讯台制作、复制、出版、贩卖、传播淫秽电子信息刑事案件具体应用法律若干问题的解释》第一条、第二条的规定定罪处罚。

以牟利为目的，利用互联网、移动通讯终端制作、复制、出版、贩卖、传播内容含有不满十四周岁未成年人的淫秽电子信息，具有下列情形之一的，依照刑法第三百六十三条第一款的规定，以制作、复制、出版、贩卖、传播淫秽物品牟利罪定罪处罚：

（一）制作、复制、出版、贩卖、传播淫秽电影、表演、动画等视频文件十个以上的；

（二）制作、复制、出版、贩卖、传播淫秽音频文件五十个以上的；

（三）制作、复制、出版、贩卖、传播淫秽电子刊物、图片、文章等一百件以上的；

（四）制作、复制、出版、贩卖、传播的淫秽电子信息，实际被点击数达到五千次以上的；

（五）以会员制方式出版、贩卖、传播淫秽电子信息，注册会员达一百人以上的；

（六）利用淫秽电子信息收取广告费、会员注册费或者其他费用，违法所得五千元以上的；

（七）数量或者数额虽未达到第（一）项至第（六）项规定标准，但分别达到其中两项以上标准一半以上的；

（八）造成严重后果的。

实施第二款规定的行为，数量或者数额达到第二款第（一）项至第（七）项规定标准五倍以上的，应当认定为刑法第三百六十三条第一款规定的"情节严重"；达到规定标准二十五倍以上的，应当认定为"情节特别严重"。

第二条 利用互联网、移动通讯终端传播淫秽电子信息的，依照《最高人民法院、最高人民检察院关于办理利用互联网、移动通讯终端、声讯台制作、复制、出版、贩卖、传播淫秽电子信息刑事案件具体应用法律若干问题的解释》第三条的规定定罪处罚。

利用互联网、移动通讯终端传播内容含有不满十四周岁未成年人的淫秽电子信息，具有下列情形之一的，依照刑法第三百六十四条第一款的规定，以传播淫秽物品罪定罪处罚：

（一）数量达到第一条第二款第（一）项至第（五）项规定标准二倍以上的；

（二）数量分别达到第一条第二款第（一）项至第（五）项两项以上标准的；

（三）造成严重后果的。

第三条 利用互联网建立主要用于传播淫秽电子信息的群组，成员达三十人以上或者造成严重后果的，对建立者、管理者和主要传播者，依照刑法第三百六十四条第一款的规定,以传播淫秽物品罪定罪处罚。

第四条 以牟利为目的,网站建立者、直接负责的管理者明知他人制作、复制、出版、贩卖、传播的是淫秽电子信息,允许或者放任他人在自己所有、管理的网站或者网页上发布,具有下列情形之一的,依照刑法第三百六十三条第一款的规定,以传播淫秽物品牟利罪定罪处罚:

(一)数量或者数额达到第一条第二款第(一)项至第(六)项规定标准五倍以上的;

(二)数量或者数额分别达到第一条第二款第(一)项至第(六)项两项以上标准二倍以上的;

(三)造成严重后果的。

实施前款规定的行为,数量或者数额达到第一条第二款第(一)项至第(七)项规定标准二十五倍以上的,应当认定为刑法第三百六十三条第一款规定的"情节严重";达到规定标准一百倍以上的,应当认定为"情节特别严重"。

第五条 网站建立者、直接负责的管理者明知他人制作、复制、出版、贩卖、传播的是淫秽电子信息,允许或者放任他人在自己所有、管理的网站或者网页上发布,具有下列情形之一的,依照刑法第三百六十四条第一款的规定,以传播淫秽物品罪定罪处罚:

(一)数量达到第一条第二款第(一)项至第(五)项规定标准十倍以上的;

(二)数量分别达到第一条第二款第(一)项至第(五)项两项以上标准五倍以上的;

(三)造成严重后果的。

第六条 电信业务经营者、互联网信息服务提供者明知是淫秽网站,为其提供互联网接入、服务器托管、网络存储空间、通讯传输通道、代收费等服务,并收取服务费,具有下列情形之一的,对直接负责的主管人员和其他直接责任人员,依照刑法第三百六十三条第一款的规定,以传播淫秽物品牟利罪定罪处罚:

(一)为五个以上淫秽网站提供上述服务的;

(二)为淫秽网站提供互联网接入、服务器托管、网络存储空间、通讯传输通道等服务,收取服务费数额在二万元以上的;

(三)为淫秽网站提供代收费服务,收取服务费数额在五万元以上的;

(四)造成严重后果的。

实施前款规定的行为,数量或者数额达到前款第(一)项至第(三)项规定标准五倍以上的,应当认定为刑法第三百六十三条第一款规定的"情节严重";达到规定标准二十五倍以上的,应当认定为"情节特别严重"。

第七条 明知是淫秽网站,以牟利为目的,通过投放广告等方式向其直接或者间接提供资金,或者提供费用结算服务,具有下列情形之一的,对直接负责的主管人员和其他直接责任人员,依照刑法第三百六十三条第一款的规定,以制作、复制、出版、贩卖、传播淫秽物品牟利罪的共同犯罪处罚:

(一)向十个以上淫秽网站投放广告

或者以其他方式提供资金的；

（二）向淫秽网站投放广告二十条以上的；

（三）向十个以上淫秽网站提供费用结算服务的；

（四）以投放广告或者其他方式向淫秽网站提供资金数额在五万元以上的；

（五）为淫秽网站提供费用结算服务，收取服务费数额在二万元以上的；

（六）造成严重后果的。

实施前款规定的行为，数量或者数额达到前款第（一）项至第（五）项规定标准五倍以上的，应当认定为刑法第三百六十三条第一款规定的“情节严重”；达到规定标准二十五倍以上的，应当认定为“情节特别严重”。

第八条 实施第四条至第七条规定的行为，具有下列情形之一的，应当认定行为人“明知”，但是有证据证明确实不知道的除外：

（一）行政主管机关书面告知后仍然实施上述行为的；

（二）接到举报后不履行法定管理职责的；

（三）为淫秽网站提供互联网接入、服务器托管、网络存储空间、通讯传输通道、代收费、费用结算等服务，收取服务费明显高于市场价格的；

（四）向淫秽网站投放广告，广告点击率明显异常的；

（五）其他能够认定行为人明知的情形。

第九条 一年内多次实施制作、复制、出版、贩卖、传播淫秽电子信息行为未经处理，数量或者数额累计计算构成犯罪的，应当依法定罪处罚。

第十条 单位实施制作、复制、出版、贩卖、传播淫秽电子信息犯罪的，依照《中华人民共和国刑法》、《最高人民法院、最高人民检察院关于办理利用互联网、移动通讯终端、声讯台制作、复制、出版、贩卖、传播淫秽电子信息刑事案件具体应用法律若干问题的解释》和本解释规定的相应个人犯罪的定罪量刑标准，对直接负责的主管人员和其他直接责任人员定罪处罚，并对单位判处罚金。

第十一条 对于以牟利为目的，实施制作、复制、出版、贩卖、传播淫秽电子信息犯罪的，人民法院应当综合考虑犯罪的违法所得、社会危害性等情节，依法判处罚金或者没收财产。罚金数额一般在违法所得的一倍以上五倍以下。

第十二条 《最高人民法院、最高人民检察院关于办理利用互联网、移动通讯终端、声讯台制作、复制、出版、贩卖、传播淫秽电子信息刑事案件具体应用法律若干问题的解释》和本解释所称网站，是指可以通过互联网域名、IP 地址等方式访问的内容提供站点。

以制作、复制、出版、贩卖、传播淫秽电子信息为目的建立或者建立后主要从事制作、复制、出版、贩卖、传播淫秽电子信息活动的网站，为淫秽网站。

第十三条 以前发布的司法解释与本解释不一致的，以本解释为准。

最高人民法院关于审理非法出版物刑事案件具体应用法律若干问题的解释

(1998年12月11日最高人民法院审判委员会第1032次会议通过 1998年12月17日公布 自1998年12月23日起施行 法释〔1998〕30号)

为依法惩治非法出版物犯罪活动,根据刑法的有关规定,现对审理非法出版物刑事案件具体应用法律的若干问题解释如下:

第一条 明知出版物中载有煽动分裂国家、破坏国家统一或者煽动颠覆国家政权、推翻社会主义制度的内容,而予以出版、印刷、复制、发行、传播的,依照刑法第一百零三条第二款或者第一百零五条第二款的规定,以煽动分裂国家罪或者煽动颠覆国家政权罪定罪处罚。

第二条 以营利为目的,实施刑法第二百一十七条所列侵犯著作权行为之一,个人违法所得数额在五万元以上,单位违法所得数额在二十万元以上的,属于"违法所得数额较大";具有下列情形之一的,属于"有其他严重情节":

(一)因侵犯著作权曾经两次以上被追究行政责任或者民事责任,两年内又实施刑法第二百一十七条所列侵犯著作权行为之一的;

(二)个人非法经营数额在二十万元以上,单位非法经营数额在一百万元以上的;

(三)造成其他严重后果的。

以营利为目的,实施刑法第二百一十七条所列侵犯著作权行为之一,个人违法所得数额在二十万元以上,单位违法所得数额在一百万元以上的,属于"违法所得数额巨大";具有下列情形之一的,属于"有其他特别严重情节":

(一)个人非法经营数额在一百万元以上,单位非法经营数额在五百万元以上的;

(二)造成其他特别严重后果的。

第三条 刑法第二百一十七条第(一)项中规定的"复制发行",是指行为人以营利为目的,未经著作权人许可而实施的复制、发行或者既复制又发行其文字作品、音乐、电影、电视、录像作品、计算机软件及其他作品的行为。

第四条 以营利为目的,实施刑法第二百一十八条规定的行为,个人违法所得数额在十万元以上,单位违法所得数额在五十万元以上的,依照刑法第二百一十八条的规定,以销售侵权复制品罪定罪处罚。

第五条 实施刑法第二百一十七条规定的侵犯著作权行为,又销售该侵权复制品,违法所得数额巨大的,只定侵犯著作权罪,不实行数罪并罚。

实施刑法第二百一十七条规定的侵犯著作权的犯罪行为,又明知是他人的侵权复制品而予以销售,构成犯罪的,应当实行数罪并罚。

第六条 在出版物中公然侮辱他人或者捏造事实诽谤他人,情节严重的,依照刑法第二百四十六条的规定，分别以侮辱罪或者诽谤罪定罪处罚。

第七条 出版刊载歧视、侮辱少数民族内容的作品，情节恶劣，造成严重后果的，依照刑法第二百五十条的规定，以出版歧视、侮辱少数民族作品罪定罪处罚。

第八条 以牟利为目的，实施刑法第三百六十三条第一款规定的行为，具有下列情形之一的，以制作、复制、出版、贩卖、传播淫秽物品牟利罪定罪处罚：

（一）制作、复制、出版淫秽影碟、软件、录像带五十至一百张（盒）以上，淫秽音碟、录音带一百至二百张（盒）以上，淫秽扑克、书刊、画册一百至二百副（册）以上，淫秽照片、画片五百至一千张以上的；

（二）贩卖淫秽影碟、软件、录像带一百至二百张（盒）以上，淫秽音碟、录音带二百至四百张（盒）以上，淫秽扑克、书刊、画册二百至四百副（册）以上，淫秽照片、画片一千至二千张以上的；

（三）向他人传播淫秽物品达二百至五百人次以上，或者组织播放淫秽影、像达十至二十场次以上的；

（四）制作、复制、出版、贩卖、传播淫秽物品，获利五千至一万元以上的。

以牟利为目的，实施刑法第三百六十三条第一款规定的行为，具有下列情形之一的，应当认定为制作、复制、出版、贩卖、传播淫秽物品牟利罪"情节严重"：

（一）制作、复制、出版淫秽影碟、软件、录像带二百五十至五百张（盒）以上，淫秽音碟、录音带五百至一千张（盒）以上，淫秽扑克、书刊、画册五百至一千副（册）以上，淫秽照片、画片二千五百至五千张以上的；

（二）贩卖淫秽影碟、软件、录像带五百至一千张（盒）以上，淫秽音碟、录音带一千至二千张（盒）以上，淫秽扑克、书刊、画册一千至二千副（册）以上，淫秽照片、画片五千至一万张以上的；

（三）向他人传播淫秽物品达一千至二千人次以上，或者组织播放淫秽影、像达五十至一百场次以上的；

（四）制作、复制、出版、贩卖、传播淫秽物品，获利三万至五万元以上的。

以牟利为目的，实施刑法第三百六十三条第一款规定的行为，其数量（数额）达到前款规定的数量（数额）五倍以上的，应当认定为制作、复制、出版、贩卖、传播淫秽物品牟利罪"情节特别严重"。

第九条 为他人提供书号、刊号，出版淫秽书刊的，依照刑法第三百六十三条第二款的规定，以为他人提供书号出版淫秽书刊罪定罪处罚。

为他人提供版号，出版淫秽音像制品的，依照前款规定定罪处罚。

明知他人用于出版淫秽书刊而提供书号、刊号的，依照刑法第三百六十三条第一款的规定，以出版淫秽物品牟利罪定罪处罚。

第十条 向他人传播淫秽的书刊、影片、音像、图片等出版物达三百至六百人次以上或者造成恶劣社会影响的，属于"情节严重"，依照刑法第三百六十四条第一款的规定，以传播淫秽物品罪定罪处罚。

组织播放淫秽的电影、录像等音像制品达十五至三十场次以上或者造成恶劣社会影响的,依照刑法第三百六十四条第二款的规定,以组织播放淫秽音像制品罪定罪处罚。

第十一条 违反国家规定,出版、印刷、复制、发行本解释第一条至第十条规定以外的其他严重危害社会秩序和扰乱市场秩序的非法出版物,情节严重的,依照刑法第二百二十五条第(三)项的规定,以非法经营罪定罪处罚。

第十二条 个人实施本解释第十一条规定的行为,具有下列情形之一的,属于非法经营行为"情节严重":

(一)经营数额在五万元至十万元以上的;

(二)违法所得数额在二万元至三万元以上的;

(三)经营报纸五千份或者期刊五千本或者图书二千册或者音像制品、电子出版物五百张(盒)以上的。

具有下列情形之一的,属于非法经营行为"情节特别严重":

(一)经营数额在十五万元至三十万元以上的;

(二)违法所得数额在五万元至十万元以上的;

(三)经营报纸一万五千份或者期刊一万五千本或者图书五千册或者音像制品、电子出版物一千五百张(盒)以上的。

第十三条 单位实施本解释第十一条规定的行为,具有下列情形之一的,属于非法经营行为"情节严重":

(一)经营数额在十五万元至三十万元以上的;

(二)违法所得数额在五万元至十万元以上的;

(三)经营报纸一万五千份或者期刊一万五千本或者图书五千册或者音像制品、电子出版物一千五百张(盒)以上的。

具有下列情形之一的,属于非法经营行为"情节特别严重":

(一)经营数额在五十万元至一百万元以上的;

(二)违法所得数额在十五万元至三十万元以上的;

(三)经营报纸五万份或者期刊五万本或者图书一万五千册或者音像制品、电子出版物五千张(盒)以上的。

第十四条 实施本解释第十一条规定的行为,经营数额、违法所得数额或者经营数量接近非法经营行为"情节严重"、"情节特别严重"的数额、数量起点标准,并具有下列情形之一的,可以认定为非法经营行为"情节严重"、"情节特别严重":

(一)两年内因出版、印刷、复制、发行非法出版物受过行政处罚两次以上的;

(二)因出版、印刷、复制、发行非法出版物造成恶劣社会影响或者其他严重后果的。

第十五条 非法从事出版物的出版、印刷、复制、发行业务,严重扰乱市场秩序,情节特别严重,构成犯罪的,可以依照刑法第二百二十五条第(三)项的规定,以非法经营罪定罪处罚。

第十六条 出版单位与他人事前通谋，向其出售、出租或者以其他形式转让该出版单位的名称、书号、刊号、版号，他人实施本解释第二条、第四条、第八条、第九条、第十条、第十一条规定的行为，构成犯罪的，对该出版单位应当以共犯论处。

第十七条 本解释所称“经营数额”，是指以非法出版物的定价数额乘以行为人经营的非法出版物数量所得的数额。

本解释所称“违法所得数额”，是指获利数额。

非法出版物没有定价或者以境外货币定价的，其单价数额应当按照行为人实际出售的价格认定。

第十八条 各省、自治区、直辖市高级人民法院可以根据本地的情况和社会治安状况，在本解释第八条、第十条、第十二条、第十三条规定的有关数额、数量标准的幅度内，确定本地执行的具体标准，并报最高人民法院备案。

最高人民检察院法律政策研究室关于非法经营行为界定有关问题的复函

（2002年10月25日
高检研发〔2002〕第24号）

文化部文化市场司：

你部《关于非法经营界定有关问题的函》（文市函〔2002〕1449号）收悉。经研究，提出以下意见，供参考：

一、关于经营违法音像制品行为的处理问题。对于经营违法音像制品行为，构成犯罪的，应当根据案件的具体情况，分别依照最高人民法院《关于审理非法出版物刑事案件具体应用法律若干问题的解释》和最高人民检察院、公安部《关于经济犯罪案件追诉标准的规定》等相关规定办理。

二、关于非法经营行为的界定问题，同意你部的意见，即：只要行为人明知是违法音像制品而进行经营即属于非法经营行为，其是否具有音像制品合法经营资格并不影响非法经营行为的认定；非法经营行为包括一系列环节，经营者购进违法音像制品并存放于仓库等场所的行为属于经营行为的中间环节，对此也可以认定为是非法经营行为。

最高人民法院、最高人民检察院关于办理侵犯知识产权刑事案件具体应用法律若干问题的解释

（2004年11月2日最高人民法院审判委员会第1331次会议、2004年11月11日最高人民检察院第十届检察委员会第28次会议通过　2004年12月8日公布　自2004年12月22日起施行　法释〔2004〕19号）

为依法惩治侵犯知识产权犯罪活动，维护社会主义市场经济秩序，根据刑法有关规定，现就办理侵犯知识产权刑事案件具体应用法律的若干问题解释如下：

第一条 未经注册商标所有人许可,在同一种商品上使用与其注册商标相同的商标,具有下列情形之一的,属于刑法第二百一十三条规定的"情节严重",应当以假冒注册商标罪判处三年以下有期徒刑或者拘役,并处或者单处罚金:

(一)非法经营数额在五万元以上或者违法所得数额在三万元以上的;

(二)假冒两种以上注册商标,非法经营数额在三万元以上或者违法所得数额在二万元以上的;

(三)其他情节严重的情形。

具有下列情形之一的,属于刑法第二百一十三条规定的"情节特别严重",应当以假冒注册商标罪判处三年以上七年以下有期徒刑,并处罚金:

(一)非法经营数额在二十五万元以上或者违法所得数额在十五万元以上的;

(二)假冒两种以上注册商标,非法经营数额在十五万元以上或者违法所得数额在十万元以上的;

(三)其他情节特别严重的情形。

第二条 销售明知是假冒注册商标的商品,销售金额在五万元以上的,属于刑法第二百一十四条规定的"数额较大",应当以销售假冒注册商标的商品罪判处三年以下有期徒刑或者拘役,并处或者单处罚金。

销售金额在二十五万元以上的,属于刑法第二百一十四条规定的"数额巨大",应当以销售假冒注册商标的商品罪判处三年以上七年以下有期徒刑,并处罚金。

第三条 伪造、擅自制造他人注册商标标识或者销售伪造、擅自制造的注册商标标识,具有下列情形之一的,属于刑法第二百一十五条规定的"情节严重",应当以非法制造、销售非法制造的注册商标标识罪判处三年以下有期徒刑、拘役或者管制,并处或者单处罚金:

(一)伪造、擅自制造或者销售伪造、擅自制造的注册商标标识数量在二万件以上,或者非法经营数额在五万元以上,或者违法所得数额在三万元以上的;

(二)伪造、擅自制造或者销售伪造、擅自制造两种以上注册商标标识数量在一万件以上,或者非法经营数额在三万元以上,或者违法所得数额在二万元以上的;

(三)其他情节严重的情形。

具有下列情形之一的,属于刑法第二百一十五条规定的"情节特别严重",应当以非法制造、销售非法制造的注册商标标识罪判处三年以上七年以下有期徒刑,并处罚金:

(一)伪造、擅自制造或者销售伪造、擅自制造的注册商标标识数量在十万件以上,或者非法经营数额在二十五万元以上,或者违法所得数额在十五万元以上的;

(二)伪造、擅自制造或者销售伪造、擅自制造两种以上注册商标标识数量在五万件以上,或者非法经营数额在十五万元以上,或者违法所得数额在十万元以上的;

(三)其他情节特别严重的情形。

第四条 假冒他人专利,具有下列情形之一的,属于刑法第二百一十六条规定的"情节严重",应当以假冒专利罪判处三年以下有期徒刑或者拘役,并处或者单处罚金:

(一)非法经营数额在二十万元以上或者违法所得数额在十万元以上的;

(二)给专利权人造成直接经济损失五十万元以上的;

(三)假冒两项以上他人专利,非法经营数额在十万元以上或者违法所得数额在五万元以上的;

(四)其他情节严重的情形。

第五条 以营利为目的,实施刑法第二百一十七条所列侵犯著作权行为之一,违法所得数额在三万元以上的,属于"违法所得数额较大";具有下列情形之一的,属于"有其他严重情节",应当以侵犯著作权罪判处三年以下有期徒刑或者拘役,并处或者单处罚金:

(一)非法经营数额在五万元以上的;

(二)未经著作权人许可,复制发行其文字作品、音乐、电影、电视、录像作品、计算机软件及其他作品,复制品数量合计在一千张(份)以上的;

(三)其他严重情节的情形。

以营利为目的,实施刑法第二百一十七条所列侵犯著作权行为之一,违法所得数额在十五万元以上的,属于"违法所得数额巨大";具有下列情形之一的,属于"有其他特别严重情节",应当以侵犯著作权罪判处三年以上七年以下有期徒刑,并处罚金:

(一)非法经营数额在二十五万元以上的;

(二)未经著作权人许可,复制发行其文字作品、音乐、电影、电视、录像作品、计算机软件及其他作品,复制品数量合计在五千张(份)以上的;

(三)其他特别严重情节的情形。

第六条 以营利为目的,实施刑法第二百一十八条规定的行为,违法所得数额在十万元以上的,属于"违法所得数额巨大",应当以销售侵权复制品罪判处三年以下有期徒刑或者拘役,并处或者单处罚金。

第七条 实施刑法第二百一十九条规定的行为之一,给商业秘密的权利人造成损失数额在五十万元以上的,属于"给商业秘密的权利人造成重大损失",应当以侵犯商业秘密罪判处三年以下有期徒刑或者拘役,并处或者单处罚金。

给商业秘密的权利人造成损失数额在二百五十万元以上的,属于刑法第二百一十九条规定的"造成特别严重后果",应当以侵犯商业秘密罪判处三年以上七年以下有期徒刑,并处罚金。

第八条 刑法第二百一十三条规定的"相同的商标",是指与被假冒的注册商标完全相同,或者与被假冒的注册商标在视觉上基本无差别、足以对公众产生误导的商标。

刑法第二百一十三条规定的"使用",是指将注册商标或者假冒的注册商标用于商品、商品包装或者容器以及产品说明书、商品交易文书,或者将注册商标或者假冒的注册商标用于广告宣传、展览以及其他商业活动等行为。

第九条 刑法第二百一十四条规定的“销售金额”,是指销售假冒注册商标的商品后所得和应得的全部违法收入。

具有下列情形之一的,应当认定为属于刑法第二百一十四条规定的“明知”:

(一)知道自己销售的商品上的注册商标被涂改、调换或者覆盖的;

(二)因销售假冒注册商标的商品受到过行政处罚或者承担过民事责任、又销售同一种假冒注册商标的商品的;

(三)伪造、涂改商标注册人授权文件或者知道该文件被伪造、涂改的;

(四)其他知道或者应当知道是假冒注册商标的商品的情形。

第十条 实施下列行为之一的,属于刑法第二百一十六条规定的“假冒他人专利”的行为:

(一)未经许可,在其制造或者销售的产品、产品的包装上标注他人专利号的;

(二)未经许可,在广告或者其他宣传材料中使用他人的专利号,使人将所涉及的技术误认为是他人专利技术的;

(三)未经许可,在合同中使用他人的专利号,使人将合同涉及的技术误认为是他人专利技术的;

(四)伪造或者变造他人的专利证书、专利文件或者专利申请文件的。

第十一条 以刊登收费广告等方式直接或者间接收取费用的情形,属于刑法第二百一十七条规定的“以营利为目的”。

刑法第二百一十七条规定的“未经著作权人许可”,是指没有得到著作权人授权或者伪造、涂改著作权人授权许可文件或者超出授权许可范围的情形。

通过信息网络向公众传播他人文字作品、音乐、电影、电视、录像作品、计算机软件及其他作品的行为,应当视为刑法第二百一十七条规定的“复制发行”。

第十二条 本解释所称“非法经营数额”,是指行为人在实施侵犯知识产权行为过程中,制造、储存、运输、销售侵权产品的价值。已销售的侵权产品的价值,按照实际销售的价格计算。制造、储存、运输和未销售的侵权产品的价值,按照标价或者已经查清的侵权产品的实际销售平均价格计算。侵权产品没有标价或者无法查清其实际销售价格的,按照被侵权产品的市场中间价格计算。

多次实施侵犯知识产权行为,未经行政处理或者刑事处罚的,非法经营数额、违法所得数额或者销售金额累计计算。

本解释第三条所规定的“件”,是指标有完整商标图样的一份标识。

第十三条 实施刑法第二百一十三条规定的假冒注册商标犯罪,又销售该假冒注册商标的商品,构成犯罪的,应当依照刑法第二百一十三条的规定,以假冒注册商标罪定罪处罚。

实施刑法第二百一十三条规定的假冒注册商标犯罪,又销售明知是他人的假冒注册商标的商品,构成犯罪的,应当实行数罪并罚。

第十四条 实施刑法第二百一十七条规定的侵犯著作权犯罪,又销售该侵权复制品,构成犯罪的,应当依照刑法第二百一十七条的规定,以侵犯著作权罪定罪处罚。

实施刑法第二百一十七条规定的侵犯著作权犯罪,又销售明知是他人的侵权复制品,构成犯罪的,应当实行数罪并罚。

第十五条 单位实施刑法第二百一十三条至第二百一十九条规定的行为,按照本解释规定的相应个人犯罪的定罪量刑标准的三倍定罪量刑。

第十六条 明知他人实施侵犯知识产权犯罪,而为其提供贷款、资金、账号、发票、证明、许可证件,或者提供生产、经营场所或运输、储存、代理进出口等便利条件、帮助的,以侵犯知识产权犯罪的共犯论处。

第十七条 以前发布的有关侵犯知识产权犯罪的司法解释,与本解释相抵触的,自本解释施行后不再适用。

最高人民法院、最高人民检察院关于办理侵犯知识产权刑事案件具体应用法律若干问题的解释(二)

(2007年4月4日最高人民法院审判委员会第1422次会议、最高人民检察院第十届检察委员会第75次会议通过 2007年4月5日公布 自2007年4月5日起施行 法释〔2007〕6号)

为维护社会主义市场经济秩序,依法惩治侵犯知识产权犯罪活动,根据刑法、刑事诉讼法有关规定,现就办理侵犯知识产权刑事案件具体应用法律的若干问题解释如下:

第一条 以营利为目的,未经著作权人许可,复制发行其文字作品、音乐、电影、电视、录像作品、计算机软件及其他作品,复制品数量合计在五百张(份)以上的,属于刑法第二百一十七条规定的“有其他严重情节”;复制品数量在二千五百张(份)以上的,属于刑法第二百一十七条规定的“有其他特别严重情节”。

第二条 刑法第二百一十七条侵犯著作权罪中的“复制发行”,包括复制、发行或者既复制又发行的行为。

侵权产品的持有人通过广告、征订等方式推销侵权产品的,属于刑法第二百一十七条规定的“发行”。

非法出版、复制、发行他人作品,侵犯著作权构成犯罪的,按照侵犯著作权罪定罪处罚。

第三条 侵犯知识产权犯罪,符合刑法规定的缓刑条件的,依法适用缓刑。有下列情形之一的,一般不适用缓刑:

(一)因侵犯知识产权被刑事处罚或者行政处罚后,再次侵犯知识产权构成犯罪的;

(二)不具有悔罪表现的;

(三)拒不交出违法所得的;

(四)其他不宜适用缓刑的情形。

第四条 对于侵犯知识产权犯罪的,人民法院应当综合考虑犯罪的违法所得、非法经营数额、给权利人造成的损失、社会危害性等情节,依法判处罚金。

罚金数额一般在违法所得的一倍以上五倍以下,或者按照非法经营数额的50%以上一倍以下确定。

第五条 被害人有证据证明的侵犯知识产权刑事案件,直接向人民法院起诉的,人民法院应当依法受理;严重危害社会秩序和国家利益的侵犯知识产权刑事案件,由人民检察院依法提起公诉。

第六条 单位实施刑法第二百一十三条至第二百一十九条规定的行为,按照《最高人民法院、最高人民检察院关于办理侵犯知识产权刑事案件具体应用法律若干问题的解释》和本解释规定的相应个人犯罪的定罪量刑标准定罪处罚。

第七条 以前发布的司法解释与本解释不一致的,以本解释为准。

最高人民法院、最高人民检察院关于办理侵犯知识产权刑事案件具体应用法律若干问题的解释(三)

(2020年8月31日最高人民法院审判委员会第1811次会议、2020年8月21日最高人民检察院第十三届检察委员会第四十八次会议通过 2020年9月12日公布 自2020年9月14日起施行 法释〔2020〕10号)

为依法惩治侵犯知识产权犯罪,维护社会主义市场经济秩序,根据《中华人民共和国刑法》《中华人民共和国刑事诉讼法》等有关规定,现就办理侵犯知识产权刑事案件具体应用法律的若干问题解释如下:

第一条 具有下列情形之一的,可以认定为刑法第二百一十三条规定的"与其注册商标相同的商标":

(一)改变注册商标的字体、字母大小写或者文字横竖排列,与注册商标之间基本无差别的;

(二)改变注册商标的文字、字母、数字等之间的间距,与注册商标之间基本无差别的;

(三)改变注册商标颜色,不影响体现注册商标显著特征的;

(四)在注册商标上仅增加商品通用名称、型号等缺乏显著特征要素,不影响体现注册商标显著特征的;

(五)与立体注册商标的三维标志及平面要素基本无差别的;

(六)其他与注册商标基本无差别、足以对公众产生误导的商标。

第二条 在刑法第二百一十七条规定的作品、录音制品上以通常方式署名的自然人、法人或者非法人组织,应当推定为著作权人或者录音制作者,且该作品、录音制品上存在着相应权利,但有相反证明的除外。

在涉案作品、录音制品种类众多且权利人分散的案件中,有证据证明涉案复制品系非法出版、复制发行,且出版者、复制发行者不能提供获得著作权人、录音制作者许可的相关证据材料的,可以认定为刑法第二百一十七条规定的"未经著作权人许可""未经录音制作者许可"。但是,有证据证明权利人放弃权利、涉案作品的著作权或者录音制品的有关权利不受我国著作权法保护、权利保护期限已经届满的除外。

第三条 采取非法复制、未经授权或者超越授权使用计算机信息系统等方式窃取商业秘密的，应当认定为刑法第二百一十九条第一款第一项规定的“盗窃”。

以贿赂、欺诈、电子侵入等方式获取权利人的商业秘密的，应当认定为刑法第二百一十九条第一款第一项规定的“其他不正当手段”。

第四条 实施刑法第二百一十九条规定的行为，具有下列情形之一的，应当认定为“给商业秘密的权利人造成重大损失”：

（一）给商业秘密的权利人造成损失数额或者因侵犯商业秘密违法所得数额在三十万元以上的；

（二）直接导致商业秘密的权利人因重大经营困难而破产、倒闭的；

（三）造成商业秘密的权利人其他重大损失的。

给商业秘密的权利人造成损失数额或者因侵犯商业秘密违法所得数额在二百五十万元以上的，应当认定为刑法第二百一十九条规定的“造成特别严重后果”。

第五条 实施刑法第二百一十九条规定的行为造成的损失数额或者违法所得数额，可以按照下列方式认定：

（一）以不正当手段获取权利人的商业秘密，尚未披露、使用或者允许他人使用的，损失数额可以根据该项商业秘密的合理许可使用费确定；

（二）以不正当手段获取权利人的商业秘密后，披露、使用或者允许他人使用的，损失数额可以根据权利人因被侵权造成销售利润的损失确定，但该损失数额低于商业秘密合理许可使用费的，根据合理许可使用费确定；

（三）违反约定、权利人有关保守商业秘密的要求，披露、使用或者允许他人使用其所掌握的商业秘密的，损失数额可以根据权利人因被侵权造成销售利润的损失确定；

（四）明知商业秘密是不正当手段获取或者是违反约定、权利人有关保守商业秘密的要求披露、使用、允许使用，仍获取、使用或者披露的，损失数额可以根据权利人因被侵权造成销售利润的损失确定；

（五）因侵犯商业秘密行为导致商业秘密已为公众所知悉或者灭失的，损失数额可以根据该项商业秘密的商业价值确定。商业秘密的商业价值，可以根据该项商业秘密的研究开发成本、实施该项商业秘密的收益综合确定；

（六）因披露或者允许他人使用商业秘密而获得的财物或者其他财产性利益，应当认定为违法所得。

前款第二项、第三项、第四项规定的权利人因被侵权造成销售利润的损失，可以根据权利人因被侵权造成销售量减少的总数乘以权利人每件产品的合理利润确定；销售量减少的总数无法确定的，可以根据侵权产品销售量乘以权利人每件产品的合理利润确定；权利人因被侵权造成销售量减少的总数和每件产品的合理利润均无法确定的，可以根据侵权产品销售量乘以每件侵权产品的合理利润确定。商业秘密系用于服务等其他经营活动的,损失数额可以根据权利人因被侵权而减少的合理利润确定。

商业秘密的权利人为减轻对商业运营、商业计划的损失或者重新恢复计算机信息系统安全、其他系统安全而支出的补救费用,应当计入给商业秘密的权利人造成的损失。

第六条　在刑事诉讼程序中,当事人、辩护人、诉讼代理人或者案外人书面申请对有关商业秘密或者其他需要保密的商业信息的证据、材料采取保密措施的,应当根据案件情况采取组织诉讼参与人签署保密承诺书等必要的保密措施。

违反前款有关保密措施的要求或者法律法规规定的保密义务的,依法承担相应责任。擅自披露、使用或者允许他人使用在刑事诉讼程序中接触、获取的商业秘密,符合刑法第二百一十九条规定的,依法追究刑事责任。

第七条　除特殊情况外,假冒注册商标的商品、非法制造的注册商标标识、侵犯著作权的复制品、主要用于制造假冒注册商标的商品、注册商标标识或者侵权复制品的材料和工具,应当依法予以没收和销毁。

上述物品需要作为民事、行政案件的证据使用的,经权利人申请,可以在民事、行政案件终结后或者采取取样、拍照等方式对证据固定后予以销毁。

第八条　具有下列情形之一的,可以酌情从重处罚,一般不适用缓刑:

(一)主要以侵犯知识产权为业的;

(二)因侵犯知识产权被行政处罚后再次侵犯知识产权构成犯罪的;

(三)在重大自然灾害、事故灾难、公共卫生事件期间,假冒抢险救灾、防疫物资等商品的注册商标的;

(四)拒不交出违法所得的。

第九条　具有下列情形之一的,可以酌情从轻处罚:

(一)认罪认罚的;

(二)取得权利人谅解的;

(三)具有悔罪表现的;

(四)以不正当手段获取权利人的商业秘密后尚未披露、使用或者允许他人使用的。

第十条　对于侵犯知识产权犯罪的,应当综合考虑犯罪违法所得数额、非法经营数额、给权利人造成的损失数额、侵权假冒物品数量及社会危害性等情节,依法判处罚金。

罚金数额一般在违法所得数额的一倍以上五倍以下确定。违法所得数额无法查清的,罚金数额一般按照非法经营数额的百分之五十以上一倍以下确定。违法所得数额和非法经营数额均无法查清,判处三年以下有期徒刑、拘役、管制或者单处罚金的,一般在三万元以上一百万元以下确定罚金数额;判处三年以上有期徒刑的,一般在十五万元以上五百万元以下确定罚金数额。

第十一条　本解释发布施行后,之前发布的司法解释和规范性文件与本解释不一致的,以本解释为准。

第十二条　本解释自2020年9月14日起施行。

最高人民法院、最高人民检察院、公安部关于办理侵犯知识产权刑事案件适用法律若干问题的意见

（2011年1月10日　法发〔2011〕3号）

为解决近年来公安机关、人民检察院、人民法院在办理侵犯知识产权刑事案件中遇到的新情况、新问题，依法惩治侵犯知识产权犯罪活动，维护社会主义市场经济秩序，根据刑法、刑事诉讼法及有关司法解释的规定，结合侦查、起诉、审判实践，制定本意见。

一、关于侵犯知识产权犯罪案件的管辖问题

侵犯知识产权犯罪案件由犯罪地公安机关立案侦查。必要时，可以由犯罪嫌疑人居住地公安机关立案侦查。侵犯知识产权犯罪案件的犯罪地，包括侵权产品制造地、储存地、运输地、销售地，传播侵权作品、销售侵权产品的网站服务器所在地、网络接入地、网站建立者或者管理者所在地，侵权作品上传者所在地，权利人受到实际侵害的犯罪结果发生地。对有多个侵犯知识产权犯罪地的，由最初受理的公安机关或者主要犯罪地公安机关管辖。多个侵犯知识产权犯罪地的公安机关对管辖有争议的，由共同的上级公安机关指定管辖，需要提请批准逮捕、移送审查起诉、提起公诉的，由该公安机关所在地的同级人民检察院、人民法院受理。

对于不同犯罪嫌疑人、犯罪团伙跨地区实施的涉及同一批侵权产品的制造、储存、运输、销售等侵犯知识产权犯罪行为，符合并案处理要求的，有关公安机关可以一并立案侦查，需要提请批准逮捕、移送审查起诉、提起公诉的，由该公安机关所在地的同级人民检察院、人民法院受理。

二、关于办理侵犯知识产权刑事案件中行政执法部门收集、调取证据的效力问题

行政执法部门依法收集、调取、制作的物证、书证、视听资料、检验报告、鉴定结论、勘验笔录、现场笔录，经公安机关、人民检察院审查，人民法院庭审质证确认，可以作为刑事证据使用。

行政执法部门制作的证人证言、当事人陈述等调查笔录，公安机关认为有必要作为刑事证据使用的，应当依法重新收集、制作。

三、关于办理侵犯知识产权刑事案件的抽样取证问题和委托鉴定问题

公安机关在办理侵犯知识产权刑事案件时，可以根据工作需要抽样取证，或者商请同级行政执法部门、有关检验机构协助抽样取证。法律、法规对抽样机构或者抽样方法有规定的，应当委托规定的机构并按照规定方法抽取样品。

公安机关、人民检察院、人民法院在办理侵犯知识产权刑事案件时，对于需要鉴定的事项，应当委托国家认可的有鉴定资质的鉴定机构进行鉴定。

公安机关、人民检察院、人民法院应

当对鉴定结论进行审查,听取权利人、犯罪嫌疑人、被告人对鉴定结论的意见,可以要求鉴定机构作出相应说明。

四、关于侵犯知识产权犯罪自诉案件的证据收集问题

人民法院依法受理侵犯知识产权刑事自诉案件,对于当事人因客观原因不能取得的证据,在提起自诉时能够提供有关线索,申请人民法院调取的,人民法院应当依法调取。

五、关于刑法第二百一十三条规定的"同一种商品"的认定问题

名称相同的商品以及名称不同但指同一事物的商品,可以认定为"同一种商品"。"名称"是指国家工商行政管理总局商标局在商标注册工作中对商品使用的名称,通常即《商标注册用商品和服务国际分类》中规定的商品名称。"名称不同但指同一事物的商品"是指在功能、用途、主要原料、消费对象、销售渠道等方面相同或者基本相同,相关公众一般认为是同一种事物的商品。

认定"同一种商品",应当在权利人注册商标核定使用的商品和行为人实际生产销售的商品之间进行比较。

六、关于刑法第二百一十三条规定的"与其注册商标相同的商标"的认定问题

具有下列情形之一,可以认定为"与其注册商标相同的商标":

(一)改变注册商标的字体、字母大小写或者文字横竖排列,与注册商标之间仅有细微差别的;

(二)改变注册商标的文字、字母、数字等之间的间距,不影响体现注册商标显著特征的;

(三)改变注册商标颜色的;

(四)其他与注册商标在视觉上基本无差别、足以对公众产生误导的商标。

七、关于尚未附着或者尚未全部附着假冒注册商标标识的侵权产品价值是否计入非法经营数额的问题

在计算制造、储存、运输和未销售的假冒注册商标侵权产品价值时,对于已经制作完成但尚未附着(含加贴)或者尚未全部附着(含加贴)假冒注册商标标识的产品,如果有确实、充分证据证明该产品将假冒他人注册商标,其价值计入非法经营数额。

八、关于销售假冒注册商标的商品犯罪案件中尚未销售或者部分销售情形的定罪量刑问题

销售明知是假冒注册商标的商品,具有下列情形之一的,依照刑法第二百一十四条的规定,以销售假冒注册商标的商品罪(未遂)定罪处罚:

(一)假冒注册商标的商品尚未销售,货值金额在十五万元以上的;

(二)假冒注册商标的商品部分销售,已销售金额不满五万元,但与尚未销售的假冒注册商标的商品的货值金额合计在十五万元以上的。

假冒注册商标的商品尚未销售,货值金额分别达到十五万元以上不满二十五万元、二十五万元以上的,分别依照刑法第二百一十四条规定的各法定刑幅度定罪处罚。

销售金额和未销售货值金额分别达到不同的法定刑幅度或者均达到同一法

定刑幅度的，在处罚较重的法定刑或者同一法定刑幅度内酌情从重处罚。

九、关于销售他人非法制造的注册商标标识犯罪案件中尚未销售或者部分销售情形的定罪问题

销售他人伪造、擅自制造的注册商标标识，具有下列情形之一的，依照刑法第二百一十五条的规定，以销售非法制造的注册商标标识罪（未遂）定罪处罚：

（一）尚未销售他人伪造、擅自制造的注册商标标识数量在六万件以上的；

（二）尚未销售他人伪造、擅自制造的两种以上注册商标标识数量在三万件以上的；

（三）部分销售他人伪造、擅自制造的注册商标标识，已销售标识数量不满二万件，但与尚未销售标识数量合计在六万件以上的；

（四）部分销售他人伪造、擅自制造的两种以上注册商标标识，已销售标识数量不满一万件，但与尚未销售标识数量合计在三万件以上的。

十、关于侵犯著作权犯罪案件"以营利为目的"的认定问题

除销售外，具有下列情形之一的，可以认定为"以营利为目的"：

（一）以在他人作品中刊登收费广告、捆绑第三方作品等方式直接或者间接收取费用的；

（二）通过信息网络传播他人作品，或者利用他人上传的侵权作品，在网站或者网页上提供刊登收费广告服务，直接或者间接收取费用的；

（三）以会员制方式通过信息网络传播他人作品，收取会员注册费或者其他费用的；

（四）其他利用他人作品牟利的情形。

十一、关于侵犯著作权犯罪案件"未经著作权人许可"的认定问题

"未经著作权人许可"一般应当依据著作权人或者其授权的代理人、著作权集体管理组织、国家著作权行政管理部门指定的著作权认证机构出具的涉案作品版权认证文书，或者证明出版者、复制发行者伪造、涂改授权许可文件或者超出授权许可范围的证据，结合其他证据综合予以认定。

在涉案作品种类众多且权利人分散的案件中，上述证据确实难以一一取得，但有证据证明涉案复制品系非法出版、复制发行的，且出版者、复制发行者不能提供获得著作权人许可的相关证明材料的，可以认定为"未经著作权人许可"。但是，有证据证明权利人放弃权利、涉案作品的著作权不受我国著作权法保护，或者著作权保护期限已经届满的除外。

十二、关于刑法第二百一十七条规定的"发行"的认定及相关问题

"发行"，包括总发行、批发、零售、通过信息网络传播以及出租、展销等活动。

非法出版、复制、发行他人作品，侵犯著作权构成犯罪的，按照侵犯著作权罪定罪处罚，不认定为非法经营罪等其他犯罪。

十三、关于通过信息网络传播侵权作品行为的定罪处罚标准问题

以营利为目的，未经著作权人许可，

通过信息网络向公众传播他人文字作品、音乐、电影、电视、美术、摄影、录像作品、录音录像制品、计算机软件及其他作品,具有下列情形之一的,属于刑法第二百一十七条规定的“其他严重情节”:

(一)非法经营数额在五万元以上的;

(二)传播他人作品的数量合计在五百件(部)以上的;

(三)传播他人作品的实际被点击数达到五万次以上的;

(四)以会员制方式传播他人作品,注册会员达到一千人以上的;

(五)数额或者数量虽未达到第(一)项至第(四)项规定标准,但分别达到其中两项以上标准一半以上的;

(六)其他严重情节的情形。

实施前款规定的行为,数额或者数量达到前款第(一)项至第(五)项规定标准五倍以上的,属于刑法第二百一十七条规定的“其他特别严重情节”。

十四、关于多次实施侵犯知识产权行为累计计算数额问题

依照最高人民法院、最高人民检察院《关于办理侵犯知识产权刑事案件具体应用法律若干问题的解释》第十二条第二款的规定,多次实施侵犯知识产权行为,未经行政处理或者刑事处罚的,非法经营数额、违法所得数额或者销售金额累计计算。

二年内多次实施侵犯知识产权违法行为,未经行政处理,累计数额构成犯罪的,应当依法定罪处罚。实施侵犯知识产权犯罪行为的追诉期限,适用刑法的有关规定,不受前述二年的限制。

十五、关于为他人实施侵犯知识产权犯罪提供原材料、机械设备等行为的定性问题

明知他人实施侵犯知识产权犯罪,而为其提供生产、制造侵权产品的主要原材料、辅助材料、半成品、包装材料、机械设备、标签标识、生产技术、配方等帮助,或者提供互联网接入、服务器托管、网络存储空间、通讯传输通道、代收费、费用结算等服务的,以侵犯知识产权犯罪的共犯论处。

十六、关于侵犯知识产权犯罪竞合的处理问题

行为人实施侵犯知识产权犯罪,同时构成生产、销售伪劣商品犯罪的,依照侵犯知识产权犯罪与生产、销售伪劣商品犯罪中处罚较重的规定定罪处罚。

最高人民法院、最高人民检察院关于办理侵犯著作权刑事案件中涉及录音录像制品有关问题的批复

(2005年9月26日最高人民法院审判委员会第1365次会议、2005年9月23日最高人民检察院第十届检察委员会第39次会议通过 2005年10月13日公布 自2005年10月18日起施行 法释〔2005〕12号)

《最高人民法院、最高人民检察院关于办理侵犯知识产权刑事案件具体应用

法律若干问题的解释》发布以后，部分高级人民法院、省级人民检察院就关于办理侵犯著作权刑事案件中涉及录音录像制品的有关问题提出请示。经研究，批复如下：

以营利为目的，未经录音录像制作者许可，复制发行其制作的录音录像制品的行为，复制品的数量标准分别适用《最高人民法院、最高人民检察院关于办理侵犯知识产权刑事案件具体应用法律若干问题的解释》第五条第一款第（二）项、第二款第（二）项的规定。

未经录音录像制作者许可，通过信息网络传播其制作的录音录像制品的行为，应当视为刑法第二百一十七条第（三）项规定的“复制发行”。

此复

最高人民检察院、公安部关于公安机关管辖的刑事案件立案追诉标准的规定（一）（节选）

（2008年6月25日
公通字〔2008〕36号）

第二十五条 ［走私淫秽物品案（刑法第一百五十二条第一款）］以牟利或者传播为目的，走私淫秽的影片、录像带、录音带、图片、书刊或者其他通过文字、声音、形象等形式表现淫秽内容的影碟、音碟、电子出版物等物品，涉嫌下列情形之一的，应予立案追诉：

（一）走私淫秽录像带、影碟五十盘（张）以上的；

（二）走私淫秽录音带、音碟一百盘（张）以上的；

（三）走私淫秽扑克、书刊、画册一百副（册）以上的；

（四）走私淫秽照片、画片五百张以上的；

（五）走私其他淫秽物品相当于上述数量的；

（六）走私淫秽物品数量虽未达到本条第（一）项至第（四）项规定标准，但分别达到其中两项以上标准的百分之五十以上的。

第二十六条 ［侵犯著作权案（刑法第二百一十七条）］以营利为目的，未经著作权人许可，复制发行其文字作品、音乐、电影、电视、录像作品、计算机软件及其他作品，或者出版他人享有专有出版权的图书，或者未经录音录像制作者许可，复制发行其制作的录音录像，或者制作、出售假冒他人署名的美术作品，涉嫌下列情形之一的，应予立案追诉：

（一）违法所得数额三万元以上的；

（二）非法经营数额五万元以上的；

（三）未经著作权人许可，复制发行其文字作品、音乐、电影、电视、录像作品、计算机软件及其他作品，复制品数量合计五百张（份）以上的；

（四）未经录音录像制作者许可，复制发行其制作的录音录像制品，复制品数量合计五百张（份）以上的；

（五）其他情节严重的情形。

以刊登收费广告等方式直接或者间接收取费用的情形，属于本条规定的“以营利为目的”。

本条规定的“未经著作权人许可”，是指没有得到著作权人授权或者伪造、涂改著作权人授权许可文件或者超出授权许可范围的情形。

本条规定的“复制发行”，包括复制、发行或者既复制又发行的行为。

通过信息网络向公众传播他人文字作品、音乐、电影、电视、录像作品、计算机软件及其他作品，或者通过信息网络传播他人制作的录音录像制品的行为，应当视为本条规定的“复制发行”。

侵权产品的持有人通过广告、征订等方式推销侵权产品的，属于本条规定的“发行”。

本条规定的“非法经营数额”，是指行为人在实施侵犯知识产权行为过程中，制造、储存、运输、销售侵权产品的价值。已销售的侵权产品的价值，按照实际销售的价格计算。制造、储存、运输和未销售的侵权产品的价值，按照标价或者已经查清的侵权产品的实际销售平均价格计算。侵权产品没有标价或者无法查清其实际销售价格的，按照被侵权产品的市场中间价格计算。

第二十七条 ［销售侵权复制品案(刑法第二百一十八条)］以营利为目的，销售明知是刑法第二百一十七条规定的侵权复制品，涉嫌下列情形之一的，应予立案追诉：

(一)违法所得数额十万元以上的；

(二)违法所得数额虽未达到上述数额标准，但尚未销售的侵权复制品货值金额达到三十万元以上的。

第八十二条 ［制作、复制、出版、贩卖、传播淫秽物品牟利案(刑法第三百六十三条第一款、第二款)］以牟利为目的，制作、复制、出版、贩卖、传播淫秽物品，涉嫌下列情形之一的，应予立案追诉：

(一)制作、复制、出版淫秽影碟、软件、录像带五十至一百张(盒)以上，淫秽音碟、录音带一百至二百张(盒)以上，淫秽扑克、书刊、画册一百至二百副(册)以上，淫秽照片、画片五百至一千张以上的；

(二)贩卖淫秽影碟、软件、录像带一百至二百张(盒)以上，淫秽音碟、录音带二百至四百张(盒)以上，淫秽扑克、书刊、画册二百至四百副(册)以上，淫秽照片、画片一千至二千张以上的；

(三)向他人传播淫秽物品达二百至五百人次以上，或者组织播放淫秽影、像达十至二十场次以上的；

(四)制作、复制、出版、贩卖、传播淫秽物品，获利五千至一万元以上的。

以牟利为目的，利用互联网、移动通讯终端制作、复制、出版、贩卖、传播淫秽电子信息，涉嫌下列情形之一的，应予立案追诉：

(一)制作、复制、出版、贩卖、传播淫秽电影、表演、动画等视频文件二十个以上的；

(二)制作、复制、出版、贩卖、传播淫秽音频文件一百个以上的；

(三)制作、复制、出版、贩卖、传播淫秽电子刊物、图片、文章、短信息等二百件以上的；

(四)制作、复制、出版、贩卖、传播的

淫秽电子信息,实际被点击数达到一万次以上的;

（五）以会员制方式出版、贩卖、传播淫秽电子信息,注册会员达二百人以上的;

（六）利用淫秽电子信息收取广告费、会员注册费或者其他费用,违法所得一万元以上的;

（七）数量或者数额虽未达到本款第（一）项至第（六）项规定标准,但分别达到其中两项以上标准的百分之五十以上的;

（八）造成严重后果的。

利用聊天室、论坛、即时通信软件、电子邮件等方式,实施本条第二款规定行为的,应予立案追诉。

以牟利为目的,通过声讯台传播淫秽语音信息,涉嫌下列情形之一的,应予立案追诉:

（一）向一百人次以上传播的;

（二）违法所得一万元以上的;

（三）造成严重后果的。

明知他人用于出版淫秽书刊而提供书号、刊号的,应予立案追诉。

第八十三条 ［为他人提供书号出版淫秽书刊案（刑法第三百六十三条第二款）］为他人提供书号、刊号出版淫秽书刊,或者为他人提供版号出版淫秽音像制品的,应予立案追诉。

第八十四条 ［传播淫秽物品案（刑法第三百六十四条第一款）］传播淫秽的书刊、影片、音像、图片或者其他淫秽物品,涉嫌下列情形之一的,应予立案追诉:

（一）向他人传播三百至六百人次以上的;

（二）造成恶劣社会影响的。

不以牟利为目的,利用互联网、移动通讯终端传播淫秽电子信息,涉嫌下列情形之一的,应予立案追诉:

（一）数量达到本规定第八十二条第二款第（一）项至第（五）项规定标准二倍以上的;

（二）数量分别达到本规定第八十二条第二款第（一）项至第（五）项两项以上标准的;

（三）造成严重后果的。

利用聊天室、论坛、即时通信软件、电子邮件等方式,实施本条第二款规定行为的,应予立案追诉。

第八十五条 ［组织播放淫秽音像制品案（刑法第三百六十四条第二款）］组织播放淫秽的电影、录像等音像制品,涉嫌下列情形之一的,应予立案追诉:

（一）组织播放十五至三十场次以上的;

（二）造成恶劣社会影响的。

最高人民检察院、公安部关于公安机关管辖的刑事案件立案追诉标准的规定（二）（节选）

（2022年4月6日
公通字〔2022〕12号）

第七十一条 ［非法经营案（刑法第二百二十五条）］违反国家规定,进行非

法经营活动,扰乱市场秩序,涉嫌下列情形之一的,应予立案追诉:

(一)违反国家烟草专卖管理法律法规,未经烟草专卖行政主管部门许可,无烟草专卖生产企业许可证、烟草专卖批发企业许可证、特种烟草专卖经营企业许可证、烟草专卖零售许可证等许可证明,非法经营烟草专卖品,具有下列情形之一的:

1. 非法经营数额在五万元以上,或者违法所得数额在二万元以上的;

2. 非法经营卷烟二十万支以上的;

3. 三年内因非法经营烟草专卖品受过二次以上行政处罚,又非法经营烟草专卖品且数额在三万元以上的。

(二)未经国家有关主管部门批准,非法经营证券、期货、保险业务,或者非法从事资金支付结算业务,具有下列情形之一的:

1. 非法经营证券、期货、保险业务,数额在一百万元以上,或者违法所得数额在十万元以上的;

2. 非法从事资金支付结算业务,数额在五百万元以上,或者违法所得数额在十万元以上的;

3. 非法从事资金支付结算业务,数额在二百五十万元以上不满五百万元,或者违法所得数额在五万元以上不满十万元,且具有下列情形之一的:

(1)因非法从事资金支付结算业务犯罪行为受过刑事追究的;

(2)二年内因非法从事资金支付结算业务违法行为受过行政处罚的;

(3)拒不交代涉案资金去向或者拒不配合追缴工作,致使赃款无法追缴的;

(4)造成其他严重后果的。

4. 使用销售点终端机具(POS机)等方法,以虚构交易、虚开价格、现金退货等方式向信用卡持卡人直接支付现金,数额在一百万元以上的,或者造成金融机构资金二十万元以上逾期未还的,或者造成金融机构经济损失十万元以上的。

(三)实施倒买倒卖外汇或者变相买卖外汇等非法买卖外汇行为,扰乱金融市场秩序,具有下列情形之一的:

1. 非法经营数额在五百万元以上的,或者违法所得数额在十万元以上的;

2. 非法经营数额在二百五十万元以上,或者违法所得数额在五万元以上,且具有下列情形之一的:

(1)因非法买卖外汇犯罪行为受过刑事追究的;

(2)二年内因非法买卖外汇违法行为受过行政处罚的;

(3)拒不交代涉案资金去向或者拒不配合追缴工作,致使赃款无法追缴的;

(4)造成其他严重后果的。

3. 公司、企业或者其他单位违反有关外贸代理业务的规定,采用非法手段,或者明知是伪造、变造的凭证、商业单据,为他人向外汇指定银行骗购外汇,数额在五百万美元以上或者违法所得数额在五十万元以上的;

4. 居间介绍骗购外汇,数额在一百万美元以上或者违法所得数额在十万元以上的。

(四)出版、印刷、复制、发行严重危

害社会秩序和扰乱市场秩序的非法出版物，具有下列情形之一的：

1. 个人非法经营数额在五万元以上的，单位非法经营数额在十五万元以上的；

2. 个人违法所得数额在二万元以上的，单位违法所得数额在五万元以上的；

3. 个人非法经营报纸五千份或者期刊五千本或者图书二千册或者音像制品、电子出版物五百张(盒)以上的，单位非法经营报纸一万五千份或者期刊一万五千本或者图书五千册或者音像制品、电子出版物一千五百张(盒)以上的；

4. 虽未达到上述数额标准，但具有下列情形之一的：

(1)二年内因出版、印刷、复制、发行非法出版物受过二次以上行政处罚，又出版、印刷、复制、发行非法出版物的；

(2)因出版、印刷、复制、发行非法出版物造成恶劣社会影响或者其他严重后果的。

(五)非法从事出版物的出版、印刷、复制、发行业务，严重扰乱市场秩序，具有下列情形之一的：

1. 个人非法经营数额在十五万元以上的，单位非法经营数额在五十万元以上的；

2. 个人违法所得数额在五万元以上的，单位违法所得数额在十五万元以上的；

3. 个人非法经营报纸一万五千份或者期刊一万五千本或者图书五千册或者音像制品、电子出版物一千五百张(盒)以上的，单位非法经营报纸五万份或者期刊五万本或者图书一万五千册或者音像制品、电子出版物五千张(盒)以上的；

4. 虽未达到上述数额标准，二年内因非法从事出版物的出版、印刷、复制、发行业务受过二次以上行政处罚，又非法从事出版物的出版、印刷、复制、发行业务的。

(六)采取租用国际专线、私设转接设备或者其他方法，擅自经营国际电信业务或者涉港澳台电信业务进行营利活动，扰乱电信市场管理秩序，具有下列情形之一的：

1. 经营去话业务数额在一百万元以上的；

2. 经营来话业务造成电信资费损失数额在一百万元以上的；

3. 虽未达到上述数额标准，但具有下列情形之一的：

(1)二年内因非法经营国际电信业务或者涉港澳台电信业务行为受过二次以上行政处罚，又非法经营国际电信业务或者涉港澳台电信业务的；

(2)因非法经营国际电信业务或者涉港澳台电信业务行为造成其他严重后果的。

(七)以营利为目的，通过信息网络有偿提供删除信息服务，或者明知是虚假信息，通过信息网络有偿提供发布信息等服务，扰乱市场秩序，具有下列情形之一的：

1. 个人非法经营数额在五万元以上，或者违法所得数额在二万元以上的；

2. 单位非法经营数额在十五万元以上，或者违法所得数额在五万元以上的。

(八)非法生产、销售“黑广播”“伪基站”、无线电干扰器等无线电设备,具有下列情形之一的:

1. 非法生产、销售无线电设备三套以上的;

2. 非法经营数额在五万元以上的;

3. 虽未达到上述数额标准,但二年内因非法生产、销售无线电设备受过二次以上行政处罚,又非法生产、销售无线电设备的。

(九)以提供给他人开设赌场为目的,违反国家规定,非法生产、销售具有退币、退分、退钢珠等赌博功能的电子游戏设施设备或者其专用软件,具有下列情形之一的:

1. 个人非法经营数额在五万元以上,或者违法所得数额在一万元以上的;

2. 单位非法经营数额在五十万元以上,或者违法所得数额在十万元以上的;

3. 虽未达到上述数额标准,但二年内因非法生产、销售赌博机行为受过二次以上行政处罚,又进行同种非法经营行为的;

4. 其他情节严重的情形。

(十)实施下列危害食品安全行为,非法经营数额在十万元以上,或者违法所得数额在五万元以上的:

1. 以提供给他人生产、销售食品为目的,违反国家规定,生产、销售国家禁止用于食品生产、销售的非食品原料的;

2. 以提供给他人生产、销售食用农产品为目的,违反国家规定,生产、销售国家禁用农药、食品动物中禁止使用的药品及其他化合物等有毒、有害的非食品原料,或者生产、销售添加上述有毒、有害的非食品原料的农药、兽药、饲料、饲料添加剂、饲料原料的;

3. 违反国家规定,私设生猪屠宰厂(场),从事生猪屠宰、销售等经营活动的。

(十一)未经监管部门批准,或者超越经营范围,以营利为目的,以超过百分之三十六的实际年利率经常性地向社会不特定对象发放贷款,具有下列情形之一的:

1. 个人非法放贷数额累计在二百万元以上的,单位非法放贷数额累计在一千万元以上的;

2. 个人违法所得数额累计在八十万元以上的,单位违法所得数额累计在四百万元以上的;

3. 个人非法放贷对象累计在五十人以上的,单位非法放贷对象累计在一百五十人以上的;

4. 造成借款人或者其近亲属自杀、死亡或者精神失常等严重后果的;

5. 虽未达到上述数额标准,但具有下列情形之一的:

(1)二年内因实施非法放贷行为受过二次以上行政处罚的;

(2)以超过百分之七十二的实际年利率实施非法放贷行为十次以上的。

黑恶势力非法放贷的,按照第1、2、3项规定的相应数额、数量标准的百分之五十确定。同时具有第5项规定情形的,按照相应数额、数量标准的百分之四十确定。

(十二)从事其他非法经营活动,具

有下列情形之一的：

1. 个人非法经营数额在五万元以上，或者违法所得数额在一万元以上的；

2. 单位非法经营数额在五十万元以上，或者违法所得数额在十万元以上的；

3. 虽未达到上述数额标准，但二年内因非法经营行为受过二次以上行政处罚，又从事同种非法经营行为的；

4. 其他情节严重的情形。

法律、司法解释对非法经营罪的立案追诉标准另有规定的，依照其规定。

最高人民法院、最高人民检察院关于办理利用信息网络实施诽谤等刑事案件适用法律若干问题的解释

（2013 年 9 月 5 日最高人民法院审判委员会第 1589 次会议、2013 年 9 月 2 日最高人民检察院第十二届检察委员会第 9 次会议通过　2013 年 9 月 6 日公布　自 2013 年 9 月 10 日起施行　法释〔2013〕21 号）

为保护公民、法人和其他组织的合法权益，维护社会秩序，根据《中华人民共和国刑法》《全国人民代表大会常务委员会关于维护互联网安全的决定》等规定，对办理利用信息网络实施诽谤、寻衅滋事、敲诈勒索、非法经营等刑事案件适用法律的若干问题解释如下：

第一条　具有下列情形之一的，应当认定为刑法第二百四十六条第一款规定的“捏造事实诽谤他人”：

（一）捏造损害他人名誉的事实，在信息网络上散布，或者组织、指使人员在信息网络上散布的；

（二）将信息网络上涉及他人的原始信息内容篡改为损害他人名誉的事实，在信息网络上散布，或者组织、指使人员在信息网络上散布的；

明知是捏造的损害他人名誉的事实，在信息网络上散布，情节恶劣的，以“捏造事实诽谤他人”论。

第二条　利用信息网络诽谤他人，具有下列情形之一的，应当认定为刑法第二百四十六条第一款规定的“情节严重”：

（一）同一诽谤信息实际被点击、浏览次数达到五千次以上，或者被转发次数达到五百次以上的；

（二）造成被害人或者其近亲属精神失常、自残、自杀等严重后果的；

（三）二年内曾因诽谤受过行政处罚，又诽谤他人的；

（四）其他情节严重的情形。

第三条　利用信息网络诽谤他人，具有下列情形之一的，应当认定为刑法第二百四十六条第二款规定的“严重危害社会秩序和国家利益”：

（一）引发群体性事件的；

（二）引发公共秩序混乱的；

（三）引发民族、宗教冲突的；

（四）诽谤多人，造成恶劣社会影响的；

（五）损害国家形象，严重危害国家利益的；

（六）造成恶劣国际影响的；

(七)其他严重危害社会秩序和国家利益的情形。

第四条 一年内多次实施利用信息网络诽谤他人行为未经处理，诽谤信息实际被点击、浏览、转发次数累计计算构成犯罪的，应当依法定罪处罚。

第五条 利用信息网络辱骂、恐吓他人，情节恶劣，破坏社会秩序的，依照刑法第二百九十三条第一款第(二)项的规定，以寻衅滋事罪定罪处罚。

编造虚假信息，或者明知是编造的虚假信息，在信息网络上散布，或者组织、指使人员在信息网络上散布，起哄闹事，造成公共秩序严重混乱的，依照刑法第二百九十三条第一款第(四)项的规定，以寻衅滋事罪定罪处罚。

第六条 以在信息网络上发布、删除等方式处理网络信息为由，威胁、要挟他人，索取公私财物，数额较大，或者多次实施上述行为的，依照刑法第二百七十四条的规定，以敲诈勒索罪定罪处罚。

第七条 违反国家规定，以营利为目的，通过信息网络有偿提供删除信息服务，或者明知是虚假信息，通过信息网络有偿提供发布信息等服务，扰乱市场秩序，具有下列情形之一的，属于非法经营行为"情节严重"，依照刑法第二百二十五条第(四)项的规定，以非法经营罪定罪处罚：

(一)个人非法经营数额在五万元以上，或者违法所得数额在二万元以上的；

(二)单位非法经营数额在十五万元以上，或者违法所得数额在五万元以上的。

实施前款规定的行为，数额达到前款规定的数额五倍以上的，应当认定为刑法第二百二十五条规定的"情节特别严重"。

第八条 明知他人利用信息网络实施诽谤、寻衅滋事、敲诈勒索、非法经营等犯罪，为其提供资金、场所、技术支持等帮助的，以共同犯罪论处。

第九条 利用信息网络实施诽谤、寻衅滋事、敲诈勒索、非法经营犯罪，同时又构成刑法第二百二十一条规定的损害商业信誉、商品声誉罪，第二百七十八条规定的煽动暴力抗拒法律实施罪，第二百九十一条之一规定的编造、故意传播虚假恐怖信息罪等犯罪的，依照处罚较重的规定定罪处罚。

第十条 本解释所称信息网络，包括以计算机、电视机、固定电话机、移动电话机等电子设备为终端的计算机互联网、广播电视网、固定通信网、移动通信网等信息网络，以及向公众开放的局域网络。

最高人民法院、最高人民检察院、公安部关于办理刑事案件收集提取和审查判断电子数据若干问题的规定

(2016年9月9日 法发〔2016〕22号)

为规范电子数据的收集提取和审查判断，提高刑事案件办理质量，根据《中华人民共和国刑事诉讼法》等有关法律

规定,结合司法实际,制定本规定。

一、一 般 规 定

第一条 电子数据是案件发生过程中形成的,以数字化形式存储、处理、传输的,能够证明案件事实的数据。

电子数据包括但不限于下列信息、电子文件:

(一)网页、博客、微博客、朋友圈、贴吧、网盘等网络平台发布的信息;

(二)手机短信、电子邮件、即时通信、通讯群组等网络应用服务的通信信息;

(三)用户注册信息、身份认证信息、电子交易记录、通信记录、登录日志等信息;

(四)文档、图片、音视频、数字证书、计算机程序等电子文件。

以数字化形式记载的证人证言、被害人陈述以及犯罪嫌疑人、被告人供述和辩解等证据,不属于电子数据。确有必要的,对相关证据的收集、提取、移送、审查,可以参照适用本规定。

第二条 侦查机关应当遵守法定程序,遵循有关技术标准,全面、客观、及时地收集、提取电子数据;人民检察院、人民法院应当围绕真实性、合法性、关联性审查判断电子数据。

第三条 人民法院、人民检察院和公安机关有权依法向有关单位和个人收集、调取电子数据。有关单位和个人应当如实提供。

第四条 电子数据涉及国家秘密、商业秘密、个人隐私的,应当保密。

第五条 对作为证据使用的电子数据,应当采取以下一种或者几种方法保护电子数据的完整性:

(一)扣押、封存电子数据原始存储介质;

(二)计算电子数据完整性校验值;

(三)制作、封存电子数据备份;

(四)冻结电子数据;

(五)对收集、提取电子数据的相关活动进行录像;

(六)其他保护电子数据完整性的方法。

第六条 初查过程中收集、提取的电子数据,以及通过网络在线提取的电子数据,可以作为证据使用。

二、电子数据的收集与提取

第七条 收集、提取电子数据,应当由二名以上侦查人员进行。取证方法应当符合相关技术标准。

第八条 收集、提取电子数据,能够扣押电子数据原始存储介质的,应当扣押、封存原始存储介质,并制作笔录,记录原始存储介质的封存状态。

封存电子数据原始存储介质,应当保证在不解除封存状态的情况下,无法增加、删除、修改电子数据。封存前后应当拍摄被封存原始存储介质的照片,清晰反映封口或者张贴封条处的状况。

封存手机等具有无线通信功能的存储介质,应当采取信号屏蔽、信号阻断或者切断电源等措施。

第九条 具有下列情形之一,无法扣押原始存储介质的,可以提取电子数据,但应当在笔录中注明不能扣押原始存储介质的原因、原始存储介质的存放地点或者电子数据的来源等情况,并计算电子数据的完整性校验值:

(一)原始存储介质不便封存的;

(二)提取计算机内存数据、网络传输数据等不是存储在存储介质上的电子数据的;

(三)原始存储介质位于境外的;

(四)其他无法扣押原始存储介质的情形。

对于原始存储介质位于境外或者远程计算机信息系统上的电子数据,可以通过网络在线提取。

为进一步查明有关情况,必要时,可以对远程计算机信息系统进行网络远程勘验。进行网络远程勘验,需要采取技术侦查措施的,应当依法经过严格的批准手续。

第十条 由于客观原因无法或者不宜依据第八条、第九条的规定收集、提取电子数据的,可以采取打印、拍照或者录像等方式固定相关证据,并在笔录中说明原因。

第十一条 具有下列情形之一的,经县级以上公安机关负责人或者检察长批准,可以对电子数据进行冻结:

(一)数据量大,无法或者不便提取的;

(二)提取时间长,可能造成电子数据被篡改或者灭失的;

(三)通过网络应用可以更为直观地展示电子数据的;

(四)其他需要冻结的情形。

第十二条 冻结电子数据,应当制作协助冻结通知书,注明冻结电子数据的网络应用账号等信息,送交电子数据持有人、网络服务提供者或者有关部门协助办理。解除冻结的,应当在三日内制作协助解除冻结通知书,送交电子数据持有人、网络服务提供者或者有关部门协助办理。

冻结电子数据,应当采取以下一种或者几种方法:

(一)计算电子数据的完整性校验值;

(二)锁定网络应用账号;

(三)其他防止增加、删除、修改电子数据的措施。

第十三条 调取电子数据,应当制作调取证据通知书,注明需要调取电子数据的相关信息,通知电子数据持有人、网络服务提供者或者有关部门执行。

第十四条 收集、提取电子数据,应当制作笔录,记录案由、对象、内容、收集、提取电子数据的时间、地点、方法、过程,并附电子数据清单,注明类别、文件格式、完整性校验值等,由侦查人员、电子数据持有人(提供人)签名或者盖章;电子数据持有人(提供人)无法签名或者拒绝签名的,应当在笔录中注明,由见证人签名或者盖章。有条件的,应当对相关活动进行录像。

第十五条 收集、提取电子数据,应当根据刑事诉讼法的规定,由符合条件的人员担任见证人。由于客观原因无法由符合条件的人员担任见证人的,应当在笔录中注明情况，并对相关活动进行录像。

针对同一现场多个计算机信息系统收集、提取电子数据的，可以由一名见证人见证。

第十六条 对扣押的原始存储介质或者提取的电子数据，可以通过恢复、破解、统计、关联、比对等方式进行检查。必要时，可以进行侦查实验。

电子数据检查，应当对电子数据存储介质拆封过程进行录像，并将电子数据存储介质通过写保护设备接入到检查设备进行检查；有条件的，应当制作电子数据备份，对备份进行检查；无法使用写保护设备且无法制作备份的，应当注明原因，并对相关活动进行录像。

电子数据检查应当制作笔录，注明检查方法、过程和结果，由有关人员签名或者盖章。进行侦查实验的，应当制作侦查实验笔录，注明侦查实验的条件、经过和结果，由参加实验的人员签名或者盖章。

第十七条 对电子数据涉及的专门性问题难以确定的，由司法鉴定机构出具鉴定意见，或者由公安部指定的机构出具报告。对于人民检察院直接受理的案件，也可以由最高人民检察院指定的机构出具报告。

具体办法由公安部、最高人民检察院分别制定。

三、电子数据的移送与展示

第十八条 收集、提取的原始存储介质或者电子数据，应当以封存状态随案移送，并制作电子数据的备份一并移送。

对网页、文档、图片等可以直接展示的电子数据，可以不随案移送打印件；人民法院、人民检察院因设备等条件限制无法直接展示电子数据的，侦查机关应当随案移送打印件，或者附展示工具和展示方法说明。

对冻结的电子数据，应当移送被冻结电子数据的清单，注明类别、文件格式、冻结主体、证据要点、相关网络应用账号，并附查看工具和方法的说明。

第十九条 对侵入、非法控制计算机信息系统的程序、工具以及计算机病毒等无法直接展示的电子数据，应当附电子数据属性、功能等情况的说明。

对数据统计量、数据同一性等问题，侦查机关应当出具说明。

第二十条 公安机关报请人民检察院审查批准逮捕犯罪嫌疑人，或者对侦查终结的案件移送人民检察院审查起诉的，应当将电子数据等证据一并移送人民检察院。人民检察院在审查批准逮捕和审查起诉过程中发现应当移送的电子数据没有移送或者移送的电子数据不符合相关要求的，应当通知公安机关补充移送或者进行补正。

对于提起公诉的案件，人民法院发现应当移送的电子数据没有移送或者移送的电子数据不符合相关要求的，应当通知人民检察院。

公安机关、人民检察院应当自收到通知后三日内移送电子数据或者补充有关材料。

第二十一条 控辩双方向法庭提交的电子数据需要展示的，可以根据电子数据的具体类型，借助多媒体设备出示、播放或者演示。必要时，可以聘请具有专门知识的人进行操作，并就相关技术问题作出说明。

四、电子数据的审查与判断

第二十二条 对电子数据是否真实，应当着重审查以下内容：

（一）是否移送原始存储介质；在原始存储介质无法封存、不便移动时，有无说明原因，并注明收集、提取过程及原始存储介质的存放地点或者电子数据的来源等情况；

（二）电子数据是否具有数字签名、数字证书等特殊标识；

（三）电子数据的收集、提取过程是否可以重现；

（四）电子数据如有增加、删除、修改等情形的，是否附有说明；

（五）电子数据的完整性是否可以保证。

第二十三条 对电子数据是否完整，应当根据保护电子数据完整性的相应方法进行验证：

（一）审查原始存储介质的扣押、封存状态；

（二）审查电子数据的收集、提取过程，查看录像；

（三）比对电子数据完整性校验值；

（四）与备份的电子数据进行比较；

（五）审查冻结后的访问操作日志；

（六）其他方法。

第二十四条 对收集、提取电子数据是否合法，应当着重审查以下内容：

（一）收集、提取电子数据是否由二名以上侦查人员进行，取证方法是否符合相关技术标准；

（二）收集、提取电子数据，是否附有笔录、清单，并经侦查人员、电子数据持有人（提供人）、见证人签名或者盖章；没有持有人（提供人）签名或者盖章的，是否注明原因；对电子数据的类别、文件格式等是否注明清楚；

（三）是否依照有关规定由符合条件的人员担任见证人，是否对相关活动进行录像；

（四）电子数据检查是否将电子数据存储介质通过写保护设备接入到检查设备；有条件的，是否制作电子数据备份，并对备份进行检查；无法制作备份且无法使用写保护设备的，是否附有录像。

第二十五条 认定犯罪嫌疑人、被告人的网络身份与现实身份的同一性，可以通过核查相关 IP 地址、网络活动记录、上网终端归属、相关证人证言以及犯罪嫌疑人、被告人供述和辩解等进行综合判断。

认定犯罪嫌疑人、被告人与存储介质的关联性，可以通过核查相关证人证言以及犯罪嫌疑人、被告人供述和辩解等进行综合判断。

第二十六条 公诉人、当事人或者辩护人、诉讼代理人对电子数据鉴定意见有异议，可以申请人民法院通知鉴定人出庭作证。人民法院认为鉴定人有必要出庭的，鉴定人应当出庭作证。

经人民法院通知，鉴定人拒不出庭作证的，鉴定意见不得作为定案的根据。对没有正当理由拒不出庭作证的鉴定人，人民法院应当通报司法行政机关或者有关部门。

公诉人、当事人或者辩护人、诉讼代理人可以申请法庭通知有专门知识的人出庭，就鉴定意见提出意见。

对电子数据涉及的专门性问题的报告，参照适用前三款规定。

第二十七条 电子数据的收集、提取程序有下列瑕疵，经补正或者作出合理解释的，可以采用；不能补正或者作出合理解释的，不得作为定案的根据：

（一）未以封存状态移送的；

（二）笔录或者清单上没有侦查人员、电子数据持有人（提供人）、见证人签名或者盖章的；

（三）对电子数据的名称、类别、格式等注明不清的；

（四）有其他瑕疵的。

第二十八条 电子数据具有下列情形之一的，不得作为定案的根据：

（一）电子数据系篡改、伪造或者无法确定真伪的；

（二）电子数据有增加、删除、修改等情形，影响电子数据真实性的；

（三）其他无法保证电子数据真实性的情形。

五、附　　则

第二十九条 本规定中下列用语的含义：

（一）存储介质，是指具备数据信息存储功能的电子设备、硬盘、光盘、优盘、记忆棒、存储卡、存储芯片等载体。

（二）完整性校验值，是指为防止电子数据被篡改或者破坏，使用散列算法等特定算法对电子数据进行计算，得出的用于校验数据完整性的数据值。

（三）网络远程勘验，是指通过网络对远程计算机信息系统实施勘验，发现、提取与犯罪有关的电子数据，记录计算机信息系统状态，判断案件性质，分析犯罪过程，确定侦查方向和范围，为侦查破案、刑事诉讼提供线索和证据的侦查活动。

（四）数字签名，是指利用特定算法对电子数据进行计算，得出的用于验证电子数据来源和完整性的数据值。

（五）数字证书，是指包含数字签名并对电子数据来源、完整性进行认证的电子文件。

（六）访问操作日志，是指为审查电子数据是否被增加、删除或者修改，由计算机信息系统自动生成的对电子数据访问、操作情况的详细记录。

第三十条 本规定自2016年10月1日起施行。之前发布的规范性文件与本规定不一致的，以本规定为准。

最高人民法院、最高人民检察院关于办理组织、利用邪教组织破坏法律实施等刑事案件适用法律若干问题的解释

(2017年1月4日最高人民法院审判委员会第1706次会议、2016年12月8日最高人民检察院第十二届检察委员会第58次会议通过　2017年1月25日公布　自2017年2月1日起施行　法释〔2017〕3号)

为依法惩治组织、利用邪教组织破坏法律实施等犯罪活动,根据《中华人民共和国刑法》《中华人民共和国刑事诉讼法》有关规定,现就办理此类刑事案件适用法律的若干问题解释如下:

第一条　冒用宗教、气功或者以其他名义建立,神化、鼓吹首要分子,利用制造、散布迷信邪说等手段蛊惑、蒙骗他人,发展、控制成员,危害社会的非法组织,应当认定为刑法第三百条规定的"邪教组织"。

第二条　组织、利用邪教组织,破坏国家法律、行政法规实施,具有下列情形之一的,应当依照刑法第三百条第一款的规定,处三年以上七年以下有期徒刑,并处罚金:

(一)建立邪教组织,或者邪教组织被取缔后又恢复、另行建立邪教组织的;

(二)聚众包围、冲击、强占、哄闹国家机关、企业事业单位或者公共场所、宗教活动场所,扰乱社会秩序的;

(三)非法举行集会、游行、示威,扰乱社会秩序的;

(四)使用暴力、胁迫或者以其他方法强迫他人加入或者阻止他人退出邪教组织的;

(五)组织、煽动、蒙骗成员或者他人不履行法定义务的;

(六)使用"伪基站""黑广播"等无线电台(站)或者无线电频率宣扬邪教的;

(七)曾因从事邪教活动被追究刑事责任或者二年内受过行政处罚,又从事邪教活动的;

(八)发展邪教组织成员五十人以上的;

(九)敛取钱财或者造成经济损失一百万元以上的;

(十)以货币为载体宣扬邪教,数量在五百张(枚)以上的;

(十一)制作、传播邪教宣传品,达到下列数量标准之一的:

1. 传单、喷图、图片、标语、报纸一千份(张)以上的;

2. 书籍、刊物二百五十册以上的;

3. 录音带、录像带等音像制品二百五十盒(张)以上的;

4. 标识、标志物二百五十件以上的;

5. 光盘、U盘、储存卡、移动硬盘等移动存储介质一百个以上的;

6. 横幅、条幅五十条(个)以上的。

(十二)利用通讯信息网络宣扬邪教,具有下列情形之一的:

1. 制作、传播宣扬邪教的电子图片、文章二百张(篇)以上,电子书籍、刊物、

音视频五十册(个)以上,或者电子文档五百万字符以上、电子音视频二百五十分钟以上的;

2. 编发信息、拨打电话一千条(次)以上的;

3. 利用在线人数累计达到一千以上的聊天室,或者利用群组成员、关注人员等账号数累计一千以上的通讯群组、微信、微博等社交网络宣扬邪教的;

4. 邪教信息实际被点击、浏览数达到五千次以上的。

(十三)其他情节严重的情形。

第三条 组织、利用邪教组织,破坏国家法律、行政法规实施,具有下列情形之一的,应当认定为刑法第三百条第一款规定的"情节特别严重",处七年以上有期徒刑或者无期徒刑,并处罚金或者没收财产:

(一)实施本解释第二条第一项至第七项规定的行为,社会危害特别严重的;

(二)实施本解释第二条第八项至第十二项规定的行为,数量或者数额达到第二条规定相应标准五倍以上的;

(三)其他情节特别严重的情形。

第四条 组织、利用邪教组织,破坏国家法律、行政法规实施,具有下列情形之一的,应当认定为刑法第三百条第一款规定的"情节较轻",处三年以下有期徒刑、拘役、管制或者剥夺政治权利,并处或者单处罚金:

(一)实施本解释第二条第一项至第七项规定的行为,社会危害较轻的;

(二)实施本解释第二条第八项至第十二项规定的行为,数量或者数额达到相应标准五分之一以上的;

(三)其他情节较轻的情形。

第五条 为了传播而持有、携带,或者传播过程中被当场查获,邪教宣传品数量达到本解释第二条至第四条规定的有关标准的,按照下列情形分别处理:

(一)邪教宣传品是行为人制作的,以犯罪既遂处理;

(二)邪教宣传品不是行为人制作,尚未传播的,以犯罪预备处理;

(三)邪教宣传品不是行为人制作,传播过程中被查获的,以犯罪未遂处理;

(四)邪教宣传品不是行为人制作,部分已经传播出去的,以犯罪既遂处理,对于没有传播的部分,可以在量刑时酌情考虑。

第六条 多次制作、传播邪教宣传品或者利用通讯信息网络宣扬邪教,未经处理的,数量或者数额累计计算。

制作、传播邪教宣传品,或者利用通讯信息网络宣扬邪教,涉及不同种类或者形式的,可以根据本解释规定的不同数量标准的相应比例折算后累计计算。

第七条 组织、利用邪教组织,制造、散布迷信邪说,蒙骗成员或者他人绝食、自虐等,或者蒙骗病人不接受正常治疗,致人重伤、死亡的,应当认定为刑法第三百条第二款规定的组织、利用邪教组织"蒙骗他人,致人重伤、死亡"。

组织、利用邪教组织蒙骗他人,致一人以上死亡或者三人以上重伤的,处三年以上七年以下有期徒刑,并处罚金。

组织、利用邪教组织蒙骗他人,具有下列情形之一的,处七年以上有期徒刑

或者无期徒刑,并处罚金或者没收财产:

(一)造成三人以上死亡的;

(二)造成九人以上重伤的;

(三)其他情节特别严重的情形。

组织、利用邪教组织蒙骗他人,致人重伤的,处三年以下有期徒刑、拘役、管制或者剥夺政治权利,并处或者单处罚金。

第八条 实施本解释第二条至第五条规定的行为,具有下列情形之一的,从重处罚:

(一)与境外机构、组织、人员勾结,从事邪教活动的;

(二)跨省、自治区、直辖市建立邪教组织机构、发展成员或者组织邪教活动的;

(三)在重要公共场所、监管场所或者国家重大节日、重大活动期间聚集滋事,公开进行邪教活动的;

(四)邪教组织被取缔后,或者被认定为邪教组织后,仍然聚集滋事,公开进行邪教活动的;

(五)国家工作人员从事邪教活动的;

(六)向未成年人宣扬邪教的;

(七)在学校或者其他教育培训机构宣扬邪教的。

第九条 组织、利用邪教组织破坏国家法律、行政法规实施,符合本解释第四条规定情形,但行为人能够真诚悔罪,明确表示退出邪教组织、不再从事邪教活动的,可以不起诉或者免予刑事处罚。其中,行为人系受蒙蔽、胁迫参加邪教组织的,可以不作为犯罪处理。

组织、利用邪教组织破坏国家法律、行政法规实施,行为人在一审判决前能够真诚悔罪,明确表示退出邪教组织、不再从事邪教活动的,分别依照下列规定处理:

(一)符合本解释第二条规定情形的,可以认定为刑法第三百条第一款规定的“情节较轻”;

(二)符合本解释第三条规定情形的,可以不认定为刑法第三百条第一款规定的“情节特别严重”,处三年以上七年以下有期徒刑,并处罚金。

第十条 组织、利用邪教组织破坏国家法律、行政法规实施过程中,又有煽动分裂国家、煽动颠覆国家政权或者侮辱、诽谤他人等犯罪行为的,依照数罪并罚的规定定罪处罚。

第十一条 组织、利用邪教组织,制造、散布迷信邪说,组织、策划、煽动、胁迫、教唆、帮助其成员或者他人实施自杀、自伤的,依照刑法第二百三十二条、第二百三十四条的规定,以故意杀人罪或者故意伤害罪定罪处罚。

第十二条 邪教组织人员以自焚、自爆或者其他危险方法危害公共安全的,依照刑法第一百一十四条、第一百一十五条的规定,以放火罪、爆炸罪、以危险方法危害公共安全罪等定罪处罚。

第十三条 明知他人组织、利用邪教组织实施犯罪,而为其提供经费、场地、技术、工具、食宿、接送等便利条件或者帮助的,以共同犯罪论处。

第十四条 对于犯组织、利用邪教组织破坏法律实施罪、组织、利用邪教组织致人重伤、死亡罪,严重破坏社会秩序的犯罪分子,根据刑法第五十六条的规定，可以附加剥夺政治权利。

第十五条 对涉案物品是否属于邪教宣传品难以确定的，可以委托地市级以上公安机关出具认定意见。

第十六条 本解释自2017年2月1日起施行。《最高人民法院、最高人民检察院关于办理组织和利用邪教组织犯罪案件具体应用法律若干问题的解释》（法释〔1999〕18号），《最高人民法院、最高人民检察院关于办理组织和利用邪教组织犯罪案件具体应用法律若干问题的解释（二）》（法释〔2001〕19号），以及《最高人民法院、最高人民检察院关于办理组织和利用邪教组织犯罪案件具体应用法律若干问题的解答》（法发〔2002〕7号）同时废止。

最高人民法院、最高人民检察院关于办理扰乱无线电通讯管理秩序等刑事案件适用法律若干问题的解释

（2017年4月17日最高人民法院审判委员会第1715次会议、2017年5月25日最高人民检察院第十二届检察委员会第64次会议通过 2017年6月27日公布 自2017年7月1日起施行 法释〔2017〕11号）

为依法惩治扰乱无线电通讯管理秩序犯罪，根据《中华人民共和国刑法》《中华人民共和国刑事诉讼法》的有关规定，现就办理此类刑事案件适用法律的若干问题解释如下：

第一条 具有下列情形之一的，应当认定为刑法第二百八十八条第一款规定的“擅自设置、使用无线电台（站），或者擅自使用无线电频率，干扰无线电通讯秩序”：

（一）未经批准设置无线电广播电台（以下简称“黑广播”），非法使用广播电视专用频段的频率的；

（二）未经批准设置通信基站（以下简称“伪基站”），强行向不特定用户发送信息，非法使用公众移动通信频率的；

（三）未经批准使用卫星无线电频率的；

（四）非法设置、使用无线电干扰器的；

（五）其他擅自设置、使用无线电台（站），或者擅自使用无线电频率，干扰无线电通讯秩序的情形。

第二条 违反国家规定，擅自设置、使用无线电台（站），或者擅自使用无线电频率，干扰无线电通讯秩序，具有下列情形之一的，应当认定为刑法第二百八十八条第一款规定的“情节严重”：

（一）影响航天器、航空器、铁路机车、船舶专用无线电导航、遇险救助和安全通信等涉及公共安全的无线电频率正常使用的；

（二）自然灾害、事故灾难、公共卫生事件、社会安全事件等突发事件期间，在事件发生地使用“黑广播”“伪基站”的；

（三）举办国家或者省级重大活动期间，在活动场所及周边使用“黑广播”“伪基站”的；

(四)同时使用三个以上“黑广播”“伪基站”的;

(五)“黑广播”的实测发射功率五百瓦以上,或者覆盖范围十公里以上的;

(六)使用“伪基站”发送诈骗、赌博、招嫖、木马病毒、钓鱼网站链接等违法犯罪信息,数量在五千条以上,或者销毁发送数量等记录的;

(七)雇佣、指使未成年人、残疾人等特定人员使用“伪基站”的;

(八)违法所得三万元以上的;

(九)曾因扰乱无线电通讯管理秩序受过刑事处罚,或者二年内曾因扰乱无线电通讯管理秩序受过行政处罚,又实施刑法第二百八十八条规定的行为的;

(十)其他情节严重的情形。

第三条 违反国家规定,擅自设置、使用无线电台(站),或者擅自使用无线电频率,干扰无线电通讯秩序,具有下列情形之一的,应当认定为刑法第二百八十八条第一款规定的“情节特别严重”:

(一)影响航天器、航空器、铁路机车、船舶专用无线电导航、遇险救助和安全通信等涉及公共安全的无线电频率正常使用,危及公共安全的;

(二)造成公共秩序混乱等严重后果的;

(三)自然灾害、事故灾难、公共卫生事件和社会安全事件等突发事件期间,在事件发生地使用“黑广播”“伪基站”,造成严重影响的;

(四)对国家或者省级重大活动造成严重影响的;

(五)同时使用十个以上“黑广播”“伪基站”的;

(六)“黑广播”的实测发射功率三千瓦以上,或者覆盖范围二十公里以上的;

(七)违法所得十五万元以上的;

(八)其他情节特别严重的情形。

第四条 非法生产、销售“黑广播”“伪基站”、无线电干扰器等无线电设备,具有下列情形之一的,应当认定为刑法第二百二十五条规定的“情节严重”:

(一)非法生产、销售无线电设备三套以上的;

(二)非法经营数额五万元以上的;

(三)其他情节严重的情形。

实施前款规定的行为,数量或者数额达到前款第一项、第二项规定标准五倍以上,或者具有其他情节特别严重的情形的,应当认定为刑法第二百二十五条规定的“情节特别严重”。

在非法生产、销售无线电设备窝点查扣的零件,以组装完成的套数以及能够组装的套数认定;无法组装为成套设备的,每三套广播信号调制器(激励器)认定为一套“黑广播”设备,每三块主板认定为一套“伪基站”设备。

第五条 单位犯本解释规定之罪的,对单位判处罚金,并对直接负责的主管人员和其他直接责任人员,依照本解释规定的自然人犯罪的定罪量刑标准定罪处罚。

第六条 擅自设置、使用无线电台(站),或者擅自使用无线电频率,同时构成其他犯罪的,按照处罚较重的规定定罪处罚。

明知他人实施诈骗等犯罪,使用“黑

广播”“伪基站”等无线电设备为其发送信息或者提供其他帮助，同时构成其他犯罪的，按照处罚较重的规定定罪处罚。

第七条 负有无线电监督管理职责的国家机关工作人员滥用职权或者玩忽职守，致使公共财产、国家和人民利益遭受重大损失的，应当依照刑法第三百九十七条的规定，以滥用职权罪或者玩忽职守罪追究刑事责任。

有查禁扰乱无线电管理秩序犯罪活动职责的国家机关工作人员，向犯罪分子通风报信、提供便利，帮助犯罪分子逃避处罚的，应当依照刑法第四百一十七条的规定，以帮助犯罪分子逃避处罚罪追究刑事责任；事先通谋的，以共同犯罪论处。

第八条 为合法经营活动，使用“黑广播”“伪基站”或者实施其他扰乱无线电通讯管理秩序的行为，构成扰乱无线电通讯管理秩序罪，但不属于“情节特别严重”，行为人系初犯，并确有悔罪表现的，可以认定为情节轻微，不起诉或者免予刑事处罚；确有必要判处刑罚的，应当从宽处罚。

第九条 对案件所涉的有关专门性问题难以确定的，依据司法鉴定机构出具的鉴定意见，或者下列机构出具的报告，结合其他证据作出认定：

（一）省级以上无线电管理机构、省级无线电管理机构依法设立的派出机构、地市级以上广播电视主管部门就是否系“伪基站”“黑广播”出具的报告；

（二）省级以上广播电视主管部门及其指定的检测机构就“黑广播”功率、覆盖范围出具的报告；

（三）省级以上航空、铁路、船舶等主管部门就是否干扰导航、通信等出具的报告。

对移动终端用户受影响的情况，可以依据相关通信运营商出具的证明，结合被告人供述、终端用户证言等证据作出认定。

第十条 本解释自2017年7月1日起施行。

最高人民检察院关于推进行政执法与刑事司法衔接工作的规定

（2021年9月6日）

第一条 为了健全行政执法与刑事司法衔接工作机制，根据《中华人民共和国人民检察院组织法》《中华人民共和国行政处罚法》《中华人民共和国刑事诉讼法》等有关规定，结合《行政执法机关移送涉嫌犯罪案件的规定》，制定本规定。

第二条 人民检察院开展行政执法与刑事司法衔接工作，应当严格依法、准确及时，加强与监察机关、公安机关、司法行政机关和行政执法机关的协调配合，确保行政执法与刑事司法有效衔接。

第三条 人民检察院开展行政执法与刑事司法衔接工作由负责捕诉的部门按照管辖案件类别办理。负责捕诉的部门可以在办理时听取其他办案部门的意见。

本院其他办案部门在履行检察职能过程中,发现涉及行政执法与刑事司法衔接线索的,应当及时移送本院负责捕诉的部门。

第四条 人民检察院依法履行职责时,应当注意审查是否存在行政执法机关对涉嫌犯罪案件应当移送公安机关立案侦查而不移送,或者公安机关对行政执法机关移送的涉嫌犯罪案件应当立案侦查而不立案侦查的情形。

第五条 公安机关收到行政执法机关移送涉嫌犯罪案件后应当立案侦查而不立案侦查,行政执法机关建议人民检察院依法监督的,人民检察院应当依法受理并进行审查。

第六条 对于行政执法机关应当依法移送涉嫌犯罪案件而不移送,或者公安机关应当立案侦查而不立案侦查的举报,属于本院管辖且符合受理条件的,人民检察院应当受理并进行审查。

第七条 人民检察院对本规定第四条至第六条的线索审查后,认为行政执法机关应当依法移送涉嫌犯罪案件而不移送的,经检察长批准,应当向同级行政执法机关提出检察意见,要求行政执法机关及时向公安机关移送案件并将有关材料抄送人民检察院。人民检察院应当将检察意见抄送同级司法行政机关,行政执法机关实行垂直管理的,应当将检察意见抄送其上级机关。

行政执法机关收到检察意见后无正当理由仍不移送的,人民检察院应当将有关情况书面通知公安机关。

对于公安机关可能存在应当立案而不立案情形的,人民检察院应当依法开展立案监督。

第八条 人民检察院决定不起诉的案件,应当同时审查是否需要对被不起诉人给予行政处罚。对被不起诉人需要给予行政处罚的,经检察长批准,人民检察院应当向同级有关主管机关提出检察意见,自不起诉决定作出之日起三日以内连同不起诉决定书一并送达。人民检察院应当将检察意见抄送同级司法行政机关,主管机关实行垂直管理的,应当将检察意见抄送其上级机关。

检察意见书应当写明采取和解除刑事强制措施,查封、扣押、冻结涉案财物以及对被不起诉人予以训诫或者责令具结悔过、赔礼道歉、赔偿损失等情况。对于需要没收违法所得的,人民检察院应当将查封、扣押、冻结的涉案财物一并移送。对于在办案过程中收集的相关证据材料,人民检察院可以一并移送。

第九条 人民检察院提出对被不起诉人给予行政处罚的检察意见,应当要求有关主管机关自收到检察意见书之日起两个月以内将处理结果或者办理情况书面回复人民检察院。因情况紧急需要立即处理的,人民检察院可以根据实际情况确定回复期限。

第十条 需要向上级有关单位提出检察意见的,应当层报其同级人民检察院决定并提出,或者由办理案件的人民检察院制作检察意见书后,报上级有关单位的同级人民检察院审核并转送。

需要向下级有关单位提出检察意见的,应当指令对应的下级人民检察院提出。

需要异地提出检察意见的，应当征求有关单位所在地同级人民检察院意见。意见不一致的，层报共同的上级人民检察院决定。

第十一条 有关单位在要求的期限内不回复或者无正当理由不作处理的，经检察长决定，人民检察院可以将有关情况书面通报同级司法行政机关，或者提请上级人民检察院通报其上级机关。必要时可以报告同级党委和人民代表大会常务委员会。

第十二条 人民检察院发现行政执法人员涉嫌职务违法、犯罪的，应当将案件线索移送监察机关处理。

第十三条 行政执法机关就刑事案件立案追诉标准、证据收集固定保全等问题咨询人民检察院，或者公安机关就行政执法机关移送的涉嫌犯罪案件主动听取人民检察院意见建议的，人民检察院应当及时答复。书面咨询的，人民检察院应当在七日以内书面回复。

人民检察院在办理案件过程中，可以就行政执法专业问题向相关行政执法机关咨询。

第十四条 人民检察院应当定期向有关单位通报开展行政执法与刑事司法衔接工作的情况。发现存在需要完善工作机制等问题的，可以征求被建议单位的意见，依法提出检察建议。

第十五条 人民检察院根据工作需要，可以会同有关单位研究分析行政执法与刑事司法衔接工作中的问题，提出解决方案。

第十六条 人民检察院应当配合司法行政机关建设行政执法与刑事司法衔接信息共享平台。已经接入信息共享平台的人民检察院，应当自作出相关决定之日起七日以内，录入相关案件信息。尚未建成信息共享平台的人民检察院，应当及时向有关单位通报相关案件信息。

第十七条 本规定自公布之日起施行，《人民检察院办理行政执法机关移送涉嫌犯罪案件的规定》（高检发释字〔2001〕4号）同时废止。

最高人民法院、最高人民检察院、公安部关于办理信息网络犯罪案件适用刑事诉讼程序若干问题的意见

（2022年8月26日 法发〔2022〕23号）

为依法惩治信息网络犯罪活动，根据《中华人民共和国刑法》《中华人民共和国刑事诉讼法》以及有关法律、司法解释的规定，结合侦查、起诉、审判实践，现就办理此类案件适用刑事诉讼程序问题提出以下意见。

一、关于信息网络犯罪案件的范围

1. 本意见所称信息网络犯罪案件包括：

（1）危害计算机信息系统安全犯罪案件；

（2）拒不履行信息网络安全管理义务、非法利用信息网络、帮助信息网络犯罪活动的犯罪案件；

(3)主要行为通过信息网络实施的诈骗、赌博、侵犯公民个人信息等其他犯罪案件。

二、关于信息网络犯罪案件的管辖

2. 信息网络犯罪案件由犯罪地公安机关立案侦查。必要时,可以由犯罪嫌疑人居住地公安机关立案侦查。

信息网络犯罪案件的犯罪地包括用于实施犯罪行为的网络服务使用的服务器所在地,网络服务提供者所在地,被侵害的信息网络系统及其管理者所在地,犯罪过程中犯罪嫌疑人、被害人或者其他涉案人员使用的信息网络系统所在地,被害人被侵害时所在地以及被害人财产遭受损失地等。

涉及多个环节的信息网络犯罪案件,犯罪嫌疑人为信息网络犯罪提供帮助的,其犯罪地、居住地或者被帮助对象的犯罪地公安机关可以立案侦查。

3. 有多个犯罪地的信息网络犯罪案件,由最初受理的公安机关或者主要犯罪地公安机关立案侦查。有争议的,按照有利于查清犯罪事实、有利于诉讼的原则,协商解决;经协商无法达成一致的,由共同上级公安机关指定有关公安机关立案侦查。需要提请批准逮捕、移送审查起诉、提起公诉的,由立案侦查的公安机关所在地的人民检察院、人民法院受理。

4. 具有下列情形之一的,公安机关、人民检察院、人民法院可以在其职责范围内并案处理:

(1)一人犯数罪的;

(2)共同犯罪的;

(3)共同犯罪的犯罪嫌疑人、被告人还实施其他犯罪的;

(4)多个犯罪嫌疑人、被告人实施的犯罪行为存在关联,并案处理有利于查明全部案件事实的。

对为信息网络犯罪提供程序开发、互联网接入、服务器托管、网络存储、通讯传输等技术支持,或者广告推广、支付结算等帮助,涉嫌犯罪的,可以依照第一款的规定并案侦查。

有关公安机关依照前两款规定并案侦查的案件,需要提请批准逮捕、移送审查起诉、提起公诉的,由该公安机关所在地的人民检察院、人民法院受理。

5. 并案侦查的共同犯罪或者关联犯罪案件,犯罪嫌疑人人数众多、案情复杂的,公安机关可以分案移送审查起诉。分案移送审查起诉的,应当对并案侦查的依据、分案移送审查起诉的理由作出说明。

对于前款规定的案件,人民检察院可以分案提起公诉,人民法院可以分案审理。

分案处理应当以有利于保障诉讼质量和效率为前提,并不得影响当事人质证权等诉讼权利的行使。

6. 依照前条规定分案处理,公安机关、人民检察院、人民法院在分案前有管辖权的,分案后对相关案件的管辖权不受影响。根据具体情况,分案处理的相关案件可以由不同审级的人民法院分别审理。

7. 对于共同犯罪或者已并案侦查的关联犯罪案件,部分犯罪嫌疑人未到案,但不影响对已到案共同犯罪或者关联犯罪的犯罪嫌疑人、被告人的犯罪事实认定的，可以先行追究已到案犯罪嫌疑人、被告人的刑事责任。之前未到案的犯罪嫌疑人、被告人归案后，可以由原办案机关所在地公安机关、人民检察院、人民法院管辖其所涉及的案件。

8. 对于具有特殊情况，跨省（自治区、直辖市）指定异地公安机关侦查更有利于查清犯罪事实、保证案件公正处理的重大信息网络犯罪案件，以及在境外实施的信息网络犯罪案件，公安部可以商最高人民检察院和最高人民法院指定侦查管辖。

9. 人民检察院对于审查起诉的案件，按照刑事诉讼法的管辖规定，认为应当由上级人民检察院或者同级其他人民检察院起诉的，应当将案件移送有管辖权的人民检察院，并通知移送起诉的公安机关。人民检察院认为需要依照刑事诉讼法的规定指定审判管辖的，应当协商同级人民法院办理指定管辖有关事宜。

10. 犯罪嫌疑人被多个公安机关立案侦查的，有关公安机关一般应当协商并案处理，并依法移送案件。协商不成的，可以报请共同上级公安机关指定管辖。

人民检察院对于审查起诉的案件，发现犯罪嫌疑人还有犯罪被异地公安机关立案侦查的，应当通知移送审查起诉的公安机关。

人民法院对于提起公诉的案件，发现被告人还有其他犯罪被审查起诉、立案侦查的，可以协商人民检察院、公安机关并案处理，但可能造成审判过分迟延的除外。决定对有关犯罪并案处理，符合《中华人民共和国刑事诉讼法》第二百零四条规定的，人民检察院可以建议人民法院延期审理。

三、关于信息网络犯罪案件的调查核实

11. 公安机关对接受的案件或者发现的犯罪线索，在审查中发现案件事实或者线索不明，需要经过调查才能够确认是否达到刑事立案标准的，经公安机关办案部门负责人批准，可以进行调查核实；经过调查核实达到刑事立案标准的，应当及时立案。

12. 调查核实过程中，可以采取询问、查询、勘验、检查、鉴定、调取证据材料等不限制被调查对象人身、财产权利的措施，不得对被调查对象采取强制措施，不得查封、扣押、冻结被调查对象的财产，不得采取技术侦查措施。

13. 公安机关在调查核实过程中依法收集的电子数据等材料，可以根据有关规定作为证据使用。

调查核实过程中收集的材料作为证据使用的，应当随案移送，并附批准调查核实的相关材料。

调查核实过程中收集的证据材料经查证属实，且收集程序符合有关要求的，可以作为定案依据。

四、关于信息网络犯罪案件的取证

14. 公安机关向网络服务提供者调取电子数据的，应当制作调取证据通知书，注明需要调取的电子数据的相关信息。调取证据通知书及相关法律文书可以采用数据电文形式。跨地域调取电子数据的,可以通过公安机关信息化系统传输相关数据电文。

网络服务提供者向公安机关提供电子数据的,可以采用数据电文形式。采用数据电文形式提供电子数据的,应当保证电子数据的完整性,并制作电子证明文件,载明调证法律文书编号、单位电子公章、完整性校验值等保护电子数据完整性方法的说明等信息。

数据电文形式的法律文书和电子证明文件,应当使用电子签名、数字水印等方式保证完整性。

15. 询(讯)问异地证人、被害人以及与案件有关联的犯罪嫌疑人的,可以由办案地公安机关通过远程网络视频等方式进行并制作笔录。

远程询(讯)问的,应当由协作地公安机关事先核实被询(讯)问人的身份。办案地公安机关应当将询(讯)问笔录传输至协作地公安机关。询(讯)问笔录经被询(讯)问人确认并逐页签名、捺指印后,由协作地公安机关协作人员签名或者盖章,并将原件提供给办案地公安机关。询(讯)问人员收到笔录后,应当在首页右上方写明"于某年某月某日收到",并签名或者盖章。

远程询(讯)问的,应当对询(讯)问过程同步录音录像,并随案移送。

异地证人、被害人以及与案件有关联的犯罪嫌疑人亲笔书写证词、供词的,参照执行本条第二款规定。

16. 人民检察院依法自行侦查、补充侦查,或者人民法院调查核实相关证据的,适用本意见第 14 条、第 15 条的有关规定。

17. 对于依照本意见第 14 条的规定调取的电子数据,人民检察院、人民法院可以通过核验电子签名、数字水印、电子数据完整性校验值及调证法律文书编号是否与证明文件相一致等方式,对电子数据进行审查判断。

对调取的电子数据有疑问的,由公安机关、提供电子数据的网络服务提供者作出说明,或者由原调取机关补充收集相关证据。

五、关于信息网络犯罪案件的其他问题

18. 采取技术侦查措施收集的材料作为证据使用的,应当随案移送,并附采取技术侦查措施的法律文书、证据材料清单和有关说明材料。

移送采取技术侦查措施收集的视听资料、电子数据的,应当由两名以上侦查人员制作复制件,并附制作说明,写明原始证据材料、原始存储介质的存放地点等信息,由制作人签名,并加盖单位印章。

19. 采取技术侦查措施收集的证据材料,应当经过当庭出示、辨认、质证等法庭调查程序查证。

当庭调查技术侦查证据材料可能危及有关人员的人身安全,或者可能产生其他严重后果的,法庭应当采取不暴露有关人员身份和技术侦查措施使用的技术设备、技术方法等保护措施。必要时,审判人员可以在庭外对证据进行核实。

20. 办理信息网络犯罪案件,对于数

量特别众多且具有同类性质、特征或者功能的物证、书证、证人证言、被害人陈述、视听资料、电子数据等证据材料,确因客观条件限制无法逐一收集的,应当按照一定比例或者数量选取证据,并对选取情况作出说明和论证。

人民检察院、人民法院应当重点审查取证方法、过程是否科学。经审查认为取证不科学的,应当由原取证机关作出补充说明或者重新取证。

人民检察院、人民法院应当结合其他证据材料,以及犯罪嫌疑人、被告人及其辩护人所提辩解、辩护意见,审查认定取得的证据。经审查,对相关事实不能排除合理怀疑的,应当作出有利于犯罪嫌疑人、被告人的认定。

21. 对于涉案人数特别众多的信息网络犯罪案件,确因客观条件限制无法收集证据逐一证明、逐人核实涉案账户的资金来源,但根据银行账户、非银行支付账户等交易记录和其他证据材料,足以认定有关账户主要用于接收、流转涉案资金的,可以按照该账户接收的资金数额认定犯罪数额,但犯罪嫌疑人、被告人能够作出合理说明的除外。案外人提出异议的,应当依法审查。

22. 办理信息网络犯罪案件,应当依法及时查封、扣押、冻结涉案财物,督促涉案人员退赃退赔,及时追赃挽损。

公安机关应当全面收集证明涉案财物性质、权属情况、依法应予追缴、没收或者责令退赔的证据材料,在移送审查起诉时随案移送并作出说明。其中,涉案财物需要返还被害人的,应当尽可能查明被害人损失情况。人民检察院应当对涉案财物的证据材料进行审查,在提起公诉时提出处理意见。人民法院应当依法作出判决,对涉案财物作出处理。

对应当返还被害人的合法财产,权属明确的,应当依法及时返还;权属不明的,应当在人民法院判决、裁定生效后,按比例返还被害人,但已获退赔的部分应予扣除。

23. 本意见自 2022 年 9 月 1 日起施行。《最高人民法院、最高人民检察院、公安部关于办理网络犯罪案件适用刑事诉讼程序若干问题的意见》(公通字〔2014〕10 号)同时废止。

十一、处分制度

中国共产党
纪律处分条例（节选）

（2003 年 12 月 23 日中共中央政治局会议审议批准　2003 年 12 月 31 日中共中央发布　2023 年 12 月 8 日中共中央政治局会议第三次修订　2023 年 12 月 19 日中共中央发布）

第一编　总　　则

第二章　违纪与纪律处分

第七条　党组织和党员违反党章和其他党内法规，违反国家法律法规，违反党和国家政策，违反社会主义道德，危害党、国家和人民利益的行为，依照规定应当给予纪律处理或者处分的，都必须受到追究。

重点查处党的十八大以来不收敛、不收手，问题线索反映集中、群众反映强烈，政治问题和经济问题交织的腐败案件，违反中央八项规定精神的问题。

第八条　对党员的纪律处分种类：

（一）警告；

（二）严重警告；

（三）撤销党内职务；

（四）留党察看；

（五）开除党籍。

第九条　对于违犯党纪的党组织，上级党组织应当责令其作出书面检查或者给予通报批评。对于严重违犯党纪、本身又不能纠正的党组织，上一级党的委员会在查明核实后，根据情节严重的程度，可以予以：

（一）改组；

（二）解散。

第十条　党员受到警告处分一年内、受到严重警告处分一年半内，不得在党内提拔职务或者进一步使用，也不得向党外组织推荐担任高于其原任职务的党外职务或者进一步使用。

第十一条　撤销党内职务处分，是指撤销受处分党员由党内选举或者组织任命的党内职务。对于在党内担任两个以上职务的，党组织在作处分决定时，应当明确是撤销其一切职务还是一个或者几个职务。如果决定撤销其一个职务，必须撤销其担任的最高职务。如果决定撤销其两个以上职务，则必须从其担任的最高职务开始依次撤销。对于在党外组织担任职务的，应当建议党外组织撤销其党外职务。

对于在立案审查中因涉嫌违犯党纪被免职的党员，审查后依照本条例规定应当给予撤销党内职务处分的，应当按照其原任职务给予撤销党内职务处分。对于应当受到撤销党内职务处分，但是本人没有担任党内职务的，应当给予其严重警告处分。同时，在党外组织担任职务的，应当建议党外组织撤销其党外职务。

党员受到撤销党内职务处分，或者依照前款规定受到严重警告处分的，二年内不得在党内担任和向党外组织推荐担任与其原任职务相当或者高于其原任职务的职务。

第十二条 留党察看处分，分为留党察看一年、留党察看二年。对于受到留党察看处分一年的党员，期满后仍不符合恢复党员权利条件的，应当延长一年留党察看期限。留党察看期限最长不得超过二年。

党员受留党察看处分期间，没有表决权、选举权和被选举权。留党察看期间，确有悔改表现的，期满后恢复其党员权利；坚持不改或者又发现其他应当受到党纪处分的违纪行为的，应当开除党籍。

党员受到留党察看处分，其党内职务自然撤销。对于担任党外职务的，应当建议党外组织撤销其党外职务。受到留党察看处分的党员，恢复党员权利后二年内，不得在党内担任和向党外组织推荐担任与其原任职务相当或者高于其原任职务的职务。

第十三条 党员受到开除党籍处分，五年内不得重新入党，也不得推荐担任与其原任职务相当或者高于其原任职务的党外职务。另有规定不准重新入党的，依照规定。

第十四条 党员干部受到党纪处分，需要同时进行组织处理的，党组织应当按照规定给予组织处理。

党的各级代表大会的代表受到留党察看以上处分的，党组织应当终止其代表资格。

第十五条 对于受到改组处理的党组织领导机构成员，除应当受到撤销党内职务以上处分的外，均自然免职。

第十六条 对于受到解散处理的党组织中的党员，应当逐个审查。其中，符合党员条件的，应当重新登记，并参加新的组织过党的生活；不符合党员条件的，应当对其进行教育、限期改正，经教育仍无转变的，予以劝退或者除名；有违纪行为的，依照规定予以追究。

第三章　纪律处分运用规则

第十七条 有下列情形之一的，可以从轻或者减轻处分：

（一）主动交代本人应当受到党纪处分的问题；

（二）在组织谈话函询、初步核实、立案审查过程中，能够配合核实审查工作，如实说明本人违纪违法事实；

（三）检举同案人或者其他人应当受到党纪处分或者法律追究的问题，经查证属实，或者有其他立功表现；

（四）主动挽回损失、消除不良影响或者有效阻止危害结果发生；

(五)主动上交或者退赔违纪所得;

(六)党内法规规定的其他从轻或者减轻处分情形。

第十八条 根据案件的特殊情况,由中央纪委决定或者经省(部)级纪委(不含副省级市纪委)决定并呈报中央纪委批准,对违纪党员也可以在本条例规定的处分幅度以外减轻处分。

第十九条 对于党员违犯党纪应当给予警告或者严重警告处分,但是具有本条例第十七条规定的情形之一或者本条例分则中另有规定的,可以给予批评教育、责令检查、诫勉或者组织处理,免予党纪处分。对违纪党员免予处分,应当作出书面结论。

党员有作风纪律方面的苗头性、倾向性问题或者违犯党纪情节轻微的,可以给予谈话提醒、批评教育、责令检查等,或者予以诫勉,不予党纪处分。

党员行为虽然造成损失或者后果,但不是出于故意或者过失,而是由于不可抗力等原因所引起的,不追究党纪责任。

第二十条 有下列情形之一的,应当从重或者加重处分:

(一)强迫、唆使他人违纪;

(二)拒不上交或者退赔违纪所得;

(三)违纪受处分后又因故意违纪应当受到党纪处分;

(四)违纪受处分后,又被发现其受处分前没有交代的其他应当受到党纪处分的问题;

(五)党内法规规定的其他从重或者加重处分情形。

第二十一条 党员在党纪处分影响期内又受到党纪处分的,其影响期为原处分尚未执行的影响期与新处分影响期之和。

第二十二条 从轻处分,是指在本条例规定的违纪行为应当受到的处分幅度以内,给予较轻的处分。

从重处分,是指在本条例规定的违纪行为应当受到的处分幅度以内,给予较重的处分。

第二十三条 减轻处分,是指在本条例规定的违纪行为应当受到的处分幅度以外,减轻一档给予处分。

加重处分,是指在本条例规定的违纪行为应当受到的处分幅度以外,加重一档给予处分。

本条例规定的只有开除党籍处分一个档次的违纪行为,不适用第一款减轻处分的规定。

第二十四条 一人有本条例规定的两种以上应当受到党纪处分的违纪行为,应当合并处理,按其数种违纪行为中应当受到的最高处分加重一档给予处分;其中一种违纪行为应当受到开除党籍处分的,应当给予开除党籍处分。

第二十五条 一个违纪行为同时触犯本条例两个以上条款的,依照处分较重的条款定性处理。

一个条款规定的违纪构成要件全部包含在另一个条款规定的违纪构成要件中,特别规定与一般规定不一致的,适用特别规定。

第二十六条 二人以上共同故意违纪的,对为首者,从重处分,本条例另有规定的除外;对其他成员,按照其在共同违纪中所起的作用和应负的责任，分别给予处分。

对于经济方面共同违纪的，按照个人参与数额及其所起作用，分别给予处分。对共同违纪的为首者，情节严重的，按照共同违纪的总数额处分。

教唆他人违纪的，应当按照其在共同违纪中所起的作用追究党纪责任。

第二十七条 党组织领导机构集体作出违犯党纪的决定或者实施其他违犯党纪的行为，对具有共同故意的成员，按共同违纪处理；对过失违纪的成员，按照各自在集体违纪中所起的作用和应负的责任分别给予处分。

第四章 对违法犯罪党员的纪律处分

第二十八条 对违法犯罪的党员，应当按照规定给予党纪处分，做到适用纪律和适用法律有机融合，党纪政务等处分相匹配。

第二十九条 党组织在纪律审查中发现党员有贪污贿赂、滥用职权、玩忽职守、权力寻租、利益输送、徇私舞弊、浪费国家资财等违反法律涉嫌犯罪行为的，应当给予撤销党内职务、留党察看或者开除党籍处分。

第三十条 党组织在纪律审查中发现党员有刑法规定的行为，虽不构成犯罪但须追究党纪责任的，或者有其他破坏社会主义市场经济秩序、违反治安管理等违法行为，损害党、国家和人民利益的，应当视具体情节给予警告直至开除党籍处分。

违反国家财经纪律，在公共资金收支、税务管理、国有资产管理、政府采购管理、金融管理、财务会计管理等财经活动中有违法行为的，依照前款规定处理。

党员有嫖娼或者吸食、注射毒品等丧失党员条件，严重败坏党的形象行为的，应当给予开除党籍处分。

第三十一条 党组织在纪律审查中发现党员严重违纪涉嫌违法犯罪的，原则上先作出党纪处分决定，并按照规定由监察机关给予政务处分或者由任免机关（单位）给予处分后，再移送有关国家机关依法处理。

第三十二条 党员被依法留置、逮捕的，党组织应当按照管理权限中止其表决权、选举权和被选举权等党员权利。根据监察机关、司法机关处理结果，可以恢复其党员权利的，应当及时予以恢复。

第三十三条 党员犯罪情节轻微，人民检察院依法作出不起诉决定的，或者人民法院依法作出有罪判决并免予刑事处罚的，应当给予撤销党内职务、留党察看或者开除党籍处分。

党员犯罪，被单处罚金的，依照前款规定处理。

第三十四条 党员犯罪，有下列情形之一的，应当给予开除党籍处分：

（一）因故意犯罪被依法判处刑法规定的主刑（含宣告缓刑）；

（二）被单处或者附加剥夺政治权利；

（三）因过失犯罪，被依法判处三年以上（不含三年）有期徒刑。

因过失犯罪被判处三年以下有期徒

刑或者被判处管制、拘役的,一般应当开除党籍。对于个别可以不开除党籍的,应当对照处分违纪党员批准权限的规定,报请再上一级党组织批准。

第三十五条 党员依法受到刑事责任追究的,党组织应当根据司法机关的生效判决、裁定、决定及其认定的事实、性质和情节,依照本条例规定给予党纪处分,是公职人员的由监察机关给予相应政务处分或者由任免机关(单位)给予相应处分。

党员依法受到政务处分、任免机关(单位)给予的处分、行政处罚,应当追究党纪责任的,党组织可以根据生效的处分、行政处罚决定认定的事实、性质和情节,经核实后依照规定给予相应党纪处分或者组织处理。其中,党员依法受到撤职以上处分的,应当依照本条例规定给予撤销党内职务以上处分。

党员违反国家法律法规、企事业单位或者其他社会组织的规章制度受到其他处分,应当追究党纪责任的,党组织在对有关方面认定的事实、性质和情节进行核实后,依照规定给予相应党纪处分或者组织处理。

党组织作出党纪处分或者组织处理决定后,监察机关、司法机关、行政机关等依法改变原生效判决、裁定、决定等,对原党纪处分或者组织处理决定产生影响的,党组织应当根据改变后的生效判决、裁定、决定等重新作出相应处理。

第五章 其他规定

第三十六条 预备党员违犯党纪,情节较轻,可以保留预备党员资格的,党组织应当对其批评教育或者延长预备期;情节较重的,应当取消其预备党员资格。

第三十七条 对违纪后下落不明的党员,应当区别情况作出处理:

(一)对有严重违纪行为,应当给予开除党籍处分的,党组织应当作出决定,开除其党籍;

(二)除前项规定的情况外,下落不明时间超过六个月的,党组织应当按照党章规定对其予以除名。

第三十八条 违纪党员在党组织作出处分决定前死亡,或者在死亡之后发现其曾有严重违纪行为,对于应当给予开除党籍处分的,开除其党籍;对于应当给予留党察看以下处分的,作出违犯党纪的书面结论和相应处理。

第三十九条 违纪行为有关责任人员的区分:

(一)直接责任者,是指在其职责范围内,不履行或者不正确履行自己的职责,对造成的损失或者后果起决定性作用的党员或者党员领导干部;

(二)主要领导责任者,是指在其职责范围内,对主管的工作不履行或者不正确履行职责,对造成的损失或者后果负直接领导责任的党员领导干部;

(三)重要领导责任者,是指在其职责范围内,对应管的工作或者参与决定的工作不履行或者不正确履行职责,对造成的损失或者后果负次要领导责任的党员领导干部。

本条例所称领导责任者,包括主要

领导责任者和重要领导责任者。

第四十条 本条例所称主动交代，是指涉嫌违纪的党员在组织谈话函询、初步核实前向有关组织交代自己的问题，或者在谈话函询、初步核实和立案审查期间交代组织未掌握的问题。

第四十一条 担任职级、单独职务序列等级的党员干部违犯党纪受到处分，需要对其职级、单独职务序列等级进行调整的，参照本条例关于党外职务的规定执行。

第四十二条 计算经济损失应当计算立案时已经实际造成的全部财产损失，包括为挽回违纪行为所造成损失而支付的各种开支、费用。立案后至处理前持续发生的经济损失，应当一并计算在内。

第四十三条 对于违纪行为所获得的经济利益，应当收缴或者责令退赔。对于主动上交的违纪所得和经济损失赔偿，应当予以接收，并按照规定收缴或者返还有关单位、个人。

对于违纪行为所获得的职务、职级、职称、学历、学位、奖励、资格等其他利益，应当由承办案件的纪检机关或者由其上级纪检机关建议有关组织、部门、单位按照规定予以纠正。

对于依照本条例第三十七条、第三十八条规定处理的党员，经调查确属其实施违纪行为获得的利益，依照本条规定处理。

第四十四条 党纪处分决定作出后，应当在一个月内向受处分党员所在党的基层组织中的全体党员及其本人宣布，是领导班子成员的还应当向所在党组织领导班子宣布，并按照干部管理权限和组织关系将处分决定材料归入受处分者档案；对于受到撤销党内职务以上处分的，还应当在一个月内办理职务、工资、工作及其他有关待遇等相应变更手续；涉及撤销或者调整其党外职务的，应当建议党外组织及时撤销或者调整其党外职务。特殊情况下，经作出或者批准作出处分决定的组织批准，可以适当延长办理期限。办理期限最长不得超过六个月。

第四十五条 执行党纪处分决定的机关或者受处分党员所在单位，应当在六个月内将处分决定的执行情况向作出或者批准处分决定的机关报告。

党员对所受党纪处分不服的，可以依照党章及有关规定提出申诉。

第四十六条 党员因违犯党纪受到处分，影响期满后，党组织无需取消对其的处分。

第四十七条 本条例所称以上、以下，除有特别标明外均含本级、本数。

第四十八条 本条例总则适用于有党纪处分规定的其他党内法规，但是中共中央发布或者批准发布的其他党内法规有特别规定的除外。

第二编　分　　则

第六章　对违反政治纪律行为的处分

第四十九条 在重大原则问题上不同党中央保持一致且有实际言论、行为或者造成不良后果的,给予警告或者严重警告处分;情节较重的,给予撤销党内职务或者留党察看处分;情节严重的,给予开除党籍处分。

第五十条 通过网络、广播、电视、报刊、传单、书籍等,或者利用讲座、论坛、报告会、座谈会等方式,公开发表坚持资产阶级自由化立场、反对四项基本原则,反对党的改革开放决策的文章、演说、宣言、声明等的,给予开除党籍处分。

发布、播出、刊登、出版前款所列文章、演说、宣言、声明等或者为上述行为提供方便条件的,对直接责任者和领导责任者,给予严重警告或者撤销党内职务处分;情节严重的,给予留党察看或者开除党籍处分。

第五十一条 通过网络、广播、电视、报刊、传单、书籍等,或者利用讲座、论坛、报告会、座谈会等方式,有下列行为之一,情节较轻的,给予警告或者严重警告处分;情节较重的,给予撤销党内职务或者留党察看处分;情节严重的,给予开除党籍处分:

(一)公开发表违背四项基本原则,违背、歪曲党的改革开放决策,或者其他有严重政治问题的文章、演说、宣言、声明等;

(二)妄议党中央大政方针,破坏党的集中统一;

(三)丑化党和国家形象,或者诋毁、诬蔑党和国家领导人、英雄模范,或者歪曲党的历史、中华人民共和国历史、人民军队历史。

发布、播出、刊登、出版前款所列内容或者为上述行为提供方便条件的,对直接责任者和领导责任者,给予严重警告或者撤销党内职务处分;情节严重的,给予留党察看或者开除党籍处分。

第五十二条 制作、贩卖、传播第五十条、第五十一条所列内容之一的报刊、书籍、音像制品、电子读物,以及网络文本、图片、音频、视频资料等,情节较轻的,给予警告或者严重警告处分;情节较重的,给予撤销党内职务或者留党察看处分;情节严重的,给予开除党籍处分。

私自携带、寄递第五十条、第五十一条所列内容之一的报刊、书籍、音像制品、电子读物等入出境,情节较重的,给予警告或者严重警告处分;情节严重的,给予撤销党内职务、留党察看或者开除党籍处分。

私自阅看、浏览、收听第五十条、第五十一条所列内容之一的报刊、书籍、音像制品、电子读物,以及网络文本、图片、音频、视频资料等,情节严重的,给予警告、严重警告或者撤销党内职务处分。

第五十三条 在党内组织秘密集团或者组织其他分裂党的活动的,给予开除党籍处分。

参加秘密集团或者参加其他分裂党的活动的,给予留党察看或者开除党籍处分。

第五十四条 在党内搞团团伙伙、结党营私、拉帮结派、政治攀附、培植个人势力等非组织活动,或者通过搞利益交换、为自己营造声势等活动捞取政治资本的,给予严重警告或者撤销党内职务处分;导致本地区、本部门、本单位政治生态恶化的，给予留党察看或者开除党籍处分。

第五十五条 搞投机钻营，结交政治骗子或者被政治骗子利用的，给予严重警告或者撤销党内职务处分；情节严重的，给予留党察看或者开除党籍处分。

充当政治骗子的，给予撤销党内职务、留党察看或者开除党籍处分。

第五十六条 党员领导干部在本人主政的地方或者分管的部门自行其是，搞山头主义，拒不执行党中央确定的大政方针，甚至背着党中央另搞一套的，给予撤销党内职务、留党察看或者开除党籍处分。

贯彻党中央决策部署只表态不落实，或者落实党中央决策部署不坚决，打折扣、搞变通，在政治上造成不良影响或者严重后果的，给予警告或者严重警告处分；情节严重的，给予撤销党内职务、留党察看或者开除党籍处分。

不顾党和国家大局，搞部门或者地方保护主义的，依照前款规定处理。

第五十七条 党员领导干部政绩观错位，违背新发展理念、背离高质量发展要求，给党、国家和人民利益造成较大损失的，给予警告或者严重警告处分；情节较重的，给予撤销党内职务或者留党察看处分；情节严重的，给予开除党籍处分。

搞劳民伤财的"形象工程"、"政绩工程"的，从重或者加重处分。

第五十八条 对党不忠诚不老实，表里不一，阳奉阴违，欺上瞒下，搞两面派，做两面人，在政治上造成不良影响的，给予警告或者严重警告处分；情节较重的，给予撤销党内职务或者留党察看处分；情节严重的，给予开除党籍处分。

第五十九条 制造、散布、传播政治谣言，破坏党的团结统一的，给予警告或者严重警告处分；情节较重的，给予撤销党内职务或者留党察看处分；情节严重的，给予开除党籍处分。

政治品行恶劣，匿名诬告，有意陷害或者制造其他谣言，造成损害或者不良影响的，依照前款规定处理。

第六十条 擅自对应当由党中央决定的重大政策问题作出决定、对外发表主张的，对直接责任者和领导责任者，给予严重警告或者撤销党内职务处分；情节严重的，给予留党察看或者开除党籍处分。

第六十一条 不按照有关规定向组织请示、报告重大事项，对直接责任者和领导责任者，情节较重的，给予警告或者严重警告处分；情节严重的，给予撤销党内职务或者留党察看处分。

第六十二条 干扰巡视巡察工作或者不落实巡视巡察整改要求，对直接责任者和领导责任者，情节较轻的，给予警告或者严重警告处分；情节较重的，给予撤销党内职务或者留党察看处分；情节严重的，给予开除党籍处分。

第六十三条 对抗组织审查，有下列行为之一的，给予警告或者严重警告处分；情节较重的，给予撤销党内职务或者留党察看处分；情节严重的，给予开除党籍处分：

（一）串供或者伪造、销毁、转移、隐匿证据；

(二)阻止他人揭发检举、提供证据材料;

(三)包庇同案人员;

(四)向组织提供虚假情况,掩盖事实;

(五)其他对抗组织审查行为。

第六十四条 组织、参加反对党的基本理论、基本路线、基本方略或者重大方针政策的集会、游行、示威等活动的,或者以组织讲座、论坛、报告会、座谈会等方式,反对党的基本理论、基本路线、基本方略或者重大方针政策,造成严重不良影响的,对策划者、组织者和骨干分子,给予开除党籍处分。

对其他参加人员或者以提供信息、资料、财物、场地等方式支持上述活动者,情节较轻的,给予警告或者严重警告处分;情节较重的,给予撤销党内职务或者留党察看处分;情节严重的,给予开除党籍处分。

对不明真相被裹挟参加,经批评教育后确有悔改表现的,可以免予处分或者不予处分。

未经组织批准参加其他集会、游行、示威等活动,情节较轻的,给予警告或者严重警告处分;情节较重的,给予撤销党内职务或者留党察看处分;情节严重的,给予开除党籍处分。

第六十五条 组织、参加旨在反对党的领导、反对社会主义制度或者敌视政府等组织的,对策划者、组织者和骨干分子,给予开除党籍处分。

对其他参加人员,情节较轻的,给予警告或者严重警告处分;情节较重的,给予撤销党内职务或者留党察看处分;情节严重的,给予开除党籍处分。

第六十六条 组织、参加会道门或者邪教组织的,对策划者、组织者和骨干分子,给予开除党籍处分。

对其他参加人员,情节较轻的,给予警告或者严重警告处分;情节较重的,给予撤销党内职务或者留党察看处分;情节严重的,给予开除党籍处分。

对不明真相的参加人员,经批评教育后确有悔改表现的,可以免予处分或者不予处分。

第六十七条 从事、参与挑拨破坏民族关系制造事端或者参加民族分裂活动的,对策划者、组织者和骨干分子,给予开除党籍处分。

对其他参加人员,情节较轻的,给予警告或者严重警告处分;情节较重的,给予撤销党内职务或者留党察看处分;情节严重的,给予开除党籍处分。

对不明真相被裹挟参加,经批评教育后确有悔改表现的,可以免予处分或者不予处分。

有其他违反党和国家民族政策的行为,情节较轻的,给予警告或者严重警告处分;情节较重的,给予撤销党内职务或者留党察看处分;情节严重的,给予开除党籍处分。

第六十八条 组织、利用宗教活动反对党的理论、路线、方针、政策和决议,破坏民族团结的,对策划者、组织者和骨干分子,给予开除党籍处分。

对其他参加人员,给予撤销党内职务或者留党察看处分;情节严重的,给予开除党籍处分。

对不明真相被裹挟参加，经批评教育后确有悔改表现的，可以免予处分或者不予处分。

有其他违反党和国家宗教政策的行为，情节较轻的，给予警告或者严重警告处分；情节较重的，给予撤销党内职务或者留党察看处分；情节严重的，给予开除党籍处分。

第六十九条 对信仰宗教的党员，应当加强思想教育，要求其限期改正；经党组织帮助教育仍没有转变的，应当劝其退党；劝而不退的，予以除名；参与利用宗教搞煽动活动的，给予开除党籍处分。

第七十条 组织迷信活动的，给予撤销党内职务或者留党察看处分；情节严重的，给予开除党籍处分。

参加迷信活动或者个人搞迷信活动，造成不良影响的，给予警告或者严重警告处分；情节较重的，给予撤销党内职务或者留党察看处分；情节严重的，给予开除党籍处分。

对不明真相的参加人员，经批评教育后确有悔改表现的，可以免予处分或者不予处分。

第七十一条 组织、利用宗族势力对抗党和政府，妨碍党和国家的方针政策以及决策部署的实施，或者破坏党的基层组织建设的，对策划者、组织者和骨干分子，给予开除党籍处分。

对其他参加人员，给予撤销党内职务或者留党察看处分；情节严重的，给予开除党籍处分。

对不明真相被裹挟参加，经批评教育后确有悔改表现的，可以免予处分或者不予处分。

第七十二条 在国（境）外、外国驻华使（领）馆申请政治避难，或者违纪后逃往国（境）外、外国驻华使（领）馆的，给予开除党籍处分。

在国（境）外公开发表反对党和政府的文章、演说、宣言、声明等的，依照前款规定处理。

故意为上述行为提供方便条件的，给予留党察看或者开除党籍处分。

第七十三条 在涉外活动中，其言行在政治上造成恶劣影响，损害党和国家尊严、利益的，给予撤销党内职务或者留党察看处分；情节严重的，给予开除党籍处分。

第七十四条 不履行全面从严治党主体责任、监督责任或者履行全面从严治党主体责任、监督责任不力，给党组织造成严重损害或者严重不良影响的，对直接责任者和领导责任者，给予警告或者严重警告处分；情节严重的，给予撤销党内职务或者留党察看处分。

第七十五条 党员领导干部对违反政治纪律和政治规矩等错误思想和行为不报告、不抵制、不斗争，放任不管，搞无原则一团和气，造成不良影响的，给予警告或者严重警告处分；情节严重的，给予撤销党内职务或者留党察看处分。

第七十六条 违反党的优良传统和工作惯例等党的规矩，在政治上造成不良影响或者严重后果的，给予警告或者严重警告处分；情节较重的，给予撤销党内职务或者留党察看处分；情节严重的，给予开除党籍处分。

第十一章　对违反生活纪律行为的处分

第一百五十条　生活奢靡、铺张浪费、贪图享乐、追求低级趣味，造成不良影响的，给予警告或者严重警告处分；情节严重的，给予撤销党内职务处分。

第一百五十一条　与他人发生不正当性关系，造成不良影响的，给予警告或者严重警告处分；情节较重的，给予撤销党内职务或者留党察看处分；情节严重的，给予开除党籍处分。

利用职权、教养关系、从属关系或者其他相类似关系与他人发生性关系的，从重处分。

第一百五十二条　党员领导干部不重视家风建设，对配偶、子女及其配偶失管失教，造成不良影响或者严重后果的，给予警告或者严重警告处分；情节严重的，给予撤销党内职务处分。

第一百五十三条　违背社会公序良俗，在公共场所、网络空间有不当言行，造成不良影响的，给予警告或者严重警告处分；情节较重的，给予撤销党内职务或者留党察看处分；情节严重的，给予开除党籍处分。

第一百五十四条　有其他严重违反社会公德、家庭美德行为的，应当视具体情节给予警告直至开除党籍处分。

第三编　附　　则

第一百五十八条　本条例自2024年1月1日起施行。

本条例施行前，已结案的案件如需进行复查复议，适用当时的规定或者政策。尚未结案的案件，如果行为发生时的规定或者政策不认为是违纪，而本条例认为是违纪的，依照当时的规定或者政策处理；如果行为发生时的规定或者政策认为是违纪的，依照当时的规定或者政策处理，但是如果本条例不认为是违纪或者处理较轻的，依照本条例规定处理。

中国共产党问责条例

(2019年7月30日中共中央政治局会议审议批准　2019年8月25日中共中央发布)

第一条　为了坚持党的领导，加强党的建设，全面从严治党，保证党的路线方针政策和党中央重大决策部署贯彻落实，规范和强化党的问责工作，根据《中国共产党章程》，制定本条例。

第二条　党的问责工作坚持以马克思列宁主义、毛泽东思想、邓小平理论、“三个代表”重要思想、科学发展观、习近平新时代中国特色社会主义思想为指导，增强“四个意识”，坚定“四个自信”，坚决维护习近平总书记党中央的核心、全党的核心地位，坚决维护党中央权威和集中统一领导，围绕统筹推进“五位一体”总体布局和协调推进“四个全面”战略布局，落实管党治党政治责任，督促各级党组织、党的领导干部负责守责尽责，践行忠诚干净担当。

第三条 党的问责工作应当坚持以下原则：

（一）依规依纪、实事求是；

（二）失责必问、问责必严；

（三）权责一致、错责相当；

（四）严管和厚爱结合、激励和约束并重；

（五）惩前毖后、治病救人；

（六）集体决定、分清责任。

第四条 党委（党组）应当履行全面从严治党主体责任，加强对本地区本部门本单位问责工作的领导，追究在党的建设、党的事业中失职失责党组织和党的领导干部的主体责任、监督责任、领导责任。

纪委应当履行监督专责，协助同级党委开展问责工作。纪委派驻（派出）机构按照职责权限开展问责工作。

党的工作机关应当依据职能履行监督职责，实施本机关本系统本领域的问责工作。

第五条 问责对象是党组织、党的领导干部，重点是党委（党组）、党的工作机关及其领导成员，纪委、纪委派驻（派出）机构及其领导成员。

第六条 问责应当分清责任。党组织领导班子在职责范围内负有全面领导责任，领导班子主要负责人和直接主管的班子成员在职责范围内承担主要领导责任，参与决策和工作的班子成员在职责范围内承担重要领导责任。

对党组织问责的，应当同时对该党组织中负有责任的领导班子成员进行问责。

党组织和党的领导干部应当坚持把自己摆进去、把职责摆进去、把工作摆进去，注重从自身找问题、查原因，勇于担当、敢于负责，不得向下级党组织和干部推卸责任。

第七条 党组织、党的领导干部违反党章和其他党内法规，不履行或者不正确履行职责，有下列情形之一，应当予以问责：

（一）党的领导弱化，“四个意识”不强，“两个维护”不力，党的基本理论、基本路线、基本方略没有得到有效贯彻执行，在贯彻新发展理念，推进经济建设、政治建设、文化建设、社会建设、生态文明建设中，出现重大偏差和失误，给党的事业和人民利益造成严重损失，产生恶劣影响的；

（二）党的政治建设抓得不实，在重大原则问题上未能同党中央保持一致，贯彻落实党的路线方针政策和执行党中央重大决策部署不力，不遵守重大事项请示报告制度，有令不行、有禁不止，阳奉阴违、欺上瞒下，团团伙伙、拉帮结派问题突出，党内政治生活不严肃不健康，党的政治建设工作责任制落实不到位，造成严重后果或者恶劣影响的；

（三）党的思想建设缺失，党性教育特别是理想信念宗旨教育流于形式，意识形态工作责任制落实不到位，造成严重后果或者恶劣影响的；

（四）党的组织建设薄弱，党建工作责任制不落实，严重违反民主集中制原则，不执行领导班子议事决策规则，民主生活会、“三会一课”等党的组织生活制度不执行，领导干部报告个人有关事项制度执行不力，党组织软弱涣散，违规选

拔任用干部等问题突出,造成恶劣影响的;

(五)党的作风建设松懈,落实中央八项规定及其实施细则精神不力,“四风”问题得不到有效整治,形式主义、官僚主义问题突出,执行党中央决策部署表态多调门高、行动少落实差,脱离实际、脱离群众,拖沓敷衍、推诿扯皮,造成严重后果的;

(六)党的纪律建设抓得不严,维护党的政治纪律、组织纪律、廉洁纪律、群众纪律、工作纪律、生活纪律不力,导致违规违纪行为多发,造成恶劣影响的;

(七)推进党风廉政建设和反腐败斗争不坚决、不扎实,削减存量、遏制增量不力,特别是对不收敛、不收手,问题线索反映集中、群众反映强烈,政治问题和经济问题交织的腐败案件放任不管,造成恶劣影响的;

(八)全面从严治党主体责任、监督责任落实不到位,对公权力的监督制约不力,好人主义盛行,不负责不担当,党内监督乏力,该发现的问题没有发现,发现问题不报告不处置,领导巡视巡察工作不力,落实巡视巡察整改要求走过场、不到位,该问责不问责,造成严重后果的;

(九)履行管理、监督职责不力,职责范围内发生重特大生产安全事故、群体性事件、公共安全事件,或者发生其他严重事故、事件,造成重大损失或者恶劣影响的;

(十)在教育医疗、生态环境保护、食品药品安全、扶贫脱贫、社会保障等涉及人民群众最关心最直接最现实的利益问题上不作为、乱作为、慢作为、假作为,损害和侵占群众利益问题得不到整治,以言代法、以权压法、徇私枉法问题突出,群众身边腐败和作风问题严重,造成恶劣影响的;

(十一)其他应当问责的失职失责情形。

第八条 对党组织的问责,根据危害程度以及具体情况,可以采取以下方式:

(一)检查。责令作出书面检查并切实整改。

(二)通报。责令整改,并在一定范围内通报。

(三)改组。对失职失责,严重违犯党的纪律、本身又不能纠正的,应当予以改组。

对党的领导干部的问责,根据危害程度以及具体情况,可以采取以下方式:

(一)通报。进行严肃批评,责令作出书面检查、切实整改,并在一定范围内通报。

(二)诫勉。以谈话或者书面方式进行诫勉。

(三)组织调整或者组织处理。对失职失责、危害较重,不适宜担任现职的,应当根据情况采取停职检查、调整职务、责令辞职、免职、降职等措施。

(四)纪律处分。对失职失责、危害严重,应当给予纪律处分的,依照《中国共产党纪律处分条例》追究纪律责任。

上述问责方式,可以单独使用,也可以依据规定合并使用。问责方式有影响期的,按照有关规定执行。

第九条 发现有本条例第七条所列

问责情形，需要进行问责调查的，有管理权限的党委（党组）、纪委、党的工作机关应当经主要负责人审批，及时启动问责调查程序。其中，纪委、党的工作机关对同级党委直接领导的党组织及其主要负责人启动问责调查，应当报同级党委主要负责人批准。

应当启动问责调查未及时启动的，上级党组织应当责令有管理权限的党组织启动。根据问题性质或者工作需要，上级党组织可以直接启动问责调查，也可以指定其他党组织启动。

对被立案审查的党组织、党的领导干部问责的，不再另行启动问责调查程序。

第十条 启动问责调查后，应当组成调查组，依规依纪依法开展调查，查明党组织、党的领导干部失职失责问题，综合考虑主客观因素，正确区分贯彻执行党中央或者上级决策部署过程中出现的执行不当、执行不力、不执行等不同情况，精准提出处理意见，做到事实清楚、证据确凿、依据充分、责任分明、程序合规、处理恰当，防止问责不力或者问责泛化、简单化。

第十一条 查明调查对象失职失责问题后，调查组应当撰写事实材料，与调查对象见面，听取其陈述和申辩，并记录在案；对合理意见，应当予以采纳。调查对象应当在事实材料上签署意见，对签署不同意见或者拒不签署意见的，调查组应当作出说明或者注明情况。

调查工作结束后，调查组应当集体讨论，形成调查报告，列明调查对象基本情况、调查依据、调查过程，问责事实，调查对象的态度、认识及其申辩，处理意见以及依据，由调查组组长以及有关人员签名后，履行审批手续。

第十二条 问责决定应当由有管理权限的党组织作出。

对同级党委直接领导的党组织，纪委和党的工作机关报经同级党委或者其主要负责人批准，可以采取检查、通报方式进行问责。采取改组方式问责的，按照党章和有关党内法规规定的权限、程序执行。

对同级党委管理的领导干部，纪委和党的工作机关报经同级党委或者其主要负责人批准，可以采取通报、诫勉方式进行问责；提出组织调整或者组织处理的建议。采取纪律处分方式问责的，按照党章和有关党内法规规定的权限、程序执行。

第十三条 问责决定作出后，应当及时向被问责党组织、被问责领导干部及其所在党组织宣布并督促执行。有关问责情况应当向纪委和组织部门通报，纪委应当将问责决定材料归入被问责领导干部廉政档案，组织部门应当将问责决定材料归入被问责领导干部的人事档案，并报上一级组织部门备案；涉及组织调整或者组织处理的，相应手续应当在1个月内办理完毕。

被问责领导干部应当向作出问责决定的党组织写出书面检讨，并在民主生活会、组织生活会或者党的其他会议上作出深刻检查。建立健全问责典型问题通报曝光制度，采取组织调整或者组织处理、纪律处分方式问责的，应当以适当方式公开。

第十四条 被问责党组织、被问责领导干部及其所在党组织应当深刻汲取教训,明确整改措施。作出问责决定的党组织应当加强督促检查,推动以案促改。

第十五条 需要对问责对象作出政务处分或者其他处理的,作出问责决定的党组织应当通报相关单位,相关单位应当及时处理并将结果通报或者报告作出问责决定的党组织。

第十六条 实行终身问责,对失职失责性质恶劣、后果严重的,不论其责任人是否调离转岗、提拔或者退休等,都应当严肃问责。

第十七条 有下列情形之一的,可以不予问责或者免予问责:

(一)在推进改革中因缺乏经验、先行先试出现的失误,尚无明确限制的探索性试验中的失误,为推动发展的无意过失;

(二)在集体决策中对错误决策提出明确反对意见或者保留意见的;

(三)在决策实施中已经履职尽责,但因不可抗力、难以预见等因素造成损失的。

对上级错误决定提出改正或者撤销意见未被采纳,而出现本条例第七条所列问责情形的,依照前款规定处理。上级错误决定明显违法违规的,应当承担相应的责任。

第十八条 有下列情形之一,可以从轻或者减轻问责:

(一)及时采取补救措施,有效挽回损失或者消除不良影响的;

(二)积极配合问责调查工作,主动承担责任的;

(三)党内法规规定的其他从轻、减轻情形。

第十九条 有下列情形之一,应当从重或者加重问责:

(一)对党中央、上级党组织三令五申的指示要求,不执行或者执行不力的;

(二)在接受问责调查和处理中,不如实报告情况,敷衍塞责、推卸责任,或者唆使、默许有关部门和人员弄虚作假,阻扰问责工作的;

(三)党内法规规定的其他从重、加重情形。

第二十条 问责对象对问责决定不服的,可以自收到问责决定之日起1个月内,向作出问责决定的党组织提出书面申诉。作出问责决定的党组织接到书面申诉后,应当在1个月内作出申诉处理决定,并以书面形式告知提出申诉的党组织、领导干部及其所在党组织。

申诉期间,不停止问责决定的执行。

第二十一条 问责决定作出后,发现问责事实认定不清楚、证据不确凿、依据不充分、责任不清晰、程序不合规、处理不恰当,或者存在其他不应当问责、不精准问责情况的,应当及时予以纠正。必要时,上级党组织可以直接纠正或者责令作出问责决定的党组织予以纠正。

党组织、党的领导干部滥用问责,或者在问责工作中严重不负责任,造成不良影响的,应当严肃追究责任。

第二十二条 正确对待被问责干部,对影响期满、表现好的干部,符合条件的，按照干部选拔任用有关规定正常使用。

第二十三条 本条例所涉及的审批权限均指最低审批权限，工作中根据需要可以按照更高层级的审批权限报批。

第二十四条 纪委派驻（派出）机构除执行本条例外，还应当执行党中央以及中央纪委相关规定。

第二十五条 中央军事委员会可以根据本条例制定相关规定。

第二十六条 本条例由中央纪律检查委员会负责解释。

第二十七条 本条例自2019年9月1日起施行。2016年7月8日中共中央印发的《中国共产党问责条例》同时废止。此前发布的有关问责的规定，凡与本条例不一致的，按照本条例执行。

中华人民共和国
公职人员政务处分法

（2020年6月20日第十三届全国人民代表大会常务委员会第十九次会议通过　2020年6月20日中华人民共和国主席令第46号公布　自2020年7月1日起施行）

目　　录

第一章　总　　则

第一条 为了规范政务处分，加强对所有行使公权力的公职人员的监督，促进公职人员依法履职、秉公用权、廉洁从政从业、坚持道德操守，根据《中华人民共和国监察法》，制定本法。

第二条 本法适用于监察机关对违法的公职人员给予政务处分的活动。

本法第二章、第三章适用于公职人员任免机关、单位对违法的公职人员给予处分。处分的程序、申诉等适用其他法律、行政法规、国务院部门规章和国家有关规定。

本法所称公职人员，是指《中华人民共和国监察法》第十五条规定的人员。

第三条 监察机关应当按照管理权限，加强对公职人员的监督，依法给予违法的公职人员政务处分。

公职人员任免机关、单位应当按照管理权限，加强对公职人员的教育、管理、监督，依法给予违法的公职人员处分。

监察机关发现公职人员任免机关、单位应当给予处分而未给予，或者给予的处分违法、不当的，应当及时提出监察建议。

第四条 给予公职人员政务处分，坚持党管干部原则，集体讨论决定；坚持法律面前一律平等，以事实为根据，以法律为准绳，给予的政务处分与违法行为的性质、情节、危害程度相当；坚持惩戒与教育相结合,宽严相济。

第五条 给予公职人员政务处分,应当事实清楚、证据确凿、定性准确、处理恰当、程序合法、手续完备。

第六条 公职人员依法履行职责受法律保护,非因法定事由、非经法定程序,不受政务处分。

第二章 政务处分的种类和适用

第七条 政务处分的种类为:

(一)警告;

(二)记过;

(三)记大过;

(四)降级;

(五)撤职;

(六)开除。

第八条 政务处分的期间为:

(一)警告,六个月;

(二)记过,十二个月;

(三)记大过,十八个月;

(四)降级、撤职,二十四个月。

政务处分决定自作出之日起生效,政务处分期自政务处分决定生效之日起计算。

第九条 公职人员二人以上共同违法,根据各自在违法行为中所起的作用和应当承担的法律责任,分别给予政务处分。

第十条 有关机关、单位、组织集体作出的决定违法或者实施违法行为的,对负有责任的领导人员和直接责任人员中的公职人员依法给予政务处分。

第十一条 公职人员有下列情形之一的,可以从轻或者减轻给予政务处分:

(一)主动交代本人应当受到政务处分的违法行为的;

(二)配合调查,如实说明本人违法事实的;

(三)检举他人违纪违法行为,经查证属实的;

(四)主动采取措施,有效避免、挽回损失或者消除不良影响的;

(五)在共同违法行为中起次要或者辅助作用的;

(六)主动上交或者退赔违法所得的;

(七)法律、法规规定的其他从轻或者减轻情节。

第十二条 公职人员违法行为情节轻微,且具有本法第十一条规定的情形之一的,可以对其进行谈话提醒、批评教育、责令检查或者予以诫勉,免予或者不予政务处分。

公职人员因不明真相被裹挟或者被胁迫参与违法活动,经批评教育后确有悔改表现的,可以减轻、免予或者不予政务处分。

第十三条 公职人员有下列情形之一的,应当从重给予政务处分:

(一)在政务处分期内再次故意违法,应当受到政务处分的;

(二)阻止他人检举、提供证据的;

(三)串供或者伪造、隐匿、毁灭证据的;

(四)包庇同案人员的;

(五)胁迫、唆使他人实施违法行为的;

(六)拒不上交或者退赔违法所得的;

（七）法律、法规规定的其他从重情节。

第十四条 公职人员犯罪，有下列情形之一的，予以开除：

（一）因故意犯罪被判处管制、拘役或者有期徒刑以上刑罚（含宣告缓刑）的；

（二）因过失犯罪被判处有期徒刑，刑期超过三年的；

（三）因犯罪被单处或者并处剥夺政治权利的。

因过失犯罪被判处管制、拘役或者三年以下有期徒刑的，一般应当予以开除；案件情况特殊，予以撤职更为适当的，可以不予开除，但是应当报请上一级机关批准。

公职人员因犯罪被单处罚金，或者犯罪情节轻微，人民检察院依法作出不起诉决定或者人民法院依法免予刑事处罚的，予以撤职；造成不良影响的，予以开除。

第十五条 公职人员有两个以上违法行为的，应当分别确定政务处分。应当给予两种以上政务处分的，执行其中最重的政务处分；应当给予撤职以下多个相同政务处分的，可以在一个政务处分期以上、多个政务处分期之和以下确定政务处分期，但是最长不得超过四十八个月。

第十六条 对公职人员的同一违法行为，监察机关和公职人员任免机关、单位不得重复给予政务处分和处分。

第十七条 公职人员有违法行为，有关机关依照规定给予组织处理的，监察机关可以同时给予政务处分。

第十八条 担任领导职务的公职人员有违法行为，被罢免、撤销、免去或者辞去领导职务的，监察机关可以同时给予政务处分。

第十九条 公务员以及参照《中华人民共和国公务员法》管理的人员在政务处分期内，不得晋升职务、职级、衔级和级别；其中，被记过、记大过、降级、撤职的，不得晋升工资档次。被撤职的，按照规定降低职务、职级、衔级和级别，同时降低工资和待遇。

第二十条 法律、法规授权或者受国家机关依法委托管理公共事务的组织中从事公务的人员，以及公办的教育、科研、文化、医疗卫生、体育等单位中从事管理的人员，在政务处分期内，不得晋升职务、岗位和职员等级、职称；其中，被记过、记大过、降级、撤职的，不得晋升薪酬待遇等级。被撤职的，降低职务、岗位或者职员等级，同时降低薪酬待遇。

第二十一条 国有企业管理人员在政务处分期内，不得晋升职务、岗位等级和职称；其中，被记过、记大过、降级、撤职的，不得晋升薪酬待遇等级。被撤职的，降低职务或者岗位等级，同时降低薪酬待遇。

第二十二条 基层群众性自治组织中从事管理的人员有违法行为的，监察机关可以予以警告、记过、记大过。

基层群众性自治组织中从事管理的人员受到政务处分的，应当由县级或者乡镇人民政府根据具体情况减发或者扣发补贴、奖金。

第二十三条 《中华人民共和国监察法》第十五条第六项规定的人员有违法行为的,监察机关可以予以警告、记过、记大过。情节严重的,由所在单位直接给予或者监察机关建议有关机关、单位给予降低薪酬待遇、调离岗位、解除人事关系或者劳动关系等处理。

《中华人民共和国监察法》第十五条第二项规定的人员,未担任公务员、参照《中华人民共和国公务员法》管理的人员、事业单位工作人员或者国有企业人员职务的,对其违法行为依照前款规定处理。

第二十四条 公职人员被开除,或者依照本法第二十三条规定,受到解除人事关系或者劳动关系处理的,不得录用为公务员以及参照《中华人民共和国公务员法》管理的人员。

第二十五条 公职人员违法取得的财物和用于违法行为的本人财物,除依法应当由其他机关没收、追缴或者责令退赔的,由监察机关没收、追缴或者责令退赔;应当退还原所有人或者原持有人的,依法予以退还;属于国家财产或者不应当退还以及无法退还的,上缴国库。

公职人员因违法行为获得的职务、职级、衔级、级别、岗位和职员等级、职称、待遇、资格、学历、学位、荣誉、奖励等其他利益,监察机关应当建议有关机关、单位、组织按规定予以纠正。

第二十六条 公职人员被开除的,自政务处分决定生效之日起,应当解除其与所在机关、单位的人事关系或者劳动关系。

公职人员受到开除以外的政务处分,在政务处分期内有悔改表现,并且没有再发生应当给予政务处分的违法行为的,政务处分期满后自动解除,晋升职务、职级、衔级、级别、岗位和职员等级、职称、薪酬待遇不再受原政务处分影响。但是,解除降级、撤职的,不恢复原职务、职级、衔级、级别、岗位和职员等级、职称、薪酬待遇。

第二十七条 已经退休的公职人员退休前或者退休后有违法行为的,不再给予政务处分,但是可以对其立案调查;依法应当予以降级、撤职、开除的,应当按照规定相应调整其享受的待遇,对其违法取得的财物和用于违法行为的本人财物依照本法第二十五条的规定处理。

已经离职或者死亡的公职人员在履职期间有违法行为的,依照前款规定处理。

第三章 违法行为及其适用的政务处分

第二十八条 有下列行为之一的,予以记过或者记大过;情节较重的,予以降级或者撤职;情节严重的,予以开除:

(一)散布有损宪法权威、中国共产党领导和国家声誉的言论的;

(二)参加旨在反对宪法、中国共产党领导和国家的集会、游行、示威等活动的;

(三)拒不执行或者变相不执行中国共产党和国家的路线方针政策、重大决策部署的;

(四)参加非法组织、非法活动的;

（五）挑拨、破坏民族关系，或者参加民族分裂活动的；

（六）利用宗教活动破坏民族团结和社会稳定的；

（七）在对外交往中损害国家荣誉和利益的。

有前款第二项、第四项、第五项和第六项行为之一的，对策划者、组织者和骨干分子，予以开除。

公开发表反对宪法确立的国家指导思想，反对中国共产党领导，反对社会主义制度，反对改革开放的文章、演说、宣言、声明等的，予以开除。

第二十九条 不按照规定请示、报告重大事项，情节较重的，予以警告、记过或者记大过；情节严重的，予以降级或者撤职。

违反个人有关事项报告规定，隐瞒不报，情节较重的，予以警告、记过或者记大过。

篡改、伪造本人档案资料的，予以记过或者记大过；情节严重的，予以降级或者撤职。

第三十条 有下列行为之一的，予以警告、记过或者记大过；情节严重的，予以降级或者撤职：

（一）违反民主集中制原则，个人或者少数人决定重大事项，或者拒不执行、擅自改变集体作出的重大决定的；

（二）拒不执行或者变相不执行、拖延执行上级依法作出的决定、命令的。

第三十一条 违反规定出境或者办理因私出境证件的，予以记过或者记大过；情节严重的，予以降级或者撤职。

违反规定取得外国国籍或者获取境外永久居留资格、长期居留许可的，予以撤职或者开除。

第三十二条 有下列行为之一的，予以警告、记过或者记大过；情节较重的，予以降级或者撤职；情节严重的，予以开除：

（一）在选拔任用、录用、聘用、考核、晋升、评选等干部人事工作中违反有关规定的；

（二）弄虚作假，骗取职务、职级、衔级、级别、岗位和职员等级、职称、待遇、资格、学历、学位、荣誉、奖励或者其他利益的；

（三）对依法行使批评、申诉、控告、检举等权利的行为进行压制或者打击报复的；

（四）诬告陷害，意图使他人受到名誉损害或者责任追究等不良影响的；

（五）以暴力、威胁、贿赂、欺骗等手段破坏选举的。

第三十三条 有下列行为之一的，予以警告、记过或者记大过；情节较重的，予以降级或者撤职；情节严重的，予以开除：

（一）贪污贿赂的；

（二）利用职权或者职务上的影响为本人或者他人谋取私利的；

（三）纵容、默许特定关系人利用本人职权或者职务上的影响谋取私利的。

拒不按照规定纠正特定关系人违规任职、兼职或者从事经营活动，且不服从职务调整的，予以撤职。

第三十四条 收受可能影响公正行

使公权力的礼品、礼金、有价证券等财物的,予以警告、记过或者记大过;情节较重的,予以降级或者撤职;情节严重的,予以开除。

向公职人员及其特定关系人赠送可能影响公正行使公权力的礼品、礼金、有价证券等财物,或者接受、提供可能影响公正行使公权力的宴请、旅游、健身、娱乐等活动安排,情节较重的,予以警告、记过或者记大过;情节严重的,予以降级或者撤职。

第三十五条 有下列行为之一,情节较重的,予以警告、记过或者记大过;情节严重的,予以降级或者撤职:

(一)违反规定设定、发放薪酬或者津贴、补贴、奖金的;

(二)违反规定,在公务接待、公务交通、会议活动、办公用房以及其他工作生活保障等方面超标准、超范围的;

(三)违反规定公款消费的。

第三十六条 违反规定从事或者参与营利性活动,或者违反规定兼任职务、领取报酬的,予以警告、记过或者记大过;情节较重的,予以降级或者撤职;情节严重的,予以开除。

第三十七条 利用宗族或者黑恶势力等欺压群众,或者纵容、包庇黑恶势力活动的,予以撤职;情节严重的,予以开除。

第三十八条 有下列行为之一,情节较重的,予以警告、记过或者记大过;情节严重的,予以降级或者撤职:

(一)违反规定向管理服务对象收取、摊派财物的;

(二)在管理服务活动中故意刁难、吃拿卡要的;

(三)在管理服务活动中态度恶劣粗暴,造成不良后果或者影响的;

(四)不按照规定公开工作信息,侵犯管理服务对象知情权,造成不良后果或者影响的;

(五)其他侵犯管理服务对象利益的行为,造成不良后果或者影响的。

有前款第一项、第二项和第五项行为,情节特别严重的,予以开除。

第三十九条 有下列行为之一,造成不良后果或者影响的,予以警告、记过或者记大过;情节较重的,予以降级或者撤职;情节严重的,予以开除:

(一)滥用职权,危害国家利益、社会公共利益或者侵害公民、法人、其他组织合法权益的;

(二)不履行或者不正确履行职责,玩忽职守,贻误工作的;

(三)工作中有形式主义、官僚主义行为的;

(四)工作中有弄虚作假,误导、欺骗行为的;

(五)泄露国家秘密、工作秘密,或者泄露因履行职责掌握的商业秘密、个人隐私的。

第四十条 有下列行为之一的,予以警告、记过或者记大过;情节较重的,予以降级或者撤职;情节严重的,予以开除:

(一)违背社会公序良俗,在公共场所有不当行为,造成不良影响的;

(二)参与或者支持迷信活动,造成

不良影响的；

（三）参与赌博的；

（四）拒不承担赡养、抚养、扶养义务的；

（五）实施家庭暴力，虐待、遗弃家庭成员的；

（六）其他严重违反家庭美德、社会公德的行为。

吸食、注射毒品，组织赌博，组织、支持、参与卖淫、嫖娼、色情淫乱活动的，予以撤职或者开除。

第四十一条 公职人员有其他违法行为，影响公职人员形象，损害国家和人民利益的，可以根据情节轻重给予相应政务处分。

第四章 政务处分的程序

第四十二条 监察机关对涉嫌违法的公职人员进行调查，应当由二名以上工作人员进行。监察机关进行调查时，有权依法向有关单位和个人了解情况，收集、调取证据。有关单位和个人应当如实提供情况。

严禁以威胁、引诱、欺骗及其他非法方式收集证据。以非法方式收集的证据不得作为给予政务处分的依据。

第四十三条 作出政务处分决定前，监察机关应当将调查认定的违法事实及拟给予政务处分的依据告知被调查人，听取被调查人的陈述和申辩，并对其陈述的事实、理由和证据进行核实，记录在案。被调查人提出的事实、理由和证据成立的，应予采纳。不得因被调查人的申辩而加重政务处分。

第四十四条 调查终结后，监察机关应当根据下列不同情况，分别作出处理：

（一）确有应受政务处分的违法行为的，根据情节轻重，按照政务处分决定权限，履行规定的审批手续后，作出政务处分决定；

（二）违法事实不能成立的，撤销案件；

（三）符合免予、不予政务处分条件的，作出免予、不予政务处分决定；

（四）被调查人涉嫌其他违法或者犯罪行为的，依法移送主管机关处理。

第四十五条 决定给予政务处分的，应当制作政务处分决定书。

政务处分决定书应当载明下列事项：

（一）被处分人的姓名、工作单位和职务；

（二）违法事实和证据；

（三）政务处分的种类和依据；

（四）不服政务处分决定，申请复审、复核的途径和期限；

（五）作出政务处分决定的机关名称和日期。

政务处分决定书应当盖有作出决定的监察机关的印章。

第四十六条 政务处分决定书应当及时送达被处分人和被处分人所在机关、单位，并在一定范围内宣布。

作出政务处分决定后，监察机关应当根据被处分人的具体身份书面告知相关的机关、单位。

第四十七条 参与公职人员违法案

件调查、处理的人员有下列情形之一的,应当自行回避,被调查人、检举人及其他有关人员也有权要求其回避:

(一)是被调查人或者检举人的近亲属的;

(二)担任过本案的证人的;

(三)本人或者其近亲属与调查的案件有利害关系的;

(四)可能影响案件公正调查、处理的其他情形。

第四十八条 监察机关负责人的回避,由上级监察机关决定;其他参与违法案件调查、处理人员的回避,由监察机关负责人决定。

监察机关或者上级监察机关发现参与违法案件调查、处理人员有应当回避情形的,可以直接决定该人员回避。

第四十九条 公职人员依法受到刑事责任追究的,监察机关应当根据司法机关的生效判决、裁定、决定及其认定的事实和情节,依照本法规定给予政务处分。

公职人员依法受到行政处罚,应当给予政务处分的,监察机关可以根据行政处罚决定认定的事实和情节,经立案调查核实后,依照本法给予政务处分。

监察机关根据本条第一款、第二款的规定作出政务处分后,司法机关、行政机关依法改变原生效判决、裁定、决定等,对原政务处分决定产生影响的,监察机关应当根据改变后的判决、裁定、决定等重新作出相应处理。

第五十条 监察机关对经各级人民代表大会、县级以上各级人民代表大会常务委员会选举或者决定任命的公职人员予以撤职、开除的,应当先依法罢免、撤销或者免去其职务,再依法作出政务处分决定。

监察机关对经中国人民政治协商会议各级委员会全体会议或者其常务委员会选举或者决定任命的公职人员予以撤职、开除的,应当先依章程免去其职务,再依法作出政务处分决定。

监察机关对各级人民代表大会代表、中国人民政治协商会议各级委员会委员给予政务处分的,应当向有关的人民代表大会常务委员会,乡、民族乡、镇的人民代表大会主席团或者中国人民政治协商会议委员会常务委员会通报。

第五十一条 下级监察机关根据上级监察机关的指定管辖决定进行调查的案件,调查终结后,对不属于本监察机关管辖范围内的监察对象,应当交有管理权限的监察机关依法作出政务处分决定。

第五十二条 公职人员涉嫌违法,已经被立案调查,不宜继续履行职责的,公职人员任免机关、单位可以决定暂停其履行职务。

公职人员在被立案调查期间,未经监察机关同意,不得出境、辞去公职;被调查公职人员所在机关、单位及上级机关、单位不得对其交流、晋升、奖励、处分或者办理退休手续。

第五十三条 监察机关在调查中发现公职人员受到不实检举、控告或者诬告陷害,造成不良影响的,应当按照规定及时澄清事实,恢复名誉,消除不良影响。

第五十四条 公职人员受到政务处分的，应当将政务处分决定书存入其本人档案。对于受到降级以上政务处分的，应当由人事部门按照管理权限在作出政务处分决定后一个月内办理职务、工资及其他有关待遇等的变更手续；特殊情况下，经批准可以适当延长办理期限，但是最长不得超过六个月。

第五章 复审、复核

第五十五条 公职人员对监察机关作出的涉及本人的政务处分决定不服的，可以依法向作出决定的监察机关申请复审；公职人员对复审决定仍不服的，可以向上一级监察机关申请复核。

监察机关发现本机关或者下级监察机关作出的政务处分决定确有错误的，应当及时予以纠正或者责令下级监察机关及时予以纠正。

第五十六条 复审、复核期间，不停止原政务处分决定的执行。

公职人员不因提出复审、复核而被加重政务处分。

第五十七条 有下列情形之一的，复审、复核机关应当撤销原政务处分决定，重新作出决定或者责令原作出决定的监察机关重新作出决定：

（一）政务处分所依据的违法事实不清或者证据不足的；

（二）违反法定程序，影响案件公正处理的；

（三）超越职权或者滥用职权作出政务处分决定的。

第五十八条 有下列情形之一的，复审、复核机关应当变更原政务处分决定，或者责令原作出决定的监察机关予以变更：

（一）适用法律、法规确有错误的；

（二）对违法行为的情节认定确有错误的；

（三）政务处分不当的。

第五十九条 复审、复核机关认为政务处分决定认定事实清楚，适用法律正确的，应当予以维持。

第六十条 公职人员的政务处分决定被变更，需要调整该公职人员的职务、职级、衔级、级别、岗位和职员等级或者薪酬待遇等的，应当按照规定予以调整。政务处分决定被撤销的，应当恢复该公职人员的级别、薪酬待遇，按照原职务、职级、衔级、岗位和职员等级安排相应的职务、职级、衔级、岗位和职员等级，并在原政务处分决定公布范围内为其恢复名誉。没收、追缴财物错误的，应当依法予以返还、赔偿。

公职人员因有本法第五十七条、第五十八条规定的情形被撤销政务处分或者减轻政务处分的，应当对其薪酬待遇受到的损失予以补偿。

第六章 法律责任

第六十一条 有关机关、单位无正当理由拒不采纳监察建议的，由其上级机关、主管部门责令改正，对该机关、单位给予通报批评，对负有责任的领导人员和直接责任人员依法给予处理。

第六十二条 有关机关、单位、组织或者人员有下列情形之一的，由其上级

机关,主管部门,任免机关、单位或者监察机关责令改正,依法给予处理:

(一)拒不执行政务处分决定的;

(二)拒不配合或者阻碍调查的;

(三)对检举人、证人或者调查人员进行打击报复的;

(四)诬告陷害公职人员的;

(五)其他违反本法规定的情形。

第六十三条 监察机关及其工作人员有下列情形之一的,对负有责任的领导人员和直接责任人员依法给予处理:

(一)违反规定处置问题线索的;

(二)窃取、泄露调查工作信息,或者泄露检举事项、检举受理情况以及检举人信息的;

(三)对被调查人或者涉案人员逼供、诱供,或者侮辱、打骂、虐待、体罚或者变相体罚的;

(四)收受被调查人或者涉案人员的财物以及其他利益的;

(五)违反规定处置涉案财物的;

(六)违反规定采取调查措施的;

(七)利用职权或者职务上的影响干预调查工作、以案谋私的;

(八)违反规定发生办案安全事故,或者发生安全事故后隐瞒不报、报告失实、处置不当的;

(九)违反回避等程序规定,造成不良影响的;

(十)不依法受理和处理公职人员复审、复核的;

(十一)其他滥用职权、玩忽职守、徇私舞弊的行为。

第六十四条 违反本法规定,构成犯罪的,依法追究刑事责任。

第七章 附 则

第六十五条 国务院及其相关主管部门根据本法的原则和精神,结合事业单位、国有企业等的实际情况,对事业单位、国有企业等的违法的公职人员处分事宜作出具体规定。

第六十六条 中央军事委员会可以根据本法制定相关具体规定。

第六十七条 本法施行前,已结案的案件如果需要复审、复核,适用当时的规定。尚未结案的案件,如果行为发生时的规定不认为是违法的,适用当时的规定;如果行为发生时的规定认为是违法的,依照当时的规定处理,但是如果本法不认为是违法或者根据本法处理较轻的,适用本法。

第六十八条 本法自2020年7月1日起施行。

十二、其　　他

“扫黄打非”工作举报奖励办法

（2018 年 10 月 31 日全国“扫黄打非”工作小组办公室、财政部、国家新闻出版署、国家版权局修订发布）

第一章　总　　则

第一条　为奖励举报涉及“扫黄打非”有关非法活动（以下简称“有关非法活动”）的有功人员，规范全国“扫黄打非”举报奖励制度，推动“扫黄打非”工作深入开展，根据国家有关法律法规和规章制度，制定本办法。

第二条　本办法适用于全国“扫黄打非”工作小组办公室和地方各级“扫黄打非”工作领导小组办公室（以下简称“‘扫黄打非’部门”），对举报人员以书面、来访、电话、电子邮件、互联网或者其他形式，举报涉及“扫黄打非”的有关非法活动，经查证属实并依法作出处理后，按规定对举报有功人员给予奖励。

第三条　向各级“扫黄打非”部门提供线索并形成“扫黄打非”部门挂牌督办案件的有功人员，按本办法予以奖励。

第二章　举报奖励范围与标准

第四条　举报下列非法行为属于本办法奖励范围：

（一）出版、制作、印刷、复制、发行、传播、寄递、储运含有下列违禁内容的出版物（含网络出版物）行为：

1. 反对宪法确定的基本原则的；

2. 危害国家统一、主权和领土完整的；

3. 泄露国家秘密、危害国家安全或者损害国家荣誉和利益的；

4. 煽动民族仇恨、民族歧视，破坏民族团结，或者侵害民族风俗、习惯的；

5. 宣扬邪教、迷信的；

6. 扰乱社会秩序，破坏社会稳定的；

7. 宣扬赌博、暴力或者教唆犯罪的；

8. 侮辱或者诽谤他人，侵害他人合法权益的；

9. 危害社会公德或者民族优秀文化传统的；

10. 有法律、行政法规和国家规定禁止的其他内容的。

（二）出版、制作、印刷、复制、发行、传播、寄递、储运淫秽出版物（含网络出版物）、印刷品及相关信息的行为。

（三）未经著作权人许可，复制、发行

其文字、音乐、电影、电视、录像作品、计算机软件以及其他作品,同时损害公共利益的行为。

(四)擅自印刷、复制、出版或大量寄递、储运他人及相关企业、单位享有专有出版权的出版物的行为。

(五)未经批准,擅自设立出版单位或者擅自从事出版物的出版、印刷或者复制、发行业务,擅自从事内部资料性出版物的编印、发送活动。

(六)伪造、假冒出版单位或者报纸、期刊名称出版出版物及设立网站。

(七)擅自印刷或者复制、发行境外出版物,非法进口境外出版物、非法携带有违禁内容或超出个人自用数量的境外出版物入境。

(八)买卖书号、刊号、版号及相关许可证书的行为。

(九)淫秽色情网站、客户端和其他网上淫秽色情信息;利用网络社交平台、即时通讯工具、网络存储及存储介质等方式制作、复制、出版、贩卖、传播淫秽色情信息。

(十)制作、复制、出版、贩卖、传播损害未成年人身心健康的暴力、凶杀、恐怖、赌博的出版物、网络出版物、印刷品以及相关信息。

(十一)制作、复制、出版、贩卖、传播危害社会公德、公序良俗,违背社会主义核心价值观的内容低俗、庸俗、媚俗的出版物、网络出版物及相关信息。

(十二)因出版物(含网络出版物)和印刷品内容问题,可能影响意识形态安全或引发社会不稳定因素的线索。

(十三)假报刊、假记者站、假记者以及制作、传播假新闻的违规违法行为。在互联网上假冒新闻媒体、新闻网站和新闻记者,打着舆论监督名义进行诈骗、敲诈的行为。

(十四)新闻出版单位及从业人员涉及新闻出版相关工作的违规违法行为。

(十五)利用网络平台和相关渠道,针对境内推销、传播有违禁内容的境外出版物及相关信息行为。

(十六)其他可能影响意识形态安全和文化安全的涉“黄”涉“非”问题。

第五条　举报奖励应当同时符合以下条件:

(一)有明确的举报对象、事实及相关证据。

(二)举报内容经相关“扫黄打非”部门核查确认,属于第一举报人。

(三)举报内容经查证属实并依法作出处理。

第六条　有下列情形之一的,不属于举报奖励范围:

(一)“扫黄打非”部门工作人员及其委托代理人或利害关系人的举报。

(二)属于申诉案件的举报。

(三)侵权盗版等行为的直接利害关系人或其委托代理人的举报。

(四)其他不符合法律法规规定的情况。

第七条　对举报有功人员的奖励标准如下:

(一)对于一般举报有功人员,举报非法出版活动(含网上网下)按照每案所涉及出版物(包括内部资料性出版物)经营额的2%以内的奖励金予以奖励(个案奖励金不超过60万元);不能核实经营额(违法所得)或经营额(违法所得)低于5万元的,视案件情况给予1000元至5000元的奖励。

(二)举报非法出版活动的生产、经营和运输等设备的,按每案罚没款10%以内予以奖励;如未能形成罚没款,可按没收设备依法拍卖所得的5%以内予以奖励(上述个案奖励金均不超过60万元);经核算,奖励金不足1000元的,按1000元标准予以奖励。

(三)举报非法光盘生产线非法复制光盘的,按照每条生产线10万元至20万元予以奖励;举报正规光盘生产企业未经授权擅自复制光盘,按照1万元至10万元的奖励金予以奖励;举报集成刻录生产盗版光盘的,按本条第二项执行。

(四)举报制作、复制、出版、贩卖、传播淫秽色情、凶杀暴力等违禁内容以及其他校园欺凌、自杀自残、虐童施暴等危害未成年人身心健康、危害社会公德的网站、客户端以及网络社交平台、即时通讯工具、网络存储及存储介质等,举报对象被依法处理,或有害信息被删除后,给予举报人1000元奖励;对形成行政处罚案件的,给予举报人1000元至5000元奖励;对形成刑事案件的,给予举报人5000元至1万元奖励;对提供重大违法案件线索、为打击网上违法犯罪行为做出重要贡献的,每条给予2万元至5万元奖励。

(五)举报新闻敲诈、假新闻、假媒体、假记者站、假记者,擅自设立或者伪造、假冒出版单位的,给予1000元奖励;对形成行政处罚案件的,给予举报人1000元至5000元奖励;对形成刑事案件的,给予举报人5000元至1万元奖励。

(六)举报买卖书号、刊号、版号及许可证书等新闻出版相关工作违法违规行为的,按本条第五项执行。

(七)举报擅自印刷或者复制、发行境外出版物,非法进口境外出版物、非法携带有违禁内容或超出个人自用数量入境的;举报利用网络平台和相关渠道,针对境内推销、传播有违禁内容的境外出版物及有关信息的,给予举报人1000元的奖励,形成行政处罚及刑事案件的,每案给予举报人1000元至1万元的奖励。

(八)举报反映出版物(含网络出版物)、印刷品及相关信息内容存在问题,可能影响意识形态安全或引发社会不稳定因素的,给予举报人1000元奖励;形成行政处罚和刑事案件的,每案给予举报人1000元至1万元的奖励。

(九)举报反映影响意识形态安全和文化安全的其他涉"黄"涉"非"问题和线索,并对妥善处置工作发挥重要作用、取得良好社会效果的,给予举报人1000元至1万元的奖励。

(十)举报的有关非法活动被列为全国"扫黄打非"工作小组办公室挂牌督办案件,或有其他特殊重大贡献者,奖励金可以报全国"扫黄打非"工作小组审批后适当增加,最高不超过本办法规定的奖励金额上限。

(十一)一人向不同的"扫黄打非"部门举报同一非法行为的,只能获得一次奖励;两人以上先后举报同一非法行为的,奖励第一举报人;两人以上共同举报同一非法行为,由受理举报的"扫黄打非"部门确定奖励金额后举报人自行协商分配,协商不成的,奖励平均分配。

第三章　举报奖励程序与监督

第八条　举报奖励部门应在查证属实、案件作出行政处罚或刑事立案、删除有害信息后30个工作日内,告知符合本奖励办法规定的举报人是否接受奖励及接受奖励程序。

举报人在接到奖励通知之日起30个工作日内,按照举报奖励金发放程序,填写举报奖金发放单,由本人签字,并附上本人身份证复印件及本人银行账号寄回发放奖金实施部门。奖金发放相关资料由"扫黄打非"办公室指定专人负责保管,并严格保密,财务核销手续需保留相关签报复印件及奖金发放对应证明。

第九条　对举报有功人员的奖励金,由受理举报的"扫黄打非"工作(领导)小组办公室发放。

第十条　严格为举报人保密,未经举报人同意并经主管领导批准,不得公开举报人的姓名、身份、居住地等信息,违者依法依纪追究相关单位和责任人的责任。

任何单位和个人不得对举报人员进行打击报复,违者依法依纪追究其责任。

第十一条　基层"扫黄打非"网格员、志愿者等举报本网格内涉及"扫黄打非"相关线索的,纳入举报奖励,具体要求及奖励标准由地方"扫黄打非"工作(领导)小组办公室制订。

第十二条　对法人或者其他组织的举报奖励,按照本办法执行。如属本办法第六条规定的情形,不予奖励。

第十三条　各省、自治区、直辖市"扫黄打非"工作(领导)小组办公室依据本办法,会同财政厅(局)及有关部门制定本地区的举报奖励办法,安排经费用于奖励举报有功人员。有关办法报全国"扫黄打非"办公室备案。

第十四条　各级"扫黄打非"部门会同财政部门,制定奖励资金使用办法,确保专人负责、专款专用、专账核算,奖励经费的使用由同级财政部门负责监督,审计部门予以审计。

第四章　附　　则

第十五条　本办法由全国"扫黄打非"工作小组办公室负责解释。

第十六条　本办法自2018年12月1日起施行。2000年1月18日由全国"扫黄"工作小组办公室、新闻出版署、财政部、公安部、国家版权局联合发布的《对举报"制黄"、"贩黄"、侵权盗版和其他非法出版活动有关人员奖励办法》同时废止。

禁止寄递物品管理规定

(2016年11月7日国家邮政局、公安部、国家安全部发布　国邮发〔2016〕107号)

第一条　为加强邮政行业安全管理,防止禁止寄递物品进入寄递渠道,妥善处置进入寄递渠道的违禁物品，维护寄递渠道安全畅通，促进邮政业健康发展，依据《中华人民共和国邮政法》《中华人民共和国反恐怖主义法》以及《邮政行业安全监督管理办法》等法律、行政法规和相关规定，制定本规定。

第二条 在中华人民共和国境内提供和使用寄递服务活动，以及相关监督管理工作适用本规定。

法律、行政法规以及国务院和国务院有关部门对禁止进出境物品另有规定的，适用其规定。

第三条 本规定所称禁止寄递物品（以下简称禁寄物品），主要包括：

（一）危害国家安全、扰乱社会秩序、破坏社会稳定的各类物品；

（二）危及寄递安全的爆炸性、易燃性、腐蚀性、毒害性、感染性、放射性等各类物品；

（三）法律、行政法规以及国务院和国务院有关部门规定禁止寄递的其他物品。

具体禁寄物品详见附录《禁止寄递物品指导目录》。

第四条 邮政管理部门应当监督指导提供寄递服务的企业（以下简称寄递企业）落实收寄验视制度，督促企业加强寄递安全管理；监督指导寄递企业加强对从业人员的安全教育和培训；依法对寄递企业实施安全监督检查，查处违法收寄禁寄物品行为。

第五条 用户交寄邮件、快件应当遵守法律、行政法规以及国务院和国务院有关部门关于禁寄物品的规定，不得交寄禁寄物品，不得在邮件、快件内夹带禁寄物品，不得将禁寄物品匿报或者谎报为其他物品交寄。

第六条 寄递企业应当在其营业场所公示并以其他方式向社会公布本规定及相关指导目录。

第七条 寄递企业应当建立健全安全教育培训制度，强化从业人员对禁寄物品的防范意识、辨识知识和处置能力。未经安全教育和培训的从业人员不得上岗作业。

第八条 寄递企业应当严格执行收寄验视制度，依法当场验视用户交寄的物品是否属于禁寄物品，以及物品的名称、性质、数量等是否与寄递详情单所填写的内容一致，防止禁寄物品进入寄递渠道。

第九条 寄递企业应当建立健全安全检查制度，配备符合国家标准或者行业标准的安全检查设备，安排具备专业技术和技能的人员对邮件、快件进行安全检查。

第十条 寄递企业应当制定禁寄物品处置预案，根据情况变化及时修订，并向邮政管理部门备案。寄递过程中发现禁寄物品的，应当按照预案规定妥善处置。

第十一条 寄递企业完成收寄后发现禁寄物品或者疑似禁寄物品的，应当停止发运，立即报告事发地邮政管理部门，并按下列规定处理：

（一）发现各类枪支（含仿制品、主要零部件）、弹药、管制器具等物品的，应当立即报告公安机关；

(二)发现各类毒品、易制毒化学品的,应当立即报告公安机关;

(三)发现各类爆炸品、易燃易爆等危险物品的,应当立即疏散人员、隔离现场,同时报告公安机关;

(四)发现各类放射性、毒害性、腐蚀性、感染性等危险物品的,应当立即疏散人员、隔离现场,同时视情况报告公安、环境保护、卫生防疫、安全生产监督管理等部门;

(五)发现各类危害国家安全和社会稳定的非法出版物、印刷品、音像制品等宣传品的,应当及时报告国家安全、公安、新闻出版等部门;

(六)发现各类伪造或者变造的货币、证件、印章以及假冒侵权等物品的,应当及时报告公安、工商行政管理等部门;

(七)发现各类禁止寄递的珍贵、濒危野生动物及其制品的,应当及时报告公安、野生动物行政主管等部门;

(八)发现各类禁止进出境物品的,应当及时报告海关、国家安全、出入境检验检疫等部门;

(九)发现使用非机要渠道寄递涉及国家秘密的文件、资料及其他物品的,应当及时报告国家安全机关;

(十)发现各类间谍专用器材或者疑似间谍专用器材的,应当及时报告国家安全机关;

(十一)发现其他禁寄物品或者疑似禁寄物品的,应当依法报告相关政府部门处理。

第十二条 邮政管理部门接到寄递企业发现禁寄物品的报告后,应当按规定向上级部门报告,并视情况联合公安、国家安全、卫生防疫、海关、检验检疫、新闻出版、工商行政管理、安全生产监督管理、野生动物行政主管等部门相互配合、依法处置。

第十三条 禁寄物品指导目录由国务院邮政管理部门会同有关部门确定、公布,并适时调整。

第十四条 对及时发现、报告禁寄物品,维护国家安全、公共安全和人民生命财产安全,或者有效避免、减少寄递安全事故的单位和个人,邮政管理等部门可依法给予表彰。

第十五条 寄递企业违法收寄禁寄物品的,邮政管理部门依照《中华人民共和国邮政法》《中华人民共和国反恐怖主义法》等法律、行政法规的规定予以处罚。

第十六条 用户违反本规定,在邮件、快件内夹带禁寄物品,将禁寄物品匿报或者谎报为其他物品交寄,造成人身伤害或者财产损失的,依法承担赔偿责任;构成犯罪的,依法追究刑事责任;尚不构成犯罪的,依照《中华人民共和国治安管理处罚法》及有关法律、行政法规的规定处罚。

第十七条 本规定自发布之日起施行。国家邮政局 2007 年 11 月 6 日发布的《禁寄物品指导目录及处理办法(试行)》(国邮发〔2007〕152 号)同时废止。

附录

禁止寄递物品指导目录(节选)

十三、非法出版物、印刷品、音像制品等宣传品

如含有反动、煽动民族仇恨、破坏国家统一、破坏社会稳定、宣扬邪教、宗教极端思想、淫秽等内容的图书、刊物、图片、照片、音像制品等。

十六、侵犯知识产权和假冒伪劣物品

1. 侵犯知识产权:如侵犯专利权、商标权、著作权的图书、音像制品等。

2. 假冒伪劣:如假冒伪劣的食品、药品、儿童用品、电子产品、化妆品、纺织品等。

中小学教辅材料管理办法

(2015年8月3日国家新闻出版广电总局、教育部、国家发展改革委发布　自2015年10月1日起施行　新广出发〔2015〕45号)

一、为规范中小学教辅材料管理,切实减轻中小学生过重课业负担和学生家长的经济负担,根据《中华人民共和国著作权法》《中华人民共和国教育法》《中华人民共和国义务教育法》《中华人民共和国价格法》《出版管理条例》等法律法规及国务院有关规定,制定本办法。

二、本办法所称中小学教辅材料是指与教科书配套,供中小学生使用的各种学习辅导、考试辅导等出版物,包括:教科书同步练习类出版物,寒暑假作业类出版物,中小学习题、试卷类出版物,省级以上新闻出版行政主管部门认定的其他供中小学生使用的学习、考试辅导类出版物。其产品形态包括图书、报纸、期刊、音像制品、电子出版物等。

三、中小学教辅材料编写出版管理

(一)出版单位出版中小学教辅材料必须符合依法批准的出版业务范围。

(二)中小学教辅材料出版单位要严格规范对外合作行为,严禁任何形式的买卖书号、刊号、版号和一号多用等违法违规行为。

(三)教辅材料主要编写者应当具有相关学科教学经验且熟悉相关教材;各级行政主管部门和负责实施考试命题、监测评价的单位不得组织编写有偿使用的同步练习册、寒暑假作业、初中和高中毕业年级考试辅导类中小学教辅材料。

(四)鼓励有条件的单位组织开发供学生免费使用的教学辅助资源。

四、中小学教辅材料印刷复制管理

(一)出版单位应优先选择通过绿色印刷合格评定的印刷企业印制中小学教辅材料。

(二)出版物印刷复制单位在承接中小学教辅材料印制业务时,必须事先核验出版单位的委托印制手续,手续不齐或无效的一律不得承接。

五、中小学教辅材料发行管理

(一)中小学教辅材料须由新闻出版行政主管部门依法批准、取得《出版物经营许可证》的发行单位发行。未经批准,任何部门、单位和个人一律不得从事中小学教辅材料的发行。

(二)中小学教辅材料出版发行单位不得委托不具备发行资质的部门、单位和个人发行中小学教辅材料。

(三)在中小学教科书发行中,不得搭售中小学教辅材料。

六、中小学教辅材料质量管理

(一)中小学教辅材料出版、印制质量必须符合《中华人民共和国产品质量法》《图书质量管理规定》等有关法律规定,符合国家标准、行业标准及其他规范要求。

(二)中小学教辅材料出版、印制单位应当建立内部质量管理制度,完善中小学教辅材料质量管理机制。

(三)各省、自治区、直辖市新闻出版行政主管部门负责对本行政区域内出版发行的中小学教辅材料质量进行监督检查。

七、中小学教辅材料评议管理

(一)各省、自治区、直辖市教育行政主管部门会同新闻出版行政主管部门、价格主管部门加强对中小学教辅材料使用的指导,组织成立中小学教辅材料评议委员会,下设学科组。学科组负责按照教科书选用程序对进入本地区中小学校的教辅材料进行初评排序,并提出初选意见,提交中小学教辅材料评议委员会审议后进行公告。

(二)中小学教辅材料评议推荐的种类主要是与本地区使用的教科书配套的同步练习册,也可根据教学需要评议推荐寒暑假作业、初中和高中毕业年级考试辅导类教辅材料。凡评议推荐的教辅材料应控制内容容量,避免增加学生负担。中小学教辅材料评议推荐的学科、年级由省级教育行政主管部门确定。一个学科每个版本教科书配套同步练习册送评数少于3种的,该版本该学科不予评议。

提供学生免费使用教辅材料的地方可自行确定使用教辅材料的种类和范围,但应符合《中华人民共和国政府采购法》有关规定。

(三)教辅材料评议委员会要确保专业性和代表性。教辅材料的评议推荐要做到机会均等、过程透明、程序公正。教辅材料编写人员和被评议的教辅材料出版人员不得参加教辅材料评议推荐工作。

(四)省级教辅材料评议公告结果报教育部备案,抄送国家新闻出版广电总局、国家发展改革委、国务院纠风办。

八、中小学教辅材料选用管理

(一)中小学教辅材料的购买与使用实行自愿原则。任何部门和单位不得以任何形式强迫中小学校或学生订购教辅材料。

(二)各地市教材选用委员会根据当地教育实际和教科书使用情况,按照教科书选用的程序,从本省中小学教辅材料评议公告目录中,一个学科每个版本直接为各县(区)或学校推荐1套教辅材料供学生选用。地市教辅材料推荐结果报省级教育行政主管部门备案。

(三)学生自愿购买本地区评议公告目录内的中小学教辅材料并申请学校代购的,学校可以统一代购,但不得从中牟利。其他教辅材料由学生和家长自行在市场购买，学校不得统一征订或提供代购服务。

（四）任何单位和个人不得进入学校宣传、推荐和推销任何教辅材料。

九、中小学教辅材料价格管理

（一）各省、自治区、直辖市评议公告目录内的教辅材料价格管理按国家有关规定执行。

各省、自治区、直辖市物价主管部门要会同新闻出版行政主管部门，加强对列入本地区评议公告目录的教辅材料价格监管。

（二）对各省、自治区、直辖市评议公告目录以外的教辅材料，由出版单位自主定价。在每学期开学前，出版单位要在本单位互联网页显著位置，向社会公开所出版的所有中小学教辅材料价格情况，包括开本、印张数、印张单价、零售价格等情况，主动接受社会监督。

十、从事中小学教辅材料编写、出版、印制、发行活动的单位或个人须严格遵守《中华人民共和国著作权法》等有关法律法规，不得侵害著作权人的合法权益。

使用他人享有著作权的教科书等作品编写出版同步练习册等教辅材料，应依法取得著作权人的授权。

十一、中小学教辅材料监督管理

国家新闻出版广电总局、教育部、国家发展改革委及各省、自治区、直辖市新闻出版行政主管部门、教育行政主管部门、价格主管部门建立健全监督管理制度，接受社会监督。对群众举报和反映的有关教辅材料出版、印制、发行、使用和价格中的违规情况，由各级新闻出版行政主管部门、教育行政主管部门、价格主管部门根据本办法并按各自的管理职责调查处理。

（一）对违反本办法从事中小学教辅材料出版、印刷复制、发行活动的单位或个人，由新闻出版行政主管部门责令其纠正违法行为，依法给予行政处罚，按照相关规定追究有关单位和人员的行政责任。

（二）对违反本办法，强制或变相强制学校或学生购买教辅材料、不按规定代购、从代购教辅材料中收取回扣的单位和个人，由上级教育行政主管部门责令其纠正违规行为，按照相关规定追究有关单位和人员的行政责任。

（三）对违反本办法，擅自或变相提高进入评议公告目录的教辅材料定价标准的，由价格主管部门依照《价格法》、《价格违法行为行政处罚规定》有关法律法规给予处罚，追究有关人员和单位的行政责任。

（四）违反本办法构成犯罪的，由司法机关依法追究刑事责任。

十二、各地要建立工作经费保障机制，确保有关工作顺利开展。

十三、本办法由国家新闻出版广电总局、教育部、国家发展改革委按照行政管理职责负责解释。

十四、本办法自2015年10月1日起施行，2001年印发的《中小学教辅材料管理办法》（新出联〔2001〕8号）、《新闻出版总署　教育部关于〈中小学教辅材料管理办法〉的实施意见》（新出联〔2001〕26号）同时废止。此前与本办法规定不一致的以本办法为准。

关于认定淫秽与色情声讯的暂行规定

(2005年1月31日新闻出版总署发布 新出法规〔2005〕61号)

第一条 本规定所称声讯,是指利用固定网电话传送的声音等信息。

第二条 淫秽声讯是指在总体上宣扬下列内容,足以挑动、引诱普通人产生性欲的声音等信息:

(一)淫亵性地具体描述性行为、性交及其心理感受;

(二)淫亵性地描述或者传授性技巧;

(三)具体描述乱伦、强奸或者其他性犯罪手段、过程或者细节;

(四)具体描述少年儿童性交,或者具体描述成年人与少年儿童的性行为;

(五)淫亵性地具体描述同性恋的性行为或者其他性变态行为;

(六)具体描述与性变态有关的暴力、虐待、侮辱行为;

(七)淫亵性地突出描述性器官;

(八)淫亵性地传送有关性行为的声响;

(九)其他令普通人不能容忍的对性行为、性器官的淫亵性描述。

第三条 色情声讯是指具有部分淫秽内容,对普通人特别是未成年人的身心健康有毒害的声音等信息。

第四条 描述表现人体美的美术作品,介绍具有艺术价值的文学作品、有关人体解剖生理知识以及生育知识、疾病防治和其他性知识、性道德、性社会学等的自然科学和社会科学作品,不属于淫秽、色情声讯。

第五条 受公安部门、电信管理部门等部门的请求,新闻出版总署或者

省、自治区、直辖市新闻出版行政部门对淫秽、色情声讯作出鉴定。

公安部门、电信管理部门等部门请求新闻出版总署或者省、自治区、直辖市新闻出版行政部门鉴定淫秽、色情声讯,须提交载明案件名称、声讯台名称、所截取声讯的时间和长度的鉴定委托书,同时提供足够清晰和时间长度的声讯材料。

新闻出版总署或者省、自治区、直辖市新闻出版行政部门应当组织有关专家组成淫秽、色情声讯鉴定委员会或者指定专门机构,承担淫秽、色情声讯的鉴定工作。

淫秽、色情声讯鉴定委员会或者被指定的专门机构根据公安部门、电信管理部门的委托书,对所提供的声讯材料作出鉴定,制作鉴定书送委托的公安部门或者电信管理部门等部门。

第六条 本规定所称普通人系指生理和精神正常的成年人。

第七条 本规定由新闻出版总署负责解释。

第八条 本规定自公布之日起施行。

新闻出版总署关于中小学校征订发放教辅材料行为定性的意见

（2005 年 3 月 9 日
新出厅字〔2005〕54 号）

湖南省新闻出版局：

你局《关于中小学征订发放教辅材料行为定性的请示》（湘新出字〔2005〕5 号）收悉。经研究，我署认为：

按照《出版管理条例》、《出版物市场管理规定》的规定，我国实行出版物发行许可制度。为了方便中小学生，中小学校可以集中征订发放教辅资料，并按征订价格向学生收款。但是，如果中小学校高出征订价格征订发放教辅资料，从中营利，则违反法定的出版物发行许可制度，属于擅自从事出版物发行的违规行为，新闻出版行政管理机关应依法予以查处。

国家新闻出版广电总局办公厅关于移动游戏出版服务管理的通知

（2016 年 5 月 24 日
新广出办发〔2016〕44 号）

为进一步规范移动游戏出版服务管理秩序，提高移动游戏受理和审批工作效率，根据《出版管理条例》、《网络出版服务管理规定》及相关管理规定，现将有关事项通知如下：

一、本通知所称移动游戏，是指以手机等移动智能终端为运行载体，通过信息网络供公众下载或者在线交互使用的游戏作品。

本通知所称移动游戏出版服务，是指将移动游戏通过信息网络向公众提供下载或者在线交互使用等上网出版运营服务行为。

本通知所称游戏出版服务单位是指取得国家新闻出版广电总局网络出版服务许可，具有游戏出版业务范围的网络出版服务单位。

二、游戏出版服务单位负责移动游戏内容审核、出版申报及游戏出版物号申领工作。

三、申请出版不涉及政治、军事、民族、宗教等题材内容，且无故事情节或者情节简单的消除类、跑酷类、飞行类、棋牌类、解谜类、体育类、音乐舞蹈类等休闲益智国产移动游戏，按照以下要求办理：

（一）游戏出版服务单位按照《出版管理条例》、《网络出版服务管理规定》等要求，参照中国音像与数字出版协会制定的《移动游戏内容规范》，审核申请出版的移动游戏内容，填写《出版国产移动游戏作品申请表》（见附件），并在预定上网出版（公测，下同）运营至少 20 个工作日前，将此表及相关证照的复印件（一式两份）报送属地省级出版行政主管部门。

（二）省级出版行政主管部门收到申

请材料后5个工作日内应完成下列工作:1.审核申请材料的完备性和准确性。2.符合要求的,一份申请材料和省级出版行政主管部门审核意见报国家新闻出版广电总局,另一份由省级出版行政主管部门存档。3.不符合要求的,申请材料退回申请者并书面说明理由。

(三)国家新闻出版广电总局收到省级出版行政主管部门报送材料10个工作日内,作出是否批准的决定,并将决定通知省级出版行政主管部门。省级出版行政主管部门接到国家新闻出版广电总局批复意见后的3个工作日内,通知游戏出版服务单位。

(四)游戏出版服务单位取得批复文件后,应按批复文件要求,组织游戏上网出版运营,并在游戏上网出版运营后7个工作日内,向属地省级出版行政主管部门书面报告上网出版运营时间、可下载的地址、运营机构数量及主要运营机构名称和是否开放充值等出版运营情况;超过预定上网出版运营时间20个工作日仍不能上网出版的,应及时向属地省级出版行政主管部门书面说明理由。

四、申请出版非本通知第三条范围内的国产移动游戏,按照《关于进一步规范出版境外著作权人授权互联网游戏作品和电子游戏出版物申报材料的通知》(新广出办函〔2014〕111号)(以下简称《规范通知》)和《关于启动网络游戏防沉迷实名验证工作的通知》(新出联〔2011〕10号)的要求办理,其中,《规范通知》附件1所列申报材料中第(二)至(六)项变更为提交《出版国产移动游戏作品申请表》。

五、申请出版境外著作权人授权的移动游戏,按照《规范通知》和《关于启动网络游戏防沉迷实名验证工作的通知》的要求办理。

六、已经批准出版的移动游戏的升级作品及新资料片(指故事情节、任务内容、地图形态、人物性格、角色特征、互动功能等发生明显改变,且以附加名称,即在游戏名称不变的情况下增加副标题,或者在游戏名称前增加修饰词,如《新××》,或者在游戏名称后用数字表明版本的变化,如《××2》等进行推广宣传)视为新作品,按照本通知规定,依其所属类别重新履行相应审批手续。

七、已经批准出版的移动游戏变更游戏出版服务单位、游戏名称或主要运营机构,应提交有关变更材料,经省级出版行政主管部门审核后报国家新闻出版广电总局办理变更手续。

八、移动游戏上网出版运营时,游戏出版服务单位应负责游戏内容完整性,须在游戏开始前、《健康游戏忠告》后,设置专门页面,标明游戏著作权人、出版服务单位、批准文号、出版物号等经国家新闻出版广电总局批准的信息,并严格按照已批准的内容出版运营。游戏出版服务单位负责审核并记录游戏日常更新,对擅自添加不良内容的行为,应及时予以制止;对不配合的,应及时报属地省级出版行政主管部门予以处置。情节严重的,属地省级出版行政主管部门可按相应程序办理游戏出版批准撤销手续,并追究相应责任。

九、移动游戏联合运营单位在联合运营移动游戏时，须核验该移动游戏的审批手续是否完备，相关信息是否标明，不得联合运营未经批准或者相关信息未标明的移动游戏。

十、各类手机、平板电脑等移动智能终端生产和经营单位预装移动游戏时，须核验该移动游戏的审批手续是否完备，相关信息是否标明，不得预装未经批准或者相关信息未标明以及侵权盗版的移动游戏。

十一、各省级出版行政主管部门应配备满足工作需要的人员与技术设备，在30个工作日内完成属地已获批准移动游戏出版情况的监督审查，并将审查结果报国家新闻出版广电总局。

十二、已获批准且涉及异地运营的移动游戏，由受理申请出版该游戏的省级出版行政主管部门按本通知第十一条负责相关监管工作，异地运营机构所在地省级出版行政主管部门应配合进行日常监管。

十三、本通知自2016年7月1日起施行。自施行之日起，未经国家新闻出版广电总局批准的移动游戏，不得上网出版运营。

十四、本通知施行前已上网出版运营的移动游戏（含各类预装移动游戏），各游戏出版服务单位及相关游戏企业应做好相应清理工作，确需继续上网出版运营的，按本通知要求于2016年10月1日前到属地省级出版行政主管部门补办相关审批手续。届时，未补办相关审批手续的，不得继续上网出版运营。

十五、未按照本通知要求履行相关审批手续即上网出版运营的移动游戏，一经发现，相关出版行政执法部门将按非法出版物查处。

十六、请各省级出版行政主管部门根据本通知要求认真组织实施，并及时向国家新闻出版广电总局报告工作进展情况。

附件：（略）

文化和旅游部、公安部、住房和城乡建设部、应急管理部、市场监管总局关于加强剧本娱乐经营场所管理的通知

（2022年6月25日
文旅市场发〔2022〕70号）

各省、自治区、直辖市文化和旅游厅（局）、公安厅（局）、住房和城乡建设厅（委、局）、应急管理厅（局）、市场监管局（厅、委）、消防救援总队，新疆生产建设兵团文体广电和旅游局、公安局、住房和城乡建设局、应急管理局、市场监管局，北京市规划和自然资源委：

近年来，以“剧本杀”“密室逃脱”为代表的现场组织消费者扮演角色完成任务的剧本娱乐经营场所快速发展，在丰富文化供给、满足人民群众文化娱乐消费需求的同时，也出现了一些不良内容及安全隐患。为加强剧本娱乐经营场所管理，促进行业健康有序发展，现就有关事项通知如下：

一、依法办理登记,履行备案手续

(一)明确经营范围。剧本娱乐经营场所应当依法向所在地县级以上市场监管部门办理登记并领取营业执照,经营范围登记为"剧本娱乐活动"。

(二)实行告知性备案。剧本娱乐经营场所应当自经营之日起30个自然日内将经营场所地址以及场所使用的剧本脚本名称、作者、简介、适龄范围等信息,通过全国文化市场技术监管与服务平台,报经营场所所在地县级文化和旅游行政部门备案。新增剧本脚本,或者剧本脚本的故事背景、剧情等主要内容发生实质性变化的,应当自使用之日起30个自然日内将剧本脚本的上述信息报原备案部门备案。文化和旅游部负责制定剧本娱乐活动备案指南。

二、坚守底线,规范经营

(三)严格内容管理。剧本娱乐经营场所应当坚持正确导向,使用内容健康、积极向上的剧本脚本,鼓励使用弘扬主旋律、传播正能量的剧本脚本;应当建立内容自审制度,对剧本脚本以及表演、场景、道具、服饰等进行内容自审,确保内容合法。剧本娱乐经营场所内的剧本娱乐活动不得含有《中华人民共和国未成年人保护法》《娱乐场所管理条例》《营业性演出管理条例》等法律法规禁止的内容。

(四)加强未成年人保护。剧本娱乐经营场所使用的剧本脚本应当设置适龄提示,标明适龄范围;设置的场景不适宜未成年人的,应当在显著位置予以提示,并不得允许未成年人进入。剧本娱乐经营场所应当采取措施防止未成年人沉迷。除国家法定节假日、休息日及寒暑假期外,剧本娱乐经营场所不得向未成年人提供剧本娱乐活动。

(五)强化安全生产主体责任。剧本娱乐经营场所应当履行安全生产主体责任,严格落实《中华人民共和国安全生产法》《中华人民共和国消防法》等法律法规和有关消防安全要求;应当常态化开展火灾风险自知、自查、自改,提高紧急情况下的组织疏散逃生和初起火灾扑救能力,切实履行安全提示和告知义务,引导消费者增强安全防范意识,保障安全运营。剧本娱乐经营场所不得设在居民楼内、建筑物地下一层以下(不含地下一层)等地。

(六)强化诚信守法经营。剧本娱乐经营场所应当明码标价、诚实经营,不得存在虚假宣传、价格欺诈、利用不公平格式条款侵害消费者合法权益等违法违规行为。

(七)加强行业自律。行业协会应当制定行业规范,指导会员单位加强内容自审和从业人员培训,维护行业合法权益。

三、建立协同机制,形成监管合力

(八)明确职责分工。文化和旅游行政部门负责剧本娱乐经营场所内的剧本娱乐活动内容管理和有关未成年人保护工作,指导督促剧本娱乐经营场所履行安全生产和消防安全责任;公安机关负责剧本娱乐经营场所治安管理工作,依法查处相关违法犯罪行为;住房和城乡建设部门依法负责剧本娱乐经营场所消防设计审查验收备案工作；消防救援机构和相关部门依法依规负责开展剧本娱乐经营场所消防监督检查工作；市场监管部门负责剧本娱乐行业市场主体的登记注册工作。

（九）加强协同监管。各地文化和旅游行政部门应当会同公安机关、住房和城乡建设部门、市场监管部门、消防救援机构等建立协同监管机制，建立信息通报、线索移送和联合执法等工作机制，形成齐抓共管的工作格局。

四、设置政策过渡期，引导场所合规经营

（十）开展自查自纠。本通知印发之日起至2023年6月30日为政策过渡期。过渡期内，剧本娱乐经营场所应当根据本通知有关要求开展自查自纠，依法变更经营范围，完善经营资质，向文化和旅游行政部门履行备案手续，建立内容自审制度，积极整改并消除消防等安全隐患。各部门应当利用政策过渡期加强政策宣传，用好各级门户网站、政务信息平台，发挥新闻媒体、行业组织等作用，扩大政策宣传覆盖面和知晓度。

（十一）开展排查摸底。文化和旅游行政部门应当会同相关部门开展摸底排查工作，在摸底排查中发现含有法律法规禁止内容或者未履行适龄提示等有关未成年人保护责任的，应当责令经营单位改正并停止使用有关剧本脚本。各省级文化和旅游行政部门应当于2022年8月31日前，将摸底排查情况上报文化和旅游部。

（十二）开展专项检查。过渡期后，各地应当组织开展专项检查，加强日常巡查，对在检查中发现问题的，应当依照有关法律法规、标准规范和本通知要求及时处置。

各地文化和旅游行政部门、公安机关、住房和城乡建设部门、市场监管部门、消防救援机构应当根据本通知精神，结合各部门职责，切实加强对剧本娱乐经营场所的监督指导。工作中遇到的重要情况和问题，及时向上级部门请示报告。

特此通知。